中文社会科学引文索引（CSSCI）来源集刊

人文论丛

2021年
第2辑（总第36卷）

陈　锋　主编

教育部人文社会科学重点研究基地
武汉大学中国传统文化研究中心

WUHAN UNIVERSITY PRESS
武汉大学出版社

KEY RESEARCH INSTITUTE IN UNIVERSITY

图书在版编目(CIP)数据

人文论丛.2021年.第2辑:总第36卷/教育部人文社会科学重点研究基地,武汉大学中国传统文化研究中心.—武汉:武汉大学出版社,2021.11
ISBN 978-7-307-22794-1

Ⅰ.人… Ⅱ.①教… ②武… Ⅲ.社会科学—2021—丛刊 Ⅳ.C55

中国版本图书馆 CIP 数据核字(2021)第 244248 号

责任编辑:李 程 责任校对:李孟潇 版式设计:马 佳

出版发行:**武汉大学出版社** (430072 武昌 珞珈山)
(电子邮箱:cbs22@ whu.edu.cn 网址:www.wdp.com.cn)
印刷:湖北金海印务有限公司
开本:787×1092 1/16 印张:25.5 字数:619 千字 插页:2
版次:2021 年 11 月第 1 版 2021 年 11 月第 1 次印刷
ISBN 978-7-307-22794-1 定价:99.00 元

《人文论丛》2021年第2辑（总第36卷）

学术顾问（以姓氏笔画为序）

卜松山　艾　兰　冯天瑜　池田知久

杜维明　宗福邦　裘锡圭

编委会成员（以姓氏笔画为序）

刘礼堂　李维武　陈文新　陈　伟

陈　锋　吴根友　沈壮海　余来明

张建民　杨　华　杨逢彬　罗国祥

尚永亮　郭齐勇　储昭华

主　　编　陈　锋

副主编　郭齐勇　陈文新　杨　华

本卷执行主编　杨　华

本卷执行编辑　陈　庆

本 卷 编 务　王　迪　李小花

目 录

人 文 探 寻

传统中国的"周制"与"秦制"

（2021 年 2 月 28 日上午）

□　冯天瑜　秦　晖

　　主持：各位老师，各位同学早上好！今天我们在这里举行一个小型学术座谈会。请到清华大学秦晖教授和我们中心的冯天瑜教授对话。两位著名史学家不用我详细介绍，大家都了解他们的成就和对当今思想界的影响。今天参加活动的，还有许多知名学者，如经济学家陈浩武博士，文史专家聂运伟教授、陈文新教授、吴根友教授、傅才武教授，以及我们传统文化中心的其他老师和同学。

　　两位今天讨论的题目是"传统中国的'周制'与'秦制'"，这是一个有分量的论题，冯老师和秦老师很早就开始进行相关考析，可以说是周秦二制比较研究的开创者。

　　今天先请远道而来的秦老师开讲，然后冯老师与之对话。在座的各位老师同学也可以发表意见。下面我们掌声有请秦老师。

　　秦晖：今天就不客气了，谢谢，谢谢大家。

　　在研究封建或者是周制与秦制这一类的问题上，冯先生是个先行者。当然就封建话题，可能在民国时期就有比较多的讨论，但是在改革开放以后问题就凸显出来，其实应该都是冯先生的功劳。我们也是在冯先生的启发下，做了一些工作。这些启发来自很多人，当然包括冯先生，也来自我们这一代人。我们经历了"文革"到改革，是有感而发。

　　在改革开放期间，随着我们视野的扩大，觉得问题不仅在中国是有意义的，在全世界范围内也是非常值得分析的，这就是前近代社会的两种主要模式。而且这两种模式在前近代社会向近现代社会转型的过程中，也的确是带来了很多值得分析的现象。我们在座的都是研究历史的，而且都是研究传统文化与传统社会的专家，所以我就不用引材料，我这里主要是就基本逻辑来讲一下。

　　我经常使用的一个概念叫做"共同体"。共同体这个词在日本也非常流行，老实说，这种概念是来自马克思主义的，不过也不仅是来自马克思主义，因为在 19 世纪启蒙运动中，现代社会意味着个人的独立，这似乎不管是自由主义者还是社会主义者，都是公认的。尽管两者有"群己权界"怎么划之争，但在群己颠倒、群域无民主、己域无自由的时代，群域大一点还是己域大一点，并不是最重要的问题。

　　从启蒙运动以来，洛克、卢梭、马克思等都不断地在强调这一点，包括后来的一些具体学科领域的学者，比如法学界的梅恩、经济学界的亚当·斯密，等等，他们都大讲这个问题，只不过具体术语不同，比如梅恩说要从身份到契约，卢梭则叫做臣民与公民。但是其实都是这个意思。都是在说臣民是有依附性的，而公民是有独立人格的。独立倒不意味着他们是孤立的，他们的社会联系（这是马克思常用的词，所谓"社会主义"就源于此，那时"社会主义"与"国家主义"是对立的）要比以前发达得多，但是这种联系的纽带不是人身依附，而是契约——自由契约，这就变成梅恩的概念——"从身份到契约"。

在这个过程中，马克思在哲学意义上谈共同体比较多，但是到 19 世纪以后，很多人从人类学方面就开始更细化一点。较马克思稍晚一点，德国人滕尼斯写过一部名为"共同体与社会"的书，他讲的"共同体"，其实更近似于我讲的"小共同体"概念。马克思论及的共同体要广泛得多，他认为从家庭一直到"亚细亚国家"都是共同体，都是对个人的一种束缚。而且马克思专门提到一对概念——"自然形成的"和"政治性的"两种共同体。"政治性的"共同体是通过国家的活动建立的，而"自然形成的"共同体是通过血缘、地缘关系，诸如父子关系、家长和亲属关系乃至邻里关系形成的认同。但是滕尼斯对"政治性的"共同体谈论得较少。比如说专制国家，秦制我认为就是一种大共同体，但是滕尼斯谈论的共同体就没有包括大的概念。滕尼斯关于共同体的讨论非常详细，在我看来可以归纳为两条（点）：

第一条（点），他谈的共同体其中的关系是依附（梅恩的术语叫"身份"）关系，不是契约关系。这一点是很明确的，因为我们现在经常有大的整体，小的整体，比如有人说人民公社时代的生产队就很小，它是不是小共同体？肯定不是。因为生产队是国家组织的基层形式，它是国家机器的末梢，是属于"大共同体"科层结构中的下层。用马克思的话说是"政治性的"，那就肯定不是滕尼斯讲的共同体。

但是以前的家族、宗族，俄罗斯的村社等，那是马克思所谓"自然形成的"，如果它又具有依附性，那就是滕尼斯描述的对象，即我们讲的小共同体。

滕尼斯讲的共同体第一个特点是成员都有依附性、身份性，不是自由结合，表面上看起来是依附于共同体，实际是依附于共同体的家长。第二个特点是这种依附有直接的人际交往作为基础，是熟人社会乃至亲人社会。这就与秦制（包括秦制的基层）完全不一样。

简而言之，我们看到的小群体根据这种逻辑可以分为三种：一种是身份性熟人组织，如家族等，即滕尼斯讲的共同体或马克思讲的"自然形成的"共同体。另一种是外部强制力量建构的，或马克思讲的"政治性的"组织，如秦制下"编户齐民"形成的里甲、保甲、都图或生产队。滕尼斯的共同体概念不涉及这些内容，但马克思的共同体概念包括这些同样压抑个性的"亚细亚国家"组织。

当然还有第三种，比如经济学家科斯定义的"企业"，他界定为"人们为减少交易费用而自由结合的契约组织"。其实也不限于"为减少交易费用"，比如自由居民形成的社区、以信仰自由为前提的教会，乃至以"治理的合法性来自被治理者的授权"为基础的现代"契约国家"。滕尼斯的"共同体"主要是强调与这类组织（滕尼斯谓之"社会"）的区别：前者有身份性而后者只基于契约，前者有稳定的直接人际关系，而后者往往是陌生人社会。

滕尼斯不讨论马克思所讲的"亚细亚国家"——它同样是具有依附性的或不自由的，但却要整合一个"天高皇帝远"的陌生人社会。他不讨论可以理解，因为欧洲的近代化，理论上无须面对这种东西。但是中国呢？

当年的儒家是"崇周仇秦"的。周制就是冯先生讲的"封建"制。孟子曾经提出周制的原则就是"人各亲其亲，长其长，则天下平"。天下有诸多依附者，每个人都有自己的主人，但是这些主人基本上都是附庸认识的。这就是一种滕尼斯所谓的共同体、我所谓的"小共同体"关系。先秦时代有很多故事强调主人和附庸者之间，或者是主人和门客之间的关系，即你对我很好，我就怎么报答你。但是到了秦制就没有这种关系了。到了秦制，皇帝只认识身边的一些重臣乃至宦官，但是一般百姓乃至下层官吏，皇帝是根本不认识的。类似于孟尝君与毛遂、冯谖，智伯与豫让这一类主仆之间的交流，在秦制下是没有的。秦制是一种以强制性为主的制度安排，主要是陌生人社会中建立的一种服从机制。它强调的也是个人的服从，对"大共同体"的服从，或者说对共同体代表者的服从。但是这种服从跟小共同体有一个本质的区别，就是绝大多数的附庸（臣民）与主人之间是完全不可能有任何互动，不可能有任何直接人际交往。

滕尼斯十分强调这一点，因为他所谓的共同体内人与人之间的关系是不平等的——个人之间完全通过自由契约形成的联合就不是"共同体"而是"社会"了，比如工厂和职工也构成了一个团体，但不是滕尼斯讲的共同体，因为企业和职工之间就是契约关系。双方自由，我可以"炒"老板，老板也可以"炒"我。

但传统庄园就不是这样，如果是一个奴隶制或者农奴制或者氏族制群体，这种共同体是有身份性的，不是想加入就加入，想退出就退出的。它有两个特点：第一个特点是它有依附性，在这种共同体之下，近代社会一些诸如自由平等的基本原则是不存在的，所以在近现代化过程中需要解决这种问题；第二个特点与大共同体相比，小共同体一般来讲都具有（用马克思的话讲）"温情脉脉的家庭面纱"。孟子说"人各亲其亲，各长其长"，或者用西方的语言叫做"我主人的主人不是我的主人"，这里讲的"我的主人"通常都是我认识的人。而人即便作为一种动物属性，它也包含了亲情，这就是我们讲的虎毒不食子，即使是老虎，他对自己的亲人也会有感情。而作为人还会对持久的熟人存在"拟亲情"。即使不从感情，而从"经济人理性"而言，持久性熟人社会的这种人际关系也有两个经济学界经常讲到的特点，和陌生人之间不一样。第一个特点就是"无限重复博弈"，简而言之，就是我们这种关系要维持一辈子，甚至是世世代代，那就不能一锤子买卖。我不能把你整成敌人，我随时想杀了你，你随时想杀了我，这种关系就没有办法维持，所以一定要有"非零和"的重复博弈，即通常所谓的"同在一个屋檐下，低头不见抬头见""打断骨头连着筋"等。第二个特点就是，如果这种关系是非常稳定的，而且又有直接人际交往作为基础，那就会产生"信息对称"。简而言之，就是既然这种关系维持一生，甚至祖祖辈辈，就有了中国人的一句老话——"路遥知马力，日久见人心"，彼此知根知底，我了解你是个怎样的主人，你也知道我是怎样的附庸。而经济学常识就是"信息对称"，易于建立信任，减少"交易成本"。所以小共同体会出现温情脉脉的色彩，在这小共同体本位的社会中，一般道德因素或者伦理因素都能起到很大作用。而且如果这种状态解体了，不管这种解体从历史上看是多么进步，多么必然，但当时的人们都会有一种道德上的沦落感，用马克思的话讲，就是今天的资本主义撕掉了中世纪温情脉脉的家庭面纱，把它泡在了利己主义的冰水里。

其实不仅是马克思引用了这个说法，资本主义早期很多情况下都会出现留恋小共同体的现象。最明显的如拿破仑战争中根据法国大革命的价值观，整个欧洲范围内到处解放农奴，但是那些农奴往往不愿被解放，马克思提到的莱茵地区表现最明显。很多其他地方也是，甚至在俄国都有这种现象——金雁当年的学位论文就是讨论拿破仑战争中的俄国农民。

这里要讲一个故事，大家知道我国老革命家李立三留俄很久，他在共产国际工作了很长时间，娶了一个俄国太太李莎——俄国共青团员、"娜拉出走"后的贵族家庭的小姐。后来李莎跟着李立三回到中国，在中国历经沧桑，李立三在"文革"中被"迫害致死"，李莎也被诬为"苏联间谍"入狱多年。中苏关系解冻后，李莎也平反了。离俄几十年的李莎落叶归根回去探亲。她的家乡那个原来的庄园，1917 年前的一些人居然还健在，虽然都已垂暮。他们听说"大小姐回来了"，都纷纷来看望，并且认为还是当年的主人好，斯大林时代把他们整得很惨，剧变后休克疗法时期俄国生活也很糟，提出让大小姐回来，他们依旧跟随……

这其实也很容易理解。在课堂上曾经有同学提出，中国文化和西方文化不一样，中国文化相信性善论，总认为我们的统治者就像父亲一样会照顾我们为我们着想，所以他的权力越大我们越幸福。我们希望有个仁慈的家长。但是西方就相信性恶论，总是怀疑家长是不是以权谋私，不利于我们，所以他们要限权、分权，进行权力制衡。

我回答说：其实未必，我理解的是，共同体的半径越小，直接交往越多，人们就越"性善"，制度上约束"性恶"的必要性就越小，伦理和情感起的作用就会越多。比如西方美国民主宪政搞了两百多年，但从来也没听说他们"民主选爹"，也从来没听说对爹进行权力制衡或者三权分立之类的。道理很简单，共同体小到一定范围，尽管它还是依附性的，限制人的自由，没有平等，但是共同体那种温情脉脉的东西会自然造成一种权力和责任的对应。就是作为父亲有父权，儿子必须听我的，但是我也有照顾、保护子弟的责任。父权与父责的对应其实不需要、至少不太需要制度约束。当然这里讲的是如果共同体的交往半径足够小，就像滕尼斯讲的共同体。但是在陌生人社会中就不一样，在陌生人社会中这种东西靠不住，这也没有什么中西之别：你看韩非对人性预设的邪恶，完全超越了我们知道的西方思想史上所有关于性恶论的任何描述，霍布斯、萨特等，在商鞅、韩非面前都算性善的。一旦进入了陌生人时代，你就不能把宝押在道德伦理上，需要靠严厉的制度。民主制是百姓对统治者分权制衡，秦制是君主对臣民"分权制衡"。方向相反，但都不再相信"温情脉脉"。

人类社会五花八门，各个民族也难说有"共同发展的客观规律"，但有一些最基本的点还是一样的。人类社会最早的人际交往纽带很简单，就是血缘纽带，早期人类不管哪里的初民在摆脱猿人的状态以后，既没有企业，也没有教会、政党等别的东西，唯一有的就是血缘关系。后来人类社会最早的道德也是在血缘关系的基础上产生的，以至于不管中国还是西方，都常把血缘关系中的一些概念，用来形容正面的道德，比如说 motherland（祖国）、Père（神父）、Tous les hommes sont frères（四海之内皆兄弟）等。尽管实际上并没有血缘关系，但也是这么比喻的。

远古中国像"王""德"，它最初的时候不仅是一个权力头头的意思，也是一个血缘—道德的含义。比如所谓的王道，早在民国时期，例如我在陕师大时的前辈学者斯维至等，都做过古文字学上的考证，认为这些其实都是来自血缘关系。那时的"封建"关系，王、公、侯、伯、子、男，字面上就是一股血亲色彩。但是到了以后，处理这些事，就不能光靠血缘伦理。所有的民族，几乎从逻辑上来讲，都经历过这么一个阶段，就是一开始他们的政治，如果可以用政治这个词的话，都是一种"长者政治"，就是氏族元老、父家长，对他们下面的子弟，亲属关系中处于依附地位的人，存在这样的关系。但是这种关系在人类发展到一定时期就会产生问题，因为人们的交往半径越来越大，越来越变成是一种陌生人之间的交往。这种趋势其实我们现在看得很清楚。

如果以古希腊为一个典型，以中国为一个典型的话，那就是当"长者政治"越来越不足以维系越来越大的共同体时，它的前景千差万别，但是逻辑方向无非就是两个，一个是"从长者政治"向"强者政治"演变，不靠温情脉脉，而是靠暴力。一个就是"长者政治"向"众人政治"或者契约政治演变，家长定不了，那就大家来定，就如雅典的"民主"，或者即便有"执政官"，我不能完全指望你执政官像我爹一样，但是我可以跟你定一个契约，我给你授予权力，你对我承担义务。两者都是在小共同体本位时期晚期出现的，而且几乎所有的民族都曾在这两者之间不断地跳来跳去，契约政治的起源也是很早的，儒家所谓"君君臣臣"，"君不君则臣不臣"，"抚我则后，虐我则仇"，就是一种契约政治概念的萌芽。而法家就相反，来硬的，就是法、术、势那一套。

直到近代化过程，如果要真的能够完成，就必须解决不管是大共同体还是小共同体的那种依附性。要把人与人之间的关系，从身份性的依附关系、主奴关系、主从关系，变成一种自由的或形式平等的契约型关系。但路径何在呢？

当然实际上汉以后，任何大共同体，都在它的强权统治中，用了很多小共同体中温情脉脉的词汇，比如古代经常讲君父臣子，就是把君臣和父子做了一个比喻。但是从这种关系建立之始，人们都知道这只是比喻而已，君臣"应该"如父子，但实际上并不是父子，先秦时代，无论法家还是儒家都知道这个道理，叫做"君之于臣，无骨肉之亲也"。你可以作为一个努力方向，使君臣关系尽量变得像父子关系一样，君以父待臣，臣以子事君，但是无论法家还是儒家都认为这里押不得宝。

儒家认为万一君不君，解决的办法就是臣不臣。你对我好，我就对你好，你对我不好，我就搞"革命"推翻你换一个好的。而法家解决问题更简单：不管我对你多么坏，你都必须服从我。

最经典就是雍正皇帝。他在位期间每到春节大臣要给他上贺表，其中有个人给他上的贺表，也按照以前的惯例大讲了一通皇上对臣深恩厚德，臣肝脑涂地不足以报。这本是拍马屁，一般人不会较真，这雍正却发怒了，写下一道朱批："但尽臣节所当为，何论君恩之厚薄！"你忠于我必须是无条件的，不以我对你好不好为前提。我对你好不好不是你该想的，你就无条件做鹰犬就是了。而且你必须接受一个原则，就是爹亲娘亲不如皇上亲，用荀子的话讲叫做"隆君"与"隆父"不能并存，"隆君高于隆父"。这就把"为父绝君，不为君绝父"的古儒伦理完全颠倒了。

其实，把君臣关系比拟为父子关系，这在中世纪欧洲也非常流行。当时很多人说我们服从君主，就像儿子要服从父亲是一样的。但是在整个启蒙时代不知有多少人反驳了这个说法。最具代表性的就是卢梭和洛克，他们都专门提到父子是骨肉关系，是神圣的，所以父权理所当然。但君臣本应是契约关系，君权毫无神圣可言。这里我要讲人们说五四也是启蒙运动，但卢梭和洛克毕竟不是五四青年，他们并没有五四时代那种个性解放"娜拉出走"的思想，也不强调子女要独立于父亲。但是他们都强调臣民不能无条件听从君主，这是毫无疑义的。这两个人都谈到父子关系是自然的，就是我们很自然地服从父亲，父亲也很自然地爱护我们。但洛克的原话可谓掷地有声："天底下再也没有比君臣关系更违背自然的了。"

讲得简单一点，"周制"就是"封建"，其特点是"小共同体本位"，"主人的主人不是我的主人"，"人各亲其亲，长其长"，"国虽百里可王也"，"小国寡民"，尽管"周朝"的天下很大，但是"王臣公，公臣大夫，大夫臣士……"每一级的依附都按小共同体的规则，小君小臣虽不等于父子，但差类父子；熟人社会不等于亲人社会，但不乏温情。周制下不会有秦制下不断上演的全国性"官逼民反"。

秦制为什么从陈胜吴广到太平天国不断重演？核心逻辑就是元末民变时的那首儿歌："天高皇帝远，民少相公多，一日三遍打，不反待如何？"小共同体本位的时代是没有这种事的，那时人各亲其亲、长其长，主人和附庸之间有互动。但从周制变成秦制以后，君臣就完全与父子不类，倒有点像强盗与苦主（谭嗣同："秦政……皆大盗也"）。君臣关系的紧张积累200年左右，就来一次天翻地覆的官逼民反，然后再推倒重来，劫后再生。如此六道轮回不已。

冯天瑜：共同体是解析中国社会的重要论题，对这个题目需要多做实证研究。日本人的"满铁"调查部20世纪三四十年代对东北、华北农村实地考察，一种结论是，中国村落并不存在强有力的共同关系，村民与村落的结合关系极为松散，从而否定中国农村共同体之说。另一调查显示，中国农村以村庙为中心形成的村落凝聚力甚强，村民的是非善恶等规范意识以村庙主神为核心形成，因此中国村落存在强有力的共同关系。此两说并存，当为中国实际。

我的家乡冯家畈、张家湾，民国时续存祠堂、族田，宗族长老会议颇具权威性（家庭贫寒的先父能继续读书，便是族中长老会决定以学田收入资助所至）。以我的直接观察，宗族组织1949年以后趋于解体，党支部已然设于乡里，公社干部、大队干部取代三老五更，掌理行政权、话语权，但宗族观念还在延传，历次政治运动也未能灭除（我60年代、70年代、80年代回乡，发现湾子里还极讲辈分，亲情浓浓），但近三四十年的打工潮，则强有力地破袭宗族观念，今之冯家畈、张家湾，人们的生活方式、思想观念已经"城市化"，也即"非宗族化"，小共同体全然瓦解矣！

秦晖：西方各国在中世纪解体进入近代的时候，那种道德沦落感就像马克思所引撕掉温情脉脉的家庭面纱，浸在利己主义的冰水里。但是像这样的抨击，在中国其实产生得比西方更早。在中国，温情脉脉的家庭面纱，不是到了近代才被资本主义撕掉的，而是秦制就撕掉了。如汉人贾谊说秦："借父耰锄，虑有德色；母取箕帚，立而谇语。抱哺其子，与公并倨；妇姑不相说，则反唇而相稽。其慈子耆利，不同禽兽者亡几耳。"贾谊这些话，听起来好像与马克思引的话是一样的，说家庭内的关系就像禽兽一样。鼓励告亲，禁止容隐；天大地大不如权势大，爹亲娘亲不如皇上亲。隆君不隆父，"贵贵而尊官"；"时不知德，惟爵是闻。故闾阎以公乘侮其乡人，郎中以上爵傲其父兄"。周秦之变有个非常有趣的特征，就是在大共同体瓦解小共同体的过程中，往往有意在小共同体中制造虚假的个体独立。法家认为"父之孝子，君之背臣也"，所以皇上特别喜欢挑动子女反爹反妈，强制分异，"不许族居"。商鞅、韩非和荀子都讲这一套。

而周制时代完全相反，典型的一个案例就是伍子胥，他的道德逻辑是小共同体本位，为给父兄报仇，就要推翻暴君，甚至不惜投奔敌国，带领吴军灭楚，而得贤名。这与秦制的逻辑是完全相反的。从周制到秦制在历史上影响很大。改革前的意识形态说三代是"奴隶制"而入秦后变成了"封建"。如冯先生所说，这与"封建"本意完全相反。但不管怎样此说仍是把周秦之变定为"社会形态"的质变。而儒家传统上崇周仇秦，盛赞"三代"而痛斥秦后。显然，不管"历史唯物主义"还是传统儒家对历史的描述，有一点可以肯定，就是自古至今人们一直都把周秦之变看得极重。

大家知道按照儒家的历史观，一直认为三代是黄金时代，后来就一代不如一代，所谓"两千年之政，秦政也，皆大盗也；两千年之学，荀学也，皆乡愿也"。马克思主义传入中国后"进步史观"取代儒家的"倒退史观"，主流也都是把所谓的社会形态的质变划在周秦之际。那时讲的奴隶社会、封建社会这两个概念尽管莫名其妙，但基本都是把周秦之际当作古史的分界。

真正对周秦之变有所质疑的大概就是王国维先生，他在殷墟甲骨出现后，强调了殷周之间的一些变化，然后得出一个结论，即中国古代社会变革之巨，莫过于殷周之际。这一论断影响了胡厚宣先生等学者，把古史分期划界在殷周之际，但是这一说法昙花一现，尤其是1970年代以后发现周原甲骨，因为以前我们只知道殷商有甲骨，周人是怎么回事，我们是不知道的。甚至有些人认为殷周之间的事件就是所谓的蛮族征服，用这个说法来套罗马帝国灭亡。说姬周就是日耳曼人，殷商是罗马人，随着周原甲骨的发现，这一说法再无人提及，因为周原甲骨除了形态比同期的殷商甲骨要更原始，字句也更短以外，基本是同语同文，怎么会是不同于殷人的"蛮族"？

当然也有一些区别，比如说殷商主祭鬼神，周人主祭祖宗。殷商有兄终弟及，西周传说中周公搞的那一套就是规范的嫡长子继承等，但是我们前面讲的那些"封建"特征，小共同体本位社会的一些基本特征，殷周是一脉相承的，但是周秦的区别就十分大。

正是由于周秦之变的根本性引起观念重建，所以也是在周秦之际出现了百家争鸣，出现了不同思想流派的争论。这些不同的思想流派在我看来，至少儒家、法家、道家、墨家几个主要的流派，他们的争论都是在对周秦之变表态。最典型的就是儒法两家，儒家是以捍卫周制，抵制秦制，或者说捍卫所谓的王道，抵制所谓的霸道为出发点的。孔子一再讲他述而不作，就是只绍述古圣，不妄创作新制。当然，当时的现实是"礼崩乐坏"，霸道趋秦，孔孟"以古非今"就是激烈批判现实，甚至"恒言君之恶者谓之忠"。所以古儒如孔孟都很愤世嫉俗，绝不对现实歌功颂德。"文革"时骂儒家"复辟倒退"，余英时先生盛赞古儒及后"士"具有"批判现实的知识分子良知"，其实事实判断都是一个，即那时儒家不趋时不媚上，当时统治者往往视为添乱的"负能量"，因此通常都是没有权势依托的"丧家犬"。但是历史上以"复古"为名的现实批判成为进步动力者并不罕见，如欧洲的Renaissance（文艺复兴）就是典型，晚清的"崇周仇秦之儒"其实也是这样。

与"以古非今"相反，法家就是老说"法后王"。"文革"时解释说，先王是保守的，后王是改革的。这是错误的解释。如果你去看历史，"先主"大有作为而"后主"是败家子，那才是大概率现象，不是吗？而且所谓先王，就是尧舜禹汤文武这些过去的人，但"后王"是谁？是"未来的王"？未来谁是王无人知晓，如何"法"？其实所谓"法后王"就是法"今上"，就是拍当权者的马屁，这还有什么可辩解的？

所以对荀况争议很大，从师承看他是儒家，也说过"从道不从君"这种儒家该说的话。但"法后王"只能说是对古儒的背叛。"先王"已逝，既不能赏顺，也不能罚逆，只是一种"道统"的象征。所谓法先王，就是不满今上，用先王当做一个棍子去敲打今上。这不就是"从道不从君"吗？而所谓法后王，说穿了就是法"今上"，不仅要听皇上的，而且就要捧现在的皇上，以前的皇上已经驾崩，我听他的，他也不能赏我高官厚禄；我不听他的，他也不能罚我什么，我干嘛要听他的呢？这不就是"从君不从道"，难怪谭嗣同骂他是"乡愿"，即毫无廉耻、有奶便是娘的御用文人。难怪他培养出韩非、李斯这两个秦制的理论家和实践家。这种法后王，后来也就产生了叔孙通，那个"所事者且十主，皆面谀以得亲贵"的"汉家儒宗"。

当然，周制和秦制如果我们持一种价值中立的态度，应该说它们各有所长。从今天的角度讲，周制作为制度已经过时，是不必要、不可能，也不应该重建的。从它的功能来讲，周制有两个特征，使它不可重现：第一，它虽然温情脉脉，但仍然不是一种自由平等之制，仍然是一种不平等的依附关系。作为现代社会，无论市场经济还是民主政治，要求的都是一个契约型的社会。第二，即便在古代，在周制和秦制的比较中，虽然历代的人都认为周制道德形象好像更有光彩，但实际"竞争力"不行。具体的讲，国家间如果发生对抗，在其他条件相似的情况下，一般来讲都是秦制能够胜出。

所以你就可以理解，到了战国时期，无论哪个国家都出现了所谓"变法"的趋势，说穿了就是法家化的趋势，而且各国在这方面实际是在比赛，或者说是"比坏"。最后法家化最彻底的，把那仁义道德抛弃得最极端的，就是虎狼之国嬴秦。不管"暴秦"在道德上已经被中国人骂了两千多年，说秦好的人应该说极少，但它就是厉害。秦灭亡了以后，刘邦和项羽之间的较量，在很大程度上也带有秦制和周制较量的色彩，最后还是无底线的刘邦（汉臣司马迁都说他"无赖"），胜过了更为君子的项羽。因为集权无限的"大共同体本位"比周制确实更能够横征暴敛穷兵黩武不顾一切地打仗。中国的历史说穿了自从有秦制以后，就是秀才遇见兵，有理讲不清。就是强权战胜道德，君子斗不过恶人。

即使在更广义的世界史上，我们也可以看到，秦制不管多么邪恶，他至少有个长处，就是我们经常讲的叫做集中力量办大事。秦始皇陵能够建成这样的规模，有谁见过周王陵？至今为止还没有一座周王陵是被确认的，更不用说宏伟不宏伟了。秦始皇的确是可以创造奇迹，在短短的十几年中，不停地建设重点工程，一直建到天下大乱崩溃为止。周制无论如何做不到这一点，而且其他国家的历史上也有类似情况。

比如俄国沙皇从罗曼洛夫王朝之前就已经开始出现中央集权的趋势，中央集权的趋势和蒙古征服有一定的关系，当时并不是因为俄国比西欧更先进，其实俄国比西欧中欧的大部分地区更落后，这大概是不争的事实。而且以前俄国也不能打仗，大家知道最典型的就是俄国和波兰的关系，在17世纪以前一直是波兰占优势的，今天到克里姆林宫，还可以看到宫外红场上唯一的两尊大塑像，就是纪念从莫斯科赶走了波兰军队的米宁和托波尔斯基。当时波兰要比莫斯科罗斯能打，当时两边都是封建制，但是波兰毫无疑问，它在经济文化等各个方面都比莫斯科公国强，所以周制和周制打，波兰可以胜出。但是后来波兰打仗越来越不行，但波兰人不服气，因为他们觉得自己经济文化都行，连列宁也这样讲，直到波兰亡国后，"俄属波兰"仍然是俄罗斯帝国境内最发达最先进、工业化程度最高、识字率最高的地方，也就是说波兰始终比莫斯科公国更文明更进步，但波兰就是打不过俄罗斯，原因在于波兰还是"封建制"，而俄国从前代伊凡、到伊凡雷帝、再到彼得大帝，越来越"秦制"化、越来越军国主义、中央集权皇帝专制。这也解释了一些历史问题：中国历史上不知道有多少人骂秦始皇，但是"暴秦"官逼民反天下大乱之后，还是得靠秦制收拾烂摊子。

历史常常不是根据人们的道德观念来进行。但是到了近代就出现了一些变化，近代出现了所谓三千年未有之变。三千年未有，其实秦制以来未有。就是由于中西交往，对中国的秦制构成强烈的冲击。五四时代以来很多人有个印象，即强烈的冲击是受到中国以儒家为代表的传统的强烈抵制。以至于五四要打倒孔家店，而且事情好像还做得不够彻底，以至于"文革"时期批孔，而北京红卫兵冲到曲阜，把孔子的墓都挖了。当时给人的一种印象就是阻碍中国现代化的是中国传统，而且尤其指儒家的传统。

但是历史事实其实并非如此。至少在戊戌以前，西方那一套一传到中国——不是指船坚炮利，而是指西方那一套民主制度——就被当时的中国人称为"天下为公，得三代之遗义"。那一套制度传入中国以后，首先就得到了"崇周仇秦"的古儒传统的大力呼应。当时很多人一看西方说，这不就是我们的三代吗？我们三代就建设得很好。不幸后来秦始皇搞得乌烟瘴气，越来越糟糕，三代以前中国是最文明的国家，但是秦汉以后，中国文明就"日益微灭"，反倒是西方成了"三代"，他们看我们就像"三代之视夷狄也"。

这些说法远远早于五四。很多人把五四当做启蒙运动，但五四之前的辛亥革命，连皇帝都推翻了，实现了共和，说那时候还没有启蒙是不可能的。就像法国启蒙运动后才会有法国大革命。如果没有思想启蒙，怎么会有政治革命呢？实际上启蒙早在辛亥以前已经进行了几十年，更早一些可能早于洋务运动，甚至比学习西方的船坚炮利还要早。很多人说西方文明影响中国建立了先"器物"、再"制度"，然后才是"文化"——就是五四新文化运动。但是这如何解释1851年起事的太平天国？太平天国无疑是基督教影响的产物，基督教不是西方文化？太平天国虽受"西方文化"影响，却是政教合一的中世纪组织，不能说是启蒙，然而比太平天国更早的徐继畬等人直接介绍宪政民主，这就无疑属于启蒙了。造枪造炮的洋务运动是1860年以后才有的。可是包括徐继畬、王韬，乃至太平天国方面的洪仁玕等人所称赞的西方之"推举之法，天下为公，浸浸乎得三代之遗义"，早在洋务运动之前就已兴起。

有人写文章批评我，说这只是很少几个人的提法，大部分人不这么认为。其实大部分人不这样说，并不是因为"文化冲突"，而是因为很多人没有接触过西方，根本不知道那是怎么回事。这是信息屏障问题，不是文化冲突问题。但是晚清的国人，包括郭嵩焘这样的国学大师，只要到了西方的，都深受震动，感到西方那套比中国更文明，甚至比中国更儒家。张德彝、刘锡鸿等人甚至认为英国人比中国人更尊君孝亲：英国的皇上是虚君，你忠于他，他也不能给你高官厚禄；你不忠于他，他也不会杀你；即便这样英国人还是对国王以至王室非常爱戴，这才是真忠。中国哪有这样的事？就像法家明言，君臣"无骨肉之亲也"，臣下为皇上效力是图重赏，不敢造反是怕杀罚，一旦失去赏罚之权成为虚君，就会面临墙倒众人推的境况，哪有忠君可言？国人忠的其实不是君，而是枪，或者说怕的是枪。只有英国人才真忠君。他们还说，英国子女真的是孝！英国人孝父不是由于有父权威逼，有"父要子死，子不得不死"的恐吓。他们实行嫡长继承制度，不存在分家产问题，与你孝不孝也没关系。但侯爵夫人与我们谈话几个小时，他那已封伯爵的儿子恭立甚谨。这就是真孝。

但就是刘锡鸿、陈兰彬这些人，私下与那些启蒙者讲的几乎一样甚至犹有过之，朝堂上却媚上弄权，"揎拳掳袖"痛骂启蒙，攻击容闳、郭嵩焘等人，几乎把这些启蒙者诬为汉奸。这种晚清现象是所谓"文化冲突"，还是一群乡愿的恶劣表演而已？

启蒙者在外交上都是护国权、反侵略的，但比较中西内政，则秦制卑污，"而政教风俗，欧洲各国乃独擅其胜"，令人"每叹羡西洋国政民风之美"。当时到了西方的人，不管保守派还是改革派，乃至所谓的"极顽固之旧学派"，实际观感并无太大差异。区别只在于有些人公开讲，有些人只记在日记中，朝堂上却满嘴政治正确，讲的完全相反。以至辛丑之后禁忌一旦取消，所有的人都这样讲，没有人再讲不同的话了。

从徐继畲、郭嵩焘到谭嗣同，他们叹羡西制、抨击秦制，却从不反儒。所以中国两千年来古儒对秦制的不满，一直是中国接受现代化的一个很重要的资源。但是戊戌以后，就逐渐产生了变化。变化当然有各种原因，其中中国本身秦制传统的惯性还是起了最根本的作用。我并不认为中国的问题都可以归咎于外部影响，但是如果要讲其中有外部影响的成分，这和中国从戊戌以后学习日本是很有关系的。

冯先生也是研究日本的专家，在日本待过很长时间。我下面讲的，冯先生也非常了解。其实中国对日本的学习是一个非常有趣的现象，就是中国晚清或者清末民初对日本是非常之佩服。但是佩服的不是日本固有的那些东西，而是日本学习西方的成功。当然中国古代被日本学去却在我们这里失传了的东西也有人喜欢，那就谈不上佩服了。而真正日本本土的东西，中国是很少有人喜欢的。

经常有人说，中国文化和西方文化距离很远，但是和日本好像是同种同文，我说哪有这回事？中国即使是亲日派甚至汉奸，包括汪精卫，也没有听说他信了神道教的，但是中国人到了西方接受基督教的比比皆是，甚至没有到西方就接受了基督教的也比比皆是。所以你很难说当时中国人对日本的那些国粹有多大的兴趣，但是日本学习西方很成功，中国人是把日本当作学习西方的高材生来拷贝的。

而日本学习西方跟中国有一个非常大的不同，就是他们在明治的时候，要解决的是走出周制的问题，不是走出秦制的问题。日本虽然受中国影响很大，但是日本基本制度在明治以前跟秦制区别是非常大的，反而跟周制更接近点。所以这里我要讲，日本在明治以前，儒学在日本的流传，更具有逻辑上的合理性。因为儒学本来就是主张周制反对秦制的，而日本在它的思想史上多次讨论过周制和秦制的利弊问题。日本也不是不知道秦制，而且这里我要讲，任何一个统治者都希望自己的权力越大越好。

在这一点上我并不认为，比如有人说英国1215年有一个大宪章，这证明英国的国王早就知道自己的权力应该是有限的。哪有这回事？大宪章曾经多次被破坏又多次重立，它的延续都是靠真实的实力较量形成的。英国国王不是不想独裁，而是没有能力独裁。日本也是一样，日本历史上也不完全都是周制的，日本历史上也曾经有过几次短暂的天皇集权。而且后来的幕府想把自己的"霸权"超越周制，引起了几个强势诸侯的反对。甚至维新之初西南强藩的倒幕，初衷都未必是追求秦制，只是怕幕权强大威胁到自己的割据。随着维新的推进，那些强藩都被削弱了，这也是他们始料未及的。西乡隆盛不就是这么死的吗？其实要说实行中央集权，那些幕府也希望中央集权，只不过想要集权于自己手中，但是最终失败了而已。

不管怎么说，日本中央集权的确立，包括废封建立郡县，就是把那两百多个国变成一都一道二府四十三县，整个过程都是在明治维新中完成的。日本通过走出周制的过程，向西方学习了很多东西，而且成功地实现了民族国家认同的建立以及在这个基础上的富国强兵。日本的宪政制度——近代的政治制度，其实一直到"二战"以后才解决。

但是当时日本的影响传到中国以后，就出现了一个变化，即在有日本榜样之前，当时中国主张学习西方的人都是对秦制不满，认为西方那一套有助于复兴周制，或者说西方那一套值得我们学习，就是因为它更符合儒家道德。但是，日本榜样引进中国以后逐渐就反过来了，很多人就认为中国不行，是因为讲道德讲得太多，小共同体本位的东西过多，大共同体本位的东西过少，学习日本的很多人都这么说：中国人不行，就是由于"只知有家不知有国"，孝子太多，忠臣太少，诸如此类。这些人同样也要学西方，但是经日本转手后他们就越来越把学习西方和"去周向秦"联系起来，而否定了崇周仇秦。

走出周制，当然从思想史上讲就会否定儒家。像章太炎、杨度等都是这样，日本对中国的影响之所以受到忽视，是因为很多中国人从日本人那里受到启发，他们引的文章往往都不是日本人的文章，而是日本人用过的西方人的文章，所以从表面上看他们不是受日本人的影响，而是受西方人的影响。

其实日本人对西方的那一套是经过选择的，有些在中国起了很大影响的西方学者，本来在西方没有那么重要，但是因为日本人抬得很高，中国人也就很重视。像当时很有名的伯伦知理，主张中央集权的一个瑞士国际法专家，在西方其实出了国际法圈子并没有太大的影响，但是在日本就很受推崇。由于日本人推崇，中国也有很多人学伯伦知理。

所以很有意思的是，我们很多人都讲近代学习西方，哪里学得对，哪里学得错，但是无论对还是错，很大程度上并不是直接从西方学，而是从日本人那里学的。其实就是学他们如何走出周制，如何"反封建"。他们走出周制学习西方，进行了不少变革，其中包括两方面内容：一方面的确引进了一些西方宪政的近代政治的因素，这一点不可否认，我也不会认为明治以后日本建立的只是一个秦始皇式的体制；一方面，不容否认的是，明治以后日本建立的，其实也不是宪政体制，而是在很大程度上比原来更集权的天皇-军国体制。这是个很有特色的体制，有人说明治之后的日本天皇仍是虚君，平时是不管事的。但是日本的虚君有个突出的特点，就是"虚责不虚权"。虚君的含义是天皇权力无限，只是不承担责任。天皇一般来讲对政事不轻易表态，正因为这样，日本后来做了无论再多的那些乱七八糟的事，天皇都不负责，包括战争也是这样。其实关于战争决策的最重要几次会议都是"御前会议"，都是天皇最后拍板。后来福泽谕吉建立的体制，当然也不完全是秦制。天皇一般不直接过问政事，但是这个体制很重要的一点就在于明文规定天皇是军队的统帅，军队并不服从文官政府。军部是独大的，这里所谓的军部独大，不见得天皇就直接指挥作战。但至少造成了一点，就是日本的军队是不听政府的，日本的军队是"皇军"而不是国军，这一点是明确的。至于皇上并不太管，那是因为皇上不想承担责任，并非没有权力。否则我们就不能理解，"二战"后期日本天天喊叫"一亿玉碎"，但天皇一旦决定"终战"，那些军头哪怕就是大批自杀了，你也必须服从。但问题是，你既然有权"终战"，自然"开战"也应该出自你的权力！这时候天皇就又是"虚君"了。天皇虚责不虚权，实际上造成了军部专政，酿成后来的大祸。

总而言之，明治维新是有秦制的色彩，当然也有宪政的色彩，但是宪政的色彩在"二战"以前一直不是太强。这套东西引进中国以后，马上就和中国秦制的传统结合在一起。不管国民党还是共产党，都从中吸取了很多东西。后来在 1990 年代的反思中，很多人都在大谈激进主义、保守主义，而且说中国的问题就是受到激进主义的影响。但激进主义从哪里来？答曰是从俄国来。俄国激进又从哪里来？据说是从法国来。所以 1990 年代以后一直有人提出这样的说法，西方文明中有欧陆传统和英美传统的两分法，欧陆传统就是从法国传到俄国，从俄国传到中国，并且以早期中共骨干很多来自留法勤工俭学运动为例，认为他们受到法国激进主义的影响。这个说法我认为是非常牵强的。其实，那些后来在中共中崛起的留法人物，绝大多数在出国之前就已经非常激进。而且他们到法国也没怎么读书，他们是不是在法国读过卢梭我都怀疑。他们如果读过，大概也是在中国读的。而且留法勤工俭学生中有一部分人后来转入了全日制学习，而转入全日制学习的这些人，没有一个成了"激进分子"。1921 年参加中共一大的 13 个代表，加上没有到场的创党领袖南陈北李，一共 15 个人。这 15 个人中 6 个是留日学生，留法的一个都没有。包括陈独秀接受马克思的这套，经考证最初也都是从日本人那里来的。所以给陈独秀写传的唐宝林先生就写了一节《东方吹来十月的风》。以前中国有首著名红歌《北方吹来十月的风》，说中国接受马克思主义是从北方的俄国吹来的风。唐宝林先生则指出，陈独秀对十月革命的新看法其实也是从日文书刊来的。

冯天瑜：前边提到日本的近代化，这也可以打开我们的思路。日本近代化的起点——中世近世社会（日本将镰仓幕府、室町幕府时期称"中世"，江户幕府时期称"近世"，明治维新后称"近代"），与同期中国（宋元明清）制度有很大差别。尝谓中日两国"同种同文"，其实并不尽然。"同种"说难以成立："大和"与"华夏"族源相异（有DNA 检测为证），今不具论。"同文"须加辨析。"同文"有两种含义，（1）指日本借用汉字，至今还留在"汉字文化圈"内，但不要忽略，中日的语法大异，表明思维方式有别，而且日本自平安后期创制假名。我在日本讲学几年间广览日本文献，发现镰仓以前文献几与中国古文献一样，全为汉字文言；镰仓以降文献，汉字-假名混用，而且幕末明治假名所占比例越来越高，与"日中同文"愈行愈远。（2）"同文"指文化相近，古代日本采借儒学、华化佛教和唐宋典章制度，文化与中国有类似处，但日本存在强劲的本土文化（神道、万世一系的天皇制，等等），与中华文化颇相区隔，如隋唐科举制在盛行贵族政治的日本便难以推行。此外，日本自幕末以降即脱亚入欧，与中国制度分道扬镳。总之，近代转型之际，幕藩林立的日本与皇权一统的中国，社会制度并不一样，却与前近代西欧相类。英国首任驻日使臣欧卢柯克（中文名阿礼国）以自己对幕末日本实地考察著《大君之都》（"大君"非指日本天皇，而是指掌实权的征夷大将军），具论日本制度与中世纪晚期西欧"酷似"，而与清代中国制度迥异。我们借词说话：日本近代转型立基于分权的"周制"，中国近代转型立基于君主集权"秦制"，这正是同期发生的日本明治维新与清末的洋务运动效果大异的社会历史原因。

秦晖：当年立即引起陈独秀共鸣的俄国革命其实是推翻沙皇建立共和的"二月革命"，因为陈独秀当时力挺协约国，认为欧战就是民主国家与专制国家之战。而俄国打得极糟，就因为俄国是协约国中唯一的帝制国，所以三心二意，甚至可能出卖民主国盟友而与德奥土保皇帝们单独媾和。现在俄国也推翻了帝制，民主的新俄国将会如大革命后的法国越战越勇。但后来陈独秀大失所望：8 个月后共和俄国就被"十月革命"推翻，列宁上台后不仅武力驱散议会，而且立即与德国单独媾和。所以，陈独秀起初对十月革命甚为抵触，更谈不上欢呼。直到1919年巴黎和会后陈独秀对协约国失望，又从河上肇等日本人那里了解到对十月革命的解读，这才在两年后成为十月革命的拥趸。

后来问题就越来越明显，五四以后，新文化运动的个性解放特征显然比民主和科学更重要。很多人因为陈独秀讲德先生、赛先生，就认为五四的精神就是民主与科学。五四的确弘扬这两者，但如上所述，民主与科学并不是五四以后才传入中国的，如果民主在五四以前没有传入中国，怎么会有中华民国？

论及五四在中国历史上开创了什么，答案就是个性解放。无论胡适、鲁迅，还是许寿堂等很多人都提及过。以前中国人早就知道共和民主、天下为公，但是后来从日本人那里又知道了个人主义。所谓个人主义本来是要摆脱所有束缚，追求个人的真正独立。但是日本明治时代的个人主义、个人独立，其实讲的都只是从小共同体中追求独立。到了五四时代形成大潮的个人独立，典型的如"娜拉出走"、《家》《春》《秋》等，都是以家庭为对立面的。直接冲着小共同体本位的儒家。而真正对国家主义的警惕，对秦制的警惕，反而被放在一边，包括鲁迅在内的许多人都认为秦始皇还是很伟大的。五四前章太炎等已有这种说法。而包括鲁迅在内的"章门弟子"更成了五四个性解放的旗手。

1980年代王元化先生也曾经提出过诸如"五四反儒不反法"的问题。这一点五四前后也已经有端倪，特别是杨度、章太炎等。我把它称为伪个人主义，什么叫伪个人主义？就是当时从日本引进的个人主义，其实真要是个人主义也可以，因为近代社会就是要讲个人独立。我前面也讲过，这其实也是马克思主社会主义和自由主义的共同底线。但是五四时代的个人主义带有很浓的日本味，主要针对小共同体。

有人注意到陈独秀在1920年写文章吹个人主义，说个人独立非常好，中国之所以糟糕，就是因为我们的家长压制了个人，等等。但是仅过了4个月，他又发表了一篇文章，说中国人个人主义的灾难简直不可收拾，以至于大家都只顾自己，不顾国家将来。后来金观涛先生说，只是这4个月之间，陈独秀对个人主义的评价发生了180度的转变。在我看来其实根本没有发生任何转变。因为陈独秀之前肯定个人主义，是希望个人摆脱家庭，摆脱小共同体。而后来反对的个人主义，是说个人不愿意无条件服从国家。但中国的秦制传统本来就是要六亲不认只为皇上，这两者有什么对立？

从大共同体本位的角度去打压个人，从瓦解小共同体的角度去弘扬个人，这秦制的两面，在晚清直接受西方影响（尽管尚浅）的第一波启蒙中已经被削弱。那时国人"崇周仇秦而学西"，并不认为反秦和尊儒、抵制皇权和维护家庭有什么矛盾。但是西方的影响经过日本中转后一方面确实"加深"了（提出了比民主共和更深层次的个人本位问题），另一方面却"变味"了（只摆脱家庭的"个人解放"恰恰为法家所倡）。这两种现象其实在五四时代的陈独秀身上就已经体现，他代表的那个方向（不是他本人）以后也没有变，只是在这两点上走得更远了而已。这里面的变化很可能在戊戌以后就已经发生。总体来讲，从各民族向近现代化转型的角度而言，这种转型要解决个人独立性问题，不管是真正意义上的社会主义，还是自由主义，这一点应该没有问题，只是群己权界上有些不同的划分而已。

个人的独立，在历史上除了价值观方向以外，还有一个路径的问题。西方各国，因为它的中世纪是小共同体本位的，包括日本也是一样，所以他们在走出中世纪、走入现代化的过程中，曾经有过一个和大共同体本位结盟，首先摆脱小共同体的过程，这就是所谓市民与王权的联盟，或者就叫"反封建"。西方各国包括日本，大都曾经有过一个所谓"绝对主义"的时期，这个时期其实起了两个作用，其一是通过"反封建"消除了国内的领主，首先摆脱小共同体本位；其二就是消除了国外的，主要是罗马教皇的跨国教权。在摆脱了小共同体以后，随着公民社会力量的发展，他们才会和王权发生冲突，出现了我们后来在大部分欧洲国家看到的，那种摆脱君主专制、完全建立公民社会的那种趋势。

在中国这样的传统体制下，以上路径就值得反思。因为中国自秦始皇以后，总体上就无"封建"可反。压制个人的主要是大共同体本位的束缚，不是小共同体本位的束缚，我们个性的压抑，自由的缺乏，主要不是爹妈造成的，而是秦制造成的。不是因为中国社会温情脉脉的东西太多，而是冷酷的"法、术、势"太多。在这种情况下，如果我们还是像西方中世纪晚期那样，企图靠王权来打压小共同体，通过这种渠道来解放个人，这条路显然是不通的。

日本就不一样，毕竟它的现代化是从摆脱周制开始，也有"封建"可反。所以日本的明治维新我认为很了不起，还是非常伟大的。其伟大不像有些人说的仅仅是温和改良不是暴力革命——其实就"反封建"而言它不仅激进，而且流的血不比中国的辛亥少。明治维新的伟大在于它既符合现代化的总体价值方向，也符合日本走向现代化的具体逻辑推出的路径。即日本要走出周制，第一步首先就要"反封建"。但这也仅仅是第一步。"市民与王权的联盟"最终还必须摆脱王权。这一点明治维新不仅没解决，而且增加了国族狂热和军部专政的阻力。明治后对小共同体加于个人的约束，其实已经破坏得很彻底。那时中国留日学生到了日本，对日本式"个性解放"印象深刻，诸如"中国的女性爱哭，日本的女性爱笑"等，在当时留下了许多文字。但是恰恰在军国时代，日本出现了许多个人从家庭的工具变成国家的工具以后非常极端的场景。日本式"娜拉出走"之后，男女都"报国奉仕"、目无家庭，在大共同体的逼迫或变相逼迫下，男的走进神风队，女的去当慰安妇。传统时代是根本不可能出现这样的事。这种现象对个性和个人自由的压抑，那是一般所谓"传统家庭""儒家礼教"可比的吗？我认为这种现象的根源是一种基本逻辑：在近代化过程中，个人的解放不是一蹴而就的。无论在哪个国家，无论东方还是西方，人们都不可能一下子就摆脱所有束缚，达到所谓最高水平的自由。这一过程需要两害相权取其轻，接受（有时且可利用）某一种束缚，而首先摆脱危害最大的束缚。

在西方如前所述，由于中世纪主要是一种小共同体本位的体制，"主人的主人不是我的主人"的体制，所以他们常常需要走"市民与王权联盟"之路首先摆脱小共同体本位。但是这条道路也并不见得都是顺畅的。有些欧洲国家王权强大以后，并不只是压抑了贵族，连市民的发展空间也给压下去了。最典型的例子就是西班牙。西班牙原来在人文主义时代也有一定的个人觉醒，后来在天主教双王时期，贵族与教会都被王权彻底压服。像堂吉诃德，其实就是西班牙贵族没落的形象。而西班牙的宗教裁判特别恐怖，也是因为它不像别的地方只限于教会，西班牙国王是撇开教廷，直接用世俗王权推行大规模宗教恐怖。但是，西班牙贵族的没落并没有导致社会的公民崛起，反而使西班牙变成了一个专制而停滞的老大帝国，虽曾强大一时，但之后长期沦为"欧洲病夫"，20世纪甚至导致了一场现代欧洲最惨烈的内战，直到1970年代民主化以后才走出噩梦。

与之相反的例子就是瑞士，它是欧洲现代化非常成功的一个国家。但是瑞士的现代化跟大部分欧洲国家不一样，它没有一个"市民与王权联盟"的阶段。瑞士从1291年成立

"三森林州联盟"以后，就长期依靠阿尔卑斯山里的农民——完全是家长制农民。琉森、伯尔尼等城市邦都是后来加入的。瑞士在"国家民主化"方面好像很先进，因为它不仅各邦民主，而且联邦层面不设总统，只有轮流坐庄的"联邦委员会"集体执政，并且这一体系产生得非常早。但是在"小共同体内个性解放"方面，瑞士似乎又十分落后。传统瑞士农民盛行大家庭，宗教氛围浓厚，妇女公民权在欧洲是最晚产生的国家之一。瑞士的民主其实主要是父家长民主，虽然是全民投票、直接民主，但是参加公民会议的必须是男性父家长。瑞士妇女在联邦一级的投票权是在 1971 年才实现的，有的州投票权产生得还要更晚。最早的瑞士三邦就是三个森林州，全是农村州，在击退哈布斯堡军队后第四个加入的琉森才是城市，才有市民入伙。所以瑞士出现的不是市民与王权联盟，而是市民与宗法农民联盟，首先摆脱了王权。瑞士的开国故事，如威廉·退尔、鲍姆加滕等，说的都是哈布斯堡王朝的"总督"千方百计破坏农民家庭的事：不是企图诱拐农民之妻，就是强迫农民杀子。这从反面暗示：其实在那个时代，血缘纽带正是使农民能够反抗专制王权的组织资源。

我们知道今天的瑞士当然已经全面现代化。包括妇女解放和平权，都已经走在欧洲前列，瑞士联邦委员会现在女性成员比例也是欧洲最高的之一。但是如果就先后顺序而言，其实瑞士是与主要欧洲国家相反的：公民个性解放的趋势，首先是和小共同体结盟，摆脱哈布斯堡王权，然后才在民主国家体制下逐渐解决小共同体内部的个性解放问题。也就是说即使在欧洲，也并不只有市民与王权联盟这样一种路径，这些经验对我们反省两千年的传统也好，一百多年来的转型成败也好，都是有启示意义的。

我就讲到这里，谢谢大家。

主持：秦老师刚才从广阔的历史视野谈了周制与秦制。其中讲到组织制度、人际关系，讲到大共同体和小共同体。共同体，是一个核心的关键词。在上面的讲话中，还谈到反秦制的历史，以及中西的历史，还有日本的历史。视野非常开敞，信息量很大，十分难得。我想，在座各位如果没有比较丰富的知识积累，可能难以跟上秦老师的思维节奏。我们慢慢消化，待会一边谈一边消化。

下面请冯先生与秦老师对话。冯先生近十多年用力于制度史研究，《"封建"考论》《中国文化生成史》等著作里已有反映，时下正在撰写《周制与秦制》，秦老师刚才说冯先生是探讨这一论题的先驱，是有道理的。好，我们请冯先生讲话。

冯天瑜：秦晖老师古今中外、纵横捭阖，对制度文化做深度解析，对我颇有启发。人们讨论文化，多作物质文化—精神文化两分，而二者之间还有一个重要的环节，那就是制度文化。亚里士多德说"整体大于部分相加之和"，文化整体力量的张大，得益于制度文化的组织作用，特别是国家制度的策动效应。黑格尔说："神自身在地上行进，这就是国家。"我们可以把"神"解读为历史，历史行进世上，其具象便是国家。自从人类跨入文明门槛，组建国家，即以国家形态推演历史。所以制度（尤其是国家制度）是文明史研究的题中必有之要点。

华夏从"天下为公"的"大同"转进"大人世及"的"小康"，禹启初建邦国以后，历经夏商之变、商周更革，形成较完备的国家制度——周制，"周监（鉴）于二代，郁郁乎文哉"，周人承袭夏商、造就璀璨的文明，其宗法、封建、礼乐，置之世界古文明群体，堪称卓异。

周代典制行至周秦之际，发生一次大的更革，皇权一统的秦制取代贵族分权的周制，建立君主专制的国家制度，王夫之称之"古今一大变革之会"；赵翼指出，从周制的世卿世禄演为"汉初布衣将相之局"，乃"天地一大变局"。自战国至秦汉几百年间，周制与秦制前后递遭，相互博弈，还须补充一句：周制与秦制还彼此渗透，共构汉制，延传此后两千年。

时人常常引用毛泽东给郭沫若的诗句："百代皆行秦政制，《十批》不是好文章"。刚才也讲到，两汉至明清运行在秦制轨道上。余以为，"百代皆行秦政制"之说可以成立，毛泽东自比秦始皇也是实话。但需要补充或者修订的是，两汉到明清沿袭的不单是秦制，完整言之，实际运行着周秦二制交混的汉制。尝言"汉承秦制"，但纵观两汉四百年，其文化在不断调整，袭秦—黄老—尊儒，在这一过程中形成的汉制，实为周秦交混之制。汉宣帝诫太子（后来的汉元帝）言，将汉制底牌交代得清楚："汉家自有制度，本以霸王道杂之。"汉代杂取周制（王道）和秦制（霸道），行政上秦之郡县制、周之封建制并存，"以郡国治天下"；思想学术领域便是"儒表法里"，或曰"儒皮法骨"。汉宣帝"霸王道杂之"说，确乎是对两汉以降二千多年皇权制度的精要概括。我们到故宫（明清紫禁城）参观，发现那里悬挂的匾额、条幅，都是弘扬周制的。粗略统计，取自《尚书》最多，《周易》其次，"三礼"再次，皆不出"十三经"范围，《商君书》《韩非子》语录一条也不入选。可见，诸王朝书之于文、宣之于口的多为周制，实际操作的却是商韩帝王术，秦制是阴面实施的东西。王莽改制，要复兴周制的封建井田之类，结果撞得头破血流，所立新朝十余年灭亡。汉唐宋明等国祚长久的王朝全都实行周秦交混的汉制。历史实情如此，那句名言是否可以改成"百代皆行汉政制"，这里的"汉政制"，正是周秦二制的综合。

周制要点是"宗法—封建—井田—礼乐"，可简称宗法封建之制，实行分权的贵族政治和领主经济。周制保有若干原始民主遗存，如"师保辅贰""国人参政""乡治乡校""采风诽谤"，等等，秦汉以降耿介儒者与隐士追怀的"三代之治"，正是这些美妙却难以复返的古制。

秦制要点是"定于一尊的皇帝制—中央集权的三公九卿制—垂直掌控地方的郡县制—朝廷直辖庶众的编户齐民制"，文化上"舆论一律，思自上出"，秦代"以吏为师"，汉倡"独尊儒术"，东汉皇帝还亲自主持经学讨论会，编纂《白虎通义》，规定"三纲六纪"。秦制可简称君主专制之制，实行皇权下的官僚政治和地主经济。秦老师多次提及共同体、小共同体、大共同体，这是一个重要的观史视角。而秦制的突出之处便是试图消解宗族小共同体，组建君治一统的国家大共同体，郡县制、编户齐民制、户籍制、乡亭里甲制，便是为国家大共同体而设，取缔贵族等中间环节，朝廷直辖地方和民众。这在世界古代史、中世纪史罕见其匹。

中国历史上多次制度更革，王国维特别重视殷周之际的制度之变，由此形成立子立嫡之制、君天子臣诸侯之制，从重巫鬼转为尚人文，宗法统领政治、经济、文化。殷周之变确立周制之后，又发生两次制度剧变，一在周秦之际，周制向秦制转化；二在清民之际，君治向民治转化，历百余年，这一转化尚未完成，这与周秦二制强劲的惯性相关联。故讨论周制秦制，与近代制度建设颇有干系。

我们的社会及制度的近代转换，是在秦制基地上发生的。这一判断切关紧要，但还须补充说明：中国制度的近代转换，是在周秦交混的制度基地上发生的，这与西欧日本近代化起点颇相差异。中国前近代是中央集权的宗法君主制社会，西欧日本前近代是贵族分权、市民初兴的封建社会。中国与西欧日本近代转型历程差异，原因正在这里。前辈学者已议及此，而概念明晰并系统地讨论此题，大约是从秦、冯这里开始的。但我们的研讨仅仅是发端，许多问题有待深入。

"周制与秦制"是一个宏阔的论题，本人初涉，需要从头梳理、纵横比较，如果细化深论，需要六七十万字，但年迈多病，心有余而力不足，只能作一纲要式的二三十万字小册子，所涉诸题，切盼友朋切磋。前几年读到秦老师华章，启发良多，今天大家还可就此类问题展开讨论，有以教我。

中国近代转型的起点是周秦二制混合的清制，皇权专制烂熟，对商品经济及民主政治施以高压，又拒斥外来近代文化，受重击后被迫仿效西方技艺，而核心制度坚执不改，此所谓"中体西用"。近代前夜的日本，则是封建分权的幕藩社会，为商品经济、民主政治留有较宽松的发展空间，又对外来的西方近代文化取受容态度。中日之间近代前夜的制度差异，最显著之处是，中国政治顶层耸立着权力无限的皇帝，而日本社会顶层有二，一是作为虚君的天皇，二是掌握行政实权的征夷大将军，前者贵而不强，后者强而不贵。这便是福泽谕吉说的，中国政治是一，日本政治是二。日本天皇相当于天主教的教皇，不是一个实际掌权者，仅仅是国家的象征，民族文化的象征。天皇能够"万世一系"，重要原因为天皇是虚君。日本人民拥戴不干预实际生活的虚君。我在日本前后待了好几年，发现日本人，尤其是下层的老百姓，对天皇怀有感情。爱知大学的一位体育教师，中国人，曾经是全国武术冠军，他的夫人是善良的日本人。我到他们家里去玩过几次，发现夫人对于天皇家族热爱，她得知皇太妃生了一个女孩（爱子小公主），高兴万分。丈夫怼她：关你什么事？但夫人就是高兴得不得了。由此我想到，虚君制确乎是日本社会稳定、民心趋同的一个因素，这与皇权威压社会的秦制区隔何止道里间。

松散的贵族分权的封建制度提供了近代文明生长空间，却有碍统一市场建立和国家强盛，故从封建社会脱颖而出的明治维新必须集权中央，遂有"大政奉还""废藩置县"两大举措。前者指征夷大将军及诸强藩将政权交还以天皇为首的中央政府；后者是指废除半独立的诸藩国，改建为朝廷直辖的府县。世纪之交我有几年在名古屋任教，名古屋属于爱知县，江户时期分为尾张藩、三河藩（或称尾张国、三河国），归两藩大名世袭统治，明治维新时取消藩国，两藩合并为爱知县，由天皇任命县长治理。明治维新补做中国秦始皇时代的"废封建立郡县"，建立大一统国家。中国由封建分权转为君主集权，是在两千多年前的周秦之际完成的，随后中央集权的君主专制伴随农业文明，延传至明清；而西欧日本由分权到集权的转变，发生在近代，因以走向工业文明。中国与西欧日本制度史的区别，值得深入研讨。

谈到欧洲制度史，需要区分西欧和东欧，二者差异甚大，俄罗斯的沙皇专制及基层的农村公社制，与西欧中世纪封建制是两回事，因而东西欧通向资本主义的道路大相径庭。马克思十分注意两者的区别，他对俄国民粹派混同东西欧制度史作过尖锐批评。这对我们的制度史研究颇有参考价值，限于时间，今天就不展开讲了。

秦老师提出的一个问题很有意思，就是近代中国人（保守派、革新派皆在其列）接触西方近代文明后，马上联想到周制。这是一个值得推敲的制度史论题。我们以近代"开眼看世界"的几位先驱为例略作讨论。

魏源《海国图志》称，美国联邦制和民选制直追"三代"，"其章程可垂奕世而无弊"；瑞士"推择乡官理事，不立王侯"，是"西土桃花源"。

徐继畬曾任福建布政使、巡抚，与西洋人打交道，知晓华盛顿总统期满归田事迹，对其不恋权位极表钦佩，在所著《瀛环志略》中盛赞华盛顿"天下为公"，有"三代遗意"。徐氏语后来镌刻石材，赠于美国首都独立纪念碑内。2000 年我访问华盛顿，曾登碑观览徐氏语，颇有体悟。

郑观应、王韬、薛福成等初步接触西政者，都有类似反应：将其与周制、三代之治相比拟。另外，现代新儒家开山者熊十力将周制集成《周礼》诠释为民主、宪政、共和的祖源。熊氏于 1951 年上书毛泽东，称《周礼》乃古代联邦民主制的设计，今人照此办理，即可建设现代国家。可见托古改制是近代中国改革思维的一大走向，不少卓越的思想者，将民主、共和的实现寄望于对周制（或表述为周礼、三代之治，等等）的复归。这说明三个问题，其一，去古未远的周制包蕴的开明君治及原始民主遗存，与近代民主制之间具有可比性，三千年前的周制提供了中国人接纳近代民主制的某种想象性基础；其二，中国近代民主主义者将皇权专制的秦制视为批判对象，而以周制作为取代秦制的历史象征；其三，将近代民主制附会周制，或将周制拔高为近代民主制，又表明我们思维方式的向古看而不是向前看，这正是中国近代化进程中的一种并不健全的思维方式。所以我们今天确有必要历史地研究周制与秦制，研究周制向秦制转化，研究两制的现实影响，以清理中国近代文明前行的基地。像杨华老师做的礼制考析，便很有意义。

中国史学有研究制度文化的传统。《史记》八书、《汉书》十志，是制度史专论，以后的正史都有典章制度篇什。唐人杜佑《通典》、宋人郑樵《通志》、宋元之际马端临《文献通考》称"三通"，乃制度史巨著，以后续有典制之作，合谓"十通"。近人吕思勉著《中国制度史》。前贤留下丰富的制度史成果，奠定了厚实基础。但是我们不必重复先辈，而当另辟蹊径，如从周制与秦制解析入手，纵览制度史逻辑，这或许是一种新探索。无论对此唱挽歌还是奏颂曲，只要材料丰富，便有存史价值、审美价值。

非常高兴秦老师来到武汉大学，共同讨论制度史诸问题，感谢他的精彩报告。

主持：谢谢冯先生！刚才冯先生谈了对周制与秦制的研究心得，以及他正在展开的写作计划。这既是先生个人的构想，也是我们中心的一个学术走向。多年来冯先生聚焦于中国文化史的元典创发期和明清之际转型期研究，近十余年由此二端拓展出制度文化考析，时下正在撰写的《周制与秦制》为其结集。我们认为制度是中国文化史研究的一个重要侧面，中心正集中部分力量投入其间。

冯先生回应了秦老师关于周制和秦制的相关问题，尤其是关于这两种制度对于中国乃至全世界近代化的影响。中国走向近代化过程中，如果用周制和秦制来另加解读，将会大有学术价值。徐继畬、王韬等人的思想路径，或许可以重新审视。冯先生刚才还讲到日本近代化过程中的制度变迁，例如废藩置县等，也很重要。

有一点我想补充一下。早期马克思主义史学家，如郭沫若、翦伯赞、侯外庐等谈古史分期问题和上古史其他问题时，也多次讲到周制的影响，还有讲到原始氏族的遗存问题。我们以往把这些东西都过于概念化了，或者不太重视。其实他们 1930—1940 年代在重庆的时候，为了反蒋，这两种制度讲得特别多。我想，这对于今天和未来进一步的深入研究，都是思想前导，值得我们注意。

还有时间，请各位老师做回应或者是提问。然后请秦老师、冯老师再作阐发。

陈浩武： 我特别高兴回到自己的母校，我是学经济学的，但是这些年来我成为一个历史学的票友，我自己称自己是一个票友，票友就是最近大概 10 到 15 年以来，我开始从经济学领域转向历史学领域，但是我的历史学和两位老师的历史学，不在一个档次，我关注的是人类文明史，就是文明和文明之间的关系，历史和历史之间的关系。所以我跑了 80 多个国家，这些 80 多个国家主要不是去看它的风景，主要是关注它背后的人文历史。

80 多个国家，十年跑下来的结果，就是我最近在喜马拉雅上开了一个讲座叫"人类文明进程 100 讲"。讲座其实就是我这些年来遵循古人先行的教诲，叫读万卷书，行万里路。我认识中国很多历史学家，他们做了很多研究，但是他们都没有去过他们所研究的目的地，包括我认识贵州师范大学的蓝琪教授，其实她也是武汉大学的博士，她最近在商务印书馆出的中亚史，我跟她交流的时候，她说陈老师我一次都没有去过中亚，中亚的一个国家我也没去过，这其实是一个很大的遗憾。

（因此）我想说一个话题——一个很有趣的话题，就是我在琢磨秦帝国它是怎么崛起的，好像跟今天的主题稍微有点关系。那我们都知道秦统一六国时期是非常的边缘，在西边遥远，它的文化，它的技术统统都非常落后，它比六国来还差很多。那为何秦会统一六国，中国的史学界大体的说法是商鞅变法，就是因为商鞅变法，加强了集权制，因为搞了很多这种政策性的改变，所以到秦的崛起，但是我们走了很多路以后，发现题目有点问题。

因为在一个冷兵器时代，如果没有在军事技术上的绝对优势，没有那种碾压式的优势，它是很难去征服其他国家，它大体上是一个均衡的状态。所以我们后来发现了一个很奇怪的现象，就是中国秦的崛起，其实是和古波斯文明有非常深刻的关系。怎么来解释？就从历史上来看，亚历山大征服波斯，就是公元前 323 年，最后他攻占了波斯的首都波斯波利斯。这过程当中，他首先摧毁了古波斯的宗教，就是琐罗亚斯德教。大量的波斯祭司向东逃亡，因为他是从希腊打到波斯，这些祭司就像龙头，他们向东逃亡的第一个目的地在哪？不是长安，也不是曲阜，而是我们最西边的秦，最西边的秦岭。所以最西面的秦他们最先接触到波斯帝国被驱赶过来的这些波斯祭司，波斯是人类第一个横跨欧亚非的大王朝。这个王朝对人类是作出了极为重要的贡献的，他们在很多方面都给人类作出了贡献。因为他们的文明其实相对处于一个比较高级的形态，波斯的灭亡向东逃亡，他们来到秦帝国。

我们预计在当时的秦的宫廷里面，有很多来自波斯的祭司，他们这些人把波斯的文明带到了中国。第一个就是天文学，第二个就是冶炼技术。我们知道赫梯人是最早从事冶炼的，赫梯人的这种冶炼技术明显要高于中原，高于中华地区。他们带过来了。你说东西究竟有多少证据可以证明这一点，当然现在来看，一个问题还需要有很多的证据去证明它，但是我们现在起码可以看到的现实的例子，可以找到很多痕迹。

比方说波斯帝国建立以后的第一项行动就是修王道。秦帝国的第一项行动叫车同轨。在中国就要说叫修御道，秦始皇，秦始皇他去巡视路途上，张良雇人去击杀他，就是说他是坐的王道的车到处在全国巡视。第二个，波斯帝国建立以后的第二个行为就是统一文字，而秦朝它做的一个重大改革，就是讲叫书同文，是相似的。秦始皇在他建立了秦帝国以后，他做了一个很重要的事情，就是把天下兵器收录以后铸十二金人，这并非中国传统文化，而恰恰是波斯的 12 月份。所以现在当然我不展开来讲问题，很多例子当中能够找到秦帝国和波斯帝国在文明之间这种联系，还可以举出很多例子来，比方我们在天文学上的这些变革，所以现在人们就提出一个大胆的设想，就是说秦之所以能够统一六国。一个非常重要的原因是因为波斯文明对中原文明产生了很重的影响，对中原文明它的冷兵器冶炼技术有一个明显的提高。在冷兵器时代冶炼技术的提高，是会对其他的国家形成一种碾压式的优越的。

所以说我所关注的点是文明和文明的关系。我认为中华的文明其实在很大程度上是受到地中海文明的影响，或者说受到两河文明的影响。现在其实有很多人来提出这种假说，具体到秦，其实它是受到波斯帝国的影响，在时间逻辑上对不对呢？逻辑上自洽，刚才说亚历山大大帝东征波斯最后的一个胜利，就是在公元前 323 年占领了波斯波利斯，而秦帝国的崛起是在公元前 221 年，中间有多长时间？大约 100 年的历史，100 年的历史足够让秦有一个科技的发展（的时间），天文学的发展和它的冶炼锻造技术的发展，使秦帝国有一个很大的升华。我们不要拘泥于所谓的商鞅变法之类的说法，我们要承认文明之间是有交流的。比方说现在我们对三星堆这种东西的考察，就很难做出一个时间上的自洽的解释。我大体上做一个小小的补充，话题和今天不见得有关系，只有一点点小小的关系，就是秦的崛起。

主持：谢谢陈老师。秦的崛起是谈了多少年的老话题。科技、天文、制度这些东西，当然是文明的一方面。两种文明的交流，可能跟近代中国走过的道路差不多。是先接受制度还是先接受科技？一般认为，能接受另一种文明的物质和科技，说明这种文明对之存在需求。是先接受物质文明，再接受制度文明和思想意识，从一个从外到内的过程。这是很有意思的话题。

秦晖：当然，我们也许不能简单地讲次序，尤其对于晚清史，一个最简单的问题就是，如果按照器物—制度—文化的顺序，是没有办法理解太平天国的。太平天国还在洋务运动之前，但是不管太平天国的基督教多么不正统，洪秀全受梁发影响，从罗孝全学教，应该是基本事实。要说西方文化是到了新文化运动之后才对中国产生影响，那是完全不符合基本常识的。而且很明显的是，文明的这些成分也是互相影响的，可能很难说一定有什么顺序或者谁决定谁。西方器物也不是洋务运动才传入，早在晚明时，"红夷大炮"已经发挥很大的军事功能，入清后反而倒退了。而利玛窦传教则在更早。所以顺序论和决定论都不是固定的。

冯天瑜：陈老师讲到波斯文化对秦帝国的影响，这是个值得注意的问题。不过，这须有文献材料、考古材料证实。

我赞成吴于廑先生的说法，人类文明从分散到整体，在近代以前，诸文明基本处于分散状态，东地中海诸文明间互相会有影响，如埃及文明与美索不达米亚文明，以及后来通过克里特岛到希腊，在一定的程度上发生互动。又因亚历山大东征，东地中海文明对波斯文明、南亚文明发起冲击，但由于存在险峻的地理障壁，纪元前及纪元初，中华文明独立于西方文明之外，现在还没有迹象说明东地中海文明、波斯文明成规模地进入秦朝、汉朝。如果发现波斯文明入秦的证据，中国乃至世界文明史将要改写。

陈浩武：这是一个推测，但是现在引起学界的讨论。

主持：好，还有没有其他老师？吴老师请发言，这是我们哲学系的吴根友教授。

吴根友：感谢陈老师，留了很多东西，然后今天冯先生（讲得）非常有意思，就是从史学从思想史的角度，把秦制和周制，把它特别拎出来，那我从哲学的角度讲，其实这两个概念可以作为一个研究，中国史和世界史的一个范式来对待，就是秦制代表了集权政治，或者是一个国家的统治和人民，周制可能代表地方的分权，等等，就这两个概念，从思想史上来说，它有很强的解释力，特别是秦老师纵横捭阖，从头到今从中到外。

概念提的时候，有这样一个广泛的基础，不一样的，我们这经常在政治学和政治哲学讲到的民主与专制的这样一类范畴。所以就两位先生的配合，我就感觉到在群体里，周制天下的国家这样一个范畴里面，我们可以对世界政治给出中国的话语，也不一定要局限于这样一个民主与专权，周自己可能更多地包括分权和民主的因素。这两个可以有很强的这样一个历史学和政治学的解释力，对世界文明的这种格局和制度，这种文化的变化，可以有这样一个启发的意味，这是我们从听了之后一直在思考的。

第二个就是刚才冯先生讲得特别好，就是周秦形成的，就是我们作为概念上或者历史的描述上讲，它也不是一个简单的平行的概念，就互相之间的渗透。稍微了解中国史都知道，汉代它毕竟还是这样一个帝国的天下。它里面有分封制，一直在整个中古到清代，都没有停止，当然后来的分封制的政治意味越来越低，象征意味越来越大，但毕竟的还是存在。

对整个中华民族的所谓的人文精神，就是它的宗教味道是比较淡的，在周秦二制的这样一个历史的交替，这样一个跌宕起伏又融合又相互渗透，这样一个漫长的历史过程中间，中华的这样一个抽象的人文精神，能不能有一些内在的比较一贯性的东西，就是我们讲两个制度交替进行互相渗透过程中间，它能不能体现出一些精神性的文化，而更欧洲的，这样一个基督教，不光是后来的新教合作的天主教，等等，它有一神教所形成的这样一些在文明在精神层面的差异，不知道两位先生能不能就做一些各自的简单的阐述，我这是一个回应，也是一个提问，好吧？

秦晖：Each other，大家也都知道我这几十年有一论点，即我还是比较强调文化和制度是两个东西。"选择什么是'文化'，能否选择是'制度'。"我不主张有"文化制度"或"制度文化"这类说法。当然在另一种定义系统中这些说法是可以的，甚至必需的。比如马克思主义就把文化定义为一定社会制度的上层建筑，所以一开口就是"封建文化""资本主义文化""社会主义文化"，但是这种定义是不讲横向的"文化类型"，那时我们几乎没有听到什么"中国文化""西方文化""印度文化"的提法。其实我觉得两种定义系统都可以存在，但是你不能混着用，否则逻辑就乱了，我一再强调这一点。比方我主张"文化多元"，所以肯定信仰自由反对宗教审判。但有人抬杠说"信仰自由"就是一种"文化"，"宗教审判"是另一种"文化"，所以肯定信仰自由反对宗教审判就不能说是文化多元，而是一种"文化霸权"。你说这还能讨论下去吗？

所以我认为所谓的文化就是特定的价值偏好，而价值偏好的前提就是你要有选择权。在这个背景下，当然可以谈论我们继承下来的传统思想资源对我们未来道路的影响，但是这种讨论不应拘泥于某一个文化内部的学术术语，因为如果是这样的话，就会导致你说你的，我说我的，说不到一块去。

其实虽然一神教和中国的儒教有非常大的区别，但是在"人同此心，心同此理"的基本层次上是没有本质差异的。这就造成了刚才冯先生也提到，晚清很多国人一到西方，就觉得他们那一套比我们要"仁义",当然我这里指的是内政,至于侵略外国那是另外一回事。用"仁义"而不是用"自由""民主"这类词来夸奖,可能是文化之别,但真心觉得那种内政比我们这种好,就是"心同此理"了。无论开明的人,还是保守的人,其实都这么想。包括郭嵩焘的死对头刘锡鸿,容闳的克星陈兰彬,他们私下讲的都差不多,唯一的区别就是在朝堂上一个讲真话,另一个讲假话就是了。刘锡鸿对英国制度的仁义道德,在他的日记中写得比郭嵩焘有过之而无不及。这不就是"人同此心,心同此理"吗?

我之所以提到"封建"时讲周制,而不讲"封建制",就是因为一扯到"封建制"就会引起人们对西欧的"封建制"和中国的、冯先生叫做宗法封建制之别。周制实际上就是比较强调血缘关系的,西欧我们知道经过罗马几百年的发展后,他们是不太强调血缘的。他们的"封建"比较强调封主和封臣之间那种保护和被保护的契约。但是契约如果订了就没法解除,也就变成"身份"或依附,而依附如果以小共同体内长期直接的人际交往为基础,其实都会出现"主人的主人不是我的主人",所有的小共同体基础上的依附关系,都多少笼罩着熟人社会的温情脉脉"面纱",这个特点无论中国、印度还是西方是没有本质区别的。所以我有的时候想,如果我们真的死抠孔孟时代的价值观,那我们应该承认西方中世纪要比我们现在更儒家,因为西方中世纪和儒家喜欢的周制都是小共同体本位,那些原则更符合儒学描述的那种伦理,包括主人和附庸之间的"主信臣忠"之类。还有日本传统的武士护主与先秦时代的豫让、聂政,不也极其相似吗?所以我常常觉得"文化"之别不如制度的类同重要。

在周秦之际变化的评价中,历来有两种截然相反的说法,一种是肯定这一变化,一种是否定这一变化。肯定这一变化的一个重要理由就是认为周制有等级,而秦制因为它是官僚制,皇上看中谁就用谁,官僚制就有布衣卿相的机会。包括后来很多人吹捧的科举制更是这样,说这很平等。同时也有很多人骂秦制,说周制是温情脉脉的,秦制是非常残酷和血腥的。其实这两种评价是可以统一的。我经常想周制和秦制最重要的区别在哪?把儒家或者基督教抛开不论,其实无非就是小共同体本位时代有很多小主人,每个小主人各有一批依附者,小主人和依附者之间就有很大概率出现直接人际交往。而秦制,全国只有一个主人,这就造成了一个后果,比如说秦,现在一般说秦代有两三千万的人口,那两三千万人秦始皇认识几个?郡守县令恐怕都轮不到,布衣甚至比布衣更卑贱的倒不无可能。比如赵高,哪个太监不是三代贫农九代乞丐出身?从身份来讲,的确这些人对于皇帝而言是平等的,秦制的平等可以做到:皇上杀李斯,杀一个宰相和杀一个乞丐没区别。以前贵族制度,要议亲、议贵、议功,等等,在极端的秦制下这些都别议了。我们所有的人对于皇帝而言都是他的奴才,而我们互相不能为奴才——这是秦制的一个忌讳:其实秦制最忌讳的就是除了皇权以外、臣子间的那种横向依附关系,包括"封建"。

刚才冯教授也提到周制以后一直存在,但是一直存在,也是始终作为秦制的对立面而存在。只要皇上技术上能够做得到,他就想消除这些东西。道理很简单,对于皇上来讲,他最相信的就是他身边的人,那些除了他的宠信外没有任何依凭的人,那些人越低贱越好。同等条件下皇上更喜欢用那种苦大仇深的老贫农,这是一个传统,最典型的就是宦官,你说哪个宦官不是苦出身?富贵人家会自阉为奴吗?我们经常讲贵族制会阻塞社会阶层之间的流动,这的确是大问题,尤其是西方,因为西方不是从帝制而是从贵族制进入现代化的,所以它特别重视流动性问题,关于科举制度的研究上百年来都是讨论它的流动性功能。

最近西方汉学中关于科举制有一个反过来的说法，说科举制造成的流动性并没有像以前想象得强，他们强调科举制其实也有身份固化现象，由于科举成本高，很多功名都出自世家，真正由田舍郎登上天子堂的还是很少。但是我认为这其实不重要。最重要的是什么？最重要的是我们不能把布衣卿相理解为代表布衣的卿相。其实布衣卿相比贵族对布衣更狠，这是一个普遍现象。我看过明清改土归流时的不少材料，说原来的土官对那些土民还比较留情。改流的结果，流官一任，三年就走，任内横征暴敛只顾媚上升官，完全不管土民死活，把土民搜刮得"酒不待熟，鸡不成蛋"，逼得土民纷纷拥戴原来的土司造反。这些都是朝廷文件记载的，不是土官造谣。

如果要讲平等，秦制是平等，因为官民都是皇上的奴才，官民之间没有依附关系，如果有依附关系，民反倒有"靠山"了。比如县太爷我们很害怕，但不是因为我是他的农奴，如果我真的是县太爷的农奴，县太爷既剥削我也会照顾我，他来的时把我带来，走的时候也会把我带走，我们祖祖辈辈都跟着他，他也祖祖辈辈就拥有我们这些人，整死我们对他何益？但现在他也和我一样都是皇上的奴才，我和他处境一样吗？当然不一样。因为他是得宠的奴才，我是不得宠的奴才。皇上派他来治我们三年，钱粮超额上面喜欢，他就升官走了。我被横征暴敛饿死了他会在乎？

秦制的一个最基本的政治逻辑，就是那首民歌讲的"天高皇帝远"，皇上没法直接管那么大疆土上那么多臣民。他又要垄断依附关系，不愿层层分封，使"人各亲其亲长其长"，有个够得着的主。那皇上就只能用受宠的奴才去整治那些不受宠的奴才。而受宠的奴才整不受宠的奴才往往比主人直接管奴才更坏。因为就算奴才不是人而是"当牛做马"，役使自己的牛马还有节制，知道爱惜，役使别人的牛马往往是不知道节制的。特别是役使得够猛还可以更受宠（升官），那就更没有节制了。这是从人性中很容易推出来的一个道理。

主人和奴才的关系，有个经典的案例——大观园，那就是"受役使也受庇护"的典型。而受宠的奴才整不受宠的奴才的一个经典的案例——夹边沟和古拉格。

当年"古史分期"之争经常计较奴隶制和农奴制的区别，其实现在看来根本不重要，农奴和奴隶的区别有时也很难说清。比如说像古斯巴达的希洛特，人们争论了几十年，很难说它到底是农奴，还是奴隶。但是有一点很清楚，如果是个人之间的隶属，有一个具体的主人，而且主人跟他有直接接触，那么主人的态度可能取决于奴隶价格，除非像罗马共和末期有一段时间战俘特别多、奴隶极端便宜，主人挥霍这种"财产"并不在乎，对奴隶就会很严酷。但一般情况下不会这样，比如古希腊，以前说古希腊是奴隶社会，但是古希腊个人使用生产奴隶并不多，这方面主人虐待奴隶的材料几乎是找不出来的。但是古希腊奴隶有两个非常恶劣的案例，一个是阿提卡半岛南端的劳里昂银矿，我们知道劳里昂银矿是雅典政府财政的一个主要来源，按照有些经济史的研究，雅典的财政 70%是来自劳里昂银矿，它是一个国营企业，用"国有"奴隶挖矿，管奴隶的也不是什么高贵的人，那就是古拉格式的经济，真的是惨不堪言；一个是刚才讲的希洛特，它到底是奴隶还是农奴其实说不清楚，但明确的是他们属于斯巴达国家，斯巴达人只打仗不干活，干活全靠希洛特，希洛特完全没自由，但它不是任何私人的奴隶或农奴，它只属于斯巴达国家。国家怎么对待希洛特，真的是一点温情脉脉都没有，公然每年春天派人无端屠杀希洛特——不是镇压造反，这称做"灭丁"政策，就是害怕他们人口增加得太快，会影响国家的安全。你说我不知道希洛特是奴隶还是农奴，但是他肯定比一般的奴隶悲惨得多。关键就在于他没有一个具体的主人，他毫无人权，就是财产，更可悲的是，他还是"产权不明晰的国有财产"，任何人都不爱惜。斯巴达国家也好，国家派去具体管希洛特的人也好，对他们都全然没有任何温情脉脉的色彩。

讲到这里就能理解古儒为何"崇周仇秦"。周制下有主人的附庸，秦制下所谓平等的"编户齐民"，两者的区别也就在这里。西方人只知道贵族制不好，所以极重"流动性"，即便批评科举，也是说它的"流动性"不强，几乎没有人考虑这些"布衣卿相"对通常的布衣究竟如何。但是在奴隶群中偶尔"流动"出个走狗，对绝大多数奴隶来说这会更好吗？要说"流动性"，宦官制比科举制更强，三代贫农九代乞丐之人一旦"流动"到皇上身边，就可能变成威逼朝官的"九千岁"，但这难道就是一般贫下中农之福？无怪乎大儒如朱熹者，尽管后来科举题库和答案都以他的文字为准，但他本人却大骂科举不仅不如"乡举里选"的周制，甚至不如魏晋九品中正，"尚德之举不复见，流弊极矣"。

最近美国的种族问题闹得很厉害。很多美国人，尤其是美国本身的学者，有些也不太懂历史比较，他们总是将美国的黑奴制后遗症和南非的种族隔离制相提并论，说美国也有种族隔离。其实这是两个完全不同的东西，黑奴制当然很坏，但主人奴隶都在一个庄园里怎能叫"隔离"呢？黑奴解放后几乎都进了城，就更谈不上"隔离"。其实南非当年的白人政府历来是拿美国作为一个反例，说美国的黑人政策从来都是错的，因为美国让黑人和白人同住一地，不管是过去的庄园，还是后来的大城市，结果城市给黑人弄成什么样？到处是贫民区，治安败坏。南非白人说我们不一样，过去我们就是把黑人赶走，从来不用黑人做奴隶。现在我们实行"有序的城市化"，只让黑人拿"暂住证"进城打工不让在城安家，他们的户口必须留在"黑人家园"（乡村部落）。平时满大街查暂住证，没有就扣起来，强制收容遣返。打工黑人我们安排住集体宿舍，没工打了就回老家。"黑人家园"土地归部落集体，按规定计口分地，不许土地私有，打工黑人就算有"退路"了。我们用不着打工黑人了，就可以把他们赶回农村，靠部落份地耕作终老……这样我们就与他们"隔离"，可以"各自发展"——这样的制度，从过去到现在美国有过吗？有点近似的倒是印第安人，美国白人过去是把他们赶走，并不用印第安人做奴隶。

其实在过去的南非，黑人比奴隶的地位更低，这是很多外人不懂的。南非以前是有奴隶的，但不是黑奴。当时南非白人主要是布尔人，"布尔"就是"农民"。这点南非倒是比当年的美国"平等"，白人农民是自己种地的"劳动者"而不是奴隶主，是不要黑人做奴隶的，他们只抢黑人的土地，然后把黑人赶走，赶走以后就让他自生自灭。后来发展工业，需要黑人做廉价苦力，但仍然不是让黑人做奴隶（奴隶是不能随便赶走的），而是让黑人进城打工。有证的黑人就可以在城里打工，但是不能在城里入户。老了以后就回黑人家园，在那里种责任田还不许你有土地私有权——"好心"的白人怕你卖了土地跑到城里来流浪，或者形成难管的贫民窟，给白绅士们堵心添乱。他们经常以美国城市黑人区治安差为戒，说是取消了种族隔离就会这样。

今天才来到南非的新华人（基本是大陆华人）是不懂这些的。但种族隔离时代来的老华人（基本是台湾华人）都经历过那个时代。前些年南非约堡市警察局长孙耀亨（老华人）跟我说，他幼年就多次亲眼见到白人警察当街扇无证黑人的耳光，把黑人当场铐走。他感慨道：那时的黑人比奴隶都不如！

其实过去南非也是有奴隶的。南非的奴隶后裔就是今天所谓的"有色人"。有色人是黑人与白人之外的南非第三大种族，他们基本上是马来人。因为当年南非与印尼是荷兰人在地球上的两大殖民地。荷裔南非白人（就是布尔人）不用黑人做奴隶，但是他们中不少富人从荷属印尼等东南亚引进了很多马来人，这些马来人当年就是给白人当奴隶的。然而从那时到种族隔离废除前，有色人的地位都高于黑人，仅低于白人。为什么？就是因为他们有具体的主人。他们当然面临主人的压迫，相信自由民主的人都不会认为这值得羡慕。当然更不会认为奴隶制是个值得称赞的制度。但是在南非，这些有具体主人的奴隶显然不是最惨的。起码主人为他们屏蔽了国家暴力。而南非黑人是没有主人的，他面临的就是南非白人国家的压迫。而国家对他们的暴力完全没有人情味可言，乃至希洛特被"灭丁"一样。当年这种暴力抢占了他们的土地，后来这种暴力又把他们当做都市盲流来虐待。反观美国黑奴，且不说《乱世佳人》这种白人立场的作品对内战前南方的美化，就是公认的废奴主义名作《黑奴吁天录》，在谴责奴隶制的同时也有不少庄园中牧歌式"主奴之情"的描写。作为"自由盲流"的南非黑人能有这种境遇吗？

在某种意义上，"自由但隔离"的南非黑人与有色奴隶乃至美国黑奴之比，就有点像秦制与周制之比。所以你要谈秦制下的流动性也可以，但这种"从奴隶中提拔管家"的流动性是不能与公民社会的流动性相提并论的。布衣卿相绝不是代表布衣的卿相，对绝大多数布衣而言，他们中间出了卿相。

这就是为什么"天高皇帝远，民少相公多"的秦制会有"一日三遍打，不反待如何"，而周制却不会的道理。秦制流官"为国聚敛"下会有大量饿殍，而周制不会，秦制下官逼民反导致大规模民变，而周制未之闻也。我分析、比较秦制和周制，其实都是从基本人性出发。文化差异肯定是有，但刚才就雅典斯巴达、南非和美国南方讲了那么多，就是想说小共同体的温情与大共同体的冷酷其实是超文化的。当然历史上秦制的优点我们前面也说过。今天我们绝不是只有秦制、周制两种选择，恐怕也很少有人会真的认为周制应该恢复或者能够恢复。但是当年古儒对秦制进行的道德批判确实持之有故符合历史事实，而今天我们走出秦制追求"新制"，这些批判作为思想资源也是应该重视的。

主持：好，谢谢秦老师！

冯天瑜：编户齐民是秦制的一个要点。周制是贵族分权，天子下面有各级贵族，贵族统治庶众，组成许多小共同体。而秦制取缔了层层贵胄对社会的实际控制，消解小共同体，皇帝操纵的朝廷命官直接治理庶众，构建皇权国家大共同体。这是周秦二制在社会组织层面上的差异所在。

主持：谢谢冯先生！本来还想再开放几个问题，但时间有限，恐怕不太可能了。今天讨论的，是一个非常有学术价值的话题。此前讲儒法关系的特别多，而且讲得很早，讨论的学者很多，材料也很丰富，理论也比较成熟，但是，将周制和秦制作为一个话语，作为一个学术范式或者解释框架，还比较少。最近几十年来，可能在座的两位即冯老师和秦老师，是讲得较早、又较系统深入的。这个话题还远远没有完结，还要研究下去，还有很多内容值得开掘，比如说，周制与秦制的时间先后关系问题，实际上法是在儒里面生长出来的，秦制是在周制里面生长出来的，等等。又比如说，两位老师讲到的西方与中国对应的话题、日本跟中国对应的话题，此前很多学者也想过或谈过，但是大都没有两位先生这样的学养，知识范围、理论思考不够，谈的不能令人满意。

在座各位，我们今天非常有眼福、耳福，我们看到了两位学者的研究深度和广度，大受启发，"目击而道存"！我们再次感谢两位，也非常感谢参加今天活动的各位老师和同学！

宋高宗时期的进献图书现象

□ 余　辉　方志远

【摘要】南宋初年，高宗政权稳定后，宋廷即开始大规模征求图籍并鼓励臣民进献。而征集、进献的书籍，除事关政权合法性的天文、国史类之外，还有很多反映出了高宗的个人好尚，如与《资治通鉴》《春秋》等有关的著作。而高宗之好尚，实则有着种种政治上的考量，其中之一即是要否定王安石之学术，进而在政治上否定新法一派。
【关键词】献书；宋高宗；史学；王安石

南宋初高宗在位期间，朝廷大举征书并鼓励臣民进献，与稳固政权的需求以及高宗的政治立场密不可分。本文针对此点，在对唐朝至北宋之献书现象略作梳理后，就高宗朝的一些献书事例及其政治背景进行重点分析。

以笔者所见，目前国内学术界对于中国古代献书现象的研究成果有葛志毅《史献书思想与史鉴思想考源》（《史学集刊》2001 年第 2 期），刘钟《浅谈宋朝皇帝对献书、编书者的奖励——以长编记载为例》（《贵图学刊》2012 年第 3 期），余辉、方志远《明初朱季友献书一案本末及其影响》（《地方文化研究》2014 年第 1 期），余辉《明代嘉靖朝的进献书籍活动》（台湾《中正历史学刊》第 17 期，2014 年）等论文。此外，朱鸿林先生曾从思想史的角度来研究明代著名的献书个案，其所撰《丘濬〈大学衍义补〉及其在十六七世纪的影响》《明儒湛若水撰帝学用书〈圣学格物通〉的政治背景和内容特色》等论文均收入氏著《中国近世儒学实质的思辨与习学》（北京：北京大学出版社，2005 年）一书。总的来说，对于献书现象的研究成果尚不够丰富，对于宋代献书现象的考论也相对缺乏。故而笔者不揣固陋，在下文中以宋高宗时期为重点展开考察，以冀些许弥补学界考论之不足。

一、唐后期至北宋献书现象

唐代已经出现了献书得官的现象，并且被传为美谈。封演《封氏闻见记》卷三中云：

常举外，复有通五经、明一史，及进献文章，并上著述之辈，或付本司，或付中书考试，亦同制举。开元中，有唐频上《启典》一百三十卷，穆元林上《洪范外传》十卷，李镇上《注史记》一百三十卷、《史记义林》二十卷，辛之谔上《叙训》两卷，卜长福上《续文选》三十卷，冯中庸上《政事录》十卷，裴杰上《史汉异议》，高峤上《注后汉书》九十五卷，如此者并量事授官，或霑赏赉，亦一时之美。①

对于封演这段话，历代颇多转录及评述者。宋代王谠编《唐语林》时便收录此条，但是删去了开元中以下的事例。明代焦竑在其笔记《焦氏笔乘》中除转录全文外，还加上了一句评论："今时用其例，尚可得实学者，用之岂不胜举业之流万倍！"② 入清后，朱彝尊认为此条将唐频《启典》放在穆元林《洪范外传》之前，说明《启典》也是解释《洪范》一类的书籍。③ 此外徐松《登科记考》、俞樾《茶香室丛钞》也都转载此条，并据此评论唐代选拔人才与后世科举之不同。

略考封演所述献书得官之诸人之经历，其中唐频不见于其他史籍之记载。穆元林则有李颀赠诗："丹墀策频献，白首官不迁。"④ 李镇开元中研究《史记》，开元十七年（729）上《注史记》一百三十卷，授门下典仪。⑤ 辛之谔开元十七年（729）上《叙训》两卷，授长社尉。⑥《叙训》在明代尚有流传，清代以后则不见著录。⑦ 卜长福开元中献上《续文选》三十卷，授杭州富阳县尉。⑧ 冯中庸于开元十九年（731）上《政录》十卷，授氾水尉。⑨ 裴杰，河南人，开元十七年（729）上《史汉异义》三卷，授临濮尉。⑩ 高峤曾任司门郎中、湖州司仓。⑪ 由此可见封演所谈及献书得官者，所得都是小官，而时间都是开元年间。赖瑞和先生在《唐代基层文官》一书中还列出了李道古献书得官之例。李道古为李唐皇室末裔，中进士后献书得官，韩愈称其"以进士举及第，献《文舆》三十卷，拜校书郎、集贤学士"⑫。赖先生以为其得官可以说是由于献书，也可以说是由于进士身份，而且此人是宗室后代，这一点与庶民又有很大不同。⑬ 唐代还有七个献书得官的案

① 封演原著，张耕注评：《封氏闻见记》卷3《制科》，北京：学苑出版社，2001年，第41～42页。本条参校王谠原著，周勋初注解：《唐语林校正》引用《封氏闻见录》本条，北京：中华书局，1987年，第717页。

② 焦竑撰，李剑雄点校：《焦氏笔乘》续集卷5《献书》，北京：中华书局，2008年，第430页。

③ 朱彝尊原著，侯美珍等点校：《经义考》卷95《洪范外传》，台北："中央研究院"中国文哲研究所，1997年，第620页。

④ 高棅编纂，汪宗尼校订，葛景春、胡永杰点校：《唐诗拾遗》卷1《李颀·赠别穆元林》，北京：中华书局，2015年，第3012页。

⑤ 《新唐书》卷58《艺文志》，北京：中华书局，1975年，第1457页。

⑥ 《新唐书》卷58《艺文志》，北京：中华书局，1975年，第1536页。

⑦ 焦竑：《国史经籍志》卷4《子类·儒家》，《续修四库全书》史部第917册，上海：上海古籍出版社，1996年，第73页。

⑧ 林宝撰，岑仲勉校记：《元和姓纂》卷10《一屋·卜》，北京：中华书局，1994年，第1443页。

⑨ 《新唐书》卷58《艺文志》，北京：中华书局，1975年，第1513页。

⑩ 《新唐书》卷58《艺文志》，北京：中华书局，1975年，第1625页。

⑪ 陶敏：《全唐诗作者小传补正》卷72《高峤》，沈阳：辽海出版社，2010年，第130页。

⑫ 韩愈原著，马其昶校注，马茂元整理：《韩昌黎文集校注》卷7《唐故昭武校尉守左金吾卫将军李公墓志铭》，上海：上海古籍出版社，1998年，第515页。

⑬ 赖瑞和：《唐代基层文官》，北京：中华书局，2008年，第33～34页。

例，但是都集中在开元末与乾元初，除李道古外，所得之官都是太祝、县尉、主簿和校书等小官。① 可以说唐代献书得官的事例前后并没有持续很久，应当只是一种临时性的举措。

唐代最著名的献书案例，当属东魏国寺僧法明等人向武则天上《大云经》。此书"言太后乃弥勒佛下生，当代唐为阎浮提主"，由此讨得武则天的欢心而被下诏颁行天下，法明也因此飞黄腾达。武则天则借助此书，从佛教义理方面来构建自己称帝的合法性。② 不过法明亦因此举而遭到士人的嫉恨，在唐代基本上都受到负面评价。这次献书的情形较为特别，献书者并没有因此而得到官爵。不过因为迎合了武则天的心意，可以说是一次极为成功的揣摩上意之举。

唐末五代，中原战乱频发，国家典藏以及故家图书文籍遭受了极大的损失，正如所谓"自唐室陵夷，中原多故，经籍文物，荡然流离，近及百年，斯道几废"③。宋朝立国后，逐渐采取以文治立国的方略，很注意各类图书的收集。宋初也有唐朝献书授官的风气，如欧阳詹于宋初献野史，授黄冈令。④ 太宗时期朝廷非常重视国家图书典籍收藏，太宗曾对侍臣说："夫教化之本，治乱之源，若非书籍，何以取法？今三馆贮书，数虽不少，若观开元书目，即遗逸尚多，宜在广行求访。"⑤ 据《玉海》所记，太平兴国五年（980）八月甲戌以孟瑜为固始主簿，瑜长沙人，尝著野史三十卷。⑥ 而《续资治通鉴长编》则云：

> 太平兴国六年十二月癸酉有诏："诸州士庶，家有藏医书者，许送官。愿诣阙者，令乘传县次续食。第其卷数，优赐钱帛，及二百卷已上者与出身，已仕官者增其秩。"未几，徐州民张成象以献医书，补翰林医学。自是诱致来者，所获颇众。⑦

可见宋初太宗时期采访前代遗书力度颇大，取得了非常好的效果。

其后真宗、仁宗、徽宗都在不同时期发布诏令，取民间所存的秘阁未有之图书。仁宗嘉祐五年（1060）八月，诏"中外士庶之家，并许上馆阁所阙书。每卷支绢一匹，及五

---

① 赖瑞和：《唐代基层文官》，北京：中华书局，2008年，第35页。

② 《资治通鉴》卷204，天授元年四月丁巳，北京：中华书局，1975年，第6466页。

③ 程俱撰，张富祥校证：《麟台故事校证》卷1《沿革》，北京：中华书局，2000年，第22页。

④ 邓显鹤编纂，欧阳楠点校：《沅湘耆旧集前编》卷17《宋·欧阳黄冈詹》，长沙：岳麓书社，2007年，第289页。

⑤ 钱若水纂修，范学辉校注：《宋太宗皇帝实录校注》卷28，北京：中华书局，2012年，第103页。

⑥ 王应麟撰，武秀成、赵庶洋校证：《玉海艺文校证》卷13《杂史·治平十国志》，南京：凤凰出版社，2013年，第594页。

⑦ 李焘：《续资治通鉴长编》卷22，太平兴国六年十二月癸酉，北京：中华书局，2004年，第506页。

百卷，特与文武资内安排"①。徽宗宣和四年（1122）四月十八日诏："先具篇目申提举秘书省以闻，听旨递进。可备收录，当优与支赐。或有所秘未见之书，有足观采，即命以官，议以崇奖。其书录毕给还。若率先奉行，访求最多州县，亦具名闻。庶称朕表章阐绎之意。令礼部疾速遍牒施行。"② 北宋几次大规模征集图书，都以秘阁未藏之书为优先，其中包括前代遗书与当代人的著述。部分臣民进献自撰书籍，也有丰厚之奖赏。真宗咸平三年（1000）常山布衣窦翊献《刍荛说》五篇，真宗御览后很高兴，命窦翊入院召试，赐同三礼出身。③ 真宗大中祥符五年（1012），著作佐郎聊城李垂献上《导河形势书》三篇并图，大臣审阅后认为其"博洽可奖，望送史馆"，真宗许之。④ 仁宗天圣二年（1024）襄州上将作监、致仕胡旦所撰《汉春秋》，仁宗询问宰相王旦对胡旦其人及这本书的评价后，决定任命胡旦为秘书监，仍录其子为将作监主簿。⑤ 天圣五年（1027）胡旦又上自撰《演圣通论》七十二卷、《唐乘》七十卷、《五代史略》四十三卷、《五代将帅要略》五十三卷，仁宗诏襄州每月加给胡旦米麦三石。⑥ 同年医官王惟一篡集"医学旧闻"，订正讹误，进献医书《铜人针灸图经》，仁宗阅看后特命夏竦撰序并摹印颁行诸州。⑦ 皇祐五年（1053）蕲州判官李虚一献自撰《溉漕新书》四十卷，其中谈及修六塔之便，仁宗诏送河渠司备检阅，李虚一特迁一资。⑧ 同年十一月权管勾司天监事周琮上《军中占》三卷，诏送史馆。⑨ 神宗熙宁时期，洪州分宁县布衣徐禧向神宗献上《治策》二十四篇，得到神宗激赏，得授镇安军节度推官、中书户房习学公事。⑩ 北宋晚期罗从彦撰《尊尧录》进献钦宗因靖康国变而未果，至南宋嘉定七年（1214），南剑守臣刘允济始将此书改以"嘉定圣宋遵尧录"之名进呈理宗。⑪

从以上诸多事例可以看出，北宋献书之主题、内容更加多元，不局限于前代遗书，甚

---

① 徐松辑：《宋会要辑稿·崇儒四之一九·求遗书藏书》，上海：上海古籍出版社，2014 年，第 2238 页。

② 徐松辑：《宋会要辑稿·崇儒四之二零·求遗书藏书》，上海：上海古籍出版社，2014 年，第 2239 页。

③ 李焘：《续资治通鉴长编》卷 46，咸平三年二月丙子，北京：中华书局，2004 年，第 996 页。

④ 李焘：《续资治通鉴长编》卷 77，大中祥符五年一月戊戌，北京：中华书局，2004 年，第 1752 页。

⑤ 李焘：《续资治通鉴长编》卷 102，天圣二年二月辛酉，北京：中华书局，2004 年，第 2350 页。

⑥ 李焘：《续资治通鉴长编》卷 105，天圣五年十二月庚寅，北京：中华书局，2004 年，第 2458 页。

⑦ 李焘：《续资治通鉴长编》卷 105，天圣五年九月壬辰，北京：中华书局，2004 年，第 2454 页。

⑧ 李焘：《续资治通鉴长编》卷 175，皇祐五年七月癸丑，北京：中华书局，2004 年，第 4220 页。

⑨ 李焘：《续资治通鉴长编》卷 175，皇祐五年十一月庚寅，北京：中华书局，2004 年，第 4239 页。

⑩ 《宋史》卷 334《徐禧传》，北京：中华书局，1980 年，第 10721~10723 页。

⑪ 王应麟撰，武秀成、赵庶洋校证：《玉海艺文校证》卷 24《录·嘉定圣宋遵尧录》，南京：凤凰出版社，2013 年，第 1212 页。

至当代自撰书籍更能契合时代需要与皇帝个人喜好。而进入宋代后，唐代出现的零星献书行为和献书得官现象亦逐渐成为气候。若朝廷对进献书籍予以肯定，则会有送存史馆、刊刻颁发全国、对献书者赐予金帛以及迁官加资等多种奖励手段，这使得宋代献书的风气一直非常浓厚。

二、宋高宗收集国史及对《资治通鉴》的态度

靖康之变后，金兵掳走宋宗室三千余人以及无数金银财宝、文物典籍，同时战乱也毁坏了大量宋廷藏书。金军"营中遗物甚众，秘阁图书，狼藉泥土中。金帛尤多，践之如粪壤。二百年积蓄，一旦扫地"①。宋高宗仓促即位后一直颠沛流离，待到绍兴初年，局势稍为安定，宋廷方开始收集图书经籍，并鼓励各地士人、布衣积极进献。

高宗建炎二年（1128），有两次献书之举影响较大。李心传《建炎以来系年要录》（简称《要录》）中特将此二事合在一起记述：

> 河间府免解进士李季集天文诸书，号《乾象通鉴》。季寓居婺州，贫不能达，乃命本州给札上之。既而天文官吴师彦等颇摘其讹谬，诏与旧书参用。遂以季为将仕郎，以去年六月癸酉得旨给札。今并书之。自渡江，国史散佚。至是，衢州布衣何克忠献《太祖实录》、《国朝宝训》，诏授下州文学。后八九年而国书始备。②

李季以北方流寓士人而献上天文书籍，虽然其中有所舛误，但高宗并未加以责难，反而对李季大加奖赏。据清代收藏此书抄本的丁日昌所见，高宗还亲自为此书赐序，称赞此书"所引黄帝、甘石、巫咸诸占，皆具有可补《开元占经》之漏者"③。而明末钱曾录李季之自序云"臣季著为成书，不远万里赴行在献之"④，不远万里而献书，这或许是宋高宗看重此书的原因之一。而天文知识在传统上被视为秘术，是王朝建构正统性的重要工具，故而本不许民间随意传习。靖康之变后，本是皇家禁脔的天象仪器与天文占验之书都被金人掳掠或毁坏，南宋为重建皇室权威，不得不依仗民间术士与相关书籍，所以才对天文献书者加以优叙。⑤ 如建炎三年（1129），高宗发布诏令："《纪元历经》等文字，如人户收到并习学之家，特与赦罪，赴行在太史局送纳，当议优与推恩。"⑥ 绍兴三年（1133）一

———————————————————

① 李心传编撰，胡坤点校：《建炎以来系年要录》卷4，建炎元年四月辛酉，北京：中华书局，2013年，第105页。

② 李心传编撰，胡坤点校：《建炎以来系年要录》卷43，绍兴元年三月甲寅，北京：中华书局，2013年，第920页。

③ 丁日昌撰，张燕婴点校：《持静斋书目》卷3《子部七·术数类·占候之属》，北京：中华书局，2012年，第241页。

④ 钱曾撰，管庭芬、章钰校证，傅增湘批注，冯惠民整理：《藏园批注〈读书敏求记〉校证》卷3《天文》，北京：中华书局，2012年，第284页。

⑤ 陈侃理：《儒学、数术与政治——灾异的政治文化史》，北京：北京大学出版社，2015年，第155页。

⑥ 徐松辑：《宋会要辑稿·职官·太史局》，上海：上海古籍出版社，2014年。

月，尚书工部员外郎袁正功献《浑仪木式》，太史局令丁师仁等请折半制造，高宗许之。① 李季献书之后亦在高宗朝非常得宠，曾当过宣州通判，以善奏章且通术数自名。② 而衢州布衣何克忠献书之后，高宗有言："何克忠所献书，内《会要》虽系节本，当文籍残缺之际，首先投进，可特与补下州文学。其书付秘书省，仍令录本进入"。③ 不过高宗虽然求书心切，但对献书者的奖励也不是没有原则的。如绍兴六年成忠郎李沆上《皇宋大典》三卷，下诏进沆一官，其书付秘书省。随后沆乞换文资，言者以为不可，高宗遂止。④

天文之书事涉政权威信，故而朝廷对献书者加以优待。而对政权合法性影响更大的北宋国史，便更是如此了。南宋朝廷对于北宋国史之追索，可谓竭尽所能，前述建炎二年（1132）何克忠献书受赏之例便是体现。而同年二月，高宗下诏："御前图籍以累经迁徙，散亡殆尽，访闻平江府贺铸家所藏，见行货之于道涂，可委守臣尽数收买，秘书省送纳。"⑤ 四月，将仕郎贺廪献书五千卷，高宗"诏吏部添差廪监平江府粮料院，仍官其家一人"⑥。七月芜湖县进士韦许献书籍，朝廷以之为迪功郎。⑦ 十一月，洪炎建议宋高宗收取余深、赵挺之、蔡京等故相之家所藏《国史》《实录》："福州故相余深、泉州故相赵挺之，家藏《国史》《实录》善本，严州前执政薛昂收书亦广，太平州芜湖县僧寺寄收蔡京书籍。望下逐州，谕令来上，优加恩赏。内有蔡京寄书，乞令本路转运司差官前去根取。"⑧ 绍兴三年（1133）二月，高宗得知韩琦家有孤本书，便下诏令韩琦之孙进献。绍兴三年（1133）左承奉郎林俨献书二千卷，高宗诏官其家一人，其后又以林俨监西京中岳庙。⑨ 到绍兴四年（1134），南宋朝廷才基本上把北宋时期编修的《国史》《实录》《会要》等重要"国书"都收罗完备。然而绍兴四年（1134）常同言：

> 渡江以来，始命搜访典记、祖宗正史、实录、宝训、会要，得于搢绅士庶之家，残缺之余，补缉仅足，良亦艰矣。然今三馆秘阁、尚书、佛庐，签轴苟简，藏贮不精。且宅都未定，有迁徙之虑，间阁相比，有延烧之虞。一旦守护不谨，则累朝盛典，又复散落矣。臣愚谓宜少给笔札之费，别录副贰之书，藏之名山道观僧寺，依收掌御书例量赐拨放，以酬守护之劳。庶使国朝之书，永久常存，不至散缺。⑩

---

① 李心传编撰，胡坤点校：《建炎以来系年要录》卷 62，绍兴三年一月辛未，北京：中华书局，2013 年，第 1228 页。

② 陆游撰，李剑雄、刘德权点校：《老学庵笔记》卷 2，北京：中华书局，1979 年，第 16 页。

③ 徐松辑：《宋会要辑稿·崇儒四之二〇》，上海：上海古籍出版社，2014 年，第 2240 页。

④ 李心传编撰，胡坤点校：《建炎以来系年要录》卷 101，绍兴六年五月辛卯，北京：中华书局，2013 年，第 1920 页。

⑤ 徐松辑：《宋会要辑稿·崇儒四之二一》，上海：上海古籍出版社，2014 年，第 2240 页。

⑥ 李心传编撰，胡坤点校：《建炎以来系年要录》卷 53，绍兴二年四月乙未，北京：中华书局，2013 年，第 1105 页。

⑦ 李心传编撰，胡坤点校：《建炎以来系年要录》卷 56，绍兴二年七月乙未，北京：中华书局，2013 年。

⑧ 徐松辑：《宋会要辑稿·崇儒四之二一》，上海：上海古籍出版社，2014 年，第 2241 页。

⑨ 李心传编撰，胡坤点校：《建炎以来系年要录》卷 65，绍兴三年五月乙卯，北京：中华书局，2013 年，第 1274 页。

⑩ 徐松辑：《宋会要辑稿·崇儒四之二一》，上海：上海古籍出版社，2014 年，第 2241 页。

由此可以看出，虽然此时北宋所纂修的各种国书大体齐备，但也不过是"补缉仅足"而已。此时三馆秘阁的藏书条件简陋，并且对外还面临着金兵的压力，这些好不容易收集的北宋国书尚有再次迁徙之顾虑。因此常同建议立刻拨下经费抄录副本，藏之全国名山的道观佛寺，并给予这些藏书地一些赏赐，以使这些国书得以长久保存，不至于再次散轶缺失。此项建议亦获得高宗批准。① 除了北宋时期的各种国书外，高宗也注意收集记录南宋初期施政、典制的图籍。绍兴四年，龙图阁直学士知湖州汪藻上所编《建炎中兴诏旨》三十七册，诏送史馆。② 绍兴五年，观文殿大学士李纲进《建炎时政记》二册，高宗言其所记皆是实情。③ 同年保义郎唐开特换右迪功郎，进献《国朝会要》三百卷，诏进一官。④

虽然国史略备，然而其余典籍尚缺。绍兴元年（1130）六月，迪功郎诸葛行言献《国朝训典》，乞为其兄、国学免解进士诸葛行仁推恩，诏补诸葛行仁将仕郎。⑤ 绍兴五年四月，任大理评事的诸葛行仁继续献家藏书籍万有一千五百卷，高宗下诏补其家将士郎一资，而行仁推辞并乞为父诸葛恺陛通直郎、仍旧致仕，亦获允。⑥ 诸葛行仁所献图书中，有《册府元龟》等重要典籍。可以想见，诸葛家这次大举进献书籍，必定令南宋馆阁收藏的规模大增。

绍兴十三年（1143），南宋朝廷正式兴建秘阁，十五年以秦桧子秦熺提举秘书省。而此时秘府收藏文物典籍日益充盈，于是开始着手编目工作，修成《中兴馆阁书目》，对南宋前期秘府藏书进行了可靠的清查，也是高宗在位前期宋廷努力图书收集工作一次大的总结：

> （绍兴）十三年，初建秘阁，又命即绍兴府借故直秘阁陆寘家书缮藏之。寘，农师子也。十五年，遂以秦伯阳提举秘书省，掌求遗书、图画及先贤墨迹。时朝廷既右文，四方多来献者。至是数十年，秘府所藏益充牣，乃命馆职为书目，其纲例皆仿

---

① 类似的情况亦见于壬辰战争后的朝鲜王朝。由于日军的侵略，朝鲜王朝国书如实录、日省录、日历等散失严重。战后朝鲜国王宣祖收集国内残存的《朝鲜王朝实录》，并在与大臣商讨后决定将《实录》分印五部，同时在全国五个地方建立史库，分散保管。参见刘永智：《中朝关系史研究》，郑州：中州古籍出版社，1994年，第294页。

② 李心传编撰，胡坤点校：《建炎以来系年要录》卷78，绍兴四年七月辛酉，北京：中华书局，2013年，第1475页。

③ 李心传编撰，胡坤点校：《建炎以来系年要录》卷87，绍兴五年三月乙酉，北京：中华书局，2013年，第1665页。

④ 李心传编撰，胡坤点校：《建炎以来系年要录》卷86，绍兴五年闰二月辛酉，北京：中华书局，2013年，第1643页。

⑤ 李心传编撰，胡坤点校：《建炎以来系年要录》卷45，绍兴元年六月戊辰，北京：中华书局，2013年，第951页。

⑥ 李心传编撰，胡坤点校：《建炎以来系年要录》卷93，绍兴五年九月甲戌，北京：中华书局，2013年，第1782页。

《崇文总目》焉。书目凡七十卷。①

绍兴十五年后，宋廷仍继续收罗书籍。绍兴十八年（1148），高宗下令："秘府见求遗书古迹，四川不经兵乱，可委诸司寻访，仍令提举官每月趣之。"② 绍兴二十年，国子监李琳面对高宗，言国子监内经史未备，乞下诸州有本处起发，高宗从之。③ 据李心传记载，高宗也特别重视正史的刊刻：

> 监本书籍者，绍兴末年所刊也。国家艰难以来，固未暇及。九年九月，张彦实待制为尚书郎，始请下诸道州学，取旧监本书籍，镂板颁行。从之。然所取诸书多残缺，故冑监刊六经无《礼记》，正史无汉、唐。二十一年五月，辅臣复以为言，上谓秦益公曰："监中其它阙书，亦令次第镂板，虽重有所费，盖不惜也。"繇是经籍复全。先是，王瞻叔为学官，尝请摹印诸经义疏及《经典释文》，许郡县以赡学或系省钱各市一本，置之于学。上许之。今士大夫仕于朝者，率费纸墨钱千余缗，而得书于监云。④

虽然绍兴时期国势尚艰，但对于经史的刊刻工作一直在有条不紊地进行。高宗一直重视典籍收藏与刊刻，而且身体力行，阅读这些来之不易的典籍。高宗朝亦有臣僚献上自撰北宋史书籍，开北宋史撰述之滥觞：

> （绍兴）九年正月丙申，十五日。王铚上《元祐八年补录》及《七朝国史》，迁一秩。铚以建隆至元符，信史屡更，书多重复，乃以《七朝国史》自纪、志、传外，益以宰执宗室世表、公卿百官年表。然所修不克成。⑤

李焘作《续资治通鉴长编》之际对《元祐八年补录》多有引用，由此可见此书之价值。该书可以说开启了南宋初期对北宋历史的整体性编撰与研究，影响了李焘作"北宋编年史"《续资治通鉴长编》，意义重大。

除了对记载北宋国史、典制的书籍极为重视外，高宗亦很欣赏司马光的《资治通鉴》。建炎二年（1128），宋高宗首开经筵，即命臣下讲读《资治通鉴》：

---

① 李心传撰，徐规点校：《建炎以来朝野杂记》甲集卷4《制作·中兴馆阁书目》，北京：中华书局，2000年，第114页。
② 李心传编撰，胡坤点校：《建炎以来系年要录》卷157，绍兴十八年六月乙卯，北京：中华书局，2013年，第2990页。
③ 李心传编撰，胡坤点校：《建炎以来系年要录》卷161，绍兴二十年十月癸未，北京：中华书局，2013年，第3060页。
④ 李心传撰，徐规点校：《建炎以来朝野杂记》甲集卷4《制作·监本书籍》，北京：中华书局，2000年，第114~115页。
⑤ 王应麟撰，武秀成、赵庶洋校证：《玉海艺文校证》卷12《正史·绍兴七朝史》，南京：凤凰出版社，2013年，第570页。

诏经筵读《资治通鉴》，遂以司马光配飨哲宗庙庭。时上初御经筵……侍读周武仲进读《通鉴》。上掩卷问曰："司马光何故以纪纲为礼？"武仲敷述其义甚详，因为《通鉴解义》以进。每至安危治乱之机，必旁搜远绍，极其规谏焉。侍读朱胜非尝言："陛下每称司马光，度圣意有恨不同时之叹，陛下亦知光之所以得名者乎？盖神宗皇帝有以成就之也。熙宁间，王安石并行新法，光每事以为非是，神宗独优容，乃更迁擢。其居西洛也，岁时劳问不绝。书成，除资政殿学士，于是四方称美，遂以司马相公呼之。至元祐中，但举行当时之言耳。若方其争论新法之际，便行窜黜，谓之立异好胜，谓之沽誉买直，谓之非上所建立，谓之不能体国，谓之不遵禀处分，言章交攻，命令切责，亦不能成其美矣。"上首肯久之。①

建炎二年正是南宋朝廷风雨飘摇之时，而高宗君臣对于北宋亡国有切身之痛，尤其是在其看来，王安石变法以来开边生事，导致北宋覆灭，使得他们更加信服司马光的政治立场及其学说。宋高宗从第一次经筵开始就喜爱上阅读《资治通鉴》，甚至曾以所书《资治通鉴》第四册赐给近臣黄潜善。这段时期他阅览四方章奏，闲暇则读经史且勤于笔墨。有一次，高宗取《孟子》论治道之语，写在素屏上，又出《旅獒》篇及大有、大畜卦以示身边辅臣。② 在解释为何书写《旅獒》篇时，高宗解释道："自朕幼习《孟子》书，至成诵在口，不觉写出。如《旅獒》篇，乃因叶梦得进读《资治通鉴》及之。"③ 可见高宗阅读《资治通鉴》，有非常多的感慨与体会。据前引《建炎以来系年要录》之文，周武仲向高宗阐释《通鉴》大意，"每至安危治乱之机，必旁搜远绍，极其规谏"，这都让刚刚经历亡国之痛、且自身政权依旧危机四伏的高宗心有戚戚焉。在高宗此种心态下，有人因献《通鉴》而得升迁，亦有人因不欣赏《通鉴》而丢官。绍兴五年，雷观因献蜀本《资治通鉴》，宋高宗提拔其通判潭州。④ 建炎三年（1129），王琮则因为刊刻《资治通鉴》不积极而被罢免：

直龙图阁、两浙转运副使王琮罢，仍夺之职，坐不刊行《资治通鉴》板本也。始范冲刻是书，垂成而去。琮至，遽罢之。言者劾琮指司马光为奸人，谓《通鉴》为邪说，必欲毁板，恐其流传，故有是命。⑤

北宋哲宗绍圣四年，蔡卞想要打击元祐学术而欲毁《资治通鉴》之书板，因为书前有神

① 李心传编撰，胡坤点校：《建炎以来系年要录》卷14，建炎二年三月甲午，北京：中华书局，2013年，第344页。
② 李心传编撰，胡坤点校：《建炎以来系年要录》卷17，建炎二年八月戊戌，北京：中华书局，2013年，第413页。
③ 李心传编撰，胡坤点校：《建炎以来系年要录》17，建炎二年八月甲辰，北京：中华书局，2013年，第414页。
④ 李心传编撰，胡坤点校：《建炎以来系年要录》卷85，绍兴五年二月癸巳，北京：中华书局，2013年，第1622页。
⑤ 李心传编撰，胡坤点校：《建炎以来系年要录》卷26，建炎三年八月癸亥，北京：中华书局，2013年，第606页。

宗御制序而作罢。① 而王琮显然仍延续新法一派的立场，将《资治通鉴》看成元祐党人的邪书。只不过自靖康以后，宋廷对新旧两党的看法已经逐渐发生改变，高宗尤其如此，故而王琮才会因不愿刊刻《资治通鉴》而肇祸。

高宗虽然极为热衷于收集史籍，但同时对于涉及时事的言论亦不乏审查压制之举，以致酿出文字之祸。绍兴十七年（1147），有人告发会稽士大夫"家藏野史，以谤时政，于是李光家藏书万余卷，其家皆焚之"②。这是高宗与秦桧加强言论管控、扼杀反对意见的体现，也为其收集史籍一事蒙上了阴影。

三、高宗时期进献《春秋》类书籍的事例

除《资治通鉴》等史籍外，高宗对于重视君臣大义的《春秋》亦非常推崇。绍兴十二年高宗与秦桧有一段对话，便很直截地表明了他的这种态度：

> 上曰："为君不知《春秋》，昧为君之道。为臣不知《春秋》，昧为臣之道。此书褒贬甚严，真万世之法。"上又曰："为政之要，在辨忠邪，此治乱所由分也。"秦桧曰："书生喜论王霸。臣谓推诚任贤，是为儒学，施于有政，是为王道，挟术任数，是为杂学，施于有政，是为霸道。"上以为然。③

高宗在与秦桧对话时由《春秋》而言及君臣相处之道，对辨忠邪、严褒贬的《春秋》笔法极为赞赏。秦桧则发挥王霸论，特别强调君臣之间"推诚任贤"的重要性，而贬低"挟术任数"之士，认为这是"杂学"，不是"正学"。此说得到高宗认可，为秦桧借机迫害所谓"杂学"士人提供了理论支持。高宗推崇《春秋》之大义名分，除了着眼于君臣关系外，还有出于现实外部因素的考量。绍兴三年（1133），伪齐直学士院马定国进《君臣名分论》给伪齐皇帝刘豫，其中"极其指斥（南宋），豫批进定国一官"④。南宋对此相当紧张，盖与伪齐争名分是南宋确立正统的关键所在，刘豫此举可谓是刺激了高宗君臣敏感又脆弱的神经。

高宗在经筵上也颇爱《春秋》。绍兴五年，"诏侍讲朱震、范冲专讲《春秋左氏传》，孙近、唐辉仍讲《论语》、《孟子》，郑滋、胡交修读《三朝宝训》。上雅好《左氏春秋》，故择儒臣讲焉"⑤。这些儒臣的《春秋》讲义在经过整理后大多缮写进献：

---

① 李焘：《续资治通鉴长编》卷485，哲宗绍圣四年四月乙未，北京：中华书局，2004年，第11531页。

② 李心传编撰，胡坤点校：《建炎以来系年要录》卷156，绍兴十七年，北京：中华书局，2013年，第2997页。

③ 李心传编撰，胡坤点校：《建炎以来系年要录》卷148，绍兴十三年一月丙寅，北京：中华书局，2013年，第2795页。

④ 李心传编撰，胡坤点校：《建炎以来系年要录》卷68，绍兴三年九月，北京：中华书局，2013年，第1343页。

⑤ 李心传编撰，胡坤点校：《建炎以来系年要录》卷87，绍兴五年三月丁丑，北京：中华书局，2013年，第1659页。

　　绍兴二年十一月辛酉诏："自今住讲日，令经筵官轮进《春秋解义》一授，至开讲日如旧。"（绍兴）三年二月丁亥朔，右谏议徐俯进《春秋解义》，至"天王使宰渠伯纠来聘"，用左氏说"父在故名"。上谓俯曰："鲁威公篡立，天王当致讨。既四年不问，乃使其宰往聘，失政刑矣，故书名以贬之。"戊子，俯乞编之记注。绍兴中，侍讲朱震《讲义》三卷，侍讲范冲《左氏讲义》四卷。①

绍兴八年，高宗再次诏侍读曾开读三朝宝训，侍讲吴表臣讲《孟子》，张九成讲《春秋》，吕本中讲《左氏传》，崇宁殿说书尹焞讲《尚书》。② 高宗不但令臣下在经筵上为自己讲《春秋》，亦且积极带动士人习学《春秋》的风气。如绍兴十六年，高宗对大臣云："春秋之学，士人习者极少，宜有以劝之。近秦熺亦尝论此，实契朕意。"③ 由于高宗的偏爱和奖劝，其在位期间，社会上研习《春秋》并进献相关作品的风气也越发浓厚。如《建炎以来系年要录》中记崔子方、文旦之例云：

　　绍兴六年进士崔岩补上州文学。岩，（崔）子方子也。先是，上遣中使持子方《春秋解》，命学士朱震校正，而中书以旦所上《春秋要义》付震看详。震言："旦博采众说，以明圣经，非笃志此学，积之岁月，不能成书。子方一时名儒，独抱圣经，闭门讲学，专意著述，自成一家，非特立独行之士，不能如此。子方虽没，其后尚存，望赐旌褒，以劝来者。"故有是命。④

同书又记绍兴十六年，左宣教郎郑邦哲进《左氏韵类》，高宗下诏特迁其一官。⑤ 又如《玉海》中记载数例：

　　（绍兴）十二年十二月庚申诏：董自任上《春秋总鉴》可采，宜处以太学，录之职。其书秘省录进。凡十二卷，类集本末而为解义。十三年正月戊午，毕良史献《春秋正辞》二十卷。诏谏议罗汝楫、司业高闶看详来上。特改京官。又《正辞通例》十五卷。十一年六月壬午，吴曾献所著《左氏发挥》，补右迪功郎。⑥

　　① 王应麟撰，武秀成、赵庶洋校证：《玉海艺文校证》卷6《春秋》，南京：凤凰出版社，2013年，第279页。
　　② 佚名编，汪圣铎点校：《宋史全文》卷20，高宗绍兴八年八月乙丑，北京：中华书局，2016年，第1546页。
　　③ 李心传编撰，胡坤点校：《建炎以来系年要录》卷155，绍兴十六年一月癸巳，北京：中华书局，2013年，第2935页。
　　④ 李心传编撰，胡坤点校：《建炎以来系年要录》卷104，绍兴六年八月辛丑，北京：中华书局，2013年，第1956页。
　　⑤ 李心传编撰，胡坤点校：《建炎以来系年要录》卷155，绍兴十六年一月戊寅，北京：中华书局，2013年，第2930页。
　　⑥ 王应麟撰，武秀成、赵庶洋校证：《玉海艺文校证》卷6《春秋·春秋正辞》，南京：凤凰出版社，2013年，第282页。

北宋后期屡屡受到压制的《春秋》因高宗之态度而一跃成为显学，学术不变令不少北宋时不得志的士人有了进身的机会。如《建炎以来系年要录》记载绍兴四年，"（邓）名世初以刘大中荐，诏赴行在，献所著《春秋四谱》、《古今姓氏书辨证》。诏吏部尚书兼侍讲胡松年看详。胡松年言其贯穿群书，用心刻苦，由是引对。遂命为右迪功郎"①。邓名世是临川人，徽宗时期禁学"春秋"及诸史，邓明世却独爱《左传》，且又收藏"元祐党人"诸文集。在进献《春秋四谱》后，宋高宗寻赐其出身，除敕令所删定官，兼史馆校勘。其所著书又有《春秋论说》《春秋类史》《春秋公子谱》《列国诸臣图》《左氏韵语》等。② 又如王蘋之例：

> 布衣王蘋特补右迪功郎。（王）蘋侯官人，通春秋。舍法既行，遂不就举。至是寓居吴江。守臣孙佑言其素行高洁，有忧时爱君之心，召对补官。后四日，赐进士出身。除秘书省正字。上谓辅臣曰："蘋起草茅，而议论进止，若素宦于朝，大抵儒者，能达世务，乃为有用。"③

王安石黜《春秋》于学官，导致研习《春秋》的王蘋仕进无望，至高宗之世方才受荐举而得官。孙佑荐王蘋之札子云：

> 据府学生陶孝友等保举布衣王蘋学行。窃惟主上亲乘戎辂，临幸本府，军务之暇，延见人材。今有贤士，近在数十里间，有忧时爱君之心，有开物成务之学，素行高洁，朝野共知，伏望特赐敷奏，召赴行在，审察录用。候指挥。④

其中所谓"开物成务之学"，当即是指《春秋》学。由此可见当时在民间寻访贤才，"春秋学"之造诣是一个比较重要的考量。甚至宋高宗为其皇后吴氏家置教授，也选用通"春秋学"之贤能，如王鎰之例：

> 王鎰字时可，石埭人，绍兴戊午进士，授兴国军司务，累擢监察御史，有风力，历中书舍人兼直学士院侍讲。王鎰素通经术，善训导。宋高宗为吴后家置大小教授。以王鎰领其职。其所撰《戚里元龟》，为后家起也。又著《春秋门例通解》及《易象宝鉴》诸书。⑤

---

① 李心传编撰，胡坤点校：《建炎以来系年要录》卷74，绍兴四年三月乙亥，北京：中华书局，2013年，第1418页。

② 黄宗羲原撰，全祖望补修，陈金生、梁运华点校：《宋元学案》卷35《陈邹诸儒学案·元祐之余·删定邓先生名世》，北京：中华书局，1986年，第1223页。

③ 李心传编撰，胡坤点校：《建炎以来系年要录》卷83，绍兴四年十二月乙卯，北京：中华书局，2013年，第1571页。

④ 孙佑：《荐王蘋札子（绍兴四年十一月）》，《王著作集》卷1，《景印文渊阁四库全书》集部，第1136册，台北："商务印书馆"，1987年影印本，第68页。

⑤ 王梓材、冯云濠编撰，沈芝盈、梁运华点校：《宋元学案补遗》别附卷2《宋儒博考下·王氏门人·王先生鎰》，北京：中华书局，2012年，第6301页。

高宗之世进献《春秋》类著述者数量众多，以致高宗不能每部都详细阅看，只能委托大臣阅后予以鉴定，然后裁夺是否给予赏赐。而在众多注解《春秋》的书籍中，宋高宗尤为偏爱胡安国的《春秋胡氏传》。此书尚未作成时，胡安国便曾上书高宗请示避讳体例，而高宗则依胡安国之请，并催促其早日写毕上呈：

> 臣所纂修缮写进本，援引他经子史之类，欲乞应犯圣朝庙讳、不可迁避者，依太常博士王皙所进《春秋解》例，并依监本，空缺点画。于渊圣御名，亦不改易本字，覆以黄纸，庶几名实不乱。……十一月二十七日，三省同奉圣旨："依奏，仍疾速投进。"①

书成献上后，高宗给予了高度评价，并欲召用胡安国：

> 上曰："安国明于春秋之学，比诸儒所得尤邃，向来偶缘留程瑀而出。可令召来。"张浚曰："若安国乃君子之过，过于厚耳。小人必须观望求合，岂肯咈旨。"上曰："安国岂得为小人。俟其来，当置之讲筵。"故有是命，仍用金字递行。安国自言所著《传》，事按左氏，义取《公羊》、《穀梁》之精者，大纲本《孟子》，而微辞多以程氏之说为据，凡三十年乃成。上甚重之，其书今行于世。②

《春秋胡氏传》获得高宗认可，在南宋受到极大的推崇。而胡安国死后，亦得到高宗的称赞和优厚抚恤："安国所进《春秋解义》，著百王之大法，朕朝夕省览，以考治道。方欲擢用，遽闻沦亡。可拨赐银帛三百匹两，令湖南监司应副葬事，赐田十顷。以给其孤。"③

除了奖励和评价臣下所献《春秋》类著作外，高宗甚至还曾表达过组织编写和颁发对《春秋》的权威解释的意图：

> 上谓大臣曰："近多有人进'《春秋》难解，可令通经者详之'。盖春秋难解，人各有说，当取所长，颁示学者。"秦桧曰："解经不可执一说，王安石要人从己说，故为学者讥议。盖道犹海也，随所得之浅深不同耳"。上曰："说虽不同，必有所归。"桧曰："四渎之广，同归于海也。"④

对于高宗之表态，秦桧最初利用此机会对王安石加以攻击，继而又附和所谓"必有所归"之言，隐晦谄媚宋高宗拥有经典的最高解释权。除此事外，高宗时期还有两次希冀以春秋笔法来撰写当代历史，后都不果行。建炎元年（1127），中书舍人刘观言："臣愿陛下委

① 胡安国撰，王丽梅校点：《春秋传·卷首·论名讳札子》，长沙：岳麓书社，2011年，第10页。
② 李心传编撰，胡坤点校：《建炎以来系年要录》卷109，绍兴七年二月丙子，北京：中华书局，2013年，第2051~2052页。
③ 李心传编撰，胡坤点校：《建炎以来系年要录》卷119，绍兴八年四月辛丑，北京：中华书局，2013年，第2223页。
④ 李心传编撰，胡坤点校：《建炎以来系年要录》卷152，绍兴十四年七月己未，北京：中华书局，2013年，第2873页。

谏官御史，取崇宁以来饕餮富贵最亡状之人，编为一籍。已死者着其恶，未死者明其罪。"① 绍兴十三年（1143），吏部员外郎王扬英又乞命史官编《靖康建炎忠义录》，② 而两书都不克成。这也是北宋亡国后，高宗朝意欲借《春秋》来重建政治秩序，而臣下揣摩圣意、趁机逢迎所带来的小插曲。

四、《易》学与《孝经》类书籍的进献

高宗对于《周易》与《孝经》也观感颇佳，多次赞扬这两本书的价值。随之而来的便是高宗时代臣民进献《易》学与《孝经》类书籍的现象也非常突出。王应麟《玉海》中对献《易》学类著作的事例有集中记述：

> （绍兴）六年，林儵乞上所著《易》书，诏给事中朱震详问。震言用功至勤，仍令明州给札，录其所著《易说》及《天道大备书》、《变卦纂集》等合二十六卷上之。二月甲辰，儵循资与堂除。八年六月五日，李授之上《易解》，除直秘阁。十五年十月二十七日，刘翔进《易解》。十六年，吴沆进《易璇玑》三卷二十七篇。四月十七日，郭伸上《易解》。二十七年九月，彭与上《周易义解》十册，《神授易图》四册，《太极歌》一册，《易证诗》一册，《义文图》二轴。馆学看详，谓潜心象数，训释淹贯。诏补上州文学。三十年三月七日，宋大明上《周易解》。绍兴初，朱震撰《易传》十一卷，《卦图》三卷，《丛说》一卷。表云："传九卷，上采汉、魏、吴、晋、元魏，下逮有唐及今。"绍兴中，晁说之《周易太极传》六卷，《外传》一卷，《因说》一卷。说之从杨贤宝得康节先生自为《易》图二，作《易》传四种，名曰《商瞿传》。李衡《撮要》十二卷。③

此外，绍兴十六年（1146）左奉议郎、新通判成州郭伸献《易解》，高宗对此加以肯定云"《易》象深微，极难穷究。须有自得，仍不穿凿，始可谓之通经。伸议论亦粗通，可略加旌擢"，并进郭伸一官。④ 绍兴十七年（1147）吴适所进《大衍图》，辨证《易》中之差误，高宗下令"可令秘书省看详，如或可采，卿更审询其人，当处以庠序之职"⑤。绍兴二十七年（1157）兴化军免解进士彭与进其所著《周易解义》以及《神授图》《太极

① 李心传编撰，胡坤点校：《建炎以来系年要录》卷11，建炎元年十二月庚辰，北京：中华书局，2013年，第296页。

② 李心传编撰，胡坤点校：《建炎以来系年要录》卷148，绍兴十三年一月乙酉，北京：中华书局，2013年，第2807页。

③ 王应麟撰，武秀成、赵庶洋校证：《玉海艺文校证》卷2《易下·绍兴易说》，南京：凤凰出版社，2013年，第95～96页。

④ 李心传编撰，胡坤点校：《建炎以来系年要录》卷155，绍兴十六年一月丙辰，北京：中华书局，2013年，第2933页。

⑤ 李心传编撰，胡坤点校：《建炎以来系年要录》卷157，绍兴十七年一月庚戌，北京：中华书局，2013年，第2956页。

歌》，宋高宗诏特补下州文学。①

不过，亦有进献《易》学类书籍而不得赏之例。如《要录》记载绍兴十六年（1146）"抚州布衣吴澥进宇内辨《历代疆域志》，吴沉进《易璇玑》、《三坟训义》。太学博士王之望言：'三坟书无所传授，疑近世好事者所为。'诏澥永免文解，沉以书犯庙讳，故赏不及焉。"② 此例中吴沉还只是因其《三坟训义》所受评价不高，以及所谓"书犯庙讳"，导致其所献《易璇玑》亦未受赏。而有些臣下所献《易》学书籍甚至还遭到高宗亲自驳难。《要录》载绍兴二十一年，高宗曾云："近有进《易说》者，以为《易》非卜筮之书。自古以《易》筮，《春秋》多载其事，《易》有圣人之道四，卜筮乃其一。岂可以《易》占为非？"秦桧则附和曰："陛下精于《易》道，非臣等所及。"③

宋高宗也颇为重视《孝经》，绍兴二年（1132）曾多次出所书《孝经》以示辅臣，④并频繁向臣下颁赐。李心传言：

> 太上皇帝绘画之妙，冠绝前古。《五经》、《语》、《孟》之籍，既已笔而刊诸石。三年大比，又取六经修身治心之要学，别书以宠多士。至《左氏春秋传》、司马迁《史》与赵充国、羊祜等传，分颁臣下。若《孝经》之赐者，不可概举。一札一画，岂徒在于翰墨之间哉？盖将以道德忠孝，化成天下，而追帝王之极治者也。圣子神孙，仰法乎此，则近习佞幸，虽欲殖货财、盛鹰马、乘闲暇，以畋猎声色蛊惑圣志，如仇士良者，安所施其智巧哉？⑤

高宗之推崇《孝经》，有着明确的政治用意，即为奉养与金人和议后迎回的韦太后作舆论导向，并进而对和议加以正当化。《要录》载绍兴十四年（1144）：

> 诏诸州以御书《孝经》刊石，赐见任官及系籍学生。时已颁《孝经》于群庠，而殿中侍御史汪勃言："陛下独擅圣人之德，上天昭监，果定和议，于众论鼎沸之中极天下之至养。望降明诏，令募工摹刻，使家至户晓，以彰圣孝。"故有是命。⑥

在这种背景之下，天下进献《孝经》注解者亦层出不穷：

---

① 李心传编撰，胡坤点校：《建炎以来系年要录》卷177，绍兴二十七年一月癸未，北京：中华书局，2013年，第3382页。

② 佚名撰，汪圣铎点校：《宋史全文》卷21《宋高宗十五》，北京：中华书局，2016年，第1715页。

③ 李心传编撰，胡坤点校：《建炎以来系年要录》卷182，绍兴二十一年六月癸酉，北京：中华书局，2013年，第3074页。

④ 李心传编撰，胡坤点校：《建炎以来系年要录》卷57，绍兴二年，北京：中华书局，1988年，第995页。

⑤ 李心传编撰，胡坤点校：《建炎以来系年要录》卷129，绍兴九年一月辛酉，北京：中华书局，2013年，第2424页。

⑥ 李心传编撰，胡坤点校：《建炎以来系年要录》卷152，绍兴十四年七月辛未，北京：中华书局，2013年，第2869页。

（绍兴）八年四月庚午，王惟献《孝经解义》，诏赐帛。十年十二月十日，程全一进《孝经解》，命为大学职事。十一年十一月二十七日，林独秀进《孝经指解》，赐束帛。绍兴中，王文献进《详解》一卷，赵湘进《孝经议》一卷，沈处厚进《解》一卷。①

奉诏看详布衣王惟《孝经解义》，推广孝弟，言有可采。②

从《易》学与《孝经》之例，亦可窥察高宗如何以个人意志推动学术风尚之改变，并将君权之权威加于"学问"之上。而其以天子之力，推动上下研习《春秋》《易》学及《孝经》，则在很大程度上是出于政治考量，而不是遵循学术之自然发展。

五、结　　语

北宋覆灭，大量经籍或是被毁，或流散四方。南宋朝廷再造中央权威之际，收集散佚文籍便成为一大要务。高宗君臣为此付出了巨大的努力，对天文著作、北宋国史等事关政权合法性的书籍不遗余力地加以收集，并及于经史典籍。而同时因朝廷的鼓励，臣民献书之风也随之而盛。这些南宋朝廷主动收集或臣民所献的书籍有些价值甚高，堪为后世中华文化瑰宝。然而在承认其文化价值的同时，也需注意到不仅搜集国史等书之举为巩固政权所必需，即便是臣民进献学术著作的行为，亦受到在上者政治意图的引导。高宗君臣在收书集史籍方面，就有着明确的导向，高宗以经筵、赐书和鼓励臣民进献自撰书籍来改变学术与朝野风气。他曾多次强调献书对于宋廷教化权威的重要性。"南渡以来，御府旧藏皆失，宜下诸路搜访。其献书者，或宠以官，或酬以帛。盖教化之本，莫先于此也。"③ 此语即透露出鼓励献书的目的在于对臣民之"教化"，而"教化"之方针、导向则受到高宗政治立场的决定性影响。

以推重《资治通鉴》及《春秋》等史书之例而论，即是高宗等人对于王安石变法彻底否定的体现。《资治通鉴》为旧法党领袖司马光所著，而王安石则以《春秋》为断烂朝报，不令列于学官。胡寅曾云：

> 至王安石以佛、老之似，乱周公之实，绝灭史学，倡说虚无。以同天下之习，其习既同。于今五十年，士以空言相高，而不适于实用，以行事为粗迹。④

其中抨击王安石的做法为灭绝史学，导致"士以空言相高，而不适于实用"。胡寅自撰《读史管见》，力推史学之教化功用，以至认为王安石以及其后的蔡京等人都是毁灭北宋

---

① 王应麟撰，武秀成、赵庶洋校证：《玉海艺文校证》卷7《孝经·绍兴孝经解》，南京：凤凰出版社，2013年，第334页。

② 徐松辑：《宋会要辑稿·崇儒五之三三》，上海：上海古籍出版社，2014年，第2263页。

③ 李心传编撰，胡坤点校：《建炎以来系年要录》卷149，绍兴十三年七月戊午，北京：中华书局，2013年，第2819页。

④ 李心传编撰，胡坤点校：《建炎以来系年要录》卷27，建炎三年闰八月庚寅，北京：中华书局，2013年，第618页。

的罪魁祸首，其罪行中最突出的就是经义设科，灭绝史学，打击研读《春秋》者。故而在否定王安石的政治风气之下，高宗君臣对于"史学"也极力拔高。如《要录》中载：

> 朝散郎江跻为监察御史，跻入见，论天变事甚悉，上以其有史学。他日谓大臣曰："今士大夫知史学者几人？此皆王安石以经义设科之弊。"范宗尹曰："安石学术本不至是，由蔡京兄弟以绍术之说敷衍被蔓，浸失其意。然自非卓然特立之士，鲜不为误。"上深以为然。①

前文中叙及高宗时大臣访贤，所推之人很多都有史学专长，亦有不少是北宋后期科举改制后遭到压制的人物。同时对于王安石所定的科举之制，高宗时期亦开始进行改革。其举措之一，便是强化《春秋》、史学在科举中的地位。绍兴十二年（1142），四明士人高闶被任命为国子监司业，改革南宋科举制度。其施行以《春秋》为正经，所著《春秋集注》，与胡安国《春秋胡氏传》一样，乃是在南宋初年对抗王安石"新学"的重要著作。② 而王安石所著《三经新义》，自然不会再被用来取士。有举子上书求复用《三经新义》，被高宗明确拒绝：

> 举子上书，乞用王安石《三经新义》，为言者所论。上曰："六经所以经世务者，以其言皆天下之公也。若以私意妄说，岂能经世乎？王安石学虽博，而多穿凿以私意，不可用"。③

而推重未入"三经"的《周易》《孝经》等书，显然亦有否定王安石的意味。王安石及其学说门徒颠覆国家、毁害学术，是高宗自南渡以来的认识。绍兴十五年（1145），宋高宗还颁布《群经义疏》和《经典释文》，令国子监印千百帙，俾郡县各市一本，置之于学。高宗并言："古人读书，须亲师友，虽未必尽得圣经妙旨，然亦自渊源。今士大夫未有自得处，便为注说、以为人师，此何理也？"④ 此举明显是针对王安石之《字说》而来。高宗之所以鼓励收集进献图书，一方面是充实南宋秘府之藏，重建中央权威，另外一方面则是要借此来推动研读为王安石所贬低、否定的《春秋》等书，为其政治服务，达到彻底反对王氏学术、进而否定新法一派的目的。

（作者单位：首都师范大学历史学院、江西师范大学历史文化与旅游学院）

---

① 李心传编撰，胡坤点校：《建炎以来系年要录》卷34，建炎四年六月乙亥，北京：中华书局，2013 年，第 779 页。

② 黄宽重：《宋代的家族与社会》，北京：国家图书馆出版社，2009 年，第 174 页。

③ 李心传编撰，胡坤点校：《建炎以来系年要录》卷145，绍兴十二年四月癸未，北京：中华书局，2013 年，第 2741 页。

④ 李心传编撰，胡坤点校：《建炎以来系年要录》卷154，绍兴十五年闰十一月，北京：中华书局，2013 年，第 2922 页。

18—20 世纪中外茶画比较研究

□ 张建民　高添璧

【摘要】18 世纪以来，随着茶在世界范围内的普及，不仅中国茶画层出不穷，国外亦产生了一批风格各异的茶画作品。在 18 世纪至 20 世纪初，中外茶画从题材到艺术手法上均有较大差异，从题材上看，中国传统茶画总体上热衷于表现与中国茶事审美相契合的题材，而在外国茶画中，则出现了中国传统茶画所忽略的主体，即使描摹同种类型的主体也往往有不同的侧重点；从绘画视角来看，中国传统茶画即使是画半身像，也大多强调人与周遭景物的隐显逻辑，很少出现西方写真以及日本的"大首绘"那种仅强调人物上半身的截图；从绘画技法及色彩表现方面来看，虽然中外画法已有了一定的交流基础，但总体上仍然认为自身的艺术手法更为高妙。20 世纪初期以后，随着世界各国进一步的汇聚交流，中外茶画在题材及艺术手法等形式上的差异日渐消弭，但其深层次的精神内核及审美意趣仍大相径庭。

【关键词】茶画；东西方文化；比较研究

自唐代以来，茶在中国广泛传播，茶文化和绘画艺术相互影响，产生了丰富多彩的茶画作品。中国历朝茶画有其鲜明特点，唐代以工笔人物画见长，茶画中反映人物茶事集会等作品大量出现，其中许多作品人物情态栩栩如生、器具衣饰纤毫毕现。及至宋代，制茶、烹茶等技艺均得到长足发展，此时茶画拓宽了唐代茶画的内容，除了表现饮茶雅集等惯常题材外，斗茶等新颖的内容也屡见不鲜，同时茶事也不仅局限于描摹人物，许多作品融茶事于山水之中，画风精丽规整有之，冲虚淡雅者亦有之。由元及至明清，茶叶冲泡方法较之前代有了较大革新，茶叶贸易也屡见兴盛，茶文化呈现繁荣活跃的态势，茶画的表现形式与主题内容也更加丰富多元。公元 8 世纪左右，茶传入日本，而后于 16 世纪传入西方世界，及至 18 世纪，茶在世界范围内得到普及，以茶为题材的画作广泛见于各国绘画作品中。20 世纪初期以后，由于中国社会的巨大变革、中国画家赴外留学经历的增多以及世界政治经济局势变化等多重原因，世界各国进一步交流融通，中外茶画从题材到技法上的相互借鉴较之前代更为明显，但其背后所反映的文化观念仍然带有鲜明的民族特色。目前学界关于茶画的研究多集中在对中国各朝代茶画风格、内容等的探究或者对某些具体茶画作品的深入探析上，相对而言，较为缺乏对外国茶画的系统研究，尤其是中外茶画比较研究方面的成果几乎难以得见。本文将选取 18—20 世纪的部分中外茶画作品，比较其异同并以此为切入点探究其背后的文化内涵。

一、中外茶画题材比较

18 世纪以来，茶在世界范围内广泛传播，中外茶画均以茶事为描摹对象，其题材既有共性又不乏差异。

第一，描绘饮茶聚会是中外茶画的常见题材，这类茶画往往着力表现茶事生活闲适风雅、精致浪漫等特质，中国作为茶的起源地，其相关画作亦为外国茶画提供了前期的养分。茶画中的饮茶聚会有多种类型，从参与主体上来看，有女性、文人雅士、僧侣等不同身份人群的茶聚；从规模来看，有特定人群的小型茶聚、多种参与主体的大型茶聚，等等。

18 世纪以来，中国茶画中反映女性饮茶燕聚的作品层出不穷。以清代陈枚的《月曼清游图》① 中《踏雪寻诗》一图为例，画面左侧屋中三位女子围炉饮茶，其中一人放茶盏于火盆边，持箸拨火，另二位举茶盏于胸前，侧脸笑迎门外提炉而来的女子，图中松竹之上细雪盈盈，而佳人身畔炉暖茶香，营造出一种闲雅温融的氛围。

日本浮世绘画家西川祐信的《三女饮茶图》② 也是女性茶聚画中的代表作，该图中三名女子和服上绘制了大量花草藤叶等植物纹样，发髻繁丽，面庞丰泽，其中左侧女子提壶，中间女子举杯劝茶，右侧女子做摆手拒绝状，似言不能再饮，整幅图人物形象颇有中国《调琴啜茗图》中唐代仕女的遗风。鸟居清长的《座敷八景·台子夜雨》③ 中画有擦拭茶具的黑袍女子，其后另一女则正掩袖轻笑，二人身后是松梅花树锦屏，整个画面色泽鲜艳明丽，人物秀丽匀称，延续了鸟居清长一贯细腻精美的风格。这两幅描绘女性茶聚的日本"浮世绘"茶画虽然人物形象、衣饰陈设带有典型的日本风格，但笔法与中国古代仕女茶画颇有相似之处，且《座敷八景·台子夜雨》的命名直接呼应了对日本影响极大的中国系列绘画作品《潇湘八景图》。

再将视角转向 20 世纪的西方，在美国画家威廉·麦格雷戈·帕克斯顿（William McGregor Paxton）的《茶叶》④（Tea Leaves）中，两位女士置身于装潢精美的波士顿风格的家中，其中年轻少女身着制作考究的白色束腰长裙，提壶斟茶，头戴礼帽的年长女士斜坐桌边，侧首凝视，营造出一种闲适静好的氛围。整幅画用色淡雅克制，描摹精细，继承了画家法国老师让·莱昂·热罗姆（Jean-Léon Gérôme）典型的学院派画风，风格上与前代各国此类茶画热衷于体现的清雅精致的特点相契合。

除了展现女性茶聚的茶画外，中国描绘文人隐士茶聚的画作也对外国有着深远的影

---

① 陈枚：《月曼清游图》，1738，中国，绢本设色，共 12 开，每开纵 37 厘米，横 31.8 厘米，故宫博物院藏。

② 西川祐信：《三女饮茶图》，1615—1868，日本，绢本，纵 54.6 厘米，横 63.5 厘米，美国大都会艺术博物馆藏。

③ 鸟居清长：《座敷八景·台子夜雨》，1772—1782，日本，彩绘版画，纵 26.1 厘米，横 19.7 厘米，美国芝加哥艺术馆藏。

④ 威廉·麦格雷戈·帕克斯顿：《茶叶》，1909，美国，油画，纵 91.6 厘米，横 71.9 厘米，美国大都会艺术博物馆藏。

响。日本江户时代的画坛巨擘谷文晁曾创作了一幅《雪堂煎茶图》①，图中山势陡峭高耸，且多施黑白两色，给人以孤寒之感，半山茅屋中二人煎茶对饮，其一人物衣着用暖色晕染，屋内的茶香热意与外部的萧瑟清冷形成了一种巨大的反差，整幅图苍劲冷峭中又透露出几分丰润之美。这幅《雪堂煎茶图》描绘的内容与中国清代王著《茗源吏隐图·烹雪享茗》② 大体相似，均是表现冬日文人雅士于山水间取雪烹茗的雅聚，着意表现清雅出尘的韵味；从画面布局上看，这种竖轴构图，即崇山茂树由远及近层层递进的手法在中国茶画中屡见不鲜，如清代石涛的《看山图》③、沈焯的《惠麓品茶图》④ 等均采用这种构图形式。

另外，除了上述这种描绘特定人群的小型茶聚外，描摹多种参与主体的较大型饮茶宴会也是中外茶画乐于表现的题材。清代冷枚、张烈等画家都不约而同地创作过《春夜宴桃李园图》，该作品依托李白的《春夜宴从弟桃花园序》一文所画，展现了诗人与亲友宴饮茶聚的美好情境。以冷枚同名画作⑤为例，图中远山巍峨，烟云暧叇，屋舍精雅，河池清丽，庭园之中，桃花灼灼，李花皎皎，月色华灯之下，诗人与亲友一道饮茶吟诗，成就一场温情雅致的赏心乐事。该图描摹细腻，用色清艳，秉承了茶画一贯的闲雅之风。

英国漫画家亨利·威廉·班伯利（Henry William Bunbury）的作品《饮茶》⑥（Tea Drinking）表现了一种诙谐热闹的多人茶聚景象。该画以黑白调勾勒出茶宴的情景，画中壁炉旁的绅士正闭眼聆听身侧女士绘声绘色的言谈，旁边的小男孩仰头凝望着揽着他手臂的美丽女士，其身后的男士闭目养神，而画面左侧的三位男士激烈地交谈着，一位身材矮小的男仆正托着茶盘微笑回望，整幅画人物面部表情刻画夸张，肢体语言丰富，氛围轻松随意。而美国艺术家亨利·萨金特（Henry Sargent）的《茶宴》⑦（The Tea Party）则展示了 19 世纪上半叶美国上流社会精致高雅的大型茶聚场景。该画作真实地描绘了茶会举办地点（画家萨金特本人家中）的奢华内景：法式扶手靠椅、大理石顶圆桌、用以反射室内烛光的大墙面镜以及整齐地列在墙面的风景画等。在这处浪漫精致的客厅中，穿着时髦精致的淑女绅士或举杯饮茶，或愉快交谈，空气中仿佛弥漫着茶曼妙神秘的香气。由此可见，不论中外，茶聚宴饮皆是茶画热衷表现的题材，而这类茶画也始终不会抛弃其精雅闲适的特质。

---

① 谷文晁：《雪堂煎茶图》，1791，日本，纸本设色，纵 134.5 厘米，横 27.9 厘米，美国大都会艺术博物馆藏。

② 王著：《茗源吏隐图·烹雪享茗》，1714，中国，纸本设色，纵 21.2 厘米，横 33.8 厘米，故宫博物院藏。

③ 石涛：《看山图》，17 世纪末至 18 世纪初，中国，纸本设色，纵 129.6 厘米，横 54.3 厘米，上海博物馆藏。

④ 沈焯：《惠麓品茶图》，清晚期，中国，纸本设色，纵 101.8 厘米，横 46.5 厘米，浙江省博物院藏。

⑤ 冷枚：《春夜宴桃李图》，1736—1742，中国，绢本设色，纵 188.4 厘米，横 95.6 厘米，台北"故宫博物院"藏。

⑥ 亨利·威廉·班伯利：《饮茶》，1794.9.1，英国，平板印刷画，纵 34.7 厘米，横 43.5 厘米，美国芝加哥艺术馆藏。

⑦ 亨利·萨金特：《茶宴》，约 1824，美国，油画，纵 163.51 厘米，横 133.03 厘米，美国波士顿美术博物馆藏。

第二，中外茶画对描绘茶叶采摘、茶店风貌民情、茶具静物等题材亦多有涉及，这类画作生活气息浓厚，展现了茶事生活的多元化面貌。

提到 18 世纪以来描绘茶叶种植采摘的作品，中国清代画家黄慎创作的多幅《采茶图》① 便是其中典范。他大多描绘山水之中采茶翁及童子采茶的情景，笔意简劲，风格放旷，人物形态栩栩如生。而日本画家葛饰北斋的《富岳三十六景·骏州片仓茶园》② 也是这类作品中颇有代表性的一例，画中富士山于远方静立，俯瞰着一片繁忙的茶园，带着"三度笠"的采茶女成群结队，茶农们运茶的马儿不甚听话，与茶农在小桥上僵持，该画布局层次感极强，人物情态亦生动形象，色以青绿蓝黄为主，斑斓而不驳杂。

随着茶的普及，经营茶饮贸易的商铺广泛地出现在日常生活中，同时也成为画家热衷描绘的题材。清代画家王玉樵的《历代名姬图》③ 以西汉才女卓文君的典故为蓝本创作，但又具有鲜明的时代色彩，图中的卓文君衣饰显然并非汉代形制，反而与清代《雍亲王题书堂深居图屏》形制相类似，图中文君立于店棚之中，执扇对风炉，仿佛在烹水煮茶，画中女子姿态宛转，神情愉悦，店中客人行止慵懒，意态悠闲，整幅画作趣致盎然。再来看日本画家溪斋英泉的《茶屋观富岳》④，在这幅图中，茶店微露一角，店外黑袍男子似在凝望远处的富士山，其旁和服男子持扇而立，奉茶女子温柔谦恭，整个画面描摹细致，用色绚丽，且其中女子多面广而腰弓，其形态带有画家美人画典型的"猫背猪首"风格。

表现茶具静物亦是中外茶画所热衷的题材。中国清代著名书画家陈鸿寿善制茶壶，其画作中有大量的茶具静物出现，以其《煮茶百合图》⑤ 为例，图中一把青蓝色的茶壶居于画面正中，圆润敦厚，其右侧色泽皎白的百合鲜活如生，画面布局错落有致，器具静物的青白二色又与中国传统思想中推崇的"清白"暗合，是一幅情态意蕴俱佳的优秀作品。同时，美国画家约翰·辛格尔顿·科普利（John Singleton Copley）在 1768 年创作的《保罗·里埃尔》⑥（Paul Revere）亦生动地展现了这类题材，这幅画描绘了一名技艺精湛的工匠正欲雕刻茶壶上花纹的瞬间。画面中主人公一手托着下颌，一手握着一只锃亮的茶壶，三只雕刻用具散落在身前的桌上，他仿佛正在沉思如何雕绘壶上的花纹。画作极其写实，注重对光影透视的运用，衣服的纹路、头发的质感、茶壶的光泽，无一不栩栩如生，同时人物面部明暗对比强烈，使得画面更加真实而富有故事感。

18 世纪以来，茶叶在世界范围内的广泛传播带来了茶画艺术的持续繁荣，以上题材的茶画充分展现了中外茶事生活的多样性、多元化与多维度，现世生活与艺术创作相互成就。

---

① 裘纪平：《中国茶画》，杭州：浙江摄影出版社，2014 年，第 337~340 页。

② 葛饰北斋：《富岳三十六景·骏州片仓茶园》，1825—1838，日本，彩色版画，纵 26.5 厘米，横 38.1 厘米，美国芝加哥艺术馆藏。

③ 王玉樵：《历代名姬图（局部）》，清中晚期，中国，绢本设色，纵 66 厘米，横 46 厘米，温州博物馆藏。

④ 溪斋英泉：《茶屋观富岳》，1820—1829，日本，彩色版画，纵 21.6 厘米，横 18.6 厘米，美国芝加哥艺术馆藏。

⑤ 陈鸿寿：《煮茶百合图》，1812，中国，纸本设色，纵 129 厘米，横 31.2 厘米，嘉兴市博物馆藏。

⑥ 约翰·辛格尔顿·科普利：《保罗·里埃尔》，1768，美国，油画，纵 89.22 厘米，横 72.39 厘米，美国波士顿美术博物馆藏。

中外茶画固然在题材上有颇多相似之处，但其差别之处亦并不鲜见。外国茶画中出现了中国传统茶画所忽略的主体，即使描摹同种类型的主体也往往有不同的侧重点。

首先，在中国古代社会的传统茶画中，以儿童为茶事活动绝对主角的作品较为少见，其中即使出现儿童，也多是文人雅士煎茶的童子，大多处于画面的从属地位，很少能够成为主角。直到进入 20 世纪，外国文化如洪流般涌入，书报漫画、版画等大量刊印，出现了一些更加贴近普通民众生活的茶画，儿童元素才逐渐广泛地运用到茶画中。而在外国茶画中，以儿童为绝对主角的茶画一直并不鲜见。

在中国传统文化中，"以长为尊"深入人心，"君先而臣从，父先而子从，兄先而弟从，长先而少从"①，年幼之人从思想到行为均需遵从长者意志，儿童的独立人格被回避和忽略，更有甚者，在某种极端情况下，儿童仅仅是成人的附属或依托，其基本的生命权利都不被承认，如中国古代"溺婴"现象便充分体现了这一点。作为成人附属的儿童往往会成为画中烹茶捧杯的"工具人"，试想在这种文化语境下，如果描绘一名儿童作为画面绝对的主角煞有其事地品茗，那么这幅画的高雅深蕴将会大打折扣。哪怕是描绘斗茶、日常庖厨品饮等世俗化内容的茶画，儿童也大多是丰富画面的点缀，高超的斗茶技艺、复杂的烹饮过程都必须由成人来承担。从某种程度上说，中国文化对儿童有种深深的"不信任感"，认为没有阅历的人难堪大任。以中国清代画家丁皋的《靳介人画像》②为例，其中便描绘了雅士品茗而童子煎茶的情景，画中绿柳依依，新荷脉脉，画面正中的雅士执卷而坐，身旁桌上书册、茶盏井然，画面着意表现文人雅士赏景品茶的闲适泰然，至于其旁煎茶的童子亦不过是补充画面的配角。

18 世纪以来，茶在欧美广泛传播，众多茶画相伴而生，外国茶画中以儿童为主角并不鲜见，这或许与其文化中的儿童观有关联。18 世纪法国启蒙思想家卢梭认为儿童"他应当依赖成年人，但不能服从成年人的摆布……任何一个人，即使是他的父亲，也没有权利命令孩子去做对他一无用处的事情"③。美国哲学家杜威也表明"儿童生活在由其个人认知构成的稍显狭窄世界里……然而他们的生命是一个完整的、全部的整体"④。19 世纪末的意大利教育家蒙台梭利再一次重申"因此我们应摆脱的自以为的大人才是创造者的理念，应摆脱自以为万能的幻觉，来洗净自己的罪过"⑤。由此可见，西方近现代以来思想界对儿童的独立人格予以承认与尊重，儿童不再是成年人的傀儡，其个人行动的合理性及创造性被正视，儿童的独立行动被鼓励甚至被看作其发展的潜能。从这个层面上说，茶事作为日常生活的组成部分，儿童是有资格参与甚至主导的，那么茶画中出现他们作为主角也就不足为奇。在美国芝加哥博物馆中，就收藏有一幅英国画家伊丽莎白·默里（Elizabeth Murray）的素描作品《幼女斟茶侧影》⑥（Young Girl Pouring Tea and Profile

---

① 《庄子》，长沙：岳麓书社，2016 年，第 68 页。

② 丁皋：《靳介人画像卷》，清中期，中国，绢本设色，纵 36 厘米，横 131.8 厘米，故宫博物院藏。

③ 卢梭著，李平沤译：《爱弥儿》，北京：人民教育出版社，1985 年，第 75 页。

④ 约翰·杜威：《儿童与课程》，北京：中国传媒大学出版社，2018 年，第 3 页。

⑤ 蒙台梭利著，爱立方编译：《儿童教育手册》，北京：北京理工大学出版社，2015 年，第 25 页。

⑥ 伊丽莎白·默里：《幼女斟茶侧影》，1835—1882，英国，素描，纵 17.5 厘米，横 26 厘米，美国芝加哥博物馆藏。

Sketch)，画面中一位年纪幼小的女童正坐于桌前，一手扶着茶壶，一手端着茶碗，神情专注而认真，整幅图显现出一种童稚朴拙的美感，这名孩童是画面绝对而唯一的主角。

日本茶画在儿童题材上更倾向于西方，日本画家铃木春信的《睡茶童》① 便是这类茶画的代表作，画面左边虽有一位女子，观者顺其视线，所及之处为一位趴睡的茶童，整个画面的焦点在这名童子身上，其旁女子更像一位引出茶童的线索人物。

其次，中国古代传统茶画并不热衷于表现神鬼物灵等题材，即使至 20 世纪初以后，出现了具有一些象征意味的动物元素茶画，但其风格仍然是根植于现实生活、契合于民族审美传统，并未像欧美及日本茶画那样奇诡莫测。

日本画家葛饰北斋的《逆笔分福茶釜图》②、一笔斋文调《飞釜图》③ 就是日本茶画物灵题材的绝佳范例，该画作素材来源于日本民间分福茶釜的传说，据传日本上野国茂林寺的守鹤和尚是狸猫化成，他有一只神奇的茶釜，茶釜中有饮之不竭的茶水，分饮釜中茶水亦是将福气分给众生，这只茶釜变化多端，甚至可以生翅飞翔。《逆笔分福茶釜图》中一只狸猫着僧袍，神色安详地拢手坐于冒着热气的茶釜旁，整幅画色调素朴，线条简约，虽然风格上仍然沿袭着东方茶画那种冲虚淡雅的审美传统，但其描绘的主要对象（狸猫）则是中国古代传统茶画中难以出现的。《飞釜图》画面更加生动跳脱，茶釜展翅膀而飞，画中二人手忙脚乱，中国传统茶画中一贯推崇的那种从容静雅的气质在此荡然无存。

再放眼西方世界的动物主题茶画，就不得不提美国沃斯堡画派（Fort Worth Circle，活跃于 20 世纪 40—50 年代）的画家维罗妮卡·赫尔芬斯坦勒（Veronica Helfensteller）的《山魈的茶会》④（The Mandrill's Tea Party）。在该画中，面如鬼魅的山魈与一位美女、一只长颈鹿围坐于茶桌边，似在静待茶宴开始。画面主要用黑白两色，人兽表情皆十分淡漠，风格诡异而想象奇崛，展现出与东方茶事绘画截然不同的风貌。

二、中外茶画艺术特色比较

第一，从绘画视角来看，20 世纪初以前的中国传统茶画即使是单人写真，也大多强调人与周遭景物的和谐统一，而几乎不会出现日本的"大首绘"以及西方写真那种仅强调人物上半身的截图。

以中国清代的《雍亲王题书堂深居图屏·桐荫品茶》⑤ 为例，这幅女性单人饮茶小

---

① 铃木春信：《睡茶童》，1767，日本，彩色版画，纵 27.4 厘米，横 20.2 厘米，美国芝加哥博物馆藏。

② 葛饰北斋：《逆笔分福茶釜图》，1848，日本，纸本设色，纵 25.6 厘米，横 30.9 厘米，美国波士顿艺术馆藏。

③ 一笔斋文调：《飞釜图》，1770，日本，彩色版画，纵 27.5 厘米，横 20.3 厘米，美国芝加哥博物馆藏。

④ 维罗妮卡·赫尔芬斯坦勒：《山魈的茶会》，1945，美国，平板印刷画，纵 32.9 厘米，横 42.7 厘米，美国国家艺术博物馆藏。

⑤ 宫廷画师：《雍亲王题书堂深居图屏·桐荫品茶轴》，清，中国，绢本，设色，纵 184 厘米，横 98 厘米，故宫博物院藏。

像重点突出饮茶女子，视角虽直抵身前，但其从发饰到裙角丝绦皆被完整呈现，其身后的朱红栏杆等皆被细致描摹，人景相融。即使偶有如《梅月琴茶》① 这样人物隐于梅月圆窗之后的半身像，画中半身的出现也是因为前景圆窗的视觉阻隔，并非无故割裂。而日本喜多川歌麿的《美人奉茶图》② 则全然没有绘制环境场景，而是把目光聚焦到了女子的面部及上半身，图中两位女子细眼长面，左下角奉茶的女子仰脸看向图右侧扶臂的女子，似在询问她要茶与否，图中女子这种带有脸部特写的半身胸像被称为"大首绘"，是喜多川歌麿浮世绘美人画的一个创举，不仅对日本画风有着深远的影响，还传入欧洲，备受艺术界推崇。

再将视线转向西方，画家玛丽·史蒂文森·卡萨特（Mary Stevenson Cassatt）在 19 世纪 70—90 年代创作了大量展示中上层女性家庭及社交饮茶生活的画卷，其中比较著名的有《茶桌边的女士》③（Lady at the Tea Table）、《这杯茶》④（The Cup of Tea）。《茶桌边的女士》描绘了画家的姨母英德尔女士（Mrs. Riddle）每天例行饮茶的场景。画面中的女士坐于桌边，她神色平静，右手放在一只极为精美的蓝白相间描金瓷茶壶上。《这杯茶》同样是以画家的亲人——她的姐姐莉迪亚（Lydia）为模特绘成，图中莉迪亚端着描金白瓷杯，悠闲地坐在蓝黑色沙发中，身边绿植中盛放出白色花朵，这幅画作颜色鲜艳，强调对比度大的互补色应用，带给人强烈的视觉冲击。在这两幅画中，画家并未刻意保留人物全身的完整性，而是聚焦表现人物活动的关键部分。

第二，从绘画技法上看，在 18 世纪至 20 世纪初，中日部分茶画选择性地吸收了西方的透视法，但这种吸收带有很强的本土化色彩；西方茶画作品中，除了部分传教士为了传教等目的在一定程度上使用了中国绘画技法，大部分作品在技法上并没有明显的、可以印证的中国特色，这一时期的西方画家即使受到了中国艺术的影响，也大多对中国传统绘画技法并不十分推崇。20 世纪初以后，随着世界各国进一步交流以及林风眠、吴冠中、赵无极等一批优秀的东方画家赴西方留学现象的日益普遍，东西方茶画中技法的相互借鉴则更加明显而成熟。

18 世纪，马国贤、郎世宁、王致诚、艾启蒙等西方传教士相继来到中国，他们带来了西方绘画的技法并为皇帝作画，进而不可避免地与冷枚等一批宫廷画家有交集。上文提到的冷枚作品《春夜宴桃李图》中建筑描摹精细且充满立体感，显然参用了西方的透视画法，但其人物则是中国传统画法中典型的工笔细描，面部表情虽刻画细腻，但并未突出面部阴影立体感。同时，该幅画作依然遵循中国传统画法中的散点透视法，画面底端的前景桃花低于观者视角，属于俯视，画面中段的人物与观者视角平齐，属于平视，画面上端远山高耸入云，则显然是仰视之感，整幅画集深远、平远、高远于一体，观者视线随景移

① 华嵒：《梅月琴茶》，清，中国，纸本设色，纵 49 厘米，横 30 厘米，上海中国画院藏。
② 喜多川歌麿：《美人奉茶图》，1792—1802，日本，彩色版画，纵 37.5 厘米，横 24.9 厘米，美国芝加哥艺术馆藏。
③ 玛丽·史蒂文森·卡萨特：《茶桌边的女士》，1883—1885，美国，油画，纵 73.7 厘米，横 61 厘米，美国大都会艺术博物馆藏。
④ 玛丽·史蒂文森·卡萨特：《这杯茶》，1880—1881，美国，油画，纵 92.4 厘米，横 65.4 厘米，美国大都会艺术博物馆藏。

动，与西方画法中惯用的焦点透视差异显著。无独有偶，《胤禛行乐图册·围炉观书》①也印证了此时的中国传统茶画中建筑构造喜用西方透视技法，而人物描绘则不愿运用西方阴影描绘法的特征。

西方茶画《保罗·里埃尔》则是运用阴影描绘法的典范，画家安排光线从画面左边射来，因此人物左边面部明亮而清晰，右边面部则在阴影之中，整个面部明暗对比强烈，极为立体，且画家对光线明暗逻辑的把控极其精细，桌面的倒影及茶壶上的反光均与之相符。

日本的浮绘画借用效果逼真的西方透视法对解决如何在平面装饰纹样中加以表现空间进深这一古老问题给予了新的尝试，但日本对西方透视法的吸纳显然带有极强的民族特色，例如上文提到的葛饰北斋作品《富岳三十六景之骏州片仓茶园》，画面中是一种非比例透视，视觉的真实在一定限度内让位于版画的平面色彩装饰效果。同时我们还注意到，这幅画中河流蜿蜒，两岸景致优美，但水面却并未按照西方技法画出河岸风景的倒影，这一点与中国传统茶画相类似②。

20 世纪初以后，中国的茶画不仅有傅抱石《蕉荫烹茶图》这类继承中国传统技法的作品，还有吴冠中《五通桥茶座》③ 这类典型运用了中西结合绘画技法的作品。《五通桥茶座》中黄桷树主干筋骨健劲，枝条垂顺，枝干线条伸展到图画的边缘，画幅仿佛将树限制在图中，而这种限制又似乎留给观者无尽的想象，该画中树的描绘方式与荷兰风格派画家蒙德里安的作品《红树》有异曲同工之妙，④ 同时其写意的风格、黑白的色彩又离不开中国传统画法的滋养。

第三，从色彩表现上看，20 世纪初以前的中国传统茶画除了仅有黑白两色的水墨画外，上色的画作大体遵循谢赫"六法"所提到的"随类赋彩"，中国、日本等东方国家更关注色彩的普适性和概括性，某一具体物象的颜色是长期累积起来的经验，任何时候放诸他画也适用；而西方画作"不惟有影，而且有光"，注重刻画瞬时光影色彩变化，尤其是兴起于 19 世纪的印象派，他们会探讨如何表现局部色彩、阴影以及自然界不同物体表面的反光性质等，甚至关注一天中不同时辰及一年中不同季节的光线变化，⑤ 并呈现在不同光线下不同的色彩感。

中国传统施色范式在张庚《国朝画征录》中有所体现："写真有二派，一重墨骨，墨骨既成，然后敷彩，以取气色之老少，其精神早传于墨骨矣，此闽中曾波臣之学也；一略用淡墨，勾出五官部位之大意，全用粉彩渲染，此江南画家之传法。"⑥ 兴起于 19 世纪中

————————

① 宫廷画师：《胤禛行乐图册·围炉观书》，清，中国，绢本设色，纵 37.5 厘米，横 30.5 厘米，故宫博物院藏。

② 如清代丁皋的《靳介人画像卷》、金农的《玉川煎茶图》等图中均出现一定面积的水面，但水面上多是荷花、波纹等，很少如西方那样出现水面物体的倒影。

③ 吴冠中：《吴冠中速写集》，成都：四川美术出版社，1988 年，第 54 页。

④ 唐纳德·雷诺兹（Donald Reynolds）等著，钱乘旦、罗通秀译：《剑桥艺术史 3：19 世纪、20 世纪绘画欣赏》，北京：中国青年出版社，1994 年，第 244 页。

⑤ 唐纳德·雷诺兹（Donald Reynolds）等著，钱乘旦、罗通秀译：《剑桥艺术史 3：19 世纪、20 世纪绘画欣赏》，北京：中国青年出版社，1994 年，第 112 页。

⑥ 张庚：《国朝画征录》卷中，清嘉庆刻知不足斋丛书本，第 14b 页。

叶的中国"海上画派"虽在一定程度上吸收了西方绘画技法，但仍然并未脱离中国传统的色彩表现方法。以任伯年的《灯下机织》① 为例，画中女子发色乌黑，上衣淡黄，身侧炉火微红，茶壶青蓝，人物茶器的鲜艳色彩与环境的水墨淡色形成了视觉对比，但并未强调光影颜色的变化，整体用色温融和谐，符合中国传统的敷色逻辑。

19 世纪下半叶，与著名印象派画家埃德加·德加（Edgar Degas）交好的法国画家詹姆斯·蒂索（James Tissot）的著名画作《茶》②（Tea）则精妙地记录了瞬时光影下的颜色，这幅画描绘了一位船长的女友准备茶饮的情景，这名头戴黑底嵌明黄丝带礼帽的女性正在打开银质的茶水罐往茶壶中注水，此刻窗外泰晤士河正是一派壮丽繁忙的景象，光线射入，帽子上丝带透光之处是明亮的黄色，而重叠的阴影处则上了一层暗色，银质水壶上光的反射以及桌面上受光后明暗色彩的细节处理都非常逼真，显然生动地刻画了瞬时光线下独特的色彩感。

三、中外茶画文化观念比较

18 世纪至 20 世纪初，中外茶画在题材、视角、技法及色彩等方面虽存在着一定程度上的交流借鉴，但其形式上的差异仍然不容忽视。20 世纪初期以后，随着东西方世界的进一步交流，中外茶画在题材及艺术形式上的差异日渐消弭，但中外茶画背后所蕴含的思想观念、审美趣致等仍然保有各自鲜明的文化特色。

在中国，茶文化观融儒道佛传统思想于一体，与中国文学、艺术等领域都密不可分。陆羽《茶经》中提出"精行俭德"的茶文化思想，虽然对其内涵向来有多种理解，但其核心不外乎是对茶人、茶事提出善修德行、简朴精细、节制而不放纵的要求。继唐代茶圣陆羽之后，宋徽宗赵佶在其《大观茶论》中提到"至若茶之为物，擅瓯闽之秀气，钟山川之灵禀，祛襟涤滞，致清导和，则非庸人孺子可得而知矣；冲淡简洁，韵高致静，则非惶遽之时而好尚矣"③，即茶事以"致清导和""冲淡简洁""韵高致静"为追求境界，并非凡夫俗子与黄口小儿在匆忙惶恐之下所能领悟。同时中国茶文化讲究"诚敬以礼"，中国自古以来便有以茶为礼表达心意的传统。④ 中国这种茶文化观决定了中国茶画中的茶事活动向来与清雅淡泊、冲和幽静、闲适精洁等审美趣味相契合，中国茶画热衷于营造优雅的茶事环境，多选明窗净室，且将中国文化中诸如"月""梅""鹤""莲""竹"等清雅意象与茶事相融合，茶画中往往描绘"铁龙道人卧石床，移二更，月微明及纸帐，梅影亦及半窗，鹤孤立不鸣。命小芸童汲白莲泉，燃槁湘竹，授以凌霄芽，为饮供"⑤ 这类诗意场景。基于此，茶事这种风雅活动的主体也必须与茶的审美气质相符合，除了上文宋徽宗提到的茶非"庸人孺子可得而知矣"，明代的徐渤也对相与饮茶之人作了进一步的界

① 任颐：《任颐仕女图册》，北京：文物出版社，1987 年，第 11 页。

② 詹姆斯·蒂索：《茶》，1872，法国，油画，纵 66 厘米，横 47.9 厘米，美国大都会艺术博物馆藏。

③ 陈文华主编：《中国茶文化典籍选读》，南昌：江西教育出版社，2008 年，第 176 页。

④ 刘礼堂、吴远之主编：《中华茶文化概论》，北京：北京大学出版社，2020 年，第 48~76 页。

⑤ 蔡襄著，唐晓云整理校点，顾宏义主编：《茶录 外十种》，上海：上海书店出版社，2015 年，第 107 页。

定，即 "饮茶须择清癯韵士为侣，始与茶理相契，若腻汉肥伧满身垢气，大损香味，不可与作缘" ①。因此，中国传统茶画大多以文人雅士、淑女名媛为主角，即使是更贴近世俗生活的斗茶图、庖厨烹茶壁画等也多以技艺精湛、形貌灵巧的成年男女为主角，儿童往往是添水捧杯或者在旁嬉闹的点缀。这一点也很好地回应了前文题材对比中我国传统茶画中较少以儿童为绝对主角的问题。同时，受中国茶文化思想影响，中国茶画总体呈现出精雅冲淡、平和清正、韵高致静等审美趣致，并不热衷于营造类似于外国茶画《逆笔分福茶釜》《山魈的茶会》等中那种神异诡谲的氛围。

另一方面，在茶广泛传播于西方世界的 18 世纪，英国等西方国家围绕 "饮茶有益还是有害" 展开了旷日持久的激烈争论，出现这种争论也从侧面证明茶有广泛受众基础，当时伦敦城中仆人的早餐，基本上已然是面包加黄油，再搭配以奶茶，茶已经在社会各阶层中得到普及。中国茶事那种精行俭德、致清导和、韵高致静等的审美传统并未直接嫁接到西方社会，西方茶事更多地显现出功能性、世俗性的特点。在西方茶画中，茶作为世俗生活的重要组成部分，不局限于中国传统茶画那种表现精雅、虚静、冲和的一面，而且还会表现世俗世界不稳定的、荒谬的，甚至痛苦的特质。以美国画家西摩（Seymour Rosofsky）的作品《茶与艇》②（Tea & Rowboats 2）为例，画中房屋、划艇均倾斜地安置在一片汪洋之中并呈现几何式对称，世界仿佛有一种摇摇欲坠的倾颓之势，划艇上一人双手端着放有茶壶的托盘，想要递给另一艘划艇上的人，然而两艘艇头已然相触，无法再前进，触手可及的距离似乎永远无法跨越，整个画面的主色调是灰褐暗沉的，人物更是主要用黑白两色描绘，五官表情难以辨别，整幅作品传递着一种风雨欲来的不安感。西摩这幅超现实主义风格茶画作品带有强烈的隐喻色彩，或许表现了画家最热衷的母题之一：个人在面对现代社会时的失力感。③ 由此可见，西方茶画将茶作为世俗生活的一个元素，不同画家在不同的画作中赋予它不同的内涵，并不局限于东方茶文化思想中固有的观念。

日本茶道起源于中国禅宗及其饮茶习俗，日本禅僧不仅是中国茶的引种者，也是日本茶道的创立者。日本茶道形成的重要人物，如村田珠光、武野绍鸥、千利休等，大多对禅宗有较深的研究。村田珠光言茶事 "一味清净" "佛法本在茶汤中"；武野绍鸥言 "茶禅同一味，唯在空寂中" ④，即茶禅一味，应往清空寂静中寻觅；千利休集日本茶道之大成，将日本茶道的精神内涵概括为和敬清寂。与中国茶文化思想融儒道佛三家于一体不同，日本茶道一开始就是重禅宗精神，已经升华到宗教哲学高度，所以它有一套严密复杂的仪式，茶人也都是修禅之人，其目的已不仅在于饮茶，而且在于修行证道。⑤ 由于中国茶文化思想中有不可或缺的儒家元素，讲求 "子不语怪力乱神"，如果把那种神秘物灵作为茶事主角显然是对中国文化传统和茶事审美趣味的双重背离。日本虽与中国同属东方国家，但其茶道从一开始便富含宗教神秘元素。同时，日本有所谓八百万神的观念，认为神存在

---

① 陈文华主编：《中国茶文化典籍选读》，南昌：江西教育出版社，2008 年，第 176 页。

② 西摩：《茶与艇》，1971，美国，水彩画，纵 60.3 厘米，横 45.6 厘米，美国芝加哥艺术馆藏。

③ Tannenbaum, Barbara Lee, The paintings of Seymour Rosofsky, Doctoral dissertation, University of Michigan, 1993, p.3.

④ 铃木大拙著，陶刚译：《禅与日本文化》，北京：生活·读书·新知三联书店，1989 年，第 89 页。

⑤ 金翰钧：《中日茶文化之比较研究》，《农业考古》2008 年第 3 期。

于一切事物之中，山川河海乃至植物器物等均可有灵，并成为祭拜的对象。而传统的中国官方社会一直保持着对民间信仰的严密管控，以确保信仰符合主流价值观。由唐宋至明清，朝廷及地方官员均有屡次捣毁民间淫祠的行动，例如唐代垂拱年间狄仁杰在江南捣毁淫祠一千七百余所，宋代的王惟正、钱彦远等分别在雅州、润州等地捣毁淫祠并令巫觋易业，明代嘉靖间魏校在广东捣毁淫祠的行动，以及清初汤斌在苏州毁灭五通神的举动等，可见任意崇神膜拜是不被认同的。因此在中国传统文化观中，花精狐媚多是小说之流热衷的题材，物灵妖怪等神秘元素很难堂而皇之地进入以韵高致静为境界追求的文人茶画，而在日本茶画中这种现象却并不少见。

另外，中外文化中如何看待人自身以及如何处理肉体和灵魂间的关系在一定程度上回应了中外茶画绘画视角差异等问题。在中国传统文化中，对"身"的重视显而易见，人的精神和肉体是密不可分的，"身"的割裂在某种程度上意味着灵魂的无所依托以及人伦的悖逆。《尚书·皋陶谟》有言"慎厥身，修思永"①，意为要谨慎地对待身体行为，不断地修炼思想，才能履行先贤帝王的德政，此处将"身"放在首要的位置强调其重要性，同时与"思"并举，表明二者的修炼缺一不可。《礼记》中也讲求"敬身为大"，推崇"身有疡则浴，首有创则沐"②，表明要爱惜身体。《孝经》更是开篇即说"身体发肤，受之父母，不敢毁伤，孝之始也"③，由此可见，身体的毁伤是对孝道的违逆，对先辈的背弃。程朱理学对人欲的抑制将身体隐藏在帷幕之后，肌肤的裸露都讳莫如深，身体的割裂更是缄口难言。及至王阳明，他明确地指出耳、目、口、鼻、四肢构成人的身体，没有"心"则身体无法视、听、言、动，反之有"心"无"身"亦然，"故无心则无身，无身则无心"④，即肉体和灵魂无法脱离对方单独存在。基于此，中国茶画在描摹场景人物的同时，更重要的是对"茶"的文化精神的表现，而人物身体作为精神的重要载体，画中人物肢体的分离和割裂则意味着精神的断流与消逝，因此中国茶画更倾向于保留人物的整体，并将其与周遭环境有机融合，从而展现该题材典型的审美趣致及精神内涵。

在西方文化中，一方面有着肉体与灵魂二元对立的哲学传统，柏拉图的《理想国》指出灵魂是不朽的，"关于一切疾病或是刀杀、碎尸等方式能使灵魂灭亡的观点我们要指出它的错误"⑤，这也就是说肉体的支离破碎并不能消灭灵魂，甚至灵魂只有离开了肉体独立存在才会具有理念的光辉，那么既然肉体的不完整无损于灵魂，那么茶画中局部身体的存在显然无可厚非。另一方面西方世界自古希腊时期便有对肉体力与美欣赏的传统，在希腊人眼中，"理想的人物不是善于思索的头脑或者感觉敏锐的心灵，而是血统好，发育好，比例匀称，身手矫捷，擅长各种运动的裸体"⑥，他们重视雕像艺术，认为肉体自有肉体的尊严，而并不把肉体隶属于头脑，"呼吸有力的胸脯""虎背熊腰的躯干"等肉体

---

① 徐奇堂译注：《尚书》，广州：广州出版社，2001年，第17页。
② 崔高维校点：《礼记》，沈阳：辽宁教育出版社，2000年，第143页。
③ 李隆基注，邢昺疏，金良年校点：《孝经》，上海：上海古籍出版社，2014年，第5页。
④ 王阳明撰，邓艾民注：《传习录注疏》，上海：上海古籍出版社，2015年，第180页。
⑤ 柏拉图：《理想国》，重庆：重庆出版社，2016年，第330页。
⑥ 丹纳著，傅雷译：《艺术哲学》，杭州：浙江人民美术出版社，2017年，第49页。

的组成部分都是他们感兴趣的审美对象。再者，近代以来尼采等思想家又突破传统的身心二元论对"心"（灵魂）的偏重，强调身体的意义，"要以肉体为准绳……因为肉体乃是比陈旧的'灵魂'更令人惊异的思想"①。综上，西方茶画中局部身体的呈现从思想观念上看无可厚非，在美学上亦有渊源，且与近代以来的身体观心照不宣。

与中国一衣带水的日本，其身体观与中国固然有相通之处，日本学者汤浅泰雄等人就认为东方（包括印度、中国、日本）身体观的突出特点便是"身心合一"②，虽则如此，但差异仍然是显而易见的：中国文化中对车裂、宫刑这类身体分离的行为向来看作严酷的刑罚，即以割裂肢体达到侮辱灵魂的目的；然而在日本文化中切腹这种残酷的割裂身体的行为却被看成一种证明灵魂纯洁无垢的仪式，"在我国国民的意识中，这种死亡方式与最高尚的行为及最感人的悲情的事例是联系在一起的，因此，这没有什么令人厌恶的，更不会招来嘲笑。美德、伟大、安详的转化力量如此令人叹为观止，就连最邪恶的死亡形式也带上庄严性，并使死亡变为新生命的象征"③，切腹很多时候是对武士的嘉奖，平民庶人甚至没有资格切腹，切腹的血腥与痛苦成就了其美学意义上的悲壮与震撼。由此至少可以印证在日本文化中身体的分离并非大逆不道，甚至在某种场合下具有其独特的美感，这种传统亦可能是日本茶画中的"大首绘"的文化基因。

东西方在对世界的感觉传统上很不相同，表达感情的方法大有差异。中国画是以整个大自然为其空间，而不仅仅是人和其作品，这是一种远眺的、梦幻的、可望而不可即的空间；西洋画的空间则是人性的，被人体尺度和建筑比例所主宰，可以说是一种普通的、现实的、颇近情理的空间。④ 中国传统茶画大多基于整个自然，那种远眺的、梦幻的、可望而不可即的氛围营造需要有超脱于个人的宏观视角，这就使散点透视比焦点透视更符合中国文化传统；西方传统茶画则倾向于个体空间，从某个角度、某双眼睛观望，人体、建筑需以某种既定的法则呈现其尺寸和比例，焦点透视、阴影描绘法等则更符合这种需求。西方人从自身直接的观察和体验出发，其思维方式为通过对每个单独个体的累积而来的了解，发现其整体意义，因而西方画作更有可能是对某一特定体验或形式的记载或再现；而中国人，包括所有东方人的思维方式，则是通过直觉把握整体，那么一幅典型的东方绘画则是对经验的概括，提炼出一种基本形式。⑤ 这也就在一定程度上回应了西方人的色彩运用注重特定主体于特定时间、特定光线下的特定颜色，而古代中国乃至绝大多数古代东方画家的用色习惯里根植了传统中那种"随类赋彩"的基因，类似于西方茶画《茶与艇》（Tea & Rowboats 2）、《茶会》（Tea Party with Open Pottery）⑥ 那种极具个人特色的反传统用色则并非东方传统画家心之所向。

---

① 尼采著，张念东、凌素心译：《权力意志》，北京：商务印书馆，1991 年，第 152 页。

② 汤浅泰雄著，马超译：《灵肉探微——神秘的东方身心观》，北京：中国友谊出版社，1990 年，第 8 页。

③ 新渡户稻造著，周燕宏译：《武士道》，北京：北京理工大学出版社，2009 年，第 55 页。

④ 赵无极著，孙建平编：《赵无极中国讲学笔录》，南宁：广西美术出版社，2000 年，第 99 页。

⑤ 迈克尔·苏立文（Michael Sullivan）著，赵潇译：《东西方艺术的交会》，上海：上海人民出版社，2014 年，第 288~300 页。

⑥ 西摩：《茶会》，1963，美国，油画，纵 73.7 厘米，横 59.7 厘米，美国芝加哥艺术馆藏。

四、结　语

在中国文化中，"茶"已成为一种独特的意象，蕴含着"韵高致静"等思想内涵，展现了清雅闲适等审美气质。中国茶画是中国画家对茶事生活的生动描绘，它在借用外国艺术手法的同时也绝不会摒弃本身固有的文化内涵与审美趣致。日本等其他东方国家，其文化中既有受我国文化影响的趋同面，又有其独特的民族特点，其茶画对我国茶画既有因袭又有革新，在相似的同时又展现出其独特的民族风貌。然而西方茶画虽则在部分题材、技巧与表现手法上与中国茶画有相互借鉴之处，但其在思想内涵上与中国茶画有着较大区别，中国文化中"茶"所具有的先天意蕴在此暂被悬置，茶画所表达的意义被风貌迥异的西方文化重新赋予。

（作者单位：武汉大学历史学院）

从"利徐之学"到乾嘉学术[*]

——论西学东渐视域下儒学知识的重构及其悖论

□ 杨遇青

【摘要】 明清以来，利徐之学的传播激活了中国儒者的数学兴趣，天文历算之学成为朴学的重要论域。这一新知把外在的"天地间事物实理"视作"格致"的对象，把"九数"与"六书"视作朴学的基础，在此基础上，儒者之学被拓充为通天地人的通人之学，虚理之学发展为实事之学，深化了朴学的实证方法、精审学风和创新逻辑。当然，乾嘉学术由"愈推愈密"的创新逻辑转向"穷源探本"的科学史的考掘，也限制了朴学的发展。

【关键词】 利徐之学；乾嘉学术；格物致知；通天地人；实事之学

16 世纪末，随着大航海时代的到来，耶稣会士所传入的"西国之教"[①]"利徐之学"[②] 在明末清初流播广泛，构成了具有近代意义的西学东渐。利玛窦在中国传教之初便采用中国化的适应政策，脱掉了僧袍，以西儒面目周旋于两京士大夫之间。一方面，他们取裁六经，对先秦古籍中的"天""上帝"信仰加以改造，使"天主实义"与中国传统接榫，穿上了儒家的袍子；另一方面，又以近代自然科学知识作为传教媒质，激发起了中国士大夫的知识兴趣，一时间"授其学者遍宇内"[③]。基于利玛窦审慎的传教策略，这一波西学东渐虽历经南京教案、明清易代及康熙历狱等事件，仍持续发酵，其根植于近代科学的知识建构更是深层次地融入了中国文化变革之中。梁启超说："在这种新环境之下，学界空气，当然变换。后此清代一代学者，对于历算学都有兴味，而且最喜欢谈经世致用之学，大概受利徐诸人影响不小。"[④] 西方科学理性与乾嘉的实证学风之间的关系若隐若现。从梁启超到朱维铮、艾尔曼、冯天瑜等学人对明末清初西方科学知识东传的过程与意义皆有精辟论断，而此时以天文历算学为中心的西学到底于何种层面上、何种意义上影响着朴学思维的形成，仍还有可以探讨的空间。本文从利徐之学对清代学者影响入手，尝试在前贤的基础上，对乾嘉学术的知识基底和思维建构做出一些探索性的考察。

* 本文为国家社科基金"钱谦益佛教因缘系年考实与综合研究"（19XZW05）阶段性成果。

① 钱谦益：《列朝诗集小传》，上海：上海古籍出版社，1983 年，第 572、652 页。
② 冯天瑜：《利徐之学探略》，《文化守望》，武汉：武汉大学出版社，2006 年，第 259 页。
③ 沈德符：《万历野获编》卷 30，北京：中华书局，2007 年，第 784 页。
④ 梁启超：《中国近三百年学术史》，北京：东方出版社，1996 年，第 9 页。

一、从利徐之学到朴学的重建

晚明以来的历法危机为耶稣会士的传教活动提供了契机。艾尔曼说："为了争取对传教事业的支持，利玛窦决定把在华耶稣会士装扮成历算学专家。这个计划率先在徐光启和李之藻那里产生效果，然后在明政府的高官那里得到实现。"[1] 在传统的农业社会，中国学者一直重视天文历法，但此种学问在宋明理学的人文主义语境里被边缘化了。阮元《畴人传》曰："天文历算之学，吾中土讲明而切究者，代不乏人。自明季空谈性命，不务实学，而此业遂微，台官步勘天道，疏阔弥甚，于是西人起而乘其衰，不得不矫然自异矣。"[2] 耶稣会士带来了第谷的天文学体系及开普勒、伽利略的近代新知，通过翻译《几何原本》《崇祯历书》及《天学初函》等西学丛书，迅速地填补了这一知识空白。

这一新统在中国的称谓是"天学"。顾名思义，"天学"包含天主之学与天文历算之学两重涵义，但穿着神学外衣的新型科学知识决定性地影响了中国知识精英的世界观。徐光启《致友书》以为"西泰诸书，致多奇妙。如天文一节，是其最精者"[3]。万历三十三年（1605），徐光启曾向利玛窦请教"西庠举业"，而利玛窦"以格物实义应"，认为"夫儒者之学，亟致其知；致其知，当由明达物理耳"。[4] 徐光启的问题意识立足于中国特色的教育制度，但利玛窦的答案却意外地契合了"儒者之学"的实学转向，激活了中国儒者的知识诉求和西学想象，使得"格物穷理"从形上学和伦理学的缠缚中挣脱出来，具有了"明达物理"的实学意义。礼失而求诸野，中国儒者对西学产生了浓厚兴趣，如许胥臣认为"天学非自西学始也"，但"格致一种学脉晦蚀几尽"，等他读了艾儒略《西学凡》后，"恍然悟吾儒格物原非汗漫，致知必不空疏，而格致果跻治平，治平必肇端格致也"。[5]

事实胜于雄辩，这种实证性的西洋新识在崇祯以来的屡次挑战中得到印证。崇祯二年，推日食不验，"礼部乃始奏请开局修改"，于是"光启督成《历书》数十卷"，"钩深索隐，密合天行，足以尽欧逻巴历学之蕴"。[6] 顺治初，汤若望以"西洋新法"测定日食，丝毫不差，"由是习于西说者，咸谓西人之学非中土所能及"。[7] 顺治二年，清政府采用西洋新法，赐名"时宪历"。四库馆臣说："泰西晚出，颇异前规。门户构争，亦如

① 本杰明·艾尔曼著，王红霞等译：《中国近代科学的文化史》，上海：上海古籍出版社，2009年，第18页。

② 阮元等：《畴人传汇编》，扬州：广陵书社，2009年，第511页。

③ 李天纲主编：《徐光启诗文集》，上海：上海古籍出版社，2011年，第323页。

④ 利玛窦：《译〈几何原本〉引》，朱维铮主编：《利玛窦中文著译集》，上海：复旦大学出版社，2012年，第302页。

⑤ 许胥臣：《西学凡引》，黄兴涛、王国荣主编：《明清之际西学文本》，北京：中华书局，2013年，第232页。

⑥ 《新法算书》提要，纪昀等：《钦定四库全书总目》，北京：中华书局，1997年，第1392页。

⑦ 阮元等：《畴人传汇编》，扬州：广陵书社，2009年，第530页。

讲学。然分曹测验，具有实征，终不能指北为南，移昏作晓，故攻新法者至国初渐解矣。"①

因此，晚明以来中国算家无不出入中西之学，如王锡阐"精究推步，兼通中西之学"；薛凤祚"改从西学，尽传其术"；梅文鼎"皆于中西诸法，融会贯通，一一得其要领，绝无争竞门户之见"。② 西方天学与传统数学相融通，天文历算重新成为中国儒者知识结构的重要面向。理学名臣李光地、魏裔介，遗民学者方以智、黄宗羲及其弟子黄百家、潘耒、万斯同等都不同程度涉猎西学，视之为天文历算学的知识来源或批评对象。至康熙时代，耶稣会士以其天文历算学专长垄断了钦天监的观测研究。但这一御用身份并未阻止西方数学和天文学在民间的流传。四库馆臣论历法之演进，以为"国朝声教覃敷，极西诸国，皆累译而至，其术愈推愈精"③。"累译而至"的西学是天文历算学发展的活水源头，但以梅文鼎为代表的中国学者"皆足以通中西之旨，而折今古之中"④，具有了相当的批判能力和对话的可能性。康熙四十一年，御书"积学参微"赐梅文鼎，传为"稽古之至荣"。⑤ 文鼎之孙梅瑴成"蒙圣祖仁皇帝授以借根之法"，悟中国传统的"天元一"之术与西方的借根法"名异而实同"。⑥ 这一"发现"鼓舞了乾嘉时期古典数学研究的复兴，数学与天文学的进展"阐数理之微奥，集中西之大成"，⑦ 以至于四库馆臣亦踌躇满志地说："《新法算书》推步法数，皆仍西史第谷之旧。其图表之参差，解说之隐晦者，圣祖仁皇帝《历象考成》上下二编，研精阐微，穷究理数，固已极一时推步之精，示万世修明之法矣。"⑧

在此种语境下，天文历算学成为儒者之显学，也是乾嘉朴学的题中之义。就江藩《汉学师承记》所录四十位学者，"于经术尤精天文历算"⑨ 者有十一人，附见者尚有八人。吴派先驱惠定宇"及官翰林，因新法究推步之学，著《交食》《举隅》二卷"。皖派的江永"留心梅学，发明其说，有《翼梅》八卷"。又如黄承吉"通历算，能辨中西之异同"；汪莱"尤善历算通中西之术"。⑩ 他们重新发现和热衷于讨论《九章算术》等古典算学资源，并与西学相发明。至于乾嘉学术巨擘钱大昕、戴震等皆因精通天文历算之学，在北京的学术圈子声名鹊起。据《汉学师承记》记载，钱大昕"在京师与同年长洲褚寅亮、金椒吴朗讲明九章算学及欧罗巴测量弧三角诸法。时礼部尚书大兴何瑞如久领钦天监事，精于推步，时来内阁与先生讲认李氏、薛氏、梅氏及西人利玛窦、汤若望、南怀仁诸

---

① 纪昀等：《钦定四库全书总目》，北京：中华书局，1997 年，第 1385 页。

② 纪昀等：《钦定四库全书总目》，北京：中华书局，1997 年，第 1396、1397、1399 页。

③ 纪昀等：《钦定四库全书总目》，北京：中华书局，1997 年，第 1394 页。

④ 纪昀等：《钦定四库全书总目》，北京：中华书局，1997 年，第 1398 页。

⑤ 纪昀等：《钦定四库全书总目》，北京：中华书局，1997 年，第 1398 页。

⑥ 赵尔巽等：《清史稿》卷 306，北京：中华书局，2012 年，第 13956 页。

⑦ 魏廷珍：《恩赐诗经传说汇纂序谢表》，《朱批谕旨》卷 149 上，《景印文渊阁四库全书》第 422 册，台北："商务印书馆"，1982 年，第 537 页。

⑧ 纪昀等：《钦定四库全书总目》，北京：中华书局，1997 年，第 1395 页。

⑨ 江藩：《国朝汉学师承记》，北京：中华书局，2008 年，第 13 页。

⑩ 江藩：《国朝汉学师承记》，北京：中华书局，2008 年，第 22、85、122、101 页。

家之术，翰如逊谢，以为不及也"①。乾隆二十年，戴震以布衣身份策骞入都，讲论历学，
"获交于钱少詹大昕，称为天下奇才。秦文恭纂《五礼通考》，求精于推步者。少詹举君
名，文恭延之，纂'观象授时'一类。……从此海内知东原氏矣"②。阮元论《五礼通
考》说："以天文推步，勾股割圆，立'观象授时'题以统之。凡先儒聚讼之说，一一疏
通解驳，上探古人制作之源，下不违当代之法。坐而言，可以起而行。"并认为"盖自有
戴氏，天下学者乃不敢轻言算数，而其道始尊，然则戴氏之功又岂在宣城之下哉！"③ 梁
启超则以为"自戴、钱二君以经学大师笃嗜历算，乾嘉以降，历算遂成经生副业，而专
门算家亦随之而出，其影响岂不巨哉！"④ 自从梅文鼎以其数学—天文学成就，享"稽古
之至荣"，理所当然，"能辨中西之异同"也发展成了乾嘉经学研究的题中之义。

戴震之学本于江永，据说江永"一日举历算中数事"向戴震询问，戴震"为之比较，
言其所以然。江君惊喜曰：'今之定九也。'"而钱大昕一见戴震，即认为其学"大率祖
欧罗巴之说，而引而伸之"⑤。事实上，乾嘉汉学以天文历算为专门之学，这一绝学以梅
文鼎（定九）为大宗，而梅氏之"通中西"、戴震之"精推步"都以"欧逻巴之说"为
根柢。扬州学派的汪中与《汉学师承记》的作者江藩交好。汪中曾"以梅氏书见赠"，并
嘱咐江藩说："予于学无所不窥，独不能明《九章》之术。……子年富力强，何不为此绝
学。"汪中还坚定地以梅文鼎为清代朴学的主要奠基人之一。他说：

> 国朝诸儒崛起，接二千余年沉沦之绪，通儒如顾宁人、阎百诗、梅定九、胡朏
> 明、惠定宇、戴东原，皆继往开来者。亭林始开其端；河洛图书至胡氏而绌；中西推
> 步者梅氏而精；力攻古文者，阎氏也；专治汉易者，惠氏也；及东原出而集其大成
> 焉。⑥

现代学术史通常以顾炎武、阎若璩、胡渭为朴学之奠基者，以惠士奇、戴震等为吴、皖二
派之大师，这似乎与汪中、江藩一系的朴学视域犹有一间之隔。如果忽略梅文鼎对朴学的
奠基意义，那么乾嘉学术中"中西推步"的学统就隐匿不见了。《畴人传三编》曰："勿
庵兴而算学之术显，东原起而算学之道尊，仪征太傅出而算学之源流传习，始得专书。"⑦
事实上，从梅文鼎（勿庵）到惠定宇、江永，再从钱大昕、戴震（东原）到更晚的焦循、
阮元（仪征）等，乾嘉学者们将数学视为古学复兴之基础，也一步步将天文历算学转化
为对古典数学之重新董理。因而，如果说朴学主流是由传统儒学裂变中生成的经典考据之
学，那么，利徐之学构成了汉学的另一隐蔽的源头。由利玛窦、徐光启等开启的新算学、
新天学及其相关论域，不仅拓展了儒学的视野，其所具有的科学理性及实证方法也对朴学

---

① 江藩：《国朝汉学师承记》，北京：中华书局，2008 年，第 41 页。
② 江藩：《国朝汉学师承记》，北京：中华书局，2008 年，第 86 页。
③ 阮元等：《畴人传汇编》，扬州：广陵书社，2009 年，第 489 页。
④ 梁启超：《中国近三百年学术史》，北京：东方出版社，1996 年，第 368 页。
⑤ 钱大昕：《与戴东原书》，钱大昕撰，吕友仁点校：《潜研堂集》，上海：上海古籍出版社，2009
年，第 594 页。
⑥ 江藩：《国朝汉学师承记》，北京：中华书局，2008 年，第 113 页。
⑦ 阮元等：《畴人传汇编》，扬州：广陵书社，2009 年，第 691 页。

启沃深远。

二、重筑儒者之学的意义与范围

儒学，除了其仁学—礼学结构中衍生出的伦理—政治的实践面向，无疑也含有格物致知的知识实践维度，但这一维度在宋明理学里被抑制和弱化了。张载区分了德性之知和闻见之知，建构了理学型知识结构。他认为 "诚明所知乃天德良知，非闻见小知而已"（《正蒙·诚明篇第六》），此种先验性的德性自觉，被称为 "良知"，而作为闻见对象的知识被斥为 "小知"，不过是口耳之学罢了。朱子学和阳明学从不同侧面发挥了张载学说，他们的分歧肇端于对《大学》"格物致知" 的解释。朱熹释之为 "即物而穷其理也"，认为知是主体性的，理是客观的，"人心之灵莫不有知，而天下之物莫不有理，惟于理有未穷，故其知有不尽也"（《四书章句集注·大学章句》）。此种释义不无模棱两可之处："知" 到底来自 "人心之灵"，还是 "天下之物"？因而，王守仁反躬内省，认为 "所谓致知格物者，致吾心之良知于事事物物也"（《传录卷》卷二《答顾东桥书》），把 "致" 解释为扩充、推致，把 "知" 内化为 "吾心之良知"，彻底完成了致知意义的主体化。事实上，朱子学和阳明学都建构在德性的意义之上，朱熹具有综合性，格物穷理有德性的含义，也可能含有知识的内容；阳明的致良知的彻底性和明晰性，则堵死了通往 "闻见小知" 的可能性。

一般以为，顾炎武诸公对阳明学的反动和扬弃、对实学的正本和清源构成了清代朴学的滥觞，而此种实学精神在同时兴起的利徐之学里得到了更为明晰的展开。后者通过《西学凡》《格致奥略》《斐录答汇》《穷理学》等系列著述，构建了汉语学界的西学型知识结构，深化了格致新义。利玛窦为徐光启解释西学本义时，把 "致知格物" 解释为 "明达物理"。艾儒略《西学凡》第一次把西学的学科建制传入中国，他把西学分为文学、理学、医学、法学、教学和道学。文学是文章之学，理学是穷理之学，"文章既优，又进穷理之学：穷究天地间事物实理"[1]。他又说，"理学者，义理之大学。人以义理超于万物而为万物之灵，格物穷理则于人全而于天近，然物之理藏在物中，如金在砂，如玉在璞，须淘之部之以斐禄所费亚之学"[2]，所谓 "斐禄所费亚" 即物理学，"义理之学" 成为一门以物理研究为主的实证科学。利玛窦除了以《天主实义》详述天主信仰外，也著有科学著作，如《乾坤体义》论地球、天体构造和日月五星相互关系原理，对 "天地" 的科学视角和实证实测令人耳目一新。事实上，泰西新学把义理之学指向 "物理学"，把格致对象转换成 "天地间事物实理"，无疑是对中国学术的一种误读。这一误读似是而非地把 "理学" 限定在形而下层面，却赋予旧儒学以新内容，直观地改变了中国儒者的天地视域，使得 "袖手谈心性" 的宋明儒学相形见绌。

在此语境下，中国儒者不断重筑儒学的内涵和范围。梅文鼎认为，儒学以 "通天地人" 为内容，"或有问于梅子曰：'历学固儒者事乎？'曰：'然。吾闻之：通天地人斯曰

———————————

① 艾儒略：《西方答问》，《明清之际西学文本》，北京：中华书局，2013 年，第 742 页。
② 艾儒略：《西学凡》，《明清之际西学文本》，北京：中华书局，2013 年，第 234 页。

儒，而戴焉不知其高，可乎？'"① 扬雄《法言》曰："通天地人曰儒，通天地而不通人曰伎。"② 这一界说原本应是对今文家天人感应学说的否定，从而凸显儒学作为人学的本质。但到了理学时代，北宋二程掷地有声地宣称："仁者与天地万物为一体，莫非己也"，把主体的生命体验视为贯通"体天地之化"的唯一方法。③ 自此而后，"人"作为中国学术的中心便不曾动摇过，"为天地立心"成为宋明理学的宏愿，即使精通历法的学者也未能免俗。如明代唐顺之酷好天文历算学，但仍宣称"通乎天地之历数而未必通乎身心之历数者，又一行、守敬辈之所以为蔽也"④。西洋天学流播中国以来，通天地人的儒学面临着前所未有的挑战。如阳玛诺的《天问略》颇令国人惊诧，"其言诸天，似有出诸儒见解之外，而又非佛氏三十三天之说者"，"今西士以其毕世聪明，求之于天，而通中国之书，使考测者乘之，不有裨助乎？"⑤ 这一新义根本否定了"仁者与天地万物为一体"⑥的旧儒学。从学术史的角度看，这一否定的意义不亚于阎若璩之于《尚书》，胡渭之于《禹贡》的重新释义。

如果说，汉儒的"通天人之际"有今文学的超验背景，那么顾炎武称颂历算专家王锡阐"学究天人，确乎不拔"⑦，即指兼通天文与人伦之学，具有实证性的知识面向。立足于西学型知识结构和天文地理新知，清人理所当然地把天文学、地理学等实证型知识包含在了"天地人"之儒学视域里。例如，"姚江梨洲夫子通天地人以为学，凡天官、地理以及九流术数，无不精究"⑧，"休宁戴东原吉士震少从婺源江慎修明经游，通天地人之学"⑨，他们扬弃了旧儒学的仁者体验，以格致新学重新定义了儒者之学。

戴震二十岁从江永学，撰《筹算》，又撰"《勾股割圆记》，以西法为之注"⑩。他以历算专长被荐入四库馆，承担了《四库全书》中若干种数学典籍的辑佚、整理和提要工作，被视为数学专家。戴震认为"治经必分数大端以从事，各究洞原委，始于'六书''九数'，故有《训诂篇》，有《原象篇》，继以《学礼篇》，继以《水地篇》，约之于《原善篇》。圣人之学，如是而已矣"⑪。"原象"为天文学，"水地"为地理学，合之于音韵训诂、典章制度、人伦道德，构成其"圣人之学"的五大论域。他不是在今文学意义上，不是在理学意义上，而是在合中西之学的意义上构筑了"通天地人"的经学场域。乾嘉学术后劲凌廷堪说："古之儒者通天地人，后之儒者凿空谈理而已。故骤闻西说或以为创

---

① 梅文鼎：《学历说》，《绩学堂文钞》卷二，清乾隆梅毂成刻本，第1a页。

② 汪荣宝撰，陈仲夫点校：《法言义疏》，北京：中华书局，1987年，第514页。

③ 程颢、程颐：《二程遗书》，北京：中华书局，2004年，第15、18页。

④ 唐顺之：《与万思节主事》，马美信、黄毅点校：《唐顺之集》，杭州：浙江古籍出版社，2014年，第301页。

⑤ 孔贞时：《〈天问略〉小序》，徐宗泽：《明清间耶稣会士译著提要》，上海：上海书店，2006年，第214页。

⑥ 程颢、程颐：《二程遗书》，北京：中华书局，2004年，第17页。

⑦ 顾炎武：《广师》，《顾亭林诗文集》，北京：中华书局，1983年，第134页。

⑧ 朱彝尊：《经义考》卷65，《景印文渊阁四库全书》第677册，台北："商务印书馆"，1982年，第740页。

⑨ 桂文灿：《经学博采录》卷9，民国刻敬跻堂丛书本，第14b页。

⑩ 段玉裁：《戴东原先生年谱》，《戴震集》，上海：上海古籍出版社，2009年，第458页。

⑪ 段玉裁：《戴东原先生年谱》，《戴震集》，上海：上海古籍出版社，2009年，第483页。

获而惊之，或以为异学而排之，而究皆非也。"① 王家弼《天学阐微》说："六经之中，典礼制度，地舆人物，前人言之详矣。独于天文历数，未免缺略。儒者通天地人，以格物穷理为事，顾于天文历数之大，茫然不解，而犹谓此小道不足学也，岂不误哉！"② 利徐之学使得传统的格致之学从穷理尽性变而为测算实证之学，在此基础上，梅文鼎、戴震等学人重筑经学的基础和范围，使得"与天地万物为一体"去魅化，获得焕然一新的实学含义。

"六书"和"九数"共同构筑了这一经学场域的基础。焦循《"加减乘除"释自序》曰："刘氏徽之注《九章算术》，犹许氏慎之撰《说文解字》。士千百年后，欲知古人'仰观俯察'之旨，舍许氏之书不可；欲知古人'参天两地'之原，舍刘氏之书亦不可。"③ 所谓"六书""九数"，专指《说文解字》与《九章算术》。徐光启《刻同文算指序》说："三代之学多不传，则马郑诸儒先，相授何物？《唐六典》所列十经，博士弟子五年而学成者，又何书也？"④ 对古算学成就心向往之，但却不知其所以然。至戴震"于《永乐大典》内得《九章》《五曹》算经七种，皆王锡阐、梅文鼎所未见"⑤，部分恢复了古代算学经典。而段玉裁在此基础上提出"二十一经"之说，认为"《周礼》，六艺之书数，《尔雅》未足当之也，取《说文解字》《九章算经》《周髀算经》以益之，庶学者诵习既久，于训诂名物制度之昭显，民情物理之隐微，无不憭然"⑥。《九章》《周髀》都是戴震所辑的古代数学佚典，段玉裁主张把算经列入诸经，恢复古学的规模，始较圆满地回应了徐光启在百年前的疑窦。因此，我们重新审视乾嘉学术，特别是戴震学术时，只知"六书"，不知"九数"，无异于掩耳盗铃之举，更无法了解乾嘉学术"通天地人"的广大深远。

三、从虚理之学到实事之学

与"通天地人之学"相关的还有历理与历数的探讨。邵雍关注历法与历理的辩证关系，认为"今之学历者，但知历法，不知历理。能布算者，洛下闳也；能推步者，甘公、石公也。洛下闳但知历法，扬雄知历法，又知历理"⑦，重视对历法的理论意义的抉发。徐光启以西学为语境，对邵雍学说的历法基础提出质疑，以为言理要先通法，扬雄"依粗法言理，理于何傅？"邵雍"未娴历法而撰私理，法于何生？"进一步地说，历法的探讨要"求其故"，"故者，二仪七政，参差往复，各有其所以然之故。言理不言故，似理

---

① 阮元等：《畴人传汇编》，扬州：广陵书社，2009 年，第 818 页。

② 王家弼：《天学阐微》卷 1，《续修四库全书》第 1035 册，上海：上海古籍出版社，2002 年，第 65 页。

③ 焦循：《焦循诗文集》，扬州：广陵书社，2009 年，第 10 页。

④ 李天纲主编：《徐光启诗文集》，上海：上海古籍出版社，2011 年，第 283 页。

⑤ 赵尔巽等：《清史稿》卷 481，北京：中华书局，2012 年，第 13198 页。

⑥ 段玉裁：《经韵楼集》卷 9，《续修四库全书》第 1435 册，上海：上海古籍出版社，1996 年，第 111 页。

⑦ 黄宗羲：《宋元学案》卷 9，沈善洪主编：《黄宗羲全集》第 3 册，杭州：浙江古籍出版社，1986 年，第 456~457 页。

非理也"①；又要"明理辨义"，"其中有理有义，有法有数，理不明不能立法，义不辨不能著数"②，理义以法数为基础，而把数法上升到理义层面，才能有效指导天文学的实践。

徐光启在西学背景下谈历法的科学性问题，梅文鼎则把这一问题引入儒学传统之中。清代天文历算之学鼎盛，理、数关系成为清代儒者探讨的焦点，梅文鼎对此作出了明晰的解读。有弟子问："儒者知天，知其理而已矣，安用历？"梅文鼎回答说："历也者，数也，数外无理，理外无数。数也者，理之分限节次也。数不可以臆说，理或可以影谈，于是有牵合傅会，以惑民听而乱天常，皆以不得理数之真，蔑由征实耳。"③ 这一说法既建立在西学的实证主义和科学理性之上，也是在"通天地人"的新儒学视野里对儒学本质的省察。"知天"一辞出自孟子，所谓"尽心知性以知天"，依照理学的解释，心与性是"天之予我者"④，天命被视为具有普遍意义的"天理"。"弟子问"无疑站在这种理学的立场上。梅文鼎虽然并未直接否定"理"，却重新构筑了理的含义。他认为"数也者，理之分限节次也"，数即理，是具有实证性、逻辑性的理；离开了数，理是空洞的和荒诞的。他高扬"征实"旗帜，指斥宋明学影谈臆说、牵合傅会的作风，为"理"学注入了崭新的生命力。梅文鼎的说法得到了方中通的呼应，方氏《与梅定九》云："格物者，格此物之数也；致知者，致此知之理也。"⑤ 至乾嘉时代，四库馆臣重申了梅文鼎的说法，认为"即数即理，本无二致，非空言天道者所可及也"，"儒者误会其旨遂以为历数之外，别有历理。夫天下无理外之数，亦无数外之理，《授时历》密于前代，正以多方实测，立法推步得之。使但坐谈造化，即七政可齐，则有宋诸儒言天凿凿，何以三百年中，历十八变而不定，必待郭守敬辈乎！"⑥

"理"的意义变迁导致了学术范型的转移。利玛窦曾在《译〈几何原本〉引》区分了虚理与实理，以为"虚理隐理之论，虽据有真指，而释疑不尽者，尚可以他理驳焉"，"独实理者明理者，剖散心疑，能强人不得不是之，不复有理以疵之，其所致之知且深且固，则无有若几何一家"⑦。这一区分也成为乾嘉学术自我澄明的基本方式。最著名的是章学诚的看法，他以虚理与实事判释《七略》诸子类与兵书、方技、数术类的不同性质，认为"诸子立言以明道，兵书、方技、数术皆守法以传艺，虚理、实事义不同科故也"⑧，章学诚所依据的无疑是乾嘉学术发展的最新成果。虚理与实事，首先是汉代诸子类与兵书、方技、术数类的区别，其次也构成宋明理学的天道论述与泰西天学的天堑鸿沟，再次则促成了清代义理之学和征实之学的分道扬镳。其实，不少学者都与章学诚有相似的看法，如戴名世《中西经星同异考序》曰："而西学之入中国者，无不从而震之，然

① 徐光启：《简平仪说序》，徐宗泽：《明清间耶稣会士译著提要》，上海：上海书店，2006 年，第 208 页。

② 徐光启：《测候月食奉旨回奏疏》，《徐光启诗文集》，上海：上海古籍出版社，2011 年，第 183 页。

③ 梅文鼎：《学历说》，《绩学堂文钞》卷 2，清乾隆梅毂成刻本，第 1a 页。

④ 钟哲点校：《陆九渊集》，北京：中华书局，1980 年，第 445 页。

⑤ 侯外庐主编：《中国思想通史》第四册下，北京：人民出版社，2004 年，第 1286 页。

⑥ 纪昀等：《钦定四库全书总目》，北京：中华书局，1997 年，第 1398 页。

⑦ 朱维铮主编：《利玛窦中文著译集》，上海：复旦大学出版社，2012 年，第 298 页。

⑧ 章学诚著，王通民通解：《校雠通义通解》，上海：上海古籍出版社，2009 年，第 39 页。

其说不主于占验，以为天之变异皆出于数之一定，而于人事无与焉。"① 四库馆臣曰："儒者明于古义，欲相参考，究已往以知未来，非欲其说太极、论阴阳也。"② 阮元《畴人传》说："九数为六艺之一，古之小学也。自暴秦焚书，六经道湮，后世言数者，或杂以太一、三式、占候、卦气之说，由是儒林之实学，下与'方技'同科，是可慨已！"③ 术数之学主于占验，而利徐之学剥离了天人感应的荒诞叙事，具有科学的逻辑。所以，焦循以为"天算之学有二端：守当时成法，布策推算，无有差戾，术士之学也；明其义蕴，贯而通之，阐发古先，以启来者，儒者之学也。郑康成、李业兴以此治经，司马迁、李淳风、刘羲叟以此修史，故开方句股之算，三统乾象之术，见诸经史志者，至今可考"④，明确地区分了天算学中的术士之学与儒者之学。在此基础上，凌廷堪《戴东原先生事略状》对汉、宋学术作出判释。他说："昔河间献王实事求是。夫实事在前，吾所谓是者人不能强辞而非之，吾所谓非者人不能强辞而是之也，如'六书''九数'及典章制度之学是也；虚理在前，吾所谓是者人既可别持一说以为非，吾所谓非者人亦可别持一说以为是也，如理义之学是也。"⑤ 凌氏清晰地指出理义之学与实事之学的不同性质，实事之学以六书、九数为要义，有其不可否定的客观性。

　　从利玛窦、徐光启到梅文鼎，泰西天学的实证性和科学性日渐深入人心；与此同时，从顾炎武、阎若璩到戴震，"实事之学"也摆脱了"虚理"的束缚，逐渐确立了其内涵与方法。胡适在 1934 年就撰文认为："中国大考据家祖师顾炎武考证古音著作有《音韵五书》，阎若璩之考证古文《尚书》著有《古文尚书疏证》，此种学问方法，全系受利玛窦来华影响。"⑥ 此种论断虽言过其实，但考据学与天文历算学声气相通却不容置疑。阎若璩明确地把西法运用到"考核之学"之上，以解释《尚书》中的历法疑义。其《古文尚书疏证》曰："'盖历至元郭守敬得其七分，西法入中国得其九。仅有火星半度之差，譬犹围棋者实高古人四子，岂非今有胜古处。'云九曰：'顷与子游，觉考核之学今亦有密于古人处。'"⑦ 他也以征实之学研究四书之地理，反对虚理的僭越，认为"虚理或可意会，实迹岂容臆度"⑧，把顾炎武之舆地实证之学运用到经学的释义上，开朴学一重要面向。事实上，在乾嘉学术的视野中，《七略》所谓"方技""数术"是否称得上实事之学仍然要大打折扣，反而是利徐之学把数术提升到了"求是"的层面。梅文鼎曰："数学者，征之于实，实则不易，不易则庸，庸则中，中则放之四海而皆中。"⑨ 徐光启"既又

---

　　① 王树民编校：《戴名世集》，北京：中华书局，2000 年，第 52 页。

　　② 纪昀等：《钦定四库全书总目》，北京：中华书局，1997 年，第 1398 页。

　　③ 阮元等：《畴人传汇编》，扬州：广陵书社，2009 年，第 489 页。

　　④ 焦循：《修补六家术序》，《焦循诗文集》，扬州：广陵书社，2009 年，第 280 页。

　　⑤ 凌廷堪：《校礼堂文集》卷 35，清嘉庆十八年刻本，第 8a 页。

　　⑥ 胡适：《考据学方法的来历》，转引自徐宗泽：《明清间耶稣会士译著提要》卷一《绪言》，上海：上海书店，2006 年，第 6~7 页。

　　⑦ 阎若璩：《古文尚书疏证》，《景印文渊阁四库全书》第 66 册，台北："商务印书馆"，1982 年，第 257 页。

　　⑧ 阎若璩：《四书释地》，《景印文渊阁四库全书》第 210 册，台北："商务印书馆"，1982 年，第 330 页。

　　⑨ 梅文鼎：《中西算学通自序》，《绩学堂文钞》卷 2，清乾隆梅毂成刻本，第 22b 页。

相与从西国利先生游，论道之隙，时时及于理数。其言道言理，既皆返本撅实，绝去一切虚玄幻妄之说"①。显然实证方法与精审的学风与学者的科学素养不无关系。徐光启认为"能通几何之学，缜密甚矣。故率天下之人而归于实用者，是或其所由之道也"②。他在崇祯三年（1630）《修改历法请用汤若望罗雅谷疏》中说："臣等昔年曾遇西洋利玛窦，与之讲论天地原始，七政运行，并及其形体之大小远近，与夫度数之顺逆迟疾，一一从其所以然处，指示确然不易之理。我中国往籍，多所未闻。"③ 西方科学不但把格致对象引向实事，且能究其"所以然处"和"确然不易之理"，追求学理上的深刻性和知识上的确定性。而顾炎武认为，"学究天人，确乎不拔，吾不如王锡阐"，这种知识诉求与徐光启显然是一致的。对"确然不易之理"的追问构成了乾嘉学术之题中之义，如戴震深知天文学"为景千里差一寸"④ 的道理，"所校官书，皆天文、算法、地理、水经、小学、方言诸书，皆必精心推核，失之毫厘则谬以千里者"⑤。所以，四库馆臣曰："盖明代说经，喜骋虚辨，国初诸家始变为征实之学。"⑥ 在此由虚入实的过程中，实证实测的天文历算学对"征实之学"的形成不无启沃。

四、知识生产的法则及其悖论

天文历算学的传播影响了学风的变化，也催生了对逻辑问题和创新问题的反省。一方面，天文历算之学促进了对所以然的知识法则的追问。罗雅谷崇祯四年的《测量全义叙目》曰："法原者，法之所以然也。凡事不明于所以然，则其已然者茫茫不知所来，其当然者昧昧不知所往，即使沿其流，齐其末，穷智极虑，求法之确然不易，弗可得已。"⑦ 有两类知识，一类是已然，指已经既成事实的知识；一类是当然，指应当如此的知识。这两类知识都是经验性的，需要对已然与当然背后的"所以然"的法则加以探索，使这种"当然"的知识上升为"确然不易"的知识法则。李之藻《同文算指序》曰："数于艺，犹士于五行，无处不寓，耳目所接已然之迹，非数莫纪，闻见所及，六合而外，千万世而前而后必然之验，非数莫推。已然必然，总归自然。乘除损益，神智莫增，谲诡莫掩，颛业莫可诳也。"⑧ 数学为所以然和确然不易的知识确立了准则。另一方面，这些知识通则也构成了学术演进的前提。在论及《几何原本》时，四库馆臣说："其书每卷有界说，有

---

① 徐光启：《刻〈同文算指〉序》，《徐光启诗文集》，上海：上海古籍出版社，2011 年，第 283 页。

② 徐光启：《几何原本杂议》，朱维铮主编：《利玛窦中文著译集》，上海：复旦大学出版社，2012 年，第 305 页。

③ 徐光启：《徐光启诗文集》，上海：上海古籍出版社，2011 年，第 168 页。

④ 戴震：《尚书义考》卷 1，清聚学轩丛书本，第 30b 页。

⑤ 段玉裁：《戴东原先生年谱》，《戴震集》，上海：上海古籍出版社，2009 年，第 478 页。

⑥ 纪昀等：《钦定四库全书总目》，北京：中华书局，1997 年，第 207 页。

⑦ 徐光启等：《新法算书》，《景印文渊阁四库全书》第 789 册，台北："商务印书馆"，1982 年，第 579 页。

⑧ 李之藻：《同文算指序》，徐宗泽：《明清间耶稣会士译著提要》，上海：上海书店，2006 年，第 214 页。

公论，有设题。界说者，先取所用名目解说之。公论者，举其不可疑之理。设题则据所欲言之理次第设之，先其易者，次其难者，由浅而深，由简而繁，推之至于无以复加而后已。"①《几何原本》是演绎逻辑的范本，四库馆臣意识到了《几何原本》的逻辑推理体系蕴含着的论证力量。这种演绎逻辑以"不言自明"的公论为前提。在论及徐光启《测量法义句股义》时，四馆库臣从知识创新角度阐述了《几何原本》的示范意义，认为"欧逻巴之学，其先有欧几里德者，按三角方圆，推明各类之理，作书十三卷，名曰《几何原本》。自是之后，凡学算者必先熟其书。如释某法之义，遇有与《几何原本》相同者，第注见《几何原本》某卷某节，不复更举其言，惟《几何原本》所不能及者，始解之。此西学之条约也"②。《几何原本》之翻译不但引进了西方数学知识，也树立了学术的条约，明确了知识生产的普遍法则。这一规律是，先厘清学术研究的前提和起点，把知识生产建立在确然不易的公论或前提之下，然后由易及难，推进知识领域的拓展和深化论证的精密程度。利玛窦说："物理渺隐，人才顽昏，不因既明，累推其未明，吾知奚至哉！"③ 这是对知识生产法则的极简阐述。这种立足于"既明"，累推其"未明"的创新指向，勾勒出了知识生产的路线图，也构成了学术发展的动力。

知识生产必须要合乎此种由已知到未知的创新逻辑。戴震《古经解钩沉序》曰："经之至者道也，所以明道者其词也，所以成词者，未有能外小学文字者也。由文字以通乎语言，由语言以通乎古圣贤之心志，譬之适堂坛之必循其阶，而不可以躐等。"④ 一般而论，这一著名论断启自顾炎武所谓"读六经自考文始，考文自知音始"。但考虑到戴震的兼通中西之术的学风，他的方法也可能受到西学的启发。罗雅谷《测量全义》曰："故由线而面而体，由直线而曲线，平面而曲面，方体而圆体，譬之足圭步，前步不行，后步不可得而进也。"⑤ 前步后步，步步推进，即是不可躐等之意。王征在《远西奇器图说》里说："凡器用之微，须先有度有数，因度而生测量；因数而生计算；因测量，计算而有比例，而又可以穷物之理，理得而后法可定也。"⑥ 西法是由度数而生比例，由比例而"穷物之理"；戴震的考据学是由小学文字通乎词，由词而"明道"，思维逻辑也颇有相应之处。

天文历算学在中国的发展也遵循了这种知识生产法则。从万历到康熙年间，西方新知源源不断输入中国，中国学人在此基础上，推陈出新，后来居上。汤若望《历法西传·引说》曰："凡学非能骤成，莫不始于格物以致其知，而后从而推广从而精详焉。以故古人因目所见，心悟顿启，纪而验之，接续成书，以诏来世，乃成一学，即历学亦然矣。"⑦ 知识始于闻见，却有待在闻见小知的基础上，加以"推广精详"，"其初所悟者，概不出日月交食及冬夏四正、五纬凌犯等触目易见者数事，因而再求之，然后乃知月有本道焉，

① 纪昀等：《钦定四库全书总目》，北京：中华书局，1997年，第1409页。
② 纪昀等：《钦定四库全书总目》，北京：中华书局，1997年，第1393页。
③ 利玛窦：《利玛窦中文著译集》，上海：复旦大学出版社，2012年，第298页。
④ 段玉裁：《戴震集》，上海：上海古籍出版社，2009年，第192页。
⑤ 罗雅谷：《测量全义》，徐光启等：《新法算书》，《景印文渊阁四库全书》第789册，台北："商务印书馆"，1982年，第667页。
⑥ 黄兴涛、王国荣主编：《明清之际西学文本》，北京：中华书局，2013年，第1130页。
⑦ 徐光启等：《新法算书》卷九十八，《景印文渊阁四库全书》第789册，台北："商务印书馆"，1982年，第667页。

交食有期有率焉。又因而推广之、精详之，以及他数他理，而历学始为大全"。① 四库馆臣充分肯定这一学术的创新机制。《古今律历考》提要说："推步之学大抵因已具之法，而更推未尽之奥。前人智力之所穷，正后人心思之所起。故其术愈阐愈密，后来居上。"② 江永《算学》提要亦云："文鼎历算推为绝技。此更因所已具，得所未详，踵事而增，愈推愈密。"③ 可见学术进步建立在"屡加精测"的考证基础上，也建立在"愈推愈密"的发展逻辑上。

魏禧《历法通考叙》曰："余尝闻诸师友，后人之胜于古人者唯历法，世愈降而愈精密，盖创始者难为智，继起者易于神明，理固然也。"④ 这一说法论述了自然科学发展的一般规律。但不仅仅是历法，这种进步主义的学术路线图也被认定为考核之学的一般规律。如丁晏《阎征君〈尚书古文疏证〉辨正》曰："窃以考证之学久而愈明，推而愈密。余为此论以补征君之所不及，则后学之事也。"⑤ 四库馆臣亦曰："征实之学由于考证，递推递密，虽一技亦然矣。"⑥ 古典学术的中心是成人之学，以成圣为极诣。这与现代知识的生产方式有极大差异，缺乏纯粹的创新观念。在传统学术由人文学向知识学演进的过程中，这一看似寻常的"因已具之法，而更推未尽之奥"的知识生产法则，实则透过西方新知的过滤，具有明确的进步主义色彩，对朴学的知识创新不无影响。

当然，乾嘉学者的算学研究实质上仍与利徐所传的天文历算之学仍有较大差别。利徐之学强调征实与致用并重，致力于历算改革，是披着神学外衣的科学研究；乾嘉学术中的算学研究是其古典研究的一部分，由"愈推愈密"的科学研究转向了"穷源探本"的科学史的考掘。阮元《畴人传》卷四十四云："我国家右文尊道，六艺昌明，若吴江王氏，宣城梅氏，皆精于数学，实能得西法之长，而匡所不逮。至休宁戴东原先生发明《五曹》《孙子》等经，而古算明矣；嘉定钱竹汀先生著《二十四史考异》，详论三统四分以来诸家之术，而古推步学又明矣。学者苟能综二千年来相传之步算诸书，一一取而研究之，则知吾中土之法之精微深妙，有非西人所能及者。"⑦ 认为梅文鼎等在西学研究上可以匡所不逮，戴震和钱大昕等为代表的乾嘉学人以此为基础再现了古典学术的光辉。戴震则认为"算数莫古于九数，九数莫古于是书。虽新法屡更，愈推愈密，而穷源探本，要百变不离其宗"⑧。一方面，实证的精神与愈推愈密的创新逻辑，使得乾嘉注疏之学更胜前人；另一方面是穷源探本的保守学风，认为学术也有其恒定不变的本源。宋明理学"一以贯之"的形上学和"西学中源"的文化保守主义的幽灵又回到了戴震的著述之中。

这一进步主义和保守主义共存的悖论在戴震身上体现得极为典型。戴震的学术指向集中地体现了创新逻辑在乾嘉学术体系中的两难困境。焦循《汪君孝婴别传》说："江氏精

① 黄兴涛、王国荣主编：《明清之际西学文本》，北京：中华书局，2013 年，第 1624 页。
② 纪昀等：《钦定四库全书总目》，北京：中华书局，1997 年，第 1390 页。
③ 纪昀等：《钦定四库全书总目》，北京：中华书局，1997 年，第 1400 页。
④ 魏禧著，胡守仁等校点：《魏叔子文集》，上海：上海古籍出版社，2003 年，第 443 页。
⑤ 丁晏：《尚书余论》卷 1，清咸丰七年刻本，第 55a 页。
⑥ 纪昀等：《钦定四库全书总目》，北京：中华书局，1997 年，第 1360 页。
⑦ 阮元等：《畴人传汇编》，扬州：广陵书社，2009 年，第 511~512 页。
⑧ 纪昀等：《钦定四库全书总目》，北京：中华书局，1997 年，第 1402 页。

西人法，戴氏饰以古九章割圆，故天文术算，与宣城梅氏相伯仲。"① 焦循认为江永在天文历算学方面力主西学，戴震则以古代的《九章算术》等"本原"回应西学问题。《畴人传》卷四十二以为："慎修专力西学，推崇甚至，故于西人作法本原，发挥殆无遗蕴。然守一家言，以推崇之故，并护其短。"② 而王国维说，戴震"生平学术出于江慎修，故其古韵之学根于等韵，象数之学根于西法，与江氏同。而不肯公言等韵、西法，与江氏异"③，认为戴震为西学新知穿上了中国古人的袍子。姑且不论戴震是不是"居心叵测"，从江永的推崇西学到戴震的复兴古学，这背后皆有西学为其根柢，学术的旨趣却发生了根本转变。

因此，晚明以来以利徐之学为中心的西学东渐不可避免地把中国儒者卷入了世界知识潮流。这一时期知识形态的重塑或多或少地契合着西学知识演进的范型，这种影响的核心是科学思维与实证方法的引入。透过西学的传播，天文历算之学在清代蔚为显学，拓展了实学的范围，为朴学的视野和方法夯实了科学的根柢，但从利徐之学到乾嘉学术，二者之间有因果联系，也有不同旨趣。显然，乾嘉学术没有把愈推愈密的进步主义学风贯彻到底，其科学方法最终被"探本还原"的古典学的理想所湮没了。

（作者单位：西北大学文学院）

① 焦循：《焦循诗文集》，扬州：广陵书社，2009 年，第 379 页。
② 阮元等：《畴人传汇编》，扬州：广陵书社，2009 年，第 511 页。
③ 王国维：《聚珍本戴校水经注跋》，《观堂集林》，北京：中华书局，2010 年，第 580 页。

明清小说对西器东传的书写研究（1368—1840）[*]

□ 谢 盛

【摘要】明清小说真实地反映了西洋器物传入中国的早期历史进程，以及润物细无声的特殊状态，是对西学东渐之"渐"的生动诠释。明清小说的故事情节虽是虚构，但其对西器的描写则是作者生活年代和背景的真实写照。作者主体性因素导致明清小说中出现了不同于史书的书写倾向和主观判断，但它对西洋物质文明东传和中西文化交流的历史趋势的感受和认识实属客观。

【关键词】小说；西器东传；书写；明至清中期

明清两代是西方物质文明、精神文明传入中国的重要时期，明清载籍不仅关注到西洋精神文明的传入，对西洋物质文明东传亦有浓墨重彩的记载。西洋物质文明成果即本文所称的西器，西器既指西洋器物，又指中国仿制的西式器物。在明清载籍中，明清小说虽然具有虚构性，但其对西器的记载依托于真实社会背景，反映了作者对美好生活的向往和对西方文明的部分肯定。在这个远离经学和官方史学的学术边缘地带，作者尽情发挥想象，写尽生活的新变。当然，明清小说对西器的书写，并非均匀着力，而是依据西器传华的程度和广度，呈现出不同的阶段性特征。一般而言，由于明代西器东传体量不大，同时期小说对西器的描写较为稀见；清前中期，随着西器不断传入和渗透，小说对西器的记载开始增加；清后期（晚清）由于国门被列强打开，西器以商品形式大量涌入，同时期的小说便广泛地将其作为生活中的陈设和背景予以记载。对明清小说中的西器进行分析，有助于加深对西学东渐和西器东传历史的研究，也有助于从侧面加深对明清小说的研究，意义自不待言。

明清小说是中国文化发展历程上的一座里程碑，学界对明清小说研究的成果车载斗量，但对明清小说中西器书写的研究成果较少。目前所知以昌群于 1928 年发表的《红楼梦里的西洋物质文明》为最早，虽然只有 2700 余字，但开启了通过小说探察西洋器物在

* 本文是 2016 年度教育部重点研究基地重大项目"明清史学与近代学术转型研究"（16JJD770037）；2020 年武汉工程大学人文科学基金"中国文化自信的历史传统——明代中国长技的形成与发展"（000017/007040）阶段性成果。

中国社会传播应用情况的学术大门。① 至 20 世纪 60 年代，著名学者方豪撰成《从〈红楼梦〉所记西洋物品考故事的背景》一文，初收入《方豪六十自定稿》②，后与其他相关论文结集为《红楼梦西洋名物考》一书③。自昌群、方豪之后，学者群起对《红楼梦》中所涉西洋器物进行探讨。④ 除此之外，尚未见学者对明清小说中出现的西洋器物作全面系统的探讨。笔者不揣冒昧，欲作一尝试。因晚清小说所涉西器众多，且多为人熟知，⑤ 故本文专注于明至清中期小说书写西器之研究。

一、明清小说在西器描写上的阶段性特征

明清小说对西洋器物传华的反映，分为三个阶段：明代、清前中期、清后期（即晚清，以鸦片战争为界）。其中前两个时期是本文研究的范围。

第一阶段，明代小说对传华西洋奇器的初步描写，所涉西器主要是率先进入中国的西洋火器（佛郎机、发熕、鸟铳）和玻璃制品（眼镜、玻璃盏）等。

明代小说中，代表性的《三国演义》《水浒传》和《西游记》，对于西洋器物的记载并不多见。前两部小说出现在元末明初，彼时西器甚少传入中国，作者对西器缺乏体验，故无从写起；后一部的作者吴承恩（1501—1582）虽然经历了西器东传的早期过程，但当时传入西器依然有限，他去世的那年利玛窦尚未进入北京，更未在其家乡淮安府活动，因此亦缺乏对西器的了解。明代著名世情通俗小说"三言"，"在 1621 年和 1627 年之间至明末，共有一百二十个故事被编入三本集子，这三个集子即《古今小说》《警世通言》和《醒世恒言》"⑥，也难寻西洋器物的身影。万历二十六年（1598）出版的罗懋登所著《三宝太监西洋记》⑦，开始反映西器传入的某些时代特征，记载了佛郎机炮、大发熕、鸟嘴铳（属火绳枪）、红色玻璃、眼镜等西洋奇器。其第十八回《金銮殿大宴百官　三汉

---

① 昌群：《红楼梦里的西洋物质文明》，《贡献》第 3 卷第 2 期，1928 年，第 36~39 页。

② 方豪：《方豪六十自定稿》，台北：台湾学生书局，1969 年，第 413~478 页。

③ 方豪：《红楼梦西洋名物考》，杭州：浙江人民美术出版社，2017 年。

④ 顾宗达：《〈红楼梦〉中的进口物品与对外贸易》，《红楼梦学刊》1984 年第 4 期；朱松山：《红楼器物谈》，《红楼梦学刊》1987 年第 4 期；杨乃济：《清宫档案所见之〈红楼梦〉器物》，《紫禁城》1987 年第 4 期；张寿平：《〈红楼梦〉中所见的钟与表》，《红楼梦学刊》1995 年第 4 期；王伟瀛：《〈红楼梦〉中的外国货》，《中国档案报》，2003 年 8 月 15 日；原所贤等：《西学东渐的历史明证——〈红楼梦〉中的西洋药考释》，《河南教育学院学报》2007 年第 2 期；刘相雨：《论〈红楼梦〉中的玻璃制品》，《红楼梦学刊》2010 年第 5 期；王雪羚：《"始知创物智，不尽出华夏"——〈红楼梦〉中的西方器物形象研究》，上海师范大学硕士学位论文，2013 年；李晓华：《〈红楼梦〉中的西洋药物考》，《红楼梦学刊》2017 年第 6 期；张丽玲：《〈红楼梦〉中的舶来织物察考》，广东省社会科学院硕士学位论文，2018 年。

⑤ 张慧：《16—20 世纪初洋货输入及其影响》，暨南大学硕士学位论文，2013 年，主要讨论晚清的洋货输入。

⑥ 夏志清著，胡益民等译：《中国古典小说史论》，南昌：江西人民出版社，2001 年，第 320 页。

⑦ 鲁迅指出："《三宝太监西洋通俗演义》……前有万历丁酉菊秋之吉罗懋登叙，罗即撰人。书叙永乐中太监郑和王景宏服外夷三十九国，咸使朝贡事。"鲁迅：《中国小说史略》，上海：上海古籍出版社，2006 年，第 109 页。

河亲排銮驾》中，郑和宣布下西洋的每艘战舰军器配置情况为："每战船器械，大发贡十门，大佛狼机四十座，碗口铳五十个，喷筒六百个，鸟嘴铳一百把，烟罐一千个，灰罐一千个，弩箭五千枝，药弩一百张，粗火药四千斤，鸟铳火药一千斤，弩药十瓶，大小铅弹三千斤，火箭五千枝，火砖五千块，火炮三百个，钩镰一百把，砍刀一百张，过船钉枪二百根，标枪一千枝，藤牌二百面，铁箭三千枝，大座旗一面，号带一条，大桅旗十顶，正五方旗五十顶，大铜锣四十面，小锣一百面，大更鼓十面，小鼓四十面，灯笼一百盏，火绳六千根，铁蒺藜五千个。"① 基本反映了明代中后期冷热兵器、中西火器兼用的状况。第三十三回《宝船经过罗斛国　宝船计破谢文彬》写道："明日未牌时分，贼船蜂拥而来，先从西上来起，一片的火铳、火炮、火箭、火弹。"② 除了描写西洋火器，该书还描写了西洋沿途诸国向郑和进献玻璃一事。第八十六回《天方国极乐天堂　礼拜寺偏多古迹》中，阿丹国国王昌吉刺递给郑和的礼单上有"赤玻璃一十"块。同回，天方国国王筠只里给郑和的礼单上，开列了"玻璃盏十对"③。玻璃就是西洋传入的珍贵奇器。该小说还记载了眼镜。第五十回《女儿国力尽投降　满剌伽诚心接待》中，满剌伽国国王西利八儿速剌在给郑和的一张进贡礼单上，写有"靉靆十枚"（状如眼镜，观书可以助明，价值百金）④。眼镜于明宣德年间便已出现在中国，主要从西域经河西走廊传入甘肃和内地。葡萄牙占领满剌伽后，眼镜又从这里经水路传入中国。《三宝太监西洋记》显然是以明中期的历史事实附会在明初永乐年间郑和下西洋的史实之上。明末清初小说《明珠缘》描写了袁崇焕经略下的锦州、宁远二城安设有"西洋大炮"。⑤ 明末小说家方汝浩在《禅真逸史》第三十七回中提到了火铳、火箭、火炮等一应火器。⑥ 明末凌濛初（1580—1644）在其《初刻拍案惊奇》卷之一《转运汉遇巧洞庭红　波斯胡指破鼍龙壳》中，写道："只见主人走将进去了一会，笑嘻嘻的走出来，袖中取出一西洋布的包来。"又在《二刻拍案惊奇》中，描写"河下船中有个福建公子，令从人将衣被在船头上晒曝，锦绣璨烂，观者无不啧啧。内中有一条被，乃是西洋异锦，更为奇特"⑦。显然，这条"西洋异锦被"被认为是当时濒海的福建人从西洋商船那里购买的，这样处理，在作者看来是合理的。

明代小说提到的佛郎机、发熕、鸟铳、眼镜、玻璃盏、西洋异锦被等西洋奇器，均符合当时的真实情况，是社会现实的艺术表达。

第二阶段，清前中期小说⑧对西洋器物的描写开始增多，提到的西洋器物除了第一阶段出现的西器外，还有自鸣钟、怀表、穿衣镜、玻璃灯、鼻烟壶、西洋织物等。自鸣钟虽然在神宗时已由利玛窦带入中国，但传播范围极其有限，难以进入明代小说的创作之中，

① 罗懋登：《三宝太监西洋记》上册，北京：华夏出版社，2013 年，第 160 页。
② 罗懋登：《三宝太监西洋记》中册，北京：华夏出版社，2013 年，第 295 页。
③ 罗懋登：《三宝太监西洋记》下册，北京：华夏出版社，2013 年，第 743、748 页。
④ 罗懋登：《三宝太监西洋记》中册，北京：华夏出版社，2013 年，第 434 页。
⑤ 佚名：《明珠缘》，桂林：漓江出版社，1994 年，第 461 页。
⑥ 清溪道人：《禅真逸史》，济南：齐鲁书社，1986 年，第 565 页。
⑦ 凌濛初：《二刻拍案惊奇》，杭州：浙江古籍出版社，1997 年，第 424~425 页。
⑧ 关于清代小说的基本情况，可参看张俊：《清代小说史》，杭州：浙江古籍出版社，1997 年，第 101~104、225~228 页。

清康乾时已从粤海关大量引进，并进入皇室和部分士大夫们的生活，因此得以在这一时段的小说中频繁出现，甚至改变了他们的时间观念。鼻烟壶是 17 世纪在欧洲流行的西洋物件，17 世纪后期传入中国，成为清代小说反复提到的西器。西洋织品购买力不高的民间并无市场，以致英国部分商人改销鸦片以弥补亏空，但在皇室和贵族们的生活中却成为常见之物，成为小说经常反映的生活背景。

清前中期小说的代表作无疑属于《红楼梦》。《红楼梦》中大量而密集地描述了贾府中存在的各种西器，如自鸣钟、金怀表、西洋穿衣镜、眼镜、玻璃炕屏、玻璃风灯、玻璃芙蓉彩穗灯、西洋鼻烟壶、西洋葡萄酒、金西洋自行船、猩红洋毯、翡翠撒花洋绉裙、大红洋绉裙、大红洋绉银鼠皮裙、洋巾、茜香国汗巾、俄罗斯产雀金裘氅衣、洋灰皮呢、洋呢、哔叽、姑绒、天鹅绒、金丝织锁子甲洋锦袄袖、西洋药依弗那等。因前人研究成果丰硕，故本文略而不赘。至嘉庆间，出现了续作《红楼梦》的热潮。由于后人"对原书结尾或相关情节的不满，故而部分改写而成新作。如《红楼梦》之结局，便为多人所不喜"，于是续写"诸作由是而产生"。① 续作中，出现了大量与《红楼梦》相似的西器，如自鸣钟、玻璃窗、洋绉等物。

在《红楼梦》之前，有李渔（1611—1680）在顺治年间创作的小说《十二楼》。其中《夏宜楼》便集中描写了千里镜、显微镜、焚香镜、端容镜、取火镜等西洋光学玻璃制品，并以千里镜为引线，讲述了公子瞿佶（字吉人）用望远镜窥探富家小姐詹娴娴在夏宜楼居住时的闺房生活，在知己知彼后，便托媒人上门提亲，一举成功的故事。其中描写千里镜道："这个东西，名为千里镜，出在西洋，与显微、焚香、端容、取火诸镜，同是一种聪明，生出许多奇巧。"对其外形和功效有准确的描绘："此镜用大小数管，粗细不一，细者纳于粗者之中，欲使其可放可收，随伸随缩，所谓千里镜者，即嵌于管之两头，取以视远，无遐不到。千里二字，虽属过称，未必里能由吴视越，坐秦观楚。然试千百里之内，便自不觉其诬。至于十里之中，千百步之外，取以观人鉴物，不但不觉其远，较对面相视者，便觉分明。真可宝也。"还指出西洋光学玻璃制品从引进到仿制的过程："以上诸镜，皆西洋国所产。二百年以前，不过贡使携来，偶尔一见，不易得也。自明朝至今，彼国之中有出类拔萃之士，不为员幅所限，偶来设教于中土，自能制造，取以赠人。故凡探奇好事者，皆得而有之。诸公欲广其传，常授人以制造之法。然而此种聪明，中国不如外国，得其传者甚少。数年以来，独有武陵诸羲庵讳者，系笔墨中知名之士，果能得其真传。所作显微、焚香、端容、取火及千里诸镜，皆不类寻常，与西洋上著者无异，而近视、远视诸镜更佳，得者皆珍为异宝。"②

生活于乾隆中至道光初的李汝珍（约 1763—1830）创作的以唐代海上航行和探险为背景的《镜花缘》，将自己所处的时代背景投射其中，描写了鸟枪、连珠枪、自鸣钟、鼻烟壶、眼镜等明清传入的西器。第八回《弃嚣尘结伴游寰海　觅胜迹穷踪越远山》称"林之洋提着鸟枪火绳，唐敖身佩宝剑"③，显然，这里的鸟枪属于西洋传来的火绳枪。第五十回《遇难成祥马能伏虎　逢凶化吉妇可降夫》称"只听枪炮声响成一片，船上众

---

① 陈美林、冯保善、李忠明：《章回小说史》，杭州：浙江古籍出版社，1998 年，第 182 页。
② 李渔：《十二楼·夏宜楼》，上海：上海古籍出版社，1992 年，第 40~55 页。
③ 李汝珍：《镜花缘》一，郑州：中州古籍出版社，2010 年，第 34 页。

人被他这阵枪炮吓的鸟枪也不敢放"①，生动反映了热兵器时代的特征。《镜花缘》中还出现了自鸣钟。第三十五回《现红鸾林贵妃应课　揭黄榜唐义士治河》，写男女颠倒的智佳国女国王欲娶林之洋为后，因见林之洋"十分美貌"，心中大喜，"忙把自鸣钟望了一望"，想早入洞房。② 第七十九回《指迷团灵心讲射　擅巧技妙算谈天》也描写用自鸣钟计算霹雷的距离。"兰芬指桌上自鸣钟道：'只看秒针，就好算了。'登时打了一闪，少刻又是一雷。玉芝道：'闪后十五秒闻雷，姐姐算罢。'兰芬算一算道：'定例一秒工夫，雷声走一百二十八丈五尺七寸。照此计算，刚才这雷应离此地十里零一百二十八丈。'"③ 此外，《镜花缘》还写到了清代从欧洲引进的鼻烟壶。第七十回《述奇形蚕茧当小帽　谈异域酒坛作烟壶》写"长人国都喜闻鼻烟"，他们把酒坛买下装潢装潢"竟是绝好的鼻烟壶儿"。④ 第十六回《紫衣女殷勤问字　白发翁傲慢谈文》中，还提到了眼镜。说海外毗骞国有前盘古所存旧案，林之洋等人好奇，想看一看，结果不解其意，被当地官员嗤笑，于是唐敖忙遮饰道："原来舅兄今日未戴眼镜，未将此字看明。"⑤

　　刊行于嘉庆九年（1804），由庾岭劳人创作的《蜃楼志》（又称《蜃楼志全传》），也较多记载了西洋奇器传入中国的事实。其第十八回《袁侍郎查封粤海　胡制宪退守循州》描写了明代粤海关监督赫广大被参抄家后，抄没家产清单中有许多西器：自鸣钟廿八座，洋表大小一百八十二个，洋玻璃屏廿四架，洋玻璃床十六张，洋玻璃灯一百二十对，各色玻璃灯一百八十对，洋玻璃挂屏一百零四件，大红、大青、元青哆啰呢各八百板，大红、大青、元青羽毛缎各八百板，大红、大青、元青哗叽各四百板，贺兰羽毛布各色一千匹，泥金孔雀裘二套，锦缎、大呢、被褥共一千二百十二床，洋毯、氆氇、地毡共四百十八铺，洋玻璃盏大小八十个。⑥ 这是作者根据明代严嵩、清代和珅抄家的模式，结合清代粤海关的史实，综合创作的情景，是明清社会的基本写实。

　　第三阶段，清后期小说对西洋物品的描写成为普遍现象，提到的西器新增了火轮船、铁甲船、克虏伯炮、火车、铁路、电报、电话、火柴、卷烟、洋皂、自来水、面包等。

　　鸦片战争后，香港割让，五口通商，导致西洋商品大量涌入中国。稍后，以蒸汽机为动力的各种西洋机械产品火轮船、铁甲船、火车等交通工具传入中国，再后来，电报、电话等通信工具，火柴、卷烟、面包等生活用品也接连传入。晚清小说《花月痕》《小五义》《七剑十三侠》《三侠剑》《女娲石》《糊涂世界》《九命奇冤》《海上尘天影》《孽海花》《文明小史》等，多以上述西器作为书中人物的出行、通信和生活方式。成书于1904年前后的《负曝闲谈》，涉及了洋纱、洋钱、自鸣钟、洋表、铅笔、洋书、玻璃、刀叉、洋写字台、洋蜡烛、洋铁、外国木器、照片、电报、轮船、洋枪、火车、西餐、眼镜、洋烟、钻戒、洋缎子、洋帽子等诸多西器，且出现频繁。1903—1905年刊于《新小说》杂志的《二十年目睹之怪现状》，提到的西器有卷烟机、自鸣钟、洋灯、洋钱、西洋钻戒、

---

① 李汝珍：《镜花缘》一，郑州：中州古籍出版社，2010年，第273页。
② 李汝珍：《镜花缘》一，郑州：中州古籍出版社，2010年，第186页。
③ 李汝珍：《镜花缘》二，郑州：中州古籍出版社，2010年，第435页。
④ 李汝珍：《镜花缘》二，郑州：中州古籍出版社，2010年，第380~381页。
⑤ 李汝珍：《镜花缘》一，郑州：中州古籍出版社，2010年，第77页。
⑥ 庾岭劳人：《蜃楼志全传》，天津：百花文艺出版社，1987年，第234页。

洋房、轮船、玻璃窗、玻璃药瓶、玻璃杯、电报、洋布帐子等物。刊于 1903—1907 年的《老残游记》，提到了自鸣钟、千里镜、西洋药、洋钱、玻璃窗、玻璃漏斗、照相、洋枪、洋灯等。清末的《文明小史》提到了洋灯、自来火、电气灯、洋装（西装）、洋绉、洋缎、洋枪、洋楼、洋钱、洋书等。它们对各类西器进行广泛描写，使其成为现实小说的普遍背景。小说对西器的大量描写和渲染，真实反映了晚清社会西洋物质文明渗透中国的基本事实。晚清小说所描绘的西洋器物，成为当时人们生活的基本标配，也成为那个时代的基本标志。① 关于晚清小说对西器的描写，不胜枚举，亦非本文研究的范围，故略而不述。

二、虚构的真实：明清小说对西器的艺术处理

与官史和笔记对西器的真实记载相比，小说对西器的描绘多有虚构和想象成分。这些虚构的现象主要表现在三个方面：

第一，作者将身处时代的西器嫁接至其尚未产生或传入中国的更早时代。这主要出现在历史小说的创作中。成书于明清时期的历史小说，往往将西器传入时间大为提前，出现小说创作年代与西器传入年代不符的情况。如明代小说《禅真逸史》的故事背景发生在南北朝时期，而书中在描述战争场面时，出现了诸多的火器。书中第三十七回记"张善相令缪一麟、常泰、黄松三将领精兵一万，各带火铳、火箭、火炮一应火器，以冲前锋"②。由于此书初刊于明末天启年间，因此书中所述火铳、火炮等，应该是作者对当时入华的鸟嘴铳、佛郎机和红夷大炮体认的艺术投射。这些火器经过作者之笔，竟"穿越"至千年之前。再如明末小说《三刻拍案惊奇》（崇祯十六年刊行）描写明靖难之役时的战争，竟然提到了佛郎机炮："正到济南，与守城参将盛庸，三人打点城守事务方完，李景隆早已逃来，靖难兵早已把城围得铁桶相似。铁参政便与盛参将北城大战，预将喷筒裹作人形，缚在马上，战酣之时，点了火药，赶入北兵阵中。又将神机铳、佛郎机随火势施放，大败北兵。"③ 佛郎机炮是正德末、嘉靖初传入中国的葡萄牙火铳，显然不会出现在建文时期。又如清代小说《女仙外史》，其故事背景也设立在靖难之役时期。书中第四十四回写道：帝师临朝，不待诸臣启奏，即宣谕道："倭奴指日寇边。孤家自有调度，卿等不须费心。军师吕律可速行文登州府，令海船出洋巡哨，一有声息，便紧闭城门，安设红衣大炮。并沿海各属州、县，俱照此遵行。倭夷决不敢近城。唯莱州府城不用设炮，开关以待其人，可一鼓而擒也。"④ 红衣大炮即"红夷大炮"。"红夷"即指荷兰人，明朝官员误以为该炮产于荷兰，故以此命名。此炮发明于 1600 年前后，是当时世界上最为先进的火炮，而靖难之役发生于建文元年至四年（1399—1402），比红衣大炮问世的时间足足早了两百多年。类似的情形还出现在清中期的小说《荡寇志》中，此书的故事背景发生在北宋，而书中多次出现自鸣钟、千里镜、佛郎机、红夷大炮、西洋画等物。这些器物最早

① 关于晚清小说的情况，可参考欧阳健：《晚清小说史》，杭州：浙江古籍出版社，1997 年。

② 清溪道人：《禅真逸史》，济南：齐鲁书社，1986 年，第 565 页。

③ 西湖浪子、梦觉道人：《三刻拍案惊奇》，长沙：岳麓书社，1993 年，第 41 页。

④ 吕熊：《女仙外史》，天津：百花文艺出版社，1985 年，第 257~258 页。

于明朝中后期传入中国，显然也被作者作了"穿越"处理。《荡寇志》中还出现一种名为"钢轮火柜"的地雷，"其法用五寸正方铜匣一个，下辅火药，上有一轴，轴上一轮八齿，每齿含一片利锋玛瑙石，旁有一支钢条，逼近玛瑙尖锋。那轴一头有盘肠索，连着一个法条大轮，又一头有小捺子捺住，旁设机轮，与自鸣钟表相似。走到分际，拨脱了捺子，那法条轮便牵动盘肠索，拽得轴轮飞旋，玛瑙尖锋撞着钢条，火星四迸，火药燃发"①。虽然北宋已经有地雷出现，但"钢轮火柜"的机制，则是出自明末抗倭将领戚继光的改良，据《戚少保年谱》卷十二载："制自犯钢轮火。沿边城之下，择其平坦房可集处，掘地，埋石炮于内，中置一木匣，各炮之信总贯于匣中，而匣底发以火药，中藏钢轮，并置火石于旁，而伏于地上。虏马踏其机，则钢轮动转，火从匣中出，诸炮并，举虏不知其所自。"② 显然，此处出现了历史的嫁接。对此，研究者只要注意作者生活的年代是否出现过书中描写的西器即可，不必纠结于书中虚构的历史背景与传华西器的时间差异。

第二，明至清中期的小说作者，还将传华西器写入志怪小说中，虚构出西器与妖怪间的奇闻逸事。这种虚构，马幼垣称之为"幻设"，指出"幻设与实际性的现实相对，为了造成一个真正超乎现世的背景，幻设尽量超越日常世界的藩篱，而致力于激起读者的好奇感"③。如纪昀在小说《阅微草堂笔记》中，以自述的口吻描绘了他用火器驱散阴霾和厉鬼的超世界的奇异故事："余乡产枣，北以车运供京师，南随漕舶以贩鬻于诸省，土人多以为恒业。枣未熟时，最畏雾，雾鬜之则瘠而皱，存皮与核矣。每雾初起，或于上风积柴草焚之，烟浓而雾散；或排鸟铳迎击，其散更速。盖阳气盛则阴霾消也。凡妖物皆畏火器。史丈松涛言：山陕间每山中黄云暴起，则有风雹害稼。以巨炮迎击，有堕虾蟆如车轮大者。余督学福建时，山魅或夜行屋瓦上，格格有声。遇辕门鸣炮，则踉跄奔逸，顷刻寂然。鬼亦畏火器。余在乌鲁木齐，曾以铳击厉鬼，不能复聚成形（语详《滦阳消夏录》），盖妖鬼亦皆阴类也。"④ 这类记载虽然荒诞不经，但依然是作者对西器体认的真实写照。

明清小说所描绘的传华西器，虽然存于史实不符的虚构成分，但皆源于客观历史事实，未脱离作者对当下西方科学技术的认知。凡是小说中提到的西器，都能在作者身处的时代找到原型。如前文穿越到宋朝的自鸣钟、千里镜、佛郎机、红衣大炮，在作者俞万春（1794—1849）的时代已是家喻户晓。不管小说的故事背景如何变幻，小说情节是否写实，作者对西器的描绘还是较为客观的。

三、主体性因素：西器书写的作者印记

明清小说属于非写实性著作，受主体性影响之大远超写实作品。作为小说的创作主体，明清小说的作者在观念上、经历上不尽相同，在西器的书写上差异明显。

---

① 俞万春：《荡寇志》，珠海：珠海出版社，2007 年，第 204 页。

② 戚祚国：《戚少保年谱耆编》，北京：中华书局，2003 年，第 398 页。

③ 马幼垣：《事实与构想——中国小说史论释》，台北：联经出版事业股份有限公司，2007 年，第 4 页。

④ 纪昀：《阅微草堂笔记》，天津：天津古籍出版社，1994 年，第 302~303 页。

第一，明清小说作者对不同传华西器体认各不相同，故在作品中态度有异。

明清小说家对破坏性和杀伤力极强的西式火器持批判和否定的态度，这与军事将领对其大加称赞、积极改良并誉之为"中国长技"的态度不同。如清代小说《女仙外史》在描写战争场面时，对火器的残忍性有明确的抨击："点火于药线，掷向敌人船内，硝瓶一裂，声如火炮，着人立刻齑粉。硫球一裂，火焰横飞，着物顷刻灰烬，是最恶不过的火器。"① 同样，纪昀在其志怪小说《阅微草堂笔记》中，亦借寓言批判了西洋火器的残忍。书中第十九卷写道："戴遂堂先生讳亨，姚安公癸巳同年也。罢齐河令归，尝馆余家。言其先德本浙江人，心思巧密，好与西洋人争胜。在钦天监，与南怀仁忤（怀仁西洋人，官钦天监正），遂徙铁岭。故先生为铁岭人。言少时见先人造一鸟铳，形若琵琶，凡火药铅丸皆贮于铳脊，以机轮开闭。其机有二，相衔如牝牡，扳一机则火药铅丸自落筒中，第二机随之并动，石激火出而铳发矣。计二十八发，火药铅丸乃尽，始需重贮。拟献于军营，夜梦一人诃责曰：'上帝好生，汝如献此器使流布人间，汝子孙无噍类矣。'乃惧而不献。"② 这反映了纪昀重视生命的立场，对西式火器持有明确的苛责和禁止态度。

对于钟表这类饱含科技且对日常生活有所裨益的西器，明清小说家们则持欣赏的态度。袁枚在其文言小说《子不语》中详尽描绘了乾隆二十九年从西洋入贡的一组铜伶十八人的机械装置，"能演《西厢》一部。人长尺许，身躯耳目手足，悉铜铸成；其心腹肾肠，皆用关键凑接，如自鸣钟法。每出插匙开锁，有一定准程，误开则坐卧行止乱矣。张生、莺莺、红娘、惠明、法聪诸人，能自行开箱着衣服。身段交接，揖让进退，俨然如生，惟不能歌耳。一出演毕，自脱衣卧倒箱中。临值场时，自行起立，仍上戏毯"。并夸赞道："西洋人巧一至于此。"③ 这与道学家们将此类西器斥为"奇技淫巧"的态度完全不同。

第二，明清小说作者所处年代或创作背景，给描写传华西器的作品打上深刻的时代烙印。

明代小说家生活的时代，虽有备倭寇、御蒙古和抗女真的火器，及利玛窦等人入贡的自鸣钟、铁丝琴等物，但传入种类较少、传播范围有限，小说家们缺乏亲身体验，因此在其作品中无法充分描述。小说中出现最多的西器是火器，但缺乏具体称谓，仅用"火铳""火炮"代替。例如刊于明天启年间的《禅真逸史》，在描述战争场景时，都是诸如此类的叙述："忽听得对阵连声炮响，火箭、火枪如雨点般射将过来，火铳、火炮一齐发作。"④ 唯有《明珠缘》这种直接写晚明政局的小说，才指明袁崇焕使用的是"西洋大炮"。⑤

生活在清代前中期的小说作者，所记西器种类明显丰富起来。这一时期，清朝在与明朝交战中，将缴获的红夷大炮改名为"红衣大炮"，用以攻城略地；随着清朝平定天下，开始通过粤海关进口西洋的自鸣钟、洋表、眼镜等物，并在故宫设立造办处，仿制西洋奇

① 吕熊：《女仙外史》，天津：百花文艺出版社，1985年，第489页。
② 纪昀：《阅微草堂笔记》，天津：天津古籍出版社，1994年，第478~479页。
③ 袁枚：《子不语》，重庆：重庆出版社，1996年，第271页。
④ 清溪道人：《禅真逸史》，济南：齐鲁书社，1986年，第566页。
⑤ 佚名：《明珠缘》，桂林：漓江出版社，1994年，第461页。

器，并赏赐给大臣和外来朝贡者。这些丰富的西洋器物都在同时代的小说中得以体现。1703 年成书的《女仙外史》，提到自鸣钟 1 次、千里镜 1 次、水晶玻璃镜 3 次、玻璃瓶 1 次、玻璃盏 2 次、红衣大炮 2 次；描绘武器时，不再笼统地称火炮，而是出现了"红衣大炮"这种明确的西欧产品。袁枚于 1788 年前后创作的《子不语》，提到了西洋机械铜偶及洋货。纪昀创作于 1789—1798 年的《阅微草堂笔记》，提到了自鸣钟、望远镜、西洋画、天主堂。刊行于 1804 年的《蜃楼志》种类更加丰富，文中提到自鸣钟 1 次、玻璃窗 1 次、洋表 2 次、机械洋偶 1 次、玻璃罩天文器 1 次、洋玻璃屏 2 次、洋玻璃床 1 次、洋玻璃灯 5 次、玻璃盏 1 次、洋酒 1 次、洋琴 1 次。成书于 1814 年的《补红楼梦》，提到自鸣钟有 9 次之多，另外还提到玻璃窗 3 次、玻璃人 1 次、玻璃手照 1 次。成书于清中期的《荡寇志》，出现自鸣钟 2 次、千里镜 2 次、红衣大炮 2 次、佛郎机 1 次、西洋画 2 次、西洋柱 1 次、洋枪 1 次。

至于晚清小说中出现的西器，种类更加丰富，成为平凡百姓家中的日用品。从时间维度上看，不同时期小说中出现的西器种类，基本上符合当时西器东传的实况。

第三，明清小说作者所处的地域环境，对小说中西器的书写有着深刻影响。

将西器写入小说的明清作家，以浙江、江苏和广东等沿海地区人士居多。例如《剪灯新话》作者瞿佑，是浙江钱塘（杭州）人；《初刻拍案惊奇》的作者凌濛初，是浙江湖州府乌程县人；《十二楼》的作者李渔，是浙江金华府兰溪县人；《再生缘》的作者陈端生，是浙江杭州人；《子不语》作者袁枚是浙江钱塘（杭州）人。《红楼梦》作者曹雪芹生于江宁（南京）。《女仙外史》作者吕熊是江苏苏州人；《海上尘天影》作者邹弢为江苏无锡人，居上海甚久；《老残游记》作者刘鹗，祖籍江苏省丹徒县人，后移居江苏淮安。《复红楼梦》作者陈少海是广东肇庆人；《荡寇志》作者俞万春是浙江绍兴人，长期跟随其父在广东任所生活；《二十年目睹之怪现状》作者吴趼人是广东南海人。描写西器较多的小说作者以江浙人居多，其原因有二，一是由于该地经济富裕，社会相对稳定，文化底蕴深厚，文人墨客多聚于此；二是因为江浙地处沿海，在西器通过海上传入的历史大潮中得风气之先，"江苏是早期长江流域西器东传的轴心地区，而江苏以东的上海和浙江地区，除了接受江苏传播过来的西器文明外，还直接接受来自粤闽和北京等地的西洋物质文明"①。在此居住生活的小说家，直接受到西洋物质文明的感触，将所见所闻所感写入小说。广东亦是如此，明末传教士利玛窦由广东登陆，在《复红楼梦》作者陈少海的故乡肇庆站稳脚跟，一步步将西洋物质文明推介至北京。明清易代，清政府实行海禁，广东成为唯一的外贸口岸，来粤贸易的外国商人，只能通过十三行进行管理，其中西交流程度更甚。广东作者受到西洋物质文明侵染，在小说中留下诸多西洋印记。此外，身处首都及周边地区的作者也易获得西器的体验和认知，如《镜花缘》作者李汝珍是直隶大兴人，《阅微草堂笔记》作者纪昀是直隶献县人，二人均在小说中着力描写西洋奇器。

第四，明清小说作者对前人作品的因袭，致其作品出现了西器的描写。

某些小说对西器的描写，并非出自作者经历的投射，而是因袭同类作品的描写经验。如《红楼梦》作者曹雪芹，作为江宁织造曹寅之孙，经历过西器充斥的富贵生活，在小说中写尽自鸣钟、洋表、穿衣镜、玻璃制品、鼻烟壶、西洋葡萄酒、西洋织物的奢华。但

---

① 谢贵安：《明至清中叶长江流域的西器东传》，《中国文化》2004 年第 21 期，第 71~75 页。

《红楼梦》的续作者们从原著中获得启发，在书中刻画了基本相同的西洋奇器。有人指出："许多作家似乎震慑于《红楼梦》高度的思想艺术成就，创新、超越的胆子极小，故续、仿之作大大地多于创新之作。"① 这当然也包括对《红楼梦》中所描绘的西洋物质文明的模仿。嘉庆年间成书《红楼复梦》（成书于嘉庆四年前，1799 前）、《绮楼重梦》（成书于嘉庆十年，1805）、《补红楼梦》（成书于嘉庆十九年，1814）、《红楼梦补》（嘉庆二十四年，1819）均描述了与《红楼梦》相同的西洋奇器。如《红楼复梦》第十九、二十七、七十六回，《绮楼重梦》第二、四、四十八回，《补红楼梦》第二十七、三十三、三十五、三十八回，《红楼梦补》第十五、十六、二十三、二十五、三十二、三十六、四十七回，均描写了自鸣钟和洋表。《红楼复梦》第十八、六十八回，《红楼复梦》第九十七回，《补红楼梦》第二十五回，均描写了珍贵的玻璃制品，如玻璃手照、玻璃灯屏、玻璃灯笼、玻璃床和玻璃窗。这些体验或许有相当一部分来自曹雪芹。

总而言之，在世界从分散到统一的过程中，在西洋文明向世界扩散的背景下，明至清中期小说真实地反映了西洋器物传入中国的早期历史进程。虽然不能与晚清小说在生活背景中大量铺叙西器、渲染洋货相比，但明至清中期小说却反映了西器进入中国时润物细无声的特殊过程，是对西学东渐之"渐"的生动诠释。现代化背后是西方化，西洋物质文明进入中国是西洋精神文明进入中国的先导，对明至清中期小说书写西器的研究，具有特殊意义。虽然明至清中期小说虚构了人物、场景和故事情节，甚至出现了西器与故事时代错位的情景，但其对西器的描写则是作者生活年代和背景的真实写照。将西器安放在虚构的故事乃至魔幻的背景中，似乎显得荒诞不经，但不过是作者对真实世界所作的艺术处理。在西器东传的过程中，明至清中期小说以艺术的形式加以记录，虽然受到作者主体性因素的影响，在其作品中出现了不同于史书的书写倾向和主观判断，但它对西洋物质文明东传和中西文化交流的历史趋势的感受和认识，则是真实客观的。

（作者单位：武汉工程大学马克思主义学院）

---

① 向楷：《世情小说史》，杭州：浙江古籍出版社，1998 年，第 305 页。

日常生活与物质文化

（特约栏目主持：常建华教授）

清乾隆时期福建的社会经济与生活*
——以刑科题本为基本资料

□　常建华

【摘要】乾隆朝刑科题本提供的人口信息表明，当时福建家庭规模较大。福建基层社会家庭、邻居情感问题的非正统化现象较为显著，夫故改嫁事例也较多。闽南宗族祭田较为普及，祭田的管理多是各房轮流办祭。福建租佃制发达，不少地方租地需要交纳押租，福建的田地租佃有田根与田面之分，土地所用权与使用权分离。田主特别是有举监身份者多居城中，佃户则居于乡下，主佃的对立呈现出空间上的城乡对立关系。晚稻收割是产生主佃纠纷的主要时间点，多种经济作物的种植较多。闽人备有刀枪、火铳甚至是鸟枪用于打猎、防兽，以利于出行安全和生活，有时这些工具、武器成为人们纠纷中的凶器。乾隆朝整饬民间鸟枪条例以及福建的执行有过变化，乾隆初年清廷决定福建各地鸟枪管理条例因地制宜。乾隆后期鸟枪管理政策由松而紧。

【关键词】人口；家庭；农民；生产；鸟枪

　　笔者利用乾隆、嘉庆朝的刑科题本探讨了福建的地方社会职役，① 兹利用乾隆朝刑科题本的资料集，继续探讨乾隆时期福建的人口婚姻家庭、职业与生计、生产与生活等问题，由于涉及民间以火铳、鸟枪防身、打兽问题，兼论福建执行清廷查禁鸟枪的情况。

一、资料介绍与人口统计

　　中国第一历史档案馆、中国社会科学院历史研究所编乾隆朝刑科题本的资料集：《清代地租剥削形态》《清代土地占有关系与佃农抗租斗争》以及郑秦、赵雄主编：《清代

---

　　* 本文是教育部人文社会科学重点研究基地重大项目"多样性：辽宋西夏金元明清的日常生活与地方社会"（20JJD770009）阶段性成果。
　　① 常建华：《清乾嘉时期的福建地方社会职役——以刑科题本为基本资料》，朱诚如、徐凯主编：《明清论丛》第18辑，北京：故宫出版社，2018年，第193~209页。

"服制"命案——刑科题本档案选编》三书①中，有84个福建事例，我们将其列为表1如下（表中将上述三书分别简称"形态""斗争""服制"）：

表1　　　　　　　　乾隆刑科题本中的福建事例一览表

序号	时间	地点	题名	出处
1	十二年	泉州府南安县	许丙等租种傅疑似田地主佃各半分租	形态上，44页
2	十三年	台湾府淡水县	卓勇佃耕林元田地年交租谷五十石	形态上，58页
3	四十三年	台湾府诸罗县	蔡送佃耕地主水田对半分租	形态上，60页
4	十九年	汀州府长汀县	赖鼎献将田顶后仍借回耕种年纳租谷二石	形态上，95页
5	二十一年	漳州府南靖县	吕维宗祖佃山场栽种杉苗成林后主佃均分	形态上，103页
6	二十六年	泉州府同安县	林庆佃种林生公地年纳芝麻折钱交付	形态上，118页
7	二十九年	建宁府政和县	魏加生见佃户所种席草茂盛欲改额租为分租	形态上，126页
8	三十一年	漳州府海澄县	吴乞佃耕黄益水田三斗纳租谷八石	形态上，130页
9	三十一年	延平府沙县	冯周生批佃程德厚苗田一段每年照额交租	形态上，132页
10	三十二年	福宁府寿宁县	詹上干租郭必铎山场杉议定主三佃七分收	形态上，143页
11	三十六年	汀州府连城县	赖石亨租许宣声尝田歉年仍要照额纳租	形态上，163页
12	三十九年	福州府福清县	王科礼伙种山芋收获均分	形态上，173页
13	四十六年	兴化府莆田县	潘振盘将田典与林萝雷为业仍佃原田	形态上，188页
14	五十五年	建宁府松溪县	董启太将田活卖与人仍佃种年纳租谷	形态上，218页
15	五十九年	延平府顺昌县	萧廷谋佃耕田亩每年租谷主八佃二到田分收	形态上，243页
16	十七年	福州府永福县	永福县潘旺弟卖出桐茶山一处仍归承租交纳租钱	形态上，279页
17	二十年	漳州府南靖县	邱双租园地一丘种蔗年纳租银二两四钱	形态上，282页
18	二十六年	泉州府安溪县	杨和鸣等批佃陈姓公山栽种茶杉照额交纳租钱	形态上，289页
19	四十八年	台湾府凤山县	林恋租佃园地栽种芝麻议定租价番银六元	形态上，324页
20	十一年	邵武府邵武县	丁廷献以翁立魁所出"挂脚钱"扣抵欠租	形态下，366页
21	十三年	邵武府光泽县	光泽县何光生出银顶耕毛绶昭田亩	形态下，366页
22	十六年	漳州府长泰县	乡例佃户租田先给田主"保租"银欠租扣抵	形态下，379页
23	十六年	汀州府归化县	何佑买田自种不退还原佃"顶耕"银子	形态下，381页
24	十九年	建宁府瓯宁县	瓯宁县黄樟吉因地不退还"顶耕钱"拒绝退佃	形态下，391页
25	十九年	汀州府清流县	徐刘氏将佃户所交"顶耕米石"抵作欠租	形态下，393页
26	三十九年	台湾府诸罗县	江亮新一地两佃收取两份"压地银"	形态下，421页

①　中国第一历史档案馆、中国社会科学院历史研究所编：《清代地租剥削形态》，北京：中华书局，1982年；《清代土地占有关系与佃农抗租斗争》，北京：中华书局，1988年。郑秦、赵雄主编：《清代"服制"命案——刑科题本档案选编》，北京：中国政法大学出版社，1999年。

序号	时间	地点	题名	出处
27	三十九年	漳州府长泰县	吴湛等佃种唐芽田亩交有"保租银"	形态下，445 页
28	六年	兴化府莆田县	谢佑世佃唐孟香田亩后田主"买回田根"立约退佃	形态下，501 页
29	十五年	福州府永福县	黄宗劝等出银顶佃占有"田根""世代承耕"	形态下，523 页
30	十七年	永春州	陈伯君得价银将佃权转卖由新佃向田主交租	形态下，528 页
31	十八年	建宁府建阳县	张米奴佃大苗田后将自有小苗田卖与田主"归一管业"	形态下，532 页
32	二十年	泉州府南安县	乡例旧有田根佃户可转卖佃权另纳佃租	形态下，543 页
33	二十六年	建宁府建安县	邓华有将佃种苗田卖给练圣祥耕种取回顶手银	形态下，560 页
34	三十二年	福宁府宁德县	"乡例收了佃户的钱田主不得另佃"退耕时还钱	形态下，570 页
35	三十一年	台湾府彰化县	李裕昌佃垦业主田园因欠债将佃权转卖	形态下，572 页
36	三十五年	建宁府崇安县	翁相光向佃户周上遇买回田皮田仍由周佃种	形态下，575 页
37	三十五年	福州府侯官县	陈信振等佃耕田地因费有工本故此田"根面不全"	形态下，576 页
38	三十七年	漳州府平和县	黄溪因出有"粪土佃银"故"业主卖租不卖佃"	形态下，585 页
39	三十八年	建宁府浦城县	林老俚药天新伙顶苗田由林老俚耕割谷分收	形态下，588 页
40	四十三年	福州府闽清县	罗必和买断叶衙"根面全课田""其田永远耕作"	形态下，590 页
41	四十五年	建宁府浦城县	业主罗荣进强赎凌惟慎永佃地亩	形态下，593 页
42	四十九年	兴化府仙游县	林正佃耕陈姓祭田约载"如无欠租不得另付他人"	形态下，596 页
43	十三年	永春州大田县	吴知隆卖田后承佃原田又私将此田立契出顶	形态下，615 页
44	三十三年	邵武府光泽县	樊碧玉得银将佃田顶与聂帝眷耕种	形态下，652 页
45	三十四年	漳州府南靖县	徐包因贫将佃田二次转顶与人	形态下，655 页
46	三十七年	建宁府浦城县	吴正琦家贫难度将所佃祭田顶给黄柏绶	形态下，668 页
47	十九年	汀州府上杭县	戴启亮诬说佃户所交租谷中有朽谷而令补交	形态下，721 页
48	二十六年	漳州府诏安县	沈晃承办族内公有"尝田"胁迫佃户增交"猪蹄礼钱"	形态下，725 页
49	五十七年	建宁府浦城县	地主汪尚源役使佃户看管山场林竹	形态下，746 页
50	十九年	福州府侯官县	举人张南辉等恃势诈骗寡妇潘庄氏母子田产	斗争上，76 页
51	十二年	兴化府莆田县	乡例：祖遗典耕田地取赎后仍由原佃批耕	斗争上，226 页
52	二十四年	建宁府浦城县	吴观云佃种典出田地后又绝卖与人	斗争上，243 页
53	二十七年	汀州府武平县	钟乘龙家绝卖棉田后远例索找田价	斗争下，457 页
54	四十二年	邵武府光泽县	监生王璋分立正契找契买田庄后匿契漏税	斗争下，541 页
55	四十四年	福州府屏南县	陆元鐏佃种卖出之地又索找价银买主起佃	斗争下，547 页

序号	时间	地点	题名	出处
56	四十五年	福州府侯官县	杨永祚卖地后两次向买主找价仍契载回赎	斗争下，549 页
57	八年	福州府福清县	陈启善弟兄反抗地主何伯峒盘剥追租	斗争下，598 页
58	十年	汀州府宁化县	夏德绶反抗地主夏毛追租	斗争下，606 页
59	二十四年	泉州府安溪县	蔡奇因被控欠租拼撞地主叶世沾	斗争下，612 页
60	二十九年	汀州府长汀县	赖发子反抗地主尽割田稻抵偿旧租	斗争下，621 页
61	三十五年	延平府顺昌县	黄凤彩反抗地主张汝纹为欠租不准采茶	斗争下，633 页
62	二十七年	汀州府宁化县	李彩玉因地主控追欠租声言将所扎死到庄收租地主	斗争下，646 页
63	三十三年	泉州府晋江县	蔡周因天旱歉收只肯交五分租	斗争下，686 页
64	三十七年	福州府闽县	李灶灶等拦阻地主临田分割稻谷	斗争下，749 页
65	元年	福建	杜日殴死叔母苏氏案	服制，16 页
66	元年	福建	苏猛戳死其妻陈氏案	服制，20 页
67	五年	福建	吴清伯殴死无服族侄吴添聪案	服制，75 页
68	十八年	福建	陈冬戳死无服族叔陈弼	服制，85 页
69	十八年	福建	张受等殴死无服族叔张补案	服制，89 页
70	十八年	漳州府平和县	林赛殴死无服族兄林承匿尸案	服制，90 页
71	十八年	漳州府漳浦县	蔡集等戳死大功服兄蔡跃案	服制，95 页
72	二十年	福建	黄碧与小功服侄黄墙之妻沈氏通奸谋死本夫案	服制，123 页
73	三十三年	福建	游长恭戳死其妻张氏案	服制，149 页
74	四十年	福建	张南戳伤无服族侄张朝身死案	服制，173 页
75	四十四年	漳州府漳浦县	张绥殴死其胞叔继子王美案	服制，203 页
76	四十四年	漳州府长泰县	卢滩殴伤小功服叔卢率身死案	服制，209 页
77	四十五年	漳州府平和县	张赘等殴伤无服族侄张增彩身死案	服制，233 页
78	四十六年	福州府屏南县	叶阿兵等殴伤无服族叔叶华岳身死案	服制，269 页
79	四十六年	汀州府长汀县	王京坤殴伤无服族弟王京信身死案	服制，277 页
80	五十年	福建	吴游氏殴伤夫无服族叔吴佳身死案	服制，315 页
81	五十一年	福建	严阿三殴伤无服族姉严郭氏身死案	服制，339 页
82	五十一年	福州府古田县	李乃元戳伤无服族侄李元烈身死案	服制，344 页
83	五十一年	延平府顺昌县	余冯氏殴伤其夫余添明身死，余添明侄余官郎听从私殓匿报案	服制，350 页
84	六十年	福建	黄六致伤无服族弟黄照身死案	服制，405 页

表 1 中的 84 件档案，其中 11 件不知具体的所在府州县，其余 73 件的地区分布，根

据《清史稿·地理志》作一考察。① 乾隆时期（嘉庆元年漳州析平和、诏安地增置云霄厅），福建领府九，直隶州二，县五十七。上述题本分布情况是：

福州府 12 件，福州府领县十，其中闽县 1 件，侯官 3 件，福清县 2 件，古田县 1 件，屏南县 2 件，闽清县 1 件，永福县 2 件。所缺长乐、连江、罗源三县。

福宁府 2 件。福宁府领县五，其中宁德县 1 件，寿宁县 1 件。所缺霞浦县、福鼎县、福安县。

延平府 4 件，领县六，其中顺昌县 3 件，沙县 1 件。所缺南平、将乐、永安、尤溪四县。

建宁府 11 件，领县七，其中建安县 1 件，瓯宁县 1 件，建阳县 1 件，崇安县 1 件，浦城县 5 件，松溪县 1 件，政和县 1 件。

邵武府 4 件，领县四，邵武县 2 件，光泽县 2 件。所缺建宁县、泰宁县。

汀州府 10 件，领县八，其中长汀县 3 件，宁化县 2 件，清流县 1 件，归化县 1 件，连城县 1 件，上杭县 1 件，武平县 1 件。所缺永定县。

漳州府 13 件，领县七，其中海澄县 1 件，南靖县 3 件，漳浦县 2 件，平和县 3 件，诏安县 1 件，长泰县 3 件。所缺龙溪县。

兴化府 4 件，领县二，其中莆田县 3 件，仙游县 1 件。

泉州府 6 件，领县五，其中晋江县 1 件，南安县 2 件，同安县 1 件，安溪县 2 件。所缺惠安县。

永春直隶州 2 件，领县二，其中大田县 1 件，州属 1 件。所缺德化县。

台湾府 5 件，领县四厅一，其中淡水厅 1 件，诸罗县（乾隆五十二年更名嘉义县）2 件，凤山县 1 件，彰化县 1 件。所缺台湾县。

由上可知，福建全省除了龙岩直隶州（辖漳平县、宁洋县）缺乏题本外，其余九府四十三县均有事例，覆盖面较大。其中福州、建宁、汀州、漳州四府在 10 件以上，数量较多。

刑科题本有案件事主交代的家庭亲属年龄及基本情况的记载，有助于了解当时人口、婚姻、家庭等状况。我们将档案中的这些情况辑为表 2：

表 2　　　　　　　　清乾隆朝刑科题本福建事例中的人口数据表

序号	口供人	双亲	兄弟、妻子、子女	职业与生计	出处
1	（南安）傅燕五十四岁				形态上，45 页
2	（淡水）林元三十六岁	父母俱在		田主	形态上，58 页
3	（诸罗）蔡送二十九岁		自幼随母改嫁，为继子	佃农	形态上，60 页

① 赵尔巽等：《清史稿》卷 70《地理志十七》，北京：中华书局，1976 年，第 2241~2262 页。

序号	口供人	双亲	兄弟、妻子、子女	职业与生计	出处
4	（长汀）曾时广六十二岁	父母已死	赖鼎献是姐夫	佃农	形态上，96 页
5	（南靖）吕维宗四十一岁	父母都死			形态上，103 页
6	（南靖）陈尚璧三十六岁	父母现在	兄弟二人，妻子还小尚未成亲		形态上，104 页
7	（同安）林生四十四岁	父故母存	兄弟三人		形态上，119 页
8	（政和）魏思琳二十四岁		与弟弟魏加生同居	小地主	形态上，127 页
9	（海澄）吴福三十六岁	父母现在	兄弟二人，居长，娶有老婆，生有儿子	佃农	形态上，130 页
10	（沙县）程德厚七十四岁			地主	形态上，133 页
11	（寿宁）郭必德三十八岁			地主	形态上，145 页
12	（连城）许五郎五十七岁	父故母存	兄弟四人，		形态上，163 页
13	（福清）王昆利三十七岁	父亲已死，母亲七十二岁	并无兄弟妻子	在江苏桃源县伙种	形态上，174 页
14	（莆田）潘振盘五十四岁			小农	形态上，188 页
15	（松溪）董启太四十九岁	父母俱故	妻子已故，生有两个儿子，年都幼小	佃农	形态上，218 页
16	（顺昌）卢盛根二十八岁	父故母嫁	尚未娶妻	耕种过活	形态上，243 页
17	（永福）李茂成五十二岁			监生	形态上，279 页
18	（南靖）戴状		六个儿子	田主	形态上，282 页
19	（安溪）杨信二十九岁	父故母存	兄弟三人，妻子林氏		形态上，289 页
20	（凤山）林舍二十五岁	父故母存	兄弟二人，尚未娶妻	田主	形态上，325 页
21	（光泽）何光生二十九岁			佃农	形态下，372 页

序号	口供人	双亲	兄弟、妻子、子女	职业与生计	出处
22	（长泰）蔡性四十九岁			佃农	形态下，380 页
23	（宁化）黄世同五十三岁			佃农	形态下，382 页
24	（瓯宁）周士勋二十四岁				形态下，391 页
25	（清流）邱先林三十二岁				形态下，393 页
26	（长泰）唐芽三十九岁			田主	形态下，446 页
27	（长泰）林果二十九岁			耕种度活	形态下，446 页
28	（莆田）唐镇二十四岁				形态下，502 页
29	（闽清）黄宗福三十四岁		有兄长		形态下，525 页
30	（永春）郑锡四十九岁		兄弟叔侄人多		形态下，529 页
31	（建阳）宋武烈七十一岁				形态下，533 页
32	（南安）马全四十九岁	父故母存	弟兄三人，娶妻余氏，生有三个儿子幼小	佃农	形态下，543 页
33	（建安）陈观贤三十三岁		与胞兄同居共爨	田主	形态下，561 页
34	（崇安）翁相光五十七岁		有子翁又育		形态下，575 页
35	（侯官）林克振四十五岁				形态下，577 页
36	（平和）黄溪四十三岁				形态下，586 页
37	（浦城）林老俚三十一岁	父母俱在	兄弟五人，行三，	农户	形态下，589 页
38	（浦城）罗荣进二十五岁	父故			形态下，593 页

序号	口供人	双亲	兄弟、妻子、子女	职业与生计	出处
39	（仙游）林正三十七岁	父母俱故	兄弟三人	佃农	形态下，597 页
40	（大田）吴华林十八岁				形态下，615 页
41	（浦城）黄廷清四十二岁	父母俱故	养活继父	佃农	形态下，669 页
42	（上杭）戴启亮二十四岁	父故，母七十一岁	兄弟四人，长兄、次兄已故，都没儿子；三兄出继堂伯；自己聘妻邱氏，尚未完娶	地主	形态下，721 页
43	（诏安）沈本三十四岁	父母俱在	兄弟二人，居长，娶妻林氏，没有儿女	耕种尝田	形态下，725 页
44	（侯官）潘祖宣三十二岁		兄弟三人，分爨	举人	斗争上，77 页
45	（莆田）王其光二十八岁	父故母存		佃农	斗争上，227 页
46	（武平）苏得一四十岁	父故	有兄弟		斗争下，457 页
47	（侯官）杨立皋二十五岁				斗争下，549 页
48	（漳浦）陈肇商二十六岁		与四哥同居	佃农	斗争下，600 页
49	（宁化）夏德绶四十四岁		与妻父、妻弟同居	佃农	斗争下，607 页
50	（长汀）赖谢氏四十九岁	夫故	生有三个儿子，大儿子二十七岁，二、三子出外佣工	佃农	斗争下，622 页
51	（顺昌）张汝纹三十二岁	父母俱故	并无兄弟，妻子也死了，只有一个儿子	种茶	斗争下，634 页
52	（晋江）刘暹十六岁	父母俱在	兄弟二人，居长，聘娶黄氏，未尝完娶	地主	斗争下，686 页
53	（闽县）李灶灶十八岁	父故母存	一个弟郎	佃农	斗争下，751 页

表 2 中的口供者 53 例，年龄最小的十六岁，最大的七十四岁，其年龄段分布是：一十岁的 3 例，二十岁的 14 例，三十岁的 14 例，四十岁的 12 例，五十岁的 6 例，六十岁的 1

例，七十岁的 2 例，集中在二十岁到四十岁的年龄段，正值青壮年时期。

关于口供者的双亲情况，缺载 28 例，25 例提供了说明。有 6 例是父母俱故，父故母存 10 例（其中两例只说"父故"，母亲应当在世），其中有两例保存了母亲的年龄，分别是七十一岁和七十二岁，在当时较为长寿。在父母俱故的 6 例中，除一例口供者年龄已经六十多岁外，其余都在三四十岁的年龄段，可见其父母去世的年龄还是比较早的。

关于口供者的婚姻状况。缺载 23 例，提到有妻的 7 例，其中 3 例说已聘娶但尚未成婚，口供者的年龄分别是 6 号三十六岁、42 号二十四岁、52 号十六岁，6 号还明确说"妻子还小尚未成亲"，52 号的未婚妻的年龄应该不会大，42 号的未婚妻的年龄也应当较小，推测当时女性早婚现象较多。说无妻的 3 例，只说有子未说妻子的 1 例，应当是妻子已故。16 号口供者二十八岁，说"尚未娶妻"，20 号二十五岁，"尚未娶妻"，这些未婚事例属于比较正常。

在有父母子女年龄的数据中，我们可以推算出生子的年龄。序号 13 的口供者是母亲三十五岁所生，序号 42 的是母亲四十七岁所生，均属正常年龄得子。

婚后生育子女的情况。15 号董启太四十九岁，妻子已故，生有二个儿子；32 号马全也是四十九岁，生有三子，50 号赖谢氏四十九岁，亦生有三个儿子；51 号张汝纹三十二岁，妻子也死了，只有一个儿子。15 号、51 号在妻子故去的情况下，得子数为一两个，32 号、50 号均生有三个儿子。值得注意，18 号戴状的年龄不知，生有六个儿子。

有的口供谈到兄弟的数量。兄弟二人最多，有 8 例；兄弟三人次多，有 5 例；兄弟四人有 2 例；兄弟五人有 1 例。兄弟二三人最多，但四五人的事例引人注目。从兄弟数以及前述得子数来看，家庭中有子二三人是常态，四到六人的事例也说明三子以上的家庭有相当数量。如果再加上未计算的女儿，当时福建家庭规模较大。[①]

兄弟居家问题。资料中涉及记载兄弟家的事例有 5 个，8 号魏思琳二十四岁，与弟弟魏加生同居；33 号陈观贤三十三岁，与胞兄同居共爨；44 号潘祖宣三十二岁，兄弟三人，分爨；48 号陈肇商二十六岁，与四哥同居。此外，夏德绶四十四岁，与妻父、妻弟同居。总之，同居者较多，但由于同居者年龄不是太大，今后是否继续同居则未必。

二、家庭、宗族与农民

上述人口统计涉及婚姻家族，属于比较表面的分析，还需要借助具体事例继续深入探讨。土地债务类刑科题本多涉及土地与租佃关系，也有婚姻家庭的记载，特别是郑秦、赵雄主编《清代"服制"命案——刑科题本档案选编》一书收录刑科题本的摘要"贴黄"，资料虽简，但可以从中了解到更多的婚姻奸情类资料，反映了更多的社会生活。

（一）家庭、宗族

夫妻关系是家庭的基础关系，家庭的运作具有多种面相。夫妻反目的事情是有的，苏

---

① 郑振满先生指出："在明清的分家文书中，也可以看到一些资产微薄的大家庭。……清代福建大家庭的普遍发展……是与当时的经济结构相适应的。……清代福建规模较大的家庭。大多同时从事多种职业，在家庭成员之间形成士农工商的有机结合。"见郑振满：《明清福建家族组织与社会变迁》，长沙：湖南教育出版社，1992 年，第 36~38 页。

猛戳死伊妻陈氏案，苏猛与妻陈氏和好，雍正十三年闰四月初一日，陈氏公公苏寿令陈氏洗衣，陈氏不听。苏寿将此告子，苏猛言责陈氏，陈氏肆骂。苏猛掌批陈氏脸颊，陈氏即取尖挑反击，苏猛夺过，戳伤陈氏心坎，当即殒命。这是翁令儿媳洗衣不听，儿子惩罚妻子所致命案。

夫妻关系的处理往往涉及双方父母，有时丈夫处事不周妻子不依导致的命案，如游长恭戳死其妻张氏案。游长恭娶张运庄之女为妻，乾隆三十三年五月，张氏将届分娩，游长恭接妻母杨氏来家守生。二十五日，游长恭早起外出，未备食米，杨氏携女归家就食。游长恭邀请一位朋友至家，备办酒饭款待，张运庄路过看见，责以岳母没饭给与，反有酒饭请客。游长恭因被客前出丑，两相口角，经邻劝散。游长恭仍将杨氏、张氏接回，游长恭在房削篾，张氏坐于床上，复与夫口角詈骂，游长恭用刀戳伤妻子致其死亡。

邻居是家庭重要的外部关系，人际交往较多，彼此较为熟悉，也会涉及异姓情感，邻居通奸问题引人注目。有的是妻子被丈夫逼迫通奸，如林赛殴死无服族兄林承匿尸案，林承、林赛、林仁比邻而居，林承时常周济林仁，林仁利其食用，令妻陈氏与林承通奸。林赛窥知，调戏陈氏不从，亦给林仁银二两，林仁又令陈氏与林赛奸好。林承卖菜托陈氏代煮，陈氏未尝煮给，林承遂疑林赛唆使，向林赛较闹被喝散。后林承与林赛斗殴导致命案。有的是妻子背着丈夫与邻居通奸，如黄碧与小功服侄黄墙之妻沈氏通奸谋死本夫案，黄墙在后洋村与父同居，乾隆十八年正月内携妻搬往点灯山，与黄碧搭寮同居，在公山种瓜。二月十八日，黄墙回后洋村省父，沈氏缺米，向黄碧借贷，黄碧即与沈氏调戏成奸，至十九年七月二十三日，沈氏复向黄碧借米，黄碧遂起意致死黄墙同逃，黄墙妻应允。当天，黄墙自山取瓜回家，嫌粥太稀，詈骂沈氏。黄碧袒护，黄墙斥其帮嘴，黄碧持木槌打死黄墙。

夫故改嫁。张绶殴死其胞叔继子王美案，漳州府漳浦县王美父故其母李氏改嫁与张绶胞叔张达为妻，张达故后，李氏即唤王美同居度日。余冯氏殴伤其夫余添明身死案，延平府顺昌县余冯氏前夫身故，转嫁余添明为妻，并带前夫之女谢氏配与余添明胞侄为室，同居各爨。这两个改嫁事例中，前夫之女的处置方式有所不同。台湾府诸罗县蔡送佃耕地主水田对半分租事例中，蔡送原籍漳州府平和县，寄居台湾府诸罗县，蔡送本姓方，自幼随母赖氏改嫁于蔡文为继子。延平府顺昌县萧廷谋佃耕田亩案例，卢盛根父亲已故，母亲改嫁萧廷谋为妻，他尚未娶妻，耕种度日，与继父不同居。

有的改嫁是招赘婚。漳州府浦城县吴正琦家贫难度将所佃祭田顶给黄柏绶一案，黄廷清供称："吴正琦是小的继父。因小的亲父早死，那时小的年幼，母亲陈氏招赘继父吴正琦，顾养小的长大。如今母亲已死，继父现靠小的养活的。"[1]

子随母嫁，成年后或留在继父家或归宗。漳州府浦城县地主汪尚源役使佃户看管山场林竹案中，"周宗系周启发之妻连氏前夫吴幅之子，于乾隆五十二年间，跟随连氏过门，即从周姓，议定成丁归宗"[2]。

---

[1] 中国第一历史档案馆、中国社会科学院历史研究所编：《清代地租剥削形态》下册，北京：中华书局，1982年，第669页。

[2] 中国第一历史档案馆、中国社会科学院历史研究所编：《清代地租剥削形态》下册，北京：中华书局，1982年，第746页。

过继问题。有异姓过继，邵武府光泽县樊碧玉得银将佃田顶与聂帝眷耕种一案，聂帝眷本姓官，自幼继与聂姓为子。有出继亲戚，汀州府上杭县戴启亮诬说佃户所交租谷中有朽谷而令补交案，顾启明雍正十三年间出继与堂伯为子。

兄弟众多，家庭矛盾不好处理。再补充一个兄弟五人的事例，福宁府宁德县民钟林甫殴伤胞兄钟林清身死一案，钟林甫同母兄弟五人，于乾隆二十六年间分爨，长兄钟林生同其五弟钟林保分住后寮共食，次兄钟林清与钟林甫并四弟钟林全分住前寮合爨。当分爨时，钟林生曾分给钟林清等三人公钱八千文，经钟林甫携向傅开瀚承佃土名墙围苗田一石二斗，合种还租。迨三十年，钟林清等三人，又各分爨。因钟林全尚未娶妻，经长兄钟林生议将佃田给与钟林全耕种，以为婚娶之资，各皆允愿。三十一年，钟林全外出佣工，将田托钟林甫代种，言明余谷均分。乾隆三十二年四月间，钟林清贫苦无聊，思及佃田原系公田承耕，现在钟林甫管种，心怀不甘，向钟林甫索还一半公钱四千文。钟林甫以田系钟林全应分之业，不应令他还钱，"同向长兄钟林生告诉。经钟林生劝令将田对半分耕，各留余谷给还钟林全，当各允从"[1]。可见长兄起到家长的作用，为幼弟娶妻谋划，调节兄弟间矛盾，以维护兄弟关系。

对于小农来说，婚资负担很重。上述宁德县的事例，为钟林全娶妻，经长兄钟林生议将佃田给与钟林全耕种，以为婚娶之资，结果造成兄弟间的纠纷。再如，永春洲大田县吴知隆卖田后承佃原田又私将此田立契出顶事例中，"乾隆三年，知隆聘娶张圣德之女与子吴云琚为媳，因乏财礼，私将此田抵作聘金一十五两，立契付与圣德耕种"[2]。可见不易。

闽南宗族祭田较为普及。祭田的管理多是各房轮流办祭，或有族人耕种，如泉州府同安县林庆佃种林生公地年纳芝麻折钱交付事例，林庆是林生相隔八代的无服族叔祖，各乡居住。林生有公地一坵，是轮流的祭产，向来给林庆佃耕，不论他种何种粮食，每年约纳芝麻六升，折钱收取。乾隆二十六年，轮当林生办祭收租，照时价该纳租钱一百二十文。兴化府仙游县林正佃耕陈姓祭田约载"如无欠租不得另付他人"案例，陈汪言与陈高孙、陈王里有公共祭田一分，向给林正佃耕，议定每年租谷二石二斗，交各房轮流办祭。或有外姓佃种祭田，如漳州府浦城县吴正琦家贫难度将所佃祭田顶给黄柏绶事例，吴正琦同继子耕种徐姓土名萧源祭田。

宗族的族房除了祭祖还要调节处理族人之间的矛盾。永春州郑锡致死陈愿一案，陈伯君得价银将佃权转卖陈保，其子陈志后向陈保妻子黄氏取赎，黄氏说契无载赎不肯，陈志欲"投明族房理论"[3]。福州府侯官县举人张南辉等恃势诈骗寡妇潘庄氏母子田产案中，庄氏"投族房调处"[4]，潘姓宗族还有族长潘元和。

祖坟事关风水，往往引发争执。张赘等殴伤无服族侄张增彩身死案，漳州府平和县张

① 中国第一历史档案馆、中国社会科学院历史研究所编：《清代地租剥削形态》下册，北京：中华书局，1982年，第571页。

② 中国第一历史档案馆、中国社会科学院历史研究所编：《清代地租剥削形态》下册，北京：中华书局，1982年，第615~616页。

③ 中国第一历史档案馆、中国社会科学院历史研究所编：《清代地租剥削形态》下册，北京：中华书局，1982年，第528页。

④ 中国第一历史档案馆、中国社会科学院历史研究所编：《清代土地占有关系与佃农抗租斗争》上册，北京：中华书局，1988年，第78页。

赘堂弟张敛住屋与张增彩祖坟相隔二十余丈，张敛雇张赘、张可帮工拆卸改造。张增彩之父张天柱恐碍祖坟，于乾隆四十三年十二月二十六日令张增彩前往阻止，用椽将新筑墙基推损。遂导致命案。

（二）农民

在前述表2职业与生计一栏，缺载19例，有记载34例，其中佃农15例，地主10例，农户（耕种过活，种茶1例，伙种1例）6例，举监（举人、监生）2例。由于这些事例的资料来源出自有关土地关系的资料集，选取的是主佃关系与农户资料，所以反映的社会内容集中在以土地为谋生手段，属于广义的以农为业。

由于上述资料的属性，我们探讨当时福建农民的生产生活则较为便利的。福建地租一般采取实物租，收获物多是主佃到田验收，对半分成。如泉州府南安县许丙等租种傅疑似田地种稻主佃各半分租，台湾府诸罗县蔡送佃耕地主水田一甲三分种稻对半分租。不仅是水田，山场树木也对半分，如漳州府南靖县吕维宗祖佃山场栽种杉苗成林后主佃均分。其他比例分成的也有，如三七分成，福宁府寿宁县詹上幹租郭必铎山场栽插杉木议定主三佃七分收，延平府顺昌县萧廷谋佃耕田亩二段种稻每年租谷主八佃二到田分收。

有的是实物定额租，如台湾府淡水县卓勇佃耕林元田地二甲二分种稻，年交租谷五十石；汀州府长汀县赖鼎献将田顶后仍借回耕种年纳租谷二石；漳州府海澄县吴乞佃耕黄益水田一丘计三斗种，年纳租谷八石；延平府沙县冯周生批佃程德厚苗田一段年纳租谷七石八斗；兴化府莆田县潘振盘将田二亩典与林萝雷为业仍旧佃原田，年纳租谷三石；汀州府连城县赖石亨租许宣声尝田原额应纳租谷六十六桶。种植经济作物也有定额租的，如泉州府同安县林庆佃种林生公地一丘年纳芝麻六升折钱交付。

采取定额租或分成租，有时会发生变化。福州府闽县监生林章顺有祖遗民田数十亩，批给李灶灶、李时濯佃耕，"他们历年拖欠租谷不清，总求宽缓。到三十六年晚冬，监生想纳租拖欠太多，不如主佃分收。随同他们商议主六佃四，当面在田割取分收。李灶灶允从，已经分割了，李时濯不依，仍是他交租的"[1]。后来发生了李灶灶等拦阻地主临田分割稻谷之事。这个事例说明，佃户欠租严重，重要原因是额租太高，佃户生产积极性不高，田主改成分成制，调动佃户的生产积极性并保证田主得收租谷。

货币地租不如实物租普及，一般是定额租。福州府永福县潘旺弟卖出桐茶山一处仍归承租每年交纳租钱一千四百四十文，漳州府南靖县邱双租园地一丘种蔗年纳租银二两四钱，泉州府安溪县杨和鸣等批佃陈姓公山栽种茶杉照额每年交纳租钱八钱，台湾府凤山县林恋租佃园地二分栽种芝麻议定租价番银六元。这些事例都发生在种植经济作物上，有芝麻、甘蔗、茶叶、杉木、桐树等。

根据刘永成先生《乾隆刑科题本地租形态分布情况统计表》，总数881件中福建131件，位居全国第二（第一为广东，144件），其中实物租107件、货币租（包括折租）24件（折租2件），[2] 可知实物租压倒多数，但货币租也占有一定比例。

---

① 中国第一历史档案馆、中国社会科学院历史研究所编：《清代土地占有关系与佃农抗租斗争》下册，北京：中华书局，1988年，第749~750页。

② 转引自刘永成：《清前期农业资本主义萌芽初探》，福州：福建人民出版社，1982年，第44页。

福建不少地方租地需要交纳押租。各地押租的名称有所不同，或曰"挂脚钱"，邵武府邵武县翁立魁"乾隆四年间，用了二十千文挂脚钱，向丁廷献批了三百秤的田耕种。因天气丰歉不齐，积欠丁廷献六十多石租谷是有的。十年二月里，丁廷献要起田另佃。经乡众们劝处，叫丈夫把从前贴他挂脚钱，扣除十千文，抵还租谷。下欠的谷，按年随租加谷五石，陆续清还，这事就歇了"①。可见"挂脚钱"可以用来抵还欠租，属于预压租金。这三百秤的田，每年应纳租谷三十石，② 换算下来，每十秤的田，交租一石。或曰保租银子（保租、保银），漳州府长泰县乡间俗例："凡佃户租种田亩，先给田主保租银子。若有欠租，便可扣抵。"③ 保租银子是担保不欠租之用的。长泰县吴湛等佃种唐芽田亩就交有保租的银子。或曰压地银，台湾府诸罗县江亮新乾隆三十年批得园地一甲二分，议租承耕，当交压地银番银四两。④

更多的押租称作顶租银、钱或米石等。邵武府光泽县何光生乾隆五年出银十八两顶耕毛绶昭田亩，每年纳租谷十二石，何光生说："这田是我出了顶钱向毛绶昭批耕的，就是寻人另佃，毛家也要还我银子。"⑤ 所押顶钱退耕时要退还的。汀州府归化县何佑买田自种不退还原佃顶耕银子。建宁府瓯宁县黄樟吉因地主不退还顶耕钱拒绝退佃。汀州府清流县徐刘氏将佃户所交顶耕米石抵作欠租。建宁府浦城县吴观云把"全田十石，顶与族人吴道海耕种，得过吴道海顶手银十二两"⑥。建宁府建安县邓华有将佃种苗田卖给练圣祥耕种取回顶手银。佃户往往将所佃之田转佃他人，以取得资金或抵偿，如漳州府南靖县徐包因贫将佃田二次转顶与人。

福建的田地租佃有田根与田面之分。福州府侯官县陈信振等十三户分佃田园三十一亩零，"每人或纳租谷四五担及二三担不等。该田园原系举人林绪章祖置之业，因其田瘠薄，经各佃自捐工本，开垦筑坝成田，照额耕种纳租。迨后，各佃内有不能自种者，因有开垦工本，得价顶佃，以偿工本，仍听新佃向田主换批耕纳，历久相安。雍正十年，林绪章之祖林碧云将此田园典与监生黄宗汉，得价银一百三十两，契载根面不全，主佃循旧耕收无异。乾隆三十五年八月间，林绪章欲赴京会试，缺乏盘费，先向黄宗汉找价不允，将田赎回，凭中吴朝转卖与程仲西，得价二百四十两。因田根有奉例禁，契内添载根面俱全"⑦。所谓"根面"，即林绪章祖置有田亩，各佃"因有开垦工本，得价顶佃，以偿工

① 中国第一历史档案馆、中国社会科学院历史研究所编：《清代地租剥削形态》下册，北京：中华书局，1982 年，第 367 页。

② 中国第一历史档案馆、中国社会科学院历史研究所编：《清代地租剥削形态》下册，北京：中华书局，1982 年，第 366 页。

③ 中国第一历史档案馆、中国社会科学院历史研究所编：《清代地租剥削形态》下册，北京：中华书局，1982 年，第 380 页。

④ 中国第一历史档案馆、中国社会科学院历史研究所编：《清代地租剥削形态》下册，北京：中华书局，1982 年，第 421 页。

⑤ 中国第一历史档案馆、中国社会科学院历史研究所编：《清代地租剥削形态》下册，北京：中华书局，1982 年，第 373 页。

⑥ 中国第一历史档案馆、中国社会科学院历史研究所编：《清代土地占有关系与佃农抗租斗争》上册，北京：中华书局，1988 年，第 244 页。

⑦ 中国第一历史档案馆、中国社会科学院历史研究所编：《清代地租剥削形态》下册，北京：中华书局，1982 年，第 577 页。

本",对土地拥有部分权利,林碧云将此田园典与监生黄宗汉,因佃耕田地费有工本故此田"根面不全",只是土地经营权层面上的出典。福州府闽清县罗必和买断叶衙"根面全课田""其田永远耕作",则是"根面"俱全的土地。佃户在土地上多施肥改善土壤也可获得权益,如漳州府平和县黄溪佃有黄仲樑田八斗种,每年两次还租谷十五石三斗,乾隆三十六年黄仲樑把田卖与赖殿,黄溪欠他晚冬租谷七石七斗,赖殿就要起佃自耕。黄溪"因原有粪土佃银,业主卖租不卖佃"①,于是不依。

上述闽清县的事例发生在乾隆四十三年,《福建省例》乾隆四十九年的记载闽清田亩的根面问题在福州府最盛:

> 一、请饬根契纳税以杜刁抗、以裕国课也。窃照田皮、田骨应归画一,禁例煌煌。田皮即闽清之田面,田骨即闽清之田根。福郡十属,惟闽清此弊牢不可破。面主纳粮收租,根主纳租种田,面租一石根租数石,根面俱全之业甚少,一遇习顽之佃抗欠面租,即假写退根,而田在伊手,他人不能承佃,本地田主且无如何,省中买面之主更难过问,或藉根谋面,或一根数面,一根重卖,讼案累累,弊端百出。②

可见面主即田主,根主为佃户,根租多于面租,佃户抗欠面租,问题多多,讼案不绝。官府意图转佃根主纳税,以绝弊端。

田根的事例,兴化府莆田县谢佑世佃唐孟香田亩二亩后田主用银十六两买回田根立约退佃。田根属于土地使用权。福州府永福县黄宗劝等出银顶佃,世代承耕,占有田根。泉州府南安县"马愈原佃业主蒋表田一段,每年纳他租谷二石。乡例旧有田根,后马愈将这田根卖与监生黄骥观,每年纳蒋表正租二石,并纳黄骥观佃租二石"③。可见佃户可转卖佃权另纳佃租。福宁府宁德县钟林甫向傅开瀚"批去土名墙围苗田一石二斗,收他钱八千文,这是乡例,收了佃户的钱,田主不得另佃。如有欠租,就在这钱内扣抵。如无欠租,佃户自要退耕,仍要还他钱文,并不是田根顶卖"④。看来租地交钱属于押租,并不是土地经营权田根的转让。

官府禁止田根之说。前述福州府侯官县的事例提到"田根有奉例禁"。此外,永春州陈伯君得价银将佃权转卖由新佃向田主交租事例中,官府审案指出:"再查田根,久经禁革,郑廷既将租田与郑锡等之田对换明白,其原卖佃价,应饬着令郑姓交价,押陈志向陈黄氏赎回,给郑锡等叔侄管业。"⑤ 官府禁革田根,即反对佃户从田主手中分割土地所有

① 中国第一历史档案馆、中国社会科学院历史研究所编:《清代地租剥削形态》下册,北京:中华书局,1982年,第388页。

② 《福建省例》卷9《根契纳税就佃》,转引自中国人民大学清史研究所等编:《康雍乾时期城乡人民反抗斗争资料》上册,北京:中华书局,1979年,第116~117页。

③ 中国第一历史档案馆、中国社会科学院历史研究所编:《清代地租剥削形态》下册,北京:中华书局,1982年,第543页。

④ 中国第一历史档案馆、中国社会科学院历史研究所编:《清代地租剥削形态》下册,北京:中华书局,1982年,第570页。

⑤ 中国第一历史档案馆、中国社会科学院历史研究所编:《清代地租剥削形态》下册,北京:中华书局,1982年,第530页。

权而惹是生非，影响国家税收。

《福建省例》乾隆三十年的一件严禁田皮田根之痼弊文件，揭示了福建禁革田根的过程：

> 本司查闽省佃民私立皮田、田根名色，历奉禁革有案，如汀州附属，雍正八年经前司议详内，并田主收租而纳粮者，谓之田骨；田主之外又有收租而无纳粮者，谓之田皮，是以民、官田亩类皆一田两主。……详奉前宪批允通饬勒石永禁在案。嗣于乾隆二十七年，候邑民人林天崇等控争州田案内，又经前司详明，福州府属田皮、田根与汀州府属田骨、田皮，名色虽殊，致弊则一，应照详定禁革旧案，通饬各属刊刻告示于穷乡僻壤，遍行晓谕严禁……乾隆二十九年十一月十七日，详奉巡抚部院定批，查田皮、田根名色，历经先后通饬勒石永禁……自应再为申明例禁，严加整饬，如详远即撰拟碑文通饬各属在于城乡处所，一体勒石禁革。①

可见雍正八年、乾隆二十七年、乾隆二十九年多次禁革田皮田根，然而屡禁不止。

田皮的事例。建宁府崇安县翁相光祖业租与周上遇佃种纳租多年，田皮是周上遇自己的。乾隆三十三年周上遇将田皮卖给翁相光，价银七两，田仍由周上遇认回耕作。② 可见田皮是土地所有权。

还有大苗、小苗之说，建宁府建阳县张米奴佃大苗田后将自有小苗田卖与田主归一管业事例。刘永成先生认为："福建南安、莆田、崇安等县土地有所谓'田面'与'田根'、'田骨'与'田皮'、'大苗'与'小苗'之分，即：'田面'、'田骨'、'大苗'，系指土地的所有权，'田根'、'田皮'、'小苗'系指土地的经营权。"③

租佃制下的押租、根面与永佃权问题连在一起。"所谓永佃权，就是佃农向地主支付某种代价以后，所换取的对地主的'永久'佃耕的权利。"④ 周远廉、谢肇华《清代租佃制研究》列出永佃权分布的地区，其中福建有 15 例。⑤

在主佃纠纷的案件中，多数原因是佃户因天灾、家贫欠租，田主欲起田另佃或自耕，佃户不可，导致案发。也有田主另外苛求的事例，漳州府诏安县沈晃承辨族内尝田收租办祭，胁迫佃户沈本额外佃礼银子，沈本央人说和，沈晃要四元番银，作猪蹄礼钱。沈本家穷无处设措，勉强应许他一元番银。沈晃嫌少不依，沈本"想乡间穷农全赖种田活命，若被起佃怎过得日子，只得再去苦求他"⑥。

---

① 《福建省例》卷15《禁革田皮田根不许私相买卖，佃户若不欠租不许田主额外加增》，转引自中国人民大学清史研究所等编：《康雍乾时期城乡人民反抗斗争资料》上册，北京：中华书局，1976年，第115~116页。

② 中国第一历史档案馆、中国社会科学院历史研究所编：《清代地租剥削形态》下册，北京：中华书局，1982年，第575页。

③ 刘永成：《清前期农业资本主义萌芽初探》，福州：福建人民出版社，1982年，第48页。

④ 周远廉、谢肇华：《清代租佃制研究》，沈阳：辽宁人民出版社，1986年，第288页。

⑤ 周远廉、谢肇华：《清代租佃制研究》，沈阳：辽宁人民出版社，1986年，第305~307页。

⑥ 中国第一历史档案馆、中国社会科学院历史研究所编：《清代地租剥削形态》下册，北京：中华书局，1982年，第726页。

典当土地亦有事例。兴化府莆田县乡例：祖遗典耕田地取赎后仍由原佃批耕，建宁府浦城县吴观云佃种典出田地后又绝卖与人。

土地买卖常有找价发生。如汀州府武平县钟乘龙家绝卖棉田后违例索找田价。再举两个内容详细的事例，福州府屏南县张日星乾隆四十二年用价钱五十千文，契买陆元鐏田六亩五分，仍系陆元鐏佃种，每年议租钱八千文，四十二、四十三两年，租未交还。"四十四年二月，陆元鐏前向找价，折算所欠租钱，共找银四十七两五钱，写立找契，注明回赎字样。"① 这是佃种卖出之地又索找价银。福州府侯官县杨永国乾隆三十六年契买杨立皋之祖杨永祚园地三亩，价银四十一两。三十八、三十九两年，杨永祚及杨立皋之父杨传峻先后两次找银十六两七钱，均于契内载明回赎。四十年"杨立皋邀同原中杨永贵等复欲找银十余两"②。此案卖地后两次向买主找价仍契载回赎，回赎即活卖，找价可谓三番五次。找价的出现源于地价不断上涨，原来的田主希望追加补偿，自然与购地者产生矛盾，特别是多次找价或找价数额较大，矛盾会更加突出。

主佃冲突主要还是因为租税问题，但当事者处事方式起着重要的作用。福州府福清县陈肇善弟兄曾向何伯坰借用银谷，被伯坰重利盘算，将田屋尽行准折。肇善弟兄向何伯坰佃耕田四十一亩，年纳租谷四千五十斤，向无欠租，惟乾隆六、七两年收成偶欠，至有悬欠，迭被伯坰控追，除措完外，尚欠租谷七百斤。八年伯坰又赴县控追所欠租谷，肇善弟兄闻知，求让旧租三百斤，余俟新租收割一并交还。伯坰不从，说颗粒难让。肇善弟兄想到伯坰种种苛刻，难以忍受，顿起杀机，造成命案。

佃户欠租后田主赴县控追容易激化矛盾。汀州府宁化县夏德绶佃耕夏毛田一丘，积欠租谷五石七斗，乾隆十年夏毛控追，德绶怀恨，率范庸等拔毁夏毛别丘田禾泄忿，复经夏毛控究，夏毛将范庸捉获，禀县管押候审。随后双方继续报复，终酿命案。泉州府安溪县蔡奇在叶世沾做工八年，欠租谷三栳（像斗的盛物容器）被控，县差前来清算，蔡奇说："我在你家做工八年，受了多少辛苦，欠租三栳。也是有限，怎么就去告追？"叶世沾说："种田若不还租，钱粮出在何处？岂容你赖欠么？"③ 蔡奇就用头拼撞世沾，世沾推开并踢伤蔡奇致其身死。汀州府宁化县监生伊益峰居住城内，有庄房田地在武昌村。因佃户抗欠租谷，李彩玉主唆包庇，乾隆二十七年也告李彩玉，李彩玉怀恨，扬言等伊益峰到庄收租，要把他灌猪粪，并拿刀扎死。后来李彩玉果然带刀躲在庄外柴堆里袭击伊益峰，不过倒是李彩玉在纠纷中失足身死。

农民靠天吃饭，受灾时租税额有时会引起争端。泉州府晋江县蔡周乾隆三十四年因得雨迟歉收只肯交五分租，田主刘暹要收他八分，彼此争闹。

家庭雇工也有。泉州府安溪县蔡奇因被控欠租拼撞地主叶世沾事例，蔡奇于乾隆十七年为叶骏家中雇工，每年给他工银一两二钱。

① 中国第一历史档案馆、中国社会科学院历史研究所编：《清代土地占有关系与佃农抗租斗争》下册，北京：中华书局，1988年，第547页。

② 中国第一历史档案馆、中国社会科学院历史研究所编：《清代土地占有关系与佃农抗租斗争》下册，北京：中华书局，1988年，第549页。

③ 中国第一历史档案馆、中国社会科学院历史研究所编：《清代土地占有关系与佃农抗租斗争》下册，北京：中华书局，1988年，第612~613页。

福建货币流通中，大量使用番银。如泉州府晋江县蔡周因天旱歉收只肯交五分租事例，乾隆三十三年七月十六日，刘通向蔡耀银店借出番银一百大圆，先交蔡黄氏十大圆。官府称，包封九十大圆折实纹库银六十两零。"约保倪明实、杜开璧、黄初良虽未在场私和，系事后得赃匿报，计各得番银三大圆，折实纹库银二两八厘零，均合依恐吓取财计赃准盗窃论。"① 此外，张南戳伤无服族侄张朝身死案，事发乾隆三十九年，张南畏惧，托人向尸母俞氏说合，许给番银五十圆。据福建巡抚说，俞氏受贿私和，折实纹库银三十三两零。

当时田主特别是有举监身份者多居城中，佃户则居于乡下，田主下乡收租。汀州府宁化县有两个事例，一是赖发子反抗地主尽割田稻抵偿旧租事例，"县属馆前地方民人赖发子原耕在城武举陈仰达田亩，陈仰达遣佥陈永宾往乡收租"②。二是李彩玉因地主控追欠租声言将扎死到庄收租地主事例，伊益峰乾隆十年在本县捐的监生，他"居住城内，有庄房田地在武昌村"③。乾隆二十七年伊益峰到庄收租。福州府闽清县罗必和买断叶衙根面全课田其田永远耕作事例，生员叶广文住居省城侯官县地方，其祖业田亩在闽清县坑洲。成书于乾隆二十二年，约于乾隆三十二年删订刊印的《闽政领要》记载了当时福建抗租的严重性：

> 闽人业主佃户，并无情义浃洽，彼此视为仇雠。佃户以抗租为长技，收割之时，恃强求减，田主往乡畏其凶横，勉强依从；待佃户入城市，则拘禁于家，令其补完田租，始行放回，否则任意凌虐。佃户自顾孤掌，畏其势力，忍怒还租。窥业主下乡收租，佃户亦纠合众佃，成群相攒殴，或灌以秽物，恃众报复，租竟抗赖，颗粒不给。以致业佃互相讦讼，经年不休，宁化县为尤甚，往往酿成人命。④

这一记载与本文所引刑科题本的记载完全吻合，所言不虚。特别是说明主佃的对立呈现出空间上的城乡对立关系。

监生也被差役欺压。建宁府光泽县监生王璋分立正契找契买田庄后匿契漏税事例，光泽县差役朱德等诈逼监生王中宁自缢身死，王中宁的父亲即监生王璋。

三、生态、生产与生活

（一）生产与生活

水稻是福建普遍种植的粮食。水稻有早稻与晚稻之分，早稻如泉州府南安县许丙等租

① 中国第一历史档案馆、中国社会科学院历史研究所编：《清代土地占有关系与佃农抗租斗争》下册，北京：中华书局，1988 年，第 688 页。

② 中国第一历史档案馆、中国社会科学院历史研究所编：《清代土地占有关系与佃农抗租斗争》下册，北京：中华书局，1988 年，第 622 页。

③ 中国第一历史档案馆、中国社会科学院历史研究所编：《清代土地占有关系与佃农抗租斗争》下册，北京：中华书局，1988 年，第 647 页。

④ 德福：《闽政领要》卷中《风俗》，转引自中国人民大学清史研究所等编：《康雍乾时期城乡人民反抗斗争资料》上册，北京：中华书局，1979 年，第 117~118 页。

种傅疑似田地主佃各半分租事例，乾隆十二年六月十八日，何远因早稻成熟，往唤业佃赴田收割。晚稻事例较多，如福州府闽县李灶灶等拦阻地主临田分割稻谷事例，乾隆三十七年九月十四日，田主林章顺因晚稻成熟，到佃户李灶灶所种田里收割稻子。福州府永福县黄宗劝等出银顶佃占有田根世代承耕，乾隆十五年九月初十日，黄宗劝率人赴田割稻，每人许给工钱二十四文。这应当也是晚稻。延平府顺昌县萧廷谋佃耕田亩每年租谷主八佃二到田分收事例，乾隆五十八年九月二十日，萧廷超赴田分收晚稻。台湾府诸罗县蔡送佃耕地地主水田对半分租，乾隆十四年十月十七日，蔡夫到田与蔡送主佃分收稻谷。这也是晚稻。

福建也种麦子。汀州府有两例，连城县赖石亨租许宣声尝田歉年仍要照额纳租，赖石亨所种是麦子。清流县徐刘氏将佃户所交顶耕米石抵作欠租，乾隆十九年四月二十八日，佃户邱先林在田割麦，看来所种是冬小麦。

蔬菜种植。建宁府瓯宁县黄樟吉因地主不退还顶耕钱拒绝退佃事例，还包括有现种油菜工本钱。可见当地种植油菜。漳州府南靖县徐包因贫将佃田二次转顶与人事例，徐贵曾拿着笋筐菜刀，往田里去削掘菜头。

还有种瓜的。董碧与小功服侄黄墙之妻沈氏通奸谋死本夫案，黄墙、董碧在公山种瓜。

有些作物属于半粮半菜。种植番薯较多，番薯又称地瓜。黄六致伤无服族弟黄照身死案里，黄六携带菜刀篮筐赴园挖掘地瓜。台湾府诸罗县江亮新一地两佃收取两份压地银事例，张宁臣将园地栽种地瓜。蔡集等戳死大功服兄蔡跃案，蔡集等至蔡跃园内偷挖地瓜。山芋种植也普遍，福州府福清县王科礼"平日种山芋趁钱养母，因本地人都会种"[1]，他又没有土地，只得出外谋生。

茶的种植与饮用，在福建人的生产生活中占有重要地位。延平府顺昌县黄凤彩反抗地主张汝纹为欠租不准采茶事例，黄凤彩祖荒山开垦种茶。泉州府安溪县杨和鸣等批佃陈姓公山栽种茶杉，茶树茂盛，杨家女性到山上采茶。汀州府武平县钟乘龙家绝卖棉田事例，钟乘龙被殴身死，被抬到附近茶亭放下。茶亭是供人饮茶休息的场所。福州府福清县陈肇善弟兄反抗地主何伯垌盘剥追租事例中，何伯垌在家烹茶，也给前来交租谷的佃户吃茶，他自去侧屋边廊下扇茶。

此外，吸烟已成习俗。邵武府光泽县何光生戳伤林显裕身死一案，乾隆十三年十月二十四日，何光生因见桌上放有切烟小刀，随手拿去赶戳林氏的牛。安溪县蔡奇因被控欠租拼撞地主叶世沾事例，乾隆二十四年十一月十七日，有原差吴沈同蔡奇到书馆清算欠租，吴沈出外吃烟。

还有席草、花生、芝麻、甘蔗、棉花、桐树等多种经济作物。泉州府同安县林庆佃种林生公地年纳芝麻折钱交付事例，反映当地种植业的多样性。林生有公地一丘，是轮流的祭产，向来给林庆佃耕，不论他种何种粮食，每年约纳芝麻六升，折钱收取。林庆种有花生。林生与林庆斗殴，林生从蔗园跑走。甘蔗、花生、芝麻都是当地作物。此外，福州永

---

① 中国第一历史档案馆、中国社会科学院历史研究所编：《清代地租剥削形态》上册，北京：中华书局，1982 年，第 173 页。

福县潘旺弟卖出桐茶山一处仍归承租交纳租钱事例,"去山上采摘桐子"①。汀州府武平县钟乘龙家绝卖棉田五秤。漳州府南靖县邱双租园地一丘种蔗年纳租银二两四钱。台湾府凤山县林恋租佃园地栽种芝麻。建宁府政和县魏加生见佃户所种席草茂盛欲改额租为分租。花生、芝麻、桐子可以用来榨油,福建的花生种植很盛,乾隆五十一年资料说明,台湾府诸罗县一个富裕农民一次出售包买商人的花生,达一百石之多。②

根据刘永成先生《乾隆刑科题本(土地债务类)乾隆元年至六十年有关经济作物种植地区和件数统计表》总件数 173 件中,福建以 28 件位列第一,其中包括烟茶 5 件、甘蔗 5 件、蔬菜 3 件、果品 9 件、油料(以及颜料、麻、药物等)6 件,③ 可见福建经济作物的种植在全国也是繁盛的。

开发山场种植杉树较多。如漳州府南靖县吕维宗祖佃山场栽种杉苗成林后主佃均分事例,福宁府寿宁县詹上幹租郭必铎山场杉议定主三佃七分收,乾隆三十二年二月初八日,林得绶为别人砍伐山场杉木,约定每根价钱 50 文。林得绶又雇人砍伐,每日许给工钱 35 文。山场主最终的目的,是砍成杉木运卖。杉木多用于建材。此外,漳州府浦城县地主汪尚源役使佃户看管山场竹木。竹子可用于造纸,延平府顺昌县卢其礼向李正文买山一片,种竹设厂,砍竹做丝制纸发卖。④

山柴之争。李登致死无服族叔李矗鸿身死案,雍正十三年六月十九日李登往山砍柴,顺至李矗鸿的周堂山场,见山边倒有朽柯树,遂劈枯枝一担,挑由矗鸿门首经过。见查询,登以实告。当时鸿无别言,登遂挑归。鸿又思朽树故因由人采取,乃系己山之物,嗔登擅砍。遂到登家欲将树枝挑回,登母卢氏不允,于是登与鸿斗殴。

汀州府长汀县张长亮戳伤无服族婶张梁氏身死案,张长亮是张梁氏之夫张士用无服族侄,张长亮山场与张士用山界毗连。嘉庆二年三月十六日,张长亮山内松树被窃二株,怀疑张士用越界偷砍,投保往查无据。后张士用与张长亮争执,遂致命案发生。

水利之争。公共用水往往引起争端,如陈冬戳死无服族叔陈弼案,乾隆十七年五月十一日,陈冬携兄陈秋在门前公共水圳内用竹篱取鱼,陈弼与弟陈佛亦携竹篱到圳内上流采取。陈秋恐其拦截,向前阻止,陈佛不允,斥骂陈秋,导致斗殴案件。再如,卢滩殴伤小功服叔卢率身死案,漳州府长泰县卢滩与卢率比邻而居,二人田亩均用公井一眼灌溉。乾隆四十年二月二十日,卢滩之父先赴该井汲水灌溉,卢率携锄后至,声言汲水器具系其兄所置,不容先汲,卢父不理,卢率即用锄堵塞防水缺口。卢父上前扯夺,发生斗殴。

有人则采取不当手段谋求私利。如张南戳伤无服族侄张朝身死案,张南与张朝邻居,张南堂弟张痕的田与张朝田亩毗连,乾隆三十九年三月二十五日,张朝将张痕田水决灌己

---

① 中国第一历史档案馆、中国社会科学院历史研究所编:《清代地租剥削形态》上册,北京:中华书局,1982 年,第 279 页。

② 转引自刘永成:《清前期农业资本主义萌芽初探》,福州:福建人民出版社,1982 年,第 11 页。

③ 刘永成:《清前期农业资本主义萌芽初探》,福州:福建人民出版社,1982 年,第 21 页。

④ 转引自刘永成:《清前期农业资本主义萌芽初探》,福州:福建人民出版社,1982 年,第 112 页。

田，张痕看见斥骂，张朝气忿，赶到张痕家，打毁水缸。张南出面阻止，张朝詈其祖护。双方斗殴，导致命案。又如，黄六致伤无服族弟黄照身死案，黄六一向在族人黄钱家帮工，乾隆五十七年某日，黄照携带竹篓在黄钱水沟边偷鱼，适黄六携带菜刀篮筐赴园挖掘地瓜，路过黄钱水沟看到擒捕，于是发生斗殴。

（二）人与动物

农业社会生产生活中人与家禽家畜相伴。牛是福建农事中重要的工具，人们的许多纠纷中牛扮演了重要角色。如汀州府长汀县赖鼎献将田顶后仍借回耕种年纳租谷二石案例，赖鼎献欠租，田主即内弟曾时广要把田收回自种，乾隆十九年二月十八日，曾时广牵牛到田翻犁，赖鼎献闻知就来阻止，用锄把牛乱打，曾时广恐怕打坏了牛夺过锄头殴伤赖鼎献痰壅身死。再如，邵武府光泽县何光生出银顶耕毛绶昭田亩一案，因该田亩又被佃与林显裕与林显明兄弟，林氏兄弟于是牵牛到田耕种，何光生加以阻止，林氏兄弟把牛牵下田去。何光生用小刀赶戳林氏的牛，发生斗殴，何光生戳伤林显裕身死。又如，漳州府南靖县民徐贵砍伤许奇身死案中，许奇牵牛在徐石隆田内翻犁，徐贵叫许奇暂且停耕，许奇不依，又去拉牛上轭，徐贵"就拿筐里菜刀把牛绳割断"[1]，双方发生斗殴。上述事例说明，为了阻止对方用牛翻犁田亩，对牛采取暴力，导致激化矛盾。

还有牧牛践食田稻导致纠纷。如李乃元戳伤无服族侄李元烈身死案，乾隆五十年七月二十七日，福州府古田县李元烈牧牛失顾践食李乃元田稻，李乃元将牛赶逐，邀同李元烈父兄看明，估计践食稻二十余斤，答应秋收赔还。后李乃元索讨，李元烈意图翻悔，两相争闹，发生命案。

家禽也是导致纠纷的诱因。如严阿三殴伤无服族婶严郭氏身死案，严阿三养有鸭三只与严郭氏家鸭一处散放，乾隆五十年六月二十四日，严阿三捉鸭售卖，因两家鸭只毛色相同，误将严郭氏之鸭捉去。严郭氏查知讨取，严阿三之母约俟儿子回家问明认赔。后严阿三用己鸭一只赔还，严郭氏嫌小，必欲另换。遂发生争闹，导致命案。这是捉错鸭子引起的案件。

当时鸭子是民间美食，可用于待客。汀州府长汀县赖发子反抗地主尽割田稻抵偿旧租事例，赖发子佃种陈仰达田亩，陈仰达的侄子陈永宾讨租，赖发子宰了一只鸭，留陈永宾等在厅上吃饭。

福建山区野兽较多，人们备有刀枪、火铳甚至是鸟枪等打猎、防兽。防兽是为了出行安全，打兽则是用于生活，遗憾的是有时这些工具、武器在人们的纠纷中成为凶器。刀枪是普通防兽、打兽工具，乾隆三十九年五月初五日，漳州府长泰县民吴湛等戳伤林耸身死一案，林耸"拿了钩镰枪，吴湛拿挞刀，在后山上打兽"[2]。福州府侯官县杨立皋戳伤杨立发身死一案，乾隆四十五年正月十六日，杨立皋向杨永国找价被拒，双方发生斗殴。杨

---

① 中国第一历史档案馆、中国社会科学院历史研究所编：《清代地租剥削形态》下册，北京：中华书局，1982年，第656页。

② 中国第一历史档案馆、中国社会科学院历史研究所编：《清代地租剥削形态》下册，北京：中华书局，1982年，第447页。

立发追到杨立皋门首寻打，"杨立皋情急，顺拿防兽缚刀的竹竿出抵"①，杆头刀尖戳伤杨立发致死。

火铳威力较大，福建人礼仪活动中有放铳之举，铳更是防兽武器。永春州郑锡致死陈愿一案，乾隆十七年十月初十日，郑锡兴工筑基盖房，陈愿的兄长陈壮以盖屋蔽塞其门庭，出来阻止。郑锡不理，陈壮就投了乡保劝处，要郑锡移远五尺，郑锡不允。十八日夜，郑锡要去定磜，为了防备阻挡，叫了弟兄们各带器械，郑锡拿了防守的竹铳，郑红拿了一根香铳，都是装好镇子的。结果发生群殴，陈管放竹铳，打伤郑锡右腿，郑锡把竹铳点放，打伤陈愿，郑红点放竹铳打伤陈智倒地。关于这些铳，郑锡解释说："小的们在乡间居住，香铳是迎神用的。竹铳是竹管制造，原要守稻防兽，故此预先装有镇子，并不是鸟枪。"② 官府审案认为："郑红、陈管执持香铳竹铳，虽非鸟枪，但在场伤人，应与陈赛、陈国，均照沿江滨海持枪执棍混行斗殴伤人例，各杖一百，徒三年。……所有失查火器职名，系永春州知州杜昌丁，相应开参，听候部议。"③ 即承认香铳竹铳不是鸟枪，但系火器，对于持铳伤人与失查火器官员均予惩处。

鸟枪比火铳威力更大。福州府永福县黄宗劝等出银顶佃占有田根世代承耕事例，乾隆十五年九月初十日，黄宗劝听说己田被郑学遇顶耕，心有不甘，率同兄弟、族人、雇工二十多人，各带扁挑叉口赴田割稻。郑学遇等见而阻挡，黄宗劝喊打。"子德等恐众寡不敌，即奔至田寮携取防兽鸟枪二杆，在于高处山岗喝阻，宗劝等仍不散回。郑学遇走至路口放枪惊吓，致火星误伤黄宗典左腿。"④ 官府审案认为："郑学遇因人众强割，力难抵御，将鸟枪点放吓退，致火星飘有微伤，久经平复，应照因争斗擅将鸟枪私放伤人发遣例，酌减一等，杖一百，徒三年。……鸟枪销毁。所有失察鸟枪职名，系前任别案参革知县毕成，相应开参，听候部议。"⑤ 可见，私放鸟枪属于违法行为，失察官员要受到处分。建宁府建安县民练允祖殴伤高世钟身死一案，邓华有欠陈观贤兄长会谷，把佃种的寺田出顶练圣祥。乾隆二十六年九月十三日，陈观贤担心所欠会谷无还，雇了高世钟去练圣祥种的田里割稻，练圣祥点放鸟枪，鸟枪砂子伤着高世钟右额角，跌倒在地，导致晚间身亡。官府认为："鸟枪系杀人之具，砂透额角，尤为必死之伤。练允祖先已放枪，打伤高世钟致命额角，见其挣起，复用鸟枪枪尾打伤颟门，骨损致死，明系有心故杀。练允祖合依故杀者斩律，应拟斩监候，照例刺字。……至练允祖鸟枪，经官编号，给予防兽，并非私

① 中国第一历史档案馆、中国社会科学院历史研究所编：《清代土地占有关系与佃农抗租斗争》下册，北京：中华书局，1988 年，第 550 页。

② 中国第一历史档案馆、中国社会科学院历史研究所编：《清代地租剥削形态》下册，北京：中华书局，1982 年，第 529 页。

③ 中国第一历史档案馆、中国社会科学院历史研究所编：《清代地租剥削形态》下册，北京：中华书局，1982 年，第 529~530 页。

④ 中国第一历史档案馆、中国社会科学院历史研究所编：《清代地租剥削形态》下册，北京：中华书局，1982 年，第 524 页。

⑤ 中国第一历史档案馆、中国社会科学院历史研究所编：《清代地租剥削形态》下册，北京：中华书局，1982 年，第 525~526 页。

枪，职名例免开报。"① 当时官府允许民间为防兽拥有鸟枪，但必须经官编号。可见福建民间拥有鸟枪者属于正常现象。

<h2 style="text-align:center">四、清廷整饬民间鸟枪</h2>

上述乾隆十五年、二十六年福州府永福县、建宁府建安县的事例，都涉及清朝的鸟枪管理政策，需要我们进一步考察。事实上，乾隆朝有过关于鸟枪问题的持续讨论。中国第一历史档案馆编有《乾隆朝整饬民间鸟枪档案》（上、下），我们据此不仅可以探讨乾隆朝整饬民间鸟枪的一般情况，而且重点了解其中有关福建的情形。

乾隆元年五月初四日，河南巡抚富德题请将民间防御鸟枪编列号数镌刻姓名给令存留防护，其中提到早在雍正十二年，河南由于河督王士俊咨称："奉部咨开，查禁民间私造鸟枪交官一案，除将查出鸟枪数目汇册总报外，所有近山各府州县向有恶兽，小民半居在山，樵采耕种，赖鸟枪以为防御，如一追缴，事属难行。其近山防御鸟枪随令缴送验明，各于枪上编列字号，镌刻本人姓名，给令存留防护，造具民人收领花名清册送部。等因前来。查豫省近山各府州县，该督虽称向有恶兽，小民半居在山，樵采耕种，赖鸟枪以为防御，如一追缴，事属难行。其近山防御鸟枪，随令缴送验明，各于枪上编列字号，镌刻本人姓名，给令存留防护，造具民人收领花名清册送部。"② 河南地方官不赞成一概查禁民间私造鸟枪交官，清廷要求继续讨论。

乾隆元年六月初三日，总理兵部事务鄂尔泰密题酌宽民间鸟枪之例。该题本援引王士俊介绍的清朝有关鸟枪的条例以及允许商民合理使用鸟枪的请求："内阁抄出原署理兵部侍郎事务、今署理四川巡抚王士俊奏称，窃查律载，民间私有应禁军器者，一件杖八十，每一件加一等，私造者加私有罪一等。又定例，私造鸟枪发卖者，杖一百。商民有必欲用鸟枪者，预先呈明该管官验明，止许长一尺五寸，上刻姓名、地方。如无姓名、越尺寸者，照私造例治罪。等语。盖以军器非民间所宜私蓄，兼虑不法之徒或借以资格斗之具，致伤躯命，是以立法不得不为严密。独是律载弓箭枪刀弩及鱼叉禾叉，又皆不在所禁限者，一以御盗，一以资用，特许民间制造收藏。而鸟枪一项，利于致远，民间防守盗贼，并山僻之区捍御虎患，犹在所必需，今因禁例森严，不许私蓄，即欲制造亦止许长一尺五寸，制度短小，不足利用，造作无益；其有旧存长大堪用者，亦例应交官销毁，以致民间绝无鸟枪。猝遇盗贼，弓箭枪弩之属不能及远，每致束手无策。……宜请特颁谕旨，令直省督抚通查所属地方，如有商民必须用鸟枪以资防御者，许令照营兵鸟枪尺寸制造，具呈报明该管官，上刻姓名、地方，编号登记，以备稽查。如有不报官私造者，照例治罪。倘有因争斗擅将鸟枪私放伤人者，照执持金刃连截伤人例，不论旗民，发宁古塔。则防御有

---

① 中国第一历史档案馆、中国社会科学院历史研究所编：《清代地租剥削形态》下册，北京：中华书局，1982年，第562页。

② 《河南巡抚富德为请将民间防御鸟枪编列号数镌刻姓名给令存留防护事题本》，乾隆元年五月初四日，中国第一历史档案馆编：《乾隆朝整饬民间鸟枪档案（上）》，《历史档案》2019年第1期，第4页。

资，甚于民生有益，而治罪加严，愚民知所儆惕，亦不致妄用别酿事端矣。"① 鄂尔泰认为应当接受王士俊的建议："应如该侍郎所请，行文直省督抚确查，各州县乡村有应用鸟枪地方，令民人照营兵鸟枪尺寸制造，具呈该地方官编号登册，以备稽查。如有不报官私造者，照例治罪。倘有因争斗擅将鸟枪私放伤人者，照执持金刃连戳伤人例，不论旗民，俱发宁古塔。遵照乾隆元年五月初六日题定之例系旗人仍发宁古塔，系民人酌发云南、贵州、四川、广西、广东烟瘴少轻地方，交该地方官严加管束。"② 朱批"依议"。乾隆元年七月初四日，总理兵部事务鄂尔泰为议复给还近山民人防御鸟枪并编号登册等事题本，也被朱批"依议"。

乾隆二年三月二十八日，署理福建陆路提督苏明良奏请停民间设立鸟枪以安民生事，谈到福建的情况：

> 臣细绎原文，恐因民间无长大鸟枪，猝遇盗贼，弓箭枪弩不能远及，每致束手无策，揆其立意，无非惠保斯民。第查闽省乃山海要区，民情强悍，动辄列械争斗，即追缴之鸟枪，犹虑尚未禁绝。今奉明文准设，则人人皆得制造，诚恐恶习相沿，偶因微嫌小隙，必致各执鸟枪施放，伤人较之弓箭枪弩更为惨烈。况村庄乡民遇有盗贼骤至，虽有鸟枪收藏在家，仓卒之际，手足无措，又何能御盗？且铁匠公然打造，纵令报明地方官，刊刻姓名，岂能保其不造多报少，私售匪类，接济海洋，甚至混凿姓名，移甲就乙，凭何稽查？种种弊端，难以枚举。况地方辽阔，即精明强干之员尚查察难周，而一二才识迂疏，以为既准制造，自必懒于稽查。窃恐不逞之徒藉此生事，为害匪浅。伏查康熙六十年台匪蠢动，臣随师征剿，得以七日克复全台，皆因枪炮稀少，所以奏凯甚捷，是其明验矣。臣愚以为，设立鸟枪或可行之于云贵、湖广、广西逼近苗疆之处，断不可行于沿海各省者也。③

他认为福建民情强悍，允许持有鸟枪后患无穷。翌年，福建提督苏明良再次上奏，重申己见：

> 今闽省村庄绣错，大乡千余人，小乡数百人，各府州县既奉明文制造鸟枪，部行又无定数，若合数村之众，鸟枪不下数千杆，而营兵每千名定例只设五百杆，是民间之枪更多于营伍之枪，恐将来人人便习，处处皆枪。倘遇年岁歉收，百十成群，沿村抢夺，甚至藉端走险，必致酿成大害。即如近来诏安县民吕郁执持所造新枪打鸟，兵丁不敢过问，竟将县役打伤，虽经医治不至碍命，则其贻害已属明验矣。④

---

① 《总理兵部事务鄂尔泰为密请酌宽民间鸟枪之例事题本》，乾隆元年六月初三日，中国第一历史档案馆编：《乾隆朝整饬民间鸟枪档案（上）》，《历史档案》2019 年第 1 期，第 6~7 页。

② 《总理兵部事务鄂尔泰为密请酌宽民间鸟枪之例事题本》，乾隆元年六月初三日，中国第一历史档案馆编：《乾隆朝整饬民间鸟枪档案（上）》，《历史档案》2019 年第 1 期，第 8 页。

③ 《署理福建陆路提督苏明良为请停民间设立鸟枪以安民生事奏折》，乾隆二年三月二十八日，中国第一历史档案馆编：《乾隆朝整饬民间鸟枪档案（上）》，《历史档案》2019 年第 1 期，第 11 页。

④ 《议政大臣尹泰等为议复福建陆路提督苏明良请仍沿旧例勿许民间制造鸟枪事奏折》，乾隆三年五月初六日，中国第一历史档案馆编：《乾隆朝整饬民间鸟枪档案（上）》，《历史档案》2019 年第 1 期，第 13 页。

他列举了诏安县造枪打鸟并致县役受伤之事。乾隆三年五月初六日,议政大臣尹泰等议复苏明良请仍沿旧例勿许民间制造鸟枪事上奏:

> 今该提督苏明良欲禁鸟枪以为防范,盗贼猛兽之事小,而贻害地方之事大,不知云、贵、川、广等省生熟苗猓接壤处所生苗生猓群集,抢掠熟苗熟猓之事往往有之。倘鸟枪遍行禁止,则熟苗熟猓将何以为捍御,岂止盗贼猛兽而已,即盗贼猛兽之贻害亦自不小。为大吏者早为消弭,犹可以靖地方而安善良。若待至盗贼见多,猛兽日炽,防御无具,捍卫无资,贻害地方之大正无有过于此者。应将该提督所请严禁鸟枪不许民间制造之处毋庸议,俟命下之日交与该部应行文处所,令其通行可也。为此,谨奏请旨。
>
> 奉朱批:朕看此事,苏明良屡次奏请,在彼必有所见,或福建地方情形与他处不同,着交总督郝玉麟再行查明议奏。①

于是,清廷决定鸟枪管理条例因地制宜。闽浙总督郝玉麟遵旨上奏:

> 今臣细查福建地方情形,诚如谕旨,与他处不同。然就通省而论,内地之上游延、建、邵、汀四府属及福宁府属,民情尚书稍淳,绝少械斗,地多崇山峻岭,虎狼猛兽最多,是非鸟枪不足防御。又福州、兴化二府虽属下游,民情亦称刁悍,而械斗之案亦少。惟泉州、漳州二府属并永春、龙岩二州属民情最悍。臣前由粤赴闽时,在厦门办理军务,驻经二旬,亲历其地。该处大姓俱系聚族而居,多者三四千丁,少者亦一二千丁不等,村庄绣错,甚属繁庶。查大姓每恃族大丁多,欺压小姓,而小姓不甘,结连杂姓,相与抗衡,一有口角细故及户婚田土等事,辄便聚集多人,各持器械互斗。虽臣与抚臣不时严饬地方文武防范化导,拦阻查拿,而凶悍之徒每于至小极微之事出人意所不计,聚众行凶,互相格斗。但棍棒义钯终属短械,必须接手交加始能伤人,而致命者十无一二。若用鸟枪,不待交手,即可发火攻远,中伤者未有不系致命。而无知愚民必至多罹法网,酿成大案,情殊可悯,非亲在地方,未能详悉其情形也。似应分别酌办,方为妥协。臣细为筹议,上游之延、建、邵、汀以及福宁、福州、兴化七府属应仍准设鸟枪,报官制造,为民间防御盗贼猛兽之具。其泉州、漳州二府属并永春、龙岩二州属,民情最悍,械斗最多,况泉、漳二府紧接台湾,台地现在民间不许私造鸟枪禁止最严,泉、漳二府,永春、龙岩二州似应一体严禁,以安地方。是否有当,理合缮折专差外委把总彭兆熊赍捧奏复,伏乞皇上睿鉴施行。臣玉麟谨奏。

---

① 《议政大臣尹泰等为议复福建陆路提督苏明良请仍沿旧例勿许民间制造鸟枪事奏折》,乾隆三年五月初六日,中国第一历史档案馆编:《乾隆朝整饬民间鸟枪档案(上)》,《历史档案》2019 年第 1 期,第 15 页。

乾隆三年八月初二日朱批：着照所议行。该部知道。①

清廷将福建分成几个区域，采取不同的鸟枪管理政策。泉、漳、台诸府与永春、龙岩二州民间仍旧不许私造鸟枪，延、建、邵、汀以及福宁、福州、兴化七府属应仍准设鸟枪，报官制造，为民间防御盗贼猛兽之具。

乾隆十二年三月二十四日，闽浙总督喀尔吉善等为闽省禁缴鸟枪宜从容查办事奏折谈到新的情况。他说本年正月十二日臣接到廷寄大学士张廷玉等遵旨议复福州将军新柱请禁藏鸟枪一事，内开："闽省风俗剽悍，争竞好斗实所常有。今该将军奏称，漳浦县知县设法劝谕，令民间私藏鸟枪自行首缴，已缴五百余杆。或该督抚只令该知县如此办理，抑或合省通饬，该督抚未经奏报，该将军所奏亦属禁戢强暴绥靖地方之意。应请敕交该省督抚，令其各就地方情形，可行可止，斟酌办理。等因。奉旨：依议。"② 据闽浙总督喀尔吉善报告："续据漳浦县共缴过五百四十八杆，龙岩州缴过一百五十八杆，南靖县首缴过七十六杆，南胜同知劝缴过七十七杆，德化县缴过二十杆，其余并无缴到者。臣等细察情形，闽省习染已深，急则易生事端，缓或可冀奏效。且恐胥役乘机扰累，百弊丛生，殊非仰体皇上慎重海疆息事宁人之至意。似宜从容查办，令地方官再行出示晓谕，实心化导，俾知圣朝宽大之仁，不即加罪，自必感发天良，不敢藏匿，而械斗之风可冀少息矣。"③ 后来，喀尔吉善又补报："兹据各属陆续具报，前后现已缴过二千三百二十八杆，臣俱行令该守令会同营员查验，择其可以适用者存留营中，以作兵丁应行制造之数，余俱镕铁备办别项使用。"④

乾隆二十四年，福建又有一次查缴鸟枪的行动。据福建按察使史奕昂奏称：

窃照闽省民俗强悍，每因雀角细故辄持械互斗，并点放鸟枪、竹铳等项火器，往往伤人致毙，酿成命案。臣于上年五月内具详前督臣，通饬各属将私制鸟枪、竹铳各火器，宽以限期，各令自首缴库，免其治罪，报明存案。又于十一月内，臣奏请定例，将竹铳杀伤人之犯照鸟枪一例治罪；失察之地方官于鸟枪一例处分。等因。经部议准，奉旨：依议。钦此。遵行在案。自奉颁例以来，督抚二臣广颁告示，通行劝谕。臣亦摘叙简示，刷刻分发，遍加张贴，并令各州县将民间首缴过竹铳、鸟枪等项数目造册申报去后。兹据内地各府州县陆续造册具报前来。臣汇查民间首缴过鸟枪一千一十杆，单眼、双眼、三眼各铳共二百四十三枝，竹铳二百三十七枝，共计一千四

---

① 《闽浙总督郝玉麟为议复福建陆路提督苏明良请仍沿旧例勿许民间制造鸟枪事奏折》，乾隆三年六月二十八日，中国第一历史档案馆编：《乾隆朝整饬民间鸟枪档案（上）》，《历史档案》2019年第1期，第16页。

② 《闽浙总督喀尔吉善等为闽省禁缴鸟枪宜从容查办事奏折》，乾隆十二年三月二十四日，中国第一历史档案馆编：《乾隆朝整饬民间鸟枪档案（上）》，《历史档案》2019年第1期，第17页。

③ 《闽浙总督喀尔吉善等为闽省禁缴鸟枪宜从容查办事奏折》，乾隆十二年三月二十四日，中国第一历史档案馆编：《乾隆朝整饬民间鸟枪档案（上）》，《历史档案》2019年第1期，第17页。

④ 《闽浙总督喀尔吉善为闽省查缴鸟枪及勘挖台湾遗留炮子事奏折》，乾隆十二年九月初二日，中国第一历史档案馆编：《乾隆朝整饬民间鸟枪档案（上）》，《历史档案》2019年第1期，第18页。

百九十枝，收贮在库。此外，尚有未据报齐之处。臣思竹铳久则朽蛀，自宜饬令销毁。其鸟枪一项，应令逐一挑选，如有适应者，每州县酌留数杆，编刻字号，分给州县衙门额设民壮人役，以为护卫防御之需。

其余鸟枪同各铳即令就近解交军器局内，以便改造各项军器。庶不至锈废无用。①

这次查缴还包括了火铳，可知民间拥有者众多。

乾隆后期鸟枪管理政策有所调整。乾隆帝针对大臣查禁民间鸟枪的奏请予以否定，乾隆四十年上谕内地毋庸办理查禁民间鸟枪：

民间私藏鸟枪，虽例有明禁日久，已属相沿具文。昨岁大学士舒赫德奏请查禁鸟枪，意在戢暴安良，是以准其通行各省，然亦不过内地为然。若口外蒙古地方本不当在禁止之列，昨据福隆安具奏，曾降旨将口外查禁鸟枪之事概行停止。今思内地鸟枪亦不必查办，即如深山防虎，村庄防盗，民间制枪备用亦不可无。若一旦概行收禁，则闾阎顿失自卫之资，殊多未便。且地方官奉行，原亦不过有名无实，恐办理不善，胥吏因缘为奸，需索滋扰，弊且百出。是欲安民而适以累民，更何足取乎？况去岁山东逆犯王伦聚众不法，并未挟有鸟枪，是小民之守分与否，更不在鸟枪之有无，又何必因此而施之禁乎？所有内地查禁鸟枪之事，并着无庸办理。②

乾隆帝提出，百姓守分与否，不在鸟枪有无，不必查禁鸟枪。

不过后来乾隆帝又改变了看法，要求各省年终汇报查禁鸟枪情况。乾隆四十九年年底，福建巡抚雅德为查缴民间鸟枪及查开失察官员职名事上奏：

案照钦奉上谕：民间私铸鸟枪，不逞之徒得以藉端滋事，军行利器若听其公然铸造，私用无忌，殊非戢暴安良之道。着传谕各督抚，督饬各属实力严查，毋许工匠私行铸造售卖。如有民间私藏者，随时缴销，并于年终汇奏一次。钦此。又，准部咨，民间私藏私造鸟枪，失察州县道府，令各督抚遵旨于年终汇奏时，即将该地方官失察次数查参，并将武职各职名一并附参，以便核计定议。各等因遵奉在案。伏思闽省滨海岩疆，民习俗悍，鸟枪乃军营利器，更不容私有存留。臣凛遵圣谕，严禁工匠铸造售卖，实属正本清源之至计，凡民间旧藏鸟枪陆续收缴，自不难渐期尽净。前经节次奏报，已共缴过鸟枪四千四百八十余杆。臣恐僻远之区，愚民尚存观望，复屡饬道府州县，于因公巡历下乡之便，不动声色，随时晓谕，毋使再有留存。兹据布政使徐嗣曾、按察使谭尚忠详称，乾隆四十九年分据各属续解鸟枪四十杆，查验轻重长短，俱

① 《福建按察使史奕昂为具报首缴鸟枪竹铳数目事奏折》，乾隆二十四年七月十五日，中国第一历史档案馆编：《乾隆朝整饬民间鸟枪档案（上）》，《历史档案》2019 年第 1 期，第 18 页。
② 《着内地毋庸办理查禁民间鸟枪事上谕》，乾隆四十年七月十九日，中国第一历史档案馆编：《乾隆朝整饬民间鸟枪档案（上）》，《历史档案》2019 年第 1 期，第 25 页。

与营制不符，难以给兵配用，应一并镕销铁斤，造报充公。并查四十七、八等年鸟枪伤人三案先后获犯，均于本年分别题咨完结。兹届岁底，将文武失察次数各职名造册呈送前来。臣复核无异。

除将缴收鸟枪饬行销变，仍再严督各属悉心查察，务须搜缴尽净，一无隐漏，并禁止工匠铺户私行铸售外，所有本年续缴鸟枪数目，臣谨恭折具奏，并另缮失察鸟枪伤人文武职名清单，恭呈御览，伏祈皇上睿鉴敕部核议施行。①

奏中谈到乾隆四十七、四十八、四十九各年查禁鸟枪的情况。翌年，新任福建巡抚明兴继续查缴民间鸟枪：

窃照乾隆四十六年十一月十一日钦奉上谕：查禁民间鸟枪，毋许失察私造，并将如何设法查办之处，于每岁年终汇奏一次。钦此。并准部咨，议复晋抚臣雅德将通行查缴缘由并分别应需存留之处，仍严定处分。等因通行遵照。均经前抚臣饬属照办，并恭折具奏在案。臣自抵任以来，复照案严饬各属实力奉行，不许工匠造卖，以清其源。并令该州县于下乡点查保甲之时，剀切晓谕，随时稽查，凡有鸟枪之家概令呈缴，批解藩库销毁。如遇审案内有鸟枪伤人者，务穷究其收藏私造来历，严加惩究，俾旧有之家收销净尽，而既缴之后无从购买。倘有失察，即照例严参。据两司查核，东省各属民间并无失察私造鸟枪，各州县亦无失察之案。等情详请具奏前来。②

可知每岁年终汇奏一次查禁民间鸟枪情况，始于乾隆四十六年。

乾隆末年，皇帝愈加重视查禁鸟枪问题。福建巡抚浦霖牵混查办漳浦县盗犯陈歪私藏鸟枪案，受到皇帝申饬：

据浦霖奏查缴鸟枪一折内称，查有漳浦县盗犯陈歪等案内究出私藏鸟枪，业经具奏完结，并开具文武失察次数职名造册送部。现在严饬文武各官实力稽查，毋致隐漏，请敕部查照施行。等语。所奏殊未明晰。该省漳浦县盗犯陈歪私藏鸟枪一案，虽先经该抚具奏，但既叙入折内，自应将原案如何办理之处详悉声明，并将文武各官失察次数一并分别开单具奏。乃该抚折只系称造册呈送，请饬部查照施行等语，殊属牵混。除将原折交部查案具奏外，浦霖着传旨申饬。③

————————————

① 《福建巡抚雅德为查缴民间鸟枪及查开失察官员职名事奏折》，乾隆四十九年十二月二十三日，中国第一历史档案馆编：《乾隆朝整饬民间鸟枪档案（下）》，《历史档案》2019 年第 2 期，第 14 页。

② 《福建巡抚明兴为查缴民间鸟枪无失察官员及仍留编号鸟枪事奏折》，乾隆五十年正月十八日，中国第一历史档案馆编：《乾隆朝整饬民间鸟枪档案（下）》，《历史档案》2019 年第 2 期，第 14~15 页。

③ 《着将牵混查办漳浦县盗犯陈歪私藏鸟枪案福建巡抚浦霖申饬事上谕》，乾隆五十六年十二月初十日，中国第一历史档案馆编：《乾隆朝整饬民间鸟枪档案（下）》，《历史档案》2019 年第 2 期，第 18 页。

漳浦县该案说明，福建民间私藏鸟枪仍然存在。

五、结　语

综上所述，我们依据乾隆朝刑科题本资料集提供的 84 件事例，分四个部分讨论了乾隆时期福建的社会经济与生活以及查禁鸟枪方面的问题。在第一部分，对刑科题本提供的人口信息做了统计分析，虽然由于题本的数量不是很多，加之一些资料的内容缺载，对人口信息充分的科学分析受到限制，但是仍能看到值得注意的人口现象。其中值得注意的是，从兄弟数以及得子数来看，乾隆时期福建家庭中有子二三人是常态，四到六人的事例也说明三子以上的家庭有相当数量。如果再加上未计算的女儿，当时福建家庭规模较大。这一看法，一定程度上印证了郑振满教授认为明清时期特别是清代福建大家庭发展的趋势。我们还看到了一个兄弟众多、家庭矛盾不好处理的生动案例。

第二部分通过对于福建家庭、宗族与农民的社会探讨，我们看到了福建基层社会家庭、邻居情感问题的非正统化现象，夫故改嫁事例也较多。闽南宗族祭田较为普及，祭田的管理多是各房轮流办祭。福建租佃制发达，分成制下的实物租为主，货币租也有相当的发展，佃农欠租问题比较突出，田主在定额租与分成租之间面临抉择。不少地方租地需要交纳押租，各地押租的名称，有顶租银、挂脚钱、保租银、压地银之别。福建的田地租佃有田根与田面之分，面主即田主，根主为佃户，根租多于面租，佃户抗欠面租。官府禁革田根之说。土地买卖常有找价发生，主佃冲突主要还是因为租税问题。佃户欠租后田主赴县控追容易激化矛盾。田主特别是有举监身份者多居城中，佃户则居于乡下，主佃的对立呈现出空间上的城乡对立关系。

第三部分论述经济与生活问题，在生产与生活方面，水稻是福建普遍种植的粮食，水稻有早稻与晚稻之分，晚稻收割是产生主佃纠纷的主要时间点。地瓜的种植与食用普遍，茶叶种植与饮用亦普及。席草、花生、芝麻、甘蔗、棉花、桐树等多种经济作物的种植较多。开发山场种植树木，山柴的利用较为充分，水利资源也是解决生计的途径。人与动物关系方面，家禽家畜在生产生活中扮演了重要角色，人们的许多纠纷中看到了牛与鸭的身影。闽人备有刀枪、火铳甚至是鸟枪用于打猎、防兽，以利于出行安全和生活，有时这些工具、武器成为人们纠纷中的凶器。

第四部分探讨乾隆朝整饬民间鸟枪条例以及福建执行的情况，雍正十二年河南河督王士俊由于查禁民间私造鸟枪交官，提出河南山民赖鸟枪防御恶兽希望从宽的问题，引发了乾隆初年清廷就此问题的讨论。乾隆元年总理兵部事务鄂尔泰密题酌宽民间鸟枪之例，给还近山民人防御鸟枪并编号登册，得到皇帝赞同。然而乾隆二年署理福建陆路提督苏明良奏请停民间设立鸟枪以安民生，认为福建民情强悍，允许持有鸟枪后患无穷，翌年再次重申。乾隆三年议政大臣尹泰等议复苏明良建议，清廷决定鸟枪管理条例因地制宜。福建延、建、邵、汀以及福宁、福州、兴化七府属应仍准设鸟枪，报官制造，为民间防御盗贼猛兽之具；泉、漳、台诸府与永春、龙岩二州民间仍旧不许私造鸟枪。乾隆十二年、乾隆二十四年，福建又有两次查缴鸟枪的行动。乾隆后期鸟枪管理政策有所调整，乾隆四十年上谕内地毋庸办理查禁民间鸟枪，四十六年要求各省年终汇报查禁鸟枪情况。福建民间私藏鸟枪仍然存在。

（作者单位：南开大学中国社会史研究中心）

明代卫所与地方社会关系研究[*]

——以新安卫和徽州府为例

□ 王　浩

【摘要】洪武二十三年（1390），朝廷设立新安卫于徽州。有明一代，新安卫和徽州府的关系十分密切。首先，徽州府每年需要向新安卫提供大量的军需物资，至嘉靖年间则改由府、卫合作岁造解京军器。其次，每当徽州的地方治安受到流贼、倭寇、矿盗等威胁时，新安卫需担负起地方防务之责。再次，新安卫在很大程度上表现出积极融入徽州地方社会的趋势。从军、谪发、荫授、联姻，使卫、府军民你中有我、我中有你。一些武官积极投身于修筑城墙、修建儒学祠庙、创建亭台楼阁、赈济救灾等地方公共事务和公益事业，活跃于徽州地方社会。明代新安卫与徽州府的关系可以说是全方位的，我们在讨论明代徽州社会的相关问题时，新安卫的作用和影响不容忽视。

【关键词】军器物料；地方防务；卫、府关系

明朝建立后，"度要害地系一郡者设所，连郡者设卫"[①]，"自京师达于郡县，皆立卫所"[②]，卫所制度遂成为明代最为重要的制度之一。对于卫所制度的研究，自20世纪初以来产生了持续性的研究成果，举凡明代军（兵）制与卫所制度、军屯、班军、军户、武官世袭、卫所官军教育与文化传播、卫所城址、屯堡等问题和领域，均有重要成果问世。[③] 随着研究的深入，学者们开始将卫所制度视作明代两大疆土管理系统之一的军事系统的重要组成部分，顾诚即认为卫所在多数情况下是一种"地理单位"，管辖不属于行政系统的田地和人口。[④] 周振鹤在乃师谭其骧将明代卫所分为"实土"和"虚土"观点的基础上，提出"军管型政区"的概念，将实土卫所视为一种"特殊的地方行政组织和行

* 本文为2018年度安徽省哲学社会科学规划重大项目"徽学研究资料整理"（AHSKZD2018D08）阶段性成果。

① 张廷玉等：《明史》卷90《兵志二》，北京：中华书局，1974年，第2193页。

② 张廷玉等：《明史》卷89《兵志一》，北京：中华书局，1974年，第2175页。

③ 相关研究成果综述，参见吴才茂：《20世纪以来明代卫所制度研究述评》，常建华主编：《中国社会历史评论》第18卷，天津：天津古籍出版社，2017年。

④ 顾诚：《明帝国的疆土管理体制》，《历史研究》1989年第3期。

政区划"。① 卫所与地方社会的关系逐渐受到重视,不同区域卫所及卫所个案研究由于涉及卫所制度在地方运行的实态,成为学界极感兴趣的选题,研究地域涉及东北、九边、西北、西南、沿海等地区。这些地区的卫所往往牵涉到边疆、民族、海防等问题,较为特殊。而对于腹里漕运地区卫所的研究,首推于志嘉关于江西卫所的论著,研究主题涉及明代江西兵制的演变、卫所军役的内容及执行方式、卫所屯田及其与漕运的关系等,这些研究细化了卫所制度的运行过程并尝试从军制视角来研究明代的社会经济变动。②

有明一代,与江西毗邻的徽州府,自洪武二十三年(1390)起设立新安卫。新安卫的前身可以追溯至元至正十七年(1357)朱元璋集团设置的分枢密院,几经沿革,至新安卫设立后,终明一朝未再改变。③ 新安卫与徽州府之间的关系十分密切。例如,永乐十五年(1417)谷王朱橞被贬为庶人,发新安卫公署看押,卫所武职官员不得不搬至徽州府衙的"廊房"办公。直到正统元年(1436)谷王过世,卫、府合署办公的局面方才结束。④ 当然,徽州府与新安卫之间的关系远不止此。管见所及,目前学界对于此问题的研究尚付阙如。笔者不揣浅陋草成此文,不当之处尚祈方家指正。

一、从徽州府岁办新安卫军器物料到府、卫岁造解京军器

早在明朝建国之前的至正二十三年(1363)二月,朱元璋即"申明将士屯田之令",将屯田视作强兵足食、兴王图霸的根本。⑤ 卫所制度确立后,屯田更成为其主要职责之一,期望以屯田足兵足食。新安卫的屯田主要分布于徽州、池州、宁国三府之婺源、祁门、黟、青阳、石埭、旌德、泾、太平八县,⑥ 但屯田所得粮食,无法提供卫所官军所需其他生活资料与军事物资。新安卫每年所需军事物资的相当一部分,以实物税的形式由徽州府办纳。《(弘治)徽州府志》卷三《食货二·财赋》有"岁办新安卫军器物料"一项,记载了成化十八年(1482)徽州府办纳新安卫军器物料的种类与数额,详见下文表1。

表1　　　　　　　　　　　徽州府岁办新安卫军器物料一览表

军器物料	成化十八年数额	王恕奏减数额	弘治十年数额	嘉靖年间数额
爪铁	八千四百八十五斤	二千八百六十二斤六两	四千五百五十斤	一万三百五十斤八两
生铁	四百八十斤	一百六十三斤	二百四十斤	七十斤

① 周振鹤:《体国经野之道——新角度下的中国行政区划沿革史》,香港:中华书局,1990年。

② 于志嘉:《卫所、军户与军役:以明清江西地区为中心的研究》,北京:北京大学出版社,2010年。

③ 关于新安卫的建制沿革,参见王浩:《元末明初徽州地区军政机构的演变》,周晓光主编:《徽学》第十五辑,北京:社会科学文献出版社,2021年。

④《明英宗实录》卷24,正统元年十一月乙巳,台北:"中央研究院"历史语言研究所,1962年,第478页。

⑤《明太祖实录》卷12,癸卯年二月壬申,台北:"中央研究院"历史语言研究所,1962年,第148页。

⑥ 何东序修,汪尚宁等纂:《(嘉靖)徽州府志》卷11《兵防志》,明嘉靖四十五年刊本。

军器物料	成化十八年数额	王恕奏减数额	弘治十年数额	嘉靖年间数额
生钢	八十五斤	二十八斤九两	四十五斤	
白锡	四十四斤八两	一十五斤三钱		
猪油	一百斤	三十三斤一十二两		
米醋	三石二斗	一石令［零］八升		
青绵布	一百七十六丈	五十九丈四尺		一百二十三丈六尺二寸五分
白绵布	三百三十六丈	一百一十二丈四尺		
青白熟丝绵①	三斤	一斤三钱	三斤	
银硃	一十三斤	四斤六两二钱	二斤八两	十两七钱五分②
金箔	四百四十八叶	一百五十一叶二分		
水银	三斤八两	一斤二两九钱		
矾红	二十斤八两	六斤一十四两六钱		
扭油绵	一十五两八钱	五两三钱二分九厘		十一两六钱五分六厘
黄丹	一十七斤十二两	五斤一十五两八钱	五斤	
灰坯	三十一斤一两二钱八分	一十一斤一十二两二钱八分	四斤	三斤
紫粉	十三斤十二两	四斤一十两二钱五分		
生漆	六十三斤	二十三斤一十三两八钱	六十六斤八两	七十三斤三两
细净牛筋	一百二十斤	四十斤八两	一十六斤四两	一十五斤③
香油	一十六斤零三两二钱	七斤四两二钱八分	三十七斤十三两六钱	七十一斤八两四钱
桐油	二百六十五斤	一百一十五斤一十四两	四十六斤	四十二斤十两八钱
白面	四十斤	一十四斤二两四钱	一十斤	

① 按：《（弘治）徽州府志》在记述成化十八年岁办新安卫军器物料种类及数量时，作"清白熟丝线"，见该书卷3《食货二·财赋》，第64b页。比对该书对成化十九年王恕奏减新安卫军器物料种类、数量及弘治十年朱瑄札行岁办新安卫军器物料种类、数量的记载可知，实应为"清白熟丝绵"。线（线）、绵（绵）字形相近，应为致错之由。

② 按：原文作"水花银硃"。

③ 按：原文作"细牛筋"。

续表

军器物料	成化十八年数额	王恕奏减数额	弘治十年数额	嘉靖年间数额
阔苎布	一百一十二丈九尺六寸	三十八丈一尺二寸四分①	二十六丈四尺八寸②	八丈九尺六寸③
面粉	二斤八两	一十三两五钱	二十斤	
鱼胶	一百七十八斤八两	六十斤三两九钱	三十四斤四两	五十三斤八两
鹏砂	八钱	二钱七分④	八钱	八钱⑤
水胶	二十七斤一十一两二钱	一十斤一十二两八钱	二十四斤九两九钱一分一厘九毫	三十二斤三两二钱⑥
生铜	二百零一斤	六十五斤五两四钱	一斤十二两	一斤
荒丝	一十五斤□两九钱二分	五斤一十二两二钱四分	九钱六分	一两九钱二分
黄蜡	二斤二两四钱	一十三两二钱	一斤四两八钱	
白芨	四斤	一斤五两六钱		
麻布	三尺二寸	一尺令［零］八分	一尺六寸	三尺二寸
黄麻	三十九斤	一十二斤一十三两六钱	三十七斤一十二两八钱	五十七斤九两六钱
牛角弓面	一百六十对	五十四对	八十对	一百六十副
荒牛筋	六十三斤	二十一斤五两二钱	三十一斤八两	六十八斤九两六钱
墨煤	二斤	一十两八钱		
烜煤	五斤	一斤一十一两⑦		
明角弓稍	一百六十对	五十四对	八十对⑧	一百六十副
红木	四斤			
明矾	一两六钱		二斤	二斤
皂矾	八斤			二斤十两八钱
白鹅翎	一万四千四百根	四千八百六十根	七千二百枝	一万四千四百根

① 按：原文作"阔白苎布"。
② 按：原文作"细阔苎布"。
③ 按：原文作"苎布"。
④ 按：原文作"硼砂"，应即"鹏砂"。
⑤ 按：原文作"朋砂"，应即"鹏砂"。
⑥ 按：原文作"广水胶"。
⑦ 按：原文作"烟煤"。
⑧ 按：原文作"明角稍"，应即"明角弓稍"。

续表

军器物料	成化十八年数额	王恕奏减数额	弘治十年数额	嘉靖年间数额
白麻	三斤九两六钱	一斤三两六钱四分		
青阔梭绵布			一百二十丈	
白阔梭绵布			一百七十丈四尺	
绵花			七斤八两	二十斤二两五钱
青绒绦盔辫			百六十条	
青绒线			一十二两	
青白熟丝绵			二斤	
苏木			八斤八两	八十三斤
茜红缨			八十顶	二百二十五顶
黄绵			二丈八尺	
扭漆绵			七两八分九厘八毫三丝	
栀子			八百个	
生白丝线			二斤二两	五斤十二两①
青绒绦腰刀挽手			八十条	一百六十条②
湖丝			七斤	
硫黄			二斤	四斤
靛花			一斤四两	
三绿			五斤	
支绿			三斤十二两	
滕黄			八两	
黑斜皮条			四十七丈七尺六寸三分	
绿斜皮贴弓扣			一百六十片	二百二十片
绿斜皮条			九十五丈七尺六寸三分	一百五十八丈四尺③
沿撒袋口黑斜皮条			一百六十八丈五尺三寸	二百三十七丈六尺
盔				五顶

---

① 按：原文作"生丝线"。
② 按：原文作"青绒刀挽手"。
③ 按：原文作"绿斜皮纽扣条"。

军器物料	成化十八年数额	王恕奏减数额	弘治十年数额	嘉靖年间数额
青绒盔绊				四百三十条
青绒				十二两九钱
青白黄丝线				四斤十五两二钱六分
青绒腰束				一百六十斤
白丝				十四斤
麂麖皮钱				一十三万六千六百二十八个
白炭				一千九百三十五斤八两
石灰				六百五十三斤八两
脂皮鞓带				三百二十条
杉木刀鞘				一百六十段
黄□				一十二两
白蜡				一斤
皮镜				一百六十个
□木刀靶				一百六十段
□竹弓胎				一百六十片
杉桑弓梢				三百二十段
箭竹				四千八百枝
□木箭笴				四千八百段
真皮撒袋				一百六十副
木柴				八百九十七斤
白杨木刀靶				一百六十段
白脂皮□口贴底				三百二十片
焠灰				一万七千七百一十斗三升七合五勺
牛皮钱				三万四千二百四十个
百药煎				五十三斤八两
甲面黄绵布				二百九十九丈六尺

续表

军器物料	成化十八年数额	王恕奏减数额	弘治十年数额	嘉靖年间数额
甲里白绵布				八百五十一丈六尺一寸三分
作料				五十斤

资料来源：《（弘治）徽州府志》卷 3《食货二·财赋》，第 64b 页~第 65a 页、第 70a~b 页；卷 5《恤政·蠲赋》，第 57a~58a 页；《（嘉靖）徽州府志》卷 8《食货志》。

按：为节省表格篇幅，在不影响本文讨论的前提下，对性质相似或相近的物料进行了合并处理，如将"阔苎布""阔白苎布""细阔苎布""苎布"并为一类，以脚注形式说明。

分析表 1 相关内容可知，成化十八年徽州府办纳的军器物料共计 43 类，可谓不少。这些物料主要用于军器制造等军事用途，如用于弓箭制造的细净牛筋、牛角弓面、明角弓梢、白鹅翎等，用于刀枪制造的爪铁、生铁、生钢等，用于军服、军旗制造的青、白绵布、阔苎布、麻布等。至于猪油、米醋、香油、白面等，应属军兵日常食用所需。《（弘治）徽州府志》提到，这些岁办军器物料"不知起于何年，均派六县里甲办纳"[1]。单就数额而言，除了生铁（8485 斤）、白鹅翎（14400 根）等少数物料数量巨大外，绝大多数物料的数额不是很大，有些更是微不足道——如面粉仅二斤八两、鹏砂仅八钱。似乎单就数量而言，这些岁办军器物料不足以成为徽州民众的负担。但问题在于，这些军器物料并非都是徽州本地所产，亦即并非所有物资均可就地取材。

早在元明之际，休宁人赵汸对于该县的物产曾有如下论述：

> 休宁在万山间，民因山为田，而仰溉于天。旬月不雨，则陂塘之利恒以死争，故鲜丰岁。地狭而土瘠，摘山外无他产。舟车不通，四方之货罕至。当承平时，吏颇以事简为乐。一旦天下多故，则丝缕、膏漆、铜铁之属，凡军兴所急者，莫不远贾他郡以上供。[2]

自明朝建立至成、弘时期，可以说徽州地区均处于"承平"之时，但新安卫所需的军器物料与"军兴所急"的"丝缕、膏漆、铜铁之属"差别不大。赵汸所说的"军兴"之时，大体是至正十二年（1352）至洪武建元（1368）这段时间，到了《（弘治）徽州府志》所记的成化十八年，虽已有百年之久，但徽州的自然地理条件并未有根本性改变。查《（弘治）徽州府志》卷二《食货一·土产》对于徽州当地物产的记载可知，上述军需物资中确有很多非本地所产、所有。毫无疑问，在办纳新安卫所需的军器物料时，"远贾他郡以上供"的情况还会出现。

成化十九年（1483），时任南直隶巡抚的王恕"奏减岁办新安卫军器物料"。《（弘

---

[1] 彭泽修，汪舜民纂：《（弘治）徽州府志》卷 3《食货二·财赋》，《天一阁藏明代方志选刊》第 21 册，上海：上海古籍书店，1982 年，第 64b 页。

[2] 赵汸：《东山存稿》卷 2《休宁县令朱君考满序》，《景印文渊阁四库全书》第 1221 册，台北："商务印书馆"，1986 年，第 197 页。

治）徽州府志》将此举视为王朝的恤政，对奏减军器物料的种类及数额记载颇详，见表1
"王恕奏减数额"一栏。将此栏与"成化十八年数额"一栏比对可知，共有40种物资得
以减纳，减少的比例基本集中在1/3左右；仅3种物资——红木、明矾、皂矾——未得到
减免。

关于此次"奏减"的原因，笔者认为，应与成化中期徽州地区自然灾害频发有关。
成化十四年（1478）夏秋时节，徽州六邑皆旱，歙、绩溪、祁门、婺源、黟五县方志均
提到是年因灾伤"知府周正奏免粮米"；成化十六年的情形与之类似，是年因六邑皆旱而
减免夏税，其中歙县"灾伤，都御史王恕札付免夏税麦"，绩溪"灾伤，都御史王恕奏免
夏税拖欠课程钞"，祁门"灾伤，御史王恕奏量免夏税麦"，都明确提到王恕其人。① 据
《明宪宗实录》的相关记载，朝廷对于徽州府成化十四、十六年的税粮进行了减免，②
《（弘治）徽州府志》记录了减免税粮的具体数额：

> 成化十四年六县灾伤，知府周正奏免粮米三万六百三十三石一斗一升一合七勺。
> 成化十六年六县灾伤，奉都御史王恕札付，免过夏税麦二万七百六十石六斗二升七合
> 二勺。③

不过，因灾伤而减纳军器物料属于恤政而非定制。《（弘治）徽州府志》记载了弘治
十年（1497）巡抚都御史朱瑄札行岁办新安卫军器物料的种类与数量，与成化十八年相
比变化颇大，见表1"弘治十年数额"一栏。

通过比对弘治十年与成化十八年的数据可知，弘治十年徽州府需要办纳的军器物料共
计49种，其中22种为之前不曾办纳的新物资。而剩余的27种物资与成化十八年相比，
所需办纳的数额绝大多数都降低了，且下降幅度超过了成化十九年王恕奏减的额度。只有
生漆、香油、面粉、明矾等少数物资的需求量不降反增。

新安卫军器物料种类与数额的变化，反映出徽州府承担的此项税赋具有因时制宜、因
需定供的特色，而这里的"时"与"需"，可能涉及新安卫乃至整个明代卫所军兵装备的
变化等重要问题，有待进一步研究。此外，《（弘治）徽州府志》在提到弘治十四年
（1501）该府承担的另一项军赋——岁办军需物料时，在记录每一种物资的数额时都会提
到折银情况，如"黄蜡，二千斤，每斤价银二钱，共银四百两"，白蜡，"三百五十斤，
每斤价银四钱八分，共银一百六十八两"，④ 已经体现出鲜明的赋税折银化的趋势，而岁
办新安卫军器物料仍停留在实物交纳阶段。

———————————————

① 此处参考吴媛媛《明清徽州灾害与社会应对》一书之附录《明清时期徽州地区一府六县灾害一
览表》，合肥：安徽大学出版社，2014年，第296页。

② 《明宪宗实录》卷189，成化十五年四月戊戌，台北："中央研究院"历史语言研究所，1962
年，第3366页；《明宪宗实录》卷212，成化十七年二月丁卯，台北："中央研究院"历史语言研究所，
1962年，第3693页。

③ 彭泽修，汪舜民纂：《（弘治）徽州府志》卷5《恤政·蠲赋》，《天一阁藏明代方志选刊》，上
海：上海古籍书店，1982年，第57a页。

④ 彭泽修，汪舜民纂：《（弘治）徽州府志》卷3《食货二·财赋》，上海：上海古籍书店，1982
年，第71a页。

待至嘉靖年间，情况又有所不同。《（嘉靖）徽州府志》卷八《食货志》在"岁办工部军需之供"条目下，载有"新安卫岁造军器"一项，在记述"弘治十四年以前"的情况时，抄录前文所论弘治十年巡抚都御史朱瑄札行岁办新安卫的 49 种军器物料。至于嘉靖年间的情况，有如下记载：

> 嘉靖年间（两京工部额办）岁造解京军器六千二十九件副（明铁六□，碗子盔二百一十五顶，黄绵布火漆丁钉齐腰甲二百一十四件副，黑漆鞘靶腰刀一百六十把，黑漆绵□弓一百六十张，白丝弓弦三百二十条，鹅翎竹□破甲铁箭四千八百枝，明油真皮撒袋一百六十副），物料价银（除该卫军三银一百六十四两四钱四分三厘六毫六丝五忽），本府民七银三百八十三两七钱一厘八毫八丝五忽，桶柜、解扛（除卫银一百一十二两）银四十八两。（其合用物料与弘治十年不同……）①

"其合用物料"的具体种类与数额，可参表 1 "嘉靖年间数额"一栏。与成化、弘治年间相比，嘉靖年间"合用物料"的种类发生了很大变化。在总计 60 类物料中，有 30 种是弘治以前不曾办纳的新物料，这与前文所论军器物料因时制宜、因需定供的论断相符。不过，从《（嘉靖）徽州府志》的表述来看，嘉靖年间的"新安卫岁造军器"并非指徽州府为新安卫办纳军器物料，而是指府、卫共同制造解京军器。制造军器的物料折银计算后，按照府七卫三的比例分担，解京军器的包装费（桶柜银）、运输费（解扛银）则按照府三卫七的比例分担。②

从徽州府岁办新安卫军器物料，到府、卫岁造解京军器，是徽州府与新安卫在经济关系上发生变化的一个重要方面。虽然《（嘉靖）徽州府志》并未明确记载这一变化发生的具体原因和时间，但嘉靖年间府、卫岁造军器所需物料的折银上纳，应与明代中后期赋役折银化的经济改革浪潮息息相关。

二、地方防务中的卫、府关系

徽州虽处万山之中素称兵火少及，但有明一代，流贼、倭寇、矿盗等不时兵临境上，甚至深入腹地，给徽州地方社会造成巨大动荡。每逢此时，新安卫便需担负起维护地方社会治安的职责。然而伴随着自身军事力量的不断衰落，新安卫在地方防务中发挥的作用越来越小。

弘治以前，徽州尚称宁谧，新安卫仅在景泰年间平息饥民暴动时有所行动。景泰六年（1455）二月，徽州府六县饥民群聚为盗，"夜劫大户庄谷，知府孙遇等擒数人系狱，而

---

① 何东序修，汪尚宁等纂：《（嘉靖）徽州府志》卷 8《食货志》，明嘉靖四十五年刊本。按：括号中文字在原书中为小字。

② 《（嘉靖）徽州府志》卷 8《食货志》还提到，每年"改造新安卫运粮浅船"的费用，按府七卫三的比例分担。

盗尚未正［止］，具其事以闻。帝命巡按御史严督府、卫官，量起兵缉捕"①。一个月后，徽州府并新安卫奏报捕获盗贼二十八人。朝廷下令南直隶巡抚李敏"会同巡按御史及各司、府、卫堂上官计议"，对闹事饥民区别处置，并设法通行赈济，使军民各安生业。②可见新安卫参与平息小规模的饥民骚动，以维持地方秩序。

正德年间，徽州地区的治安形势开始恶化。先是邻省江西爆发姚源起义，至正德七年（1512）因"山寇未熄息，江西檄求新安卫借兵"③。次年四月，起义军万余人屯兵浙江开化，并分兵掠婺源、休宁诸县，④新安卫官军遂与义军展开正面交锋。休宁人汪循在记述时任休宁知县唐勋的御敌行动时，新安卫指挥"翟君"也作为配角出场：

> ……巡抚都宪王公某持节至，郡太守熊公桂驻扎休宁，二守周君霖、指挥翟君某屯兵栅扼婺境……翟君亦殛其贼首一人、余数人，周君亦廉得数人，贼惧而宵遁。于是贼始绝念于徽……⑤

查《（弘治）徽州府志》卷四《兵卫官属》及《（嘉靖）徽州府志》卷十一《兵防·军官》可知，此处的"翟君"应为新安卫指挥同知翟鉴。

正德十四年（1519）封地在江西南昌的宁王朱宸濠发动叛乱，破九江、克南康、攻安庆。新安卫指挥佥事张玺闻变后"揭帖开报江西宁府反逆事情"，申报南直隶巡抚李充嗣、巡按御史胡洁，二人又据此上奏朝廷。⑥而当新安卫官军与叛军展开正面交锋时，张玺以及新安卫指挥使刘辅均战殁疆场：

> 刘辅，新安卫指挥使。正德己卯（十四年）宸濠叛兵侵郡，辅领军御之。矢尽兵溃，左臂为贼所断，犹挥刀杀一人而死。事闻，遣官谕祭，升其弟辐为都指挥佥事。
>
> 张玺，字国用，新安卫指挥佥事，尝刲股疗母疾。正德己卯与指挥刘辅拒宸濠兵，同战死，遣官谕祭，加指挥同知。⑦

---

① 《明英宗实录》卷250，景泰六年二月辛卯，台北："中央研究院"历史语言研究所，1962年，第5415页。

② 《明英宗实录》卷251，景泰六年三月辛亥，台北："中央研究院"历史语言研究所，1962年，第5428~5429页。

③ 吴子玉：《茗洲吴氏家记》卷10《社会记》，抄明万历刻本。

④ 《明武宗实录》卷99，正德八年四月癸丑，台北："中央研究院"历史语言研究所，1962年，第2063页。

⑤ 汪循：《汪仁峰先生文集》卷15《保御亭碑记》，《四库全书存目丛书》集部第47册，济南：齐鲁书社，1997年，第380页。

⑥ 王琼：《晋溪本兵敷奏》卷11《为探报十分紧急军情事》，《四库全书存目丛书》史部第59册，济南：齐鲁书社，1996年，第337页。

⑦ 丁廷楗修，赵吉士纂：《（康熙）徽州府志》卷13《人物志二·死事》，《中国方志丛书·华中地方·第二三七号》，台北：成文出版社，1975年，第1719页。

　　嘉靖中期以后，徽州地区的治安形势日趋恶化，而新安卫防卫地方的职能却日益弱化。嘉靖三十四年（1555）发生了震动徽州的倭寇骚扰事件：一支不足百人的倭寇队伍在浙江沿海登岸，在袭扰杭州、淳安等地后，突入徽州府歙县、绩溪。① 倭寇在徽州境内活动时，民心骚动，休宁"城居者争入山避倭"②。在抗击倭寇的过程中，新安卫没有起到防护地方的作用。在事后清算倭寇经过地方诸臣功罪时，南直隶抚、按等官员均提到"失事如新安卫指挥焦桐等四十六人，各有统兵巡捕之责，不能防御，应究治"，朝廷下旨"焦桐等巡按御史提问"。③ 可见焦桐等新安卫官兵在倭寇扰徽时未能进行有效抵抗。

　　嘉靖末年，浙江衢州开化、江西德兴"矿贼作乱，劫掠直隶徽、宁等处，其势日炽"④。尤其是衢州府的"矿盗""山寇"曾两次侵入徽州，而新安卫同样未能发挥保境安民的作用：

　　　　嘉靖四十四年（1565）十一月，山寇自浙入歙、休境，所过卤掠斫人，喋血道路，烧民舍，见大舍入据蓐食，钱物为之一空。官、民兵迁延不敢往击，随尾之。久之散去。明年（四十五年）贼复至，抵邑（按：休宁县）南之阳湖，距县城三十余里，官兵隔河为声势，观望无敢狙击之者。会善射者窃梓小舸菰芦中，引强驽发中其渠枭，其党负伤，趣止屋舍，焚之而去。此时贼已褫魄，设官兵往追击，可无噍类，亦随尾之而已，渐以散去。⑤

由此可见，官军、民兵畏葸不前，惧敌如虎。此处的官军自然是以新安卫官军为主，其战斗力之低下、士气之低落可见一斑。的确，在与衢寇的正面交锋中，新安卫再次损兵折将：

　　　　（嘉靖四十五年正月）衢寇起，巡按檄清军同知张子瑠帅兵御之于婺源芙蓉岭，败绩。新安卫指挥王应桢、百户何子实死之。⑥

　　① 关于此次倭寇扰徽事件，参见周致元：《嘉靖年间的倭寇徽州事件》，卞利主编：《徽学》第五卷，合肥：安徽大学出版社，2008 年。

　　② 廖腾煃修，汪晋征等纂：《（康熙）休宁县志》卷1《方舆·建制沿革》，《中国方志丛书·华中地方·第九〇号》，台北：成文出版社，1985 年，第 160 页。

　　③ 《明世宗实录》卷 430，嘉靖三十四年十二月己亥，台北："中央研究院"历史语言研究所，1962 年，第 7427～7428 页。

　　④ 《明世宗实录》卷 556，嘉靖四十五年三月庚申，台北："中央研究院"历史语言研究所，1962 年，第 8949 页。

　　⑤ 吴子玉：《大鄣山人集》卷 31《纂采嘉靖间休邑事略·兵防略》，《四库全书存目丛书》集部第 141 册，济南：齐鲁书社，1997 年，第 607 页。

　　⑥ 丁廷楗修，赵吉士纂：《（康熙）徽州府志》卷1《舆地志上·建制沿革表》，《中国方志丛书·华中地方·第二三七号》，台北：成文出版社，1975 年，第 212 页。

而据吴子玉所载,当时新安卫阵亡的军官尚有刘千户:

> (嘉靖四十五年)矿寇犯婺源治,郡丞张公、指挥王、千户刘往戮,失守,往[王]、刘阵亡,张罢去,婺令抵戍罪。①

明末,新安卫官军的身影虽然也在抵御流寇、抵抗清兵等军事行动中出现,但起到的作用都很有限。如崇祯十四年(1641),兵宪张文辉檄新安卫官兵剿贼,"三月,同知罗公督领卫兵至休、婺剿贼,败之"②。明末抗清运动中,新安卫指挥江秋汉、余公赞"奉金正希(声)将令,镇守岭南",兵败后自刎而死。③

在明代中后期新安卫参与的维护地方治安的军事行动中,往往战绩糟糕,且常有高级武官阵亡,其中原因,值得探讨。按明制,新安卫下设左、右、中、前、后五千户所,每千户所下设十百户所,军士满员人数应在5600人左右。然而迟至弘治年间,已然因"军士凋耗,遂省后千户所,其印并各百户印俱空贮在官。前千户所亦空七百户印,各无军士可管"④。可见此时新安卫仅剩33个百户所,兵员严重不足。更需注意的是,剩余的33个百户所也绝非满员,《(弘治)徽州府志》对于当时新安卫旗军的具体人数及职责分工记载颇详:

> 本卫四所见在旗军二千二百二十名,卫操三百九十五名,京操二百九十三名,运粮一千一百五十名,守城并局匠等项共三百七名,屯种七十五名。⑤

由此可见,新安卫实际兵员不及额定半数。在兵员分配上,负责运粮的兵士超过一半。至嘉靖年间,新安卫的"额军并新军"虽增至三千八百六十三名,但其兵员分配仍不以作战为主(见表2):

表2　　　　　　　　　　　嘉靖年间新安卫兵力分配

职责	人数	职责	人数
屯田	2190	漕饷	693(军)
垦田	790		557(余丁)
巡捕	20	城操	583

---

① 吴子玉:《茗洲吴氏家记》卷10《社会记》,抄明万历刻本。
② 丁廷楗修,赵吉士纂:《(康熙)徽州府志》卷1《舆地志上·建制沿革表》,《中国方志丛书·华中地方·第二三七号》,台北:成文出版社,1975年,第224页。
③ 高宇泰:《雪交亭正气录》卷2《乙酉纪》,民国二十三年四明张氏约园刻本。
④ 彭泽修,汪舜民纂:《(弘治)徽州府志》卷5《兵卫官署》,《天一阁藏明代方志选刊》,上海:上海古籍书店,1982年,第14a页。
⑤ 彭泽修,汪舜民纂:《(弘治)徽州府志》卷5《兵卫官署》,《天一阁藏明代方志选刊》,上海:上海古籍书店,1982年,第14a页。

续表

职责	人数	职责	人数
巡盐	10	京操	293（新军）
匠局	100		

资料来源：《（嘉靖）徽州府志》卷11《兵防志》。

按：表格中各项数字之和为5236名（包括参与漕运的余丁557名），远较《（嘉靖）徽州府志》所载3863名为多。笔者猜测，一些军士在完成京操、城操等任务后也会参与屯田、垦田等事项，亦即存在一人身兼数职的情况。

嘉靖年间新安卫的兵员分配转以屯垦为主，而参与日常军事训练（城操）的军兵，《（嘉靖）徽州府志》的编者直言道，"今城操军单弱，合无行卫清理丁壮"①。当然，不论是以漕饷为主，还是以屯垦为主，都取决于朝廷的政策，非新安卫所能自专。在明代卫所制日渐衰落的时代大背景下，新安卫也难以独善其身。因此，在地方防务中，新安卫的作用日渐削弱。

三、卫、府相融：新安卫融入地方社会

除了在经济与地方防务中的相互合作，新安卫与徽州地方社会还存在着密切的人员往来。人与人——卫所武官兵士与府县官绅士夫、普通百姓——之间的密切关系，是新安卫与徽州府关系中最重要的方面。

新安卫的前身最早可以追溯至设立于至正十七年（1357）、下辖雄峰翼的分枢密院，当时即有很多徽州子弟入伍从戎。在明代休宁人程一枝所修《程典》中，提到戊戌年（1358）十二月兴安府"募民兵戍雄峰翼"②，以及休宁临溪人程善于甲辰年（1364）"补雄峰翼百户"③。此外，休宁人任原于元末组织义军，后归附朱元璋，"积功至显武将军、雄峰翼管军万户"④。清末民初的徽州人许承尧曾指出，"明初诏良家子弟愿从军者，赐免事牌，郡中少年俱奋勇入籍。初发新安卫守城，再调从沐国公征南，世隶云贵"⑤。

除了从戎入伍，还有不少徽州人因犯罪而被谪发新安卫充军。安徽省博物馆收藏有《休宁三十都三图绝、活军户名册》一件，彭超以之为主要材料，探讨了明代徽州的军户问题。在休宁三十都三图的24名绝军户中，计有吴虎儿、孙鼎、朱松支、吴应祖、吴梅茂等因罪谪发新安卫充军。⑥ 可见，新安卫中的徽州籍士兵不乏其人。

---

① 何东序修，汪尚宁等纂：《（嘉靖）徽州府志》卷11《兵防志》，明嘉靖四十五年刊本。

② 按：元末徽州曾被短暂改名为"兴安府"。

③ 程一枝：《程典》卷6《本宗年表第二上》，明万历二十六至二十七年家刻本，第32b、33b页。

④ 曹嗣轩编撰，胡中生、王巘点校：《休宁名族志》2卷《任》，合肥：黄山书社，2007年，第293页。

⑤ 许承尧：《宗乘长篇》，原件藏安徽省博物馆，转引自彭超：《从两份档案材料看明代徽州的军户》，《明史研究论丛》第五辑，南京：江苏古籍出版社，1991年，第86页。

⑥ 彭超：《从两份档案材料看明代徽州的军户》，《明史研究论丛》第五辑，南京：江苏古籍出版社，1991年，第89页。

在武官层面，明中期以后，一些徽州籍文职高官的子弟开始袭荫为新安卫世袭武官。歙县人杨宁官至刑部尚书，其子杨塭得新安卫世袭副千户。韩雍认为，"今制惟武勋得袭荫，文臣惟公孤元老秉钧轴者，殁则录其后，亦文阶止其身耳"。而杨宁能得此异恩，实因其"才兼文武，出将入相，有大勋劳于国家"①。的确，杨宁于正统初年从尚书魏源巡视宣、大，后预麓川、腾冲军务，确有事功。② 与杨宁的情况相似，官至都察院右副都御史的歙县人程富，其长子程镛授新安卫世袭百户。程富亦曾参赞甘肃军务，后又区划麓川军饷。③ 可见杨宁、程富等得荫子武职，实与明中期以后文官逐渐参与军事活动有关。

通婚联姻也是实现卫、府间人员交流的重要方式。官至南京兵部尚书、参赞机务的休宁人程信，共有四个孙女，其中第三、第四个孙女分别嫁给了新安卫指挥之子朱仪、新安卫千户于明之子于恩。④ 休宁隆阜人吴以道之女吴"璿，适新安卫使孙君之弟瑞"⑤。除了武官与士族之间的联姻，普通士兵与百姓之家的通婚肯定是大量存在的，只是目前尚未发现明确的史料记载。

除了彼此人员间的密切交流，新安卫尤其是其武官群体，通过积极参与徽州地方的日常行政、文教公益事业等，加速融入地方社会。

徽州府城墙修筑及一些市政设施的运营维护，成为新安卫的重要职责。明代中期，徽州府城德胜、潮水、南山三门楼及周遭女墙渐次塌坏，成化六年（1470）"巡按监察御史张敦檄委新安卫指挥使孙升等修造如故"⑥。徽州府城谯楼，"其更夫则新安卫幼军二十五名番直"⑦。

地方儒学及祠庙的修筑得到卫所武官的热心参与。成化四年（1468），徽州知府周正重修歙县儒学，新安卫千户于明"乐其工之成，归告其父致仕千户聪，捐白金十余斤，塑宣圣、四配、十哲像一十五位，妆金雕石，上龛下座，赫然尊严"⑧，知府周正特为立"于侯文远敦尚义行碑"，以嘉其劳绩⑨。正统至天顺年间，孙遇前后担任徽州知府近二

① 韩雍：《襄毅文集》卷 11《庆大司寇杨公序》，《景印文渊阁四库全书》第 1245 册，台北："商务印书馆"，1986 年，第 753 页。

② 张廷玉等：《明史》卷 172《杨宁传》，北京：中华书局，1974 年，第 4582 页。

③ 苏大：《通议大夫都察院右副都御史程公富行状》，（明）程敏政辑撰，何庆善、于石点校：《新安文献志》卷 83《行实》，合肥：黄山书社，2004 年，第 2017~2022 页。

④ 徐溥：《谦斋文录》卷 3《程襄毅公林夫人墓志铭》，《景印文渊阁四库全书》第 1248 册，台北："商务印书馆"，1986 年，第 617 页。

⑤ 汪舜民：《静轩先生文集》卷 14《明故吴处士墓志铭》，《续修四库全书》第 1331 册，上海：上海古籍出版社，2002 年，第 129 页。

⑥ 彭泽修，汪舜民纂：《（弘治）徽州府志》卷 1《城池》，《天一阁藏明代方志选刊》，上海：上海古籍书店，1982 年，第 39b 页。

⑦ 彭泽修，汪舜民纂：《（弘治）徽州府志》卷 5《郡邑公署》，《天一阁藏明代方志选刊》，上海：上海古籍书店，1982 年，第 4b 页。

⑧ 彭泽修，汪舜民纂：《（弘治）徽州府志》卷 5《学校》，《天一阁藏明代方志选刊》，上海：上海古籍书店，1982 年，第 20a 页。

⑨ 该碑镌刻于成化十一年（1475），现存于歙县明伦堂后进。碑文参见邵宝振：《徽州碑刻辑录之三·于侯文远敦尚义行碑》，周晓光主编：《徽学》第十三辑，北京：社会科学文献出版社，2020 年，第 242~243 页。

十年，极得人心，后升江西布政使以去。"既二年，湖广参议致仕、郡人方懋德辈率诸士民作甘棠、遗爱之什，新安卫指挥使刘有源辈率能言者作去思之诗，歙义民殷伯祥录刊成集，名曰'怀仁'。"三年后，新安卫千户于聪暨殷伯祥、孙公润等，"协众创公（即孙遇）生祠于天宁寺之左"①。于聪之子于明又"捐歙县台盘邱五百七十九号田二亩"入祠，作为"秋祭、修理、守人食用以及香灯之费"。②

卫所武官同样热衷于亭台楼阁等文化景观的建造。宣德年间，歙县道人鲍兴道募新安卫千户赵安等在黄山浮丘峰"重创庙宇，修砌道路"③。正统八年（1443），新安卫指挥刘清于歙县儒学松风亭旧址"立亭四楹，周以栏楯，席以长几，旁植松、竹、梅，匾曰'岁寒亭'"④。弘治十四年（1501），新安卫指挥同知管宣作亭于其居之后圃竹下，"竹有一本起五尺许，岐为二竿者，众以为瑞竹，遂以名其亭"⑤。

在赈济饥民及设置义阡、义庐等恤政义举中也不乏卫所武官的身影。如新安卫指挥佥事名礼，"景泰中曾散积谷以济黟之贫民"⑥。新安卫千户于明既建"于氏义阡"于歙东赵家坦，"遇有贫难不能葬者皆给棺葬之，有司为之立籍"⑦，又建"于氏义庐"于歙县东关郡厉坛后，"以居贫民及远方流移者"⑧。

在融入地方社会的过程中，新安卫武官少不了要与徽州社会的精英群体——文人士大夫相往还。在彼此的交往中，武官们的儒将行为往往受到称赞和鼓励。新安卫百户安庄，"卜筑东城之隅，高明爽垲，市喧不杂，虽阛阓而有山林之气象。乃营小轩扁曰'梅雪'"，征言于名士唐文凤。唐氏在其所作《梅雪轩记》中，希望安庄能在此轩中于"阅武之暇，解鞍下马，裴回容与，雅歌投壶，所谓诗书之帅也"⑨。在另一篇序言中，唐文凤提到新安卫镇抚王仲禧"性敏好学，莅职以来，简阅士卒，融之以恩，临之以政，粮糇充足，铠仗鲜明，时论称之"。尤可称者，王仲禧"尝于暇日辟小轩蓄书画，数会宾友

① 周洪谟：《徽州府前太守孙公生祠记》，彭泽修，汪舜民纂：《（弘治）徽州府志》卷12《词翰二》，《天一阁藏明代方志选刊》，上海：上海古籍书店，1982年，第34a页。

② 同时捐田者尚有休宁人孙灿、歙县人朱可绍等数人。彭泽修，汪舜民纂：《（弘治）徽州府志》卷5《祠庙》，《天一阁藏明代方志选刊》，上海：上海古籍书店，1982年，第36a~b页。

③ 杨尔曾：《新镌海内奇观》卷2《黄山图说》，《续修四库全书》第721册，上海：上海古籍出版社，2002年，第382页。

④ 彭泽修，汪舜民纂：《（弘治）徽州府志》卷10《宫室》，《天一阁藏明代方志选刊》，上海：上海古籍书店，1982年，第36a页。

⑤ 彭泽修，汪舜民纂：《（弘治）徽州府志》卷10《祥异》，《天一阁藏明代方志选刊》，上海：上海古籍书店，1982年，第76a~b页。

⑥ 彭泽修，汪舜民纂：《（弘治）徽州府志》卷4《兵卫官属》，《天一阁藏明代方志选刊》，上海：上海古籍书店，1982年，第52a页。

⑦ 彭泽修，汪舜民纂：《（弘治）徽州府志》卷5《恤政》，《天一阁藏明代方志选刊》，上海：上海古籍书店，1982年，第52a页。

⑧ 彭泽修，汪舜民纂：《（弘治）徽州府志》卷10《宫室》，《天一阁藏明代方志选刊》，上海：上海古籍书店，1982年，第38a页。

⑨ 唐文凤：《梧冈集》卷6《梅雪轩记》，《景印文渊阁四库全书》第1242册，台北："商务印书馆"，1986年，第607页。

讨论经史，探研韬略，玩理以养其心，集义以养其气"①。

四、结　语

明代新安卫与徽州地方社会的关系，并非只有合作的一面。宣德、正统之际担任徽州知府的崔彦俊，其任职徽州的诸多治绩中有如下一条："新安卫卒素放纵劫夺，即劾奏，加以重罪，自是秋毫无犯。"② 众所周知，明初武官地位颇高，且多为开国或靖难功臣后裔，因此卫所武官、军士欺凌州县民人（"放纵劫夺"）的情况时有发生。崔知府的不畏强暴、执法刚毅，某种程度上反映出文官集团在仁、宣以后逐步加强对武官集团控制的企图。明代中期以后，地方州县行政系统文职官员日益介入卫所事务。嘉靖年间，新安卫官吏的俸廪已经需要在徽州府"秋粮存留米内开支"③。至万历年间，新安卫屯粮征收情况的核查、城操官军粮钞的支放，徽州知府等官员均会参与其中。④ 万历三十一年至三十四年（1603—1606年）担任徽州知府的梁应泽亦曾"清卫士之占额，岁省四百余缗"⑤。不过，关于徽州府县官员介入、干预卫所事务的史料较为有限，尚难展开全面、深入的探讨。

本文从三个方面考察了明代新安卫与徽州府的关系。第一，徽州府每年需要向新安卫提供大量的军需物资，至嘉靖年间则改由府、卫合作岁造解京军器。第二，新安卫对于徽州的地方治安有维护之责，每当饥民、流贼、倭寇、矿盗等危害地方安宁时，新安卫官兵均会参与相关的军事行动。只是明代中期以后，卫所的军事职能日减，营兵制、募兵制逐步取代卫所制成为国家的主要军事力量，新安卫维持地方治安的作用日渐式微。第三，新安卫武官群体在很大程度上表现出积极融入徽州地方社会的趋势。从军、谪发、荫授、联姻，使卫、府军民你中有我，我中有你。武官们积极投身于修筑城墙、修建儒学祠庙、构建亭台楼阁、赈济救灾等地方公共事务和公益事业，活跃于明代的徽州社会。

除此以外，明代徽州府和新安卫的关系还体现在其他方面。例如，明中期以后，徽州商人崛起，一些徽商或因从戎，或以捐资获得新安卫武官职衔。如黄钟，"会岛夷大入，季公（即黄钟）仗剑入行间。督府修幕下功，授武毅将军、新安卫镇抚司镇抚"⑥。程沣

① 唐文凤：《梧冈集》卷5《息马观书图序》，《景印文渊阁四库全书》第1242册，台北："商务印书馆"，1986年，第596页。

② 范涞修，章潢纂：《（万历）新修南昌府志》卷19《乡献类·人物传》，《日本藏中国罕见地方志丛刊》第5册，北京：书目文献出版社，1991年，第400页。

③ 何东序修，汪尚守等纂：《（嘉靖）徽州府志》卷8《食货志》，明嘉靖四十五年刊本。

④ 古之贤：《新安蠹状》卷上《直隶徽州府为申明屯例严并屯粮以济运储以祛宿弊事》《呈兵道申明新安卫老幼军人食粮稿》、卷下《谕新安卫城操官军支领月粮》，转引自卞利：《〈新安蠹状〉点校并序》，台湾《明史研究》2012年第19期。按：古之贤于万历十四年至十六年（1586—1588年）担任徽州知府。

⑤ 鲍应鳌：《瑞芝山房集》卷3《郡太守梁公生祠记》，《四库禁毁书丛刊》集部第141册，北京：北京出版社，1997年，第85页。

⑥ 汪道昆撰，胡益民、余国庆点校：《太函集》卷56《明故新安卫镇抚黄季公配孺人汪氏合葬墓志铭》，合肥：黄山书社，2004年，第1182页。

则 "奉诏例，赍拜新安卫指挥佥事，爵万户"①。鲍松经商致富后嗜古籍、购异书，《新安名族志》载其为 "新安卫指挥佥事，好文重义，梓行诸儒遗书"②。这些商人虽非新安卫实职武官，但此点亦反映出当时府、卫关系的一个侧面。因此可以说，明代徽州府与新安卫的关系是全方位的，我们在讨论明清尤其是明代徽州社会相关问题时，新安卫的作用和影响不应忽视。

（作者单位：安徽大学徽学研究中心）

---

① 汪道昆撰，胡益民、余国庆点校：《太函集》卷52《明故明威将军新安卫指挥佥事衡山程季公墓志铭》，合肥：黄山书社，2004年，第1101页。
② 戴廷明、程尚宽等纂，朱万曙等点校：《新安名族志》前卷《鲍》，合肥：黄山书社，2004年，第90页。

拾穗习俗的救世理想及其近代困境*

□ 王洪兵 缪元珍

【摘要】拾穗习俗作为乡村社会的一项救济互助惯例，有着浓厚的历史文化底蕴，它是中国传统文化中"民胞物与"思想的深刻体现。拾穗习俗源于乡土中国的经济道德思想，它追求社会物质财富再分配的公平合理，强调关爱鳏寡孤独等弱势群体，通过遗穗于穷民，实现社会内部的互惠合作，缓解社会矛盾、维护社会稳定。近代以来，随着生态恶化、人口爆炸、土地集中，公共资源趋于枯竭，偷窃庄稼之风泛滥，由此导致拾穗习俗遭遇到前所未有的挑战和困境。面对拾穗危机，与国家权力的强行干预相呼应，乡村社会通过建立青苗会组织，制定村规民约，规范拾穗秩序，从而一定程度上维系了乡村社会的互惠合作关系。国家、村庄与民众的多元互动，成为近代乡村社会秩序得以实现的重要途径。

【关键词】拾穗习俗；乡村救济；公共资源；乡村治理；青苗会

数千年以来，传统中国乡村生活看似"杂乱无章、毫无规律可循"，而实际上却并非如此，每个时期的农事活动要围绕"农事节律"这一基轴而展开。① 对于居于乡村社会最底层的乡民而言，一年中最盼望的农事习俗无疑就是麦秋、大秋之际的"拾穗"活动。"拾穗"根据拾取对象的差异又有"拾麦""拾稻""拾谷""拾花""拾豆""拾荒"等不同称呼，是传统中国乡村社会一种普遍存在的济贫习俗。在上述"拾穗"习俗中，尤其以"拾麦"最为普遍，关于"拾麦"，在乾隆年间的纪晓岚眼中是这样一番景象："乡村麦熟时，妇孺数十为群，随刈者之后，收所残剩，谓之拾麦。"②

近代以来，提及"拾穗"习俗，人们印象最深刻的莫过于 19 世纪法国画家米勒的代表作《拾穗者》，继米勒之后，路德维希·里希特、梵高等著名画家都有以拾穗为主题的

---

* 本文系国家社科基金一般项目"青苗会与近代华北乡村社会变迁研究"（14BZS049）阶段性成果。

① 王加华：《被结构的时间：农事节律与传统中国乡村民众年度时间生活——以江南地区为中心的研究》，上海：上海古籍出版社，2015 年，第 28 页。

② 纪晓岚：《阅微草堂笔记》，上海：上海古籍出版社，2016 年，第 289 页。

作品传世。① 清末民初，赴美留学的胡适在日记中也描述了西方的"拾穗"传统，"凡获，勿尽获尔田隅，毋尽收尔遗穗……遗之以畀贫苦及异方远来之人"②。目前，学界主要对欧洲的拾穗习俗展开研究，例如许志强和陈立军围绕传统习惯法与近现代法律、惯例权利与私人产权之间的矛盾冲突考察了近代以来英国拾穗权的演化及其对地方社会的影响。③ 与欧洲相比，中国的"拾穗"习俗不但历史更为悠久，而且其对乡村社会的影响尤其深远，但是与拾穗相关的专题研究尚属空白。在近代中国，"拾穗"习俗的变迁还引发了华北乡村社会的连锁反应：为了解决"拾穗"习俗引发的社会危机，规范乡村"拾穗"秩序，以看青防窃为主要职责的青苗会组织普遍兴起，随着青苗会的发展成熟，其职能趋于多元化，并逐渐融合乡里组织以及士绅、宗族等传统机制，成为近代华北乡村社会治理的关键因素，从而对近代华北乡村社会产生深刻影响。④

本文选取"拾穗"习俗为研究对象，从"社会救济"与"乡村治理"的双重视角，综合社会史与政治史、短时段与长时段、区域史与整体史的研究经验，梳理拾穗习俗的历史发展脉络，探查其思想渊源、公共属性及其道德诉求，检视近代拾穗习俗危机背后的诱因，剖析近代国家与乡村社会的应对举措、效果及其社会影响，以期推进中国近代乡村社会史的整体性研究。

一、"拾穗"习俗的思想渊源及其历史变迁

"拾穗"传统在中国由来已久，早在先秦时期，古人即有"拾穗"之俗，《诗经·小雅·大田》是最早提及"拾穗"的文献，其文曰："大田多稼……有渰萋萋，兴雨祈祈。雨我公田，遂及我私。彼有不获稚，此有不敛穧，彼有遗秉，此有滞穗，伊寡妇之利。"关于大田滞穗产生的原因，郑玄认为是自然形成的，"百谷既多，种同齐孰，收刈促遽，力皆不足，而有不获不敛"。顾孟武则认为是奴隶缺乏劳动积极性，敷衍劳动的产物，"自然就会到处有不获不敛、遗秉滞穗了"，言下之意，滞穗非有意为之。⑤ 对于滞穗，朱熹的理解更倾向于是一种济贫策略，"言农夫之心，先公后私……彼有遗弃之禾把，此有滞漏之禾穗，而寡妇尚得取之以为利也。此见其丰成有余而不尽取，又与鳏寡共之，既足以为不费之惠，而亦不弃于地也"⑥。晁福林赞同朱熹的观点，他认为先秦的滞穗以及拾穗风俗反映了宗法制度下人际关系的和谐。⑦ 传统拾穗习俗是中国传统文化中"民胞物

① 米勒：《拾穗之农妇》，《新晨报副刊：日曜画报》，1930 年第 95 期，第 2 版。
② 胡适：《胡适留学日记》第 1 卷，上海：上海科学技术文献出版社，2014 年，第 281 页。
③ 参见许志强：《惯例、法律与乡村秩序——以十八九世纪英国拾穗诉争为中心》，《世界历史》2018 年第 2 期；陈立军：《惯例权利与私有产权的博弈——近代早期英国拾穗权之争》，《经济社会史评论》2018 年第 2 期。
④ 王洪兵：《青苗会与清代华北农村社会变迁初探》，《清史论丛》（2007 年号），北京：中国广播电视出版社，2006 年，第 278~295 页。
⑤ 顾孟武：《"雨我公田，遂及我私"新解》，《农业考古》1988 年第 1 期。
⑥ 朱熹：《诗集注》，北京：中华书局，2011 年，第 209 页。
⑦ 晁福林：《天命与彝伦：先秦社会思想探研》，北京：北京师范大学出版社，2012 年，第 232 页。

与"思想的深刻体现，在儒家看来，万物一体、天人合一，人与人、人与物之间都是平等的，作为个人要履行自己的职责和义务，以仁爱之心关爱他人，尤其是要关爱处于社会底层的弱势群体。① 在长期的社会生产、生活过程中，中国民间逐渐形成了互惠互利的道德传统，并融入儒家主流思想体系，孔子明确地提出了平均主义的社会财富分配观念，"丘也闻有国有家者，不患寡而患不均，不患贫而患不安。盖均无贫，和无寡，安无倾"（《论语·季氏》）。中国传统文化中有着浓厚的经济道德思想，这种思想追求社会物质财富分配的公平、公正，"把道德人格的完善、道德生活的和谐看作生产活动的最终目的，因此产生了道德高于生产的思想倾向"②，分配的道德规范有助于缓和社会矛盾、减少社会纷争，从而有助于实现社会的和谐发展。

秦汉以来，面对与社会经济发展相伴而生的贫富分化、社会财富分配不均等社会问题，董仲舒进一步阐发了孔子"不患贫而患不均"的观点，认为贫富悬殊、两极分化会诱发各种社会问题，例如富者骄横，贫者忧患，富而暴戾、穷而窃盗，这也是"世所难治"的根源。解决之道在于采取相对公平的社会分配方案，调节贫富之间的差距。从具体实践操作来说，要做到"君子不尽利以遗民"，"仕则不稼，田则不渔，食时不力珍"，"使诸有大奉禄，亦皆不得兼小利，与民争利业，乃天理也"③。在董仲舒看来，君子应当懂得分利于他人，从某种意义上说，拾穗就是对社会财富和公共资源进行二次分配的一种途径，即"彼其遗秉，此有滞穗，伊寡妇之利"，富者适当让利于贫者，官让利于民，如此才能形成良好的社会风气和稳定的社会秩序。

到隋唐时期，拾穗习俗深入人心，随着农业生产的发展，无论是华北还是江南地区，"丰收多麦，傍有滞穗"④，拾穗习俗颇为流行。柳宗元将"野多滞穗，亩有余粮"作为社会和谐的重要象征，在其看来，社会富足和谐、民生乐业的一个重要体现就是田主"留穗于野"⑤。深受儒家仁爱思想影响的杜甫关注"拾穗"习俗并付诸实践，杜甫在夔州期间管理东屯公田，正逢刈稻时节，目睹民生疾苦，他胸怀穷黎，遗穗于民，容许贫民和孩童捡拾，其诗云："复作归田去，犹残获稻功。筑场怜穴蚁，拾穗许村童。"⑥ "穷则独善其身，达则兼济天下"，儒家的处身立世之道深刻影响着人们的思想和生活习惯，拾穗习俗正是儒家仁爱思想在乡村日常生活中的生动反映。

唐宋之际，随着佛教的盛行，"拾穗"也惠及僧人，例如唐元和中，有着宿僧总持，"为人清苦，一生未曾干人，惟自垦山种田数亩给衣食。或遇丰岁多麦，傍有滞穗，度知其主必不收者，拾之以归"⑦。宋代"拾穗"风气益盛，在衡山双峰禅寺西二十五里有拾穗岩，即源自僧人拾穗，据记载，"古有高僧惠宣居岩中，每拾穗自给，故号拾穗"⑧。

① 刘学智：《民胞物与》，《光明日报》，2018 年 1 月 11 日，第 2 版。
② 汪荣有、程世平：《经济道德论》，南昌：江西人民出版社，2016 年，第 32 页。
③ 张世亮等译注：《春秋繁露》，北京：中华书局，2012 年，第 284~286 页。
④ 赵璘：《唐五代笔记小说大观》，上海：上海古籍出版社，2000 年，第 857 页。
⑤ 柳宗元：《柳宗元集》，北京：中华书局，1979 年，第 942 页。
⑥ 杜甫：《杜少陵全集》下册，上海：中央书店，1935 年，第 79~80 页。
⑦ 赵璘：《因话录》，刘肃等撰，恒鹤等校点：《大唐新语》，上海：上海古籍出版社，2012 年，第 155 页。
⑧ 陈田夫：《南岳总胜集》卷中《叙观寺》，光绪丙午长沙叶氏校刊本，第 38b 页。

北宋画家米芾对"拾穗"给予高度评价："路不拾遗知政肃，野多滞穗是时和"①，在米芾看来田野滞穗多寡是社会和谐与否的重要表征。南宋诗人戴复古大力颂扬拾穗的济贫效果："腰镰上垅刈黄云，东家西家麦满门。前村寡妇拾滞穗，饘粥有余炊饼饵"②，拾穗成为乡村社会救济寡妇等弱势群体的重要补充手段。宋元时期，江南水稻产区盛行"拾稻"习俗，穷民多以此维持生计，但是随着晾晒稻把器具"乔扦"的发明，稻田滞穗数量锐减，贫民不无怨言："丰年有象居人喜，滞穗无遗寡妇愁。"③

明清以降，拾穗在乡村社会更为盛行，思想家顾炎武将"拾穗"视为社会稳定与否的标志，他指出，"治化之隆，则遗秉滞穗之利及于寡妇；恩情之薄，穰锄箕帚之色加于父母"④。在清代，拾穗之风遍及全国各地，张廷玉诗云："遗秉兼滞穗，寡妇分余粮。此风未云邈，尽在云水乡。"⑤ 在浙江宁海县，每逢荒歉之年，妇女都会到田间拾穗，有诗云："人逢乏月稍饥荒，妇女都来刈麦场。想是田间多滞穗，故应攘摘若斯忙。"⑥ 在江苏淮阴夏家湖地方，"拾麦之俗"沿袭已久，"湖田阡陌绵长，地主恒树红旗为界，红旗不倒，拾麦者不得阑入。既倒之后，谓之'放门'，此处即可拾麦，然主家又旋树新界，渐收渐小，以至于无。斯时男妇奔仆其中，如山如潮，主人则载麦盈车，晚霞照路，田歌送喜，一天好事，于斯圆满"⑦。在天津乡村，拾麦习俗颇盛，"津人于麦熟后刈获登场，田间尚有滞穗，任凭妇女拾取，谓之拾麦子"⑧。在山东滕县，拾麦成为当地妇女聚集的盛会，"四月五月之交，麦秋至矣，而贫家妇女如云以至，谓之'拾麦'，嬉笑怒骂，震人耳鼓"⑨。在河南省清丰县，庠生王清家境丰裕，收获季节，"麦菽熟矣，必留数亩不尽获，给掘撷。曰此遗秉滞穗之风也"⑩。在获嘉县，"麦秋时农人樵麦中野，以网包盛之，老幼妇女率尾樵者后竞拾遗穗，获多者以斗计，莫之禁。独从网包中探去，谓之'掏包'，未樵者私拔去谓之'掇边'"⑪。在乡村社会，拾穗不但让贫民得以糊口，甚至有人以此致富，例如在山东峄县，有胡从妻马氏二十岁守寡，"家贫，女红自给，夏秋拾滞穗为积蓄"，至六十五岁时，"有余财置田园数十亩"。⑫

在清代中后期，随着社会资源的日益穷蹙，乡民往往超越村、乡、县的界限，奔赴外地拾麦，例如乾隆五十一年（1786），名幕汪辉祖经山东前往京师途中，时值山东饥荒，"东阿旧县道中见小车携老挈幼，由北而来，几三四千辆，问之皆景州、德州人，赴济宁

① 米芾：《蜀素帖》，上海：上海书店出版社，2012年，第12页。

② 戴福年主编：《戴复古全集》，上海：文汇出版社，2008年，第49页。

③ 王祯撰，缪启愉、缪桂龙译注：《东鲁王氏农书》，上海：上海古籍出版社，2008年，第461页。

④ 顾炎武著，黄汝成集释：《日知录集释》上册，上海：上海古籍出版社，2013年，第380页。

⑤ 张廷玉：《张廷玉全集》下册，合肥：安徽大学出版社，2015年，第109页。

⑥ 应可军编：《宁海竹枝词》，宁波：宁波出版社，2016年，第34页。

⑦ 张煦侯：《淮阴风土记》，北京：方志出版社，2008年，第499页。

⑧ 《水中拾麦》，《申报》，1893年7月16日，第3版。

⑨ 《（宣统）滕县续志稿》卷2《风土略第四》，宣统三年铅印本，第4a页。

⑩ 《（同治）清丰县志》卷7《孝义》，同治十一年刻本，第36a~b页。

⑪ 《（乾隆）获嘉县志》卷9《风俗》，乾隆二十一年刻本，第5a页。

⑫ 《（乾隆）峄县志》卷9《烈女志》，乾隆二十六年刻本，第35b页。

拾麦资生"①。在山东费县，每到麦收时节，山民都不约而同地到相邻的苍山县平原拾麦，当地人称为"下麦潮"。相对于费县而言，苍山县人少地多，"遗留在地里的麦子就特别多"，当地村民也乐于接纳这些外地的拾麦人，双方关系较为融洽。② 在近代的华北乡村，虽然极贫之家无力种麦，但是通过拾麦，"一位妇人可拾一二斗麦子，约八九十斤，于贫寒之家，也不无小补也"③。"拾穗"之俗遍及华北乡村，并且融入乡民的日常生活和思想观念深处。

二、"拾穗"习俗的公共属性及道德诉求

在传统中国不乏施惠济贫的社会救济思想和举措，宋神宗熙宁四年（1091），枢密使文彦博在前往相国寺行香途中，发现市易司在御街设摊售卖瓜果分取牙利，文彦博对官争民利的行为予以谴责："瓜果之微，锥刀是竞，涸泽专利，所得无几，徒损大国之体，只敛小民之怨。遗秉滞穗，寡妇何资？"在文彦博看来，良好社会秩序的养成需要政府让利于民，"使毫末余利，均及下民，惠泽分沾"④。在儒家仁爱思想的指引下，社会积极为底层民众提供赖以生存的基本资源，掌握资源的富有阶层或者政府应当分利于民，而不是与民竞争。拾穗作为一项社会财富再分配的传统习俗，其目的就是利用公共资源救助乡村社会中的弱势群体，以此达到维护公共利益和社会秩序的目的。

美国经济学家卜凯对中国的"拾穗"习俗颇感兴趣，据他观察，麦收时节，"所有之人，皆出面工作——且有来自各县城者——盖人之不自割其麦，或非受雇而为人割麦者，皆出而拾取遗麦，积习相沿，俨同一种不能转让之权利。常见田间拾麦之人，多于合法收获之人。亦有数处，即平时足不出户之少女，皆得出而相助收获"⑤。清末来华的明恩溥发现，在华北乡村，"到处都有许多贫困的人，他们唯一的资源就是偷窃"，为此，村庄制定专门的看青规则，组织青苗会。除严防穷民偷窃庄稼之外，村庄还有一些恤民的风俗和规则，例如，"田地拥有者不要将地里的农作物收获的太仔细"，残留些许庄稼，可以为穷民生存提供一定的救助。⑥ 在乡村社会舆论中，如果田主在收获之后不允许拾穗则是一种不道德的行为，例如宣统二年（1910），在江西清江县有杨姓地主因割麦后"不准贫民入田拾麦"，被乡民视为"为富不仁"，从而引发了大规模的抢拾风潮。⑦ 拾穗作为一种社会救助举措，具有显著的利他主义色彩，根据"互惠利他主义"理论，"互惠关系中的救助人并非一无所获，他可以期望当自己有朝一日陷入同样困境时，获得别人同样的救

① 汪辉祖：《清汪辉祖先生自定年谱》卷上，台北："商务印书馆"，1980 年，第 124~125 页。
② 冯增田：《沂蒙情思》，济南：山东友谊出版社，2003 年，第 362~363 页。
③ 齐如山：《华北的农村》，沈阳：辽宁教育出版社，2007 年，第 88 页。
④ 曾枣庄、刘琳主编：《全宋文》卷 645《文彦博五》第 15 册，成都：巴蜀书社，1991 年，第 555 页。
⑤ 卜凯：《中国土地利用》，新望、范世涛主编：《中国经济学经典文选》上册，北京：华夏出版社，2011 年，第 95 页。
⑥ 明恩溥著，陈午晴、唐军译：《中国乡村生活》，北京：中华书局，2006 年，第 127~128 页。
⑦ 《草庵饥民拾麦酿命》，《时报》，1910 年 6 月 27 日，第 3 版。

助"①，遗穗于他人的行为本身可能让救助人在心理上和生理上产生恻隐之心或同情心，从而产生道德上的慰藉和获得感。

拾穗是在中国流传几千年的古代遗风，有助于调节个人利益与公共利益，其社会救济的意义非常突出。在世人看来，拾穗是一项公认的济贫良俗，"北方麦子成熟，收割之时永远准许贫家妇女跟随割麦工人，捡拾遗在地上之麦穗……地主绝不禁止，意思是富足之家有麦子吃，贫寒之家也要沾点光也，这当然是一种恕道美德"，"这种风俗行了几千年而未衰"。②

根据美国社会学家奥尔森的"搭便车"理论，"公共物品一旦存在，每个社会成员不管是否对这一物品的产生做过贡献，都能享受这一物品所带来的好处"③。在中国乡村社会，田野中的"滞穗"即是人人皆可获得的公共物品。美国学者斯科特曾设想将"拾穗"作为一项公共福利，施行于全社会，他指出，"当主要季节的作物收获以后，所有农田重新恢复为公共土地，任何家庭都可以拾穗、放牧家禽和家畜，甚至可以种植一些成熟期短的旱季作物。所有村内家庭都有在村庄公共牧地上放牧家禽和家畜的权利……任何一个家庭都有拾柴的权利"④。彭慕兰也注意到了"拾穗"习俗的公共属性，"穷人被普遍认为具有一种从事某些拾荒活动的权力，而这种权力首先在其家乡村子里被普遍认同"⑤。为了确保乡村社会穷人最基本的生存权利，公共资源的共享是一个重要途径，斯科特指出："在本村内耕作荒地的权利、放牧权利、捡拾落穗的权利，以及'如果当地有贫困村民，就不雇用外来佃农和工人'的惯例，所有这些都服务于一个目的——使乡村穷人得以勉强生存。"⑥ 生存权利是乡村中发挥积极作用的道德原则，这种权利既包括穷人对于本村公共资源的要求权，也包含他们对于较富村民财富的要求权。乡民的生存权利主要源于生存的困境，对于农民来说，"其特殊要求可能是确有保障的雇佣、捡拾田地落穗的权利"⑦。

在传统中国，"拾穗"是一项乡间"睦恩任恤之制"，"中国农村之风俗，视调剂平民，为有地有力者之一种正当而不可不尽之义务"。⑧ 与灾时救济不同，拾穗属于一种例常的济贫习俗，麦秋时节在农村是最繁忙的时刻，同时也是村民之间联系交际以及互助的时期，拾穗习俗的初衷就是救济村中鳏寡孤独，增进乡村社会内部的和谐。在山东馆陶，收麦时节，"贫家妇女成群结伙，奔走田间拾麦；秋天拾谷者尚少。棉花开放时，业主必

① 桑本谦：《利他主义救助的法律干预》，《中国社会科学》2012 年第 10 期。

② 齐如山：《齐如山文集》第 8 卷，石家庄：河北教育出版社，2010 年，第 248 页。

③ 赵鼎新：《集体行动、搭便车理论与形式社会学方法》，《社会学研究》2006 年第 1 期。

④ 詹姆斯·C. 斯科特著，王晓毅译：《国家的视角：那些试图改善人类状况的项目是如何失败的》，北京：社会科学文献出版社，2012 年，第 36~37 页。

⑤ 彭慕兰著，马俊亚译：《腹地的构建：华北内地的国家、社会和经济（1853—1937）》，北京：社会科学文献出版社，2005 年，第 70 页。

⑥ 詹姆斯·C. 斯科特著，程立显等译：《农民的道义经济学：东南亚的反叛与生存》，南京：译林出版社，2013 年，第 55 页。

⑦ 詹姆斯·C. 斯科特著，程立显等译：《农民的道义经济学：东南亚的反叛与生存》，南京：译林出版社，2013 年，第 226~229 页。

⑧ 王恒：《中国政治思想纲领》，上海：革新评论社，1929 年，第 80 页。

觅人拾花。极贫、次贫之农妇皆应呼而至，每地不一，数十人，拾花所得之钱可补助衣食之资"①。拾穗风俗有利于救助村庄中的贫困村民，从而有利于缓和乡村社会的矛盾冲突。麦收时节，整个华北乡村陷入狂欢，"虽无恒产者莫不欣欣然色喜，盖遗秉滞穗为其重大之收入，故男妇老幼皆置拾麦之器——绳篮镰刀"，每届富户割麦之时，拾麦者环绕田间地头，"主人及看麦工人时奋臂呼嚇其间，禁止前攫，有妨工作。而拾麦者亦俯首听命，莫敢或先。迨收尽若干亩后，主人呼曰：'拾罢！'则拾麦者蜂拥而前，争先恐后，奔驰往来，远望几疑千军万马冲锋陷阵"②，贫穷妇女是拾麦的主力，甚至一些中等之家的子女也参与到拾麦大军中。

中国的社会结构不同于西方的"团体格局"，"差序格局"是乡土中国的一个重要特征。③ 拾穗习俗有救济贫民的社会救助功能，但是救助的对象并不是全部穷民，而是与田主有特定血缘、地缘关系的群体。在灾荒之年，拾穗的地域范围一般会扩展至周边地区，例如河北省南河县是小麦的主产区，"每至麦熟之期，东乡一带，经曲周、平乡、肥乡等县，男女老少来此拾麦者络绎不绝，或宿于庙，或宿于野，或宿于亲友家内"，甚至即将要临盆的孕妇也前往拾麦。④ 传统乡村社会内部，"共同的价值标准和社会调节相结合，加强了相互间的帮助"。乡民通过互相帮助，达成一种默契，一旦村民依靠别人的帮助解决困境，当别人遭遇困难和麻烦时，也可以得到同样的帮助，由此达成互惠的共识。⑤ 人类历史的发展表明，源于乡土的习俗可能会演变为社会共享的规范，在一个特定的社会中，每个成员都要遵守相应的习俗、礼仪或者规范。与国家律令相比，习俗或者传统在乡村社会有着更强的约束力。研究表明，跟乡村生活有密切关联的"非正式社会保障制度"可以确保农民在大荒之年免遭灭顶之灾，"乡村的规范秩序对乡村的富裕成员提出了一定的行为标准"，即"只是在富人们的资源被用来满足宽泛界定的村民们的福利需要的范围内，富人的地位才被认为是合法的"⑥。数千年以来，拾穗作为一项约定俗成的施惠与救济习俗，成为官方和民间普遍认同的传统规则，在改善民生、缓和社会矛盾、维护乡村社会秩序等方面都发挥了重要作用。

三、近代乡村的偷窃之风与拾穗危机

"拾穗"习俗作为村落内部照顾贫困村民的一种救济措施，取自古代乡里的守望相助之意，即"婚姻死丧，疾病患难，里中富者助财，贫者助力，春秋耕获，通力合作，以教民睦"⑦。在饥荒年代，乞讨或者接受"制度化的救助"是渡过难关的重要途径，但难

① 《（民国）馆陶县志》卷6《礼俗志·风俗》，民国二十五年铅印本，第29b~30a页。
② 吴世勋编：《分省地志·河南》，上海：中华书局，1927年，第46~48页。
③ 费孝通：《乡土中国》，北京：北京大学出版社，2012年，第40~44页。
④ 《拾麦妇》，《益世报》，1930年7月1日，第1版。
⑤ 詹姆斯·C. 斯科特著，程立显等译：《农民的道义经济学：东南亚的反叛与生存》，南京：译林出版社，2013年，第36页。
⑥ 詹姆斯·C. 斯科特著，程立显等译：《农民的道义经济学：东南亚的反叛与生存》，南京：译林出版社，2013年，第52~53页。
⑦ 《（光绪）文登县志》卷3上《都里》，民国二十二年铅印本，第1a页。

免要背井离乡，为避免这种事情的发生，"家庭或村落能为人们提供安全保障，只有那些走投无路的人，才会选择背井离乡寻求帮助"①，除宗族、义仓、社仓这些措施外，拾穗无疑是社会公认的救助方案。

"拾穗"习俗是反映乡村社会关系变迁的"晴雨表"：在农业丰收、社会繁荣稳定时期，村庄之间以及村庄内部关系较为融洽，地主对于穷民的"拾穗"行为较为宽容，并藉此缓和贫富不均造成的邻里矛盾，因此乡村社会的利益得到有效调整，乡村秩序较为稳定；但是每当灾荒、战乱、歉收年代，乡村社会衰落，村庄生存资源日趋紧张，掌握大量土地的地主或富农趋向"吝啬"，对于农作物的收获更加细致，也不允许乡民随便"拾穗"，由此导致村庄内部矛盾日益尖锐。从道义经济理论的视角来看，中国传统乡村社会的拾穗习俗作为一项集体行动，它是"有利于弱者和穷人而不利于富人的集体再分配惯例"②。这套惯例存在着不稳定性，极易受到外部环境的冲击，传统乡村社会与饥饿、贫困如影随形，即使是身处康乾盛世的纪晓岚也不禁感慨拾穗习俗面临的挑战："人情渐薄，趋利若鹜，所残剩者不足给，遂颇有盗窃攘夺。"③ 尤其到近代以来，拾穗危机愈发严峻，公共开放资源的萎缩导致乡村内聚力下降，"穷人愈来愈多，乡村内有限的资源无法靠习惯维持来满足众多拾荒者的需求，冲突无法避免"④。受外部恶劣环境的影响，乡村社会的和谐关系时刻面临挑战，"在个体之间的生态竞争中，拥有同情心的人很可能占不到任何便宜——当他们面对数量众多的忘恩负义者，或哪怕仅仅遭遇少数恩将仇报者时，结局都会如此"⑤，拾穗过程中个别人的偷穗行为可能将整个群体锁定在相互不合作的"囚徒困境"中，偷穗行为对偷窃者本人而言是实现个体利益最大化的优势策略，但却让拾穗习俗遭遇巨大的危机。

清代中后期，随着人口增长，社会资源不能满足人们需求之间的矛盾日益突出，拾穗习俗也随之面临巨大挑战。在乾隆年间的河南辉县，每逢麦秋时节，"有地之家急于收麦，无地穷民则急于拾麦"，然而时风日下，"男妇大小怒目攘背，名虽曰拾麦，非窃取则争夺矣"。⑥ 在光绪年间的上海周边乡村，"秋稼登场之际，小户贫民往往争趋拾穗，渐至势同抢夺，聚众斗殴"，官府不得不严厉禁止。⑦ 乡村人际关系随着公共资源的欠缺日益紧张，拾麦成为诱发乡村社会矛盾的重要导火索，冲突无法避免。

在近代的华北乡村，由拾穗引起的纠纷和命案屡见不鲜。光绪四年（1878），直隶南宫县民妇刘张氏赴地拾麦，乘机偷窃村民李洛培地内麦穗，被李洛培发现后发生争执，刘

---

① 史蒂芬·M. 博杜安著，杜鹃译：《世界历史上的贫困》，北京：商务印书馆，2015 年，第 33 页。

② 李丹著，张天宏等译：《理解农民中国：社会科学哲学的案例研究》，南京：江苏人民出版社，2009 年，第 55 页。

③ 纪晓岚：《阅微草堂笔记》，上海：上海古籍出版社，2016 年，第 289 页。

④ 王建革：《传统社会末期华北的生态与社会》，北京：生活·读书·新知三联书店，2009 年，第 384 页。

⑤ 桑本谦：《利他主义救助的法律干预》，《中国社会科学》2012 年第 10 期。

⑥ 丁世良、赵放主编：《中国地方志民俗资料汇编·中南卷上》，北京：书目文献出版社，1990 年，第 78 页。

⑦ 《袁江清话》，《申报》，1885 年 10 月 4 日，第 2 版。

张氏撒泼混骂,结果被李洛培用镰刀砍划致死,本来是一场简单的"拾麦"纠纷,最后演变成为命案。且命案发生后不断升级,由村至县,由县到州,由州而省,由省至京,最后到达御前。① 乡村中的偷窃行为大多源于恶劣的生存环境,天灾人祸都会加重村民的生活负担,难以养活庞大的人口,"在农民回归普通的农户生活后,他们也通常使用掠夺性手段,把这种手段当作对临时生活危机的应对或固定的副业活动"②。斯科特将"拾穗"等乡村习俗称为"退却方案",可以为穷民提供辅助生存资源,这种退却方案,"使得农民有了某种灵活性——有了至少在短期内承受农作物歉收、应付外部索取的能力",并且像拾穗这样的辅助性经济活动一般不会对乡村生活造成重大影响。但是随着生态环境的恶化、人口的增长,村有荒地、公共牧场等公共资源逐渐减少,甚至消失殆尽,村庄或者政府开始限制穷民对公共资源的索取,社会矛盾逐渐加剧,"从前,佃户向地主交完地租之后,如果自己在当地的荒地上捡些柴禾或种上一点东西,尚能勉强度日;现在,他发现很难做到这一点了",农民通过公共资源维持生计越来越难,农村内部的社会关系日趋紧张。③ 村庄互惠原则和生存权利遭受威胁,或者平衡被打破,村庄秩序势必会出现危机,"地主或政府多拿走的每一箩稻谷带给农民们的痛苦并不相同。小土地所有者的纳税额最终可能使得他们只有走上反抗之路或者放弃土地。捡拾落穗权和粮食借贷额的缩减最终可能迫使一家人挨饿或者背井离乡"④。

近代的华北地区是一个人口密度较大、社会问题繁杂、社会矛盾日渐聚合的社会,华北乡村整体而言处于衰落的状态,乡民日趋贫困化。在顺义县沙井村,村民赵廷魁八岁被过继给伯父时,家里尚有地一百七十亩,在随后几年中,因为祖父母、伯父、亲生父亲去世后举办葬礼以及子女的婚礼等支出,不得不卖地筹款,到民国二十八年仅剩五亩地。⑤赵廷魁的人生经历其实就是近代华北乡村民众日常生活状态的真实写照。在 20 世纪 30 年代的华北乡村,战争、天灾、土匪接踵而至,"乡下的大农和小农,已急剧地趋入破产之途,甚至于连多年剥削农人的大地主,也渐渐地破产而在农村里不多见了",在贫穷普遍化的大背景下,人们对物质供给普遍陷入绝望。⑥ 关于中国乡村社会矛盾的根源,王沪宁指出:"乡村的基本矛盾是由资源不足引出的。由于生产力的相对不发达,乡村资源的不足成为首要的矛盾。"⑦ 近代华北乡村的衰落促生了大量流民,为了寻求生存资源,他们

① 直隶总督李鸿章奏折(光绪六年正月二十七日),中国第一历史档案馆藏:《军机处录副奏折》,档号:03-7243-018。

② 霍布斯鲍姆著,李立玮、谷晓静译:《匪徒:秩序化生活的异类》,北京:中国友谊出版公司,2001 年,第 105 页。

③ 詹姆斯·C. 斯科特著,程立显等译:《农民的道义经济学:东南亚的反叛与生存》,南京:译林出版社,2013 年,第 79~84 页。

④ 詹姆斯·C. 斯科特著,程立显等译:《农民的道义经济学:东南亚的反叛与生存》,南京:译林出版社,2013 年,第 228 页。

⑤ 徐勇主编,李俄宪主译:《满铁农村调查》(总第 2 卷·惯行类第 2 卷),北京:中国社会科学出版社,2016 年,第 470~472 页。

⑥ 羊角:《赵县、宁晋县的圣贤教》,《津南农声》1936 年第 1 卷第 2 期。

⑦ 王沪宁:《当代中国村落家族文化——对中国社会现代化的一项探索》,上海:上海人民出版社,1991 年,第 272 页。

四处游荡，"秋收之际，无业游民，名为捡拾庄稼，实则掳掠田禾，虽有看青之人亦不畏"①。在山东邹平产棉区，偷窃之风弥漫于乡村，"奸狡无赖之徒"，任意横行，"强拾人家棉花，见者敢怒而不敢言"，稍加干涉，"彼即暗地纵火焚屋"。②

在民国时期的河北省乡村，拾麦逐渐演变成偷麦、抢麦，"拾麦之人成群结队，遍地盖野，为数之众倍于往年，其中多远地之人，因遭荒旱，携儿带女出来拾麦，正午则相聚树下，吃自己带来之干粮，渴则跑至邻近村庄，向村人乞饮，此人群之中，许多少妇、少女，皆面色枯黄，身体疲倦，而犹在烈日下拼命挣扎"③。在 20 世纪 30 年代的山东乡村，随着阶级矛盾的日益尖锐，各地出现了抢坡运动，所谓抢坡即："地主庄稼成熟的时候，农民抢收，叫做抢坡"，贫农多在夜间开展武装抢坡，与贫农的抢坡针锋相对，"富农地主武装看坡"④，秋收时节的田间地头转化为贫农与地主的角斗场。随着拾穗引发的乡村社会纠纷日益增多，民众创作"拾麦谣"分析拾穗困境："拾麦拾麦人拥挤，来自数十百余里，男女老幼齐俯腰，一穗两穗争相取。形势混乱看不清，田主虑窃力制止，莫怪田主人，纳税养生区区此；莫怪拾麦人，流离觅食非得已。年荒税重家家贫，有产无产相差几？可怜人生到此时，不事争夺惟有死。为问陇上饥劳人，曾否悟澈祸缘起。"⑤ 华北"拾麦谣"反映了乡村日益贫困化，导致拾麦习俗陷入绝境。

"拾穗"本是村民之间利益分配的再调节，但是由于生态、人口压力的增大，偷窃庄稼成为村庄中的经常性事件，村庄内部的亲和性遭到破坏，以亲情为纽带的村落内部相互信任的内聚也失去了存在的土壤。光绪末年，在顺天府宝坻县，民人阎小四至缌麻服兄阎作霖地内捡拾玉秦被殴，阎小四兄长阎六事后前往理论，与阎作霖争殴并将其砍伤致死。⑥ 在宝坻县尚节里孙家庄，每年大秋禾稼成熟，待田主收割禾稼完毕之后，乡民可以赴地砍柴、拾草，但是随着生活环境的恶化，规则遭到破坏，"藉砍草为名，毁坏禾稼"的事件屡有发生。⑦ 在河南省上蔡地区，每逢庄稼收获季节，"每有无业游民以及妇孺成群结队，抢拾豆麦，于地方秩序不无影响"，虽然官府严厉整顿，告诫乡民："凡拾麦人等，务须视有滞穗方可俯拾"⑧，但仍不能阻挡抢麦风潮。在民国时期的山东曹县、单县，兵匪横行，民不聊生，"老实的就到大庄上去当雇工，桀黠的就靠着偷窃生活：麦熟偷麦，豆熟偷豆，高粱熟了偷高粱"⑨。霍布斯鲍姆指出，驱民为盗最主要的原因是饥饿，即所谓"'凶年饥岁，下民无畏死之心；饱食暖衣，君子有怀刑之惧'，贫困地区也就是

① 林传甲：《大中华京兆地理志》，北京：中国青年出版社，2012 年，第 269 页。
② 何治平：《山东邹平齐东一带义坡社之调查》，《益世报》，1935 年 2 月 16 日，第 3 版。
③ 《结队拾麦》，《益世报》，1937 年 6 月 6 日，第 4 版。
④ 常连霆主编：《山东党的革命历史文献选编》第 1 卷，济南：山东人民出版社，2015 年，第593~594 页。
⑤ 芷洲：《平民叫苦集：拾麦谣》，《学汇（北京）》1923 年第 246 期。
⑥ 直隶总督袁世凯奏折（光绪三十年正月三十日），台北"故宫博物院"藏：《宫中档光绪朝奏折》，档号：408001204。
⑦ 尚节里孙家庄民人郭文魁呈状（咸丰四年闰七月十八日），中国第一历史档案馆藏：《顺天府档案》，档号：102-070。
⑧ 《上蔡通信》，《大公报》，1933 年 6 月 12 日，第 6 版。
⑨ 韦昌聪：《各地乡村状况调查：山东单曹县农民的痛苦》，《村治》1930 年第 1 卷第 7 期。

匪徒啸聚的地区，食物短缺的农闲季节也就是抢劫事件的多发季节"①。偷窃庄稼成为乡民维持日常生活的重要食物来源，由天灾人祸引发的秩序危机，最终也导致拾麦习俗陷入绝境。

四、"拾穗"危机的官民应对举措

习俗惯例在乡村社会具有强大生命力，"乡土社会是安土重迁的，生于斯、长于斯、死于斯的社会"，在这样的社会中，"传统"的力量异常强大，人们要按照流传已久的乡俗或者仪式按部就班地生活。② 受乡村传统伦理规范影响，村庄内生活秩序表现在多个方面："获得经济的协作、保持社会道德、抵御地痞骚扰、一定程度上抗衡乡镇的过度提取和保持村庄领袖在主持村务时的公正与廉洁。"③ 在上述秩序框架范围之内，乡村社会形成了一种公认的公平观念，"在穷人看来，在需要时，偷点富人的财产，或者在地产丰饶的富人的一小块地上非法地放牧自家的羊群，并不是什么不道德的行为。一些人富的流油，而另一些人却生活贫困，这才是极大的恶"。因此，农民起来反抗，也许并非是推翻富人的压迫，"而是强迫他们履行其道德义务"，无论农民采取何种反抗形式，"农民的集体暴力都部分地由道德幻想所构建，由经验和传统所派生，由社会各阶级的相互义务所促成"④。

如何应对由拾穗引发的社会秩序危机？在地方官看来，"拾穗"是一项乡土社会长期遵循的规约，有助于维持乡村社会秩序，因此支持合法的"拾穗"行为。康熙年间，萧山县发生了一起因为拾穗引发的命案，县民吴三凤凌晨潜入同堡朱世安禾场"拾取遗穗"，"世安觉而获之，遂执为贼，始而挞之于场，继而呈之于县"，知县对于此案的处理采取折中方案，指出："姑念同井之人，且场禾虽有主之物而露积，非廪盖之藏"，因此将吴三凤"拟一杖"。同时知县认为朱世安对于同堡村民过于苛刻，在知县看来，"夫遗秉滞穗，向为寡妇之利，世安即不能以古道自处，然挞而逐之，斯可已矣，控县何为？"因此，"亦不能无罪焉"，将朱世安"相应并杖"。⑤

清末山西东乡县知县董沛在审理民间词讼的过程中，往往借鉴儒家经典为依据，形成了独特的判语风格。在其审理的一起拾穗纠纷案件中，乡民徐受良之妻"俯拾田畔剩稻"，被田主何蔡高撞见，撕破衣裤。董沛在判词中显露出对拾穗妇女的同情，其判词称："惟拾穗之事，甚属细微，尽可当众理斥其非，而竟恃强撕裤，丧人廉耻，实与棍徒无异。"董沛特别强调拾穗的合理性，"俯拾田禾，本属细微之事；突来土棍，遽遭凌虐之冤。徐陈氏年仅三旬，家无一垄，衣蔽身而已旧，筐在手而恒饥。歌遗秉滞穗之圃，愁

① 霍布斯鲍姆著，李立玮、谷晓静译：《匪徒：秩序化生活的异类》，北京：中国友谊出版公司，2001年，第13～14页。

② 费孝通：《乡土中国》，北京：北京大学出版社，2012年，第84～85页。

③ 贺雪峰、仝志辉：《论村庄社会关联——兼论村庄秩序的社会基础》，《中国社会科学》2002年第3期。

④ 詹姆斯·C.斯科特著，程立显等译：《农民的道义经济学：东南亚的反叛与生存》，南京：译林出版社，2013年，第244～247页。

⑤ 未了、文菡：《明清法官断案实录》下册，北京：光明日报出版社，1999年，第263～264页。

容可掬；遭裂襟毁裳之辱，众口皆哗"①。在贫富两极分化的背景下，偷窃庄稼的行为往往被冠以"公平正义"的头衔，"很可能穷人无论如何不认为这样的行为是偷窃，而是当做他们依据早先的习俗认为理应据为己有的东西——某种强制性的济贫税来代替他们不再收到的礼物和工资"②。

在传统中国，官府对于"拾穗"引发的偷窃事件往往与一般窃案区别对待，惩处相对宽松，清代巴县官方规定："无知妇女幼童，借捡柴割草为名，乘间摘取他人田地内粮食瓜果蔬菜等类，究竟与实在盗窃不同，若被失主查获，只可投凭牌甲，告其家属严加管教，不准擅自拷打凌辱。"③ 但当"拾穗"威胁到社会秩序稳定时，官方的态度可能会走向另一端。例如在河南巩县盛产棉花，当地盛行"拾花"习俗，"先辈为行方便计，于摘花将竣时留余以丐贫户"。到清末以来，随着拾棉纠纷日益增多，"拾花之期渐次提前，地主挥之不去，又进而喧宾夺主，时方灿烂盛开，悍夫泼妇竟而结队抢拾，莫敢谁何，渐以成讼。事后连村结社，名曰'看花'，演戏设筵，严立规则，而仍留余以沾之，恶风少息"。到民国十三年，县长李廷璐"慨田赋之繁重，恨游手之藏奸，出示晓谕，禁绝拾花旧习，归还地主全权"④。可见乡村对有限资源的争夺相当激烈，在资源缺乏的地区，村民之间因为相互争夺有限的共享资源，关系日益紧张，村庄内部的和谐关系日益下降。"拾穗"习俗作为流传几千年的良风美俗，之所以能够延续不断，主要是受到传统文化中惠民、仁民思想的影响，但是与"拾穗"相伴而生的偷窃现象让这一习俗不断面临危机和挑战。

维护社会秩序，尤其是乡村社会生产秩序，是国家政权的基本职责。在近代乡村社会，偷窃庄稼是贫民最为普遍的改善生计的手段，因此，各级地方政府都注意通过国家法令的形式干预"拾穗"，预防偷窃行为。在清代，州县是贯彻执行国家治理方案的最基层行政组织，规范拾穗秩序也是其基本职责。在清代宝坻县，每到庄稼收获季节，官府都会广为张贴"严禁偷窃禾稼"的告示。光绪十三年（1887）闰四月十五日，应地方所请，宝坻县向全县发布了严禁偷窃庄稼的告示：

> 严禁偷拔麦苗以安农业事，照得，二麦现届成熟，诚恐乡愚无知，纵令妇女孩童假以拾取遗穗为由恣意偷拔，地主见而拦阻，反行逞习滋闹，甚至装伤捏控，冀图挟制，浇风恶习亟应严禁，除差饬查外合行出示晓谕，为此示仰阖乡民人等知悉：如有在地偷拔麦禾或藉称拾穗乘机窃取之人，许该地主乡牌人等送县究惩，妇女孩童有犯，罪坐夫男家长，如实止捡拾遗穗并无偷拔情事，该地主等亦不得妄控为窃，擅行殴辱，致干坐诬，该乡牌等倘敢挟嫌栽诬，妄拿滋事，或藉此需索，一经访问或被告发，定行革究严惩，各宜凛遵毋违。⑤

---

① 洪丕谟：《中国古代法律名著提要》，杭州：浙江人民出版社，1999 年，第 208 页。

② 詹姆斯·C. 斯科特著，郑广怀等译：《弱者的武器》，南京：译林出版社，2007 年，第 326 页。

③ 四川大学历史系、四川省档案馆编：《清代乾嘉道巴县档案选编》下册，成都：四川大学出版社，1989 年，第 290 页。

④ 《（民国）巩县志》卷 7《民政·风俗》，民国二十六年刻本，第 6a~b 页。

⑤ 宝坻县知县严禁偷拔麦苗告示（光绪十三年闰四月十五日），《顺天府档案》，41-045。

从这则告示可以看出，在清代宝坻县，妇女儿童是拾穗的主体，反映出拾穗习俗惠及老弱妇孺的传统。但是到晚清，民生维艰，偷窃禾稼的现象时有发生，导致矛盾冲突不断，官府不得不出面干预。尤其在战乱动荡年代，拾麦习俗处理不好，往往容易引发更大规模的冲突，因此拾麦成为官方预防的重点。州县作为国家在地方的代理人，可以运用国家法律和国家意识形态来强化对乡村秩序的控制，其作用是不可取代的。但是仅依靠官方的力量，很难将国家意志贯彻到乡村中去，这就需要乡村社会或民间力量的积极参与，国家与乡村社会的合作成为可能。

到清代中后期，为了规范拾穗秩序，乡村社会逐渐出现了专门的看青组织。在安徽凤阳府凤台县，"地既寥廓，民田之离村落远者，数家合雇一人，结草舍于田中，以巡瞭之，谓之'看青'。方芸田时，雇者云集，荷锄入市，地多者出钱往佣，计日算工，谓之'打短'。刈获之日，田主纠伙收割，分亚旅周视其间，谓之'看边'。其贫者俟其获，随而拾其穗遗者，挈妻子老幼结草舍于田隅，一人所拾或至石许"①。康熙年间，曾担任河间县知县的彭开祐游历历下，正值农户刈麦，随即作《历下城东观刈麦》诗，描述了刈麦、看麦、拾麦的场景：

> 九州辨土宜，播获事俱异。惟麦膂务登，种尤重齐地。播之法则同，获乃非一器。我行东城东，鹊华拱晴翠。山前麦正秋，刈者蚤群萃。……初刈日看边，陌头还坐视。瓯窦纵满篝，旁观不敢觊。刈毕日放圈，群起拾以次。絜之且撷之，欢趋或颠踬。谅此犹古风，遗穗总弗弃。来牟即悉登，屑氊户新试。重罗白雪尘，齍盛礼告备。纸钱垄上飞，是又荐新义。②

从彭开祐的诗文中可以发现，拾穗习俗在康熙年间的山东历下已经有了严格的规范措施，刈麦时有人专门"看边"，有"陌头"监管，严禁偷拾，直到刈麦完毕，才能"开圈"拾麦。

嘉庆年间，青苗会在宝坻县乡村大量涌现，它们通过订立条规，约束抢麦陋习，成为维护村庄社会秩序的重要力量。宝坻县当地素有拾麦之风气，"而无知匪徒、不端妇女，藉此为由，下地任意采取偷盗"，此种偷窃行为破坏生产秩序，引发社会矛盾。嘉庆十五年（1810），经西河务庄等十五庄公议，"逢有麦之年，共立青苗会，愿献戏四台，如古报赛之意。其该庄办会，周而复始。凡腔价费用，按地亩股数均摊，各无二心。恐有生事不服者，复禀之于官，按庄合请告示，晓谕黎民。无事则喜其丰收，共庆乐租，有事则大家议罚，或送官司"。根据会规，拾麦时间有严格限制，"必俟二麦登场，彼此之会，乃许开圈。一庄有事，众庄随之，不得不如此其严也。至于拔麦之后，凡秋麦、豌豆尚属白地，恐晚田苗，自应速种。若小麦有苗，亦不得用力耕锄，致掩麦穗，使人难以捡去，须让十天之外，乃许耕耘，不然亦当受罚。盖立一会，原系公道，存贫富有益，非徒合谋聚众以势人也"。根据青苗会规则，乡民在开圈后统一拾麦，拾麦时间确定为十天，十天之

---

① 《（光绪）凤台县志》卷4《食货志·物产》，光绪十九年木活字本，第4b~5a页。

② 彭开祐：《历下城东观刈麦》，张应昌主编：《清诗铎》上册，北京：中华书局，1960年，第145页。

内不得锄耕，以免掩埋遗穗，以此救济贫困乡民。青苗会的"立批合同"还开列了关于拾麦的惩罚措施，"巡青人放一人拾麦，罚钱五千；本家带一人拾麦，罚钱十千；遇官事不按股数出钱，罚戏一台；有青苗速耘者，罚钱十千"①，青苗会在调整拾麦秩序的过程中发挥了重要作用。在近代的华北乡村，"许多村庄对拾荒活动设置了新的限制，并且，国家鼓励成立看青组织来执行这些限制（并防范真正的盗贼）"②，村庄与国家共同的利益、秩序需求推动青苗会组织不断发展。

在近代的华北乡村，随着时代变迁，受各种因素的影响，"拾穗"习俗逐渐成为诱发乡村社会冲突的重要源头，社会秩序一度陷入混乱。为了重建乡村社会秩序，官方与民间都采取了相应的举措。拾穗习俗在自然环境恶化、人地比例失调和生存生活资源缺乏等因素的压迫下发生了重大变化，这种变化显然不利于村落内部关系的和谐。为了看护庄稼，河南许昌各村庄有专门的看护组织，俗称"看地头"，成员由"看地头"的"头"选择，一般每"甲"一人，"内部以看管着方便为原则，划分看护地段，实行责任到人，有的还在自己的看护范围内撒灰作为标记。在麦子即将成熟和收割期间，他们经常到地里游转，夜里也偶尔到地里看一看，以防止发生大的丢麦事故"③。

近代以来，作物桔梗、棉花柴，甚至野草都成为日常生活的稀缺之物，拾荒面临巨大的挑战，乡民因拾荒而发生的冲突在宝坻县乡村屡见不鲜。为了维持秩序，民间逐渐形成了一定的拾荒规则，由村庄制定统一收割秫秸、棉花柴的时间，在此之前，即使自家田地里的秫秸与棉花柴也禁止收割。在顺天府宝坻县，为防止抢拾庄稼事件，村庄成立青苗会，制定村规民约，约束偷抢事件。例如嘉庆二十二年（1817），宝坻县好礼里大兰各庄青苗会成立后，制定了本庄棉花柴收拔规则："大兰各庄地亩收拔棉花柴历系以寒露节气之期，大众一齐收拔，以杜拾庄稼人偷窃棉花"，这是阖庄公认的"旧有章程"违者阖庄公议处罚。根据规则，即使是田主本人也不许提前私自收拔。该庄民人刘云生没有遵循村规，"届期之前独出己见，自拔棉花柴"，破坏了"旧章"，结果被青苗会首刘盛哲和看青人王文德制止。④ 宝坻县村庄对于拾穗、拾荒有统一的规则，只有青苗会宣布开圈，乡民才可以入地拾穗、拾荒，违规提前入地拾取则被视为偷窃。道光年间，宝坻县好礼里庄头庄农民辛德茂的土地坐落马家店庄青圈内，由该庄青苗会负责看护。道光五年（1825）八月二十八日，辛德茂派雇工到自己地里拔棉花柴，被看青人陈士杰等以"尚未开圈"为由抓获，由青苗会进行处罚，并罚酒钱两吊。⑤禁止乡民私自提前收拔庄稼，主要是为了规范收获秩序，避免偷窃事件，青苗会禁止村民提前收获庄稼的规定，可以在一定程度上规范乡村生产秩序，减少偷青事件以及不必要的纠纷。

到清末民初，青苗会在华北乡村大量涌现，成为调整拾穗习俗的重要应对举措。面对拾穗引发的秩序危机，河北霸县乡村建立"青会"，制定看青规则，"禾稼林木皆有公会

① 宝坻县西河务等庄青苗会立批合同（嘉庆十八年三月初六日），《顺天府档案》，200-184。
② 彭慕兰著，马俊亚译：《腹地的构建：华北内地的国家、社会和经济（1853—1937）》，北京：社会科学文献出版社，2005年，第71页。
③ 《许昌文史资料》第6辑，1993年，第153～154页。
④ 好礼里大兰各庄生员王振东禀（嘉庆二十二年九月十五日），《顺天府档案》，198-139。
⑤ 好礼里庄头庄辛德茂禀（道光五年九月初十日），《顺天府档案》，186-029。

看守，名曰'青会'，'青会'之标记禾稼，则于地头着一撮石灰，林木则于地头树枝上悬一草结，有此表示而故意拾取则为违犯会规，处以相当之罚"。此外，在霸县乡村，"看守禾稼，青会有死青、活青之分，死青者一芥不得拾捡，但须数日一开其禁，活青则任人拾取，不过防其偷窃而已"①。在河南，村庄成立类似青苗会的"阑青会"看护庄稼。在鹿邑县，每逢麦收季节，"贫家妇女联翩至野拾取滞穗，狡悍者蹈隙揎取，往往构衅致讼"，因此，各村纷纷成立"阑青会"，制定规约，"拾麦有禁，其有私放牛马及盗取麦禾者则皆严其罚"②。鹿邑县"阑青会"起会时，会首邀请戏班唱"阑青戏"，宣布"阑青章程"，选定看青人，在田间地头用石灰标记，日夜巡逻看护，防止出现偷窃庄稼的事件。③ 在河北省顺义县前郝家疃，村庄成立青苗会看护庄稼，抓到偷庄稼的送到庙里敲钟，会首集合村民，当众处罚。④ 在河北省良乡县，村庄成立青苗会，制定乡规民约，"有不法行为偷窃五谷、毁坏青苗一切事项"，按照规定处罚。罚金主要用作购买锅、爆竹、桌子、椅子等公物，并在桌椅上烙上"公议会"烙印。⑤ 在山东菏泽县的产棉区，有拾棉惠民习俗，"冬令十月初一日以后，棉花地主已收十之八九，许贫民入地捡拾余棉"，但是在十月一日之前往往有贫民破坏乡规，抢捡棉花，为此，村庄多成立看花会，制定拾棉规则。⑥ 在山东邹平齐东一带的产棉区，棉花收获季节也是偷拾棉花最猖獗的时候，"庄民感自身防范能力之薄弱，本守望相助的古义，而联合组成义坡社"，义坡社很大程度上是社会环境"逼迫"的产物，"利用共同合作的办法，来谋大家的幸福"，"实隐具合作社之精神"。⑦ 在河北省永清县，青苗会大会召开后，在选定青夫、宣布规则、确定青圈后，青苗会在庙宇等公共地点张贴"严禁青苗"告示，同时鸣锣警示村众，谓之"禁青"。"禁青"分为"禁活青"和"禁死青"两种。"禁活青"就是庄稼收割完毕后，贫民才能入地拾穗。"禁死青"就是青圈内某一种庄稼全部收割完毕后，才能拾穗。如果没有宣布，就入地拾穗，即被视为有偷窃嫌疑，要接受青苗会的惩罚。⑧

在乡村治理实践中，官方与民间不无矛盾和冲突，但是在乡村社会秩序的追求上却达成了某种契合，官府与乡村因为共同秩序追求，实现了密切合作。拾穗习俗的研究表明，乡村社会公共物品的供给，既需要村庄组织的积极参与，又需要"带有强制性的合法的'政府性权力'"的保障，从而"形成国家与村庄之间合作与互补的供给机制"⑨。

① 《（民国）霸县新志》卷4《风土·物权习惯》，民国二十三年铅印本，第19b页。
② 《（光绪）光绪鹿邑县志》卷9《风俗·物产》，光绪二十二年刊本，第3b页。
③ 张鹏举、丁云岸主编：《鹿邑民俗志》，郑州：中州古籍出版社，1991年，第97页。
④ 徐勇主编，李俄宪主译：《满铁农村调查》（总第1卷·惯行类第1卷），北京：中国社会科学出版社，2016年，第164页。
⑤ 徐勇主编，李俄宪主译：《满铁农村调查》（总第5卷·惯行类第5卷），北京：中国社会科学出版社，2017年，第893~894页。
⑥ 司法行政部：《民商事习惯调查报告录》，南京：司法行政部编纂室印行，1930年，第239页。
⑦ 何治平：《山东邹平齐东一带义坡社之调查》，《益世报》，1935年2月16日，第3版。
⑧ 梁桢：《解口村大秋青苗会之概况》，李文海等主编：《民国时期社会调查丛编·二编·社会组织卷》，福州：福建教育出版社，2014年，第83~84页。
⑨ 贺雪峰、罗兴佐：《论农村公共物品供给中的均衡》，《经济学家》2006年第1期。

五、结　语

　　"拾穗"作为一项民间自发的惠民、恤民举措，世代传承、绵延不息。拾穗习俗源于传统中国朴素的"民胞物与"思想，是儒家仁爱观念的一种社会实践形式，寄托了先民"乐善好施"的救世理想，它超越人类血缘关系的藩篱，将包括鳏寡孤独在内的所有弱势群体纳入救济范围，试图通过"施惠于野"的方式弥补社会财富分配的差异，从而构建和谐稳定的社会秩序。地主收获时遗留滞穗于田，穷民拾穗于野，可以视为一种约定俗成的施惠与受惠的合作关系，这种直接互惠关系建立在维护乡村社会共同体秩序的基础之上，通过对社会财富的补充性再分配，协调富民与穷民之间的利益冲突，确保双方的和谐共存和乡村社会秩序的稳定。拾穗习俗有助于实现乡村社会成员之间的直接互惠，彼此之间达成默契合作。在理想状态下，乡民通过拾穗可以获得必要的日常生活物资补充，生计也由此得到基本保障，便不会觊觎田地中的庄稼，地主的大部分收成得到基本保障，互惠合作是村庄成员之间实现各自目标的最佳途径。然而，实际情况却要复杂得多，在拾穗过程中，顺手牵羊偷窃庄稼的行为时有发生。拾穗建立起来的互惠合作关系有助于公共资源的合理分配，但是随着偷窃行为日益猖獗，乡村社会的互惠合作面临巨大的挑战。人类的生存发展需要精诚合作，但是合作又难以避免"搭便车"行为的发生，从而使合作陷入困境。因此，对"搭便车"行为进行惩罚，可以有效地维护合作秩序，研究表明："在人类的公共合作中，正义原则必须优先于效率原则；如果不能通过惩罚机制维护社会正义，高效率的社会合作便无法实施。"① 数千年以来，儒家的传统道德观念与国家意识形态相融合，确保拾穗习俗在道德及法律秩序框架范围内延续不断，拾穗习俗也为处于社会贫困、饥饿边缘的底层民众带来了一线生机。

　　除天灾外，拾穗习俗最大的挑战无疑来自偷窃，面对拾穗过程中的偷窃行为，人们不断探索降低惩罚成本、提高惩罚效率的途径，尽可能地维护乡村社会成员之间的利他互惠的合作关系，确保乡村社会秩序的相对稳定性。惩罚机制对于维持互惠合作至关重要，人类历史的发展表明，"个体很少独自对违背社会规范者进行惩罚，惩罚通常以集体的形式发生，惩罚本身就传递了同伴谴责的信号"，这种惩罚可以称为"协调性惩罚"。协调性惩罚是维持人类社会合作秩序的重要手段，在协调性惩罚体系中，"代理惩罚"无疑是成本较低且力度和效率较高的模式，面对违背社会规则的行为，"人们会首先考虑使用法律武器来惩罚背叛者和保护自己"，或者，"某些人会向一些机构缴纳会费从而今后可以依靠该机构对背叛者进行惩罚"。② 作为皇权代理人的地方官以及乡村代言人的村庄领袖便被赋予了特定权威，对组织体系内部成员的违规行为实施权威惩罚，调节内部争端，从而达到提高群体合作水平的目的。

　　近代以来的中国社会正经历着"数千年未有之巨变"，华北地区生态的恶化、人口的增长、公共资源的匮乏让拾穗习俗陷入了社会矛盾的漩涡，拾穗习俗在近代乡村社会面临

---

　　① 叶航：《公共合作中的社会困境与社会正义——基于计算机仿真的经济学跨学科研究》，《经济研究》2012 年第 8 期。

　　② 韦倩、孙瑞琪等：《协调性惩罚与人类合作的演化》，《经济研究》2019 年第 7 期。

的困境进而推动了乡村社会组织的演变，青苗会随之产生，正如王建革所说："青苗会作为一种守护庄稼的看青组织是公共道德与公共资源下降到一定程度的产物，实际上防穷人不防富人，也是村内人际关系紧张的产物。"① 官方与民间对青苗会组织的评价不一，有人认为青苗会破坏了良序美俗，"然世道之不古也，善机不露，恶习成风，种种坏俗，屈指莫罄。即如青苗会一节，其弊有不可胜数者。彼游手宵小，不甘农食，固所当惩。若夫嗷嗷待哺，无产资度，拾麦揞禾，藉为小补。陇头之弋虽无几，灶底之尘即不生，而竟刻意防范，虞其漏网，此唱彼和，恃为得计"②，从而导致拾穗习俗受到冲击，贫民得不到救助。青苗会在乡村治理过程中确实存在着一定弊端，但是不可否认，华北青苗会成立后，一定程度上遏制了借拾穗偷窃庄稼的行为，缓解了乡村社会内部的矛盾冲突。更为重要的是，在"皇权下县"遭遇各种困境和阻力的情况下，青苗会由看青组织转化为乡村自治组织，其职能由防范拾穗偷窃扩展到催征钱粮、办理差徭、维持治安、主持村庄仪式等各项村庄及国家事务，从而承担起维持近代华北乡村社会秩序的重任。③ 拾穗习俗的研究表明，中国近代社会历史不仅仅由社会精英独自书写，也并非完全由重大历史事件主导，如果放宽历史的视野，梳理中国近代历史的发展脉络和大事因缘，我们会发现甚至连清末新政经费的筹措、民国时期华北基层行政的改革也不得不依托乡村惯例而开展，近代华北基层社会的这些历史性巨变无不与乡村日常生活细节有着千丝万缕的联系。

（作者单位：中国海洋大学中国社会史研究所）

---

① 王建革：《传统社会末期华北的生态与社会》，北京：生活·读书·新知三联书店，2009年，第385页。

② 正一子、克明子：《金钟传》上册，上海：上海古籍出版社，1994年，第184页。

③ 王洪兵：《冲突与融合：民国时期华北农村的青苗会组织》，《中国社会历史评论》第7卷，天津：天津古籍出版社，2006年。

文　史　考　证

金泽本《群书治要》对《汉书》的校补价值例释

□ 肖 毅 侯健明

【摘要】 日藏金泽文库古写本《群书治要》是现今《群书治要》公开出版的最早版本，其中所辑录的《汉书》正可为中华书局点校本《汉书》的校勘补证提供参考。本文撷取金泽本所辑《汉书》与中华本《汉书》的有关内容相校，总理出金泽本《治要》对中华本《汉书》四重校补价值，即"失校举正""误校辨正""校改补证""校改存疑"，并举数例加以辨析，以求为中华本《汉书》的修订尽绵薄之力。

【关键词】 金泽本；群书治要；汉书；校补

《群书治要》一书成于唐初，它征引了唐前经、史、子等六十六种古书的相关内容①，是一部"兼有唐代丛书及类书的某些特点"的典籍，对传世古书的校勘具有重要的参考价值②，其中便包括《汉书》八卷③。金泽文库古写本《群书治要》（以下简称"金泽本《治要》"）转抄于日本镰仓时代（1192—1333），以古写本的面貌示于今人，是现在《群书治要》公开出版的最早版本，④ 其中所征引的《汉书》正可为今本《汉书》的文本校勘与整理提供参考，同时也可为该书旧校提供更为确凿的证据。本文即以此为出发点，以金泽本《治要》所辑录的《汉书》与中华书局点校本《汉书》（以下简称"中华本"）相校，总理出了金泽本《治要》对《汉书》的四重校补价值，即失校举正、误校辨正、校改补证、校改存疑，并略举刍荛之见数则。兹分类逐录于下，以就教于方家。

---

① 这里将《群书治要》所引《魏志》《吴志》《蜀志》三书算作一种，即《三国志》。

② 关于金泽本《治要》的文献价值，参吴金华：《略谈日本古写本〈群书治要〉的文献学价值》，《文献》2003 年第 3 期。

③ 《群书治要》引《汉书》凡八卷，即卷一三至卷二〇，金泽本存六卷，卷一三、卷二〇阙。

④ 需要说明的是，《群书治要》的现存版本，在金泽本前尚有平安写本（即九条家本），现仅存十三卷，但未见影印出版，仅在东京国立博物馆官网·e 国宝 国立文化财机构所藏栏目展出七卷扫描件（https：//emuseum. nich. go. jp/detail？langId＝ja&webView＝&content_base_id＝100168&content_part_id＝0&content_pict_id＝0）。

一、失校举正例

《汉书》自成书之日起，距今已近两千年，历代辗转传承，文字讹误亦甚。对于《汉书》文本中的文字讹误，前人或未发明，或只列异文而未加按断，今中华本往往有失校者，正可据金泽本《治要》校之。

(一)

今汉承衰周暴秦极敝之流，俗已薄于三代，而行尧舜之刑，是犹以鞿而御駻突，违救时之宜矣。（《汉书》卷二三《刑法志》）①

"是犹以鞿而御駻突"，景祐、庆元、汲古阁、殿、王、局本同，《太平御览》卷三五九《兵部》引作"是犹以鞿羁而御駻马"。②

今按：金泽本《治要》卷一四作"是犹以鞿羁而御駻马"③，"鞿"下亦有"羁"字。有"羁"字当是。

《汉书》此句之下，颜师古注引孟康曰："以绳缚马口之谓鞿。"又引晋灼曰："鞿，古羁字也。"颜师古曰："马络头曰羁也。"（中华本，第1112~1113页）可知先孟康释"鞿"为"以绳缚马口"，晋灼释"鞿"为"古羁字"，而后颜师古以"马络头"释"羁"，然则《汉书》原本似有"羁"字，以"鞿羁"连言，孟康未释"羁"字，晋灼又误以"鞿"为"羁"之"古字"，故颜师古补其注。《说文·网部》："羁，马络头也。"④而"鞿"字，《说文》未载，《篆隶万象名义·革部》："鞿，在口曰鞿。"⑤ 宋本《玉篇·革部》："鞿，韁在口。"⑥ 可见"羁"本谓"马络头"，"鞿"本谓"马嚼子"，二字义别。又考《淮南子·氾论篇》："今世德益衰，民俗益薄，欲以朴重之法，治既弊之民，是犹无镝衔橜策錣而御駻马也。"高诱注"镝衔""策錣"曰："镝衔，口中央铁，大如

① 《汉书》，北京：中华书局，1962年，第1112页。本文后引《汉书》文献，皆为此版本，仅在文献后括注页码，不再另注。

② 本文校勘《汉书》所用之"景祐本"指北宋景祐刊本（亦即百衲本《汉书》），"庆元本"指南宋庆元元年建安刘元起刊本，"汲古阁本"指明末毛氏汲古阁刊本，"殿本"指清乾隆武英殿刊本，"王本"指王先谦《汉书补注》本，"局本"指清同治金陵书局刊本，下文不再出注。李昉等编：《太平御览》，北京：中华书局，1960年，第1650页上栏。

③ 魏徵等奉敕撰，尾崎康、小林芳规解题：《群书治要》（二）（宫内厅书陵部藏金泽文库古写本），汲古书院1989—1991年版，第234页。文中简称"金泽本《治要》"，本文后引《群书治要》文献，皆此版本，仅在文献后括注册数及页码，不再另注。

④ 许慎撰，徐铉校定：《说文解字》，北京：中华书局，1963年，第158页上栏。

⑤ 释空海：《篆隶万象名义》，台北：台联国风出版社，1975年，第1351页上栏。

⑥ 陈彭年等：《大广益会玉篇》，北京：中华书局，1987年，第123页下栏。

鸡子中黄，所以制马口也。錣，揣头箴也。"① 《淮南子》此文与《汉书》颇为近似，或为《汉书》之渊薮。《淮南子》之"镝衔""策錣"正与《汉书》"鞿""羁"义合，此又为《汉书》"鞿"下有"羁"字之力证。"鞿""羁"虽义别，然二者皆系马具，故古书常以二字连言，如《楚辞·离骚》："余虽好修姱以鞿羁兮，謇朝谇而夕替。"王逸注："韁在口曰鞿，革络头曰羁。"又《九章·悲回风》："心鞿羁而不形兮，气缭转而自缔。"② 皆其连言之证。《汉语大词典》收"鞿羁"一词，释为"马缰绳和络头，比喻束缚"③，可参。中华本但书"鞿"字，失校，当据补。

（二）

及警者为之，则苟钩（鉤）〔銡〕析乱而已。（《汉书》卷三○《艺文志》，第1737页）

"乱"，景祐、庆元、汲古阁、殿、王、局本同。《白氏六帖事类集》卷二六《九流》引此"乱"作"辞"④。

今按：金泽本《治要》卷一四作"则苟钩銡析辝而已"（第2册，第279页），"乱"作"辝"，是也。秦汉以来，"辝""辞（辭）"混用不别，或可称为一字之异体⑤，《说

---

① 王念孙校曰："'衔'下本无'橜'字。高注曰'镝衔口中央铁'，言镝衔而不言橜，则无'橜'字明矣。'镝衔'下有'橜'字则文不成义，此后人熟于衔橜之语而妄加之耳。"何宁又校高注"錣揣头箴也"曰："'揣'当作'楇'。《说文》：'楇，筡也。''策，马筡也。'《列子释文》引许注'錣，马策端有利锋'，即此楇头箴也。"皆是。参看何宁：《淮南子集释》，北京：中华书局，1998年，第928页。
② 洪兴祖：《楚辞补注》，北京：中华书局，1983年，第14、158页。
③ 罗竹风主编：《汉语大词典》第12卷，上海：上海辞书出版社，2008年，第214页。
④ 董治安主编：《唐代四大类书》第三册《白氏六帖》，北京：清华大学出版社，2003年，第2183页上栏。
⑤ 这里说"辞（辭）""辝"互为异体，主要是根据秦汉以后古书用字的具体情况分析出来的结果。若就文字本身而言，或许情况要复杂得多。《说文》释"辭"为"不受也"，以"辝"为"辭"之籀文。又同部收"辞"，训作"讼也"。但就古文字而言，《说文》将"辞""辭"别为二字有失允当。裘锡圭曾指出："'辭''辞'同音，本由一字分化。"董莲池进一步辨明："'辭'与'辞'初当为一字，所从之受旁当是因𤔔旁之讹而改……这种讹变写法出现在秦国某些'辞'字形体中，或以为它与'受'形近，且'辞'也已有了不受义，便干脆因讹将它改为从受，因而有了这种'辭'字，专表'不受'义。"而"辝"字于金文中作"𧥺"、"𧥺"、"𧥺"（字形见《金文编》，北京：中华书局，1985年，第975~976页），多用为第一人称"我"。杨树达说："《说文》辝为辭之或体，字从辛，台声，此当读为台。《尔雅·释诂》云：'台，我也。'"其说可从。盖"辞（辭）""辝"形义皆异，本为二字，秦汉后混用不别，许君遂据收为古籀。参看裘锡圭：《甲骨文字考释（续）·说"以"》，见氏著《裘锡圭学术文集·甲骨文卷》，上海：复旦大学出版社，2012年，第183页；董莲池：《说文解字考正》，北京：作家出版社，2005年，第581~582页；杨树达：《积微居金文说》，上海：上海古籍出版社，2013年，第158页。

文·辛部》："辥，不受也。辤，籀文辥从台。"①《龙龛·辛部》："辤"，同"辞"。② 这种情况在金泽本《治要》中有充分的体现，如卷一一《史记·周本纪》"有文告之辞"（第 2 册，第 30~31 页），卷一四《汉书·艺文志》"便辞巧说"（第 2 册，第 276 页）、"受命而不受辞"（第 2 册，第 281 页），卷一五《汉书·韩信传》"广武君辞曰"（第 2 册，第 297 页），"辞"字作分别作"辤""辤""辥""辥"，可参。故"析辤"即"析辞"，正与上引《白氏六帖》合。

"析""辞"连文成词，古书习见。《荀子·正名篇》"故析辞擅作名以乱正名"③，是其例。"析辞"即玩弄词句之义，正与"钩鈲"相应，与文意相合。又考《隋书·经籍志》解名家曰："拘者为之，则苛察缴绕，滞于析辞而失大体。"④ "滞于析辞而失大体"正与"钩鈲析辞"相合。中华本作"析乱"，于义无所取，"乱"当系"辞"字之讹。"乱"与"辞"字形相近，俗书常相乱。《可洪音义》"辞"俗讹或作"乿""乱"⑤，正可比参。景祐本作"乱"，后来诸本皆袭其误而未发，可见《汉书》讹误久矣，当据正。

（三）

军门都尉曰："军中闻将军之令，不闻天子之诏。"（《汉书》卷四十《周勃传》，第 2058 页）

"军门都尉曰"，景祐、庆元、汲古阁、殿、王、局本同。

今按：金泽本《治要》卷一五作"军门都尉将军令曰军中闻将军之令不闻天子之诏"（第 2 册，第 369 页），"军门都尉"下有"将军令"三字。然金泽本"军门都尉"下径接"将军令曰"，文句连接不恰，"都尉"下恐涉"将军令曰"而脱一"曰"字。补"曰"字后，句当断为："军门都尉曰：'将军令曰："军中闻将军之令，不闻天子之诏。"'"

又考《史记》卷五七《绛侯周勃世家》作"军门都尉曰：'将军令曰……'"《资治通鉴》卷一五《汉纪七》同，⑥ "军门都尉曰"下并有"将军令曰"，正可比参。"军中闻将军之令，不闻天子之诏"实乃周亚夫所发之军令，非军门都尉之令，中华本"军门都尉曰"下脱落"将军令曰"四字，以致文意不明，当据补。

（四）

凡居此者，欲令务以德致人，不欲阻险，令后世骄奢以虐民也。（《汉书》卷四三《娄敬传》，第 2119 页）

"欲令务以德致人"，景祐、庆元、汲古阁、殿、王、局本同。

① 许慎撰，徐铉校定：《说文解字》，北京：中华书局，1963 年，第 309 页下栏。
② 释行均：《龙龛手镜》，北京：中华书局，1985 年，第 183 页。
③ 王先谦：《荀子集解》，北京：中华书局，1988 年，第 414 页。
④ 《隋书》，北京：中华书局，1973 年，第 1004 页。
⑤ 韩小荆：《〈可洪音义〉研究——以文字为中心》，成都：巴蜀书社，2009 年，第 398 页。
⑥ 《史记》，北京：中华书局，2014 年，第 2519~2520 页；《资治通鉴》，北京：中华书局，2011 年，第 511 页。

今按：金泽本《治要》卷一六作"欲令周务以德致人"（第2册，第388页），"令"下有"周"字，是也。《史记》卷九九《刘敬叔孙通列传》"令"下亦有"周"字，《长短经》卷四《霸图》"都洛阳。用娄敬策，徙都长安"下"议曰"文同，① 皆可比证。

纵观上下文意，"令"下亦当有"周"字。上文"周之先自后稷，尧封之邰，积德累善十余世"云云，历数西周先祖以德服人、诸侯皆从之实，最后落于"成周都雒"上。盖此文"凡居此者"即指称上文"成周都雒"诸事，而"以德致人"意亦为欲使成周能续先祖之业而以德服人，使诸侯国人宾从，即"欲令周务以德致人"。此外，"欲令务以德致人"亦与下句"不欲阻险，令后世骄奢以虐民也"相对为文，为了使这种对文关系更加明晰，我们可将下句紧缩为"不欲令后世骄奢以虐民也"，"不欲令"下有"后世"之字，故"欲令"下亦当有"周"字与之相对。中华本无"周"字，脱误甚明，当据补。又按，《汉纪》卷三《高祖皇帝纪》此文亦无"周"字，② 同误。

（五）

今陛下好陵阻险，射猛兽，卒然遇逸材之兽，骇不存之地，犯属车之清尘，舆不及还辕，人不暇施巧，虽有乌获、逢蒙之技不能用，枯木朽株尽为难矣。（《汉书》卷五七下《司马相如传下》，第2589~2590页）

"虽有乌获逢蒙之技不能用"，殿本同，景祐、庆元、汲古阁、王、局本"能"并作"得"。王先谦补注："《史记》、《文选》'技'下有'力'字，官本'得'作'能'。"③

今按：金泽本《治要》卷一八作"虽有乌获、逢蒙之伎力不得施用"（第3册，第6页），《艺文类聚》卷二四《人部·谏》引司马相如上书谏汉武帝之言同，④ "伎"下并有"力"字（"伎""技"古字通用），与王说相合，盖唐本《汉书》本有"力"字。

颜师古注"故力称乌获"曰："乌获，秦武王力士也。"又注"虽有乌获、逢蒙之技不能用"曰："逢蒙，古之善射者也。《孟子》曰'逢蒙学射于羿也'。"（中华本，第2589、2590页）可知"乌获""逢蒙"分别以"力大""善射"闻名。杨树达《中国修辞学》中有"合叙"之例，即把相关的两种或多种事物前后合并叙述，使文句在保证语意无缺的情况下以简驭繁。"虽有乌获、逢蒙之技力不能用"一句盖本于此，意为："虽有乌获之力、逢蒙之技却不能用"，二者合叙则简，分叙则繁。《汉书》"合叙"之例甚多，如卷一《高帝纪》："掾、主吏萧何、曹参曰……"颜师古注："曹参为掾，萧何为主吏。"（中华本，第9页）卷三三《魏豹传》："魏王使周市请救齐、楚。齐、楚遣项它、田巴将兵，随市救魏。"颜师古注："楚遣项它，齐遣田巴。"（中华本，第1845~1846

---

① 《史记》，北京：中华书局，2014年，第3290页；赵蕤：《长短经》，北京：中华书局，2017年，第199页。

② 荀悦：《汉纪》，北京：中华书局，2002年，第37页。

③ 班固撰，王先谦补注：《汉书补注》，上海：上海古籍出版社，2008年，第4175页。

④ 欧阳询：《艺文类聚》，北京：中华书局，1965年，第439页。

页）皆与此同例。景祐本、庆元本作"虽有乌获逢蒙之技不得用"，均无"力"字，《资治通鉴》卷一七《汉纪九》、《册府元龟》卷五三五《谏净部·直谏》同，① 可见"力"字宋本已有脱误。殿本作"虽有乌获逢蒙之技不能用"者，疑"力"字既脱，又以"能"易"得"也。② 中华本既袭王本之误，脱"力"字，又改王本之"得"为"能"③，是误上加误，当据补正。

（六）

陛下诚深念高祖之苦，醇法太宗之治，正己以先下，选贤以自辅，开进忠正，致诛奸臣，远放諂佞，放出园陵之女，罢倡乐，绝郑声，去甲乙之帐，退伪薄之物，修节俭之化，驱天下之民皆归于农，如此不解，则三王可侔，五帝可及。（《汉书》卷七二《贡禹传》，第 3079 页）

"放出园陵之女"之"放"，汲古阁、殿、王、局本同，景祐、庆元本作"赦"，《册府元龟》卷三一二《宰辅部·谋猷》、《通志》卷一○○《列传·贡禹》引亦作"赦"。④

今按："放出园陵之女"之"放"与上句"远放諂佞"用字犯复，颇疑"放"当系"赦"字之误。检金泽本《治要》卷一九作"赦出园陵之女"（第 3 册，第 101 页），与景祐本、庆元本、《册府元龟》、《通志》合，当是。"赦""放"右旁并从"攵"作，左旁"赤""方"形亦近，故此二字俗写相乱是不可避免的，下面试作简要分析。

"赦"字左旁之"赤"或作"亦"，《说文·攴部》："赦，置也。从攴，赤声。𤔔，赦或从亦。"⑤ 其实这种从"亦"作的"赦"字已见于西周金文，如儴匜"今大赦女"，字即作"𤕝"。⑥ 在秦文字中，"赦"亦多承作"赦"，如云梦睡虎地秦简"赦"在《为吏之道》简 1 和《法律问答》简 153 分别作"𤕝""𤕝"，⑦ 可参。隶变之后的"赦"便有全袭"赦"形而作者，《隶辨》卷四"赦"字下所录魏上尊号奏"大赦天下"，字即作"𤕝"。⑧ 此形又为中古俗书所沿袭，《龙龛·攴部》："赦赦赦，三俗；赦，正。"⑨ 金泽本《治要》"赦"亦多俗作"赦"，如卷一一《史记·殷本纪》"纣乃赦西伯"（第 2 册，第 22 页）、卷一四《汉书·食货志》"而赦吏民之坐盗铸金钱死者数十万人"（第 2 册，第 264 页），"赦"字分别作"𤕝""𤕝"，可资比参。"亦"旁进一步俗省，则与"示

---

① 《资治通鉴》，北京：中华书局，2011 年，第 573 页；王钦若等编：《册府元龟》，南京：凤凰出版社，2006 年，第 6103 页。

② 汲古阁本、王本尚作"得"，当是古本旧貌之孑遗。

③ 中华本的整理以王本为底本，然此处修改未出校记，其依据或系王先谦校语。

④ 王钦若等编：《册府元龟》，南京：凤凰出版社，2006 年，第 3534 页；郑樵：《通志》，北京：中华书局，1987 年，第 1404 页上栏。

⑤ 许慎撰，徐铉校定：《说文解字》，北京：中华书局，1963 年，第 68 页下栏。

⑥ 容庚：《金文编》，北京：中华书局，1985 年，第 217 页。

⑦ 徐在国、程燕、张振谦：《战国文字字形表》，上海：上海古籍出版社，2017 年，第 437 页。

⑧ 顾蔼吉：《隶辨》，北京：中华书局，1986 年，第 150 页下栏。

⑨ 释行均：《龙龛手镜》，北京：中华书局，1985 年，第 121 页。

（礻）"旁相乱，上揭《龙龛》"赦"之俗作"赥"，日藏唐钞汉籍"赦"字亦有俗作"赦"者，① 即其例。而"方"旁俗写则与"示（礻）"无别，如魏孝文帝吊比干文"扬云旗以轩游"，"旗"字作"旗"②；魏唐耀墓志"报施无诚"，"施"字作"施"③，皆可比参。盖"方"与"赤（亦）"俗书既乱，后人不识，遂将"赥""赦"等形误认为"放"而回改，以致文本失真难辨。殿本、王本字已误作"放"，中华本又承王本之误而未发，当据正。

二、误校辨正例

中华本《汉书》出版于 20 世纪 60 年代，由于所见材料不足，难免有误校者，今正可据金泽本《治要》正之，如：

（七）

然后（吕）〔至〕德流洽，礼乐成焉。（《汉书》卷二四上《食货志上》，第 1123 页）

"（吕）〔至〕"，汲古阁、王、局本作"吕"，景祐本作"至"，庆元本、殿本作"王"。朱一新曰："汪本'吕'作'王'，是也。"④王先谦补注："官本'吕德'作'王德'，引宋祁曰：邵本'王德'作'至德'。先谦案：'至德'是也。"⑤

中华本校记云：景祐本作"至"。王先谦说作"至"是。（第 1146 页）

今按：上文既云"此先王制土处民富而教之之大略也"，又引孔子语"道千乘之国，敬事而信，节用而爱人，使民以时"，皆以论述先王治邦教民之"大略"，下文又引孔子语"如有王者，必事而后仁"，以应前文所论。整段文字都在论证王行德政则民劝功乐业，所彰者皆"王德"，而"至德"则于文意稍嫌不合，颇疑作"王德"者近是，朱一新说可从。检金泽本《治要》卷一四作"王悳"⑥（第 2 册，第 239 页），是其明证。《四书通证》引此作"然后王德流洽"⑦，亦可参。"王"与"至"字形极近，俗书相乱，《可洪音义》有"王"作"至"者，⑧ 可资比参。景祐本作"至"，当系"王"字在传刻

① 臧克和主编：《日藏唐代汉字钞本字形表》，上海：华东师范大学出版社，2016 年，第 1560 页。

② 北京图书馆金石组编：《北京图书馆藏中国历代石刻拓本汇编》（第三册），郑州：中州古籍出版社，1989 年，第 21 页。

③ 北京图书馆金石组编：《北京图书馆藏中国历代石刻拓本汇编》（第五册），郑州：中州古籍出版社，1989 年，第 111 页。

④ 朱一新：《汉书管见》，《二十五史三编》第三分册，长沙：岳麓书社，1994 年，第 382 页上栏。

⑤ 班固撰，王先谦补注：《汉书补注》，上海：上海古籍出版社，2008 年，第 1574 页。

⑥ "悳"乃"德"之古字，《说文》作"悳"。

⑦ 张存中：《四书通证·孟子集注通证》上卷《滕文公问为国章》，元刻本。

⑧ 韩小荆：《〈可洪音义〉研究——以文字为中心》，成都：巴蜀书社，2009 年，第 719 页。

过程中的讹乱。中华本据景祐本及王氏之说校作"至德"，恐非是。

（八）

武涉已去，蒯通知天下权在于信，深说以三分天下，（之计）〔鼎足而王〕。语在《通传》。（《汉书》卷三四《韩信传》，第1874~1875页）

"深说以三分天下，（之计）〔鼎足而王〕"，景祐本作"深说以三分天下鼎足而王"，庆元、汲古阁、殿、王、局本作"深说以三分天下之计"。王先谦补注："宋祁曰：景祐本、越本无'之计'，字作'鼎足而王'。钱大昭曰：闽本同。"① 《文选·陆机〈汉高祖功臣颂〉》"念功惟德，辞通绝楚"李善注引《汉书》曰："蒯通知天下权在信，深说以三分天下之计。"②

中华本校记云：景祐本无"之计"二字，有"鼎足而王"四字。（第1896页）

今按：金泽本《治要》卷一五作"深说以三分天下之计"（第2册，第301~302页），正与庆元、汲古阁、殿、王本相合，疑"之计"二字本不误。李善注引亦作"之计"，或唐本《汉书》本作"深说以三分天下之计"。《汉书》下句言"语在《通传》"，今考《汉书·蒯通传》有"方今为足下计，莫若两利而俱存之，参分天下，鼎足而立，其势莫敢先动"之文（中华本，第2162页），景祐本《韩信传》作"鼎足而王"者，恐系《蒯通传》"鼎足而立"之语误窜，抑或后人传刻据《蒯通传》臆增。文既误置，又"立"讹为"王"也。"立""王"二字形极近，俗书或可相乱，如马王堆汉墓帛书《战国纵横家书·苏秦谓燕王章》："臣以信不与仁俱彻，义不与王皆立"，又"人无信则不彻，国无义则不王"。裘锡圭指出："'信不与仁俱彻，义不与王皆立'两句，与'人无信则不彻，国无义则不王'两句相对应。由此可知'国无义则不王'的'王'，应是'立'字之误。"③ 又魏僧智等造像记"遂令三轮跱驾"，"跱"字即作"埕"，④ 皆可参证。

（九）

天下已定，彭王剖符受封，（亦）欲传之万世。（《汉书》卷三七《栾布传》，第1980页）

"（亦）欲"，景祐本但作"欲"，庆元、殿本作"之欲"，汲古阁、王、局本作"亦欲"，《册府元龟》卷八〇一《总录部·义》引此文亦作"亦欲"⑤。王先谦补注："官本'亦'作'之'。宋祁曰：'封之'，'之'字误，可删，添'亦'

---

① 班固撰，王先谦补注：《汉书补注》，上海：上海古籍出版社，2008年，第3191页。

② 萧统编，李善注：《文选》，上海：上海古籍出版社，1986年，第2106页。

③ 裘锡圭主编：《长沙马王堆汉墓帛书集成〔叁〕》，北京：中华书局，2014年，第210~211页。

④ 北京图书馆金石组编：《北京图书馆藏中国历代石刻拓本汇编》（第五册），郑州：中州古籍出版社，1989年，第141页。

⑤ 王钦若等编：《册府元龟》，南京：凤凰出版社，2006年，第9302页。

字。"①

中华本校记云：景祐本无"亦"字。（第 1985 页）

今按：金泽本《治要》卷一五作"亦欲传之万世"（第 2 册，第 345 页），《汉纪》卷四《高祖皇帝纪》、《资治通鉴》卷一二《汉纪四》同，②"欲"上并有"亦"字。又考《史记》卷一〇〇《季布栾布列传》亦作"亦欲传之万世"。③ 盖古本《汉书》"欲"上本有"亦"字。

庆元本作"彭王剖符受封之欲传之万世"，"封"下有"之"，于义难通，疑"之"本为"亦"字之讹。"亦"本腋之本字，在古文字中写法比较统一，作"𡗶""𡙇""𡗥""𡗜"。④ 隶变之后的"亦"字俗书草书写法浸多，如魏奚智墓志作"𤰞"，魏元显儁墓志作"𤰝"，⑤ 敦煌卷子亦有作"𤰟"者，或又进一步草作"𡵀""𡵂""𡵃"，⑥《可洪音义》"亦"也有作"𡵄"者，⑦ 像后举这一类字形与"之"字无别，可证。殿本又承其误，复作"之"。上引宋祁言"'封之'，'之'字误，可删，添'亦'字"，说与古本合，极是。景祐本无"亦"字，当属脱误，不足据。中华本据景祐本删"亦"字，非是，当据正。

（十）

保，保其身体；傅，傅之德（意）〔义〕；师，道之教训：此三公之职也。（《汉书》卷四八《贾谊传》，第 2248 页）

"傅之德（意）〔义〕"，景祐、庆元本作"傅之惠义"，汲古阁、王、局本作"傅之德意"，殿本作"傅之德义"，《册府元龟》卷五三四《谏诤部·直谏》并作"傅之德义"⑧。王先谦补注："官本'意'作'义'，是。《新书》作'德义'。"⑨

中华本校记云：景祐、殿本都作"义"。王先谦说作"义"是。（第 2266 页）

今按：中华本据景祐、殿本及王说改"德意"为"德义"，甚是。《长短经》卷二

① 班固撰，王先谦补注：《汉书补注》，上海：上海古籍出版社，2008 年，第 3319 页。

② 荀悦：《汉纪》，北京：中华书局，2002 年，第 52 页；《资治通鉴》，北京：中华书局，2011 年，第 396 页。

③ 《史记》，北京：中华书局，2014 年，第 3310 页。

④ 参李宗焜：《甲骨文字编》，北京：中华书局，2012 年，第 70~72 页；董莲池：《新金文编》，北京：作家出版社，2011 年，第 1444~1445 页；汤馀惠等：《战国文字编》，福州：福建人民出版社，2015 年，第 686 页。

⑤ 北京图书馆金石组编：《北京图书馆藏中国历代石刻拓本汇编》（第三册），郑州：中州古籍出版社，1989 年，第 98 页；北京图书馆金石组编：《北京图书馆藏中国历代石刻拓本汇编》（第四册），郑州：中州古籍出版社，1989 年，第 8 页。

⑥ 黄征：《敦煌俗字典》，上海：上海教育出版社，2019 年，第 960~962 页。

⑦ 韩小荆：《〈可洪音义〉研究——以文字为中心》，成都：巴蜀书社，2009 年，第 779~780 页。

⑧ 王钦若等编：《册府元龟》，南京：凤凰出版社，2006 年，第 6095 页。

⑨ 班固撰，王先谦补注：《汉书补注》，上海：上海古籍出版社，2008 年，第 3679 页。

《君德》"宋、齐二代……理数然也"下"议曰"文亦作"德义",① 是其明证。然王说"官本'意'作'义',是",将"意"看作"义"字之误。中华本校记又径引王说,似乎也承认了这一观点。这些意见恐怕与事实不合,需要进一步辨明。

金泽本《治要》卷一六作"傅之意义"(第 2 册,第 418 页),与景祐本、庆元本及《长短经》之"义"相合,可证古本《汉书》本作"义"字。金泽本《治要》之"意"字系"德"字俗讹。"意"与"意"字手书无别,或与汲古阁、王、局本之"意"的由来有密切联系。"德"之古字作"悳",或作"惠"。② 金泽本《治要》"德"常作"惠",诸如:卷一四《汉书·礼乐志》"故务德教而省刑罚"(第 2 册,第 218 页)、"今废先王之德教"(第 2 册,第 218 页)、"而欲德化被四海"(第 2 册,第 218 页)、"然德化未流洽者"(第 2 册,第 222 页),卷一六《汉书·贾谊传》"德至渥也"(第 2 册,第 403~404 页),"德"分别作"惠""惠""惠""惠""惠"。景祐本、庆元本并作"惠义",正可比参。"惠"与"意"形极近,俗书常相讹乱。如金泽本《治要》卷一七《汉书·董仲舒传》"陛下发德音"(第 2 册,第 524 页),"德"即作"意"。因此古本《汉书》本作"惠义",俗讹则为"意义"。此当为汲古阁、王、局本之误的源头。至于"意义"如何进一步变为"德意",还需进一步研究。

(十一)

> 如使越人蒙(死)徼幸以逆执事之颜行,厮与之卒有一不备而归者,虽得越王之首,臣犹窃为大汉羞之。(《汉书》卷六四上《严助传》,第 2784 页)

"如使越人蒙(死)徼幸以逆执事之颜行",景祐本无"死"字,庆元、汲古阁、殿、王、局本有"死"字,《太平御览》卷六八三《仪式部·印》引同。③ 王先谦补注:"宋祁曰:越本无'死'字。"④

中华本校记云:景祐本无"死"字。(第 2808 页)

今按:金泽本《治要》卷一八作"如使越人蒙死徼幸以逆执事之颜行"(第 3 册,第 27~28 页),"蒙"下有"死"字,与庆元、汲古阁、殿、王、局本及《御览》合。有"死"字或不误。颜师古注:"蒙,犯也。"(中华本,第 2785 页)"蒙死"犹冒死,正可与"徼幸"(即"侥幸")并列对举。若以"蒙"下径接"徼幸",则文义难通。中华本删"死"字,于义无取也。

---

① 赵蕤:《长短经》,北京:中华书局,2017 年,第 85 页。
② 《说文·心部》:"悳,外得于人,内得于己。"宋本《玉篇·心部》:"悳,今通用德。"宋本《广韵》入声德韵则又以"悳"为"德"之古文。参许慎撰,徐铉校定:《说文解字》,北京:中华书局,1963 年,第 217 页上栏;陈彭年等:《大广益会玉篇》,北京:中华书局,1987 年,第 41 页上栏;陈彭年等:《宋本广韵》,南京:江苏教育出版社,2005 年,第 155 页下栏。
③ 李昉等编:《太平御览》,北京:中华书局,1960 年,第 3048 页下栏。
④ 班固撰,王先谦补注:《汉书补注》,上海:上海古籍出版社,2008 年,第 4430 页。

三、校改补证例

中华本《汉书》校勘整理之时，金泽本《治要》尚淹于日本汉籍书海之中，今人有幸得以见之，正可据以为《汉书》旧校补充实证，如：

（十二）

"斲木为耜，煣木为耒，耒（吕）〔耨〕之利以教天下"，而食足。（《汉书》卷二四上《食货志上》，第 1117 页）

"耒（吕）〔耨〕"，景祐、庆元、殿本作"耒耨"，汲古阁、王、局本作"吕耨"。王先谦补注："钱大昭云：南雍本、闽本作'耒耨'。先谦曰：官本'以'作'耨'，据颜注，作'耨'是。"①。

中华本校记云：王先谦说据颜注，作"耨"是。按景祐、殿本都作"耨"。（第 1146 页）

今按：中华本改"吕"为"耨"，甚是。金泽本《治要》卷一四作"煣木为耒₌耨之利以教天下"（第 2 册，第 237 页），还原重文符号，句可断为"煣木为耒，耒耨之利以教天下"，正与景祐、庆元、殿本以及钱大昭所谓"南雍本""闽本"合，可资参证。颜师古注："耒，手耕曲木也。耜，耒端木所以施金也。耨，耘田也。耜音似。耒音来内反。耨音乃构反。"（中华本，第 1118 页）可见正文本作"耒耨"。王先谦据此以为作"耨"是，可为卓见。《易·系辞下》："包牺氏没，神农氏作，斲木为耜，揉木为耒，耒耨之利以教天下，盖取诸益。"② 此即《汉书》所本。

（十三）

此与东方之（戎）〔戍〕卒不习地势而心畏胡者，功相万也。（《汉书》卷四九《晁错传》，第 2286 页）

"（戎）〔戍〕"，景祐、庆元、殿本作"戍"，汲古阁、王、局本作"戎"。《太平御览》卷三三一《兵部·备边》、《册府元龟》卷九八八《外臣部·备御》引同。③ 王先谦补注："官本'戎'作'戍'，是。胡三省云'言其功万倍于东方之戍卒也'。"④

中华本校记云：景祐、殿本都作"戍"。王先谦说作"戍"是。（第 2305 页）

今按：中华本据景祐、殿本及王说改"戎"为"戍"，是也。金泽本《治要》卷一

---

① 班固撰，王先谦补注：《汉书补注》，上海：上海古籍出版社，2008 年，第 1564 页。

② 阮元校刻：《十三经注疏》，北京：中华书局，1980 年，第 86 页中栏~下栏。

③ 李昉等编：《太平御览》，北京：中华书局，1960 年，第 1520 页上栏；王钦若等编：《册府元龟》，南京：凤凰出版社，2006 年，第 11435 页。

④ 班固撰，王先谦补注：《汉书补注》，上海：上海古籍出版社，2008 年，第 3733 页。

六作"𢽳"（第2册，第445~446页），"𢽳"显系"戍"字之俗，正可参证。又考《通典》卷一九四《边防十·匈奴上》、《资治通鉴》卷一五《汉纪七》并作"戍"，① 皆其证。颜师古注引如淳曰："东方诸郡民不习战斗当戍边者也。"（中华本，2287）正释"东方之戍卒不习地势"之义，可见古本《汉书》本作"戍"字。

（十四）

此民所以轻去故乡而劝之新（色）〔邑〕也。（《汉书》卷四九《晁错传》，第2288页）

"（色）〔邑〕"，景祐、庆元、殿本作"邑"，汲古阁、王、局本作"色"，《太平御览》卷三三一《兵部·备边》、《册府元龟》卷九八八《外臣部·备御》引作"邑"。② 王先谦补注："钱大昭曰：'色'当作'邑'。先谦曰：官本作'邑'。"③

中华本校记云：钱大昭说"色"当作"邑"。按景祐、汲古、殿、局本都作"邑"。（第2305页）

今按：中华本校"色"为"邑"，甚是。金泽本《治要》卷一六作"此民所以轻去故乡而劝之新邑也"（第2册，第447页），《汉纪》卷八《孝文皇帝纪下》、《资治通鉴》卷一五《汉纪七》同，④ 皆可参。"轻去故乡而劝之新邑"，颜师古注："之，往也。"（第2288页）然则"去故乡"与"之新邑"上下对文。盖"囗"旁与"夕"旁草书至近，则"邑""色"俗书常可相乱。金泽本"邑"字俗书正有作"𢙁"（卷一一《史记·秦始皇本纪》"因徙三万家骊邑"，第2册，第49页）者，可资比证。又中华本校记云"景祐、汲古、殿、局本都作'邑'"，非是，汲古阁、局本已误作"色"。

中华本《汉书》校勘成就显著，金泽本《治要》与之相合者不胜枚举，聊陈三例，以窥一斑。

四、校改存疑例

中华本《汉书》校勘精审，多成确论。然通过对校，一些异文材料又为个别文句的校正与解释提供了新的可能性，以致是非难以按断，或本当存疑，如：

（十五）

而昌庭争之强，上问其说，昌为人吃，又盛怒，曰："臣口不能言，然臣（心）〔期期〕知其（其）不可。陛下欲废太子，臣期期不奉诏。"（《汉书》卷四二《周昌

① 杜佑：《通典》，北京：中华书局，1988年，第5313页；《资治通鉴》，北京：中华书局，2011年，第493页。
② 李昉等编：《太平御览》，北京：中华书局，1960年，第1520页下栏；王钦若等编：《册府元龟》，南京：凤凰出版社，2006年，第11435页。
③ 班固撰，王先谦补注：《汉书补注》，上海：上海古籍出版社，2008年，第3734页。
④ 荀悦：《汉纪》，中华书局2002年版，第122页；《资治通鉴》，北京：中华书局，2011年，第494页。

传》，第 2095 页）

"然臣（心）〔期期〕知其（其）不可"，景祐、庆元、殿本作"然臣期期知其不可"，汲古阁、王、局本作"然臣心知其其不可"。王念孙曰："颜说是也。'臣期期知其不可'，臣知其不可也。'臣期期不奉诏'，臣不奉诏也。"① 王先谦补注："钱大昭曰：南监本、闽本皆作'然臣期期知其不可'。先谦曰：官本同南监、闽本，《史记》亦同。据下颜注，此文亦当为'期期'，后人据宋说妄改也。"又引宋祁曰："学官本云'臣口不能言，然臣期期知其不可'，浙本'然心知期期不可。陛下欲废太子，臣期期不奉诏'。予据此，则前之二吃作'其'，后之二吃乃可为'期'耳。若云'臣期〔期〕知其不可'，又了无意矣。又颜注文，元无'每'字。"②

中华本校记云：景祐、殿本都无"心"字及下"其"字，"知"上有"期期"二字。（第 2103 页）

今按：中华本据景祐、殿本删下"其"字，甚是。然删"心"字、添"期期"二字，似有商榷的余地。

先看"期期"二字的问题。王念孙将"臣期期不奉诏"释为"臣不奉诏也"，解"臣期期知其不可"为"臣知其不可也"，皆本颜注而发；王先谦亦承颜注，以为"此文亦当为'期期'，后人据宋说妄改也"；中华本又据景祐本、殿本为证，增"期期"二字，这一连串考证似成确论，无懈可击。但我们不难发现，诸家考证所据皆系宋代及以后版本（颜注也是宋本所载），而对较早的版本利用不足，现在金泽本《治要》正可弥补这一缺憾。检金泽本《治要》卷一五作"然臣心知其不可"（第 2 册，第 374 页），无"期期"二字，这条异文与旧校不合。又考《汉纪》卷四《高祖皇帝纪》亦作"然心知其不可"③。上引宋祁言"颜注文，元无'每'字"，现在看来，宋说当有所本。若颜注无"每"字，则正可与金泽本《治要》、《汉纪》之文相合。宋祁既言浙本作"然心知期期不可"，盖宋人所见之本"知"下已有"期期"字者。然则"期期"与下文"臣期期不奉诏"重出，后人不识，于颜注中据增"每"字，亦属情理之中。故"期期"二字是否像王先谦所说的"后人据宋说妄改也"尚难定案，盖当存疑。

至于"心"字，上引《汉纪》、金泽本《治要》"知"上皆有"心"字，宋祁言浙本作"然心知期期不可"，亦可见旧本《汉书》"知"上或本有"心"字。王本"知"上有"心"字，当有所本，故"心"字之增损亦当存疑，俟证。

（作者单位：武汉大学文学院古籍整理研究所）

---

① 王念孙：《读书杂志》，上海：上海古籍出版社，2015 年，第 742 页。
② 班固撰，王先谦补注：《汉书补注》，上海：上海古籍出版社，2008 年，第 3470 页。
③ 荀悦：《汉纪》，北京：中华书局，2002 年，第 49 页；又《新编古今事文类聚》后集卷一九《肖貌部·口》"期期条"下引此作"然心知其不可"，亦可参。

孛术鲁翀诗友考[*]

——兼论孛术鲁翀与元代多族士人圈

□ 张建伟

【摘要】孛术鲁翀为元代的古文大家与重要诗人，他与文坛名士多有交游、进行诗歌唱和，这些文坛名士包括虞集、邓文原、张养浩、袁桷、曹伯启、许有壬、柳贯、范梈、李孝光、胡助、朱晞颜、柯九思等人。作为女真人，孛术鲁翀既积极学习汉文化，同时也保持了本民族刚正耿直的特点，他的存在丰富了元代多民族士人圈，其诗作成为中华文学的重要组成部分。

【关键词】孛术鲁翀；女真族；多族士人圈

孛术鲁翀（1279—1338），始名思温，字伯和，后更名翀，字子翚，号菊潭，女真人。先世为上京路隆安（今吉林省农安县）人，后徙顺阳（今河南省淅川县）。大德十一年（1307）由宪府荐授襄城学官。历任汴学正、国史院编修官、河东道廉访司经历、陕西行台御史、监察御史、中书右司都事、翰林修撰、左司都事、右司员外郎、国子司业、河南行省左右司郎中、燕南道廉访副使、太常礼仪院事、奉训大夫兼经筵官、汉中道廉访使、集贤直学士兼国子祭酒、礼部尚书、江浙行省参知政事等职。①

孛术鲁翀为元代重要的学者、文人，但是，学术界对他的研究比较薄弱，笔者所见仅有两篇文章。王树林先生发表于《南阳师范学院学报》2006 年第 4 期的《元代河南三先生文集叙考》，考证了孛术鲁翀《菊潭集》的编定与散佚情况，并为辑佚其作品提供了一些线索。张文澍先生刊于《民族文学研究》2004 年第 2 期的《〈全元文〉之辑佚与女真族古文家孛术鲁翀》指出，孛术鲁翀的散文反映了时代重大事件，具有相当的文史资料价值，风格沉着质实。

孛术鲁翀长于诗文，"为文章严重质实，不为浮靡，其词悉本诸经"②。他是当时的古文大家，曾给姚天福、同恕、王泰亨、尚文等人撰写墓志铭。孛术鲁翀与虞集、张养

　＊　本文为国家社科基金重大项目"历代北疆纪行文学文献的整理与研究"（19ZDA281）中期成果。

　①　孛术鲁翀，清译改为富珠哩翀，生平资料见苏天爵《滋溪文稿》卷八《元故中奉大夫江浙行中书省参知政事追封南阳郡公谥文靖孛术鲁公神道碑铭并序》（以下简称"《孛术鲁公神道碑铭》"）、《元史》卷一百八十三本传等。

　②　（元）苏天爵：《滋溪文稿》卷八，北京：中华书局，1997 年，第 126 页。

浩、袁桷、曹伯启、许有壬、柳贯、范梈、李孝光、胡助、朱晞颜、柯九思等人多有交往，那么，他和这些文人有什么样的文学活动，在元代文坛的地位如何呢？

要解决这些问题，需要先对孛术鲁翀的诗友加以考证。

一、孛术鲁翀与虞集

虞集（1272—1348），字伯生，世称邵庵先生。出身名门，为宋丞相允文五世孙也。本为隆州仁寿县（今属四川）人，父汲，宋亡后侨居临川崇仁（今属江西），曾教授孛术鲁翀，可知虞集与孛术鲁翀还有更深一层关系。①

孛术鲁翀与虞集交往较多，他命儿子孛术鲁远从虞集游，泰定二年（1325）秋，孛术鲁远自京师往河南行省看望作行省左右司郎中的父亲，虞集曾作《送鲁远序》。他们于泰定初同为国子司业，虞集对孛术鲁翀的学问极为敬佩②，他作《鲁子翬金院画像赞》，称赞孛术鲁翀的经学与用世③。除了学问切磋，孛术鲁翀与虞集还多有诗歌唱和，至顺元年（1330）孛术鲁翀为汉中道廉访使，虞集作《送鲁子翬廉使之汉中》（《道园学古录》卷二）。他还有《送人回湘用鲁子翬金院韵》（《道园遗稿》卷三），孛术鲁翀至顺初金太禧宗禋院事兼祗承神御殿事，诗当作于此时。虞集另有《次韵答鲁子翬参政四首》（《道园学古录》卷三十），元统二年（1334），孛术鲁翀拜江浙行省参知政事，诗当作于该年之后。可惜孛术鲁翀的原作都已不存。

孛术鲁翀虽然受业于虞集之父虞汲，又与虞集同朝为官，交情很深。但是，由于两人性格的差异，还发生过一次冲突。孔克齐《至正直记》④卷四"萧㪉讲学"记载：

> 一日，（孛术鲁翀）侍文宗言事，俄而虞伯生学士至，帝引伯生入便殿，翀不得入，久立阶上，闻伯生称道帝曰："陛下尧、舜之君，神明之主。"翀在外厉声曰："这个江西蛮子阿附圣君，未尝闻以二帝三王之道规谏也，论法当以罪之。"文宗笑曰："子翬醉也，可退，明日来奏事。"帝虽爱其忠直，又恐中伤于伯生也。文宗爱伯生如手足，然是时伯生竦惧，月余不敢见子翬也。其严恪刚正如此。⑤

孛术鲁翀听到虞集称赞文宗为"尧、舜之君，神明之主"，斥其"阿附圣君"，而没有"以二帝三王之道规谏"，要求依法论罪，使得文宗也不得不出来打圆场。虽然虞集并未

---

① 虞集生平见《赵汸撰行状》（《东山存稿》卷六）、《欧阳玄撰神道碑》（《圭斋集》卷九）、《元史》卷一百八十一本传等。

② 虞集《道园学古录》卷六《送鲁远序》曰："昔予与公并于成均也，日进诸生于一堂之上而诲之，更互倡和，以发明圣经贤传之指归，不极于至当不止也。当是时，岂惟学者有所启发，虽以区区之不敏，亦得其退过进不及之助焉。"

③ 《道园学古录》卷四《鲁子翬金院画像赞》曰："笃信圣贤之要，力求经传之遗。屹乎山岳之峙，粲乎日星之垂。端居兮忧世之侃侃，致用兮俨然而有思。緊岂弟之君子，庶人文兮在兹。"

④ 《至正直记》的点校本署名作者为"孔齐"，顾诚考证当为孔克齐，参见顾诚：《〈至正直记〉的作者为孔克齐》，《元史论丛》第六辑，北京：中国社会科学出版社，1997年。

⑤ （元）孔克齐：《至正直记》卷四，上海：上海古籍出版社，1987年，第152~135页。

被论罪，但他由此害怕孛术鲁翀，一个多月不敢见他。由此可见孛术鲁翀的"忠直"与"严恪刚正"，① 他这种刚直的性格与民族、地域有一定的关系，出生于东北女真族的孛术鲁翀尽管接受了汉文化，但是骨子里先人耿直的传统依然存在，他称虞集为"江西蛮子"隐微显露了自己与虞集在民族与地域方面的差异。

二、孛术鲁翀与邓文原、张养浩等诗友

除了虞集，孛术鲁翀与邓文原、张养浩、袁桷、曹伯启、许有壬、柳贯、范梈、李孝光、胡助、朱晞颜也有文字交往。

邓文原（1259—1328），字善之，又字匪石，祖籍绵州（今属四川），迁居钱塘（今浙江杭州）。宋末参加浙西转运司考试，世祖至元二十七年（1290），被举为杭州路儒学正。历任翰林应奉、翰林修撰、江浙儒学提举、国子司业、翰林待制、江南浙西道廉访司佥事、集贤直学士等职。② 今存《巴西集》一卷。邓文原曾作《三月廿九日上御流杯亭听讲明日子翚司业有诗因次韵》（《元诗选·二集》），泰定初，孛术鲁翀为国子司业，与邓文原、虞集等人共事。邓文原诗当作于此时。

张养浩（1270—1329），字希孟，又称齐东野人，谥文忠，济南（今属山东）人。历任堂邑县尹、监察御史、礼部侍郎、陕西行台治书侍御史、右司郎中、礼部尚书、参议中书省事、陕西行台中丞等职。他为官多有善政，又长于诗文与散曲，今有《归田类稿》二十四卷等存世。③ 元英宗至治二年（1322），为官左司都事的孛术鲁翀曾与中书平章政事廉恂、参议中书事张养浩一起监督管理国子学。④ 孛术鲁翀与张养浩当于此时共事。孛术鲁翀与张养浩多有诗歌唱和。张养浩《归田类稿》卷二十一有《和子翚学士见寄韵十首》，为七言律诗，孛术鲁翀原诗不存。张养浩去世后，其子张引与引之岳父吴肃持其《归田类稿》来征序。孛术鲁翀于后至元元年（1335）作《张文忠公归田类稿序》，文中称赞张养浩为政尽忠国事，"行直道""务用仁术"，为文豪宕妥帖。

袁桷（1266—1327），字伯长，号清容居士，谥文清。庆元鄞县（今浙江宁波）人。先后从戴表元、王应麟、舒岳祥等人学，以能文名。历任丽泽书院山长、翰林国史院检阅官、国史院编修官、集贤直学士、翰林直学士、知制诰同修国史、侍讲学士等职，⑤ 作有《鲁子翚御史分按辽阳作长律五十韵爱其精密予今岁亦扈跸开平因次其韵》（《清容居士集》卷九）。孛术鲁翀曾担任过多地的廉访使、御史等职，《元史》本

① 孔克齐《至正直记》卷四还记载孛术鲁翀弹劾老师同恕贪污泛交，也体现了其刚正耿直的性格。

② 邓文原生平见吴澄《元故中奉大夫岭北湖南道肃政廉访使邓公神道碑》（《吴文正集》卷六十四）、《元史》卷一百七十二本传等。

③ 张养浩生平见张起岩撰神道碑铭（元刊本《张文忠公文集》附录）、《元史》卷一百七十五本传等。

④ 《元史》卷二十八《英宗纪》记载，英宗至治二年（1322）三月，中书省臣进言："国学废弛，请令中书平章政事廉恂、参议中书事张养浩、都事孛术鲁翀董之。"

⑤ 袁桷生平见苏天爵撰墓志铭、《元史》卷一百七十二本传、《宋元学案》卷八十五等。

传说他曾巡按辽阳，当在延祐六年（1319）前后。① 孛术鲁翀到辽阳行省，曾作长篇排律五十韵，袁桷评价曰"精密"，袁桷扈从皇帝至开平（即上都，在今内蒙古正蓝旗），因次其韵作诗。

曹伯启（1255—1333），字士开，济宁砀山（今属安徽）人。至元中，历仕为兰溪主簿、常州路推官、河南省都事、台州路治中、西台御史、都事。延祐元年（1314），升内台都事，迁刑部侍郎。出为真定路总管，治尚宽简。延祐五年，迁司农丞，奉旨至江浙议盐法，归拜南台治书侍御史。英宗立，召拜山北廉访使，拜集贤学士、御史台侍御史。奉诏同刊定《大元通制》，除浙西廉访使。有诗文集《汉泉漫稿》十卷，今存《曹文贞公诗集》十卷。曹伯启为官刚正，直言进谏，依法断案，不阿于权势。② 曹伯启多次与孛术鲁翀赠答唱和，比如《曹文贞公诗集》卷六有《冬至日白霅道中偶成录呈朱茂叔郎中段惟德鲁子翚二都司仍希于张伯高参议郭干卿治书与两司幕长及按郭郎中邢孟直诸公处以区区薄况达之》。曹伯启称孛术鲁翀为都司，孛术鲁翀延祐五年为中书右司都事，英宗时拜柱复荐为左司都事，该诗当作于延祐五年到至治三年之间（1318—1323）。

许有壬（1287—1364），字可用，谥文忠，彰德汤阴（今属河南）人。元仁宗延祐二年（1315）登进士第，授同知辽州事。英宗至治元年（1321），升为吏部主事。二年（1322），改任江南行台监察御史。元顺帝元统二年（1334）累升治书侍御史，拜中书参知政事，知经筵事。改侍御史，辞归。后至元六年（1340）起为中书参政，进左丞，复辞归。至正六年（1346）又为翰林承旨，改御史中丞，以疾归。十三年又起为河南左丞，仕至集贤大学士。十七年以老病致仕，回到彰德。许有壬有《至正集》八十一卷、《圭塘欸乃集》二卷等。③ 孛术鲁翀延祐二年（1315）为河东道廉访司经历，后转陕西行台御史。据《元史》卷八十六《百官志》，河东山西道廉访司，冀宁路置司。许有壬此时刚刚及第，为同知辽州事，辽州属平阳路，辖辽山、榆社、和顺三县（今属山西），正在河东山西道廉访司治下。他作《送鲁子翚赴西台御史》，颂扬孛术鲁翀的学术文章，称他作陕西行台御史，"支倾坚柱石，药病富苓参"④。许有壬还作有《中秋偕鲁子翚御史饮金宪张允谦宅张以中字为韵征诗赋二首》（《至正集》卷十七）其一曰："他年佳话独河东"⑤，表明也作于孛术鲁翀任河东山西道廉访司时期。许有壬还有六言诗《赠歌者文林燕用鲁子翚韵》（卷二十三）、《题爱莲图用卷中鲁子翚韵》二首（卷二十九），都是孛术鲁翀所作在前，许有壬用其韵而作。

许有壬《中秋偕鲁子翚御史饮金宪张允谦宅张以中字为韵征诗赋二首》诗中提到的

———————————————

① 《元史》本传记载，孛术鲁翀延祐五年拜监察御史，后巡按辽阳，还曾往淮东考核宪司官，他"除右司都事，时相铁木迭儿专事刑戮，以复私憾，翀因避去"。铁木迭儿杀戮大臣在延祐七年初仁宗去世之后，则孛术鲁翀巡按辽阳当在延祐五年后半年或延祐六年上半年。

② 曹伯启生平见曹鉴《谥文贞公神道碑铭》（《曹文贞公诗集》附录）、《元史》卷一百七十六本传。

③ 许有壬生平见《圭塘小稿》续集所载志文、祭文，《元史》卷一百八十二本传等。

④ 许有壬：《至正集》卷十四，《元人文集珍本丛刊》第七册，台北：新文丰出版公司，1985年，第88页。

⑤ 许有壬：《至正集》卷十四，《元人文集珍本丛刊》第七册，台北：新文丰出版公司，1985年，第103页。

金宪张允谦，也是孛术鲁翀的诗友，孛术鲁翀游晋祠时作《晋祠游咏三首》，其第二首为《奉酬张金宪韵》，即是此人，张允谦的具体情况不详。

柳贯（1270—1342），字道传，自号乌蜀山人，婺州浦江（今属浙江兰溪）人。大德年间为江山县教谕，迁昌国州学正，任国子助教。泰定元年（1324）为太常博士，三年，出为江西儒学提举。至正初为翰林待制，兼国史院编修官。柳贯著述甚多，今存《柳待制文集》二十卷。① 柳贯泰定元年为太常博士，此时孛术鲁翀为国子司业，二人当在此时相识。柳贯有《中秋待月不见却怀鲁子翚学士时留城》，孛术鲁翀顺帝至元元年（1335），召拜翰林侍讲学士等职，他以未葬辞。诗称其为"学士"，当作于此年之后。末句曰："去年官烛风帘夜，对酒人今在玉京"②，此时柳贯在家乡金华教授，中秋思念曾为同僚的孛术鲁翀，玉京，道家传说元始天尊在玉京山，当指皇帝所在的京城，为当时孛术鲁翀之所在。

范梈（1272—1330），字亨父，一字德机，临江清江（今江西樟树）人。历官翰林院编修、海南海北道廉访司照磨、福建闽海道知事等职。今存《范德机诗集》七卷。其诗好为古体，风格清健淳朴，与虞集、杨载、揭傒斯被誉为"元诗四大家"③。《范德机诗集》卷一有《贻孛术鲁编修》诗，由"忆子旅江外""一别十年流"，可知他们为旧相识，已经离别十年了。"文义相剖析，宴歌亦循环"④，他们当年在一起谈论诗文、欢宴歌舞，志趣相投。

李孝光（1285—1350），字季和，号五峰狂客，温州乐清（今属浙江）人。早年隐居在雁荡五峰山下，至正四年（1344）应召为秘书监著作郎，七年升文林郎、秘书监丞。今存《五峰集》十卷，有四库全书本。李孝光以文章知名于世，与萨都剌、杨维桢等人友善。⑤《元诗选》二集收录李孝光《采莲曲二首为鲁子翚作》⑥。

胡助（1278—1350以后），字履信，一字古愚，自号纯白老人，婺州东阳人（今属浙江）。始举茂才，为建康路儒学学录，历美化书院山长、温州路儒学教授，两度为翰林国史院编修官，三为河南山东燕南乡试考官，秩满授承事郎太常博士致仕。著有《纯白斋类稿》三十卷，有《四库全书》本。⑦《纯白斋类稿》卷八有《试院和主文鲁子翚金院韵二首》，胡助诗称孛术鲁翀为金院，则当任职金太常礼仪院事，泰定四年（1327），他与胡助都是科举考官⑧，并在试院诗歌唱和。

朱晞颜，字景渊，长兴（今属浙江）人。曾为江西瑞州路在城务税课提领，有《瓢泉吟稿》五卷。⑨ 其《瓢泉吟稿》卷二《呈鲁子翚学士》，向孛术鲁翀述说自己沉抑下僚，漂泊异乡的感受。

---

① 柳贯生平见黄溍撰墓表、宋濂撰行状、《元史》卷一百八十一本传等。

② （元）柳贯：《待制集》卷六，《四部丛刊》本。

③ 范梈生平见吴澄撰墓志铭、《元史》卷一百八十一本传等。

④ （元）范梈：《范德机诗集》卷一，《四部丛刊》本。

⑤ 李孝光生平见《元史》卷一百九十本传、《元诗选》二集小传等。

⑥ 《文渊阁四库全书》本李孝光《五峰集》卷二所录诗歌相同，题目作《采莲曲》。

⑦ 胡助生平见其《纯白先生自传》、《元诗选》三集小传等。

⑧ 此事苏天爵《孛术鲁公神道碑铭》、《元史》本传均失载。

⑨ 朱晞颜生平见牟巘等人《瓢泉吟稿》序、《四库全书总目》卷一百六十六《瓢泉吟稿》提要。

李术鲁翀还和柯九思等人有过诗歌唱和。柯九思（1290—1343），字敬仲，号丹丘生、五云阁吏，台州仙居（今属浙江）人，柯谦子。文宗时为典瑞院都事，奎章阁学士院参书、文林郎。文宗去世后流寓江南。① 至元元年（1335）冬十二月，时任江浙行省参政的李术鲁翀与郡守张渊仲、柯九思等，一起游览天平山。张渊仲，即张宓，渊仲为字，张荣之孙，张邦宪之子。济南历城（今属于山东）人。出身汉人世侯之家，年幼时就以质子身份入侍皇太子海山（即武宗），赐名蒙古台。武宗即位（1307）后，授尚沐奉御。历任彰德、保定、真定、平江诸路总管，后至元二年（1336）入为吏部尚书，迁岭北参政。至正三年（1337）为山东宣慰使。② 天平山位于苏州城西，为吴中名胜，有范仲淹的祠堂，他们谒范魏公之像，临白云之泉，李术鲁翀各赋诗七言四韵，柯九思等属而和之。同游者还有绍兴路儒学教授范文英、平江路总管府判官杨思明、推官王廷秀、经历王正、知事巴图彦实、儒学教授蒋进之、玄明通道虚一先生赵嗣祺、住持白云寺沙门净标等人。③

虞集、张养浩、范梈、袁桷、许有壬、柳贯、李孝光、柯九思等人都是元代文学的重要人物，李术鲁翀与他们诗歌唱和，可见他在元代诗坛的重要地位。

三、李术鲁翀与元代多族士人圈

李术鲁翀的《菊潭集》散佚严重，今存者不足十分之一，尤其是诗歌部分，仅存十二首，④ 但在元人文集中可见他人与李术鲁翀酬赠唱和之诗多达十四处，可见李术鲁翀交游广泛，其诗友遍及南北，张养浩、曹伯启、许有壬等为北方人，虞集、袁桷、柳贯、范梈、李孝光、胡助、朱晞颜、柯九思等人为南方人。这些诗友除朱晞颜、张允谦官位不显外，其余都曾在朝廷为官。李术鲁翀与这些诗友结识，主要缘于同朝共事，包括在中央和地方任职，同时也有政治方面的原因。比如张养浩、曹伯启、许有壬都是忠心为国、直言进谏的大臣，与李术鲁翀类似。李术鲁翀的诗友多为元代诗坛重要人物，可见他在诗界享有较高的地位。李术鲁翀曾跟随姚燧与元明善学习古文，深得姚燧的称许。他的碑铭序记多是应人之请而为，包括为蒙古部忽神氏人、昭毅大将军昔里伯吉父亲伯里阁不花作神道碑铭。可见李术鲁翀在当时享有很高的古文名声。⑤

李术鲁翀三次任职国子学，至少两次主持科举考试，他积极维护儒学的地位，在元代

---

① 柯九思生平见《元史》卷三十五《文宗纪》、《元诗选》三集小传等。
② 张宓生平见李国凤《谥宣懿张公神道碑铭》（《济南金石志》卷二）、洪武《苏州府志》卷二十、《蒙兀儿史记》卷五十二等。
③ 参见明钱毂编《吴都文粹续集》卷十九柯九思《游天平山记》，《文渊阁四库全书》本。
④ 李术鲁翀诗《藕香零拾》丛书本《菊潭集》所载八首，笔者新辑得四首，详见拙作《李术鲁翀著述考论》，《古籍研究》第63卷，南京：凤凰出版社，2016年，第83~91页。
⑤ 王睿在《跋李术鲁石堂山麻衣子神宇铭》中说，在姚燧死后，李术鲁翀"巍然为一代文章之主者，三十余年，凡天下□宫、佛刹、神区道宇，与夫名人之墓，请先师（引者按：指李术鲁翀）之铭者，无虑数十百"。

士人中享有极高声誉，成为与许衡、耶律有尚并称的儒学宗师。①

孛术鲁翀还曾为黄庭坚《松风阁诗卷》题诗，在该卷题字的元人有魏必复、李洞、张珪、王约、冯子振、陈颢、陈庭实、李源道、袁桷、邓文原、柳赞、赵岩等人，张珪、冯子振、李源道、袁桷、邓文原等人都和孛术鲁翀同时代，能参与这样大规模的书法题跋活动，反映了孛术鲁翀在书法领域也是知名人士。

元代为多民族社会，不同民族士人间的交流既导致蒙古、色目民族的汉化②，同时蒙古色目文化对汉族也有影响③。萧启庆先生认为，蒙古、色目人与汉族士大夫阶层形成多族士人圈，"各族间共同的士人群体意识业已超越种族的藩篱"④。萧先生所指的多族士人圈主要指蒙古、色目与汉族三大族群。契丹、女真等民族在元代被官方划为"汉人"，萧先生把契丹、女真也视为汉族。实际上，元代的契丹、女真等族的情况较为复杂，他们并非全部汉化，其中一些家族还保留着民族传统，以武功与政事显名于世。⑤ 孛术鲁翀家族与这些家族不同，其祖父孛术鲁德从元宪宗蒙哥汗征讨而南徙顺阳（今河南淅川），父亲孛术鲁居谦为他延师受教，他曾跟从虞汲、李友端、萧克斋、萧㪺、姚燧、元明善、同恕等人学习理学与古文等。⑥ 孛术鲁翀重视儿子孛术鲁远的教育，作味经堂以教子，⑦ 明确提出以经术传家。自孛术鲁德起，家族四代与汉族通婚，成为女真人中典型的汉化家族。⑧ 由此可见，孛术鲁翀家族既不同于汉族家族，与蒙古、色目家族也存在差异。作为女真人，孛术鲁翀通过师生关系、同僚、科举、诗歌唱和、书画品题、游宴等各种形式，参与了不同民族间的文化活动，⑨ 他的存在丰富了多民族士人圈的组成，他的诗作成为中华文学的重要组成部分。

（作者单位：山西大学文学院）

① 参见拙作《孛术鲁翀师长与门生考——兼论孛术鲁翀与元代文化传承》，《元史及民族与边疆研究集刊》第 33 辑，上海：上海古籍出版社，2017 年。

② 参见萧启庆先生《元代蒙古人的汉学》（收入氏著《内北国而外中国：蒙元史研究》，北京：中华书局，2007 年）；陈垣先生《元西域人华化考》等。

③ 参见李治安：《元代汉人受蒙古文化影响考述》，《历史研究》2009 年第 1 期。

④ 萧启庆：《元代多族士人圈的形成初探》，收入氏著《内北国而外中国：蒙元史研究》，北京：中华书局，2007 年，第 479 页。

⑤ 比如女真人完颜拿柱家族、夹谷常哥家族等。

⑥ 参见拙作《孛术鲁翀师长与门生考——兼论孛术鲁翀与元代文化传承》，《元史及民族与边疆研究集》第 33 辑，上海：上海古籍出版社，2017 年，第 58~67 页。

⑦ 参见元人陈旅《味经堂赋（有序）》，《安雅堂集》卷一。

⑧ 参见拙作《孛术鲁翀家世考论》，《南阳师范学院学报》2015 年第 11 期。

⑨ 孛术鲁翀游览吴中天平山，随行的就有知事巴图彦实，虽不明确切族属，但肯定是属于蒙古、色目人。

清代殿试阅卷的科学性及其历史特征[*]

□ 潘志刚　陈志平

【摘要】清代殿试读卷官用"○""△""、""｜""×"这5种符号评定殿试卷的成绩，这种方式源自古代文章的评点行为。清代前期，读卷官将这5种符号与阅卷批语相结合，为成绩的评定提供了支撑。通过统计每卷所得的阅卷符号，以量化的方式确定考生的最终成绩，能够科学地定位每位进士的金榜排名。纵观清代殿试阅卷，主要呈现三个历史特征：第一，乾隆二十六年之前，阅卷符号的评定较为自由，此后则趋向划一；第二，金榜拟定方式和读卷官的阅卷态度会影响殿试卷排名与这5种符号之间的对应关系；第三，读卷官总体上保持了公平与公正，但具体阅卷过程中发生的少量失误，影响到个别士子的金榜排名。总之，清代殿试阅卷的科学性推进了社会发展的文明进程。
【关键词】清代；殿试阅卷符号；量化；科学性；历史特征

　　清代一共举行了112科殿试，共产生26849名进士。[1] 每科殿试依据试卷成绩，将进士划分为三个等第：一甲、二甲和三甲。进士授官依据金榜甲第以及甲第内的排名进行，殿试卷成绩的重要性不言而喻，而这直接取决于皇帝和殿试读卷官的阅卷操作。目前学界较多关注殿试制度和殿试内容方面，[2] 从考试层面所作的探讨较少，[3] 直接考察殿试阅卷

　　* 本文为教育部人文社会科学青年项目"明代进士策整理与研究"（20YJC751019）；黄冈师范学院博士科研项目"明清殿试研究"（2042019055）；黄冈师范学院鄂东名人文化研究团队项目阶段性成果。
　　① 江庆柏：《清朝进士题名录》，北京：中华书局，2007年。
　　② 考察殿试制度方面的代表作有：王金龙：《也谈清代小金榜》，《历史档案》2010年第3期；李珊珊：《清乾隆朝殿试研究》，浙江大学硕士学位论文，2016年；李世愉、胡平：《中国科举制度通史（清代卷）》，上海：上海人民出版社，2015年，等等。研究殿试考试内容方面的代表作有：张会会：《清代顺康雍时期殿试策问研究》，辽宁师范大学硕士学位论文，2010年；董佳贝：《乾隆朝殿试策问考题研究——侧重与当时社会治理的关系》，《学术界》2010年第9期；王炳照、石焕霞：《清代状元策中教化作用的彰显》，《北京联合大学学报》（人文社会科学版）2010年第1期；王晓勇：《清代殿试军事类策问研究》，《福建师范大学学报》（哲学社会科学版）2013年第5期；刘正武：《清代殿试策问的分期及其与学术的互动》，《浙江学刊》2020年第3期，等等。
　　③ 讨论清代殿试衡文因素的代表作有：李国荣：《清代殿试抑文重字之弊》，《历史档案》1998年第2期；潘中华：《赵翼与王杰的状元之争——兼论清代乾隆朝的殿试阅卷制度》，《图书馆杂志》2011年第5期。

情况的则更少。李利亚《关于清代殿试试卷的批阅》、胡平《清代科举考试的考务管理制度研究》第五章《阅卷方式》等均对殿试评阅的情况有所说明①，王学深《清代殿试阅卷标识符号释义》则依据法兰西学院汉学研究所藏的 33 份清代殿试原卷，指出阅卷的一些细节②。总体而言，清代殿试的进步性与科学性并没有得到充分的说明，清代殿试的阅卷特征也需得到揭示。这些问题的清理，有益于我们对中国古代考试制度的理解和认同，增强文化自信。

本文结合法兰西学院汉学研究所藏清代殿试卷（以下简称"法兰西"）、任竞《清代巴蜀籍考生殿试卷选粹》（以下简称"巴蜀"）、商衍鎏《清代科举考试述录及有关著作》（以下简称"述录"），以及赵彦梅《高鹗殿试试卷探析》（以下简称"探析"）、《清姚大宁、高鹗殿试卷笺释》等文献材料，将清代雍正至光绪朝殿试卷上的成绩评定情况汇总成文末附表，在此基础上考察清代殿试阅卷情况，继续推进相关研究的深入发展。

一、清代殿试阅卷符号的来源与发展

相比明代殿试读卷官将殿试卷直接划分为三等类的做法，清代殿试的阅卷方式更能准确地展示每份殿试对策的最终成绩，有效地提升了金榜排名的公正性与公平性。而最为人称赞的是清代读卷官用阅卷符号轮流评定每一份殿试对策，然后统计每卷所得到的成绩符号，将殿试卷的最终成绩作了量化积分式的处理。这些符号是"○""△""、""｜""×"。在阐述清代殿试读卷官如何运用这些符号阅卷之前，有必要说明这些符号的来源，以及这些符号与科举考试阅卷之间的关联。

清代殿试阅卷符号源于中国古代文章评点行为。据吴承学、祝尚书、张秋娥等人考察，目前所见评点符号最早出现在南宋《古文关键》一书中，该书有点、抹等符号。③吴承学认为"作为一种自觉的批评方式，评点到了宋代才真正形成"④，可见文章评点操作早已存在，至宋代才蔚为大观。张秋娥指出宋代较为常用的 10 种文章评点符号分别是"点、长抹、短抹、小圈、围圈、界划、截、括弧、框、空心点"⑤。不过当时并未将这些评点符号与文章的质量或文章的成绩相对应起来，只是作为评文之用。洪本健指出："评，是文字评说，有题下评、总评、旁批、眉批等；点，是以点、圈、竖线、截画等符号来显示作者心目中文章的中心意思、重点内容、段落划分、关键字句等等。"⑥ 这些符号是为了配合说明文章之"评点"，意在品评、阐释文章，并没有被独立自觉地作为文章质量等级评判的象征，但从中可知中国古代运用符号来评点文章的方式渊源有自。

① 李利亚：《关于清代殿试试卷的批阅》，《史学月刊》1997 年第 1 期；胡平：《清代科举考试的考务管理制度研究》，北京：中国社会科学出版社，2012 年，第 152~154 页。
② 王学深：《清代殿试阅卷标识符号释义》，《历史档案》2017 年第 2 期。
③ 吴承学：《现存评点第一书——论〈古文关键〉的编选、评点及其影响》，《文学遗产》2003 年第 4 期。
④ 吴承学：《评点之兴——文学评点的形成和南宋的诗文评点》，《文学评论》1995 年第 1 期。
⑤ 张秋娥：《宋代文章评点研究》，武汉大学博士学位论文，2010 年，第 161~162 页。
⑥ 洪本健：《古文评点在文章学系统中的重要作用》，《国学学刊》2018 年第 4 期。

随着科举考试的发展，文章品评行为更为兴盛，这些评点符号与文章质量等级之间构建起对应的关系，评点符号在一定程度上代表了文章的成绩、等级，久而久之，一些评点符号与文章成绩之间形成了“名”和“指”的关系。明人茅坤（1512—1601）《〈八大家文钞〉凡例》云：“凡之佳处，首圆圈，次则尖圈，又次则旁点，间有敝处，则亦旁抹，或镌数字，譬之合抱之木而寸朽，明月之珠而累綦，不害其为宝也。”① 在科举兴盛的明代，文章评点符号的含义和运用有了进一步的发展，不仅和文章的质量相挂钩，而且形成了一套评定文章等级的规范，不同的符号对应不同的成绩和等级。如明代崇祯皇帝曾在廷试上以“○”这一符号来表示对廷试对策的赏识。② 据史玄《旧京遗事》记载：“……是时召对诸臣颇失度，惟吴行人昌时、李评事近古，条论轩翥，圣上于所试策各加三圈，以示优异。”③ 崇祯在朝中举行官员考选活动，将“○”这个符号作为优异的表征，而且连续打上三个“○”表示格外的优秀，这充分说明，原先品评文章内容的符号已经扩大了其功能，可以直接作为评定文章成绩和等级的象征。据晚明茅坤、崇祯皇帝的行为推测，明代科举考试阅卷过程中应该也运用了这些符号来评定士子试卷的成绩。不过在明代殿试阅卷活动中，没有采用这些符号来评定殿试卷的成绩，而是读卷官每人分领部分殿试卷，并对这些殿试卷划分出三等类，之后根据读卷官的官位依次轮流填写金榜名单。④ 所以清代殿试阅卷运用这样的操作方式，可以说是殿试阅卷史上的一次重大改革。

茅坤将文章的成绩分为四个等级，并相应配以四种符号表示，降至清代，殿试读卷官将试卷成绩分为五个等级，最后一等配以“×”这个符号对应，这是在前人的基础上改良而来。清代殿试阅卷中，从“○”到“×”，依次对应成绩的优劣情况：“○（上等）”“△（中上等）”“、（中等）”“丨（中下等）”“×（下等）”。这样的殿试阅卷方式在清初就已经存在，商衍鎏《清代科举考试述录及其有关著作》展示了康熙朝一份殿试卷的评阅情况。⑤ 该卷一共有 13 位读卷官，每位读卷官的姓氏名字下都划有这些阅卷符号。据重庆图书馆馆员谭小华等人介绍，重庆图书馆现存清代殿试原卷 85 本，时间上上自顺治朝、下迄光绪朝。乾隆以前的殿试卷上，“考官评阅时粘贴签条，题写姓氏、评定等级及简要评语”⑥。可见清代殿试阅卷符号的使用时间很早，并且具有系统性。

① 茅坤：《〈八大家文钞〉凡例》，王水照编：《历代文话》第 2 册，上海：复旦大学出版社，2007 年，第 1788 页。

② 廷试与殿试有别，具体情况见李世愉：《清代科举制度考辩》，沈阳：沈阳出版社，2005 年，第 1~12 页。

③ 史玄：《旧京遗事》，北京：中华书局，1986 年，第 18 页。

④ 郭培贵：《中国科举制度通史（明代卷）》，上海：上海人民出版社，2015 年，第 465~475 页。

⑤ 这份卷子上有“○”“△”“、”三种符号，且符号下面有读卷官阅卷批语。见商衍鎏：《清代科举考试述录及其有关著作》，天津：百花文艺出版社，2003 年，第 140 页。

⑥ 谭小华、刘威：《重庆图书馆藏清代巴蜀殿试卷述略》，《三峡大学学报》（人文社会科学版）2019 年第 4 期。

二、清代殿试阅卷符号的科学性

"○""△""、""丨""×"这5种符号依次表示成绩从好到差,"○"对应的是优等,而"×"则表示下等。① 清代乾隆皇帝认为这种阅卷方式公平且公允。乾隆二十六年(1761)四月甲申谕:

> 廷试为策士钜典,上年因朱秔条陈议定章程,引见前列十名,亲定甲第,并先期令读卷官会集文华殿,悉心校阅,其制已为周备。……因思诸臣读卷,向俱各加圈点,分别标识,其间即各有参差,不过如上之适中、中之适下,品题不无互见,当不至相去悬绝。②

在乾隆皇帝看来,读卷官采取"圈点,分别标识"这样的评阅方式,即使阅卷时稍有误差,"不过如上之适中、中之适下","不至相去悬绝",基本上保证了准进士们应有的成绩和名次。

乾隆的谕令显示出他对"我朝"向来的这种阅卷方式颇为自信,他自信的原因是什么?这个问题的核心是,清代读卷官在具体评阅过程中如何运用这些符号的,是否科学?而它最终指向的是殿试结果,金榜排名是否客观、是否公平?下面,我们将逐次说明这些问题。

首先,清代殿试采取的是读卷官轮流阅卷打分的模式,革除了明代各读卷官分领评阅一部分殿试卷的方式,无疑更具有进步性和科学性。清代读卷官会在每一份殿试卷的成绩签条上写下自己的名字或姓氏,并在姓名下选择"○""△""、""丨""×"任一符号来标记自己对这份殿试卷的成绩评定,最终,统计每份殿试卷最后得到的成绩符号来判定该卷的甲第归属以及甲第内的排名。"○"最多的答卷最优,排名最靠前;"×"最多的答卷则成绩最差,排名自然靠后。理论上,"○"越多,表明对策成绩越好;如果"×"最多,那就是最差的成绩。如果一份殿试卷上所有成绩符号都是"○",或者"○"的数量最多,就有可能划属为鼎甲卷或是排在金榜的前列。如乾隆以后的殿试,得到8"○"的殿试卷最优,其次是7"○"1"△",其次是7"○"1"、"。如果两份试卷的成绩分别为7"○"1"、"与6"○"2"△",相比之下,前者仍要优于后者。③ 正常情况下,得到

---

① 王学深将这5种符号解释为"今日评定等级中的优、良、中、及格、不及格五等",见王学深:《清代殿试阅卷标识符号释义》,《历史档案》2017年第2期。如其所说,如果有"×"出现,则意味着不及格,理当罢黜,而清代殿试不淘汰贡士。故这5种符号是对殿试卷的整体呈现作品评,包含了书法、写作技巧、思想、实用性等多方面内容,用"及格""不及格"概念释义符号不太妥当。

② 《清高宗实录》卷634,乾隆二十六年四月甲申,北京:中华书局,1985年,第83页。

③ 这里面涉及1"○"7"、"与8"△"两种成绩孰优的问题。理论上,如果不存在误判或者高下其手的话,前者仍优于后者。事实上,1"○"7"、"这样的成绩基本不会出现。如出现这类情况,当属误判。后文指出光绪十二年(1886)丙戌科届光烱的殿试成绩,读卷官张之万给的唯一的"○"乃是误判。

级别越高的符号越多，越有助于名次的提升。所以，皇帝钦定的一甲卷应当全是"○"，或是"○"最多的殿试卷。这跟现在用阿拉伯数字打分模式相近。这样的阅卷方法采取的是量化统计的手段，每份试卷得到的成绩与排名也变得更为客观、准确。而明代殿试阅卷，各读卷官只负责评阅自己领到的殿试卷，除内阁读卷大臣总览全卷外，其他读卷官互不过问评阅情况，最终，每份殿试卷的甲第归属和成绩名次大致由各读卷官自身决定。所以相较明代，清代这种方式让金榜名次的随机因素和偶然因素大大减少，科举考试的公平性和公正性得到极大的提升，由此不难理解为何清代将科举考试推向了鼎盛。

我们可以试做分析以证明这种量化阅卷方式的科学性。以乾隆朝为例。乾隆时期最终形成8位高级官吏担任殿试读卷官的制度，每位读卷官轮流对同一份卷子作出评定，或给"○"，或给"△"，或给"｜""、""×"，这由读卷官视所阅殿试卷的质量而定。每位读卷官在评定成绩时都有5种选择，所以一份殿试卷可能出现的成绩状况有390625种。根据插板法，去除相同成绩符号重复出现的情况，共有495种。① 而清代殿试最高人数达399人，495种不同成绩完全可以满足殿试阅卷的需求，能够计算出每一份对策的成绩，给予其准确的金榜排名。

其次，清代殿试读卷官在使用这些成绩符号时表现出极为审慎的态度。清代殿试读卷官，其官阶和资历普遍较高，阅卷过程中非常认真、负责，部分读卷官为了客观、精准地呈现对策的成绩，会对这些符号予以灵活使用。从文末附表中可以看到，雍正十一年癸丑科至乾隆三十六年辛卯科，叶荣贤、蔡时田、顾汝修、李化楠、林中麟、李芝、王凤鸣、陈昌齐等人的殿试卷签条上出现了"、"或者"、、"这样的标记。打双重"、"或者三重"、"，意味着它们是"、"这一等级中更低一等的成绩，即在"、"这一级别中，"、"优于"、、"，而"、、"优于"、、、"。比如5"△"3"、"就要优于5"△"3"、、、"。在实际阅卷过程中，通过重复或多次打同一阅卷符号，不仅可以扩大成绩符号的使用范围，也使得这些成绩符号能够呈现出更多样化的等级评定。这样的操作，能够让每份殿试卷的总成绩变得更为精确，有助于金榜名次的客观排序。

由文末附表所示，有时候读卷官为了给出客观的成绩，打出了两种不同的阅卷符号，纠正自己的误判。如叶荣贤卷，一位读卷官在划定"、"这一成绩符号之后，又打上了"｜"这一符号。这表明这位读卷官认为叶荣贤卷还不能归入"、"这个级别，属于更次一等的"｜"这一级别。至于为什么不直接涂抹"、"这一成绩符号之后再打"｜"，应该是为了保留阅卷的痕迹，做到公正、公平。因为清代殿试阅卷结束之后会有磨勘工作，复查读卷官的阅卷情况。所以在实际阅卷过程中，清代读卷官这种灵活的做法体现出他们极为审慎、认真负责的态度。

最后，这5种符号与读卷官阅卷批语结合使用，为殿试卷成绩的判定提供了强有力的证明。顺、康、雍三朝，包括乾隆朝前期，读卷官在划定成绩符号的同时会配以简要的评语。如蔡时田、顾汝修、李化楠、林中麟、李芝、蒋雍植、孙士毅等人的殿试卷签条上，成绩符号下面均记录了读卷官的批语。如"△"这一等级，蔡时田卷，读卷官给定的理

---

① 这相当于一个排列组合题，即求5个不同的球放进8个不同的盒子里，每个盒子都需要放1个球，去除重复的排列，这样的组合有多少。

由是"自有所见"①。如"、"这一等级，蔡时田卷，读卷官给定的理由是"'圣心圣明'单抬头错题"②；李化楠卷，读卷官们评定的理由有"浮泛""平常""耗羡同"③；林中麟卷，读卷官们评定的理由是"文太短""窘短""通首空疏无警策""耗羡无发挥"等④。如"、、"这一成绩，李化楠卷，读卷官给定的理由是"语法宽泛当平顺"⑤；李芝卷，读卷官们断定的理由有"将见好恶之源、偶有微和、朝廷顶撼""三风于臣邻""'……三风于臣邻''王省为岁为月为日中'三条未清"等⑥。再如"、、、"这一成绩，蔡时田卷，读卷官们给定的理由有"语杂""文与字俱多不谨饬""语欠醇"⑦；李芝卷，读卷官们评定的理由为"字法不恶，文稍弱平""字画端楷，文笔顺明""'使淤泥不离两岸'二语未明晰"等⑧。读卷官或从对策的文理层面评判，或从对策内容的实用性评判，或从语句修辞方面评判，或从对策的格式规范评判，或从卷面书法角度评判，等等，尽管打分的理由不尽相同，但多角度的打分依据无疑更能展现出每份对策的优劣，从而确保了对策成绩评定的合法性。

然而清代殿试阅卷时间较短，⑨ 且读卷官衍生的符号样式太多，尽管其初衷利于区分对策成绩的高下，但紧张之下纷乱的符号造成殿试卷成绩不太容易统计，同时，考虑到读卷官有可能将这些成绩符号作为作弊的手段。故乾隆中期以后，为了追求速度以及减少不必要的麻烦，读卷官在阅卷的过程中形成了一份殿试卷不出现 3 种阅卷符号的潜规则。此后一份殿试卷一般只会出现 2 种阅卷符号，或 1 种阅卷符号：殿试卷有"○"就不会有"、"以下的成绩，有"△"就不会有"丨"以下的成绩，有"、"就不会有"×"以下的成绩。这样做的后果是，对策成绩符号的评定变得整齐划一，相同成绩符号的殿试卷激增，导致这些符号失去了其应有的成绩定位作用。如读卷官在评定成绩时，为追求速度，就可能不会认真阅读每一份对策。在这样的情况下，往往同一份卷子，首位批阅者给出的成绩符号会为后来批阅者所认同，后面的读卷官或给出同样的成绩记号，或给相邻的成绩符号，但绝不会给出第 3 种成绩符号。这样的潜规则造成对策相同成绩的可能性大大增加，同一成绩的殿试卷会出现扎堆的情况。再者，"圈不见点，点不见叉"，只能把握住每份对策成绩的大概等级，相同成绩的殿试对策无法区别其高下。当然，乾隆皇帝并不认

---

① 任竞主编：《清代巴蜀籍考生殿试卷选粹》，重庆：重庆出版社，2017 年，第 27 页。

② 任竞主编：《清代巴蜀籍考生殿试卷选粹》，重庆：重庆出版社，2017 年，第 27~28 页。该书编者有字未识别出，笔者据蔡时田卷补入。

③ 任竞主编：《清代巴蜀籍考生殿试卷选粹》，重庆：重庆出版社，2017 年，第 30 页。

④ 任竞主编：《清代巴蜀籍考生殿试卷选粹》，重庆：重庆出版社，2017 年，第 32~33 页。编者有字未辨识出，笔者据林中麟卷改正。

⑤ 任竞主编：《清代巴蜀籍考生殿试卷选粹》，重庆：重庆出版社，2017 年，第 30 页。编者有字未辨识出，笔者据李化楠卷改正。

⑥ 任竞主编：《清代巴蜀籍考生殿试卷选粹》，重庆：重庆出版社，2017 年，第 34 页。

⑦ 任竞主编：《清代巴蜀籍考生殿试卷选粹》，重庆：重庆出版社，2017 年，第 27 页。

⑧ 任竞主编：《清代巴蜀籍考生殿试卷选粹》，重庆：重庆出版社，2017 年，第 34 页。

⑨ "乾隆二十五年五月辛亥谕：廷试士子……再，阅卷请定限二日，拟定十卷进呈。从之。"《清高宗实录》卷 612，乾隆二十五年五月辛亥，北京：中华书局，1985 年，第 880~881 页。

为这样有失公正，因为金榜排名的精准性下降并没有抹杀一份殿试卷应有的甲第等级，故殿试阅卷的进步性与科学性仍然得到清人的肯定。直至清代废除科举，这样的阅卷方式才从历史上消失。不过，其量化积分式的阅卷精神一直延续至当代，为当代阅卷文明作出了重要的贡献。

三、清代殿试阅卷的历史特征

在清代近三百年的殿试阅卷过程中，这 5 种符号的运用出现了一定的历史特征，也出现了一些问题，对这些历史特征的把握和对相关问题的揭示，有助于我们深入了解清代殿试的发展情况，推进中国古代科举考试文明的探讨。

（一）以乾隆二十六年为界，此前殿试阅卷符号的评定较为自由，之后趋向划一

从文末附表可见，乾隆二十六年之前，殿试读卷官可以根据自己的判断来划定对策的成绩符号，无须盲从其他读卷官的评定，阅卷操作上具有很大的弹性空间，这有利于给每份对策一个客观、准确的成绩。乾隆七年壬戌科蔡时田和顾汝修的殿试卷，除了"△"这样的成绩符号之外，其余皆为"、"。叶荣贤卷，一位读卷官评定了两种成绩符号："、"和"丨"，这意味着该读卷官最终认为叶荣贤卷成绩为"丨"而非"、"这一等级。再如前面所举叶荣贤、蔡时田、顾汝修、李化楠、林中麟、李芝、王凤鸣、陈昌齐等人殿试卷签条上，都出现了"、、"或者"、、、"这样的成绩标记。乾隆二十六年辛巳科，王凤鸣的殿试卷也出现了这样的情况，但在乾隆二十六年辛巳科之后，再未出现读卷官重复打同一种成绩符号的情况。而且此后一份殿试卷也极少出现 3 种成绩符号的情况，每位读卷官的姓氏之下只出现一种成绩标识。不过光绪十二年丙戌科（1886）屈光烛卷是一则例外。屈卷最终成绩为 1 "○" 4 "△" 3 "、"，同时出现了"○""△""、"这三种成绩符号，但这份卷子最终被归到三甲行列中，这说明读卷官张之万给的唯一的"○"乃是误判。

之所以如此，乃是乾隆中期对殿试阅卷符号作了简单、划一的调整，其原因在于防止读卷官作弊。乾隆皇帝认为殿试阅卷符号"其或相去悬绝者，必各存成见，有高下其手之弊"①，故从乾隆二十六年辛巳科开始，在殿试传胪召见新进士之后，朝廷另派大臣检查殿试评阅工作。乾隆要求评阅符号"有标识悬绝者，即行指明，进呈候旨"，这样，"诸臣不敢稍以私意抑扬，鉴别益昭公慎"②。乾隆本意是杜绝读卷官胡乱使用阅卷符号作弊，导致不公的情况出现。但读卷官们因为这一道诏令，害怕沾染科场舞弊的嫌疑，此后殿试阅卷，他们不敢再以己见自由地评定对策成绩，于是在阅卷上形成共识，不打差距过大的符号，自然而然形成了上述所说的阅卷潜规则。而官场因循，一些读卷官可以不看对策内容，只依前面读卷官给定的成绩符号照葫芦画瓢，进一步导致了读卷官对"圈不见点、点不见叉"这一阅卷规则的传承。

乾隆皇帝的调整，初衷乃是杜绝阅卷舞弊，一定程度上有助于提高殿试阅卷的速度，

---

① 《清高宗实录》卷 634，乾隆二十五年五月辛亥，北京：中华书局，1985 年，第 83 页。
② 《清高宗实录》卷 634，乾隆二十五年五月辛亥，北京：中华书局，1985 年，第 83 页。

但实际操作起来，拥有相同成绩符号的殿试卷大大激增，致使各卷之间的成绩区分度降低，无法分别同样成绩试卷的高下，这对部分殿试卷的金榜排名有一定的影响。

（二）金榜拟定方式和读卷官阅卷态度，影响殿试卷名次与这 5 种符号之间的对应关系

如文末附表所示："○""△""、""｜""×"这 5 种符号并不是决定士子殿试卷归为一甲、二甲、三甲的必然因素，对策全都是"○"并非就是一甲卷，有"△"这种标记的也未必不能进入一甲行列。同样的，殿试卷出现了"、"或者"｜"这些成绩符号，仍有可能被归为二甲卷。殿试卷的最终金榜名次与这 5 种成绩符号之间并非完全对应，其原因主要跟金榜拟定的方式和读卷官阅卷的宽严态度有关。

殿试读卷官初步结束阅卷工作后，会拟定前十名殿试卷进呈，经皇帝御览后，最终的名次会有所改变，这导致一甲殿试卷名次与符号等级之间不完全对应。乾隆三十六年辛卯科范衷（一甲第 3 名）、乾隆五十四年己酉科汪廷珍（一甲第 2 名）、嘉庆六年辛酉科邹家燮（一甲第 3 名），他们的殿试卷被皇帝钦定为鼎甲卷，但他们的卷面成绩符号并不都是"○"，都出现了"△"这种成绩符号。所以金榜一甲名次跟成绩符号之间并不完全对应。再如光绪二十四年戊戌科罗琛卷 8 "○"，这是最好的成绩，但金榜排名为二甲第 57 名。由此可知，从状元卷至罗琛卷，该科至少有 60 份殿试卷，其卷面成绩都是 8 "○"。所以说"8 圈最优，在大多数情况下会被列入荐卷之内"① 的说法要看具体时代，甚至说要具体看哪一科殿试。而从文末附表还可以看到，有时候殿试卷即便出现"、""｜"这些第三等、第四等的成绩符号，也能进入到金榜二甲行列。如乾隆四十六年魏傚祖卷并无"○"或"△"这类成绩符号，最好的一个成绩是"｜"，仍然取得二甲第 101 名的排名。又如乾隆六十年乙卯科（1795）胡枚卷，二甲第 12 名，成绩为 7 "△" 1 "、"；舒怀卷，二甲第 14 名，成绩为 6 "△" 2 "、"；吴邦基卷，二甲第 15 名，成绩为 3 "△" 5 "、"。② 他们的成绩被定位在"△""、"这两个等级，但最后都归置到二甲行列中，且排名还比较靠前。

有趣的是，文末附表显示全都是"△（中上）"这一成绩符号的殿试卷，仍然被归入三甲行列中。如乾隆四十三年戊戌科李鼎元卷、光绪二十年周宝清卷、光绪二十一年范国良卷、光绪二十四年的马桢卷、光绪三十年姚华卷，他们的卷面成绩都是 8 "△"。"△"是继"○"之后次一等的成绩符号，然而即便是 8 "△"这样的好成绩，仍然被放置在三甲内。所以如果将这 5 种阅卷符号定义为"即今日评定等级中的优、良、中、及格、不及格五等"③，并不完全符合清代殿试阅卷符号所指的含义。这样的理解会显得清代殿试阅卷不合理。之所以会出现这样的情况，跟金榜名次拟定的方式有关。如金榜二甲名额人数有限，填写二甲榜单时，依据成绩从高到低填写，名额录完即止。因此低等成绩的试卷有可能归入二甲中，而成绩中上等的试卷也会因为二甲名额不够被

---

① 王学深：《清代殿试阅卷标识符号释义》，《历史档案》2017 年第 2 期。

② 胡枚、舒怀、吴邦基等人的殿试成绩情况，见赵彦梅：《高鹗殿试试卷探析》，《东南文化》2014 年第 6 期。

③ 王学深：《清代殿试阅卷标识符号释义》，《历史档案》2017 年第 2 期。

归入三甲行列中。

除上述因素外，读卷官的阅卷态度对金榜名次与这 5 种符号之间对应关系的影响也很大。从文末附表来看，道光朝之前，读卷官的态度相对严格，道光朝之后则比较宽松。如道光丁未科朱免卷，三甲第 17 名，其卷面成绩为 7 "△" 1 "、"，仅次于 8 "△"。由此可推测该科二甲进士得到 "○" "△" 成绩符号的试卷很多。又如道光庚戌科赵树吉的金榜名次为二甲第 31 名，其殿试卷最终为 8 "○"，据此，排在赵树吉前面的 30 份殿试卷，其成绩也应该全都是 8 "○"，这还不包括排名在赵树吉之后的殿试卷也有可能出现 8 "○" 的情况。可见至道光朝，殿试读卷官的阅卷态度变得宽松，不那么严格。道光朝之后，殿试读卷官基本上延续了宽松的态度。如同治癸亥科萧世本卷，金榜排名为三甲第 26 名，其成绩为 7 "△" 1 "、"；光绪甲午科周宝清的金榜排名为三甲第 12 名，其成绩为 8 "△"。这样的情况还有很多。道光朝之后，殿试卷 8 "△" 这样的成绩未能归入二甲行列中，而是放置在三甲中，可见读卷官大多乐于给 "○" 或是 "△"，导致同样成绩的殿试卷出现扎堆现象。这些充分说明殿试读卷官的阅卷态度影响到金榜排名与阅卷符号之间的对应关系。

（三）清代殿试阅卷存在少数失误操作，进而影响到个别士子的金榜排名

清人在殿试阅卷过程中难免出现失误操作，影响了少数士子的金榜排名。第一种情况是殿试卷成绩高低有别，但金榜名次与成绩不相匹配，甚至出现名次颠倒的情况。文末附表显示：乾隆七年殿试，蔡时田卷成绩为 1 "△" 2 "、" 1 "、" 6 "、、"，居金榜二甲第 36 名；顾汝修卷成绩为 3 "△" 7 "、、"，排名二甲第 71 名。蔡卷只有 1 个 "△"，而顾卷有 3 个 "△"，明显优于蔡氏；在 "、" 这一等级上，顾氏为 7 个 "、、"，而蔡氏只有 1 个 "、、"，其他 6 个成绩符号均为 "、、、"。总体上，顾汝修的成绩明显要优于蔡时田，但顾汝修的金榜名次却排在蔡时田之后。考虑到乾隆皇帝对科举考试的严厉管控，这很有可能是某位读卷官将蔡时田卷或者顾汝修卷放错了位置，导致填写金榜时颠倒了名次。在殿试阅卷紧张、繁忙的高压下，出现这样的失误是可以理解的。然而有些失误却是读卷官不认真造成的。譬如光绪十六年殿试，文廷式殿试卷有错别字，但读卷官未能指摘出来，而且将文氏卷荐举为前十名进呈卷，最终被皇帝钦定为榜眼。为此，该科所有读卷官均受到了皇帝的斥责和处罚。① 可见殿试阅卷是一项非常具有挑战性的工作。第二种情况是，成绩相同的殿试卷在排名上有先后之别，甚至分属不同的甲第名次，这会影响到进士的荣誉以及日后的仕途发展。文末附表显示：乾隆二十六年殿试，蒋雍植卷和孙士毅卷的成绩符号相同，但名次上有先后之分；光绪十二年殿试，徐敏中、郑宝琛二人的成绩相同，但徐氏的排名在郑氏之前；光绪十五年江俟和谢临春也是一样的成绩，名次上徐氏在前而谢氏在后，且二者相隔了 38 名，可见相同成绩符号的卷子还有很多。

究其原因，除上面失误情况之外，清代金榜没有并列排名的做法。相同成绩，根据拆

---

① "谕内阁：崑冈奏，遵查文廷式试卷，据实覆奏一折，据称检阅原卷策内'间面'二字，系属笔误，读卷大臣未经签出等语。所有此次读卷大臣，福锟、徐桐、麟书、翁同龢、嵩申、徐郙、廖寿恒、汪鸣銮均着交该衙门照例议处。" 见《清德宗实录》卷 287，光绪十六年七月戊寅，北京：中华书局，1987 年，第 821 页。

卷顺序填写金榜的原则，拆卷在前，排名自然在前，拆卷在后，排名也就靠后。这种方式造成最严重的后果是，将成绩相同的答卷归属为不同的甲第。这在甲第名次出身对士子仕途、名誉影响极大的环境下，确实对一些士子有失公平。① 如文末附表所示：光绪二十年甲午科，谢世珍、周宝清二人的对策成绩相同，但谢氏排在 2 甲最后一名第 123 名，周氏却排在 3 甲第 12 名。据此推测，至少还有 11 份具有相同成绩的殿试卷也归入三甲行列中。② 所以，在同样成绩的情况下，拆卷顺序在前的殿试卷无疑占据了先机。

总之，尽管清代殿试过程中仍然存在一些问题，但相较于明代殿试阅卷而言，清代在技术手段上进行了革新，尤其是读卷官轮流阅卷的方式和使用阅卷符号定位成绩的做法，进一步提升了殿试阅卷、金榜排名的公平性和公正性，推进了科举考试的文明进程。这些做法都值得被现在的考试阅卷借鉴和吸收。

[作者单位：黄冈师范学院文学院（苏东坡书院）]

---

① 一般翰林院庶吉士散馆后，二甲进士会授予翰林院编修官职，三甲进士授翰林院检讨职。间或有打破常规的情况出现，但大体依据进士的甲第类别除官。所以，相同成绩分属不同的甲第，对士子有一定的影响。

② 本科殿试，二甲共有 132 个名额，故该科与谢、周二人成绩相同的对策应该不少于 20 份。

附:

清代雍正至光绪朝殿试卷评阅成绩符号统计表

科第	姓名	名次	读卷官评定														出处	备注
雍正 癸丑科	叶荣贤	3甲179名	杨(、、、)	吴(、、)	俞(、)	张(、、)	彭(、|)	尹									巴蜀	
乾隆	蔡时田	2甲36名	张(、、、、)	蒋(、)	徐(、、、)	梁(、、)	查	德(、、、、)	三	吴(、、)	陈(、、)	钱(、、、、)	阿(△)	周(、)			巴蜀	有批语
	顾汝修	2甲71名	张(、、)	蒋(、、)	徐(、、)	梁(、、)	查	德(△)	三	吴(△)	陈(、、)	钱(△)	阿(、、)	周(、、)			巴蜀	有批语
壬戌科	李化楠	3甲70名	张(、)	蒋(、、)	徐(、)	梁(、)	查	德(、)	三	吴(、)	陈(、)	钱(、)	阿(、)	周(、)			巴蜀	有批语
	林中麟	3甲206名	张(、)	蒋(、)	徐(、)	梁(、)	查	德(、)	三	吴(、)	陈(、、)	钱(、)	阿(、)	周(、)			巴蜀	有批语
戊辰科	李芝	3甲12名	张(、、)	傅(、、)	陈(、、)	汪(、、)	德(、、)	归(、、)	王(、、)	庄(、、)	勒(、、)	钟(、、)	张(、、)	梅(、)	稽(、、、)	金(、)	巴蜀	有批语
	蒋雍植	2甲1名	米(△)	鄂(△)	刘(△)	梁(○)	尹(△)	蔡(△)	刘(△)	观(△)	钱(○)						法兰西	有批语
辛巳科	孙士毅	2甲4名	米(△)	鄂(△)	刘(△)	梁(○)	尹(△)	蔡(○)	刘(○)	观(△)	钱(○)						法兰西	有批语
	王凤鸣	3甲31名	米(、、)	鄂(、、)	刘(、、)	梁(、)	尹(、)	秦(、)	刘(、、)	观(、、)	钱(、、、)						巴蜀	
癸未科	李调元	2甲11名	米(△)	讬(△)	刘(△)	蔡(○)	刘(○)	双(○)	彭(△)	窦(△)							巴蜀	
辛卯科	范垲	1甲3名	刘(○)	刘(○)	程(○)	观(△)	张(△)	曹(○)	奉(○)	全(△)	钱(○)						法兰西	
	陈昌齐	2甲48名	刘(、、、)	刘(、、)	程(、、、)	观(△)	张(△)	曹(、、)	奉(△)	全(、、、)	钱(、、)						述录	
壬辰科	俞大猷	1甲3名	刘(○)	刘(○)	程(○)	蔡(○)	观(○)	周(○)	德(○)	谢(○)							法兰西	拟第二

续表

科第	姓名	名次	读卷官评定								出处	备注
乙未科	沈清藻	1甲3名	舒(○)	程(○)	张(○)	曹(○)	梁(○)	彭(○)	高(○)	董(○)	法兰西	
	王春煦	2甲1名	舒(○)	程(○)	张(○)	曹(○)	梁(○)	彭(○)	高(○)	董(○)	法兰西	
戊戌科	李鼎元	3甲1名	阿(△)	程(△)	梁(△)	蔡(△)	稽(△)	董(△)	胡(△)	巴(△)	巴蜀	
辛丑科	曹之升	2甲45名	三(△)	梁(△)	罗(△)	谢(△)	沈(△)	杜(○)	钱(,)		法兰西	
	魏倣祖	2甲101名	三(,)	梁(,)	罗(,)	谢(,)	沈(|)	杜(|)	钱(,)		法兰西	
己酉科	汪廷珍	1甲2名	稽(○)	和(△)	彭(△)	李(○)	邹(○)	姜(○)	图(○)	宝(△)	法兰西	拟第十
癸丑科	陈希曾	1甲3名	阿(○)	王(○)	纪(○)	宝(○)	金(○)	刘(○)	王(○)	珝(○)	法兰西	
乙卯科	高鹗	3甲1名	和	王	刘(,)	董(,)	纪(,)	金(,)	钱(,)	吴(,)	探析	
嘉庆己未科	吴赓枚	2甲42名	王(○)	庆(○)	纪(△)	钱(△)	童(○)	达(○)	成(○)	陈(△)	法兰西	
辛酉科	邹家燮	1甲3名	王(○)	董(,)	周(△)	陈(△)	李(○)	戴(○)	恩(○)	陈(△)	法兰西	拟第八
道光乙未科	高溥	3甲106名	姚(,)	吴(,)	陈(,)	卓(,)	长(,)	潘(,)	史(,)	文(,)	巴蜀	
丙申科	范肇新	2甲42名	长(△)	阮(△)	成(△)	程(△)	卓(△)	廖(△)	史(○)	王(○)	巴蜀	
	韦杰生	3甲66名	长(,)	阮(,)	成(,)	程(,)	卓(,)	廖(,)	史(,)	王(,)	巴蜀	
	萧秀堂	3甲96名	长(×)	阮(×)	成(×)	程(×)	卓(×)	廖(×)	史(×)	王(×)	巴蜀	

续表

科第	姓名	名次	读卷官评定								出处	备注
戊戌科	孙治	2甲20名	潘(○)	汤(△)	卓(○)	文(○)	吴(△)	恩(○)	沈(○)	菁(○)	巴蜀	
丁未科	朱奂	3甲17名	宝(.)	陈(△)	魏(△)	李(△)	吴(△)	朱(△)	李(△)	黄(△)	巴蜀	
庚戌科	赵树吉	2甲31名	祁(○)	贵(○)	孙(○)	柏(○)	杜(○)	周(○)	灵(○)	车(○)	巴蜀	
同治癸亥科	萧世本	3甲26名	倓(△)	瑞(.)	宝(△)	万(△)	孙(△)	桼(△)	全(△)	殷(△)	巴蜀	
辛未科	范元音	3甲170名	瑞(I)	瑞(.)	金(.)	毛(.)	庞(.)	延(.)	黄(I)	刘(.)	法兰西	
甲戌科	陆元鼎	3甲20名	毛(△)	董(△)	桼(△)	贺(△)	黄(△)	徐(△)	龚(△)	童(.)	法兰西	
光绪丙子恩科	高赓恩	2甲100名	沈(△)	毛(△)	魁(△)	殷(○)	潘(△)	乌(△)	袁(△)	周(○)	法兰西	
丁丑科	李春芳	3甲41名	万(.)	李(.)	徐(△)	夏(.)	麟(.)	钱(.)	岜(.)	童(.)	巴蜀	
丁丑科	陈昌言	3甲60名	万(.)	李(.)	徐(.)	夏(.)	麟(△)	钱(.)	岜(.)	童(.)	巴蜀	
癸未科	梁涛观	2甲59名	李(△)	奎(△)	锡(○)	周(△)	嵩(○)	贵(○)	张(○)	张(△)	法兰西	
	邱淮	2甲50名	福(△)	张(○)	翁(○)	潘(○)	景(△)	徐(.)	廖(△)	沈(△)	巴蜀	
	徐敏中	2甲91名	福(△)	张(△)	翁(△)	潘(○)	景(△)	徐(.)	廖(△)	沈(△)	巴蜀	
丙戌科	郑宝琛	2甲94名	福(△)	张(△)	翁(△)	潘(.)	景(△)	徐(.)	廖(△)	沈(△)	巴蜀	
	屈光烛	3甲20名	福(△)	张(○)	翁(.)	潘(.)	景(△)	徐(.)	廖(△)	沈(.)	巴蜀	

续表

科第	姓名	名次	读卷官评定								出处	备注
己丑科	徐心泰	2甲28名	恩（○）	徐（○）	李（○）	许（○）	潘（，）	祁（○）	孙（○）	薛（○）	巴蜀	
	江俶	3甲23名	恩（△）	徐（，）	李（△）	许（△）	潘（△）	祁（△）	孙（△）	薛（△）	巴蜀	
	谢临春	3甲61名	恩（△）	徐（，）	李（△）	许（△）	潘（△）	祁（△）	孙（△）	薛（△）	巴蜀	
甲午科	谢世珍	2甲123名	张（△）	麟（△）	翁（△）	李（△）	薛（，）	志（△）	汪（△）	唐（△）	法兰西	
	周宝清	3甲12名	张（△）	麟（△）	翁（△）	李（△）	薛（，）	志（△）	汪（○）	唐（△）	巴蜀	
乙未科	秦望澜	2甲35	徐（○）	薛（○）	廖（○）	陈（○）	李（，）	徐（○）	汪（○）	寿（○）	法兰西	
	汪世杰	2甲65名	徐（△）	薛（○）	廖（○）	陈（○）	李（，）	徐（○）	汪（△）	寿（△）	法兰西	
	范国良	3甲8名	徐（△）	薛（，）	廖（△）	陈（△）	李（△）	徐（△）	汪（△）	寿（△）	法兰西	
	邹增祐	3甲84名	徐（，）	薛（，）	廖（△）	陈（，）	李（，）	徐（，）	汪（，）	寿（，）	巴蜀	
	戴光	3甲113名	徐（，）	薛（，）	廖（，）	陈（，）	李（，）	徐（，）	汪（，）	寿（，）	法兰西	
戊戌科	傅增湘	2甲6名	崑（○）	徐（○）	溥（○）	唐（○）	阿（○）	绵（○）	梁（○）	胡（○）	述录	
	罗琛	2甲57名	崑（○）	徐（○）	溥（○）	唐（○）	阿（○）	绵（○）	梁（○）	胡（○）	巴蜀	
	马桢	3甲66名	崑（△）	徐（△）	溥（△）	唐（△）	阿（△）	绵（△）	梁（△）	胡（△）	巴蜀	

续表

科第	姓名	名次	读卷官评定								出处	备注
癸卯科	华宗智	2甲129名	张(△)	裕(○)	溥(△)	陆(△)	陈(○)	戴(△)	张(○)	刘(△)	法兰西	
	范振绪	3甲132名	张(、)	裕(、)	溥(、)	陆(、)	陈(、)	戴(、)	张(、)	刘(、)	法兰西	
甲辰科	张懋桐	2甲6名	王(○)	鹿(○)	葛(○)	陆(○)	陈(○)	李(○)	张(○)	绵(○)	法兰西	
	麦鸿钧	2甲7名	王(○)	鹿(○)	葛(○)	陆(○)	陈(○)	李(○)	张(○)	绵(○)	法兰西	
	姚华	3甲9名	王(△)	鹿(△)	葛(△)	陆(△)	陈(△)	李(△)	张(△)	绵(△)	法兰西	
	杨光赞	3甲48名	王(、)	鹿(△)	葛(△)	陆(、)	陈(△)	李(△)	张(△)	绵(△)	法兰西	

诗教与末技：乾隆帝的试帖理念与创作实践

□ 谢冰青

【摘要】 乾隆帝的试帖理念有注重实用、崇实黜华与词章末技三个维度。它们折射出乾隆帝崇尚经义、"先道德而后文章"的文化理念，体现其注重实用的诗教精神，以及惟恐世人沉溺词章，进而影响到现实政治的心态。相应地，在他的试帖创作中也有注重实用功能的一面，他好以试帖训示臣下、记录政典、考辨学问，展现了他欲借试帖树立天子权威的意图。同时，乾隆帝的试帖也有一定的自娱倾向，呈现出与文人争胜、游戏文笔、无关政教的一面。虽然借助馆阁名家的传播，他的试帖的确起到了规制思想与学术的作用，但其试帖之作却未被时人视为典范之作。可见，文体特性并不会因科举轻易改变，帝王难以单纯凭借权威树立文学典范。

【关键词】 乾隆；试帖诗；御制诗集；科举

清代科举试诗为定式肇自乾隆时期，此举直接促进了清代试帖诗的勃兴。就乾隆帝与试帖的关系而言，学界多从其谕令出发，分析他对于试诗的影响。① 其实乾隆帝不仅主导政策制定，亦钦命诗题以试群臣与诸生，并好自为诗作以示轨范，《洪范九五福之一曰寿联句》注释曰："丁丑，科场旧制二场用表文一道，至是上以表文篇幅稍长，或非风檐寸

---

① 杨春俏认为帝王的个人文学素养对试诗有推动作用，参见氏著《清代科场加试试帖诗之始末及原因探析》，《东方论坛》2005 年第 5 期。唐芸芸则将之归于"清初历代科举改革政策的积累""诗教与鼓吹休明的需要"，参见唐芸芸：《清代科举加试试帖诗之探析》，《南阳师范学院学报》（社会科学版）2010 年第 4 期，第 56 页。安东强指出乾隆帝试诗是出于"化繁为简，实现清朝储才与抡才的统一"的目的，参见安东强：《乾隆帝、学政与试律诗》，《武汉大学学报》（人文科学版）2013 年第 5 期，第 21 页。曹韧基认为康乾二帝"对于诗坛'鸣盛与规范'的强调"是科举试诗的前提。参见曹韧基：《清代试律研究》，南京大学硕士学位论文，2014 年，第 53 页。刘洋认为试诗"是为了打破科举以往的命题思路与应试模式，革除举子怀挟、宿构之风"，参见刘洋：《清代科举试诗的历史原因与制度意义》，《清史研究》2021 年第 2 期。

暑所能，易以五言八韵唐律一首，并每科乡会试御制试帖题诗以示标准。"① 实际上，《御制诗集》的收录并不局限于乡会试题，亦有用于其他考试写作场合的作品，还有大量题为赋得之作。

文学史上不乏帝王主导的诗歌创作活动，但较之一般的君臣唱和，试帖创作离不开科举的影响。乾隆帝的创作非独夸耀文采，亦有树立标准的用意，从中可见帝王对于科举与文学二者关系的处理。有鉴于此，本文拟将乾隆帝谕令与创作相结合，以求获得对于乾隆帝试帖理念与创作更为深入的认知，进而探寻乾隆帝对于科举与文学二者采取了怎样的态度，试图解答其试帖理念与创作对于清代试帖产生了哪些影响。

一、乾隆帝的试帖理念：注重实用、崇实黜华与词章末技

功令初下之时，乾隆帝就一再强调试诗是基于现实的科举改良目的与政治考量。试诗之初，其特为声明试诗有利于更为高效地选拔人才，还可解决剽袭之风。乾隆二十二年（1757）正月上谕云："今思表文篇幅稍长，难以责之风檐寸暑，而其中一定字面，或偶有错落，辄干贴例，未免仍费点检。且时事谢贺，每科所拟不过数题，在淹雅之士，尚多出于夙构，而倩代强记以图侥幸者，更无论矣，究非核实拔真之道。嗣后会试第二场表文，可易以五言八韵唐律一首。……况篇什既简，司试事者得从容校阅，其工拙尤为易见。"② 同年二月，他又提出试诗是为"挖扬风雅"③，为试诗赋予了教化的意味，让其具有现实政治意义。

此前仅翰林与进士需试诗④，从乾隆二十二年至乾隆二十八年（1763），试帖诗逐渐渗透到各个层级的科举考试之中⑤。自后，除会试外，乡试⑥、"各省拔、岁、贡、朝考，并优生到部朝考"⑦、"生员岁科两试"⑧、"岁科两试童生"⑨、"学官月课"⑩、"各省选拔生员"⑪ 皆需试诗，或是考虑到童生的水平，亦规定岁考之中"或文可入彀，而诗欠谐叶者，量为节取"⑫。不惟考生需要试诗，试帖亦是对于教官的综合考查指标之一，乾

① 《御制诗五集》卷62，《景印文渊阁四库全书》第1310册，台北："商务印书馆"，1986年，第588页。《御制诗集》内所收录的乡、会试诗题并不完全，比如乾隆二十二年丁丑科会试诗题并未集中注明，仅有同年的巡召诗题。

② 《清高宗纯皇帝实录》卷531，乾隆二十二年正月下，北京：中华书局，1986年，第694～695页。

③ 《清高宗纯皇帝实录》卷532，乾隆二十二年二月上，北京：中华书局，1986年，第702页。

④ 在博学鸿词科与巡召试中也有试诗的情况。

⑤ 乾隆时期各层级考试增设试帖的情况，参见安东强：《乾隆帝、学政与试律诗》，《武汉大学学报》（人文科学版）2013年第5期。

⑥ 《清高宗纯皇帝实录》卷537，乾隆二十二年四月下，北京：中华书局，1986年，第784页。

⑦ 《清高宗纯皇帝实录》卷558，乾隆二十三年三月上，北京：中华书局，1986年，第71页。

⑧ 《清高宗纯皇帝实录》卷561，乾隆二十三年四月下，北京：中华书局，1986年，第108页。

⑨ 《清高宗纯皇帝实录》卷607，乾隆二十五年二月下，北京：中华书局，1986年，第818页。

⑩ 《清高宗纯皇帝实录》卷607，乾隆二十五年二月下，北京：中华书局，1986年，第818页。

⑪ 《清高宗纯皇帝实录》卷691，乾隆二十八年七月下，北京：中华书局，1986年，第739页。

⑫ 《清高宗纯皇帝实录》卷607，乾隆二十五年二月下，北京：中华书局，1986年，第818页。

隆二十三年（1758），清廷规定"应令学臣按临日，兼试律诗，总核学行，以定黜陟"①。

不过，乾隆帝虽雅好文艺，并积极推行试诗，却屡申崇实黜华之意，惟恐自己对于诗歌的热情会使世人迎合上意，雕琢词句。乾隆十年（1745），他训正文体，提出"夫古人论文，以浑金璞玉，不雕不琢为比，未有穿凿支离，可以传世行远者"②。此论主要是针对八股文而论，但他也提及诗赋："至于诗赋，淡藻敷华，虽不免组织渲染，然亦必有真气贯乎其中乃为佳作。"③乾隆十一年（1746）他又告谕群臣，自己留心诗赋不过是"遣兴"④，自己与臣子唱和也绝非"夸耀己长，与文人角胜"⑤，同时他也担心自己对于诗赋的爱好，会让世人以为其选拔人才"沾沾于文艺之末，雕章琢句，专事浮华"⑥，甚至会催生"藉手捉刀、希图侥幸者"⑦。乾隆十四年（1749），其告诫翰林不可因其爱好诗赋而偏废经术："圣贤之学，行，本也，文，末也。而文之中，经术其根柢也，词章其枝叶也。翰林以文学侍从，近年来因朕每试以诗赋，颇致力于词章，而求其沉酣六籍、含英咀华，究经训之阃奥者，不少概见。"⑧

事实证明他的担忧并非杞人忧天，乾隆五十三年（1788）三月辛巳，天津巡召试发生了安徽监生叶栋诗册舞弊一案。在试诗成为科举考试定制之前，乾隆帝已在巡召试中以诗取士。⑨乾隆十六年（1751）首次南巡，士子纷纷进献诗赋，乾隆帝援引康熙朝巡召之例，谓此事"良合于陈诗观风，育才造士之道"⑩，也顺势举行了巡召试。或许是因为这一夸耀文治的目的，试诗也是乾隆时期巡召试的重要内容。当时通过进献诗册，参与巡召试而获得官位者大有人在，譬如钱大昕就是在乾隆十六年江南召试中获得举人功名，"授为内阁中书，学习行走，与考取候补人员一体补用"⑪。如此优厚的待遇难免会有人铤而走险，试图通过舞弊以获得进身之阶。是次安徽监生叶栋"所进诗册系集御制诗文，体格颇新"⑫，乾隆帝本想就此嘉奖叶栋，"因只系词章末技，若遽加恩奖，恐外间士子因此或竞尚浮华，不务实学"⑬，所以并未立刻予以奖赏，而是命人将叶栋召试所作原卷进呈。检阅原卷后，他发现叶栋所作诗赋皆有不妥之处，"则该生所作之赋，已有失押韵脚肤泛之句，而诗内砌凑春夏秋冬二联，全与题无涉，至用霜叶红火云烘等语句，更不值一噱"⑭。是年诗题为"赋得周而不比得同字"，与四时之景毫无关系，所以其所作试帖显

---

① 《清高宗纯皇帝实录》卷566，乾隆二十三年七月上，北京：中华书局，1986年，第179页。

② 《清高宗纯皇帝实录》卷238，乾隆十年四月上，北京：中华书局，1986年，第61页。

③ 《清高宗纯皇帝实录》卷238，乾隆十年四月上，北京：中华书局，1986年，第61页。

④ 《清高宗纯皇帝实录》卷277，乾隆十一年十月下，北京：中华书局，1986年，第622页。

⑤ 《清高宗纯皇帝实录》卷277，乾隆十一年十月下，北京：中华书局，1986年，第622页。

⑥ 《清高宗纯皇帝实录》卷277，乾隆十一年十月下，北京：中华书局，1986年，第622页。

⑦ 《清高宗纯皇帝实录》卷277，乾隆十一年十月下，北京：中华书局，1986年，第622页。

⑧ 《清高宗纯皇帝实录》卷352，乾隆十四年十一月上，北京：中华书局，1986年，第860页。

⑨ 参见宋元强：《清代的召试》，《明清论丛》第十二辑，北京：故宫出版社，2012年。

⑩ 《清高宗纯皇帝实录》卷383，乾隆十六年二月下，北京：中华书局，1986年，第39页。

⑪ 《清高宗纯皇帝实录》卷383，乾隆十六年三月下，北京：中华书局，1986年，第65页。

⑫ 《清高宗纯皇帝实录》卷1301，乾隆五十三年三月下，北京：中华书局，1986年，第494页。

⑬ 《清高宗纯皇帝实录》卷1301，乾隆五十三年三月下，北京：中华书局，1986年，第494页。

⑭ 《清高宗纯皇帝实录》卷1301，乾隆五十三年三月下，北京：中华书局，1986年，第494页。

然是离题万里，"可见其所进献诗册必系他人代倩，断非出于叶栋之手，殊属可鄙"①。

值得注意的是，乾隆帝在此反复提及的"词章末技"这一概念，它反映了乾隆帝担心过度推崇诗赋将对现实政治产生不良影响。据此，他进一步申发了应当如何规范科场诗文：

> 士子读书讲学，原应湛深经术，坐言起行，方为敦本崇实之道。至文词本属游艺末节，然亦须根柢经训，有裨身心，方为载道之文。若徒以藻缋为工，即素号专家，已非真儒所尚。……夫国家养士百余年，教泽涵濡，不为不久，士子等习尚不端，何竟卑鄙至此？推求其故，或因朕几余游艺，不废诗文，临御以来，初二三四集，风行海宇，裒集日多。承学之士，妄意朕雅尚词华，遂不思务本力学为立身行己根基，此则甚非朕崇实黜华之意也。且朕所作诗文，皆关政教，大而考镜得失，小而廑念民依，无不归于纪实。御制集俱在，试随手披阅，有一连十数首内，专属寻常浏览，吟弄风月浮泛之词，而于政治民生，毫无关涉者乎？是朕所好者载道之文，非世俗徒尚虚车之文。若朕所制各集，俱不过词章能事，则朕早将御制四集诗文，概行废而不存矣。②

具体而言，科场选拔诗文在知识基础上要以经术为根柢；在审美上要崇实黜华，不宜雕琢字句；在伦理主题上要以载道为先，有关政教，归于纪实。③ 此番规范意在说明，科场试诗绝非是要考查考生的遣词造句的能力，而是欲藉此使士子潜心儒家经典，从而规范其个人德行，选拔可用之人。

以上规范亦折射出乾隆帝崇尚经义、"先道德而后文章"的文化理念。乾隆三年（1738）上谕云："士人以品行为先，学问以经义为重。故士之自立也，先道德而后文章；国家之取士也，黜浮华而崇实学。"④ 其亦颇为忌惮世人沉溺于诗文写作可能带来的现实威胁，在乾隆二十年（1755）的胡中藻诗案中，鄂尔泰的侄子鄂昌与胡中藻时有诗文往来，乾隆帝痛斥鄂昌："满洲风俗，素以尊君亲上、朴诚忠敬为根本，自骑射之外，一切玩物丧志之事，皆无所渐染。乃近来多效汉人习气，往往稍解章句，即妄为诗歌，动以浮夸相尚，遂致古风日远，语言诞漫，渐成恶习。……即孔门以诗书垂教，亦必先以事君事父为重。若读书徒剽窃浮华，而不知敦本务实之道，岂孔门垂教之本意？"⑤ 在其看来，要消除汉文化潜在的负面影响，⑥ 一是要倡导具有道德规范力量的儒家经典，二是切忌以

---

① 《清高宗纯皇帝实录》卷 1301，乾隆五十三年三月下，北京：中华书局，1986 年，第 494 页。

② 《清高宗纯皇帝实录》卷 1301，乾隆五十三年三月下，北京：中华书局，1986 年，第 494~495 页。

③ 蒋寅认为诗学传统包含三个层面："传统本身是一个包含多方面内容的概念，就诗学而言，起码包括伦理的、审美的、知识的三个层面。"参见蒋寅：《在传统的阐释与重构中展开——清初诗学基本观念的确立》，《中国社会科学》2006 年第 6 期。

④ 《清高宗纯皇帝实录》卷 79，乾隆三年十月下，北京：中华书局，1986 年，第 243 页。

⑤ 《清高宗纯皇帝实录》卷 485，乾隆二十年三月下，北京：中华书局，1986 年，第 75~76 页。

⑥ 孔飞力提出，胡中藻诗案揭示了"在弘历的认识中，谋叛与汉化只不过是同一威胁的两个不同侧面而已。"参见氏著《叫魂：1768 年中国妖术大恐慌》，陈兼、刘昶译，上海：生活·新知·读书三联书店，2014 年，第 83 页。曹韧基指此案刺激了乾隆帝"对诗风文风加以整饬规范的决心"，其试诗亦有此意。参见曹韧基：《清代试律研究》，南京大学硕士学位论文，第 48~49 页。

文辞相尚。

可见，"末技"一说还反映出乾隆帝对于诗歌创作的矛盾心态，他既享受诗歌创作，也担心他对诗歌创作的热情会对现实产生不利影响。尽管试诗被赋予了实际的功能，还披上了"挖扬风雅"的诗教外衣，但他还是要将诗文写作定位为末技，以消解其可能带来的危险。

要之，乾隆帝的试帖理念可以用三点概括，即注重实用、崇实黜华与词章末技。以此观之，我们可以发现试帖在科场内的窘境，虽然它被赋予了现实的功用与崇高的创作理念，但"末技"这一定位又揭示了这种创作理念在实践上的困难。同样乾隆帝试帖创作也相应地呈现出两面性，一方面，他注重实用，以试帖训示臣下，记录政典，考辨学问，另一方面，他也流露出以试帖遣兴的倾向。

二、乾隆帝试帖创作中的实用精神

如前所言，乾隆帝在加试试帖时，特别强调试诗的现实功用，同时，他标举试诗目的之一为"挖扬风雅"，体现了注重实用的诗教观念，这也是他自我标榜的创作精神。因此，他在试帖创作时也流露出了极强的实用精神，时常借试帖树立天子权威。

乾隆帝试帖创作的一大特征即好发教化之意。比如其一再申明"崇实黜华"，告诫世人以道德为先。乾隆六十年（1795）散馆诗题为"赋得临风舒锦得当字"即发此意，①试帖后记："欲出散馆题，偶翻《赋汇》，见阎楚封此题，其义盖在夸辞藻，立成此律，以藏字为韵。恐摹拟者得窥伺，因用'当'字，略示不当之意。次日阅众作，无一及此者。夫临风舒锦，意在显长为学之道，立身治人，均所不宜。'显诸仁，藏诸用'，《羲经》已示其端，因申此意识后。"② 诗云：

> 锦本西川美，风从北户扬。无心或犹可，有意却非当。何事明称赋，居然传自唐。开先始潘作，（钟嵘《诗品》云："潘岳诗烂若舒锦，无处不佳。"）继后更阎长。（唐阎楚封有《临风舒锦赋》。）纵拟鸣梭巧，奚关掷地锵。彼云喻黼黻，吾谓贬文章。尚纲恶其著，夸雄过亦彰。寄言务显者，应识返乎藏。③

首四句立定主旨，即显扬非当。"何事"以下四句，既明诗题出处，亦有批判炫耀文辞之意。"纵拟"顺承而来，语带双关，既谓织锦，亦谓文章。尾四句由文章言及立身做人之道。

有时，他还会在试帖中直接对臣子进行申斥。同年朝考诗题为"赋得公而不明得谁

---

① 文中考试年份均据《御制诗集》各卷编年与梁章钜《试律丛话》所载而来，以下不一一析出。又，对集内试帖，仅录入"赋得"诗题与韵脚，题后其余说明文字从略。参见梁章钜：《诗题汇录》，陈居渊校点：《制艺丛话，试律丛话》，上海：上海书店出版社，2001年，第496~510页。

② 《御制诗五集》卷96，《景印文渊阁四库全书》第1311册，台北："商务印书馆"，1986年，第447页。

③ 《御制诗五集》卷96，《景印文渊阁四库全书》第1311册，台北："商务印书馆"，1986年，第447页。

字"，其试帖有"宿学莫过者，评文更识其。讵知忽老羕，自用弗旁咨"① 句，夹注载当年会试考官窦光鼐所取一二名为浙江省王氏兄弟王以铻与王以衔，被疑有私，"但自来会试取中甲乙名次，皆系省分相间。而窦光鼐此次独出己见，连取浙江二名，副考官及房官等共相劝阻，皆不见听"②，在复试时，第一名王以铻位居三等，更令乾隆帝自觉坐实猜想，因此令各部查办相关人等，"窦光鼐此次深负朕委任之意，有干严谴乃所自取也"③，因此其以此作告诫诸臣："要在明而正，宁惟公不私。因之乖去取，吾失却推谁。"④

同时，乾隆帝标榜其诗文"无不归于纪实"，他也有以试帖记录政典之意。比如他曾两度以"循名责实"为题，每次诗作又分别是针对不同的事件而写。第一次是乾隆二十二年的"赋得循名责实得田字"。此题源于《韩非子·定法》："术者，因任而授官，循名而责实，操杀生之柄，课群臣之能者也，此人主之所执也。"⑤ 乾隆九年（1744），舒赫德曾进言要求改良科举，提出"将考试条款改易而更张之，别思所以遴拔真才实学之道"⑥，张廷玉奉旨回应，认为无需改良当时科考科目，指科场之弊不过是不"责实"之故，曰："今舒赫德所谓时文经艺，以及表、判、策论皆为空言剿袭而无用者，此正不责实之过耳。"⑦ 两相结合，乾隆帝在当年试浙江士子与会试时均用此题，其用心自不待言。⑧《御制诗集》中有试浙江省士子同题作，诗云：

> 名实曾何谓，应如宾主然。底须名是尚，当以实为先。沐浴文章海，菑畬经训田。《淮南》倡正议，《说苑》著良诠。修己若乖术，治人宁有缘。要非沽可得，讵藉养因传。循欲诚无忝，责期伪尽蠲。春官新定制，所冀获真贤。⑨

首四句是为全诗定下主旨，即"实"为主，"名"为宾。"沐浴"以下四句转向经

<hr/>

① 《御制诗五集》卷97，《景印文渊阁四库全书》第1311册，台北："商务印书馆"，1986年，第462页。
② 《御制诗五集》卷97，《景印文渊阁四库全书》第1311册，台北："商务印书馆"，1986年，第463页。
③ 《御制诗五集》卷97，《景印文渊阁四库全书》第1311册，台北："商务印书馆"，1986年，第463页。
④ 《御制诗五集》卷97，《景印文渊阁四库全书》第1311册，台北："商务印书馆"，1986年，第463页。
⑤ 王先慎集解，钟哲点校：《韩非子集解》卷17，北京：中华书局，2013年，第433页。
⑥ 张廷玉：《议覆制科取士疏》，《澄怀园文存》卷4，《清代诗文集汇编》第229册，上海：上海古籍出版社，2010年，第355页。
⑦ 张廷玉：《议覆制科取士疏》，《澄怀园文存》卷4，《清代诗文集汇编》第229册，上海：上海古籍出版社，2010年，第356页。
⑧ 《试律丛话》记当年会试题为"'循名责实'得田字"，浙江巡召试题为"'蚕月条桑'得留字"，下注："先是，以'循名责实'命题得田字，因御笔草书，诸生莫辨，押因字、思字者多，押田字只二卷，难定去取，次日复以是题考试。"参见梁章钜：《诗题汇录》，陈居渊校点：《制艺丛话，试律丛话》，上海：上海书店出版社，2001年，第496、509页。
⑨ 《御制诗二集》卷70，《景印文渊阁四库全书》第1304册，台北："商务印书馆"，1986年，第340页。

典，以建构"循名责实"的君臣传统。《淮南子·主术》提出人君应当"循名责实，使有司，任而弗诏，责而弗教，以不知为道，以奈何为实"①，《说苑·君道》中，郭隗以名、实二元对立论君臣关系，有"帝者之臣，其名，臣也，其实，师也"② 云云。"修己"四句有自省意，尾四句点出希求人才之意，"春官新定制，所冀获真贤"更是直接切合科举试诗的时事。

乾隆五十年（1785）的大考翰詹诗亦以"循名责实"为题，是年诗题为"赋得循名责实得班字七言八韵"。③ 乾隆四十九年（1784）年十一月上谕云："现在《四库全书》，四分造竣"，④ 所以乾隆帝此次诗作更像是为此而作，诗云：

> 实主名宾天地间，《淮南》著训政斯关。用虽权偶资时济，守在经当识大闲。爰有雠书校四库，不无捷径启南山。欲甄真赝鱼雅侣，可滥清华侍从班。纵曰立言修行（去声）要，宜思形正影端艰。经镕史铸则堪取，子抹集涂亦合删。咨尔献廷期效世，体予务学莫偷闲。业成即不让虞褚，寻乐还应于孔颜。⑤

相较于丁丑科会试试帖诗强调人才选拔的重要，是次诗作则是藉"循名责实"入手，专论校修四库一事，从"爰有雠书校四库"一句即可看出。丁丑科对于"循名责实"的阐释偏重于人才的能力要与官位相符合，相对切中《韩非子》原意。而此诗则是训诫作为位列清华的翰林诸臣在考校学问时要严谨慎重，平日亦要立言修行、行正影端。结句以"虞褚"与"孔颜"并举，既夸耀文学，亦有推崇经义之意，可见乾隆帝自谓非以文辞相尚之旨。

此外，乾隆帝亦会在其试帖中夹注，记录政事，如《赋得大车槛槛得还字》有"近穴当擒兔"⑥ 句，注："阿桂已自木思工噶克下，压噶尔丹寺，明亮亦攻至沿河，计日可合兵，会剿勒乌围，乘胜扫穴擒渠，惟盼红旗速达。"⑦ 试翰詹《赋得春雨如膏得讹字》有"大田胥可种，远省并堪哦"⑧ 句，注："近日畿辅及河南、山西、安徽、浙江、江

---

① 刘文典集解，冯逸、乔华点校：《淮南鸿烈集解》卷9，北京：中华书局，1989年，第301页。

② 刘向著，向宗鲁校证：《说苑校证》卷1，北京：中华书局，1987年，第16页。

③ 清人多以试帖谓五言之作，乾隆帝亦自言"断无表文华赡可观，而转不能成五字试帖者"（《清高宗纯皇帝实录》卷531，乾隆二十二年正月下，北京：中华书局，1986年，第695页）。但他也不时以七言之作试臣下，故亦选此作，聊备一体。

④ 《清高宗纯皇帝实录》卷1219，乾隆四十九年十一月下，北京：中华书局，1986年，第355页。

⑤ 《御制诗五集》卷13，《景印文渊阁四库全书》，台北："商务印书馆"，1986年，第444~445页。

⑥ 《御制诗四集》卷30，《景印文渊阁四库全书》第1307册，台北："商务印书馆"，1986年，第770页。

⑦ 《御制诗四集》卷30，《景印文渊阁四库全书》第1307册，台北："商务印书馆"，1986年，第770页。

⑧ 《御制诗余集》卷18，《景印文渊阁四库全书》第1311册，台北："商务印书馆"，1986年，第770页。

苏、陕西等省俱经奏报，澍泽均霑，并有诗纪事。"① 山东召试《赋得泗滨浮磬得和字》，有 "坛庙胥编列"② 句，注："国朝坛庙乐县之制所有编磬，向原用灵璧石，自平定回部以来，和阗春秋捞玉致贡，因俱改制玉磬，以昭美备。"③

乾隆帝的试帖创作还展现出了考证精神，体现了学问化的倾向。究其原因，或是因为一方面，其试诗动机之一，即因试帖诗题多样，更可见士子学问；另一方面，也折射出其欲借阐释典籍，以树立天子权威的意图。④ 比如他曾以"赋得鹿角解得讹字"为散馆诗题，此题以"讹"为韵脚，或许正是因为他欲纠正前人之说。"鹿角解"出自《礼记·月令》之"鹿角解，蝉始鸣，半夏生，木堇荣"⑤，亦有"麋角解"⑥ 云云。孔颖达疏："熊氏云'鹿是山兽，夏至得阴气而解角。麋是泽兽，故冬至得阳气而解角'。今以麋为阴兽，情淫而游泽，冬至阴方退故解角，从阴退之象。鹿是阳兽，情淫而游山，夏至得阴而解角，从阳退之象。既无明据，故略论焉。"⑦ 乾隆帝试帖即为驳倒麋解角于冬之说，云：

> 日永明都侯，感阴阳鹿多。角都失岳岳，首故挺裁裁。别类游风磴，（鹿于每年白露后始牝牡趁群，余时皆别群散处。）成群聚月坡。革希气为运，脑痒顶相摩。兀兀疑牝兽，双双落浅莎。新茸生即渐，旧骨任蹉跎。夏令麋同此，冬时麈异他。（《月令》："仲夏鹿角解，仲冬麋角解。"今木兰之鹿与吉林之麋无不解于夏，壬午曾作记及之，而未究其故。至丁亥长至后，陡忆南苑有麈或解角于冬，遣人往验信然，复为说以正其讹，且命于时宪书改注之。）不因亲考证，未易正其讹。⑧

此诗前十句皆在铺叙鹿角脱落于夏日这一主旨，"夏令"一联，指出麋也是在夏日脱

① 《御制诗余集》卷18，《景印文渊阁四库全书》第1311 册，台北："商务印书馆"，1986 年，第 770 页。

② 《御制诗五集》卷55，《景印文渊阁四库全书》第1310 册，台北："商务印书馆"，1986 年，第 502 页。

③ 《御制诗五集》卷55，《景印文渊阁四库全书》第1310 册，台北："商务印书馆"，1986 年，第 502 页。

④ 王汎森指出，从个人文化倾向来说，乾隆"颇富考证批判的精神"，他对皇权的自我想象又反映出："一方面想作千古帝王，为千古文化订下标准，一方面想巩固满族统治，他要结合这两者，在汉文化的营养皿中培养满族政权的正当性。"参见氏著《权力的毛细管作用》，《权力的毛细管作用：清代的思想、学术与心态》（修订版），北京：北京大学出版社，2015 年，第 352~353 页。

⑤ 郑玄注，孔颖达疏，龚抗云整理，王文锦审定：《礼记正义》卷 16，《十三经注疏》（整理本）第 13 册，北京：北京大学出版社，2000 年，第 592 页。

⑥ 郑玄注，孔颖达疏，龚抗云整理，王文锦审定：《礼记正义》17，《十三经注疏》（整理本），第 13 册，北京：北京大学出版社，2000 年，第 650 页。

⑦ 郑玄注，孔颖达疏，龚抗云整理，王文锦审定：《礼记正义》17，《十三经注疏》（整理本）第 13 册，北京：北京大学出版社 2000 年，第 650 页。

⑧ 《御制诗集三集》卷82，《景印文渊阁四库全书》第1306 册，台北："商务印书馆"，1986 年，第 599 页。另，《御制诗四集》卷57 有《鹿角解》与《麈角解》二诗，亦为驳《月令》之说，论之甚详。参见《景印文渊阁四库全书》第1308 册，台北："商务印书馆"，1986 年，第 269、276~277 页。

落双角，只有麛才是在冬日脱落犄角。最后一联从此事中申发出亲自考证的重要性。这首试帖虽是考辨学问，但其实是基于乾隆帝极度私人化的体验，他之所以有这样的结论是因为亲见后又派人考察。诚然，这样考证的举动或许有着汉学考据学风思潮的影响，但如此体验无疑是相当私人而独特的，除了帝王，任何人都不可能有类似的个人体验。所以，除了将这种学问考据视为一种学风思潮，我们也应该注意到其背后所蕴含的彰显帝王文治的野心，他不仅仅试图在文学上树立典范，更欲掌握学术的解释权。

三、乾隆帝试帖创作中的自娱倾向

对于诗歌创作，乾隆帝呈现出一种相当矛盾的心态，虽自觉帝王不宜沉溺此道，却又难以割舍这一爱好。一个有趣的例证是他曾经作诗为自己的诗歌创作热情而辩解，江西道御史李慎修"尝谏高宗勿以诗为能，恐摛翰有妨政治"①，对此乾隆帝辩解道："慎修劝我莫为诗，我亦知诗可不为。但是几余清宴际，却将何事遣闲时？"②虽微有自省之意，却亦以为作诗遣兴无伤大雅。

相应的是，尽管乾隆帝标举试帖的实用功能，自言科举取士当以经术道德为先，力倡崇实黜华，以诗赋为末技，似是惟恐士子沉迷词章，以致士风衰颓。但在他的试帖创作中，也有遣兴自娱的一面，而非处处以经义道德为先。首先，他虽自言雅好诗文非为与文人争胜，但有时在阐释诗题时，却恰恰流露出了"与文人争胜"的心态。乾隆三十八年（1773）天津巡召诗题为"赋得春水船如天上坐得迟字"，出自杜甫《小寒食舟中作》。这一诗题选择本就颇堪玩味。先就乾隆帝对杜甫的态度而言，在乾隆五十二年（1787）的殿试策问中，乾隆帝将杜诗标举为"为后来作者冠冕"③，他对于杜诗的推崇是从温柔敦厚的教论角度出发，特别推崇杜诗的忠君爱国之志④，其《杜子美诗序》云：

> 子美之诗所谓道性情而有劝惩之实者也。抒忠悃之心，抱刚正之气，虽拘于音韵格律，而言之愈畅，择之益精，语之弥详。其于忠君爱国，如饥之食、渴之饮，须臾离而不能，故虽短什偶吟，莫不瞻顾唐祚，系心明皇，蜀中诸作尤致意焉。屈原放逐，《离骚》是作，后代尊之为经，子美之诗亦因其颠沛流离，抱忠秉义，不究其用，垂于诗以自见，故后世宗之，参之于《三百篇》之列。若夫较一字之长，争一韵之巧，摛华藻于篇章，夸博赡以耀众者，艺也，非所以求子美也。⑤

---

① 徐世昌：《晚晴簃诗汇》卷 2，《续修四库全书》第 1629 册，上海：上海古籍出版社，1995 年，第 146 页。

② 徐世昌：《晚晴簃诗汇》卷 2，《续修四库全书》第 1629 册，上海：上海古籍出版社，1995 年，第 146 页。

③ 《清高宗纯皇帝实录》卷 1279，乾隆五十二年四月下，北京：中华书局，1986 年，第 134 页。

④ 李靓认为乾隆帝颇为尊崇杜甫诗歌的忠孝之情，亦自认其诗与杜甫一样具有诗史的性质。有关乾隆帝对于杜甫的详细评价，参见《言之有物、抒情言志的诗学观》，《乾隆文学思想研究——以"醇雅"为中心》，中央民族大学博士学位论文，2013 年。

⑤ 《御制乐善堂全集定本》卷 7，《景印文渊阁四库全书》第 1300 册，台北："商务印书馆"，1986 年，第 334 页。

在其看来杜甫的意义并不是在于他对诗歌形式的开拓，而是其诗中所体现的道德力量。其诗作并不纠结于字句，亦不以词华为尚，反而时刻抱定忠君爱国之情。同时他还提到，杜甫虽不得其用，亦以诗明志，他对杜甫诗中不怨不悱的温柔敦厚之情颇为欣赏。

再来看《小寒食舟中作》，诗中虽有"云白山青万余里，愁看直北是长安"①句抒发幽思，但乾隆帝却未选此句，而是选择了描摹风景的"春水船如天上坐"，全诗之意即在辨析杜诗此句佳处。乾隆帝诗云：

> 杜老佳词人尽知，知佳趣者却诚谁。偶因问俗观民便，更值恬风静浪宜。绿水当春盛犹弱，黄舻遵港妥非迟。晓开平挹烟霞入，夕泊俯临星斗披。欸乃声如步虚唱，蜿蜒乘是御天时。乍看村远忽汀近，不觉舟行讶岸移。假借曾闻张四堲（杜甫《赠张四学士堲诗》："天上张公子。"），先资已见沈佺期（沈佺期《钓竿篇》："人疑天上坐"，在甫前）。济川设使商书拟，乐育菁莪此伫之。②

首四句既叙诗作缘于巡召所见之景，亦点出诗题出处，更立定辨析杜诗佳趣的主旨。"绿水"至"蜿蜒"句描摹天水相接之景，"假借曾闻张四堲，先资已见沈佺期"辨析诗题妙处，此前亦有人注意到了该句与沈佺期诗的关联，如黄庭坚云："老杜'春水船如天上坐'，乃祖述佺期语。"③不过前人对于杜甫此句与"张公子"句的联系则罕有提及，乾隆帝于此点出此意，未尝不有与文人争胜之意。"济川"二句用道德化的期许将这首试帖拉回正轨，"济川"即《尚书·说命》："若济巨川，用汝作舟楫"④，言臣子辅佐君王之意。"乐育菁莪"用《小雅·菁菁者莪》之典，取"乐育材也"⑤之意，表达了对培育人才的期待。

同样，乾隆帝亦偶有游戏文字之心。乾隆四十年（1775）会试诗题为"赋得灯右观书得风字"，此题无出处，为乾隆帝即景命题作，他自言："灯下观书，必置檠于书之左，则翻帙时烛光乃不致为风所动，即拈句临池无不以置檠于左为便，向于乙未春礼闱以此命题试士，并成什示之。"⑥或因此题实在太过随意，亦有此题为乾隆帝有意为难臣下之说，《清朝野史大观》载："乾隆朝士屡于上前称彭文勤博学强记，上思有以难之。值乙未会试，钦命诗题为'灯右观书'四字。诸总裁复命日叩请出处，时文勤值侍班。上目视文勤，文勤叩首曰：'臣学问荒陋，亦不知诗题何出。'上笑曰：'是夕，朕偶于灯右观书

---

① 杜甫著，仇兆鳌注：《杜诗详注》卷23，北京：中华书局，2015年，第2497页。

② 《御制诗四集》卷12，《景印文渊阁四库全书》第1307册，台北："商务印书馆"，1986年，第448页。

③ 杜甫著，仇兆鳌注：《杜诗详注》卷23，北京：中华书局，2015年，第2498页。

④ 孔安国传，孔颖达疏，廖名春，陈明整理，吕绍纲审定：《尚书正义》卷10，《十三经注疏》（整理本）第2册，北京：北京大学出版社，第294页。

⑤ 毛亨传，郑玄笺，孔颖达疏，龚抗云等整理，刘家和审定：《毛诗正义》卷10，《十三经注疏》（整理本）第5册，北京：北京大学出版社，第735页。

⑥ 《御制诗五集》卷22，《景印文渊阁四库全书》第1309册，台北："商务印书馆"，1986年，第625~626页。

耳。'文勤趋出，上顾侍臣曰：'今日难倒彭元瑞。'"① 同题试帖之作也无甚深意，诗云：

> 继晷焚膏者，观书勤用功。置檠当在左，据案乃宜中。诅祇周人尚，应专韩氏攻。光来无影乱，照处与神融。千载阙言着，一端足理穷。展编宁藉月，翻帙不生风。顺手既称便，沃心都可通。因思段成式，研北事堪同。②

全诗只就题面敷衍阐发，不厌其烦地就灯下观书这一主题运用各种典故。但是结句"因思段成式，研北事堪同"流露出，其实乾隆帝在此处是将自己视为一个普通的写作者，单纯地享受写作的乐趣。此处"研北"应是引段成式《汉上题襟集》"杯宴之余，常居砚北"③ 语，段成式亦云："笔下词友，砚北诸生。"④ 他在闲暇时以写诗遣兴，乾隆帝将灯右观书的自己与居于砚北的段成式相提并论，似乎他自己在此处也更为认同作为一个普通创作者的身份。

此外，乾隆帝的试帖创作中也有一些流连光景之作，虽微有说教之意，亦不害全诗。试以下作为例：

赋得窗中列远岫得同字八韵选馆试题

> 向远千林表，来青一牖中。非关隔纱绿，不藉照灯红。横嶂还含秀，遥峰若接空。形容堪意入，呼吸与神通。手岂烦王宰，肩如拍葛洪。云端常缥缈，天外尚穹窿。石涧垂帘水，松岩谡窍风。谢公将白传，吟望恐难同。⑤

"窗中列远岫"出自谢朓《郡内高斋闲望答吕法曹诗》⑥，乾隆帝此诗以描摹风景为要旨，尾联微辨诗题源流，"谢公将白传"一句，因白居易也有《窗中列远岫诗》，白诗结句云："宣城郡斋在，望与古时同"⑦，乾隆帝"吟望恐难同"应是就此而发，如此议论也微露与前人争胜之意。

这类自娱性质的试帖之作自然与乾隆帝个人心态有关。一方面，"与文人争胜"和"游戏文字"都有着弹压臣下的意味，如欧立德所言："为了巩固皇权和他个人的权威，

---

① 小横香室主人：《清朝野史大观》卷 9，北京：中央编译出版社，2009 年，第 941 页。

② 《御制诗四集》卷 28，《景印文渊阁四库全书》第 1307 册，台北："商务印书馆"，1986 年，第 735 页。

③ 张邦基：《墨庄漫录》卷 10 引《汉上题襟集》，丁一、孔如明校点：《燕翼诒谋录，墨庄漫录》，上海：上海古籍出版社，2012 年，第 154 页。

④ 张邦基：《墨庄漫录》卷 10 引《汉上题襟集》，丁一、孔如明校点：《燕翼诒谋录，墨庄漫录》，上海：上海古籍出版社，2012 年，第 154 页。

⑤ 《御制诗二集》卷 48，《景印文渊阁四库全书》第 1304 册，台北："商务印书馆"，1986 年，第 46 页。

⑥ 谢朓著，曹融南校注集说：《谢宣城集校注》卷 3，上海：上海古籍出版社，1991 年，第 282 页。

⑦ 白居易著，谢思炜校注：《白居易文集校注》卷 1，北京：中华书局，2011 年，第 23 页。

乾隆必须为自己建构一个睿智君主的形象，以显示他和他治下的臣民一样精通诗歌、艺术、历史和哲学。"① 另一方面，乾隆帝也试图超越前代作者，如刘欢萍所论，其中流露出了他"对崇仰对象巨大影响力的焦虑"②。

但对于试帖而言，我们更需要考虑试帖文体本身的特殊性。试帖诗的主要诗题形式为"赋得……得……"，亦有赋得体之谓。清人对于"赋得"的起源，③ 往往追溯至六朝，如《四库全书总目提要》论宋人刘辰翁《须溪四景诗》："考晋宋以前无以古人诗句为题者，沈约始有《江蓠生幽渚》诗，以陆机《塘上行》句为题，是齐梁以后例也。沿及唐宋，科举始专以古句命题。"④ 在诞生之初，试帖就非为承载诗教或考辨学问，这一点从"赋得"诗的选题即可见一斑，陆机的"江蓠生幽渚"表达的是"妇人衰老失宠"⑤ 的幽怨之情，沈约诗作亦是表达了同样情感，末两联云："所惜改欢昵，岂恨逐征蓬。愿回昭阳景，时照长门宫"⑥。之后，"赋得"一体又被广泛运用于宴饮集会、奉诏应制之类的场合，⑦ 在这类场合，赋得体更注重的是诗歌的外在文学形式，而非其中所承载的道德价值或学术思想。

四、结　　语

结合乾隆帝的试帖理念与实践，我们可以发现，就科举与文学的关系而言，他推举文学的实用功能，使之能为科举所用，因此他强调试诗对于科举的实际功用，并在自己的创作实践中以试帖训示臣下、记录政典与考辨学问，树立起天子权威。同时，其竭力贬斥对于文学形式的追求，以文学置于经义与道德之后，惟恐世人沉溺于雕琢词章，不利于人才选拔，但在创作中，他也有与文人争胜、游戏文字、无关政教的一面，这既有其个人心态的原因，也是由试帖的文体性质决定的。

就乾隆帝对于试帖的影响来说，他的试帖应该在思想上起到了一定的规制作用，这一规制借助馆阁诸臣诗作的传播得以实现。比如梁章钜《试律丛话》载："至《月令》七十二候中'麋角解'，自乾隆三十一年上于冬至日亲诣南苑考验，是日麈角解而麋角不解，遂将时宪书中'麋角解'句并改为'麈角解'，而士子尚不能遍知。馆课中有庄承篯此题起四句云：'是麈非麋也，谁讹解角名。著书儒者误，格物圣人精。'压题得体，又开后

① 欧立德著，青石译：《乾隆帝》，北京：社会科学文献出版社，2014 年，第 155~156 页。
② 刘欢萍：《清高宗御制南巡诗的鲜明特点及其成因》，《社会科学家》2017 年第 5 期。
③ 毛振华认为关于"赋得"诗的起源，有说法以为源自沈约《江蓠生幽渚》，亦有明人以为当源自刘琨《胡姬年十五》，参见毛振华：《论赋得诗的渊源与流变》，《南京师范大学文学院学报》2005 年第 4 期。
④ 纪昀等：《钦定四库全书总目》卷 165，《景印文渊阁四库全书》第 4 册，台北："商务印书馆"，1986 年，第 328 页。
⑤ 郭茂倩编：《乐府诗集》卷 35，北京：中华书局，1979 年，第 522 页。
⑥ 郭茂倩编：《乐府诗集》卷 35，北京：中华书局，1979 年，第 525 页。
⑦ 参见毛振华：《论赋得诗的渊源与流变》，《南京师范大学文学院学报》2005 年第 4 期。

进一法门矣。"① 清代的试帖大家吴锡麒也有一首《麋角解》，全诗之旨即颂扬乾隆帝的考证之功，题下注："本《礼》《月令》'仲冬之月，麋角解'，遵御论辨正。"② 首四句点此意："解角冬殊夏，谈经麋误麋。灵台观物暇，圣训自天垂。"③ 吴锡麒是乾隆四十年进士，有入直翰林苑的经历，曾为四库馆臣，应该可以比较直接地了解到乾隆帝的试帖诗作与文学偏好，他的试帖颇为时人推崇。因此，可以说馆阁的试帖名家间接地扩大了乾隆帝试帖之作的影响。

但乾隆帝的试帖诗作却并非时人所争相学习的轨范之作，究其原因，从传播层面而言，其试帖之作散见于《御制诗集》，而《御制诗集》卷帙浩繁，这就为其传播带来了一定难度；再从作品层面而言，乾隆帝写作时不免会带上帝王的独特经验，同样的诗题考生显然不可能以同样的身份口吻来写作。

同时，一个有趣的现象是，试帖虽为功令文体，但清人亦有以之为戏的现象，比如纪昀记载当时馆阁之间，时有诸臣"同馆共作"④ 切磋琢磨的现象，又比如梅曾亮《汤子燮试帖诗稿书后》记友人试帖写作缘起："嘉庆之九年，先君馆江西巡抚署，课秦远亭公子。同受书者，汤君子燮、帅君子文及曾亮，凡四人。乙丑春，先君试礼部，正月稍暇，以诗牌为戏。"⑤ 这也意味着，在科场之外，试帖亦是清人聊以自娱的一种文体。

凡此种种，向我们揭示了，第一，在科举与文学的关系中，并不是科举单向塑造文学，文学亦自有其文体特性，并不会轻易为科举左右；第二，帝王虽然可以在政策、思想、学术上规范科举文体，但却难以单纯凭借帝王的权威形成文学的典范，亦难以改变文体本身的特性；第三，清代试帖不仅仅是一种承担实用功能的科举文体，也可以成为清人日常遣兴书写的一部分。

（作者单位：武汉大学中国传统文化研究中心）

① 梁章钜：《试律丛话》卷 3，陈渊居校点：《制义丛话，试律丛话》，上海：上海书店出版社，2001 年，第 561 页。

② 吴锡麒著，吴清皋等注：《有正味斋试帖诗注》卷 6，嘉庆二十三年吴琦淇等校刻扫叶山房本，第 30a 页。

③ 吴锡麒著，吴清皋等注：《有正味斋试帖诗注》卷 6，嘉庆二十三年吴琦淇等校刻扫叶山房本，第 30a~b 页。

④ 纪昀著，纪树馨编录，魏文景注释：《我法集》卷二，嘉庆九年文锦堂刻本，第 5b 页。

⑤ 梅曾亮：《柏枧山房文集》卷 5，彭国忠、胡晓明校点：《柏枧山房诗文集》（增补本），上海：上海古籍出版社，2020 年，第 103 页。

钱穆编撰《论语要略》考论[*]

□ 张子康

【摘要】 根据原版的《论语要略》《孟子要略》等著作以及新近发现的报刊史料，能够得知钱穆《论语要略》的写作始于 1923 年，是由钱穆到无锡第三师范学校第一年国文课课外读书的讲义整理而成的。借由对《论语要略》编撰的时间及缘由的确定，可以进一步还原钱穆在无锡三师的撰述及教学活动，补正《师友杂忆》及以往研究中的疏误，并且从五四运动前后钱穆对于孔学态度转变的角度，发现并明确了《论语要略》在钱穆早期学术转向上的标志性意义。

【关键词】 钱穆；《论语要略》；《孟子要略》

钱穆一生尊奉孔子和喜好《论语》，于此无须赘言，正如他晚年回忆所说："我平生自幼至老，只是就性之所近为学。自问我一生内心只是尊崇孔子，但亦只从《论语》所言学做人道……我脑子里心向往之的，可说只在孔子一人，我也只是想从《论语》学孔子为人千万种一二而已。"① 又曾言："我一辈子读书，还没有像对《论语》这样用过功的书。"②在钱穆的学术谱系之中，孔子与《论语》的研究也无疑占有相当重要的地位，钱穆不仅有几部专攻孔学的重要著作，更是在几乎所有的著作里都有提及孔子与《论语》，孔子与《论语》可谓是钱穆学术的一个中心与基点。

《论语要略》1925 年由上海商务印书馆出版，是钱穆早期研究孔子最为重要的著作，然而关于此书的编撰时间、缘由等问题仍有许多模糊不清之处，此书的价值与意义也未得到充分认识。造成这一问题的原因主要有二点：第一，目前的研究对于钱穆早期的治学经历还不够精细与深入，《师友杂忆》中实际上有一些模糊与疏误之处，对这一重要的回忆录不仅需要谨慎使用，还需在多方比照后加以补正；第二，过于依赖《钱宾四先生全集》（以下简称《全集》），这一问题已有学者指出，③ 就本文的研究来看，《全集》收入的论

———————————————

* 本文得到国家留学基金委"国家建设高水平大学公派研究生项目"资助。

① 钱穆：《钱宾四先生全集 51：八十忆双亲师友杂忆合刊》，台北：联经出版事业股份有限公司，1998 年，第 471~472 页。

② 钱穆：《经学大要》，《钱宾四先生全集 52：讲堂遗录》，台北：联经出版事业股份有限公司，1998 年，第 794 页。

③ 参见瞿骏：《觅路的小镇青年——钱穆与五四运动再探》，《近代史研究》2019 年第 2 期。

著尤其是早期的论著不少经过删改，丢失了某些重要信息。此外钱穆在大陆时的报刊文章与信札还有不少未收入《全集》之中，这都无疑对于了解历史原貌造成了障碍。

有鉴于此，笔者利用原版的《论语要略》《孟子要略》以及新近发现的史料，对《论语要略》相关的问题加以论述，以期进一步完善钱穆早期治学的历程。

一、指导学生课外读书与《论语要略》的编撰

《论语要略》作为钱穆孔子研究的重要起点，钱穆晚年时对此书的编撰过程屡有回忆，《师友杂忆》中说："民十二年秋季，余转入无锡省立第三师范学校任教"①，"三师又规定，每一国文教师，随班递升，于国文正课外，每年必兼开一课。第一年为'文字学'，第二年为'《论语》'，第三年为'《孟子》'，第四年为'国学概论'"②。而《论语》课的讲义经过整理后即为《论语要略》。《论语要略》后收入《四书释义》，"再版序"言："民国十二年，余初任无锡江苏省第三师范学校之国文教席……又规定除国文正课外，分年兼授文字学、《论》、《孟》及国学概论，皆撰有讲义。"③《孔子与论语》一书也重复此说法，似乎毫无疑义，故而现有的钱穆年谱与研究论著基本上都以为钱穆在1924年开《论语》课并开始撰写《论语要略》。④ 然而此段回忆与实际情况有很大的出入，傅宏星在《钱穆〈师友杂忆〉三师事迹补正》中就指其中存在的误记，文字学、《论语》、《孟子》及国学概论四门课分属必修课、读经课和选修课，不应混为一谈。然而因为傅宏星认为"此节记述本来大体无误"⑤，考证点到为止，犹有未尽之处。实际上《论语》《孟子》也并非读经课，因此关于钱穆当时教学的情况以及《论语要略》编撰的始末依然留有较大补正的空间。

首先要对江苏省立无锡第三师范学校（以下简称"无锡三师"）的学制和教学安排略加介绍。钱穆在1923年转任无锡三师国文讲席时，学校正根据1922年教育部颁发的《学校系统改革案》进行变动，无锡三师原是一所五年制师范学校，包括预科一年和本科四年，然而按照新法案的要求，1924年起学校改为三三制，即附设三年制初中部、三年制高中部，三年制高中部包括普通科、师范科和乡师科。故而1923年秋入学的新生也就是改革前的最后一届五年制生，钱穆即为此预科班的班主任，同时因为教师不足还暂时兼任了本科一年级的国文课。

另外无锡三师在钱穆到来前还保留有读经科，1922年到1923年时任学校教务主任的

---

① 钱穆：《钱宾四先生全集51：八十忆双亲师友杂忆合刊》，台北：联经出版事业股份有限公司，1998年，第131页。

② 钱穆：《钱宾四先生全集51：八十忆双亲师友杂忆合刊》，台北：联经出版事业股份有限公司，1998年，第136页。

③ 钱穆：《钱宾四先生全集2：四书释义》，台北：联经出版事业股份有限公司，1998年，第3页。

④ 如郭齐勇、汪学群的《钱穆评传》、韩复智的《钱穆先生学术年谱》、陆思麟的硕士学位论文《从朴学到理学：钱穆学术思想研究》、蔡慧昆的硕士学位论文《钱穆〈论语〉学研究》等。

⑤ 傅宏星：《钱穆〈师友杂忆〉三师事迹补正》，《长沙理工大学学报》（社会科学版）2012年第4期。

钱基博撰有《江苏省立第三师范学校读经科教授进程说明书》，其中记载读经科在预科和本科第一年开设，两年分授《论语》《孟子》《礼记》《春秋左氏传》四书。然而钱基博在钱穆入校时已经辞去了教务主任之职，并且接受了上海圣约翰大学的聘任，在无锡三师仅仅是兼课的最后一年。由于支持并主讲读经科的钱基博即将离开，新学制的推行以及读经科在当时因饱受诟病已被大多学校废除的现状，因此当时解决读经科的问题也就势在必行，而这个任务自然也就落在担任预科和本科一年级国文科兼原读经科教师的钱穆的身上。这个读经科的未来就与《论语要略》及《孟子要略》的编撰有着直接关系。

原版《论语要略》的"弁言"① 说道：

> 民国十二年夏，余任江苏省立第三师范学校国文讲习。校中旧有读经一科，分年治语孟礼记春秋。嗣广其意为分年读书进程，凡定论语孟子史记左传诗经庄子为六级，分年专治其一，以指导学生读古书之门径。余此书即为任论语科之讲义。②

根据这段文字，首先钱穆是 1923 年夏而非秋转任江苏省立第三师范学校，到校后就着手对原有的读经科进行改革。钱穆将旧的读经科换为包容更为广泛的"读书科"③，并对书目进行了增删，从内容到教学安排上都已经和原来大有不同。傅宏星注意到了其中的变化，认为"已非复当年旧观"④，但未继续调查，遗留下了一个关键的问题：这个代替了原有的读经科以指导学生读古书为目标的"读书科"的形式与内容到底如何。其实如钱基博撰有一文解释读经科一样，钱穆也写有文章讨论此门新设的"读书科"，即发表在 1924 年第 43 期《教育与人生》的《指导中等学生课外读书问题之讨论》，此文不见于《全集》乃是篇佚文，文章开篇说：

> 上篇关于指导学生课外读书的一个报告
>
> （一）除精读外，有无略读之规定？
>
> 本校各级国文，除精读选文外，每学年由校指定课外读书一种，为共同之研究。
>
> （二）如有规定，读何书？
>
> 前期第一年读《论语》，第二年《孟子》，第三年《史记》；后期第一年《左传》，第二年《诗经》；第三年诸子，规定《老》《墨》《庄》《荀》《韩》《吕》《淮南》《小戴礼》《论衡》九部，由学生选其一部或两部。
>
> （三）略读于何时间行之？
>
> 略读时间，除第一年有课内讲解外，统于课外行之，而课内加以讨论。其详见下。

① 《论语要略》后收入《四书释义》中由台湾学生书局出版，但改动颇大，如原书的"弁言"即被删去，《全集》中收入的也是《四书释义》版，因而《论语要略》的"弁言"不见于《全集》。

② 钱穆：《论语要略》，上海：商务印书馆，1925 年，第 1 页。

③ 为方便表述，参考钱穆所说的"读经一科""论语科"，笔者将这个读古书的教学活动称为"读书科"，但此"读书科"并非一独立课程，请加以注意。

④ 傅宏星：《钱穆〈师友杂忆〉三师事迹补正》，《长沙理工大学学报》（社会科学版）2012 年第 4 期。

（四）指导方法如何？

前期第一年，指定读书：《论语》。

本学年每周国文课九小时，《论语》研究占两小时，由教师将《论语》分类选钞，印发讲义，并附简注。①

《指导中等学生课外读书问题之讨论》与《论语要略》的"弁言"所说一致，由两文互补可知：这个新的"读书科"实际上被囊括到国文课中，并非独立的科目因而也没有特定的名称，其教学形式为课外读书，课上加以讨论，六年分别研治《论语》《孟子》《史记》《左传》《诗经》以及诸子书中的一本或两本，似乎钱穆后来计划选定的是《庄子》一书。这里出现了一个问题，钱穆所教授的班级乃五年制师范班，为何钱穆所安排的是六年的读书进程，笔者推测因为之后无锡三师将改为初中三年加高中三年的形式，故而钱穆的这个安排是为符合日后学校教学的需要，并非独限于自己教授的班级，文中所说的"前期""后期"应该指的就是初中和高中。

经由以上两文，我们对于《论语要略》编撰的时间与缘由有了更为清晰的认识：《论语要略》一书的写作始于1923年，是由钱穆到校第一年《论语》"读书科"课内讲解的讲义所整理而成，并非《师友杂忆》所说的第二年"兼开"的《论语》课。《论语要略》的"弁言"明言钱穆在民国十二年夏到校着手改换"读经科"，再考虑到钱穆在秋季正式授课前应当提前对讲义有所准备，因而《论语要略》的编撰最早可能开始于1923年夏。

《孟子要略》也是由《孟子》"读书科"讲义整理而成的，② 《孟子要略》原书的"弁言"③ 写道："本书成稿于民国十四年、十五年间，继续《论语要略》而作。"④《孟子》"读书科"在钱穆到校第二年，为1924年秋季始，到来年夏终，与"弁言"所说的成稿时间也是吻合的，编撰时间当开始于1924年，实际时间也比《师友杂忆》的记载早了一年。

实际上《先秦诸子系年考辨》（以下简称《系年》）的"跋"对当时教授《论语》《孟子》以及编撰两本《要略》的时间也有所表明："此书草创，在民国十二年秋。时余始就江苏省立无锡师范学校讲席，助诸生治《论语》，编《要略》一书。先及孔子生卒行事，为《传略》，而别撰其考订，自藏箧衍，未以示诸生也。明年秋，《论语》终，又讲《孟子》，亦如前例，编《要略》。先为《孟子传》，考订益富。"⑤ 此段话将《论语要略》与《系年》先后顺序讲得很清楚，先为《传略》即《论语要略》的"孔子之事迹"一章，然后又具体撰写有详细的考订文章即《系年》的"草创"，因而《系年》在《论语要略》开始编写之后，也就是说《论语要略》的编撰时间当在民国十二年秋或更早一些。

---

① 钱穆：《指导中等学生课外读书问题之讨论》，《教育与人生》，1924年第43期。

② 《指导中等学生课外读书问题之讨论》中说："本学年每周国文课七小时，《孟子》研究占两小时，除《孟子》原本外，兼发补充及参考之讲义。"

③ 《孟子要略》在1947年重版改名为"孟子研究"，并删去原"弁言"，重写了新"弁言"，现在的《四书释义》是以1947年版为基础收入的。

④ 钱穆：《孟子要略》，上海：大华书局，1926年，"弁言"第1页。

⑤ 钱穆：《钱宾四先生全集5：先秦诸子系年》，台北：联经出版事业股份有限公司，1998年，第699页。

《系年》虽为钱穆最为重要的著作之一，为治钱学者所必读，然而没有事先对《师友杂忆》的补正，并且对《论语要略》写作时间不甚敏感的话，可能就会忽略《系年》与《论语要略》的前后关系，这或许就是之前的研究者没有注意到此处与《师友杂忆》诸书记载有抵牾的原因。① 这段话还透露了一个信息：钱穆到校当年虽然钱基博还在兼课，但已经着手对原有的读经科进行了变动，在实际教学中逐渐改为《指导中等学生课外读书问题之讨论》中的安排，因而傅宏星说"《论语》《孟子》属于读经课"是不准确的。

此外根据《指导中等学生课外读书问题之讨论》一文还可以进一步精确《论语要略》的写作过程，文中记录《论语》读书科的讲义分类为："①孔子之事迹　②孔子之性情及其日常生活　③孔子之弟子　④孔子之学说——1 政治论　2 道德论"，与后来编辑成书的《论语要略》目录基本一致，但有两点不同：一是《论语要略》的"孔子之弟子"是最后一章；二是《论语要略》略去了"政治论"，所以这个大纲应该看做《论语要略》正式出版前的一种（至少是构思上的）版本。② 钱穆实际授课的内容是哪种版本现在似乎无从得知，但《论语要略》相较前述大纲，经过了结构上的调整与内容上的删减，是可知的。

综合以上文献记载的互证以及钱穆的回忆，可以对钱穆在无锡三师的教学活动以及《论语要略》编撰的来龙去脉进行一番整理：钱穆在 1923 年夏由集美学校转任无锡三师国文教师，并将学校旧有的读经科改为一个包含在各级国文课中、课内外结合的读古书的活动，计划六年分别读《论语》《孟子》《史记》《左传》《诗经》《庄子》六书。第一年读《论语》并指导学生读古书之门径，钱穆撰写有课内讲解的讲义，后整理为书稿，但此书本作为讲义除钱穆自述外还有相当程度的节译与综编，因而钱穆自言"初亦未敢遽以著述自任也"③，也未打算出版此稿。然而 1925 年乡里受到战火侵袭，钱穆家也遭受劫掠，窘困无以为生，只得将书稿售与商务印书馆，以解燃眉之急，出版印刷时《论语要略》名下小字注："一名《孔子研究》"，从全书内容来看，此名似更为贴切。

上述的考证一方面将《论语要略》写作开始的时间定为 1923 年，另一方面将《论语要略》与钱穆的国文教授的改革联系了起来，并非只是无足轻重的时间和缘由的问题，实际上这与钱穆早期学术路径的转向有着密切的关系。因为 1923 年对于青年钱穆来说应当是一个有着非常意义的年份，而中学国文教授是当时钱穆一直关注的重点问题，并且集中反映了他思想与立场的变化。

---

① 如陆思麟《钱穆早年治学考（1912—1930）》先引《系年》"跋"的同一段话，将《先秦诸子系年考辨》编撰时间归为 1923 年，但紧接着却误认为钱穆讲授《论语》《孟子》在 1924 年与 1925 年，见陆思麟：《钱穆早年治学考（1912—1930）》，《思想与文化》第十六辑，上海：华东师范大学出版社，2015 年。

② 文中《孟子》讲义大纲也初具规模，在写作本文时钱穆至少已经对《孟子要略》有了初步的构思，这也验证了上文考订《孟子要略》编撰之始在 1924 年。

③ 钱穆：《钱宾四先生全集 51：八十忆双亲师友杂忆合刊》，台北：联经出版事业股份有限公司，1998 年，第 138 页。

二、反叛到回归——《论语要略》的意义

钱穆中学肄业、初登教坛之时，中国学术界正经历新旧交替的剧烈变化，西方的新知识蜂拥而入，"新史学""新文学""诸子学"兴起，而孔学则受到了冷落乃至批判，从当时许多学者的观点来看孔学与新学几乎处于非此即彼的两端。在这种氛围之下钱穆也并非始终倾心于儒学与孔子之道，相反踏上学术之路不久的他还展现了"新青年"的一面以及对"墨学"的兴趣。① 在思想与学术风潮不断变化的时期，青年钱穆的学术取向并非一以贯之，也的确经历了一番"曲折"与"歧路"，也曾写有"有违初心"之语，最终回归"正途"，其间的转折似与《论语要略》的编撰有着密切的关联。

钱穆在《孔子与论语》的"序言"中曾对自己研治孔学的历程有过精要的回顾，在转任无锡三师前，如此说道：

> 余少失庭训，赖母兄抚养诱掖，弱冠为乡里小学师，即知读孔孟书。为诸生讲句法文体，草为《论语文解》，投上海商务印书馆刊行，获赠书卷百元，得购《扫叶山房》等石印古籍逾二十种。所窥渐广，所识渐进。时为民国七年，新文化运动，方甚嚣尘上。窃就日常所潜研默体者绳之，每怪其持论之偏激，立言之轻狂。益自奋励，不为所动。民十一年转教中学，先在厦门集美学校一年，转无锡第三师范……②

从此段来看，似乎钱穆自读孔孟书以来，便坚守尊孔立场，面对新文化运动与五四运动激烈的批孔狂潮丝毫不为所动，不过根据新现的史料来看，这一回忆并非完整。根据《师友杂忆》所言，钱穆在小学教书时尊孔崇儒的态度已被身边人所熟知，好友朱天怀说："君尊儒，言必孔孟"③，又曾被说："爱读论语"④，第一部著作《论语文解》也可为证，书中"序例"即说"论语为学者不可不读之书"⑤，由此来看在新文化运动之初钱穆的确是"益自奋励，不为所动"。然而在五四运动爆发后的几年间，钱穆曾一度疏离孔子与儒学，关于这点能够从其撰写的有关中学国文教育的系列论文中一窥究竟。

在 1930 年转去燕京大学前，作为小学、初中教师的钱穆以教授国文课为主，中国文

---

① 对于墨学的研究钱穆晚年回忆特加说明："墨学实非所喜，而耗精瘁神于此者亦复不少。不知者，亦或疑余为学追随时髦，哗众取宠，以博当前之称誉。而余之孤搜冥索，所由步入此一条艰险之路者，事有偶然。甘苦之情，又谁知之。故知学问向前，在遥远之进程中，自不免许多意料不及之支节曲折，错歧复杂，有违初心者。"见钱穆：《钱宾四先生全集51：八十忆双亲师友杂忆合刊》，台北：联经出版事业股份有限公司，1998年，第91页。

② 钱穆：《钱宾四先生全集5：孔子与论语》，台北：联经出版事业股份有限公司，1998年，第5页。

③ 钱穆：《钱宾四先生全集51：八十忆双亲师友杂忆合刊》，台北：联经出版事业股份有限公司，1998年，第93页。

④ 钱穆：《钱宾四先生全集51：八十忆双亲师友杂忆合刊》，台北：联经出版事业股份有限公司，1998年，第100页。

⑤ 钱穆：《钱宾四先生全集2：论语文解》，台北：联经出版事业股份有限公司，1998年，"序列"第7页。

学及国文教育问题是其主要关心的领域，当时钱穆撰写有四篇讨论"中等学校国文教授"相关问题的文章：《中等学校国文教授之讨论》（1920）、《中等学校的国文教授》（1923）、《指导中等学生课外读书问题之讨论》（1924）、《编纂中等学校国文科公用教本之意见》（1925），其中首尾两篇已收入《全集》之中，而中间的两篇不见于《全集》。这四篇文章中除最后一篇单纯讨论教科书的编纂问题外，其他三篇不仅仅针对国文教授，其中还包含有钱穆早期的文学史观、学术史观等丰富的内容，并将钱穆对于"新文化"及孔学态度的转变展现得很清楚。

《中等学校国文教授之讨论》1920 年刊登在《教育杂志》第 12 卷第 6 号，文章开篇提出三个基本的观点，其中第二条说："文者，贯古而通今。中学生为进入大学之预备，固不可不略探国故；而一方面为投身社会之需要，尤不可不深识时务。必不得而两兼，则毋宁偏重'今'勿偏重古。"① 表明了"趋新"的立场。钱穆将中国学术分为四期，第一期自老子迄司马迁，钱穆虽也提及一句"论语之纯净"②，但未将《论语》放置在特殊位置上，并且从具体引文，举例点评上都不见《论语》，其地位反不如《庄子》《墨子》《韩非子》《战国策》等书。对于中等学校文学的教授，钱穆总结说：

> 中学一二年时当充量教授第四期文，而第一期文则选其短浅叙述之作；于此最合适者厥为《国策》。……次为《史记》。学者欲善述叙事理，描写社会高深复杂之现状，即不可不一究此书也。（两《汉书》《三国志》等亦可多选。）三四年，即可多授第一期文，先自归纳的序述文，如庄子《达生》《山木》等凡外杂篇多半属之，又如韩非《内外储说》《说林》等，《吕氏春秋》尤多此类；再及演绎的论辩文，如墨子、荀子书中多属之；最后以庄子《天下》篇、韩非《显学》篇等为总束，则学者可得古代学术思想之大要。③

在教学设想中，钱穆不仅将《论语》排斥在外，并且认为在没有《论语》一书的情况下竟"可得古代学术思想之大要"④，可见当时钱穆对《论语》是抱有成见的。此外，钱穆当时还将老子置于孔子之前，认为中国学术是以老子为开端⑤，而任教北大后钱穆与胡适就孔子、老子先后问题有过一番激烈的争论，与此时观点已经截然相反，孔老先后显然不仅仅是单纯的时间问题，更是关系到中国思想源头的重大判断，无疑在很大程度上会受到学者立场的影响⑥。

---

① 钱穆：《中等学校国文教授之讨论》，《教育杂志》第 12 卷第 6 期，1920 年。
② 钱穆：《中等学校国文教授之讨论》，《教育杂志》第 12 卷第 6 期，1920 年。
③ 钱穆：《中等学校国文教授之讨论》，《教育杂志》第 12 卷第 6 期，1920 年。
④ 钱穆：《中等学校国文教授之讨论》，《教育杂志》第 12 卷第 6 期，1920 年。
⑤ "我国学术自老子以降，乃传播民间；而文字之用遂广。兹自老子以上略勿论……"见钱穆：《中等学校国文教授之讨论》，《教育杂志》第 12 卷第 6 期，1920 年。
⑥ 王汎森对于钱穆与胡适争孔老先后问题曾说："故这一差异不只是谁先谁后的问题，而是关系到儒家在古代思想乃至整个中国思想之地位的问题。"见王汎森：《钱穆与民国学风》，《近代中国的史家与史学》，上海：复旦大学出版社，2010 年，第 155 页。值得一提的是，也正是在 1923 年钱穆发表了《老子辩伪》一文，确立了孔在老前的观点。

　　《中等学校的国文教授》一文刊登在《师范教育》第 3 期，1923 年，实际全称应为《中等学校的国文教授 第一篇 高级选材问题》，文章末尾写有"其外我要说的话还多，当陆续发表"①，可能因为之后态度的转变，钱穆没有发表其他篇。此文与三年前相比趋新的态度更进一层，文章开宗明义"中等学校底国文教授绝对应该取迎新的态度而不应该'恋旧'"。在文中钱穆甚至还表现出了反抗儒学以及破除偶像崇拜的典型"新青年"的一面，提出"对于中等学校读古书底一条根本底先行条件，是：打破'圣''经'底偶像"。为此他强烈反对当时东南大学附属中学国文科教学计划中"读古书"规定的《论语》《孟子》《左传》《礼记》《诗经》《尚书》六书的书目，认为这六书中就包含有"圣""经"二字的观念，即使是《论语》《孟子》在这种观念下读也不得不反对，目的就是为了要破除"孔孟私人的特别尊严"和"尊经崇圣"的态度。钱穆还说"《大学》《中庸》一类，固然并非没有价值，但是为什么要教学生拘拘然专修儒者一派底学说呢？"其中更有一句："我常说：'孔门论语是好了，只可惜终带有浓厚的'贵族色采''政治意味'；似觉不如耶稣圣经是平民底社会底。"《论语》似不如《圣经》，若非白纸黑字，绝不敢想象此句话出自钱穆之口。

　　由以上两文可知，钱穆在五四运动到 1923 年间对于自己入门的韩柳古文，之后喜好的孔孟儒学，皆有不同程度的反叛，言辞可谓相当激烈。这可能就与钱穆"逐月看《新青年》杂志"② 有关，众所周知《新青年》正是倡导新文学以及反孔批儒的重要阵地。然而就在 1923 年到 1924 年间，大约也就是钱穆转任无锡三师之后，钱穆的立场与态度发生了重要的转变。这种转变在上文多次引用的发表于 1924 年的《指导中等学生课外读书问题之讨论》一文中得到了清晰的展现。

　　在文中钱穆首先彻底扭转了 1920 年与 1923 年两文特别强调的"重今"与"迎新"的态度，将新旧书进行比较后，更为肯定了旧书的价值，这就是"余已决心重温旧书，乃不为时代潮流挟卷而去"③ 一句的具体表现。此外钱穆自己规定的读古书的书目《论语》《孟子》《史记》《左传》《诗经》《庄子》，不仅一定程度上继承了原来无锡三师旧有的读经科的理念，而且与他之前强烈反对东南大学附属中学的书目也相差不大。应该是考虑到与之前文章的矛盾之处，钱穆特地将文章下篇设为"答客问"，加以辩解，字里行间微妙地展现出了钱穆思想的转变，其中钱穆着重解释了为何先读《论语》《孟子》，以及为何特别注重两书：

　　　　（客）前两年先读《语》《孟》，是否带有尊孔之意味？
　　　　（主）以学校之国文教授，而兼带一种党派的宣传之臭味者，此事为余所绝对的反对。本校前二年先读《语》《孟》，别有理由。

---

　　① 钱穆：《中等学校的国文教授》，《师范教育》第 3 期，1923 年。本段中未标注之引文皆引于此文。
　　② 钱穆：《钱宾四先生全集 51：八十忆双亲师友杂忆合刊》，台北：联经出版事业股份有限公司，1998 年，第 91 页。
　　③ 钱穆：《钱宾四先生全集 51：八十忆双亲师友杂忆合刊》，台北：联经出版事业股份有限公司，1998 年，第 91 页。

（客）愿闻其说！

（主）选择标准，须求其近于根本的。要读程朱陆王尊孔的书籍，和现代胡陈诸君非孔的言论，究竟先须读《语》《孟》本书。选择标准须求其近于普遍的。近人以《附掌录》《魔侠传》，宋词，元典，王充《论衡》，崔述《考信录》等列为中学课外之读品，究竟较之《语》《孟》，孰为有更普遍之价值？选择标准须求其近于永久的。易卜生之戏曲，较之莎翁孰为更永久？近人之《冬夜》《草儿》《飞鸟》《新月》较之陶、杜，又孰为更永久？平心而论，苟须一读古书，《孟》《语》自当首选。

……

（客）何以《语》《孟》不与诸子同科而特加注重？

（主）孔，墨，孟，荀本不必定争高下。惟即以书籍而论，《语》《孟》自宜先读，《墨》《荀》自应后及。《语》《孟》之言，自可授之人人，《墨》《荀》之说，不得不期以专究。我恐子或以轻视孔孟讥我，乃反怪其特加注重耶？①

以上自问自答中的客与主似可以看做思想转变前后的钱穆，颇有梁启超的"此篇与著者数年前之论正相反对，所谓我操我矛以伐我者也"② 的意味。面对"是否带有尊孔之意味？"的诘问，钱穆没有直接回答是否尊孔，而是否认了在授课中带有党派宣传的意味，说明自己并非出于政治宣传，而是基于教育与学术的考量得出《论语》《孟子》与其他书相比更具有普遍与永久的价值，乃可授人人之书。近代康有为等人鼓吹孔教，被视为顽固的复古派，遭到进步知识分子极力的批判，故而一些学者虽然尊崇孔子但不想与孔教扯上关系，不得不事先声明并无政治上的企图。从"苟须一读古书，《孟》《语》自当首选"，"我恐子或以轻视孔孟讥我，乃反怪其特加注重耶"两句可以看出钱穆正是想要澄清自己是从学术立场上对孔孟的尊崇。而检视作为讲义的《论语要略》的内容，尊孔之情已溢于言表，其"弁言"说："窃以论语为我国极有名之古籍，而孔子又为我国最伟大之人物。孔子之为人，既为人人所当知，则论语之为书，自为人人所必读。"③ 先后比较，钱穆对待孔子及《论语》的态度发生了很大的转变。

最后综合以上所言，稍加回顾钱穆在 1925 年以前对于孔学的态度。钱穆起初由韩柳古文唐宋八家入门，之后便倾心于孔孟儒学，为周边同事、朋友所熟知。最晚从 1920 年到 1923 年间钱穆积极参与五四运动，受此影响趋向于迎新的立场，对于孔学则逐渐疏离与贬斥。不过在 1924 年前后钱穆又一改之前重今、趋新的态度，重返古书之中，回归尊崇孔孟的立场，从此钱穆摆脱了五四以来反传统的风潮，所谓"为故国招魂"也应自此始。从钱穆的学术生涯来看，这一转变可谓至关重要，这除了是内在理路与外部环境双重作用下的必然结果外，④ 从时间点上看，更直接原因及契机正与转任无锡三师后开"读书科"，重读《论语》和真正深入研究孔子有关，一个有力的证据就是《指导中等学生课外

---

① 钱穆：《指导中等学生课外读书问题之讨论》，《教育与人生》第 43 期，1924 年。

② 梁启超：《保教非所以尊孔论》，《梁启超全集》第二册，北京：北京出版社，1999 年，第 765 页。

③ 钱穆：《论语要略》，上海：商务印书馆，1925 年，"弁言"第 1 页。

④ 瞿骏：《觅路的小镇青年——钱穆与五四运动再探》，《近代史研究》2019 年第 2 期。

读书问题之讨论》与钱穆指导学生读《论语》以及撰写《论语要略》是直接关联的。

故而,《论语要略》不仅是钱穆第一部专门研究孔子的著作,并且还诞生于钱穆早期学术的重要转折期,是钱穆确立尊孔崇儒学术立场的标志。上一节考证《论语要略》编撰始于 1923 年的一个直接的结果就是:研读《论语》与编写《论语要略》并非钱穆转变态度之后的产物,而是诱使钱穆转变的因素之一。

三 、 结　　语

钱穆 1912 年 18 岁时中学辍学,并开始在小学教书,三年后新文化运动兴起,之后五四运动更将民主科学与反传统的理念推向高潮,接着"整理国故"的口号又被提出,钱穆青年时代即是在这种新旧夹杂的风潮中读书自学,自然不能不受社会风气的左右。在声势浩大的"打倒孔家店"的浪潮中,青年钱穆对于孔学产生怀疑乃至反叛是极为正常的事情,当时的钱穆虽然天资过人,才华横溢,但也不过为一中学肄业的中小学老师,在学术道路上还处于黎明前的摸索期。正是由于受五四运动影响,一度疏离和批判儒学的经历,使得钱穆得以以新的眼光与视角重新审视孔子,真正认识到孔学的价值,发现与拾回初心,确立了自此不改的学术立场与信念。

王汎森曾说:"批判前的尊孔与批判后的尊孔是不一样的",还提出:"有意识的保守主义与无意识的守旧主义"。① 用王汎森的观点来看的话,钱穆五四之前尊孔的立场部分可能是无意识的,因而容易受到五四运动的冲击而动摇。但在反叛与批评孔学之后,钱穆重新钻研孔子与《论语》,加之吸收外来学术的影响,② 对于孔学的理解远超过去。正是在深刻理解的基础上钱穆又重返尊孔的立场,但此时与彼时的尊孔已完全不同,《论语要略》与《论语文解》中那句相同的"《论语》为人人所必读之书"的内涵与分量也不尽相同了。自《论语要略》起,钱穆对于自己的学术研究有了一定的规划与方向,"吾人发意治学,当于自己有一终身计划,并于一时代有五十年一百年以上之远大眼光。穆最先写《论语要略》《孟子要略》《国学概论》时,胸中早已树立下一规模,此下只是就此充实推广之"③。纵然钱穆又受到考证学强盛之风的裹挟,一度专攻考证,但钱穆此时心中已有明确的立场与信念,这也就决定了他日后摒弃乾嘉之学,回归理学的治学路径。

(作者单位:河北师范大学文学院)

---

① 　王汎森:《钱穆与民国学风》,《近代中国的史家与史学》,上海:复旦大学出版社,2010 年,第 173 页。

② 　如蟹江义丸的《孔子研究》对钱穆撰写《论语要略》有很深的影响,可参见拙作《"夫子归来"——蟹江义丸的〈孔子研究〉在中国学界的流传与影响》,《孔子研究》2021 年第 4 期。

③ 　钱穆:《致余英时书》,《钱宾四先生全集 53:素书楼余渖》,台北:联经出版事业股份有限公司,1998 年,第 413 页。

《大武》"声淫及商"新探

□ 黄聿龙

【摘要】《乐记》中所说的《大武》"声淫及商",究竟何意?是经学史上一桩公案。通过研究律尺和音律的变化,可以揭示"声淫及商"的历史真相。苌弘精通历术与音律,他跟孔子说"声淫及商",很可能是就《大武》的声律而言。西周在历法、乐律方面仍用夏尺,经过厉王、幽王的乱政,律历之学到了东周业已荒废,加之可以通过计算弦长比例来取声,定律所用的尺度可能都统一改为周尺。周尺所定的黄钟九寸,相当于夏尺八寸一分,近于太簇(八寸)。黄钟为宫则太簇为商,以此数值作为黄钟律数,便是"声淫及商"的演奏效果。而宫为君,商为臣,以商为宫,便是臣居君位,有篡位之嫌,与《大武》主旨不合。此律为黄钟来制器调律,则声高而悲,不合先王法度。故苌弘、孔子和宾牟贾等人都认为"声淫及商"不是《大武》应有的曲调。

【关键词】《乐记》;《大武》;声淫及商;周武王;孔子

《乐记》中,孔子与宾牟贾讨论到了周代国乐《大武》中"声淫及商"的问题:

> 子曰:"声淫及商,何也?"对曰:"非《武》音也。"子曰:"若非《武》音,则何音也?"对曰:"有司失其传也。若非有司失其传,则武王之志荒矣。"子曰:"唯!丘之闻诸苌弘,亦若吾子之言是也。"①

孔子问,《大武》乐为什么出现"声淫及商"的情况。宾牟贾答道,这不是《大武》应有的乐音,要么是乐官失传了,要么就是乐舞中的周武王心志迷乱了。孔子认同了宾牟贾的说法。他说,他对《大武》"声淫及商"的看法与宾牟贾相同,是从当时的音乐家苌弘那里听来的。

那么,"声淫及商"到底是什么意思呢?为什么"声淫及商"不是《武》音呢?历代经解说法各异,本文拟对之提出新说。

---

① 《礼记正义》卷 39,阮元刻校:《十三经注疏》,北京:中华书局,2009 年,第 3342 页。

一、"声淫及商"旧解

古今学者根据对"商"的理解不同,对《大武》"声淫及商"大抵有以下四种看法。

第一,"商"指商朝,"声淫及商"反映了武王有贪图商朝天下的野心。《大武》要体现武王革命是为民犯难、顺天应人,若有贪商之声,便有篡弑谋夺之心。如东汉郑玄、唐代孔颖达便认为,当时人不理解这段歌舞的内涵,误以为武王整军伐纣时的那段曼声长歌,流露出贪图商朝天下的野心。① 南宋卫湜《礼记集说》汇集了自汉至南宋众家的解说,于此句所引前人说法中,除陆佃外,皆从郑、孔之说。② 元代陈澔《礼记集说》也以此说为主:"《武》乐之中有贪商之声,则是武王贪欲纣之天下,故取之也。"③ 总的来说,宋元以前,"贪商说"居于主流。

第二,"商"指五音中的商声或商调。其中又有以下二说。

(1)商主杀伐。这种说法将"商"理解为商音(声)或商调,认为商在五行中属金,主杀伐,"声淫及商"反映出武王穷兵黩武,有嗜杀之心。孔子所听到的《大武》没有反映出周武王替天行道、除暴安良、保民而王的意志,当然不是《大武》应有的曲调。陈澔《礼记集说》于"贪商"论之外,还补充道:"一说,商声为杀伐之声,淫谓商声之长。若是《武》乐之音,则是武王有嗜杀之心矣,故云志荒也。"④ 类似说法还有很多,例如,明代郝敬《礼记通解》、王夫之《礼记章句》,清代李光地《古乐经传》、汪烜《乐经律吕通解》、孙希旦《礼记集解》、郭嵩焘《礼记质疑》,等等。⑤ 总的来说,明清学者似乎更倾向于"杀伐说"。

(2)周代雅乐无商,有认为是无商音(声),有认为只是不用商调。此说对"声淫及商"的解释,有两种思路:①出于政治或文化的避忌。其依据是,《周礼·大司乐》中三大祭乐无商,《荀子·王制》中有"审诗商,禁淫声"之论;今人则再结合西周早中期编钟无商音等考古成果。然后从政治或文化上进行猜测,认为周乐不用商声或商调。如,明人刘绩、邢云路认为,周乐不用商调,是"避殷所尚"⑥。朱载堉则认为,"宫商之商,与殷商之商同名",因此商人"凡郊庙朝廷之乐独用商调";周人易统,黜而不用,以新

---

① 《礼记正义》卷39,阮元刻校:《十三经注疏》,北京:中华书局,2009年,第3342页。

② 卫湜:《礼记集说》,长春:吉林出版集团有限责任公司,2005年,第2057~2060页。

③ 陈澔:《礼记集说》,南京:凤凰出版社,2010年,第310页。

④ 陈澔:《礼记集说》,南京:凤凰出版社,2010年,第310~311页。

⑤ 郝敬:《礼记通解》卷13,《续修四库全书》第97册,上海:上海古籍出版社,2002年,第372页。王夫之:《礼记章句》,《船山全书》第四册,长沙:岳麓书社,2011年,第943页。汪舒旋校注:《〈古乐经传〉通释》,成都:四川大学出版社,2015年,第72页。汪烜:《乐经律吕通解》,《丛书集成初编》,北京:中华书局,1985年,第27页。孙希旦:《礼记集解》,北京:中华书局,1989年,第1022页。郭嵩焘:《礼记质疑》,长沙:岳麓书社,1992年,第482页。

⑥ 刘绩:《六乐图说》,朱载堉:《律吕精义》,北京:人民音乐出版社,1998年,第960页。邢云路:《古今律历考》卷32,《景印文渊阁四库全书》第787册,台北:"商务印书馆",1983年,第380页。

民听，"故周一代之乐通不用商音"。① 今人王子初认为，商、周的对立，是国家、民族间的对立，所以宁愿五声缺商，也要戒用。② 刘再生、冯洁轩则认为，"商音"是商民族的特征音，周人出于维护本民族的文化正统，故不用。③ ②非避忌，与西周编钟音列结构演进有关。此说依据今人对出土编钟测音所得商周编甬钟音列结构立说，晚商编铙与周初甬钟的音列结构是以宫、角、羽为核心的三声结构，至穆王以后发展为以宫、角、徵、羽为核心的四声结构，西周末期才出现五声结构，故正宗的《大武》不用商声。任宏指出，西周四声结构能够独自保持几百年，将其视为"五声缺商"的说法是不够合理的，并说，"孔子对出现商音的《武》表示否定，认为'非《武》音也'，可以反过来证明曾经的《武》是不用五声音列的"。④

第三，"商"指新声淫乐。这种说法主要是将"商"释为"清商"，并与纣乐及《韩非子·十过》中"濮上新声"的特点：靡靡之乐、清商之声、音调甚悲⑤结合，认为纣乐尚清商，虽是好音，但不能提振人心，反使人柔靡忧伤，乃衰亡之音，"郑卫之音""桑间濮上之音"皆其遗音。如北宋陆佃云："纣作靡靡之乐，所谓及商者，此欤。"⑥ 近人钱穆也认为，此"商声"为"清商"，乃"濮上新声"。⑦ 郑觐文则从乐律角度指出，"淫"是指乐调相犯，春秋时期的《大武》已受当时风行的郑卫之音影响，"郑卫之声，上必半大吕以上，下必倍无射以下，去中声愈远，故非淫即伤。《武》乐亦有过于半大吕以上之声（大吕为宫，以上即为商），故有'淫及于商'之言"⑧。

第四，其他说法。例如以下一些见解：（1）"商"指商人的地方音调。高亨认为，"声淫及商"是指唱《大武》歌辞却杂有商人的音调。⑨（2）"商"为一类乐歌，即《乐记·师乙》（即子贡问乐章）所提及的《商》⑩。清人张文虎、今人王友华皆持此见，但他们对"声淫及商"的解释不同。张文虎认为，《商》音"临事而屡断"与《大武》舞

---

① 朱载堉：《律吕精义》，北京：人民音乐出版社，1998 年，第 962、970 页。

② 王子初：《周乐戒商考》，《中国历史文物》2008 年第 4 期。

③ 刘再生：《中国古代音乐史简述》，北京：人民音乐出版社，2006 年，第 93 页。冯洁轩：《论郑卫之音》，《音乐研究》1984 年第 1 期。

④ 任宏：《两周乐悬制度与礼典用乐考》，北京：人民音乐出版社，2016 年，第 153 页。

⑤ 《韩非子·十过》记载，师涓为晋平公演奏濮上所听的新声，师旷曰："此师延之所作，与纣为靡靡之乐也。……"平公问师旷曰："此所谓何声也？"师旷曰："此所谓清商也。"公曰："清商固最悲乎？"师旷曰："不如清徵。"……"音莫悲于清徵乎？"师旷曰："不如清角。"

⑥ 卫湜：《礼记集说》，长春：吉林出版集团有限责任公司，2005 年，第 2059 页。

⑦ 钱穆：《周官著作时代考》，《两汉经学今古文平议》，北京：商务印书馆，2001 年，第 488~489 页。

⑧ 郑觐文：《中国音乐史》，陈正生编：《郑觐文集》，重庆：重庆出版社，2017 年，第 102、118 页。

⑨ 高亨：《周代〈大武〉乐的考释》，《山东大学学报》1955 年第 2 期。

⑩ 《乐记·师乙》篇中提到了《颂》《大雅》《小雅》《风》《商》《齐》六类乐歌，其中《颂》《大雅》《小雅》《风》属于《诗经》对乐歌的分类，而《商》《齐》为何，待考。郑玄注云："《商》，宋诗也"，依此则《商》即《诗经·商颂》。据《大戴礼记·投壶》记载，至西汉尚有"七篇《商》《齐》，可歌也"。

"发扬蹈厉，太公之志"相合，"声淫及商"正是《武》音"发扬蹈厉"的体现。① 但他认为宾牟贾的回答是错的，这明显与文本相左。王友华则认为，"声淫及商"是指《大武》之乐中错用了"商"乐的片段。②（3）"商"指殷商大乐《大濩》的音调。项阳认为，"武音"是《大武》的音调，"商音"是《大濩》的音调，"声淫及商"是指用来祭祀先祖的《大武》混入了用来祭先妣的《大濩》中的音调，以至于不能够传达《大武》原曲中所显现的武王精神。③（4）"商"指太簇律。这种说法从黄钟度数变迁立说，认为"声淫及商"是指当时的黄钟律数近于太簇。《律吕正义后编》即持此见（详下）。④

二、前人诸说辨析

仔细分析以上诸说，大多存在逻辑漏洞或史实不足。

关于"贪商说"。郑玄、孔颖达认为是当时人误解那段歌声有贪商之意，但"武王伐纣，顺天应人"作为官方说法，孔子是不必"闻诸苌弘"的。再从文本来看，第一问"备戒已久"与第二问"咏叹淫液"，是堂下之舞与堂上之歌的配合关系，故相次而问；如果"声淫及商"是就"咏叹淫液"之事而言，那紧接的第三问应是问此，不当是插入不相关的两个问题之后又来问，不合提问次序。是知"贪商说"不可信。

关于"杀伐说"。其问题在于五声与五行配伍起于何时？是否商周以来就有？目前主流看法认为这种学说是战国时兴起的。⑤ 而且，《大武》是歌舞一体的，若歌声体现杀伐之心，在舞容上也会有所体现，那就不止是"声"有问题了。

关于"周代雅乐无商说"。（1）因政治、文化上的避忌而不用商，恐不可信。首先，"周乐戒商"可能是个伪命题。⑥ 其次，周人主张用殷商法度来治理殷商遗民，古书便有用殷彝、启商政的记载。⑦ 再次，周文化对商文化更多的是继承和改造，这属历史常识。（2）《大武》不用商音，亦值商榷。首先，从出土的洛阳北窑陶埙、韩城芮墓编磬具备五

---

① 张文虎：《舒艺室随笔·舒艺室续笔》，沈阳：辽宁教育出版社，2003 年，第 174 页。

② 王友华：《也谈周乐戒商》，《中国国家博物馆馆刊》2011 年第 7 期。

③ 项阳：《"武音"辨》，《中国音乐》2009 年第 2 期。

④ 《御制律吕正义后编》卷七十九，《景印文渊阁四库全书》第 217 册，台北："商务印书馆"，1983 年，第 281 页。

⑤ 可参考徐复观：《阴阳五行及其有关文献的研究》，《中国思想史论集续篇》，上海：上海书店出版社，2004 年。金谷治：《五行说的起源》，《哲学译丛》1990 年第 3 期。李若晖：《论五行学说之成立》，《杭州师范大学学报》（社会科学版）2014 年第 3 期。

⑥ 王友华通过商周钟编列的对比，认为"殷商编铙和西周编钟在无'商'这一问题上是一致的，表明周人并没有在殷商编铙钟列基础上去掉'商'声之举。……周人并无因仇视商人而进行的戒商之举"（《也谈周乐戒商》，《中国国家博物馆馆刊》2011 年第 7 期）。方建军则指出说，"在西周乐器里面，目前仅知甬钟的音阶缺少商声，其他乐器并非全然如此。孔子所谓《大武》不用商声，也是仅就一部乐舞而言，其他音乐作品如何尚未可知"（《音乐考古与音乐史》，北京：人民音乐出版社，2011 年，第 164 页）。

⑦ 《尚书·康诰》记载，周公告诫康叔说"往敷求于殷先哲王，用保乂民……外事，汝陈时臬，司师，兹殷罚有伦"，又说"汝陈时臬事，罚蔽殷彝"。《左传·定公四年》也记载，祝佗（字子鱼）与苌弘交谈时曾言及，周公封鲁公于少暤之虚、封康叔于殷虚，"皆启以商政，疆以周索"。

声来看,西周礼乐器并非皆无商声;且商声可以作为"经过音",由其他具备五声的乐器来演奏。[1] 可见,西周雅乐并非无商音,只是无商调。此一点,亦适用于上文因避忌而不用商音者。其次,从音列结构演进来看,《大武》最初用的应是三声音列,若论正宗,则不但要无商,可能还要无徵,恐怕孔子并非此意。

关于"新声淫乐说"。从儒家制礼作乐的思想来看,雅乐与俗乐本就有互动,吸纳并改造俗乐也是雅乐的一个来源。单就雅乐杂入俗乐音调这一现象,恐不能说明问题。且《大武》杂入俗乐音调与"武王之志荒"有什么关联呢?

关于"商人音调说"《商》乐说"《大濩》音调说"。高亨、王友华、项阳三家之说,问题是一样的。首先,《大武》是周、鲁的宗庙之乐,视察学宫、燕飨诸侯也会使用,用乐场合是庄严的,乐师们经常肄习,如何能将别的音调或乐章杂入其中,并传习而不察。其次,孔子与苌弘、宾牟贾都曾论及这个问题,二人分处周、鲁,未必两国都如此,而有司又同样失其传。再次,季札、孔子都曾赞美过《大武》,如果连传授的乐章都出错了,那岂不成胡说。且下文的"武王之志荒"又当何解呢?

关于"商为太簇说"。笔者赞同此说,遗憾的是《律吕正义后编》仅寥寥数语,并没有说明原委,也没说明为什么"声淫及商"便非《武》音。本文拟从苌弘精于历律之学、两周律尺变化、"声淫及商"非《武》音三个方面,对《大武》"声淫及商"进行探究。

三、商周律尺与"声淫及商"

细绎上引《乐记》文字,有几点值得注意:其一,此"商"与"声"有关;其二,有司失其传;其三,《武》乐涉及武王之志;其四,孔子曾问乐于苌弘,"声淫及商非《武》音"的观点来自苌弘;其五,"声淫及商"应非个案,苌弘居周,宾牟贾在鲁,至少周、鲁两国都存在相同问题;其六,《大武》"声淫及商"应非一般人所知,否则孔子不必"闻诸苌弘";其七,孔子以"吾子"尊称作为晚辈的宾牟贾,是其所答与苌弘同,因言而重其人。

在上述背景之下,本文拟从涉及乐律的三个问题来讨论"声淫及商"。

(一) 苌弘精通历术与乐律,孔子问乐于他,乐律必不可少

前人在探讨此问题时,对孔子的"闻诸苌弘"一语,有所忽略。关于苌弘,《淮南子·氾论》云:"昔者苌弘,周室之执数者也。天地之气,日月之行,风雨之变,历、律之数,无所不通。"[2]《史记·天官书》云:"昔之传天数者……周室:史佚、苌弘。"[3]

---

[1]　方建军通过考古所见乐器的测音,指出"西周礼乐器并非一律没有商声""西周编甬钟演奏的音乐并非没有商声,而是将商声作为乐曲的'经过音'而非骨干音"(《洛阳北窑周墇研究》,《中国音乐学》2008年第3期;《〈周礼·大司乐〉商声商调考》,《中央音乐学院学报》2008年第3期)。孔义龙也指出:"'商'音通过更擅长演奏旋律的其它乐器,如笙、管、篪、筝、琴、瑟等来奏出"(《弦动乐悬——两周编钟音列研究》,北京:文化艺术出版社,2008年,第129页)。

[2]　刘文典:《淮南鸿烈集解》,合肥:安徽大学出版社、昆明:云南大学出版社,1998年,第451页。

[3]　《史记》卷27,北京:中华书局,2014年,第1600页。

《汉书·艺文志·兵书略》兵阴阳家亦有"《苌弘》十五篇。周史"① 的记载。可知苌弘应是掌管天文的史官，很可能是太史，精通天文历术及乐律之学。据《孔子家语·观周》记载，孔子西观周室，曾"问礼于老聃、访乐于苌弘"。从学术所长来看，孔子问乐于苌弘，所求教的应是乐律之学；苌弘跟孔子说《大武》"声淫及商"，很可能是指出《大武》在乐律方面出了问题；而孔子对宾牟贾说"闻诸苌弘"，也有诉诸权威的意味。

苌弘与孔子都主张通过复兴西周礼乐来重建王道政治，孔子在礼坏乐崩之际问乐于苌弘，其实也是问政，是以制礼作乐为核心的。乐律在上古是政教的根本所系，《史记·乐书》云："正教者皆始于音，音正则行正"，《史记·律书》云："王者制事立法，物度轨则，一禀于六律。六律为万事根本焉"。② 因此，乐律毫无疑问是他们讨论的核心，而《大武》"声淫及商"应该也是在这个背景下的一个话题。

（二）从两周律尺变化来看"声淫及商"

律尺的变化，为什么会影响音律呢？东汉蔡邕云："上古圣人本阴阳，别风声，审清浊，而不可以文载口传也。于是始铸金作钟，以主十二月之声，然后以效升降之气。钟难分别，乃截竹为管，谓之律。"③ 因为律管可用尺量，便于校验、传承，于是有"黄钟九寸"之说。这样，律与尺便产生了关联，尺度的长短决定了黄钟九寸的实际长度，进而影响乐器的音高。清人钱塘说，"律法待尺以为用，尺不传则律不传矣"④，深刻地揭示了这种关系。因为十二律都可通过黄钟律管来获得，黄钟又被视为元声、律本。⑤ 黄钟作为基准音，涉及整个十二律体系音高的确定；若黄钟度数发生变化，整个音律体系都会随之而变。故朱子云："审音之难，不在于声而在于律，不在于宫而在于黄钟。"⑥ 是以笔者从两周律尺的变化，导致黄钟度数发生变化，来解释"声淫及商"这个现象。

1. 西周定律仍用夏尺

古代称定律的尺为律尺，以区别于社会通行的度尺；度尺为每个王朝的官方定尺，易代则异，而律尺则相对固定。律学家们对律尺的争议，主要在律尺的长度，以及是九进制的黄帝尺还是十进制的夏尺。⑦ 钱塘云："律必用十寸尺，即昔人所云夏尺者。……古律

---

① 《汉书》卷30，北京：中华书局，1962年，第1760页。

② 《史记》卷24、卷25，北京：中华书局，2014年，第1467、1479页。

③ 蔡邕：《月令章句》，董治安主编：《两汉全书》第24册，济南：山东大学出版社，2009年，第13895页。

④ 钱塘：《律吕古谊·序》，《续修四库全书》经部乐类第115册，上海：上海古籍出版社，2002年，第253页。

⑤ 《吕氏春秋·仲夏季·古乐》《汉书·律历志》皆云，黄帝使伶伦作律，制十二筒以听凤之鸣，比黄钟之宫，皆可以生之。故曰黄钟之宫，律吕之本。

⑥ 《晦庵先生朱文公文集》卷68"琴律说"，《朱子全书》第24册，上海：上海古籍出版社、合肥：安徽教育出版社，2010年，第3442页。

⑦ 关于历代律尺长度，曾武秀《中国历代尺度概述》有"历代的乐律用尺"一章可参看（《历史研究》1964年第3期）。关于尺制之争，大多数的律学家认为古律尺和度尺一样，都是十进制；然亦有持九进制者，如，（唐）司马贞《史记索隐》，（宋）朱熹《琴律说》、蔡元定《律吕新书》，（明）黄佑《乐典》、何瑭《乐律管见》、朱载堉《律吕精义》，吴承洛《中国度量衡史》、吴南薰《律学会通》等。

当无异度，周必因乎夏、商，夏、商必因乎唐、虞，十寸尺之为二帝三王时律尺明矣。"①
他的这个说法，可以从传世文献与出土文物中得到验证。

《逸周书·周月解》说，商、周虽然改正易统，但"若天时大变，亦一代之事"，而
"夏数得天，百王所同"，所以"敬授民时，巡狩祭享，犹自夏焉"②。郑樵也说，"（商、
周）虽建子、丑以命月，而星占、定历、修祠、举事，仍按夏时，皆不自用其制"③。可
见商、周虽"改正朔"，但与天时相关之事，仍用夏历。而上古"律、历迭相治"④，它
们所用尺度自然是一个系统的，夏历所用为夏尺，那么定律所用也当是夏尺。又，据
《周礼·考工记》记载，玉人掌有土圭（用于测量日影，为治历所用），其长一尺五寸，
这与《周礼·地官·大司徒》所记"日至之景，尺又五寸"相合。而《周髀算经》所说
的"夏至之日，晷一尺六寸"，若一尺之长不变，则与襄汾陶寺、濮阳西水坡所测日影相
合。⑤ 襄汾陶寺遗址，学者多认为是尧都；而濮阳西水坡遗址 M45 墓主，或认为是颛顼，
乃至更早的部落大首领。⑥ 可见上古治历所用尺是一样的，夏尺亦承先王法度而来。故三
代律尺皆为夏尺。

总之，西周在律、历方面仍用夏尺，或仅在天官、乐官等相关系统部门使用；社会上
通行的则是周代官方制定的标准尺与传统以身为度的小尺系统。⑦

2. 古书云"黄钟九寸"，实是夏尺九寸，当周之一尺

目前虽未见夏尺实物，但夏承尧舜之制，从山西襄汾陶寺遗址所出土的圭尺来看，定
夏尺一尺约合今 25 厘米，较合理。⑧ 另，河南登封有唐开元间所修周公测影台，所立八
尺之表高 198 厘米，则一尺约合今 24.75 厘米，与唐小尺一尺相当。⑨ 唐小尺即黍尺，古

---

① 钱塘：《律吕古谊·序》，《续修四库全书》经部乐类第 115 册，上海：上海古籍出版社，2002
年，第 253 页。

② 黄怀信等：《逸周书汇校集注》，上海：上海古籍出版社，2007 年，第 579~580 页。

③ 郑樵：《六经奥论·正朔总论》，长春：吉林出版集团有限责任公司，2005 年，第 82 页。

④ 《大戴礼记·曾子天圆》云："圣人慎守日月之数，以察星辰之行，以序四时之顺逆，谓之历；
截十二管，以宗八音之上下清浊，谓之律也。律居阴而治阳，历居阳而治阴，律、历迭相治也。"

⑤ 冯时认为，"考古所见濮阳西水坡与襄汾陶寺并见公元前二十一世纪以前之圭表，且二遗址又
恰处于同一纬度地区，显即早期先民所测之地中。很明显，《周髀算经》不同于传统地中的有关二至日
影长的记载，恰可获得考古资料的佐证"（《中国古代物质文化史·天文历法》，北京：开明出版社，
2011 年，第 323 页）。

⑥ 谢稀恭主编：《襄汾陶寺遗址研究》，北京：科学出版社，2007 年。张彩玲：《濮阳西水坡 M45
墓主研究综述》，《濮阳职业技术学院学报》2013 年第 4 期。

⑦ 曾武秀说："根据古文献的记载，先秦似乎有二种尺并行。一种尺度系统为：十尺为丈，十丈
为引。另一种尺度系统的基本单位为咫，一咫等于 0.8 尺；十咫为寻，一寻等于 0.8 丈……这种尺可称
为小尺。"（见《中国历代尺度概述》，《历史研究》1964 年第 3 期）

⑧ 何驽：《山西襄汾陶寺城址中期王级大墓 IM22 出土漆杆"圭尺"功能试探》，《自然科学史研
究》2009 年第 3 期；《陶寺圭尺补正》，《自然科学史研究》2011 年第 3 期。

⑨ 曾武秀曾列国内外所藏唐尺 26 件，求得平均值约为 29.758（原文为 26.759，26 当为 29 之误）
（《中国历代尺度概述》，《历史研究》1964 年第 3 期）。按唐大、小尺比例为 6：5 计算，唐小尺一尺约
24.798 厘米。杨宽也定唐小尺一尺约 25 厘米（《中国历代尺度考》，上海：商务印书馆，1938 年，第 74
页）。

人认为与夏尺相当，由此可得而证。据《唐六典》记载，唐代仅在调钟律、测晷景、合汤药及冠冕之制上用小尺，此外皆用大尺。[①] 可见唐人尚得律、历用夏尺之遗。

周以夏尺九寸为尺，即以黄钟之长起度。《周礼》说的"璧羡以起度""璧羡度尺"，即是以璧径之长作为一尺之长；而依周制，璧的直径是九寸。[②] 此亦可与周人以黄钟之长起度互证，可知周人是以夏尺九寸作为标准尺一尺之长，约合今22.5厘米。目前所见周尺皆为战国尺，长度自22.5厘米至23.1厘米不等（或与后世一样，尺有渐长趋势）。曾武秀认为，当时各国通行的尺长22.5厘米左右，这与战国简册制度相合。[③]

3. 东周定律用周尺，造成了"声淫及商"

《国语》载伶州鸠云："古之神瞽考中声而量之以制，度律均钟。"黄翔鹏据此认为，"周代定律用的尺度并非周制，而是'古之神瞽'传下来的前代尺度"[④]。这里的"周代"当指西周。从周景王铸钟要问律于伶州鸠及伶州鸠的回答来看，东周已经不遵西周旧制了，所以才要古今对言，要援古以明其道。今以琴瑟为例，来看东周（特别是孔子所处时期）的律尺。周制：大琴、大瑟以八尺一寸为正制，象黄钟之数。结合出土实物：湖北当阳曹家岗5号墓出土的两件瑟，漆瑟通长210厘米，木瑟通长191厘米[⑤]；湖北当阳赵巷4号墓出土的漆瑟，通长200厘米左右[⑥]；河南固始侯古堆1号墓出土的6件木瑟，形制相同，通长192厘米[⑦]。这些都是春秋中晚期的大瑟。扣除瑟头、瑟尾，以八尺一寸约之，可知东周所用律尺当为周尺。

据《史记·历书》记载，"幽、厉之后，周室微，陪臣执政，史不记时，君不告朔，故畴人子弟分散，或在诸夏，或在夷狄，是以其禨祥废而不统"[⑧]。或因经过厉王、幽王的乱政，西周的王道政治受到严重摧残，作为王者立政大经大法的律历之学，到了东周也已荒废，依附研治律历而存的夏尺自然没了用处。加之在取音方面也有了更为便捷途径，用三分损益法通过计算弦长即可获得，比用管定律更好操作，于是"乃以弦音通之十二律吕之度，而立制焉"[⑨]。在这个过程中，可能定律专用的夏尺也改成了通用的周尺。

综上可知，周尺相当于夏尺九寸，其所定黄钟九寸，相当于夏尺八寸一分，近于太簇（八寸）。黄钟为宫，则太簇为商，因为当时的黄钟律数近于太簇商声，故云"声淫及商"。《律吕正义后编》也这么认为："春秋之时，《大武》之乐器其度数已失黄钟之旧，

---

① 李林甫等：《唐六典》，北京：中华书局，1992年，第81页。

② 《周礼·春官·典瑞》云："璧羡以起度"，郑众注云："羡，长也。此璧径长尺，以起度量。"《周礼·考工记·玉人》亦云："璧羡度尺，好三寸，以为度。"《尔雅·释器》云："肉倍好谓之璧"，"肉"是指璧的环状部分，"好"是指璧孔，其比例是2∶1，璧孔径三寸，则璧径九寸。

③ 曾武秀：《中国历代尺度概述》，《历史研究》1964年第3期。

④ 黄翔鹏：《均钟考——曾侯乙墓五弦器研究》，《黄翔鹏文存》，济南：山东文艺出版社，2001年，第561页。

⑤ 《中国音乐文物大系·湖北卷》，郑州：大象出版社，1999年，第128页。

⑥ 《中国音乐文物大系·湖北卷》，郑州：大象出版社，1999年，第132页。

⑦ 《中国音乐文物大系·河南卷》，郑州：大象出版社，1996年，第130页。

⑧ 《史记》卷26，北京：中华书局，2014年，第1503页。

⑨ 《御制律吕正义》上编卷2，《景印文渊阁四库全书》经部第215册，台北："商务印书馆"，1983年，第44页。

侵淫于大吕、太簇之间，故曰'声淫及商'欤？"①

（三）为什么"声淫及商"非《武》音

《大武》是周代国乐，旨在彰显武王功德，以明周之王天下的正义性，其中亦蕴含周人治国之道。从《乐记·宾牟贾》来看，孔子所提的五个问题都是指向《大武》之大要的。

第一问，《大武》表演前，为何击鼓备戒持续的时间那么久？宾牟贾回答说，那是象征武王出兵前忧虑得不到众人的拥护。第二问，为什么要曼声长歌，连绵不绝？宾牟贾回答说，担心完成不了除暴安民的大事。这两问的核心乃武王伐纣是否为顺天应人之举。第三问"发扬蹈厉之已蚤"与第四问"《武》坐致右宪左"，宾牟贾都没答对。从孔子"发扬蹈厉，大公之志也；《武》乱皆坐，周、召之治也"的解释来看，第三问、四问分别对应"太公之志"和"周、召之治"。宋人严粲认为，"太公之志，即武王之志也，以武莫若太公，故系之以太公而已；周、召之治，即武王之治也，以文莫若周、召，故系之以周、召而已"②。此二者体现了周人的文武之道与周之所以王的历程，武以定乱，文致太平，皆统合于武王之志中。

从前四问都是针对《大武》之大要而问来看，第五问"声淫及商"也当如此。《乐记》云："宫为君，商为臣，角为民，徵为事，羽为物"，周代雅乐以宫、商、角、徵、羽象征君、臣、民、事、物，使人们对乐的理解伦理化，"使亲疏、贵贱、长幼、男女之理，皆形见于乐"③。在雅乐的演奏中，古人很忌讳臣凌君之象。朱子云："大率乐家最忌臣民陵君，故商声不得过宫声"，"乐中最忌臣陵君，故有四清声"④，所以在旋宫时，当商的律数大于宫时，要用半律。这是一种情况。惠士奇云："古者商不为均"，"宫君商臣，以商为均，君臣易位，革命之象。故商不为均，非无商也，商不为均也"⑤。这是又一种情况。此外，以太簇的律数作为黄钟，也有臣凌君之象。前文所探讨的"声淫及商"，便是如此。黄钟为宫，则太簇为商，以太簇律数作为黄钟，便是以商为宫，便是臣居君位，有篡弑之嫌，这与《大武》主旨不合。对于别的乐曲来说，或许未必会这么敏感，但《大武》所对应的史事是武王伐纣，应该体现武王为民犯难、除暴安良之志，体现伐纣是顺天应人之举。《史记·律书》云："武王伐纣，吹律听声……而音尚宫。"张守节《史记正义》引《兵书》云："夫战，太师吹律，合商则战胜，军事张强……宫则军和，主卒同心。"⑥ 因此，《大武》之乐若用黄钟正律为宫，其寓意就是上下一心，表现出伐纣是顺天应人之举；反之，若用孔子时代"崩坏"的乐律，演奏出来的就是"声淫

① 《御制律吕正义后编》卷79，《景印文渊阁四库全书》经部第217册，台北："商务印书馆"，1983年，第281页。

② 卫湜：《礼记集说》，长春：吉林出版集团有限责任公司，2005年，第2061页。

③ 《礼记正义》卷38，阮元刻校：《十三经注疏》，北京：中华书局，2009年，第3328页。

④ 《朱子语类》卷92，《朱子全书》第17册，上海：上海古籍出版社、合肥：安徽教育出版社，2010年，第3082页。

⑤ 惠士奇：《礼说》卷7，《景印文渊阁四库全书》经部第101册，台北："商务印书馆"，1983年，第529页。

⑥ 《史记》卷25，北京：中华书局，2014年，第1480页。

及商"之效，寓意武王兴兵作乱、弑君篡位。这也正是宾牟贾认为"非《武》音"和"有司失其传"的缘故。

需要补充的是，正如前文所述，上古政教始于正音，乐律问题同时也是政教问题。铸钟定律，是王者制礼作乐的首务之一。作为国乐，《大武》的声律应合于十二律，这也是国家治定的象征。① 雅乐的根本在于十二律，据《周礼》，雅乐歌曲的演奏以及乐器的度数，都要合于十二律。② 东周依周尺所定黄钟律数实已近于太簇，以此制器调律，皆不合先王法度。且律尺短则声高，其乐往往失之焦杀，不能平和人心。汉刘歆尺与东周尺相当。据《汉书·王莽传》记载，天凤六年，初献《新乐》于明堂、太庙。便有"清厉而哀，非兴国之声"的批评。③ 后来荀勖也依刘歆尺制器调律，精通音律的阮咸便说，声高而悲，乃亡国之音。④ 苌弘、孔子和宾牟贾对《大武》"声淫及商"的关注，或许也有这方面的担忧。

四、结　　论

本文认为，通过律尺和音律的变化，可以揭开《大武》"声淫及商"的历史真相。苌弘精通历术与音律，孔子在礼坏乐崩之际问乐于他，其实也是问政，是以制礼作乐为核心的，乐律毫无疑问是其讨论的重心。《大武》"声淫及商"应该也是在这个背景下的一个话题。西周在历、律方面仍用夏尺，经过幽、厉的乱政，历学到了东周业已荒废，夏尺自然没了用处。加之在取音方面可以用三分损益法通过计算弦长来获得，于是"乃以弦音通之十二律吕之度，而立制焉"。在这个过程中，可能定律专用的夏尺也改成通行的周尺。周尺所定的黄钟九寸，相当于夏尺八寸一分，近于太簇（八寸）。以此数值作为黄钟律数，则黄钟宫声近于太簇商声，这便是"声淫及商"的演奏效果。而宫为君，商为臣，以商为宫，便是臣居君位，有篡位之嫌，与《大武》主旨不合。以此律为黄钟来制器调律，则声高而悲，不合先王法度。所以，苌弘、孔子和宾牟贾等人都认为"声淫及商"不是《大武》应有的曲调。

（作者单位：武汉大学历史学院）

---

① 《吕氏春秋·季夏纪·音律》《汉书·律历志》皆云，至治之世，天地之气合以生风；天地之风气正，则十二律定。

② 据《周礼》记载，太师"掌六律六同，以合阴阳之声。……皆文之以五声……皆播之以八音"，"教六诗……以六律为之音"。典同"掌六律六同之和，以辨天地四方阴阳之声，以为乐器。……凡为乐器，以十有二律为之数度，以十有二声为之齐量。凡和乐（即调旧乐器），亦如之"。

③ 《汉书》卷99下，北京：中华书局，1962年，第4154~4155页。

④ 刘孝标《世说新语注》引西晋傅畅《晋诸公赞》云："律成，散骑侍郎阮咸谓勖所造声高，高则悲。夫亡国之音哀以思，其民困。今声不合雅，俱非德政中和之音，必是古今尺有长短所致。"（余嘉锡：《世说新语笺疏·术解第二十》，北京：中华书局，2007年，第827页）

制度与文化

论两宋之际韩厥祠祀地位变迁的政治意涵

□ 罗家祥　许玉龙

【摘要】韩厥神主在宋徽宗时期被纳入祀典并升为主祀，这与赵宋借祚德庙祀典护佑子嗣的需求有关，也与朝局的演变存在关联。绍兴初，祚德庙祀典于临安恢复，朱翌借韩厥之忠影射武将群体，主张压制武将势力；赵宋君臣将程婴之忠义赋予秦桧，韩厥主祀地位得以恢复。南宋祚德庙祀典的鼎盛与朝廷政争、秦桧势大、宋高宗对其正统地位的塑造等因素关系密切。韩厥神主地位在祀典中的上升与宋代义理之学影响下的疑史风气关系密切，学术上对程婴、公孙杵臼真实性的质疑，促成士人对韩厥神主的认同，士人对于祚德庙祀典的默认乃其学术理念与政治现实的折中。

【关键词】韩厥；祚德庙；祠祀地位；宋代政争；疑史风气

　　韩厥，春秋时晋国大夫，宋代祚德庙祠祀神主之一。春秋时晋屠岸贾屠戮赵氏一门，程婴与公孙杵臼护佑赵孤免于罹难，之后韩厥助晋景公诛屠岸贾，恢复赵氏田爵。① 因此，韩厥在"赵氏孤儿"故事中被视为赵武一族重建的重要功臣。两宋时期，时人认为赵宋与赵武一族存在千丝万缕的联系，故立庙祠祀程婴、韩厥等人。北宋后期，韩厥神主在祚德庙祀典中经历了从无到有、由从祀到正祀的转变。南宋初年，韩厥因被视作护佑赵宋国祚延续的重要神灵而随祚德庙祀典升为中祀。韩厥与祚德庙祀典地位的变化有别于其他由民间信仰升入正祀的祠祀活动，而在南宋官方祠祀系统中具有较重要的地位。韩厥祠祀地位的变迁与两宋朝局演变，以及宋代学术中的疑史取向息息相关。

　　目前针对祚德庙与韩厥祠祀诸方面的研究主要包括对"赵氏孤儿"故事的考辨，② 对"赵氏孤儿"故事本身的演变所做的宏观考察，③ 亦有研究关注到"赵氏孤儿"故事主人公

---

① 《史记》卷 43《赵世家》，北京：中华书局，2014 年，第 2151~2153 页。

② 参见白国红：《"赵氏孤儿"史实辨析》，《北方论丛》2006 年第 1 期；黄朴民：《真相难觅：〈赵氏孤儿〉背后的历史重构》，罗家祥主编：《华中国学》第 3 卷，武汉：华中科技大学出版社，2014 年，第 19~26 页。

③ 参见赵寅君：《"赵氏孤儿"研究》，山西大学博士学位论文，2017 年。

程婴、公孙杵臼等人物形象的传播与宋代政局的关系，① 但以上对祚德庙祠祀演变过程中某些重要关节及原因的关注仍显不足。基于此，本文以韩厥在祚德庙祀典中的地位变迁为切入点，重点探讨韩厥祠祀地位变化与宋代朝局演变，以及学术领域疑史风气之间的深层联系。

一、皇室护佑子嗣之需与韩厥主祀地位的确立

北宋延续唐、五代以来中原王朝对地方民间信仰加强管控的措施，并进一步扩展，形成一套严密的民间信仰管控体系。受此影响，部分针对历史人物的官方祠祀活动亦被纳入其中，采取赐额封爵的形式进行崇祀。赵宋在管控祠祀活动的过程中，树正祀，禁淫祀②，兴建旌奖忠义的祠庙③。北宋立国之初，程婴与公孙杵臼的祠祀地位即获得官方认可。宋太祖开宝三年（970）十月，太祖下诏有司寻访前代功臣烈士事迹，"详其勋业优劣以闻"，有司认为晋程婴、公孙杵臼等人"皆勋德高迈，为当时之冠"，遂有"置守冢三户""悉蠲其役"的举动。④ 这表明宋初官方已对程婴、公孙杵臼的事迹有所关注，而韩厥在此时并未进入官方视野。上述诏书并未落实，致使之后的祚德庙祠祀先天缺少信众，失去在民间生存的必要土壤。

元丰四年（1081）吴处厚奏请祠祭程婴、公孙杵臼，获得宋神宗应允，然而其提议中并未提到韩厥。⑤ 神宗下诏祠祀程婴与公孙杵臼的时段正处于民间信仰进入官方祠祀系统的高峰期。⑥ 但是祚德庙祠祀却表现出与其他民间信仰不同的一面。首先，宋神宗下诏书"敕河东路访寻二人遗迹"，表明程婴与公孙杵臼在民间并无信众基础，亦不见某些灵应的记载，这与宋代的祠祀政策相背离。⑦ 其次，民间信仰进入官方祠祀系统多依循一定的程式，牵涉地方官员的上报与审核等；⑧ 祚德庙祀典虽由吴处厚建议，其依据则是《史

---

① 参见曾祥波：《两宋政治话语中的"赵氏孤儿"及其文学影响》，《南京师大学报》（社会科学版）2016 年第 2 期；许玉龙：《论两宋官方祭祀程婴、公孙杵臼的活动：基于政治意涵的探讨》，罗家祥主编：《华中国学》第 8 卷，武汉：华中科技大学出版社，2017 年，第 217~226 页。

② 关于宋代的民间信仰与官方祠祀政策的研究可参见韩森著，包伟民译：《变迁之神——南宋时期的民间信仰》，上海：中西书局，2016 年，第 76~92 页；蒋竹山：《宋至清代的国家与神信仰研究的回顾与讨论》，《新史学》1997 年第 2 期；皮庆生：《宋代民众祠神信仰研究》，上海：上海古籍出版社，2008 年，第 272~317 页；杨建宏：《宋代礼制与基层社会控制研究》，四川大学博士学位论文，2006 年，第 111~131 页；金相范：《宋代祠庙政策的变化与地域社会——以福州地域为中心》，《台湾师大历史学报》2011 年总第 46 期。其他未尽之处，如文中有征引皆已标注。

③ 参见杨俊峰：《赐封与劝忠——两宋之际的旌忠庙》，《历史人类学刊》2012 年第 2 期。

④ 参见马端临：《文献通考》卷 103《宗庙考十三》，北京：中华书局，2011 年，第 3163 页。

⑤ 参见吴处厚撰，李裕民点校：《青箱杂记》卷 9，北京：中华书局，1985 年，第 97~98 页。

⑥ 参见韩森：《变迁之神——南宋时期的民间信仰》，上海：中西书局，2016 年，第 77 页。

⑦ 目前有关宋代祠祀政策的研究多认为影响中央、地方官府与地方社会对民间祠祀态度的关键因素在于祠祀本身是否灵验（灵应）。如韩森：《变迁之神——南宋时期的民间信仰》，上海：中西书局，2016 年，第 12 页；皮庆生：《宋代民众祠神信仰研究》，上海：上海古籍出版社，2008 年，第 279 页。

⑧ 参见韩森著，包伟民译：《变迁之神——南宋时期的民间信仰》，上海：中西书局，2016 年，第 76~101 页；皮庆生：《宋代民众祠神信仰研究》第六章《正祀与淫祀——宋代祠神信仰的合法性研究》，上海：上海古籍出版社，2008 年，第 279~280 页。

记》的记载，之后神宗直接应许其进入官方祀典，表明皇权是促成祚德庙祀典的直接动力，与同期因灵应事迹而吸纳广泛信众并进入官方正祀的其他民间信仰不同。那么造成这些不同的具体原因是什么？

据吴处厚在《青箱杂记》中的自述，吴氏认为通过祭祀程婴与公孙杵臼可使"国统有继"。其上书时正值"神宗朝皇嗣屡阙"之时，"郓王服药，上览之瞿然，即批付中书，授臣将作监丞""国家传祚至今，皆二人之力"等语道出宋神宗与吴处厚的目的在于通过祠祭活动护佑皇嗣平安，以此谋取相应的政治利益。① 因皇子之疾可知此时神宗君臣是着眼于现实之需要，因此在"赵氏孤儿"故事中保护赵武免遭屠戮并将之抚养成人的程婴就被刻意强调，韩厥被忽视是宋神宗君臣着眼于当时的政治现实做出的选择。然而，在神宗下诏寻访祠庙后的三天，郓王赵偶薨，由此而言，祚德庙祠祀并不"灵应"。

韩厥进入赵宋君臣的视野则属偶然。宋哲宗元符三年（1100）五月，有臣僚提出据《史记》，"韩厥之功不在公孙杵臼、程婴之下，乞与立庙"②，韩厥得以从祀祚德庙。这表明直至宋徽宗继位，韩厥才获得从祀地位，正式进入官方祀典。从祀，顾名思义，即"随而祭之"。③ 韩厥从祀祚德庙反映此时其仍未受到足够重视。宋徽宗崇宁三年（1104），又"加封厥义成侯"④，韩厥神主由从祀升为主祀之一，封爵、地位与程婴、公孙杵臼齐平。

韩厥神主地位的变化原因有二。首先，此时建议韩厥从祀祚德庙应仍主要基于护佑子嗣的考虑。祠祀韩厥的建议在元符三年五月提出，而早在四月十三日，徽宗的长子（即之后的宋钦宗）出生。⑤ 宋徽宗子嗣多达31人，就宋代诸帝而言较为可观，但仍有6人早薨；元符三年至崇宁年间共出生九子，就有两人早夭。⑥ 结合"赵氏孤儿"故事中韩厥在赵武恢复田爵中的作用，此时于祚德庙增加韩厥的祠祀，必有护佑子嗣的考虑。此外，宋代官方常进行祭祀高禖的活动，以求广皇嗣，护佑子嗣平安。从宋仁宗景祐四年（1037）定祭祀高禖礼后，神宗、哲宗都曾进行相关祭祀活动，以"祓无子，祝多男，所以系万方之心"⑦，徽宗时修定新礼亦对此礼做出改动。同时，徽宗时艮岳的兴修与求子嗣亦有关联，"上之初即位也，皇嗣未广"，道士刘混康以"京城西北隅地协堪舆，倘形势加以少高，当有多男之祥"为言，徽宗"始命为数仞岗阜，已而后宫占熊不绝，上甚喜。于是崇信道教，土木之工兴矣"⑧。这是宋徽宗修建艮岳（万寿山）的开端，兴修的原因则是基于艮岳在祈求子嗣方面的"灵验"。北宋中后期的高禖祭祀与宋徽宗时期

---

① 参见吴处厚撰，李裕民点校：《青箱杂记》卷9，北京：中华书局，1985年。

② 徐松辑：《宋会要辑稿·礼二〇之二七》，上海：上海古籍出版社，2014年，第1001页。

③ 陈深：《读春秋编》卷27，《景印文渊阁四库全书》第158册，台北："商务印书馆"，1986年，第468页。

④ 参见徐松辑：《宋会要辑稿·礼二〇之二七》，上海：上海古籍出版社，2014年，第1001页。

⑤ 参见《宋史》卷23，北京：中华书局，1985年，第421页。

⑥ 参见《宋史》卷246《宗室传三》，北京：中华书局，1985年，第8725页。

⑦ 《宋史》卷103《礼志六》，北京：中华书局，1985年，第2513页。

⑧ 陈均撰，许沛藻、金圆、顾吉辰、孙菊园点校：《皇朝编年纲目备要》卷28，北京：中华书局，2006年，第720页。

兴修艮岳的活动从侧面印证此时求子、护佑皇嗣之需仍是朝廷进行相关祠祀活动的主要原因。

其次，韩厥神主地位的变化或与时人将韩厥人物原型比附现实政治有关。"下宫之难"中，晋诸将皆参与了杀"赵孤"与公孙杵臼，而晋景公在接受韩厥建议恢复赵武田爵一事时，遭到将领们的反对，"诸将入问疾，景公因韩厥之众以胁诸将，而见赵孤"，诸将不得不服从，"遂反与程婴、赵武攻屠岸贾，灭其族，复与赵武田邑如故"①。由此可知，韩厥因其统领部分晋军，在赵氏田爵恢复过程中对作乱诸将产生威慑，晋景公才得以为赵氏平反，"韩厥之功不在公孙杵臼、程婴之下"应即指此。有学者指出国家祭祀"可以为统治者获取权力、集中权力减少阻力，并使他们建构的权力秩序合法化"，实现统治阶层内部的秩序整合，维持权力秩序稳定。② 韩厥从祀建议的提出恰在宋徽宗刚继位不久，宋徽宗在继位问题上遭到了章惇等人的反对，并由此产生了激烈的党争，而党争双方分别以章惇与曾布为代表。③ 章惇作为徽宗即位的反对者，虽然宋徽宗在即位后一再强调"不欲用定策事贬惇"④，但其仍纵容朝臣对章惇的攻讦，致使其时出现"分别君子小人，赏善罚恶，不可偏废"⑤"用忠良，黜邪佞，正名分，痖奸恶"⑥ 的言论，并由此引出党籍的出现⑦。韩厥从祀及升为主祀的建议正出现于朝臣政争最激烈的时段，其建议者史书缺载。但由其以韩厥之"忠义"而建议崇祀，加之时人思想意识中的赵宋与赵武一族的联系，并结合此时"分别忠邪"的历史语境可知，韩厥崇祀的提出应与此时的党争存在一定关联，或是臣僚刻意以韩厥助赵武恢复田爵一事暗喻徽宗继位过程中曾布与章惇等人的不同行为，以达到劝诫徽宗"明辨忠邪"的目的。这正是祭祀活动有助于政治秩序整合的体现。

在徽宗朝政局稳定之后，崇祀程婴、韩厥的声音也随之销声匿迹，其后编纂的《政和五礼新仪》亦不载祚德庙祀典。这表明此时祚德庙祀典或并未受到足够重视，更能从侧面反映出徽宗继位之初两次提出崇祀韩厥与此时的政局演变间的联系。又由于徽宗对道教的崇信，艮岳"广皇嗣"的功能在一定程度上替代了相关的祠祀活动，加之徽宗子嗣数量的增加，祚德庙祀典缺载似乎也顺理成章。

---

① 《史记》卷 43《赵世家》，北京：中华书局，2014 年，第 2152 页。

② 详见廖小东：《政治仪式与权力秩序：古代中国"国家祭祀"的政治分析》，北京：中国社会科学出版社，2014 年，第 150~152 页。

③ 关于哲宗驾崩之后皇位继承的讨论以及与此相关联的党争问题，参见罗家祥：《曾布与北宋哲宗、徽宗统治时期的政局演变》，《华中科技大学学报》（哲学社会科学版）2003 年第 2 期；张邦炜：《宋徽宗初年的政争——以蔡王府狱为中心》，《西北师大学报》（社会科学版）2004 年第 1 期。

④ 杨仲良：《续资治通鉴长编纪事本末》卷 120《徽宗皇帝·逐惇卞党人》，北京：北京图书馆出版社，2003 年，第 3734 页。

⑤ 《宋史》卷 319《曾巩传附曾肇传》，北京：中华书局，1985 年，第 10393 页。

⑥ 任伯雨：《上徽宗论赤气之异》，赵汝愚编：《宋朝诸臣奏议》卷 44，上海：上海古籍出版社，1999 年，第 467 页。

⑦ 参见杨仲良：《续资治通鉴长编纪事本末》卷 121《徽宗皇帝·禁元祐党人（上）》，北京：北京图书馆出版社，2003 年，第 3758~3782 页。

二、宋高宗时期崇祀韩厥的主观动机

宋高宗建炎元年（1127），南宋朝廷便下诏郊赦，令有司祠祭载于祀典的历代明君、功臣。① 建炎三年（1129），苗刘之乱平定，宋高宗复位。② 同年七月，高宗唯一的皇子赵旉薨逝。③ 绍兴二年（1132），李愿建议重新祠祭程婴与公孙杵臼，但并未言及韩厥。④ 其在上疏中谈到建言目的："上以广皇嗣，下以激忠义。"⑤ 在高宗皇嗣夭折，国内政局未稳，人心思变的情况下，可以借助祠祭程婴与公孙杵臼庇佑赵宋国祚的延续；同时崇祀先代功臣，又可以激励忠义之士，稳定时局。宋高宗君臣并无有效措施以解决内忧外患，所以向神灵寻求帮助或许是其精神上的依托，故更重视"赵氏孤儿"故事中程婴、公孙杵臼护佑赵武免于罹难的一面，而忽略韩厥助赵武恢复田爵一节。

此后，祚德庙崇祀再次发生转变。绍兴十一年（1141）八月，"中书舍人兼实录院修撰朱翌乞祀韩厥于作德庙，仍就行在所权创祠宇。诏礼部讨论，如所奏"⑥。朱翌所奏表明此时南宋才有意识地关注韩厥的祠祀活动，朱翌奏疏称："今行在春秋祀婴、杵臼，而厥不预焉，然不绝赵祀而卒立武者厥也，今婴、杵臼有祀而厥不预，恐未为称。臣愚谓宜载之祀典，使与婴、杵臼并飨。"⑦《宝庆四明志》载："南渡以来，建太学、载韩厥于祀典，皆翌发之。"⑧ 正如《建炎以来系年要录》所载，程婴、公孙杵臼之祠祀已经恢复，朱翌在此强调的重点应是立庙祠祭韩厥，赋予韩厥神主与程婴等同等的地位。之后，礼部进言欲依小祠例于临安祠祭韩厥等。

绍兴十三年（1143）四月，再有立庙的讨论。⑨ 同年，建州王朝请立于行都，祠祀三侯，始建庙于棘寺基，之后又因修建棘寺将祠庙迁至元贞观。⑩ 绍兴十六年（1146），前

---

① 参见马端临：《文献通考》卷103《宗庙考十三》，北京：中华书局，2011年，第3167页。
② 参见李心传编撰，胡坤点校：《建炎以来系年要录》卷21，建炎三年三月，北京：中华书局，2013年，第532页。
③ 参见李心传编撰，胡坤点校：《建炎以来系年要录》卷25，建炎三年七月，北京：中华书局，2013年，第592页。
④ 参见李心传编撰，胡坤点校：《建炎以来系年要录》卷60，绍兴二年十一月，北京：中华书局，2013年，第1194页。
⑤ 徐松辑：《中兴礼书》卷152《吉礼·祚德庙》，《续修四库全书》第822册，上海：上海古籍出版社，2002年，第514页下栏。
⑥ 李心传编撰，胡坤点校：《建炎以来系年要录》卷141，绍兴十一年八月，北京：中华书局，2013年，第2656页。引文中的"作德庙"当为"祚德庙"之误。
⑦ 徐松辑：《中兴礼书》卷152《吉礼·祚德庙》，《续修四库全书》第822册，上海：上海古籍出版社，2002年，第515页。
⑧ 罗濬纂：《宝庆四明志》卷8《叙人（上）》，《宋元方志丛刊》第5册，北京：中华书局，1990年，第5091页。
⑨ 参见潜说友纂：《咸淳临安志》卷13《行在所录·祚德庙》，《宋元方志丛刊》第4册，北京：中华书局，1990年，第3490页。
⑩ 参见《陆九渊集》卷20《记祚德庙始末》，北京：中华书局，1980年，第255页。

荆湖等路抚谕司干办公事胡骏又请立祚德庙于临安府。① 绍兴二十二年（1153），臣僚又进言祠庙所在位置偏僻，祭享简陋，"祠之弗虔，宜崇其庙貌"，加之原祚德庙址被大理寺侵占，侍御史林大鼐等言："三人者有大功德于圣朝，今神灵不妥，士庶悲嗟，宜进爵加奖"②，遂迁徙于青莲寺侧。至此，祚德庙三神主地位又趋于等同。伴随着臣僚的屡次进言，对三人的追封逐渐由两字侯升格为二字公，礼典方面"升为中祀"③，礼仪规格"依中祀，乐章乞从秘书省修撰"④。对其之重视可见一斑。

建炎至绍兴初年正值南宋恢复祀典的重要时期。但是在朝廷恢复或新建的众多祠祀中，仅有祚德庙祀典与宋代皇室关系被刻意强调。⑤《文献通考》将祚德庙祀典列入功臣祠庙一类，并作为南宋初年高宗恢复忠臣祠庙的重要例证，且这一过程贯穿整个绍兴年间，此种现象较为稀见。⑥ 之后，祚德庙祀典升入中祀，意味着对韩厥等三人的祠祀更为重视，并逐渐形成一种常态。李心传列述中兴祀典时将祚德庙祀典写入，而与之同列者为冬至圜丘、夏至皇地祇、孟春祈谷、孟夏雩祀、神州地祇、季秋明堂、感生帝、高禖、朝日、夕月、九宫贵神、荧惑、太社太稷、大火、蜡祭、五方岳镇、四海、四渎、风雨雷师、先农、先蚕、至圣文宣王、昭烈武成王，从侧面指明祚德庙祀典在南宋祠祀体系中的重要地位。⑦

此时为何如此重视祠祀程婴与韩厥等人？就宋高宗自身而言，其中暗含借祠祭程婴等神主以标榜正统的意味。邓小南曾提到南宋高宗时期对"崔府君显圣"的强调或是赵构"向赵宋的臣民们证明自己的登极，确系'天意'"⑧。此论正是就南宋初年所面临的内外困局而发的。而祠祀程婴、韩厥的建议频现，也与此时南宋所面临的内外困局有关。南宋朝廷疲于应对金的进攻，一边倚靠武将进行抵御，一边又面临着武将掌握兵权的"危险"，不免使高宗联想到建炎三年"苗刘之乱"的情境，故旌奖有功于其"先祖"之人，标榜自身的"正统"地位，或是排除高宗忧虑的重要手段。高宗在绍兴十六年七月封赠程婴的敕文中将赵武一族视为其先祖，而将自身作为遵守赵武所立"盟约"的"后世"。⑨ 正是向世人传递一种其帝位继承合理合情的信号，同时亦是借此行为倡导武将对

① 参见李心传编撰，胡坤点校：《建炎以来系年要录》卷155，绍兴十六年四月癸卯，北京：中华书局，2013年，第2932页。

② 《陆九渊集》卷20《记祚德庙始末》，北京：中华书局，1980年，第255页。

③ 李心传编撰，胡坤点校：《建炎以来系年要录》卷163，绍兴二十二年正月壬午，北京：中华书局，2013年，第3092页。

④ 陈骙撰，张富祥点校：《南宋馆阁录》卷5《撰述》，北京：中华书局，1998年，第50页。

⑤ 参见徐松辑《宋会要辑稿·礼二〇》，该卷收录有南宋恢复及新立祠庙状况，对之进行梳理，仅有祚德庙祀典被强调与赵宋皇室的关系，此为祚德庙祀典与此期其他升为正祀的祀典之区别。

⑥ 参见《文献通考》卷103《宗庙考十三》，北京：中华书局，2011年，第3167~3168页。

⑦ 参见李心传撰，徐规点校：《建炎以来朝野杂记》甲集卷2《中兴祀典》，北京：中华书局，2000年，第73~74页。

⑧ 邓小南：《关于"泥马渡康王"》，《北京大学学报》（哲学社会科学版）1995年第6期。

⑨ 徐松辑：《中兴礼书》卷152《吉礼·祚德庙》，《续修四库全书》第822册，上海：上海古籍出版社，2002年，第516页。

高宗尽忠。"不惟奖忠义以风天下，亦使神明报赵之心千古不变"①，正是宋高宗倡导祚
德庙祠祀主观目的的体现。

那么臣僚之间建言的动机是否相同？如所周知，绍兴十一年前后乃秦桧集团弹劾岳飞
等武将最激烈的时段，朝堂上亦出现了收武将兵权的言论，这应当是韩厥崇祀被再次提上
议程的重要原因。史籍记载朱翌"在朝敢言事，尝奏论：信外国太坚，待金使太厚，排
众论太切，姑息诸将太深，待大臣太严，立志太弱。忤权臣意，一斥十四年"②，直接点
明其对权臣及武将的态度。曾祥波认为朱翌建言崇祀韩厥的主要目的正在于借助崇奖韩厥
的忠义，反衬岳飞等人的不安分，顺带安抚韩世忠等人。③ 笔者对此基本赞同。此时朱翌
建议削弱武将权力的动机已十分明了，但之后朝臣对祚德庙祠祀的重视却与朱翌的动机大
相径庭。

朱翌曾受到秦桧的刻意拉拢，但因朱翌与赵鼎亲近受到秦桧猜忌，故遭到贬黜。④ 而
在削减武将兵权的态度上，二者虽多有相似之处，但动机并不相同。由于宋高宗对金主
和，且深恐武将为患，这决定了秦桧的主要目的是扫清议和的阻碍，因此解除武将兵权、
压制武将势力在所难免。而朱翌在建议祠祀韩厥的奏疏中认为："亦足以为忠义无穷之
劝"，"仰祝吾君则百斯男"。⑤ 朱翌所论正是一面强调武将应当向朝廷尽忠，一面强调借
祠祀韩厥等以广子嗣。但是根据上文对朱翌的描述以及"赵氏孤儿"中韩厥原型的分析，
朱翌亦担忧武将拥有军队的统制权，深恐尾大不掉，而对朝廷一味迁就金朝、对金主和颇
有微词。所以之后削减武将兵权时，双方难得甚少龃龉。绍兴十一年，秦桧利用台谏罗织
岳飞冤狱，通过解除岳飞军权、免去枢密副使、下大理寺狱等一系列手段，最终将岳飞杀
害。⑥ 朱翌在此间建议崇奖韩厥，正透露出借势倡言压制武将的动机。因此尽管臣僚之间
的动机不同，但他们主张中的某些方面确与高宗的忧虑暗合。绍兴十二年（1142）九月，
在加封秦桧为太师的制书中，南宋臣僚又将秦桧辅佐宋高宗的事迹比之程婴与公孙杵臼之
行，明言秦桧对赵宋国祚延续的功劳，以崇奖秦桧之"忠义"。⑦ 绍兴十二年至十五年间
（1142—1145），秦桧将其政敌赵鼎等逐渐排挤出朝堂，朝中出现秦桧朝纲独断的局面。
在此过程中，秦桧更是被部分谄媚者歌颂为"圣相"。⑧ 此后，谄媚秦桧者层出不穷。

———————————————

① 徐松辑：《中兴礼书》卷 152《吉礼·祚德庙》，《续修四库全书》第 822 册，上海：上海古籍
出版社，2002 年，第 516 页。

② 罗濬：《宝庆四明志》卷 8《叙人（上）》，北京：中华书局，1990 年，第 5091 页。

③ 参见曾祥波：《两宋政治话语中的"赵氏孤儿"及其文学影响》，《南京师大学报》（社会科学
版）2016 年第 2 期。

④ 参见李心传编撰，胡坤点校：《建炎以来系年要录》卷 142，绍兴十一年十一月丙申，北京：中
华书局，2013 年，第 2678 页。据载："中书舍人兼实录院修撰朱翌罢，以言者论翌顷以谄事吕本中，荐
之赵鼎。若以翌为可恕，则小人之党日炽故也。"这表明在此前后，朱翌与秦桧集团出现了分歧。

⑤ 徐松辑：《中兴礼书》卷 152《吉礼·祚德庙》，《续修四库全书》第 822 册，上海：上海古籍
出版社，2002 年，第 515 页。

⑥ 参见邓广铭：《岳飞传》，北京：生活·读书·新知三联书店，2007 年，第 372～398 页；肖建
新：《岳飞冤狱与监察制度的异化》，《中州学刊》2016 年第 1 期。

⑦ 参见徐梦莘：《三朝北盟会编》卷 212，上海：上海古籍出版社，2008 年，第 1524 页。

⑧ 李心传编撰，胡坤点校：《建炎以来系年要录》卷 151，绍兴十四年六月，北京：中华书局，
2013 年，第 2861 页。

朱翌上疏的目的在于借崇奖忠义之名行削弱武将之实，不料在岳飞遇害后，朱翌也因赵鼎事遭秦桧集团弹劾而被贬。[①] 朱翌推崇的程婴、韩厥之忠义，却终被赋予秦桧，将之视为"存赵孤"的功臣，[②] 这并非朱翌建言之初衷。绍兴十一年至二十二年是祚德庙祀典地位急剧上升的阶段，而主张崇祀韩厥、程婴并推动祚德庙祀典升入中祀的林大鼐等人在仕途上颇受秦桧提携。[③] 在林氏为台谏官时，充当了攻讦秦氏政敌的急先锋，故林氏等人建议崇祀祚德庙的主观目的较为明确。[④] 由是观之，韩厥等神主所受礼遇恰是秦桧权力在朝堂扩张的写照。在秦桧专权、臣僚对其歌功颂德、君臣对武将有所提防的背景下，祚德庙祀典三主祀的体系最终确立。

绍兴二十五年（1155）后，随着秦桧势力的瓦解，南宋朝廷也逐渐从各方面消除秦氏对朝局的影响。绍兴三十一年（1161），有臣僚明言祭祀程婴等于战局有利，"述以金贼犯边，朝廷用兵，乞赐阴助，扫除妖孽，以速万全之意。令逐州府差官致祭……祚德庙强济公、英略公、启佑公……冀蒙阴助之意"，宋高宗对此表示赞同，并"遣侍从官行礼"[⑤]。洪适所作祚德庙祝文中也提道："伏以胡人犯边，迄兹逾月，介胄棋布，未有成功。虔露忱祈于祠下，敢徼阴相，早遂驱除，如公山草木之灵，建淝水风声之绩。"[⑥] 由此可知祚德庙祀典背后的政治意涵逐渐扩展，并且出现超越神灵本身功能的诉求，而成为保护战争胜利的神祇。此时恰逢宋金关系的动荡期，有此诉求不足为奇。与秦桧当权时祚德庙崇祀中的歌功颂德相比，此时宋人更重视"赵氏孤儿"故事对忠义之士的感召，这表明祚德庙祠祀活动逐渐摆脱私人因素的制约，是宋高宗在位后期"拨乱反正"的缩影。

三、宋代的疑史风气对祚德庙神主地位的影响

赵宋对程婴、韩厥等祭祀活动的倡导于学术领域亦产生了一定影响。首先，赵宋皇室建立与程婴等人联系的努力得到学术领域的回应。如前所述，吴处厚上书，李愿、林大鼐等建言，立论前提皆是认同宋朝与赵武一族的联系，宋高宗等的推动表明此论也为赵宋皇室所认可，这在宋高宗所下诏书中表现得尤为明显。绍兴十六年七月，高宗在敕封程婴的诏书中提道："世世奉祀，昔之盟云，朕安敢忘?"[⑦] "昔之盟"出自《史记·赵世家》，

① 参见李心传编撰，胡坤点校：《建炎以来系年要录》卷 142，绍兴十一年十一月，北京：中华书局，2013 年，第 2678 页。

② 参见徐梦莘：《三朝北盟会编》卷 212，上海：上海古籍出版社，2008 年，第 1524 页。

③ 参见郑岳纂，吴伯雄点校：《莆阳文献》列传第 39《林大鼐传》，扬州：广陵书社，2016 年，第 177 页。

④ 参见徐自明撰，王瑞来校补：《宋宰辅编年录校补》卷 16，北京：中华书局，2012 年，第 1094~1095 页。

⑤ 徐松辑：《宋会要辑稿·礼一四之八八》，上海：上海古籍出版社，2014 年，第 789 页。

⑥ 洪适：《盘洲文集》卷 18《内制八·奏告显应观、旌忠观、吴山忠清庙、祚德庙祝文》，《景印文渊阁四库全书》第 1158 册，台北："商务印书馆"，1986 年，第 363 页。

⑦ 徐松辑：《中兴礼书》卷 152《吉礼·祚德庙》，《续修四库全书》第 822 册，上海：上海古籍出版社，2002 年，第 516 页。

是书记"赵武服齐衰三年，为之（程婴、公孙杵臼）祭邑，春秋祠之，世世勿绝"①。宋高宗以帝王之尊下此敕书，确认要遵守"昔之盟"，凸显其对赵氏之后身份的认同。

宋代部分学者对此亦持相同态度。谢维新《事类备要》收录赵姓时提到"宗赵：赵姓有二，在本朝谓之宗赵，同姓者谓之外赵"；其又援引《皇朝源流》又认为在春秋、战国时，赵武一族为赵氏正宗，赵武一族为赵宋的先祖之一。② 由此可见，在时人的观念中，赵宋与赵武一族同出一源的观念得到普遍认同，因此，祠祭有功于赵氏先祖者似颇合情理。但随着义理之学的兴起，宋代学者对义理的阐释又促使其对相关历史事件进行义理化的考辨，故学术领域在义理解经的基础上衍生出一种疑史倾向，并由此引发对祚德庙祠祀的信任危机。

当前学界多认为宋代的疑史倾向随着士人以义理解经风气的形成而兴起，对之前历史的考辨与质疑远超前代的学者。邹志锋认为到南宋时期，疑史风气兴盛，其中类似《容斋随笔》的杂考类书籍对相关史实做了大量考证，反映出士人的研究旨趣。③ 吴怀祺提到朱熹等南宋史家"重视历史文献的辨伪、校勘、考异"④。宋晞曾指出博学与善疑为宋代学术精神的重要一面。⑤ 而至于对《史记·赵世家》所载程婴与公孙杵臼事的辨伪，最早起于唐代，至两宋时期达到极盛，多散见于士人的杂谈、笔记之中。唐代刘知幾最早提到程婴护佑赵孤故事的疑点，刘氏指出《史记》所记部分细节《左传》并未提及。⑥

至北宋中期，刘恕等人亦对《史记》中"赵氏孤儿"的记述提出质疑。宋人在补注《扬子法言》时指出赵武恢复田爵的时间等内容有误，认为司马迁在《史记·赵世家》中记述赵武恢复田爵一事在时间记载方面有矛盾之处，按司马迁的记载，恰能得出"赵武之立，曾不逾岁，谓之遗腹，迁之妄也"的结论。⑦ 刘恕在《通鉴外纪》中记述下宫之难及赵武恢复田爵一事时只记韩厥，而不提程婴与公孙杵臼，其在注文中提到参照《左传》所记，"诸书多言程婴、公孙杵臼之事，不知其然乎？晋、赵《世家》与《春秋》内外不相符合，其说近诬"⑧。补注《扬子法言》者虽未明言程婴等人的真实性，但考究补注所提疑问，可知时人对程婴等人的真实性问题已有判断；而刘恕之说则近乎明言二人之真实性为虚妄。

至南宋，对此问题的关注有增无减。葛立方点评李白"提携袴中儿，杵臼与程婴"

① 《史记》卷43《赵世家》，北京：中华书局，2014年，第2153页。

② 参见谢维新：《古今合璧事类备要》续集卷7《类姓门》，《景印文渊阁四库全书》第940册，台北："商务印书馆"，1986年，第430页。

③ 参见邹志锋：《宋代历史考据学的兴起及其发展演变》，《文献》2000年第4期。

④ 吴怀祺：《五代辽宋金元时期·中国古代史学的继续发展》，白寿彝主编：《中国史学史》第4卷，上海：上海人民出版社，2005年，第124页。

⑤ 参见宋晞：《论宋代学术之精神》，张其凡、范立舟主编：《宋代历史文化研究》，北京：人民出版社，2003年，第109~119页。

⑥ 参见刘知幾著，浦起龙释：《史通通释》卷12，上海：上海古籍出版社，2009年，第421~422页。

⑦ 扬雄：《扬子法言》卷7《重黎》，《景印文渊阁四库全书》第696册，台北："商务印书馆"，1986年，第332页。

⑧ 刘恕：《资治通鉴外纪》卷6《周纪四》，周简王三年春，《四部丛刊初编》第199册，上海：商务印书馆，1922年。

的诗句时指出："袴中儿，谓赵武也。然司马迁作赵、晋二世家，自相矛盾，左氏所书，又复不同，将何以取信于后世邪。"① 洪迈明确指出《史记》中"下宫之难"的记载颇值得考究，而程婴与公孙杵臼当并无此二人，程婴等人的行为应当被视为"战国侠士、刺客所为"，而非春秋之义，则是怀疑其事迹为后人杜撰。② 王明清直接质疑吴处厚提出祠祀程婴等的动机，认为吴氏的目的主要是"邀宠希进"。③ 黄震明言程婴、公孙杵臼的事情是否真实仍有疑问。④ 几乎与洪迈同时期的罗泌则直接将质疑的矛头指向赵宋祭祀程婴、公孙杵臼一事：

> 赵氏得姓之因历诸儒讨论犹莫之核，议者徒见《史记》所载程婴、杵臼之事，遂以为赵氏得姓为始于此，而不知其不止此也。又徒见左氏所记赵朔、赵武之事，遂以为赵氏得姓或由于是，而不知其不止是也……窃况程婴、杵臼之事俱为无有，同、括、屠岸事又皆不得其实，是尚得为至论乎？⑤

此论不认同赵宋将其族源追溯至赵武一族的做法，明言程婴、公孙杵臼之事不存在，是对祚德庙祠祀合理性最直接的否定。

叙述至此，可以确信两宋时期由于疑史之风盛行，学术领域出现了对程婴、公孙杵臼真实性的否定，在引发时人对程婴等祠祭合理性质疑的同时，更使士人意识到韩厥在此事件中的作用。因此在整个祀典演变过程中，韩厥的地位逐渐受到重视与学术上的正名不无关系。

宋代的疑史之风在义理解经基础上发展而来，尤其是士人对《春秋》的阐发，"正统"成为其主要议题，这对史学的影响显而易见。"赵氏孤儿"故事起源于赵盾弑君，宋儒因此多言其非。赵盾与赵武之间的联系对宋儒接受皇室将赵武一族视为先祖并无助益，对程婴与公孙杵臼真实性的怀疑也是宋代学者阐发义理的题中之义，宋儒因此多不认同程婴等进入祀典。而赵宋皇室又笃定赵武为赵氏先祖之一，那么按照宋儒的阐发，赵宋的正统性就将遭到质疑。但是从赵宋立国之初对程婴与公孙杵臼行为的重视，到吴处厚建言、神宗下诏封赠程婴等，都显示出赵宋企图建立与赵武一族联系的努力。皇室的主要目的是维护正统，这在靖康之后宋高宗君臣着力恢复祚德庙祀典的过程中体现得尤为明显。因此，学术与政治领域对祚德庙祀典的态度就呈现出极端对立的状况。赵寅君注意到"宋人主理，对于赵孤故事的普遍冷漠，大抵遵循学理之推断，不信其事，虽朝廷揄扬，却不予认同，所谓理胜于情，以见士节之独立"⑥。但多数情况下恐是情胜于理，因这些学者

---

① 葛立方：《韵语阳秋》卷7，何文焕辑：《历代诗话》，北京：中华书局，2004年，第540页。

② 参见洪迈撰，孔凡礼点校：《容斋随笔》卷10《程婴杵臼》，北京：中华书局，2005年，第135~136页。

③ 王明清：《挥麈录》卷1，北京：中华书局，1961年，第235~236页。

④ 参见黄震：《黄氏日抄》卷46，张伟、何忠礼主编：《黄震全集》第5册，杭州：浙江大学出版社，2013年，第1549页。

⑤ 罗泌：《路史》卷31《国名纪八·国姓衍庆纪原》，《景印文渊阁四库全书》第383册，台北："商务印书馆"，1986年，第442页。

⑥ 赵寅君：《"赵氏孤儿"研究》，山西大学博士学位论文，2017年。

多兼具朝臣身份，故学理上的否定也无法改变朝廷倡导的事实，因此学术上否定、政治上默许的情况就此形成，推动祚德庙祀典从无到有，并一再得到朝廷的赐封，升为中祀。同样，在学术领域对三神主真实性的考辨中，韩厥以其人物形象的客观存在性使其神主地位在士人的观念中逐渐与程婴、公孙杵臼齐平。

宋代学术对程婴与公孙杵臼的质疑也与朝廷政争紧密纠缠。前述南宋诸儒对程婴等祭祀之失的考辨多在秦桧集团被铲除之后，这其中是否存在对朝廷将忠义之名加之秦桧的暗讽，颇值得玩味。但可以确认的是王明清记载吴处厚建言祭祀程婴等事，目的不在学术上的辨伪，而主要关注吴处厚的主观动机，阐发学者自身的政治立场，对人物进行品评以抨击时政。南宋学者对吴处厚的质疑，多将其建言事与蔡确诗案联系起来，讥讽吴氏为邀宠希进的小人，而绝口不提神、徽、高三帝主导祠祀之失。吴处厚在当时被视为新党一系，王明清等所论亦是在新旧党争视野下对新党人物行事乖谬之抨击，折射出学术演进与政局演变的交织。

四、结　语

祚德庙祀典中韩厥祠祀地位的提升与赵宋护佑皇嗣的需求有关，在神、徽、高三朝表现得尤为明显。北宋后期，韩厥祠祀地位的变迁或也与徽宗初年政局演变联系密切，此期韩厥地位变迁的时间轨迹正与由徽宗继位引出的党争的演变相契合，且韩厥人物原型中的"忠义"护主形象恰符合此期强调拥立之功、"分辨忠邪"的历史语境。但祚德庙祀典未被编入《政和五礼新仪》，一则表明此时的祚德庙祀典级别低微；二来徽宗崇信道教，艮岳取代了部分"广皇嗣"的职能；最后则是随着徽宗朝政局渐趋稳定，"分辨忠邪"的声音逐渐减弱。

南宋初年，宋高宗君臣面临正统重建的困局，此时重视祠祀程婴的主要目的是借强调赵宋与赵武一族的联系，以标榜宋高宗的正统地位，故此期祭祀的神主并无韩厥。朱翌上疏促使韩厥主祀地位的恢复，其动机在于为进言削弱武将势力提供历史依据。而高宗对武将势力同样深感忧虑，加之高宗与秦桧对金的主和态度，势必需要从各方面寻得削弱武将的由头。故此时期韩厥地位的恢复与祚德庙祠祀活动的开展正是三方各有所求的真实写照。同时，祚德庙祀典在宋高宗时期获得极大的尊荣，与宋高宗的支持以及秦桧把持朝政、将秦桧比作程婴等关系密切。

学术上对程婴真实性的质疑与政治上对新党的抨击、对吴处厚为人的不耻、对秦桧被视为忠义的暗讽等相互交织，无形中促使韩厥在士人观念中认同度的提升。宋代疑史之风盛行，伴随祚德庙祀典的建立，对《史记》所载"赵氏孤儿"的诸多疑问频频提出，引发士人对祠祭程婴合理性的质疑。而在义理解经的学术风气影响下，士人对"赵盾弑君"的批判更是与朝廷建立与赵武一族联系的努力背道而驰。宋高宗君臣渴望以祠祭程婴等人向朝野证明其正统地位，士人出于学理上的坚持而保持沉默，无形中促使祚德庙祀典走向顶峰。但是政治方面的妥协并不能抹杀学术领域的探讨，士人在著述中将其学术理念渗透到历史事件的考辨中，对当朝人物进行品评，此种趋势促使士人观念中韩厥地位的提升。然而疑古自有限度，疑史风气在义理解经的基础上发展而来，其对历史问题的阐释必须以尊王为前提，因此士人对《史记》祭祀程婴一事进行质疑时并未过多发挥。加之新旧党争对朝野的影响，以此抨击被其视为新党的吴处厚，既是对士人政治立场的宣示，亦是史家素养的体现。

祚德庙及韩厥祠祀活动的展开完全得益于三神主与赵宋的联系，而在民间祚德庙并不具备广泛的信众基础。从祚德庙祀典的发展轨迹上看，赵宋更多的是将韩厥等作为皇室的保护神来看待，无意将其推向民间，且由于士人对程婴真实性的否定，祚德庙祠祀也很难在民间展开。以上因素决定了该祠祀活动注定会随着赵宋的灭亡而销声匿迹，徒为后人留下"祀典当时盛，忠曾保赵孤。谁知宋祚绝，今与庙俱无"的慨叹,① 又从侧面印证了政治因素对祠祀活动的影响。

（作者单位：华中科技大学历史研究所）

---

① 宋无：《翠寒集》，《景印文渊阁四库全书》第 1208 册，台北："商务印书馆"，1986 年，第 319 页。

定位与错位：明代官学效能评价的两个维度[*]

□ 江俊伟

【摘要】对于科举背景下明代官学组织及其实施效能的观察与衡估，可从"理想的定位"与"现实的错位"两个维度切入：前者试图从明代官学被赋予的"应然"想象出发，观察科举背景下明代官学从传统的"教化"功能定位中生发出的时代新貌；后者致力于从明代科举与官学的发展演变中描述其"实然"状态，通过对明代科举与官学伴生关系的观察，揭示明代中后期官学职能"错位"的内在逻辑与片面合理性，探讨其对于明代国家治理、社会稳定所可能产生的积极作用。

【关键词】明代科举；明代官学；效能评价

科举背景下的明代官学是一个有趣的矛盾综合体，无论是其兼具"教育-考试"双重性质的特殊组织形态，还是它在文官集团"培养—选拔—储备"机制中所承载的各种正负向作用力，都使那些试图对其利弊得失进行公允评价的人们充分意识到问题的复杂性。以尊重历史的本来面目、尊重中国古代教育内在发展轨迹为逻辑起点，本文尝试从"理想的定位"与"现实的错位"两个维度观察科举背景下明代官学系统及其实施效能，并试图在关于明代官学之"应然"状态与"实然"形态的双重观照中完成对明代官学教育实践及其逻辑内核的一次当代读解。①

一、明代官学的功能定位

中国古代科举制度与官学教育在明代得到了长足的发展与完善，甚至被认为达到了历史上一个新的高峰。明代官学系统素以层级严密、体系完备、覆盖全面著称，但关于其办

---

* 本文是国家社会科学基金 2019 年度教育学一般课题"科举视阈下的明代官学研究"（BOA190044）阶段性成果。

① 明代官学体系完备、组织庞杂，不同时期的内部架构与办学名目也有所不同。本文主要围绕中央层级的南北二监与地方层级的府、州、县学展开讨论，暂不涉及乡村层级的社学，类似今日之专门学校性质的武学、医学、阴阳学以及专收贵胄子弟的"宗学"等其他办学形态。

学功能的基本定位，与其说是一种实质性的界定或规划，不如说是办学者基于官学发展历史与现实政治需求而生发出的某种效能期待，或者说是他们对"中央-地方"各级官学所能够达成、应该达到之办学效能的理想化描述与假想化阐释。

一方面，明代官学最初的功能定位，是基于中国古代官学教育延续已久的"教化"之论而生发的。尽管"在中国古代社会中，学校教育体系的最大特点就是为现实政治、集权体制服务，培养现实政治需要的合格人才"①，但中国古代的官方学校教育在关注人才培养与储备的现实问题时，对于自身办学功能的理想化描述始终是一以贯之地聚焦于"教化"这一至高标准。汉武帝时设太学于长安，董仲舒谓"养士莫大乎太学。太学者，贤士之所关也，教化之本原也"②；唐宋官学亦首重教化，唐睿宗直接宣示"庠序者，风化之本，人伦之先"③。明代官学的最初设立与发展，也继续扛起"教化"的大旗，明太祖朱元璋曾直指元朝"学校之设，名存实亡。兵革以来，人习战斗。朕谓治国之要，教化为先。教化之道，学校为本。今京师虽有太学，而天下学校未兴，宜令郡县皆立学"④，又谓"学校养贤育才之所"⑤，"古者帝王育人材，正风俗，莫先于学校"⑥，反复强调官学在"敦笃教化"⑦ 方面的责任，并曾多次就国子监（包括其前身"国子学"）与地方官学的兴办、学规的制定以及教官、生员的选拔与奖惩下达诏令，使之不断趋于规范化、制度化。其欲达成的所谓"教化"之功，大约是"使天下之人，获睹经学之全，探见圣贤之蕴，由是穷理以明道，立诚以达本，修之于身，行之于家，用之于国，而达之天下。使家不异政，国不殊俗，大回淳古之风，以绍先王之统，以成熙雍之治"⑧。

另一方面，在明代官学"将学校与科举完全整合归一，使封建人才的培养、选拔、任用统一成一条龙"⑨ 的"官学科举化"发展进程中，明代官学"教化"功能的具体指向与前代又有所不同。

首先，明代官学的"教化"对象阶层下移，范围扩大。以唐宋时期居于中央官学中最高等次的国子学为例，其主要生源是高级官僚的子弟。国子学之名，最早当出于《周礼·地官·师氏》中"以三德教国子""凡国之贵游子弟学焉"⑩，至西晋武帝时始有"国子学"之名，晋惠帝时"以人多猥杂，欲辨其泾渭"，特"制立学官品"，乃定"第

---

① 王美华：《唐宋时期的学校教育与学礼演变》，沈阳：辽宁大学出版社，2016 年，第 1 页。

② 马端临：《文献通考》卷 40《学校考一》，北京：中华书局，2011 年，第 1176 页。

③ 《全唐文》卷 19 睿宗《申劝礼俗敕》，北京：中华书局，1983 年，第 22 页。

④ 谷应泰：《明史纪事本末》卷 14《开国规模》，北京：中华书局，1977 年，第 204 页。

⑤ 《明太祖实录》卷 7，己亥春正月庚申，台北："中央研究院"历史语言研究所，1962 年，第 80 页。

⑥ 《明太祖实录》卷 46，洪武二年冬十月辛卯，台北："中央研究院"历史语言研究所，1962 年，第 924 页。

⑦ 《明太祖实录》卷 77，洪武五年十二月甲戌朔，台北："中央研究院"历史语言研究所，1962 年，第 1409 页。

⑧ 胡广：《进书表》，程敏政：《皇明文衡》卷 5，《四部丛刊初编》集部第 206 册，上海：上海书店，1989 年，第 147 页。

⑨ 刘海峰：《唐代教育与选举制度综论》，台北：文津出版社，1991 年，第 59 页。

⑩ 《周礼》，陈成国点校，长沙：岳麓书社，2006 年，第 31 页。

五品以上得入国学"①。由此可见，国子学在建立之初就明确了"殊其士庶，异其贵贱"②的意旨。至南北朝时，北魏、北齐亦均设有国子学或类似机构以"掌训教胄子"③。隋朝承袭前代官学办学理念与架构，更于文帝仁寿元年，径以"天下学校生徒多而不精"为由废弃诸学，"唯简留国子学生七十人"④，可见其时对国子学的重视。唐宋官学尤其是中央层级的官学系统，其生源仍以官员子弟为主。据《新唐书·选举志上》载，国子学的入学门槛是"文武三品以上子孙若从二品以上曾孙及勋官二品、县公、京官四品带三品勋封之子"，太学的入学门槛是"五品以上子孙、职事官五品期亲若三品曾孙及勋官三品以上有封之子"。⑤宋代国子学与太学的招生门槛虽然大大放宽，但起初国子生仍有"以京朝七品以上子孙为之"⑥的门槛。较之唐宋时期，明代中央官学对入学者身份的要求明显放宽。早在立国之初，明太祖朱元璋就将国子监学生的来源分为官生、民生二等，洪武三年即采纳了招收"民间子弟俊秀"⑦入国子监的建议。不难发现，"明代国子监的入学身份限制已经基本取消了，当时国子监学生虽然也有品官子弟，但多数却是'民间俊秀通文义者'，尤其是允许生员纳资入监，允许庶民纳资入监，它既反映了有钱的中小地主和工商业者要求接受教育和提高社会地位的愿望，也反映了明代国子监已经不再是贵族子弟学习的场所"⑧。

其次，明清官学的"教化"目标指向趋于精准化、功利化。尽管官方将之表述为"造以明体达用之学，以孝弟、礼仪、忠信、廉耻为之本，以六经、诸史为之业，务各期以敦伦善行，敬业乐群，以修举古乐、正成均之师道"⑨，但在明代文官人才"培养-选拔"方式从"三途并举"演进到"非科举者不得与官"的过程中，明清官学"教化"功能的目标导向，还是无可避免地精准指向文官集团的培养与人才储备。与这一极尽精准化的教化目标相匹配的是，教学及考评全面向文官集团的人才养成要求靠拢。以儒家经典为核心的教学内容，是自汉代以降官学教育的一个基本传统。这一传统，在明代官学的知识传习体系中得以延续：以四书五经为代表的儒家经典，成为明代中央及地方官学知识传习的核心与基础，由官方组织修订的《四书五经大全》更被确定为国子监的主要教材。其立场与意图，或可从冯琦《为重经术祛异说以正人心以励人材》推见之："国家以经术取士，自《五经》《四书》《性鉴》《正史》而外，不列于学宫，不用以课士。而经书传注，

① 马端临：《文献通考》卷 41《学校考二》，北京：中华书局，2011 年，第 1201 页。
② 萧子显：《南齐书》卷 9《礼志上》，北京：中华书局，1972 年，第 114 页。
③ 《隋书》卷 27《百官志中》，北京：中华书局，1973 年，第 757 页。
④ 马端临：《文献通考》卷 41《学校考二》，北京：中华书局，2011 年，第 1206 页。
⑤ 《新唐书》卷 44《选举志上》，北京：中华书局，1975 年，第 1159~1160 页。
⑥ 《宋史》卷 157《选举志三》，北京：中华书局，1958 年，第 5646 页。
⑦ 《明太祖实录》卷 53，洪武三年六月癸未，台北："中央研究院"历史语言研究所，1962 年，第 1055 页。
⑧ 赵连稳、朱耀廷：《中国古代的学校、书院及其刻书研究》，北京：光明日报出版社，2007 年，第 170 页。
⑨ 张廷玉等：《明史》卷 73《职官志二》，北京：中华书局，1974 年，第 1789 页。

又以宋儒所订者为准。盖即古人罢黜百家，独尊孔氏之旨，此所谓圣真，此所谓王制也。"① 在这一办学语境下，通过官方教材及教学内容的严格限定，维护思想统治的绝对权威，是不容商量的。

值得注意的是，官学教学内容与文官人才选拔的考察重点也密切相关，《皇明贡举考》卷一"取士之制"条载王鏊语云："国家设科取士之法，其可谓密矣。先之经义以观其穷理之学，次之论表以观其博古之学，终之策问以观其时务之学。"②教学内容也极力配合了这一思路，如："（吴元年三月丁酉）令曰：盖闻上世帝王创业之际，用武以安天下；守成之时，讲武以威天下。至于经纶抚治，则在文臣。二者不可偏用也。古者人生八岁学礼、乐、射、御、书、数之文，十五学修身、齐家、治国、平天下之道。是以《周官》选举之制曰六德、六行、六艺，文武兼用，贤能并举，此三代治化所以盛隆也。"③ 洪武二年所制定的地方官学学规曰："侵晨讲明经史，学律；饭后学书、学礼、学乐、学算。未时习弓弩，教使器棒，举演重石。学此数件之外，果有余暇，愿学诏诰表笺疏议碑传记者，听从其便。"④

而明代国子监生的成绩考评，上承元代六斋制与积分制，实行六堂诸生积分之法：

> 凡通四书未通经者，居正义、崇志、广业。一年半以上，文理条畅者，升修道、诚心。又一年半，经史兼通、文理俱优者，乃升率性。
>
> 升至率性，乃积分。其法，孟月试本经义一道，仲月试论一道，诏、诰、表内科一道，季月试经史策一道，判语二条。每试，文理俱优者与一分，理优文劣者与半分，纰缪者无分。岁内积八分者为及格，与出身。不及者仍坐堂肄业。如有才学超异者，奏请上裁。⑤

此外，明代还制定了各级官学较为严格的退出机制：

> 生员入学十年，学无所成者，及有大过者，俱送部充吏，追夺廪粮。至正统十四年申明其制而稍更之。受赃、奸盗、冒籍、宿娼、居丧娶妻妾所犯事理重者，直隶发充国子监膳夫，各省以充附近儒学膳夫、斋夫，满日为民，俱追廪米。犯轻充吏者，不追廪米……提学官岁试校文之外，令教官举诸生行优劣者一二人，赏黜之以为劝惩。⑥

① 冯琦：《宗伯集》卷57，《四库禁毁书丛刊》集部第16册，北京：北京出版社，1997年，第2页。

② 鲁小俊、江俊伟校注：《贡举志五种·皇明贡举考》卷1"取士之制"条，武汉：武汉大学出版社，2015年，第35页。

③ 《明太祖实录》卷22，洪武元年戊申，台北："中央研究院"历史语言研究所，1962年，第321页。

④ 《（嘉靖）沈丘县志》卷2"官制法 教法"，《天一阁藏明代方志选刊续编》第58册，上海：上海书店出版社，1990年，第929页。

⑤ 张廷玉等：《明史》卷69《选举志一》，北京：中华书局，1974年，第1676页。

⑥ 张廷玉等：《明史》卷69《选举志一》，北京：中华书局，1974年，第1677页。

在生员的言行与思想管控方面，明代官学更是以严格著称。例如，洪武十五年颁布国子监学规及禁例十二条，对于国子监生的言论、行为有着较为严格的限制。在学官的管理方面，无论是提学职事的设立，还是早在洪武年间就建立起的较为严格的府、州、县学学官考核制度，都是基于对官学"教化"效能的理想化期待。这也符合当时一般知识精英阶层的认识："进贤退不肖于朝廷之上而致天下治平之盛者，宰相之职也；进贤退不肖于学校之中而立天下治平之基者，提学之职也。"①下面这种理想化的描述大约具有一定的代表性："诚使学校之官，修明经史，而略其末流，使士不求准式于五经、四书、史、汉之外，天下之士夙庶几少变，而人才可观矣。"②

虽然明代统治者"把办学校教化万民视为巩固其封建统治的重要手段"③，但至少从顶层设计的角度来说，明代官学的兴办者们想要建构的是一个近乎完美的"文化—教育"综合治理模式。从维系世道人心、巩固统治的角度来说，这个愿望无疑是美好的，但其实际效能究竟若何，还需要进一步观察。

二、明代官学的职能错位

理想有多么丰满，现实就有多么骨感，从后人的眼光来看，科举背景下明代官学的办学实践及其发展轨迹确实留下了很多遗憾。而当我们试图对其实际办学效能作出某种判断时，不得不面对第二个维度的问题，即如何看待明代官学在实际运作过程中集中凸显的理想与现实的错位。对这一问题作出合理判断的关键，与其说取决于评价的立场，不如说需要谨慎选择衡估的视野。不得不承认，如果我们将明代官学作为一个纯粹的官方学校教育系统来讨论，那么自明代中后期以降，关于其"虚应故事"的种种批评是一点也不冤枉的。毕竟，作为从中央到地方官办学校教育的实体存在，明代官学发展到中后期阶段，教育教学功能定位的实质性落空有诸多史料为证。

一是科举背景下官学教育内容的应试化倾向。明代官学之兴，原本即与"科举取士"相伴而行。即使是在号称"进士、举贡、杂流三途并用，虽有畸重，无偏废也"④ 的朱元璋主政时期，"非科举毋得与官"之论已经赫然出现在开科取士的诏书之中⑤；其后更是愈演愈烈，甚至出现了"非进士不入翰林，非翰林不入内阁，南、北礼部尚书、侍郎

① 王云凤：《博趣斋稿》卷 14《山西提学题名记》，《续修四库全书》集部第 1331 册，上海：上海古籍出版社，2002 年，第 189 页。

② 归有光：《震川先生集》卷 11《送国子助教徐先生序》，上海：上海古籍出版社，1981 年，第 264 页。

③ 王炳照、徐勇主编：《中国科举制度研究》，石家庄：河北人民出版社，2002 年，第 246 页。

④ 张廷玉等：《明史》卷 69《选举志一》，北京：中华书局，1974 年，第 1675 页。

⑤ 按洪武三年发布的科举诏云："使中外文臣皆由科举而进，非科举者毋得与官"（《明史》卷 70《选举志二》），有学者认为"这种主张与朱元璋的三途并用直接抵触，恐怕并非出自朱元璋的本意，而是那些起草诏书的文人的思想"（详见赵连稳、朱耀廷：《中国古代的学校、书院及其刻书研究》，北京：光明日报出版社，2007 年，第 170 页）。

及吏部右侍郎，非翰林不任"① 的惯例。王鏊对此深有感触，他在为弘治九年会试所作《会试录后序》中指出："进士之选，今日之所甚重焉者也。历代用人，有明经、贤良、孝廉、博学宏辞诸科，而进士为重。至我朝，又加重焉。馆阁之选，于是焉取之；台、省、寺、院，于是焉取之；方岳郡县，于是焉取之。不由是者，不谓之正途。"②由此带来的影响是显而易见的："自科举之法行，人期速效。十五而不应试，父兄以为不才；二十而不与郊庠，乡里得而贱之。读经未毕，辄孜孜焉于讲章时文。待其能文，则遂举群经而束之高阁，师不以是教，弟子不以是学。当是时不惟无湛深经术明达体用之儒，即求一二明训诂章句、名物、典章者，亦不可多得。"③当此之时，官学诸生在学业修习过程中的关注重点，是"徒以剽掠枝蔓，缀饰浮词，以徼进取"④，努力研习八股程文，亦即清人所谓"上之所以教，下之所以学，惟科举之文而已。道德性命之理，古今治乱之体、朝廷礼乐之制、兵刑、财赋、河渠、边塞之利病，皆以为无与于己，而漠不关心"⑤。

在此背景下，莫说是明代官学教育系统以文官素质养成为依据而确立的"德""识""才"等方面的知识传习目标基本落空、相关知识传习活动沦为虚应故事，就连对于"四书五经"元典的研读与修习也失去了基本的保证。这一现实状况困扰了明代中后期官学教育的正常发展，也是明代官学教育屡受后人诟病的主要原因之一。

二是科举背景下官学教学场域的科举化倾向。有人认为，"在中国古代社会中，学校教育体系的最大特点就是为现实政治、集权体制服务，培养现实政治需要的合格人才。审视帝制时代的官学教育发展历程，可以看到，唐宋时期官学教育体系进入了快速发展的阶段，呈现出超出以往时代的繁荣局面。然而亦需注意到的是，随着专制政治的发展，随着科举制度的推进，随着官僚制度体系的日趋成熟，因受到朝廷重视而呈现出空前繁荣面貌的官学教育体系，事实上正在逐步演变成为科举'配套服务'的'教育培训'机构，成为科举制度的'附属'，其在很大意义上失去了'独立'的意义"⑥。对此，明人亦曾批评说：

> 窃维国家定制，俾诸生治六经四书，以圣贤之言，反诸身心而实践之，且联师儒以督其盛。以为士能是，则退而处，为乡之善人君子；出而仕，为世之良臣名吏。此国家造士之本意也。世降道衰，士之所学，直曰文辞，博进取云尔，不知有所谓反身实践者。师之所教，亦姑听诸生自为文辞已耳。甚则诸生有累年不见其师长者，即月

① 张廷玉等：《明史》卷 70《选举志二》，北京：中华书局，1974 年，第 1678 页。
② 王鏊：《震泽集》卷 11，吴建华点校：《王鏊集》，上海：上海古籍出版社，2013 年，第 196 页。
③ 戴钧衡：《桐乡书院四议》，陈谷嘉、邓洪波主编：《中国书院史资料（下册）》，杭州：浙江教育出版社，1998 年，第 1953 页。
④ 刘绎等：《白鹭洲书院志》，《中国历代书院志》第 2 册，南京：江苏教育出版社，1995 年，第 647 页。
⑤ 孙鼎臣：《论治》，陈元晖主编，璩鑫圭编：《中国近代教育史资料汇编·鸦片战争时期教育》，上海：上海教育出版社，2007 年，第 162 页。
⑥ 王美华：《唐宋时期的学校教育与学礼演变》，沈阳：辽宁大学出版社，2016 年，第 1 页。

课犹为旷典，又安能责其反身而实践也？教学之法，名存实亡。①

对于大多数有志跻身文官之列的监生及地方州、府、县学生员而言，官学教育系统的教育教学及相关活动成了一种虚应故事式的敷衍，国子监乃至地方官学作为人才培养机构的功能日益弱化，以致被"私学"书院中人讥为"行香讲书了故事者"②。此种情形，在外来者——明万历年间入华的耶稣会士利玛窦眼中，似乎构成了一幅东方教育所独有的奇异画卷：

> 我想更详尽地谈一下他们学习的这个方面，读者将感到既新鲜而又有趣。被称为中国圣哲之师的孔子，把更古的哲学家的著作汇编成四部书，他自己又撰写了五部。他给这五部书题名为"经"（The Doctrines），内容包括过正当生活的伦理原则，指导政治行为的教诫、习俗、古人的榜样，他们的礼仪和祭祀以及甚至他们诗歌的样品和其他这类的题材。在这五部书之外，还有一部汇编了这位大哲学家和他的弟子们的教诫，但并没有特殊的编排。它主要是着眼于个人、家庭及整个国家的道德行为，而在人类理性的光芒下对正当的道德活动加以指导。这部书是从前面提到的那四部书摘录下来的撮要，被称为《四书》（Tetrabiblion）。孔子的这九部书构成最古老的中国图书库，它们大部分是用象形文字写成，为国家未来的美好和发展而集道德教诫之大成；别的书都是由其中发展出来的。
>
> 在这个国家有一条从古代帝王传下来并为多少世纪的习俗所肯定的法律，规定凡希望成为或被认为是学者的人，都必须从这几部书里导引出自己的基本学说。除此以外，他遵循这几部书的一般内容还不够，更为困难得多的是他必须能够恰当而确切地按这几部书所包含的每一条具体的学说来写作。为此目的，他必须背熟整部《四书》，以便成为这方面的公认权威。与我们某些作者所说的情况相反，这里并没有教授或讲解这几部书的学校或公立学院，每个学生都选择自己的老师，在家里自费向他学习。③

在惊异于"全国都是由知识阶层，即一般叫做'哲学家'的人来治理的，井然有序地管理整个国家的责任，完全交付给他们来掌握"④ 的同时，这位外来者也注意到明代科举背景下官学教育所呈现出的独特景象。一些文学作品中的相关描述，似乎也印证了这一点。例如，冯梦龙《警世通言》卷十八《老门生三世报恩》云："遂留两个书童服事，蒯悟在督抚衙内读书，蒯公自别去了。那蒯悟资性过人，文章日进。就是年之秋，学道按临，鲜

---

① 刘绎等：《白鹭洲书院志》第2册，《中国历代书院志》，南京：江苏教育出版社，1995年，第648页。

② 耿橘等：《虞山书院志》第8册，《中国历代书院志》，南京：江苏教育出版社，1995年，第70页。

③ 利玛窦、金尼阁撰，何高济等译：《利玛窦中国札记》，北京：中华书局，1983年，第35页。

④ 利玛窦、金尼阁撰，何高济等译：《利玛窦中国札记》，北京：中华书局，1983年，第58~59页。

于公力荐神童，进学补廪生。依旧留在衙门中勤学。三年之后，学业已成。"① 当官学教育成为虚应故事，学规成了空谈摆设，自然就不难理解时人眼中官学的疏败与生员的沦落："提学来，十字街头无秀才。提学去，满城群彦皆沉醉。青楼花英，东坡巾，红灯夜照，《西厢记》，长短句。"②"论文章在舞台，赴考试在花街，束脩钱统镘似使将来，把《西厢记》注解。演乐厅捏下个酸丁怪，教学堂赊下些勤儿债，看书帏苦下个女裙钗，是一个风流秀才。"③ 时至晚明，不仅学风败坏，士风问题也愈发严重，蔡献臣《会覆生员凌辱郡守等官疏》中直言："三吴士风骄悍已极，揭官造谤，结党横行，所由来矣。然未有辱守令，殴教官，毁公座，坏公门，抢物抢卷，如苏州今日之变者。当孙汝炬之抗拒点名也，出不逊语于府县也，周知府皆而朴之，原不为过。何意一唱群和，抛砖挥拳。"④这与明代官学所承载的"蓄天下未用之材，淬砺以须，隐然为国家之利器"⑤ 的高度理想化的功能设定实在是愈行愈远。

若以单纯的学校教育成效来衡量，此种情状无论如何都不能算是"合格"的。然而，倘若我们跳出教育史、考试史甚至制度史的单纯衡量标准，将明代官学置于整个国家治理体系中加以观察，明代官学教育的"失位"，未尝不能理解成有意无意的"错位"。从今人深受西方教育学科理念的研究视角出发，明代官学在履行其学校教育职能方面无疑是有"失职"之嫌的。但其社会治理职能却在一定程度上得到了较为有效的实现："从朱元璋起，科举与官学制度的设计者们，已经在一定程度上忽视了官学教育的重要性，而只是将其看作后备官员的临时收容所"⑥。也就是说，尽管明代中后期的官学教育在直接进行人才培养方面有所"失职"，但它对于国家的治理、社会的稳定却并未"失位"。

李弘祺在谈到宋代科举与官学的关系时曾说："考试这一重要的社会向上流动的途径取得支配地位之后，任何一种教育计划，如果它所教育的学生超过了中国官僚体系所能吸收的限度，都将不能获得成功。"⑦岂止是宋代呢，事实上每一个朝代都不得不面临这样两个问题：第一个问题，是如何用至少在程序上看起来较为公正的办法实现国家管理人才的选拔与淘汰。科举制度在相当长一段时期内，较好地解决了这一问题。马克斯·韦伯的观点不无道理，"这一制度导致候补者互相竞争官职与俸禄，因而使他们无法联合起来形成封建官吏贵族。获取官职的机会对任何人开放，只要他们能证明自己有足够的学养。考试

---

① 冯梦龙：《警世通言》卷18《老门生三世报恩》，天津：天津古籍出版社，2004年，第176页。

② 苏祐：《逌旃璅言》卷上，《四库全书存目丛书》子部第103册，济南：齐鲁书社，1997年，第18页。

③ 朱有燉：《醉乡词二十篇·风流秀才》，谢伯阳主编：《全明散曲》，济南：齐鲁书社，1994年，第336页。

④ 蔡献臣：《清白堂稿》卷2，《四库未收书辑刊》第6辑第22册，北京：北京出版社，2000年，第26页。

⑤ 吴鼎：《过庭私录》卷2《赠仁和陈学谕迁金华府教授序》，《四库全书存目丛书》集部第75册，济南：齐鲁书社，1997年，第238页。

⑥ 冯建超：《中国古代人才培养与选拔研究——以明代科举官学为中心的考察》，杭州：浙江工商大学出版社，2016年，第216页。

⑦ 李弘祺：《宋代官学教育与科举》，台北：联经出版事业股份有限公司，1994年，第310页。

制度也因此而达到了它的目的"①。科举考试所起到的效果，正是梁启超所谓"自此法行，我国民不待劝而竞于学"②。第二个问题，是如何对这些被淘汰的人才进行合适的"收容"，以维持社会的稳定、统治的稳固。明代官学在一定程度上起到了这样的作用。对于科场中人而言，国子监生与府、州、县学生员的身份从最初的入学资格，逐渐变成了一种身份上的认可，且杂以现实的经济利益与政治权益，也有利于维持知识精英的自尊心。在这种情况下，是否在校学习，在校学习些什么，都成了不那么重要的问题，关键是要获得并保有这样一个身份。对于官学的兴办者——朝廷与君主而言，从中央到地方的各级官学，从最初的文官人才"培训—选拔—储备"机构，逐渐异化为单纯的文官人才收容所。在财力尚能够承担的时候，朝廷自然是乐于在这一领域不断追加投资的。明代中期开始，科举仕途日渐壅滞，大量"科场失意者"集中于官学。弘治十七年，南京国子监祭酒章懋上奏修举学政事宜："岁贡诸生，先在各处府州县学为附学、为增广，亦既有年，然后得廪。其廪膳必二十余年、或三十年而后得贡。迨贡入国学，远者十余年，近亦三五年而后拨历。又历事一年而挂选。通计前后年数，已及五六十岁，又待选十余年而后得官，则其人已老，多不堪用，因而死亡者亦不少矣！"③正德十三年，文徵明在《三学上陆家宰书》中以苏州一地为例分析了问题的严重性："略以吾苏一郡八州县言之，大约千有五百人。合三年所贡，不及二十，乡试所举，不及三十。以千五百人之众，历三年之久，合科、贡两途而所拔才五十人……几何而不至于沉滞也？"④

正统年间，王直曾云："国家之于贤才既养之学校矣，闾巷之士感上之德，亦莫不兴起，励志学问，明夫所以修己治人者，出而效于用，皆竭其才以图报。"⑤诚然，"作为一项从整体上影响国民生活的官员选拔制度，科举制度以其'程序的公正'为国家选拔了大量行政官员，在提高全民族的文化水准和维护我们这个多民族国家的统一稳定方面，发挥了直接而巨大的作用，这是其显而易见的功能"⑥。但是当科举制度以一种人们能够接受的方式淘汰人才时，势必需要产生一种伴生机制，能以人们能够接受的方式收容这些"多余"的人才。明代中后期官学发展尽管有各种不尽如人意之处，但它的积极意义，或许正在于此。

三、结　　论

明代官学的发展轨迹，本身有着天然的缺憾，其流弊亦是显而易见，本文也无意为之

① 马克斯·韦伯著，洪天富译：《儒教与道教》，南京：江苏人民出版社，2014 年，第 128 页。

② 梁启超：《官制与官规》，《饮冰室合集》之三《饮冰室文集》，北京：中华书局，1989 年，第 68 页。

③ 章懋：《枫山章先生集》卷 1《举本监弊政疏》，《丛书集成新编》第 67 册，台北：新文丰出版公司，2008 年，第 18 页。

④ 文徵明：《甫田集》卷 25，上海：上海古籍出版社，1987 年，第 584~585 页。

⑤ 王直：《抑庵文后集》卷 23《己未会试录序》，《景印文渊阁四库全书》集部第 1241 册，台北："商务印书馆"，1986 年，第 874 页。

⑥ 陈文新：《〈历代科举文献整理与研究丛刊〉总序》，陈文新、何坤翁、赵伯陶：《明代科举与文学编年》，武汉：武汉大学出版社，2009 年，第 1 页。

强加矫饰或多作辩解，我们的初衷只是想探讨这样一个问题：在衡估明代官学这类具有鲜明"中国特色"的传统教育形态时，究竟是应该直接套用深受西方教育传统与学科理念建构起的各种条条框框，还是尊重其在长期的发展中形成的一整套较为独特的办学理念与教育传统，以"理解之同情"的眼光观察其在教学目标、教学内容、办学方式、管理制度等方面呈现出与今世之"大学"或"学校"概念不尽相同的形态特征。毕竟，明代官学之所以发展成这样一种特殊的形态，其兴衰成败、利弊得失恐不能以一句"沦为科举的附庸"简单论之，其真正的答案须在深刻的社会与历史背景中去寻觅。

（作者单位：湖北美术学院公共课部）

书生谈兵：明代殿试策中的靖兵御戎之道*

□ 彭 娟

【摘要】明代历科殿试策问中，朝廷对靖兵御戎之道的关注贯穿始终：明初着眼于打击元蒙余部，攻守兼顾；明代中期，高度重视巩固边海防；明代后期，东北女真成为心腹大患。应试士子的家国之忧，切合时局，可证书生知兵。殿试策中帝王与士子们的双向互动，可作为了解明代边、海防的参考文献。

【关键词】明代殿试；制策；策论；靖兵御戎

作为明代科举考试的最高层级，殿试仅考时务策一道，策问或由皇帝亲拟，或由内阁大臣预拟呈皇帝御定，均反映了朝政的核心问题。通过对有明历科殿试策的实证研究，我们发现：一方面，朝廷对国防军事问题的关注贯穿始终；另一方面，士子们的家国之忧也切合危机时局，所论非虚。策问谈兵，可知兵事为急务；问计书生，可证书生知兵。①

一、谈兵的背景：危机中的军事问题成为殿试策问的中心议题

有明一代的军事形势构成朝廷问兵和士子谈兵的情势背景，纵观有明 89 次殿试，以国防军事问题发策达 25 次之多。参考《明代登科录汇编》② 与《历科廷试状元策》③，结合今人的汇编与考证，现将与国防军事相关的策题摘要如表 1：

---

* 本文为教育部人文社科青年基金项目"明代士人的知识结构——基于殿试策的实证研究"（19YJC751031）阶段性成果。

① 赵园：《制度·言论·心态——〈明清士大夫研究〉续编》，北京：北京大学出版社，2006 年，第 84 页。

② 《明代登科录汇编》，台北：学生书局，1969 年。

③ 焦竑辑，胡任兴增辑：《历科廷试状元策》，《四库禁毁书丛刊》集部第 19~20 册，北京：北京出版社，1997 年。

表1

殿试时间	殿试科名	殿试策问中牵涉国防军事的主题
洪武二十四年（1391）	辛未科	乘机绝成
永乐四年（1406）	丙戌科	学校、选举、屯营、马政
永乐二十二年（1424）	甲辰科	祭祀、兵制
正统十年（1445）	乙丑科	选贤才敷政化、安中国抚四夷
正统十三年（1448）	戊辰科	赏罚、练兵、选将、积贮、马政、戍农
景泰二年（1451）	辛未科	道、德、功、治、教、养民之方，耕桑、贡赋、学校、礼乐、征伐、刑辟的会通
景泰五年（1454）	甲戌科	家国兵民
成化五年（1469）	己丑科	文武并用，济民、绥民，均田农制
成化八年（1472）	壬辰科	贡赋、风俗、兵屯、刑法、用人
弘治十五年（1502）	壬戌科	礼乐、教化、选才、课税、兵刑
正德六年（1511）	辛未科	文武、兵农、长治久安之策
嘉靖五年（1526）	丙戌科	王霸之道（道、德、功、力）
嘉靖二十三年（1544）	甲辰科	文武之道、靖边御戎
嘉靖四十一年（1562）	壬戌科	垂衣而治、御寇靖边
隆庆二年（1568）	戊辰科	务本重农、治兵修备
万历十一年（1583）	癸未科	三德（仁、明、武）治国
万历二十三年（1595）	乙未科	经文纬武、安内攘外
万历四十一年（1613）	癸丑科	理财、屯政、边政、漕事、河事
万历四十四年（1616）	丙辰科	靖边御戎、安攘大计
天启二年（1622）	壬戌科	文治武备、内靖外攘
天启五年（1625）	乙丑科	励精图治、内外兼利、丰臻至理
崇祯元年（1628）	戊辰科	任贤图治、选将知人
崇祯四年（1631）	辛未科	用人（躁进、贪默风习），养兵（理财、清饷），用兵（修备、综稽、赏罚）
崇祯七年（1634）	甲戌科	知人安民、防寇御酋
崇祯十年（1637）	丁丑科	军饷、武备，安攘大计

从表1可见：明初打击北元残余势力，稳定边境是现实需要；明代中期，巩固边海防是时代命题；明后期，由于东北女真的威胁，靖边成为万历、崇祯两朝殿试时务策的热点。

（一）明代初年：北部边境的攻守

洪武时期，元蒙旧朝的残余势力和西南的土司仍不时进攻，初生的朝廷被迫频繁用兵、练兵，这不利于明初休养生息、国力恢复的现实需要。洪武二十四年（1391）殿试，太祖不无焦虑地询问士子们如何"乘机绝成"，如果不彻底解决边患问题，不出数十年又会为患。会元黄观建议屯兵塞上、耕守兼备，解决经济建设和军事战略的矛盾；主张对来犯之敌"来则拒之，去则追之"①。

永乐朝八次殿试，策题所涉政治问题广泛，永乐四年（1406）和二十二年（1424）两次涉及军事及关联性问题。永乐四年策问既涉及兵制，也涉及用兵之术，其中马政关乎骑兵的强弱，影响与北方游牧民族对战的实力。策问以屯政为守势，以马政为攻势，用意颇深。② 永乐朝针对北方边防问题，亦秉持人不犯我、我不犯人的立场，实行攻守兼顾的策略。为答谢靖难之役中相助过的蒙古兀良哈三卫，朱棣将大宁卫送给对方，导致作为外围重镇的开平卫与东胜卫失去拱卫之效，中央直辖军的塞外据点全部放弃，九边中辽东、宣府、大同也相当吃紧，边防形势较洪武更严峻，对北方的积极防御态势逐渐变得被动。由于瓦剌部、鞑靼部的次第侵扰，朱棣多次远征漠北，耗费了大量国力，成祖本人也长期劳累，以至于永乐十九年殿试策问以无为垂拱而治为问，与其初年殿试策问的精进风格截然不同，流露出对多年执政却未臻至治的反思。永乐二十二年正月，成祖议决征阿鲁台，三月初二为亲征之日，三月初一的殿试策问及周、汉、唐、宋兵制的特点与演变情况，以及《孙子兵法》中的"五事""九变""五利"，兼及兵制与兵法，以治道与治法为旨归，可见特殊的战事背景与良苦用心。③

（二）明代中期：边海防的危机

正统年间，殿试策问多以巩固边防为要务。正统四年（1439），瓦剌多次扰边，对明朝形成严重威胁。面对也先的虎视眈眈，正统十年（1445）殿试以选贤任能、安内抚外为题，正统十三年（1448）以赏罚、练兵、选将、粮草、马政等为问，④ 这些问题恰好可以解释次年土木之变惨败的原因。景泰年间边防情势更严峻，土木之变宣告了官军战斗力的孱弱无序，边防虚弱的问题暴露无遗。危急情势下，兵部尚书于谦对军政进行改革，将内政与驭兵相结合，对渎职严惩不贷，有效防御了瓦剌军队的入侵，其军事思想在《不待三，然则子之失伍也亦多矣》中可见大概："国家之倚重者有二，遇战斗则用介胄之士，遇绥靖则用旬宣之臣，故兵法严则士奋勇，吏治肃则官效职。人君以驭兵之法驭臣，则吏治精矣；人臣以死绥之义死职，则官职当矣。"⑤ 1450 年 8 月，英宗方被瓦剌释放回京，可谓殷鉴不远，景泰二年（1451）殿试，柯潜针对策问如何"尽作天下庸怯之兵以奋征伐"，建议以深思厚德鼓舞人心，令兵士面对危机，"知有其国而不知有其身"；以公

① 马庆洲：《明代历科状元策汇编》，北京：北京大学出版社，2020 年，第 12 页。

② 马庆洲：《明代历科状元策汇编》，北京：北京大学出版社，2020 年，第 33 页。

③ 马庆洲：《明代历科状元策汇编》，北京：北京大学出版社，2020 年，第 66~67 页。

④ 马庆洲：《明代历科状元策汇编》，北京：北京大学出版社，2020 年，第 101 页。

⑤ 梁章钜著，陈居渊校点：《制艺丛话　试律丛话》，上海：上海书店出版社，2001 年，第 51 页。

平合理的赏罚制度，令其即使临难也不苟免，使上有敢死之士，下无反侧之心。① 景泰五年（1454）殿试策问也从家与国、兵与民的关系提到了军心与凝聚力的问题。

成化八年（1472）、弘治十五年（1502）、正德六年（1511）的殿试策发问较多，在繁复的内容中，关联性地提到边防问题。宪宗有承平日久后的忧思，在成化八年壬辰科殿试指出：兵屯制外严谨，却始终不能使夷狄畏却不敢入侵，军功叙迁者众，军政却因循未举。1480 年以后，蒙古每年都要跨越明朝西北部边境进行大规模的劫掠，明军难以招架，山西、陕西的边防情势紧急。弘治十五年壬戌科殿试，亦以征赋、用兵等时政发策。

嘉靖朝共举行了十五次殿试，其中嘉靖八年（1529）制策提到内有盗贼之扰，外有疆场之患。嘉靖二十一年（1542）蒙古俺答汗入侵，是天顺以来最大规模的军事行动，嘉靖二十三年（1544）策问指出："连岁以来，北虏寇疆，入我中国，若蹈无人之境，残我天民，前所未有。"② 嘉靖之前海防形势不及北部边境形势严峻。嘉靖中后期，倭寇猖獗引发了海防危机，明廷对海防高度重视。嘉靖四十一年（1562）殿试策问提到"戎狄时警"，"南贼尤甚"，明军战斗力不强，是选任不当还是将帅失职所致？③ 士子们的对策涉及选拔人才、奖励军功以及将领用权这些主要问题。

（三）明代后期：安内攘外的困局

隆庆之后，国防重点由东南沿海向北方边境转移。④ 从万历末年至崇祯初年，靖边成为殿试策问的关键词；而且由于民乱迭起，安内与攘外交织成为明末的困局。

万历十一年（1583）指出边防的三大弊端在"无兵、无将、由朝廷"。万历二十三年（1595）殿试策问指出明中期以来的积弊是"文具太盛，武备寝弛"。⑤ 状元朱之蕃直言：京师部队虚报人数和冒领军饷的现象未肃清；各边防重镇的戍卫士兵编制仍不充实；从京师到地方，五军都督府及各卫所纲纪废弛，一旦面临战事，朝廷无法委派将领，各处驻军缺少兵力。在万历二年中进士的十八年后，吕坤在巡抚山西都察院右佥都御史时作《安民实务》，指出军队"以积衰之气，用不学之将，率不精之兵，操不试之器，乘不习之马"的弊病。⑥ 万历四十四年（1616）殿试策问坦言承平日久，法弛弊生，明军存在京师主力虚空、训练不足、军需欠缺等各种问题，辽左延绥本为劲兵来源地，但顷刻之间"大虏阑入，肆行蹂躏"，防御形同虚设。此时，明朝面临的是来自东北边境的土蛮、朵颜三卫和女真部威胁。万历初期，明军与三部落对战尚胜多败少；万历中后期，女真各部逐渐统一，成为明朝的最大边患。天启二年（1622）壬戌科殿试策问以痛心疾首的态度反思"左武右文"之弊，指出无将、乏兵的窘境，以及调发、募兵、指挥、训练皆无成效的问题⑦；天启五年（1625）乙丑科殿试策问焦虑地感叹励精图治却无效，士气积颓、

① 马庆洲：《明代历科状元策汇编》，北京：北京大学出版社，2020 年，第 110 页。
② 马庆洲：《明代历科状元策汇编》，北京：北京大学出版社，2020 年，第 312 页。
③ 马庆洲：《明代历科状元策汇编》，北京：北京大学出版社，2020 年，第 355 页。
④ 李庆新：《海洋史研究》第 2 辑，北京：社会科学文献出版社，2011 年，第 202 页。
⑤ 马庆洲：《明代历科状元策汇编》，北京：北京大学出版社，2020 年，第 426 页。
⑥ 王国轩、王秀梅整理：《吕坤全集》中册，北京：中华书局，2008 年，第 1159 页。
⑦ 马庆洲：《明代历科状元策汇编》，北京：北京大学出版社，2020 年，第 476 页。

人心积玩，以致内外交病①。

崇祯朝共举行六次殿试，每次殿试都围绕靖边发策。崇祯二年（1629）秋冬，皇太极率军入关，直逼京师城下，次年方撤。崇祯四年（1631）殿试策问关于治人与治法的思考，涉及廉政、赋税、军事方面错综的问题，竭民力以养兵，索饷有兵、遇警却无人。② 崇祯十年（1637）丁丑科，崇祯皇帝忧切指出练兵和粮饷是王朝面对的巨大困境，越着力筹饷，军饷窘匮、耗蠹越多；越督促练兵，兵力单弱如故，募军需求更甚。状元刘同升建议裁汰京营，效仿于谦组建团营的练兵方式培养精兵。③ 他的建言当然符合崇祯的初衷，可惜积弊已久，为时已晚。"文由武张，武因文靖"已然化为幻梦。边境日益增加的不稳定因素，加之从西北地区扩散开来的流民起义，锁定了明廷覆亡的困局。

二、谈兵的内容：应试士子提出的危机应对策略

整体而言，在殿试关于国防军事的问对中，明代兵制与田制、盐制的关联思考，以及战力来源、军饷保证与军民关系问题，成为出现频率极高且相互关联的议题。

（一）守战之策与华夷关系

从殿试策的问对来看，朝廷上下秉持传统的大汉族主义立场，认为"非我族类，其心必异"，要严华夷之辨，勿使相混与侵扰。明代中期以前，士子们的策对多建议从恩抚方面下功夫，如景泰五年甲戌科状元孙贤主张对夷狄"绥怀有道"，力求感化，④ 这与明初注重怀柔、战前诏谕的做法是一致的。土木之变后，士人开始反思对待夷狄的政策问题，嘉靖二十三年状元秦鸣雷的态度很理智：自古以来，夷狄对中原政权总是弱则称臣、强则干犯，对待夷狄一味强硬或怀远都没用，主张以强大的国力为基础，以武力为保证做积极的守御。他提出内外兼顾的原则："强本以治内，严兵以固圉"，敌寇"来则必治，去则不追"。在具体的措施上，将厚民与恤兵结合，统帅有节制权，团练教习有方，赏罚鼓舞无倦，最终民富兵强，不战而屈人之兵。⑤

明代中后期因边境危机加深、边警不断，对夷狄的态度更加激烈，士子们认识到北部蒙古众寡之势已殊，往往称其"丑虏匪茹"，进"蓄蕴毒之心"、退"怀狼顾之意"。面对北边的嚣张气势，治边思想由守备为本一度调整为以战为守。隆庆二年（1568）戊辰科状元罗万化分析边防问题指出，戎狄总是"伺隙而发"，我方问题在于防备不严、武力未振，对此，建议重将帅之专任，通过理财手段来养兵，振奋军心和锐气，增加调练效果，从而以战为守，以先发之谋振作奋励，去遏制对方的嚣张气焰。⑥

明代后期的治边政策为安内与攘外并重，以守为战。正如万历二十三年，朱之蕃所指

---

① 马庆洲：《明代历科状元策汇编》，北京：北京大学出版社，2020年，第482页。
② 马庆洲：《明代历科状元策汇编》，北京：北京大学出版社，2020年，第492页。
③ 马庆洲：《明代历科状元策汇编》，北京：北京大学出版社，2020年，第505页。
④ 马庆洲：《明代历科状元策汇编》，北京：北京大学出版社，2020年，第115页。
⑤ 马庆洲：《明代历科状元策汇编》，北京：北京大学出版社，2020年，第314~316页。
⑥ 马庆洲：《明代历科状元策汇编》，北京：北京大学出版社，2020年，第372~374页。

出的"太平有要，不在边境而在庙堂"①。朝廷内政清明，上下同心，方能实现积极的防卫。明代后期，夷兵外犯时，内政危机集中于：军政未修、府军告竭，臣工躁进、贪腐，等等，尤其是民困与民乱互为因果，已成为社会痼疾。弘治十八年乙丑科，顾鼎臣从修身和立纲纪的角度劝谏君王。② 隆庆二年罗万化指出安攘之计在于重本务农、治兵备边，君臣要上下一心。天启二年状元文震孟从源头入手，指出内修外攘、文德武功要相辅相成，禁止凭空毁誉的党争，赏罚公正有信是关键。③ 崇祯年间内病于吏治日偷、党争尤烈，民生益蹙、流民为患；外病于北部边境失守，东倭猖獗，刘理顺指出并非夷狄强大，而是本朝有可乘之机，未能以守为战，反客为主。营制屡换，练兵不足是关键原因。④ 崇祯十三年状元魏藻德仍在苦苦强调练兵、兴屯同时，恳请朝廷禁止贪暴，选拔廉仁，体恤百姓疾苦。⑤

（二）寓兵于农以开利源足兵饷

"三代"的兵农相合的图景构成了士子们批评当时兵制和田制的依据。永乐四年殿试，状元林环在策对中追述历代田制，周代的井田法废后，自汉文帝募民耕塞下，始有屯田。唐时以民营田，宋代或屯或营，二者兼用。他认为"屯田以兵，斯可以免军旅坐食之费；营田以民，斯可以足国家储备之资"⑥。不妨酌古宜今，屯营兼用，在劳动资源的配置上通过军民兼用，来解决军费开支和运输的困难。永乐二十二年甲辰科状元邢宽对于兵制的思考也是从"三代"以前军队起源说起，他详述周、汉、唐、宋、明历代军制优劣及沿革，以成周军制为"任地利以令贡赋，因暇日以讲武事"的典范。他指出明朝军制对周代井田制、秦汉代屯田制、唐代府兵制、宋代更戍法的吸收糅合。并认为明代兵制"内有五军，外设诸卫，统兵有定制"，内外相系，形成绵密的国防系统；"讲武有时，屯田有所，训兵有定法"，养兵与治兵结合，可与"三代"之法相提并论。⑦ 卫所制是朱元璋"寓兵于农"的主导思想体现，建立卫所、屯田戍边是明朝的重要战略。⑧ 洪武十七年，朱元璋在全国各军事要地设立卫所，"系一郡者设所，连郡者设卫"⑨，每卫辖正规军士约五千人，其下分设千户所和百户所，卫所受五军都督府节制，有事听兵部调发，无事则归卫所。卫所兵农合一，屯守兼备：边地三分守城，七分屯种；内地二分守城，八分屯种⑩ 军粮便来自军士屯田的粮食生产，这是在生产力还未恢复的前提下解决军队供给问题。卫所内军士由国家分配土地，屯田自养，自给自足，应该说这是理想的设定，具体达成很有难度。作为未曾亲历战争的文士，梳理兵制流变以古鉴今，其论析符合国家意

① 马庆洲：《明代历科状元策汇编》，北京：北京大学出版社，2020年，第429页。
② 马庆洲：《明代历科状元策汇编》，北京：北京大学出版社，2020年，第228~229页。
③ 马庆洲：《明代历科状元策汇编》，北京：北京大学出版社，2020年，第479页。
④ 马庆洲：《明代历科状元策汇编》，北京：北京大学出版社，2020年，第499页。
⑤ 马庆洲：《明代历科状元策汇编》，北京：北京大学出版社，2020年，第508页。
⑥ 马庆洲：《明代历科状元策汇编》，北京：北京大学出版社，2020年，第36页。
⑦ 马庆洲：《明代历科状元策汇编》，北京：北京大学出版社，2020年，第70~71页。
⑧ 孟森：《明史讲义》，上海：上海古籍出版社，2002年，第43页。
⑨ 张廷玉等：《明史》卷90《兵志二》，北京：中华书局，1974年，第2193页。
⑩ 张廷玉等：《明史》卷77《食货志一》，北京：中华书局，1974年，第1884页。

志。事实上，士子对于军屯实际的了解也存在局限，经学者考证：军屯在实际实施中很难实现自给，1425 年屯田军士缴纳的余粮定额减少原额一半到 6 石。三年之后余粮永免 6 石，到 1437 年永免正粮、只征余粮 6 石。① 屯粮一减再减，说明军屯实际负担过重。

成化二年（1466）殿试，状元罗伦在殿试策中以怜悯与激愤的笔触概括了当时六大弊病，其中豪家巨室侵夺田地，土地兼并为突出问题。自从宪宗笼田产为皇庄，上行下效，豪强巧取延及南畿及各处军卫留备兴屯之地。卫所屯田逐渐因兼并而减少，军田难供给军用。这样会导致流民问题，激起兵戈盗贼掠夺。欲足兵食、振士气，则需广屯田、富储蓄。② 成化五年殿试便是针对当时铨选之途壅塞，卫所人员冗溢问题发策。状元张升鉴于当时土地兼并的情况，建议量地分田，因民制产，把握施实利而寓虚名的原则以选将驭才。③ 康海在弘治十五年的对策中，指出缺乏良将，多统制之属，互相掣肘；多无用之兵，冗费繁重，外患未除而内地已困；军饷和边饷浩繁是明中期财政危机的表现，他建议复屯田之实，省丁运之法。④ 崇祯四年辛未科殿试卷状元陈于泰指出屯政、盐法大坏，危机交错叠加。沿边屯军常被征调去守御，修筑边墙；王府护卫屯军多被抽调去营建贵戚所需；有槽运的抽调去运送槽粮或建造船只。各级管屯官员役使屯军，官役差事繁多，掌权军官把士兵变成私役，侵其军粮，中饱私囊，使军士无法生活，纷纷逃亡，导致主兵不足，只好大量募兵，大大增加了军饷开支。豪强和高级武职官员私占屯田、役使屯军，从根本上动摇了屯田制的根基，屯军逃亡，屯田荒芜，屯田粮锐减。⑤ 至崇祯十年（1637），刘同升在殿试策指出明初制定的屯田田亩已遭侵占，屯田制度的根本基础不复存在，因而不见成效。

（三）以开中盐法解决驻军的粮食供应

明朝用盐政借助民间商业模式来解决九边的粮食供应问题。其盐法多种，主要采取官督商办的开中法，即参照宋代的折中法和元代的入粟中盐法，官府借助商人之力运输粮食到内地或边塞卫所，并根据商人所运数量发给领盐凭证，即食盐专卖权。纳粮与中盐一般按道路远近、地势险夷、米价高低及需粮缓急来确定等差。以这种办法充实边军粮饷，减轻了政府的耗费，减轻了民力。顺畅的模式是：边方有需，开中商人趋赴，事无废弛。成化年间，政府只知招商办引，不计盐的产销，加以权贵专擅盐和，假钦赏钦赐名义附带私盐，官商勾结，舞弊营私，破坏盐法，垄断食盐销售，当时私盐四出，官盐阻滞，边地的盐商也内撤，造成严重的弊端，开中法逐渐被破坏。弘治五年废止盐法，改用纳银。⑥ 隆庆二年，状元罗万化在殿试对策中分析指出盐法之坏的问题。他建议要调动和提升商户运粮的动力；严禁走私销售私盐，保证盐商的利益；用高价收买余盐，来弥补灶户盐丁的成本代价。⑦

① 王毓铨：《明代的军屯》，北京：中华书局，2009 年，第 131~132 页。

② 马庆洲：《明代历科状元策汇编》，北京：北京大学出版社，2020 年，第 140~141 页。

③ 马庆洲：《明代历科状元策汇编》，北京：北京大学出版社，2020 年，第 152~153 页。

④ 马庆洲：《明代历科状元策汇编》，北京：北京大学出版社，2020 年，第 223 页。

⑤ 马庆洲：《明代历科状元策汇编》，北京：北京大学出版社，2020 年，第 494~495 页。

⑥ 张廷玉等：《明史》卷 77《食货志一》，北京：中华书局，1974 年，第 1885 页。

⑦ 马庆洲：《明代历科状元策汇编》，北京：北京大学出版社，2020 年，第 371~372 页。

明末对于盐法败坏的反思尤甚，万历四十一年癸丑科周延儒指出由于纳银例开，商散屯废，造成百年输饷之困。而且世宗以来，征调募军，存在军外有军的冒支问题，应针对性地进行清核。崇祯七年辛未科状元刘理顺亦痛切指出"自商不输粟而输银，而开中之法坏；自盐壅于公复壅于私，而度支之用窘"。并建议修屯政以复盐法，通漕粮而修马政，以官办官运的方式实行盐政。① 崇祯四年榜眼吴伟业在殿试策中指出，赋税要"别公私，示正路"，"不以本藏减末用，不以民力供浮费，他认为民与赋交利之术在于节用"。农商之政，"贵本以抑末难，缘末以通本易"。国初时，商人耕塞下之田，盐吏给关中之引。边之积贮，有赖商人。因山煮海，大开盐利。这是由于屯耕并未使得吏卒过于劳苦，也并未使内邦困于赋税。② 屯与盐相济，一定程度上有助于解决军饷供应问题。

至崇祯七年（1634）甲戌科，明思宗指出当时"流寇久蔓，钱粮缺额"，既欲恤民，又欲饱军，实难两济；屯田、盐法作为生财之源，屡条议申饬，却始终不见实效。③ 崇祯十年（1637）刘同升的殿试策指出输粮换盐之法很难恢复，"国初，关中输粟实边，利国通商，往往称便。一壅于折色之小利，一滞于灶户之私贩，而家擅煮海之富矣"④。由于税收形式的改变，人们将粮食兑换成货币用来缴税，就减少了输粮的动力；另一方面私盐的泛滥也抵消了以粮换盐的利润。结果，商人向边境运粮换盐越来越少。边粮渐少而军需屡增，边境的不稳定因素越多，动乱从贫瘠的西北地区开始蔓延，流民化为流寇，揭开了明亡的序幕。

（四）武将选拔任用与练兵之道

会元唐顺之在嘉靖八年的策论中指出解决边患问题的关键在于选拔良将。当时将领多为世胄世袭保举，有纨绮之习，不熟悉经略弓马；或选自武举，虽有记诵之材但不能灵活运用兵法谋略。他建议朝廷举荐智勇兼备者养望专任；良将既得，兵士才能操练起来，再辅以财充食足，方可克敌制胜。⑤ 明代武举正式开科于英宗时期，本就是土木之变后的应对之举。弘治以前，策论不合格者不能参加骑射考试；武宗正德十四年，武举先考弓马，再笔试策论，将文武并重。嘉靖十九年（1540）因所举非人，曾罢武举乡试，次年，兵部再请开武举，以 6∶4 的比例分边方、内地录取。⑥ 这正说明边境危急下，将帅之才的匮乏。

在人才选拔方面，武官多由世授，且因推恩、捐纳等冒滥风气，军官队伍膨胀，升迁途径不畅。成化八年（1472）壬辰科榜眼刘震认为，各级督察官员要像北宋胡瑗的苏湖教法和程颐在武学教务那样，选择心性疏通、有器局可任大事者，注重明体达用，进行治

① 马庆洲：《明代历科状元策汇编》，北京：北京大学出版社，2020 年，第 499 页。
② 仲光军主编：《历代金殿殿试鼎甲朱卷》上册，石家庄：花山文艺出版社，1995 年，第 249～252 页。
③ 马庆洲：《明代历科状元策汇编》，北京：北京大学出版社，2020 年，第 496 页。
④ 马庆洲：《明代历科状元策汇编》，北京：北京大学出版社，2020 年，第 504 页。
⑤ 马美信、黄毅点校：《唐顺之集》下册，杭州：浙江古籍出版社，2014 年，第 789 页。
⑥ 龙文彬：《明会要》卷 47《选举一》，北京：中华书局，1956 年，第 879 页。

民、讲武实训，使浮华轻薄者无法侥幸为官，使稳重诚实者得到重用。① 唐顺之提到选将要借鉴苏洵之法，深谙兵法奇正之道。苏洵重视谋略、以仁济义，在《权书》的《心术》《法制》《强弱》《攻守》《明间》五篇中深入论述了用兵谋略。将帅用权方面，嘉靖四十一年（1562）状元申时行进谏君王：欲修内治的关键在慎择守令，欲平外患的关键在慎择将帅，要保证良将用权不受中制牵制；② 榜眼王锡爵也提出应专委任。自永乐以来，"宦官协镇"形成定制，③ 明朝中期后，武将受到文臣、宦官或巡按御史的牵制，统帅动辄受制，这种体制导致用将不专、兵将分离，外行干政、指挥不灵。策对的确有切中时弊处。万历二十三年状元朱之蕃推崇范仲淹、司马光讲武略、举忠谋，老成谋国、经武保国；以韩琦治内去弊、兢文事以补武备为明鉴。在武学人才的培养上，借鉴北宋胡瑗在苏州郡学和湖州州学的执教之法。④ 明末危局，急需人才力挽狂澜，崇祯十年丁丑科状元刘同升指出，需要如刘晏般知人善用，能选拔真正的人才来治理国家；如李抱真忠君报国，乱世仍忠于朝廷。除了选贤任能，还必须改革军队。

明代中后期的策论中，常常提到边兵柔脆、锐气消沮、怯懦成风的问题。弘治十五年状元康海指出士兵逃离与流失的情况严重：一来兵士并非自愿从军，多为官法所迫。明朝兵源除以军户服兵役外，还有以归服或罪犯充军，另有垛集军以平民金发充军，即强迫农民从军，在卫军中占据极大比例。他指出，士兵的功劳为权势者冒领，以致无以自养，难以激发志气；就算他们为官法所迫复伍，卫营生活物资和精神上的艰苦，加之卫所军官对士兵"严刑深计"地盘剥，军队士气难以振作。⑤ 这样的分析关切现实，论无虚发。到了明代末年，练兵为急务。崇祯十三年庚辰科，魏藻德建议责令督抚根据缓急来确定抽裁之制，参考唐代李抱真练泽潞以及戚继光蓟门之成法。⑥ 唐代李抱真担任泽潞节度副使时，在籍的每户三丁选一勇壮者，免除租役，发给武器，令其农闲练习，年终考核，优者赏赐，差者处罚。三年下来，选得二万精兵，也没有破费公家的官粮。隆庆二年，戚继光以都督同知总理蓟州、昌平、保定兵事时，针对蓟门作为京师近畿首重防御，需将危险挡边墙之外，曾上疏痛陈边备废弛"七害""士卒不练之失六，虽练无益之弊四"。通过整救军纪，革除弊政，改进兵器，建立车营和辎重营，使蓟门军边备修饬，战力俨然，《练兵实纪》是他在蓟门练兵守边的经验总结。然而在明末危局下，练将练兵已缺少时机了。

三、谈兵的风气：明代别集所见的相关思考

中晚明以来，严峻的政治军事形势，激发了文人论兵的热情，文人入幕成为风尚；在用兵方面，朝廷实行"以文统武"，文官可成为军队统帅。此种形势使得一部分文人士子研习兵学的热情超过了对诗文的热情："天下方急兵，无贵贱皆以奇策剑术相高，无复言

① 仲光军主编：《历代金殿殿试鼎甲朱卷》上册，石家庄：花山文艺出版社，1995 年，第 210～211 页。

② 马庆洲：《明代历科状元策汇编》，北京：北京大学出版社，2020 年，第 358 页。

③ 李渡：《明代皇权政治研究》，北京：中国社会科学出版社，2004 年，第 156～165 页。

④ 马庆洲：《明代历科状元策汇编》，北京：北京大学出版社，2020 年，第 427～428 页。

⑤ 马庆洲：《明代历科状元策汇编》，北京：北京大学出版社，2020 年，第 223 页。

⑥ 马庆洲：《明代历科状元策汇编》，北京：北京大学出版社，2020 年，第 508 页。

文章声诗者矣。"①

（一）华夷关系的立场

有明初年，太祖、成祖有混一华夷的自信，在华夷关系上宣扬华夷一体，一方面有怀柔倾向，一方面严华夷之防，常有防患于未然的态度。后来，由于与北元、瓦剌的长期作战，北部防线南移，明代中期更多强调华夷之别。丘濬主张慎德而怀远，认为"所以治内者，必详必慎，而无一事之不备；所以治外者，必严必密，而无一隙之可乘"②。海瑞反对朝廷一味镇压和"尽杀"的举措，也不赞成"革心宣化"的空谈。他在1549年参加乡试时的《治黎策》阐发了关于建设海防和治理少数民族区域的思想，在会试时上《平黎策》进一步陈述通过招民、置军、设里、建学、迁创县所、屯田等方式，以期有效实行治理的策略。③ 明代后期边境危机激化了民族矛盾，特别是与后金对战屡屡败北，明代士子多偏激地主张复仇和攘外。如崇祯七年甲戌科刘理顺之态度，"奴酋本我属夷"，"一坏于四路之轻入而开铁陷，再坏于经抚之易局耳辽沈危，三坏于战守之争执而广宁弃"。④ 明末王夫之视华夷之别为人禽之辨，提出华夷之间彼此隔绝、互不侵扰，对进入华夏地区的夷狄采取任何手段都是正义的，"夷狄者，歼之不为不仁，夺之不为不义，诱之不为不信"。⑤ 这是在民族矛盾下激荡的极端情绪。

（二）寓兵于农的强调

"三代"以前兵民相合的图景，是明代士子复古思考的理论根据，在明朝的每一个阶段，对"寓兵于农"几乎是众口一词的认可。《明史·食货志》称太祖初此法最善。正德、嘉靖年间，王阳明推行保甲法，以期家家皆兵、人人皆兵。⑥ 嘉、隆之际海寇为患，海瑞鉴于将军坐镇相隔遥远，官军畏缩不前，提出"家自为守、人自为战"的策略，而且"本中之本"在于休养生息，又在令守。⑦ 张居正关注到北边边务有兵不多、食不足的问题，主张兴屯政，"诚使边政之地，万亩皆兴，三时不害，但令野无旷土，切勿与小民争利，则远方失业之人皆将襁负而至"，可令"家自为战，人自为守"。⑧ 这是他解决边事的策略思想。明亡之际，团练乡兵、自为战守的战时体制，更是以兵农相合来救亡图

---

① 茅元仪：《谢长秋〈桂岭吟〉序》，《石民四十集》卷16，《四库禁毁书丛刊》集部第109册，北京：北京出版社，2002，第143~144页。

② 丘濬：《修攘制御之策（上）》，金良年整理，朱维铮审阅：《大学衍义补》下册，上海：上海书店出版社，2012年，第482页。

③ 《海忠介公年谱》，北京图书馆编：《北京图书馆藏珍本年谱丛刊》第49册，北京：北京图书馆出版社，1999年，第300~303页。

④ 马庆洲：《明代历科状元策汇编》，北京：北京大学出版社，2020年，第499页。

⑤ 王夫之著，舒士彦点校：《读通鉴论》，北京：中华书局，2019年，第80页。

⑥ 王守仁：《绥柔流贼》，王晓昕、赵平略点校：《理学丛书·王文成公全书》，北京：中华书局，2015年，第788~789页。

⑦ 海瑞：《启殷石汀两广军门》，陈义钟编校：《海瑞集》下册，北京：中华书局，1962年，第439页。

⑧ 张居正：《答蓟镇总督王鉴川言边屯》，《新刻张太岳先生诗文集》第八册，明万历四十年（1612）唐国达刻本，卷23，第16a页。

存。但自嘉靖、隆庆之后，也有不少有识之士提出兵不在多，而在精与强，乡兵民兵仅为权宜之计，提供了另外一种思考。

由于明代的军饷来源，除了赋税便有赖于屯、盐，因而屯田与盐法的重要性正是"寓兵于农"的保证。对于屯田和盐法的思考热度，与殿试策中的议题也颇一致。明末屯政败坏后，屯田仍是军事需要，如嘉靖时杨博在河西一带屯垦，袁崇焕建议大兴屯田，直到弘光时期，史可法仍在开封开屯田。

（三）文武关系的反思

有明一世，文武之间，互为制约。明初武臣最重，朱元璋反对文武分科，主张文武兼才；正统以后由于军事形势的严峻化，文臣地位渐高，形成由文臣担任总督或提督军务、武臣领兵作战的局面。选拔军事人才多从文官中选拔文武全能者授职统军，以配合以文统武的军政。嘉靖年间的抗倭名将朱纨、张经、谭纶等多由科甲出身。但文由武张、武因文靖是理想目标。有不少士人指出重文轻武的偏废问题，文人于兵事的隔膜，留下了很多沉痛的经验教训，士子们在殿试策对中已多有回应。此外，黄宗羲的反思还提供了另一种思路：明朝兵制的弊端不在文臣统帅，而在于参与军事的文臣"专任节制"不得操兵，①这样的权力制衡使得权力不完整，应对急务之时，施行效率有限。

（四）兵法谋略的讲求

士子们谈兵的主要资源多来自史书与兵书。当时士子以左氏为"言兵之祖"，因为《春秋》经传本身的战争描写高明，蕴含着丰富的军事思想，故成为书生研习兵学的重要典籍。嘉靖八年进士唐顺之（1507—1560）入仕后曾亲历战事，辑有《武编》。嘉靖进士茅坤历任主事、兵备副使，其子国缙为万历进士，其孙茅元仪（1594—1640）受家庭影响好谈兵事，曾在孙承宗幕下任兵备副使，成为天启崇祯年间的儒将，编纂了大型兵学类书《武备志》二百四十卷，其中《春秋战略考》收录了二十一则战争事例，皆取材《左传》，以有助于人谋与策划为择取标准。万历五年进士陈禹谟（1548—1618）后任兵部司务时撰《左氏兵略》，取有关于战争者依十二公顺序排列，并援引他书疏通证解。所谓"将不知古今，匹夫勇耳"，他是借《左传》以谈兵。翻阅《明实录》中的战争实录，其中所涉及的军事地形、战略设计、攻守形势、虚实探究、后勤保障、攻心战术、夜袭抄后等，实有可与《左传》相通的兵法谋略。士子们出于对于时局的担忧，从兵法理论方面对《左传》的"用兵之法"加以揣摩。如吴从周（1538—1597）《左传兵法》，龚奭《左兵》，潘曾绂撰《权书止观》十二卷。崇祯十六年（1643）进士宋征璧（约1602—1672）评阅的《左氏兵法测要》节略左氏所纪兵事，论其得失。整体来说，多属儒生纸上谈兵，对兵学的发明创见并不多。

除却研读经典、阐发理论，士子们还对具有时政新闻价值的军事讯息有所了解。明代中后期的缙绅尤重搜集新鲜军情、边区谍报。但来自官方的邸报不易得，且京师之外了解的信息有限。晚明理学家瞿九思编著《万历武功录》时，"必卑恳词"求助于任官朋友，

---

① 孙卫华校释：《明清思想经典丛书：明夷待访录校释》，长沙：岳麓书社，2011年，第84页。

"乞其以羌虏倭蛮名藉事状幸告"。① 康海在弘治十五年的对策中，便是针对新闻性事件——榆林大同之役，分析边境之扰的问题。在当时传播信息有限的背景下能及时了解到时事，可见士子对于国事的留心。

从殿试策论可探知明代士子的知识结构：在军事常识方面，士子们有一定的储备，士子们就边防、海防等军事问题的思考不失现实意义，并从国家治理层面做了对应的思考。虽然，书生谈兵也有迂阔之弊，但是，殿试策发布的问题，亦可以引导士子关注军事时政，并向求真务实的方向去努力。

（作者单位：湖南第一师范学院文学与新闻传播学院）

---

① 瞿九思：《万历武功录·自序》，《续修四库全书》史部第 436 册，上海：上海古籍出版社，2002 年，第 90 页。

哲学与思想

唐代女道士的宗教经历

□ 贾晋华

【摘要】本文以三十篇碑文为主要资料全面地展现五十三位唐代女道士丰富多彩、成就卓著的宗教经历。她们以杰出的能力承担宗教领袖的角色，创建和管理自己的女道观和道院，使这些场所成为自主自治的女性空间及与社会各阶层人士互动的公共平台。许多女道士达致道教法位的最高级别，作为知识渊博的道师向皇帝、士大夫或普通民众雄辩地布道。女道士们还以出色的书法艺术抄写和传播道经，勤勉地实践道教的长生之术和自我修炼，并独立地举办道教仪式的表演活动。唐代女道士代表一种重要的女性宗教现象，在道教传统和中国妇女史上都是独一无二的。

【关键词】唐代；女道士；女观主；女道师；宗教实践；仪式表演；书法艺术

一、引　言

有唐一代，大量女性受度成为女道士，由此而建立众多女道观。根据开元时期（713—741）的一份官方统计，在全国 1678 所道观中，有 550 所是女道观（32.6%），[①]这意味着道籍中大约有三分之一是女性。她们沿袭前辈女道士的足迹，承担宗教领袖、导师、布道者、理论家、修行者和仪式表演者等宗教角色，以女道士的身份赢得普遍的公众认可。

一些研究者以杜光庭的《墉城集仙录》所存 17 篇唐代道教女性的圣传为基础，探索女道士的宗教经历。然而，对这些女道士圣传的仔细考察，却发现杜光庭实际上大幅度修改或重写较早的资料，为他自己重塑道教女性理想形象的目的服务。例如，王奉仙在杜光庭的圣传中被描述为道教圣女，但事实上根据《新唐书》《资治通鉴》等史书的记载，她冷血地指使凶手杀害节度使高骈及其亲属数百人。[②] 因而，如果同一些研究者那样，采用杜光庭的圣传重建女道士的宗教经历，并褒扬她们为道教"圣女"，是很成问题的。

因此，本文对这些圣传仅慎重地有所参考，所采用的主要资料是墓志铭。学界已经注

---

① 李林甫编：《唐六典》卷 4，北京：中华书局，1992 年，第 125 页。

② 《新唐书》卷 224，北京：中华书局，1975 年，第 6402~6403 页；《资治通鉴》卷 257，北京：中华书局，1971 年，第 8362、8364 页。

意使用墓志铭来研究唐代女道士，如柯锐思（Russell Kirkland）研究颜真卿撰写的两篇有关女道士黄灵微的碑文；姚平简要概述13篇为女道士撰写的墓志铭；焦杰在姚平目录的基础上又增加3篇。① 在学界研究的基础上，笔者从传世和新出土文献中搜集更多碑文，共汇集40篇墓志和道观碑铭（其中10篇涉及女道士公主和皇室女性，将另文研究），这些碑文或专门为女道士而作，或与她们密切相关。笔者还从敦煌卷子中寻找到女道士亲自抄写的三个经书文本，展示出她们的宗教活动和艺术造诣。此外，还运用相关的史书记载、文人作品和方志等资料。这些相对来说较为可靠的原始文献，使我们得以对唐代女道士的宗教经历和角色展开全面深入的考察，描绘出较为完整可信的图景，从而得出许多崭新的结论。

在以下四节中，首先给出这些文献所描述的53位女道士的基本信息，包括家庭背景、入道原因、法位等级和所隶道观等；接着分别讨论她们在道观管理、宗教实践、社会作用、仪式表演等方面的积极活动，由此而逐步展现她们的宗教经历和成就。

需要说明的是，有两种类型的唐代女道士未包括在本文的研究范围中，其一是度为女道士的众多唐代公主和宫廷女性，其二是女道士诗人如李季兰、元淳、崔仲容、鱼玄机等。此两类女道士的情况特殊而且资料丰富，本文无法容纳。其中元淳既是女道观的住持也是女诗人，故本文也述及其宗教经历。

二、唐代女道士的宗教经历综述

以30篇墓志和道观碑铭为基础，并参考其他相关的原始资料，② 表1罗列53位女道士的生活年代、所属道观、所达法位等级、所任教职、家庭背景、入道年龄和原因、婚姻状况等基本信息。

---

① Russell Kirkland, A Taoist Priestess in T'ang China, *Journal of Chinese Religions*，1991（19），pp. 47-73；姚平：《唐代妇女的生命历程》，上海：上海古籍出版社，2004年，第246~256页；焦杰：《唐代道教女信徒的宗教活动及其生活：以墓志材料为中心》，《陕西师范大学学报》2013年第2期。不过，在姚平和焦杰的目录中，一些墓志铭的主人其实并未真正被度为女道士。

② 这些碑文和资料主要出自陆耀遹：《金石续编》，《续修四库全书》本；颜真卿：《颜鲁公集》，《四部丛刊》本；黄永武编：《敦煌宝藏》，台北：新文丰出版社，1981—1986年；王卡：《敦煌道教文献研究》，北京：中国社会科学出版社，2004年；田易等编：《畿辅通志》，《四库全书》本；曹学佺：《蜀中广记》，《四库全书》本；陈霖编：《南康府志》，明正德刊本；宋敏求：《长安志》，《四库全书》本；赵璘：《因话录》，上海：上海古籍出版社，1979年；王象之：《舆地碑记目》，《丛书集成初编》本；龙显昭、黄海德编：《巴蜀道教碑文集成》，成都：四川大学出版社，1997年；齐运通编：《洛阳新获七朝墓志》，北京：中华书局，2012年；乔栋、李献奇、史家珍编：《洛阳新获墓志续编》，北京：科学出版社，2008年；胡戟、荣新江等编：《大唐西市博物馆藏墓志》，北京：清华大学出版社，2012年；令狐楚：《大唐回元观钟楼铭并序》，现存西安碑林博物馆；陈垣、陈智超、曾庆瑛编：《道家金石略》，北京：文物出版社，1985年；李昉等编：《太平广记》，北京：中华书局，1961年；王钦若、杨亿、孙奭等编：《册府元龟》，南京：凤凰出版社，2009年；董诰等编：《全唐文》，北京：中华书局，1983年；陈尚君编：《全唐文补编》，北京：中华书局，2005年；周绍良、赵超编：《唐代墓志汇编》，上海：上海古籍出版社，1992年；周绍良、赵超编：《唐代墓志汇编续集》，上海：上海古籍出版社，2001年。

表 1　　　　　　　　　　　唐代女道士的基本信息

姓名及年代	道观/居所	法位及教职	家庭	入道年龄及原因	是否婚配	资料出处
孟静素（542—638）	至德观，长安	观主	士族	15 岁	否	《金石续编》卷 4，第 16a～19b 页
李夫人（631—707）	居家		士族	中老年，完成家庭责任后	是	《唐代墓志汇编》，第 1078～1079 页
黄灵微(642?—721)	洞灵观及仙坛院，抚州（江西）	观主	平民	青年	否	《颜鲁公集》卷 9，第 1a～9b 页
边洞玄（约 656—739）	紫阳观，冀州（河北）			青年	否	《太平广记》卷 63，第 392 页；《全唐文》，卷 32，第 363a～b 页
张真（字素娥，657—715）	太清观，长安；麟趾观，洛阳	三洞	士族	22 岁	否	《唐代墓志汇编》，第 1165～1166 页
宋妙仙（？—678?）	冲虚观，敦煌（甘肃）	观主				《敦煌宝藏》散 0689；《敦煌道教》，第 37 页
郭金基（活跃于 678）	冲虚观，敦煌	三洞				敦煌文献斯 3135；《敦煌道教》，第 36～37 页
赵妙虚	冲虚观，敦煌					敦煌文献伯 2170；《敦煌道教》，第 194 页
王紫虚（673—754）	太平观，长安		士族	68 岁，完成家庭责任后	是	《唐代墓志汇编续集》，第 656 页
黎琼仙（692—?）	仙坛院，抚州	观主	平民	青年		《颜鲁公集》卷 9，1a～9b 页
唐真戒（693—?）	冲虚观，敦煌	正一及高玄		17 岁	否	伯 2347；《敦煌道教》，第 166 页
成无为(700?—?)	龙鹤山观（四川）	观主	平民	青年	否	《全唐文补编》卷 36，第 442 页
杨正见（活跃于 713—741）	长秋观，卭州（四川）		平民		否	《蜀中广记》卷 74，第 21b 页，卷 13，第 7b 页，卷 12，第 28a 页
焦静真（活跃于 743）	嵩山（河南）					《全唐文》卷 712，第 28a～b 页
元淳（字淳一？—779?）	至德观，长安	观主	士族	青年	否	《唐代墓志汇编续集》，第 729～730 页

续表

姓名及年代	道观/居所	法位及教职	家庭	入道年龄及原因	是否婚配	资料出处
梁洞微（？—780?）	庐山（江西）					《全唐文》卷691，第1b~2a页
李腾空（？—787?）	长安嘉猷观及庐山某观	观主	士族	青年	否	《南康府志》卷8，第42a~43b页；《长安志》卷8，第4b~5a页
蔡寻真（？—787?）	庐山某观	观主	士族	青年	否	《南康府志》卷8，第42a~43b页
马凌虚（734—756）	开元观，长安		平民	21岁，脱离倡妓生涯	是	《唐代墓志汇编》，第1724页
曾妙行（活跃于771）	仙坛观，抚州		平民			《颜鲁公集》卷9，第1a~9b页
刘氏			士族	丈夫卒后	是	《因话录》卷4，第407页
韩凌虚（活跃于798）	靖院，中条山（山西）	大洞				《道家金石略》，第169页
李意贞（活跃于798）	靖院，中条山	大洞				《道家金石略》，第169页
姚悟真（活跃于798）	靖院，中条山					《道家金石略》，第169页
姚惠性（活跃于798）	靖院，中条山					《道家金石略》，第169页
冯得一（739—809）	五通观，长安	观主	士族	青年	否	《唐代墓志汇编续集》，第814页
蒋氏（755—827）	居家		士族	老年，完成家庭责任后	是	《唐代墓志汇编续集》，第879~880页
阴志清（764—?）	冲虚观，敦煌	正一		11岁	否	《敦煌宝藏》北图14523；《敦煌道教》，第294页
韩自明（764—831）	玉晨观，长安	大洞三景	士族	23岁	是	《唐代墓志汇编续集》，第906页
谢自然（？—794）	果州（四川）	三洞	平民	青年	否	《舆地碑记目》卷4，第98页；《巴蜀道教碑文集成》，第34~35页

姓名及年代	道观/居所	法位及教职	家庭	入道年龄及原因	是否婚配	资料出处
真元（活跃于 785—804）	道林观，润州（江苏）			丈夫卒后	是	《全唐文》卷 531，第 23b~24a 页
能去尘（768—830）	永穆观，长安	观主	士族	丈夫卒后	是	《唐代墓志汇编续集》，第 902 页；《全唐文补编》卷 67，第 815 页
柳默然（773—840）	王屋山（河南）	大洞三景	士族	约 34 岁，完成家庭责任后	是	《唐代墓志汇编》，第 2201~2202 页；《道家金石略》，第 176~177 页
赵右素（？—840 前）	王屋山		士族	青年，追随母亲柳默然的信仰	否	《唐代墓志汇编》，第 2201~2202 页
赵景玄（活跃于 840）	王屋山	大洞三景	士族	青年，追随母亲柳默然的信仰	否	《唐代墓志汇编》，第 2201~2202 页
冯行周（778—858）	居家		士族	由佛教改宗道教	否	《洛阳新获七朝墓志》，第 365 页
张容成（783—801）	居家		士族	青年	否	《道家金石略》，第 169~170 页
田元素（字知白，787—829）	玉晨观，长安	大洞三景	士族	青年，追随父亲的信仰	否	《唐代墓志汇编续集》，第 892~893 页
刘致柔（789—849）	燕洞宫，茅山（江苏）	大洞	士族	中年	是	《唐代墓志汇编》，第 2303~2304 页
王虚明（792—859）	安国观，洛阳	大洞三景	士族	约 44 岁，儿子卒后	是	《洛阳新获七朝墓志》，第 252 页
柳妙首（活跃于 859）	安国观，洛阳		士族	青年，追随姨母王虚明的信仰	否	《洛阳新获七朝墓志》，第 252 页
柳太霞（活跃于 859）	安国观，洛阳		士族	青年，追随姨母王虚明的信仰	否	《洛阳新获七朝墓志》，第 252 页
常炼师	道冲观，洛阳		士族	追随女儿吕玄和的信仰	是	《洛阳新获七朝墓志》，第 219 页
吕玄和（793—830）	道冲观	三洞	士族	青年	是	《洛阳新获七朝墓志》，第 219 页

姓名及年代	道观/居所	法位及教职	家庭	入道年龄及原因	是否婚配	资料出处
胡愔（活跃于 800—848）	太白山，陕西			青年	否	《道藏》第 432 号第 6 册，第 686c～693b 页；第 263 号第 4 册，第 835c～843c 页
钱又玄（807—880）	居家			老年，完成家庭责任后	是	《大唐西市》，第 1018～1019 页
徐盼（807—829）	瑶台观，滑州（河南）		士族	23 岁	是	《唐代墓志汇编》，第 2114 页
侯琼珍（活跃于 830）	玉晨观，长安	观主				《大唐回元观钟楼铭并序》
冯真行（活跃于 836—855）	道兴观，梓州（四川）	大洞、观主	士族		否	《全唐文》卷 779，第 22b～27b 页
何真靖（活跃于 836—855）	道兴观，梓州	大洞				《全唐文》卷 779，第 22b～27b 页
支志坚（812—861）	居家		士族	34 岁，由佛教改宗道教	否	《唐代墓志汇编》，第 2393 页
庞德祖（活跃于 837）	玉晨观，长安					《册府元龟》卷 54，第 607 页
陈氏			士族	青年	否	《唐代墓志汇编续集》，第 1055～1056 页

从表 1 中，我们可以归纳出有关这些女道士的几个一般性结论。其一，在这 53 位女道士中，有 13 位（约 25%）担任女道观的观主。在早期天师道传统中，女性已经可以像男性一样担任诸如女士、女官、祭酒等领导职位。在南北朝时期，道教的宫观建设开始出现，一些女道士创建自己的道馆。① 到了唐代，随着宫观制度化的完成，许多女道士被官方任命为女道观的观主，或创建由自己领导的女道观，并出色地履行职责（见下文）。

其二，表 1 显示有 14 位女道士（约 26%）达到三洞法师或大洞三景法师的法位，这是唐代道教法位制度中最高的两个等级。女道士被赋予与男道士大致平等的追求信仰的机会，她们遵循相同的要求，通过相同的授道程序，可以达致相同的高阶法位。由于不同的法位等级要求学习和授受源自不同传统的众多道经，这些经书很多都是晦涩难懂的文献，因此女道士能够获得各种法位甚至达到最高等级，说明她们拥有相当高的教育水平和道教教义知识。

① Stephan P. Bumbacher, *The Fragments of the Daoxue zhuan: Critical Edition, Translation, and Analysis of a Medieval Collection of Daoist Biographies*, Frankfurt: Peter Lang, 2000, pp. 290-306, 501, 522.

其三，有6位受度的女道士（11%）没有住进道观，而是留在家中或轮流居住于此两种场所。此条符合唐代道教的实际情况，允许处于某些法位等级或某种处境中的受度道士，保持其婚姻状况或留居家中。由此可知，尽管唐代道教传统完善宫观制度，要求大多数道士居住观中，但同时也为女道士提供逾越男女内外区别的灵活通融空间。

其四，53位女道士中，有28位（53%）出身士族家庭，7位来自平民家庭，18位背景不详。由于唐代仍然十分重视士族谱系，晦暗不明的背景基本意味着出身平民家庭。出身士人家庭的女道士通常较有机会得到专门为她们撰写的墓志，因此从表1得出的统计可能并不能反映不同家庭背景出身的真实比例。然而，这一统计足以告诉我们，不同社会等级出身的女性都为道教所吸引，受度成为女道士。

其五，从表1还可看到唐代妇女入道的各种原因。6位女子（11%）因为追随父母或其他亲戚的信仰而度为女道士。22位女道士（42%）青年时受道，终生未婚，其中有11篇墓志记载其志主"幼年奉道"的行为。此类早熟套语在中国传统人物传记中常可见到，但一些女道士有可能确实在幼年时就对道教产生兴趣，如6位追随亲属信仰的女道士和11岁时获得正一法位的敦煌女道士阴志清。① 一些墓志描述其志主在面临传统的婚配期望时，表示"誓死不嫁"，最终令父母接受她们的自主选择。这展现出她们拒绝接受传统规定的家庭角色、追求自身信仰的决心。有7位女道士是在完成家庭责任后的中年或老年时入道，其中有些被称赞为遵守儒家妇道的楷模。② 这7位女道士中，有5位是在丈夫去世后受度，遵循对已逝夫君保持忠贞的传统性别规范。其余两人中，有一位在入道前曾是倡妓，还有一位是因病入道，希望借此带来福祉。尤其需要注意的是，因为会昌年间朝廷灭佛，有两位女道士从佛教女尼的身份改宗道教，但她们在灭佛结束后并没有改回信仰。这一经历说明，她们认为佛、道二教提供了相似的宗教生活道路和精神追求。所有这些不同的入道原因，表明道教为身处不同境况、置身人生旅程不同阶段的女性展示追求信仰的途径，为她们提供调和或摆脱传统规定的家庭角色的机会，赋予她们在较为广阔的社会环境中的新身份、职业和角色，而她们的经历还经常体现出儒家、佛教、道教之间的自然融通。

其六，53位女道士在时空分布上代表唐代的整体情况。在时间方面，她们涵盖从隋唐之际的6世纪初至晚唐9世纪后半叶约三百年的时期。在空间方面，她们分布和活跃于整个唐帝国，包括两京和今日南北方的八个省份：长安（10），洛阳（6），江西（6），四川（5），河南（5），甘肃（5），山西（4），江苏（2），陕西（1），河北（1），居家（6），不详（2）。

---

① Kristofer M. Schipper, Taoist Ordination Ranks in the Tun-huang Manuscripts, in Gert Naundorf, Karl-Heinz Pohl, and Hans-Hermann Schmidt（ed.）, *Religion und Philosophie in Ostasien*, Würzburg：Königshausen and Neumann, 1985, pp. 127-143；王卡：《敦煌道教文献研究》，北京：中国社会科学出版社，2004年，第294页。

② 李敬彝：《大唐王屋山上清大洞三景女道士柳尊师真宫志铭》，陈垣等编：《道家金石略》，北京：文物出版社，1985年，第176~177页。

三、女道观的建设和管理

表 1 所列 13 位女道观观主，在创立、修造、重建和管理女道观方面表现出虔诚、创造性、领导能力及锲而不舍的精神。她们还展示出自觉承袭道教传统的女性宗教系谱的性别意识。

我们先看号称为华姑的黄灵微。根据柯锐思的研究及颜真卿撰写的两篇碑文，① 黄灵微的生平和宗教经历可以描述如下。她可能出身平民，12 岁受度。在 692 年，大约五十岁时，她决心寻找道教传奇人物魏华存所建立的仙坛，最终在州城南郊的乌龟原里发现了遗迹，将之修复。710 年至 712 年之间的某个时间，唐睿宗下令在仙坛旁建造洞灵观，度七名女道士常住此观，黄灵微很可能获命为观主。此后，黄灵微在井山发现并修复另一座魏夫人的古坛，并在旁边创建一座仙坛院，同样可能成为观主。至 721 年，黄灵微卒于此院，据称成为真人。正如柯锐思所言，黄灵微代表具有极度虔诚和非凡勇气的女性形象，而通过重建魏夫人祠，她还体现出对于道教女性传统的性别自觉，以及 "因性别相同而对魏夫人产生的认同感"②。

此外，颜真卿的两篇碑文还为我们揭示出黄灵微的弟子黎琼仙的经历。在 768 年，颜真卿来到抚州任刺史，看到魏华存的仙坛再次荒颓，于是指派 7 名女道士入住仙坛观。黎琼仙是 7 名女道士中第一位被提到的人物，因此她很可能被任命为观主。黎琼仙带领弟子们修复道院，并在魏夫人的塑像旁树立黄灵微的像。黎琼仙的修复活动显然追随其师的脚步，体现相同的虔诚和信念。而通过将其师的塑像树立于魏夫人像之侧，黎琼仙同样表达对魏华存和黄灵微的性别认同感。

接下来要考察的观主是成无为。与成无为相关的碑文不是墓志，而是记述她创建龙鹤山道观及在山上遍植树木的事迹，题为 "龙鹤山成炼师植松柏碑"③。这篇碑文撰于 750 年，此时成无为仍然健在，刚过 50 岁。碑文开头是套语，称成无为在年少时就擅长于修习道教的长生之术，具有渊博的道经知识。此类套语不能从字面上照单全收，但随后关于成无为在年轻时拒绝婚配而入道的陈述，则可能是真实的经历。成无为后来前往坐落于其家乡的龙鹤山，在那里创建自己的女道观。其后，她带领弟子和追随者们在山上种植松柏，"凡万有余株"，覆盖全山。碑文中还记述，成无为在道观内外都履行宗教领袖的职责，包括虔守清斋，念诵经书，举办仪式，供奉山神，以及在当地百姓和官府需要时提供帮助。她在山上造林，也是为当地民众带来福祉的事业。成无为在偏远山中创建女道观，植树造林改善环境，帮助当地民众，是一位令人起敬的虔诚、勤劳、精干的女道士。她不仅因为在道观中的宗教实践而被人称赞，还因为在道观外的社会服务而获得声誉。

---

① 颜真卿：《南岳夫人魏夫人仙坛碑铭》，《颜鲁公集》卷 9，《四部丛刊》，第 1a~7a 页；颜真卿：《抚州临川县井山华姑仙坛碑铭》，《颜鲁公集》卷 9，第 7a~9b 页；Russel Kirkland, Huang Ling-wei, *Journal of Chinese Religions*, 1991（19），pp. 47-73.

② Kirkland, Huang Ling-Wei, *Journal of Chinese Religions*, 1991（19），p. 64.

③ 师学：《龙鹤山成炼师植松柏碑》，陈垣等编：《道家金石略》，北京：文物出版社，1985 年，第 143~144 页；又龙显昭、黄海德编：《巴蜀道教碑文集成》，成都：四川大学出版社，1997 年，第 30~32 页。此碑原题为 "□龙鹤山成炼师植松柏碑"。

此外，此碑的背后还可能隐含成无为在龙鹤山创建道教摩崖造像的宗教艺术成就。龙鹤山今称龙鹄山（亦称中观山），坐落于四川眉山市丹棱县。1987 年文物普查时，此山发现唐代摩崖造像 57 龛，造像 551 座；除 7 龛为佛教造像或佛道像合龛外，其余皆为道教造像。《龙鹤山成炼师植松柏碑》刻于第 24 号龛正壁，其左右壁刻有站立的天尊像百余尊，这一组合对碑文主人公成无为的推尊显而易见。研究者们据此推论，龙鹤山的道教造像全部或主要由成无为主持建造。① 这一推论尚有疑问，因为碑文中完全未提及造像之事，不过也可找到一定的支持根据。其一，造像的工程有可能从事于种树之后，也就是此碑撰成之后，故碑文未述及；此碑被刻于龛壁，两旁造有大量天尊像，正可证明这一推测。其二，不少龛中的造像组合都有女真像，而且与碑刻所在龛相邻的一座龛中，七尊造像皆为女真。对于女真造像的突出，也与成无为作为女道士和女道观观主的身份相合。其三，第 10 龛的主像天尊头顶上刻有一座山，龛的左右壁上方又各有两座山，山的中间有小碑刻山名，但可惜字迹模糊不清。关于此五座山，有的学者认为是道教的五座名山，有的认为是五岳。② 五岳皆不在蜀中，故此五山更有可能指道教名山，并可能包括龙鹤山。《龙鹤山成炼师植松柏碑》中称赞成无为善于"望祀山岳"，应指的是对山神的祭祀，可与第 10 龛的造像相映证。其四，杜光庭《道教灵验记》载："眉州丹棱县龙鹤山，古有观宇，老君像存焉。邑人祈田蚕雨泽，无不立应。"③ 今存龙鹄山道教造像群中，确有不少老君像，可证学者们关于这些造像建于唐代的推断是可信的。

其五，关于《龙鹤山成炼师植松柏碑》的作者和书者，也十分值得关注。作者师学称成无为是"吾师"，因此她很有可能是其弟子、观中的女道士。碑文主体以骈文体式撰写，既对偶工整，又文采流丽；文末的铭为骚体诗形式，对成无为的赞赏激情，溢于言表。全文呈现出很高的文学成就。书者署名杨玲，看来也像是女子的名字，有可能是成无为的世俗女弟子。此碑高 1.78 米，宽 1.5 米，十分宏伟大气。碑额刻"松柏之铭"四字，为阴刻小篆；碑文为隶书，遒劲中透着秀逸，被考察者和书法家公认为书法上品。这些信息表明，龙鹤山女道观内外的女性社群具有相当高的文化教育水平。

与上文讨论的家庭背景不明的两位女观主不同，冯得一出身于著名的士大夫家庭。她不愿婚配，志在入道，获得家人的支持，可能在年少时就受度，进入长安五通观。墓志称冯得一对《道德经》有深入的理解，并精通所有炼丹方药。她还被描述成聪慧、公正、拥有管理才能，先被推举为威仪师，承担监督道观仪式和徒众的职责，其后升擢为观主。碑文接着叙写她担任观主一职后的成就如下：

> 仙师于是提振纲领，纂缉驥□，数年之间，日新成立。创置精思院一所，再修常住砲一窠。当欲缔构之初，众人皆谓不可。仙师精诚已至，确乎不拔，曾未浃稔，岂

① 以上所述综合参考以下文章：万玉忠：《丹棱唐代松柏铭碑》，《四川文物》1987 年第 2 期；万玉忠：《丹棱县龙鹄山唐代道教摩崖造像》，《四川文物》1990 年第 1 期；许思琦、陈瑞杰、耿纪朋：《四川丹棱龙鹄山唐代道教造像调查与研究》，《知识文库》2019 年第 12 期。

② 万玉忠：《丹棱县龙鹄山唐代道教摩崖造像》，《四川文物》1990 年第 1 期；胡文和：《中国道教石刻艺术史》，北京：中国高等教育出版社，2004 年，第 42 页。

③ 《道藏》第 10 号，第 824 页上栏。

然以就。诸所营建，其功难纪，徒众赖焉。①

冯得一举办众多建造工程，其中最重要的有两项。其一是创置静思院，其二是修建为当地民众提供服务并为观中女道士提供供养的碾硙。唐代佛道寺观中修造碾硙十分常见，既能服务当地民众，又能创造收益以维持寺观用度。这些建造工程都是昂贵和困难的事务，②曾遭到众人的反对，但冯得一却坚持不懈，最终皆达到成功。除了坚毅独立的意志品格外，冯得一还展现出在道观运作方面的财务管理天赋。

冯真行是另一位出身大族的女观主，她与同伴何真靖由于重建梓州道兴观的成就而获得称誉。这座道观最初建于隋代，毁于隋末战争的火灾。在 729 年庙宇曾得到重建，但元和年间再次倾颓。至 835 年，冯宿任东川节度使，由于其女儿冯行真已经受度为女道士，他开始重建这座庙宇，并将之改为女道观。但冯宿次年去世，此时重建尚未完工。冯行真和何真靖接着领导观中的女道士，并寻求当地民众的支持，最终完成重建工程。李商隐撰文表达对两位女道士的敬仰之情："义行于得众，事集于和光……英蕤秀萼，旋纲步纪，克蹈前武，能新旧址。"③ 尽管碑文没有明确指出，但这两位女道士显然是道观的领袖，冯行真可能是观主，而何真靖则可能是上座。④

根据上文的考察，在唐代道教传统中，有不少女性宗教领袖成功地开创、修建和管理祠庙、道观或道院。她们主动而独立地做出自己的决断，并进而将决定付诸实践，最终获得成功。她们具有卓越的能力管理运作自己的女道观，并在一定程度上为社会民众服务。由于修造工程和相关的社会服务不可避免地涉及处理与当地男女俗众的互动交流，因此女道观和道院不仅是女道士活动和自治的场域，也是她们与其他各类人物在公共领域中互动的平台，由此而参与社会秩序的运作。

四、宗教实践和世俗责任

除了女道观的领导者外，唐代女道士还承担其他各种宗教角色，并以特殊的方式履行社会和家庭责任，进一步跨越传统的性别界限。这些宗教角色包括布道者、道师、修行者和理论家等。另外，她们在抄写传播道经方面也很活跃。

田元素的经历是女道士担任布道者和道师的典范。她是著名道士田归道的女儿。田元素继承父业，早年入道。在 814 年，她获受上清经卷，达到最高的大洞三景法位。她还格外擅长辩论，精通道教经书，尤其是《道德经》。当她公开宣法时，总是吸引大批听众。为她撰写的墓志记载："内事典坟，遍皆披览。演五千之玄妙，听者盈堂；登法座而敷

---

① 翟约：《大唐五通观威仪兼观主冯仙师墓志铭并序》，周绍良、赵超编：《唐代墓志汇编续集》，上海：上海古籍出版社，2001 年，第 814 页。"常住"一词指道观或佛寺中修道者所共有的财产。

② 见 Jacques Gernet, *Buddhism in Chinese Society*: *An Economic History from the Fifth to the Tenth Centuries*, trans. Franciscus Verellen, New York: Columbia University Press, 1995, pp. 94-194.

③ 李商隐：《梓州道兴观碑铭并序》，董诰等编：《全唐文》卷 779，北京：中华书局，1983 年，第 22b~27b 页。

④ 依据唐朝律法，道观的管理层主要包括观主、上座和监斋；见李林甫编：《唐六典》卷 4，北京：中华书局，1992 年，第 125 页。

扬，观者如堵。"① 这一盛况使人联想到韩愈在大约同时创作的诗篇《华山女》，其中描述来自华山的女道士在长安城中公开宣法的相似盛况：

> 扫除众寺人迹绝，骅骝塞路连辎軿。
> 观中人满坐观外，后至无地无由听。②

这位女道士是在道观内宣讲，但她的听众包括骑马和乘车而来的男女俗众，由此可知此次宣法是面向大众开放的。

事实上，远在田元素和华山女道士之前的隋代和初唐时期，女道士孟静素就是京城中的著名布道者和道师，曾说服许多人皈信道教。她被隋文帝征召至京，受命担任至德观观主，后来又得到唐高祖和唐太宗的敬重。③ 可见女道士公开宣法，以她们的宗教热忱、渊博知识、雄辩口才吸引和影响俗众，使信徒皈信道教，这一现象在唐代看来相当普遍，时人并不以为异常或不当。

韩愈对佛教和道教持批评态度，自负振兴儒家的使命，因此他在诗中稍带讽刺语气，但并不明确和严重。然而到了后世，少数传统学者如理学家朱熹批评公开宣法的唐代女道士为"失行妇人"④；而更令人吃惊的是，许多现代学者甚至进一步谴责她们的布道为"淫荡""伤风败俗"等⑤。此类批评可能出自两个主要原因。其一是传统的"男女之别"和"内外之别"的性别模式，要求女性约束言行，封闭在内闱之中。其二是对历史语境的忽视，如孟静素、田元素、华山女道士等例子所显示，唐代女道士的公开宣法常常获得上下层人物的共同赞赏。孟静素为隋唐两朝皇帝所敬重，韩愈诗中的华山女道士被征召入宫；而在 819 年，田元素也被宪宗召入内宫。

宪宗在宫中的玉晨观里为田元素修造一个专门的道院，供她居住。她成为皇帝、皇后及其他宫廷女性的道师，连续受到四位帝王的尊崇，包括宪宗、穆宗、敬宗和文宗。在宫中，她同样"每一讲说，妃嫔已下相率而听者仅数千人"。829 年田元素去世时，唐文宗赐予她"东岳青帝真人"的谥号。最后，她还获得儒家女学者宋若宪的高度赞扬。宋若宪是应召入宫的、精通儒学的著名宋氏五女之一。她是田元素墓志的作者，也是其远房姨母。作为公开布道者和帝王道师，孟静素、田元素和华山女可谓代表女道士的性别逆转，在一定程度上打破了传统的期待。

其他女道士的墓志还描述志主作为道教义理专家和修行者的各种专长和活动。例如，李夫人精通道教经典《道德经》和《庄子》，达到精神超越的境界，将死亡描述为"归于

---

① 宋若宪：《唐大明宫玉晨观故上清太洞三景弟子东岳青帝真人田法师玄室铭并序》，周绍良、赵超编：《唐代墓志汇编续集》，上海：上海古籍出版社，2001 年，第 893 页。

② 韩愈：《华山女》，《全唐诗》卷 341，北京：中华书局，1960 年，第 3823~3824 页。

③ 岑文本：《唐京师至德观法主孟法师碑铭》，陆耀遹：《金石续编》卷 4，《续修四库全书》本，第 16a~19b 页。

④ 朱熹：《昌黎先生集考异》卷 2，上海：上海古籍出版社，1985 年，第 15a 页。

⑤ 周勋初编：《唐诗大辞典》，南京：江苏古籍出版社，1990 年，第 715 页；王仲镛编：《韩愈诗文名篇欣赏》，成都：巴蜀书社，1999 年，第 158~159 页。

真庭，永无形骸之累"，并要求儿子们不要将她与丈夫合葬一穴。① 这一要求显示出，李夫人认为自己作为受度女道士的新身份，比作为妻子的角色更为重要，而独立的墓穴代表独立和平等的身份地位。

李腾空是恶名昭著的宰相李林甫的女儿，入道后担任长安嘉猷观的观主，可能在 752 年父亲失势后搬到庐山的一座道院。与她一同赴庐山的蔡寻真也是一位高官的女儿，居住在山中的另一座道院。李腾空和蔡寻真帮助有需要的当地民众，以道教丹药、灵符为他们提供医疗救济，由此而获得名望。她们去世后，当地民众为她们建祠供养。② 元淳是一位高官的女儿，担任长安至德观观主达 36 年之久，是善于炼制外丹的修行者，也是一位著名的女道士诗人。③

除了墓志外，唐代文人的诗篇、散文、叙事作品也述及众多的女性修道者。例如，传奇故事的编集者戴孚记述，女道士边洞玄从事辟谷、服食丹药等道教修炼达 40 年之久。④ 女道士焦静真是司马承祯最著名的弟子之一，在炼丹、行气、辟谷等方面体现高妙的技术，为几位文人在诗篇中称赞。⑤ 诗人张籍充满敬意地描写一位擅长于存思和辟谷的女道士。⑥ 诗人秦系记述一位不食用任何东西（包括草药）达 40 年之久的女道士。⑦ 此外，女道士柳默然和女道医胡愔皆有出色的著作传世，为道教理论和医学理论作出重要贡献，但由于篇幅关系，需另文讨论。

受度出家的女道士通常并不斩断与家人的联系，而是通过特殊的方式继续履行家庭责任。例如，获得大洞法位的韩自明出身士人家庭，22 岁时与一位年轻的文士结为夫妇。一年之后诞下孩儿，但此时她的丈夫意外身亡。韩自明于是将孩子托付给父母，自己选择度为女道士。790 年或 791 年前后，当韩自明的父亲韩佾担任四川果州刺史时，她与当地

① 郑履谦：《唐故许州扶沟县主簿荥阳郑道妻李夫人墓志文》，周绍良、赵超编：《唐代墓志汇编》，上海：上海古籍出版社，1992 年，第 1078~1079 页。

② 杨杰：《昭德观记》，《南康府志》卷 8，明正德刊本，第 42a~43b 页；《长安志》卷 8，《四库全书》本，第 4b~5a 页。李白：《送内寻庐山女道士李腾空二首》，郁贤皓编：《李太白全集校注》卷 23，南京：凤凰出版社，2015 年，第 3364~3368 页。

③ 《故上都至德观主女道士元尊师墓志文》，周绍良、赵超编：《唐代墓志汇编续集》，上海：上海古籍出版社，2001 年，第 729~730 页。

④ 戴孚：《广异记》，《太平广记》卷 63，第 392 页引；唐玄宗：《敕冀州刺史原复边仙观修斋诏》，陆耀遹：《金石续编》卷 32，《续修四库全书》本，第 363a~b 页；孙承泽：《春明梦余录》卷 67，北京：北京古籍出版社，1992 年，第 1287 页；田易等编：《畿辅通志》卷 85，《四库全书》本，第 14b页。后来，杜光庭在《墉城集仙录》中重构边洞玄的圣传，添加很多虚构的情节和细节。

⑤ 李白：《赠嵩山焦炼师》，《全唐诗》卷 168，北京：中华书局，1960 年，第 1739~1740 页；李颀：《寄焦炼师》，《全唐诗》卷 132，北京：中华书局，1960 年，第 1339 页；王昌龄：《谒焦炼师》，《全唐诗》卷 142，北京：中华书局，1960 年，第 1440 页；李渤：《真系》，董诰等：《全唐文》卷 712，北京：中华书局，1983 年，第 28a~b 页。

⑥ 张籍：《不食仙姑山房》《不食姑》，《全唐诗》卷 384，北京：中华书局，1960 年，第 4324、4306 页。第二首诗另诗题为《赠山中女道士》。

⑦ 秦系：《题女道士居》，《全唐诗》卷 260，北京：中华书局，1960 年，第 2895 页。

女道士谢自然成为好友，二人一同师从道教法师程太虚，获得三洞法位。① 韩自明后来居于华山，接着又住进京城的咸宜观。② 她对自身的严格要求和深厚的道学知识，吸引大量贵族出身的女子，热切地跟从她学道。

　　尽管韩自明最初放弃自己的孩子，但在兄长去世后，她却义无反顾地承担抚养兄长遗孤的责任，直到他们成婚安居，甚至凭借自己的财务能力帮助兄长清偿所遗债务。她的墓志记述："师慈愍于一切，而施由亲始。故抚孤侄弱子，咸俾有家而居室。又尝货弃山墅，聚畜子禄，代兄偿逋责于中贵人。身虽困忍寒馁，而色无埋郁。"③ 韩自明的经历体现出不同寻常的角色错位。在她自己的家庭中，她放弃作为母亲的传统角色，去追求宗教奉献。但在已故兄长的家庭中，她却充当"父亲"或"丈夫"的角色，成为家庭的抚养者和守护者。在传统时代，虽然许多女性具有高度的家庭财务管理能力，但由于女性被规定为女儿、妻子和母亲三种角色，并通常受到限制，不能承担诸如养家等"外部"责任。④ 在特殊的情况下，有些寡妇以勤奋节俭和努力工作来支撑家庭，有些女性甚至经营自己的商业。⑤ 韩自明的成功提供例证，说明当实际需要和机会出现时，女性也有能力承担男性的角色责任。她的经历还表明，女道士在一定程度上拥有选择自身的社会和家庭角色及职能的自由。

　　根据墓志所述，唐文宗听闻韩自明支撑亡兄家庭的美德后，征召她担任内宫女道士和道师："德既升闻，帝思乞言。[大和]初，召入宫玉晨观。师每进见，上未尝不居正端拱，整容寂听。备命服之锡，崇筑室之赐。" 此处有两个要点值得关注。首先，韩自明成功地承担养育家庭的"父亲"角色的事迹，被皇帝认为是值得奖励的美德。其次，韩自明入宫后成为皇帝的道师，受到极高的礼遇和尊重。

　　韩自明供养亡兄家庭的事迹在唐代并不是罕见的现象。我们在另一位女道士支志坚的墓志中也发现类似行为的记述。⑥ 支志坚同样出身于士族家庭，9 岁时因患重疾而度为沙弥尼，但并未入住佛寺，而是获得允许依旧居家。她表现出超凡的孝行，并承担起教育幼弟的责任。在 845 年朝廷灭佛时，她改宗道教，受度成为女道士。在 853 年，其弟支叔向

　　① 在碑文中，"虚"被误写为"灵"。此处据杜光庭《墉城集仙录》订正，引自李昉等编：《太平广记》卷 66，北京：中华书局，1961 年，第 408 页。

　　② 柏夷（Stephen Bokenkamp）推测韩愈诗中的"华山女"是韩自明，见其 Sisters of the Blood：The Lives behind the Xie Ziran Biography, *Daoism*：*Religion*，*History and Society*，2016（8），pp. 7-33. 然而，除了两位女道士都曾居住华山和应召入宫外，并无可靠证据支持这种联系，韩自明的墓志也未见雄辩和传道的记述。

　　③ 赵承亮：《唐故内玉晨观上清大洞三景法师赐紫大德仙宫铭并序》，周绍良、赵超编：《唐代墓志汇编续集》，上海：上海古籍出版社，2001 年，第 906 页。

　　④ 姚平：《唐代妇女的生命历程》，上海：上海古籍出版社，2004 年，第 257～269 页；陈高华、童芍素编：《中国妇女通史：隋唐五代卷》，杭州：杭州出版社，2010 年，第 222～226 页。

　　⑤ 陈高华、童芍素编：《中国妇女通史：隋唐五代卷》，杭州：杭州出版社，2010 年，第 80～82、225～227 页。

　　⑥ 支谟：《唐鸿胪卿致仕赠工部尚书琅耶支公长女炼师墓志铭并序》，周绍良、赵超编：《唐代墓志汇编》，上海：上海古籍出版社，1992 年，第 2393 页。

临终之际,① 委托支志坚照顾妻儿,她义无反顾地承担起这一责任。她的墓志是另一位弟弟支谟所写,文中充满对大姊的感激和敬仰之情。在履行女道士责任的同时,韩自明和支志坚都扮演家庭的抚养者和守护者的角色。

在结束有关唐代女道士的宗教实践和世俗责任的叙述之前,一组保存女道士的精美书法作品的敦煌写本为我们带来惊喜。首先,在一份《太玄真一本际经》残卷的结尾出现以下题记:"冲虚观主宋妙仙入京写一切经,未还身故。今为写此经"(见图1)。② 675年,太子李弘去世,高宗和武后下令抄写三十六部道藏,为太子积累冥福。③ 冲虚观是敦煌的女道观,观主宋妙仙被召入京抄写道经,可能就是参与此项浩大工程。这表明她是一位出色的书法家。为宋妙仙积累冥福而抄写《本际经》的人,则很可能是她在冲虚观的女弟子。此外,敦煌写本中还存有分别由女道士赵妙虚和郭金基抄写并署明姓名和身份的两份《本际经》残卷(见图2、图3)。④

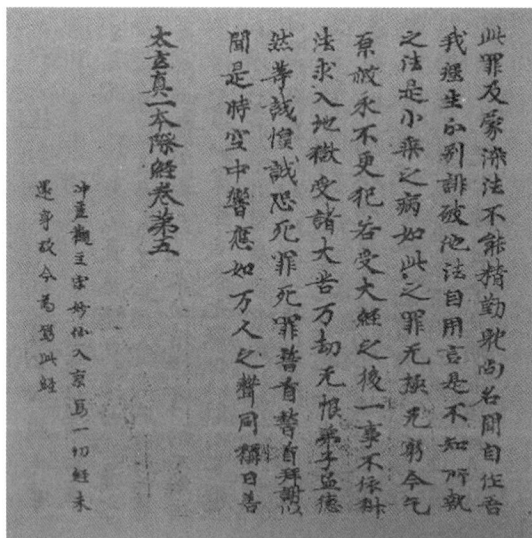

图 1　佚名女道士手抄《本际经》第五卷残本(引自《贞松堂藏西陲秘笈丛残》)

① 支志坚墓志中述其弟名"向",而其弟自己的墓志记其名为"叔向";根据一般惯例,应是名向字叔向,以字行。见丁居主:《唐故鄂州司士参军支府君墓志铭并序》,罗振玉编:《芒洛冢墓遗文续编》,《石刻史料新编》第1辑第19册,台北:新文丰出版社,1982年,第14085页。

② 罗振玉:《贞松堂藏西陲秘笈丛残》,青海:甘肃文化出版社,1999年,第273页。参看陈祚龙:《敦煌道经后记汇录》,杨曾文、杜斗城编:《中国敦煌学百年文库:宗教卷》,青海:甘肃文化出版社,1999年,第2~9页;王卡:《敦煌道教文献研究》,北京:中国社会科学出版社,2004年,第203页。在唐代,佛藏和道藏皆称为"一切经"。

③ 王卡:《敦煌道教文献研究》,北京:中国社会科学出版社,2004年,第19页。

④ 《法国国家图书馆藏敦煌西域文献》,上海:上海古籍出版社,1994年,第2170页;中国社会科学院历史研究所等编:《英藏敦煌文献》(汉文佛经以外部分),成都:四川人民出版社,1990年,斯3135。参看陈祚龙:《敦煌道经后记汇录》,杨曾文、杜斗城编:《中国敦煌学百年文库:宗教卷》,青海:甘肃文化出版社,1999年,第2~9页;王卡:《敦煌道教文献研究》,北京:中国社会科学出版社,2004年,第194~203页。

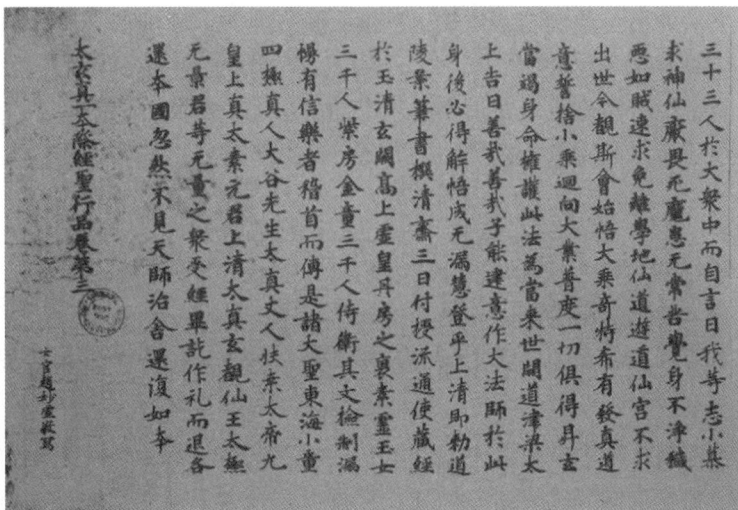

图 2 　女道士赵妙虚手抄《本际经》第三卷残本（伯 2170，引自《法国国家图书馆藏敦煌西域文献》）

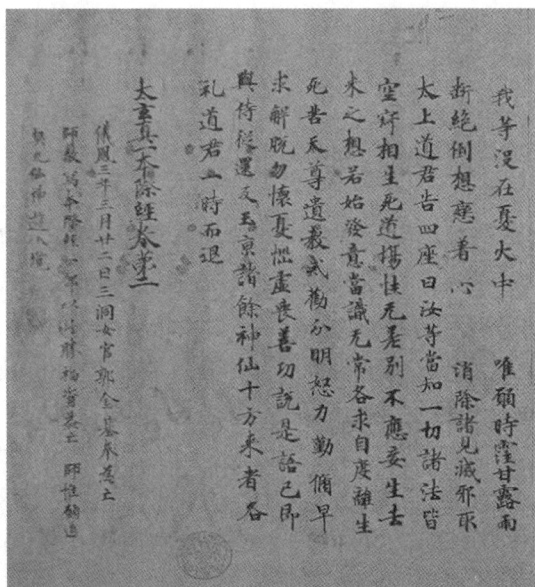

图 3 　女道士郭金基手抄《本际经》第二卷残本（斯 3135，引自《英藏敦煌文献》）

　　《本际经》原本共 10 卷，为 7 世纪初刘进喜所撰，李仲卿增补。收于《道藏》中的《本际经》仅存两卷，现在从敦煌发现的大量残卷为我们提供这部重要经书的近于完整的本子（仅缺第八卷）。①《本际经》在唐初十分流行，三位女道士的抄本可能完成于其时，

① 主要见 Wu Chi-yu, *Pen-tsi king*：*Livre du terme originel*，Paris：Centre National de la Recherche Scientifique，1960；山田俊：《唐初道教思想史研究：太玄眞一本际经の成立と思想》，京都：平乐寺书店，1999 年；王卡辑录：《太玄真一本际经》，《中华道藏》第 5 册，第 15 号。

显然是为了帮助这部经书传播，现在则为重构这部重要的道教经典作出贡献。此外，三个抄本均是楷书书法的精美范例，字体端正遒丽，整齐典雅。敦煌位于遥远的西北地区，根据记载在 758 年时有 37 位女道士，① 这个数字大致是唐前期的平均值。但是我们现在得知，仅初唐时就至少有四位敦煌女道士是精湛的书法家。由此可以推知，在有唐一代的广袤疆域中，应该还有无数女道士以类似的方式，活跃于道经抄写和传播的事业。

五、仪 式 活 动

仪式活动是女道士日常宗教实践的一部分。由于道教传统历来十分重视仪式，而且我们在传世和新出土文献中都找到不少描述唐代女道士独立举行仪式活动的资料，因此本文专辟一节展开讨论。

众所周知，道教传统中有很多宗教和世俗活动都与仪式联系在一起。各种记载表明，唐代女道士经常独立主持仪式表演。例如，根据墓志所述，能去尘在丈夫死后度为道士，成为长安永穆观的观主，以熟练掌握各种仪式而著称；② 上文讨论过的观主成无为，在举办仪式方面也非常在行。唐代诗人为《女冠子》曲调填写的歌辞，也常常描绘女道士恍如天仙的仪式表演。例如：

> 静夜松风下，礼天坛。③
> 步虚坛上，绛节霓旌相向，引真仙。④

尽管诗歌不是精确的文献记载，但这样的描述应当有实际生活的基础。

唐代女道士在皇宫中举办道教仪式的情况，在近年出土的一篇碑文和八篇以"叹道文"的体裁撰写的文章中留下忠实而丰富的记载。此篇碑文中称，在大和四年（830），唐文宗赐予回元观一口钟及建造钟楼的费用，钟楼建造前，"诏女道士侯琼珍等同于大明宫之玉晨观设坛进箓"⑤，根据这一记载，这些女道士居住在这座大内女道观玉晨观中，侯琼珍可能是观主。八篇"叹道文"具体地描述宫廷女道士的仪式表演和活动。这些文章由白居易、封敖和独孤霖撰写，三人均曾担任翰林学士：白居易于 807 年至 811 年在任，封敖于 842 年至 845 年在任，独孤霖于 862 年至 869 年在任。⑥ 在中晚唐时期，翰林

① 《法国国家图书馆藏敦煌西域文献》，上海：上海古籍出版社，1994 年，第 4072 页；王卡：《敦煌道经存记汇录》，北京：中国社会科学出版社，2004 年，第 8 页。

② 严轲：《唐故女道士前永穆观主能师铭志并序》，陈尚君编：《全唐文补编》卷 67，北京：中华书局，2005 年，第 815 页。

③ 薛昭纬：《女冠子》，《全唐诗》卷 894，北京：中华书局，1960 年，第 10095 页。

④ 鹿虔扆：《女冠子》，《全唐诗》卷 894，北京：中华书局，1960 年，第 10105 页。

⑤ 令狐楚：《大唐回元观钟楼铭并序》，现存西安碑林博物馆，第 103~104 页。

⑥ 朱金城：《白居易年谱》，台北：文史哲出版社，1991 年，第 63、77 页；吴汝煜：《封敖》，周祖譔主编：《中国文学家大辞典》（唐五代卷），北京：中华书局，1992，第 551 页；陈尚君：《独孤霖》，周祖譔主编：《中国文学家大辞典》（唐五代卷），北京：中华书局，1992 年，第 593 页。

学士主要充当皇帝秘书的角色，昼夜轮流在宫中值班。由于玉晨观位于翰林学士供职的紫宸殿后面，① 于是翰林学士们有机会近距离观察女道士举办的道教仪式及其在宫中的其他活动。

"叹文"是一种次文体，《文苑英华》在此类目下收九篇文章，② 其中一篇是宋之问所作的《叹佛文》，其余均为《叹道文》。这里的"叹"（意为"赞叹"）也是道教仪式中的一类音乐、吟唱，佛教仪式音乐中可能也是如此。③ 从这个意义上讲，"叹道"也可能指女道士在仪式表演中吟唱道教音乐。

这些文章再次告诉我们，在皇宫之中，道教仪式主要是由玉晨观的女道士操办的。综合八篇文章所述，宫中仪式主要在四种情况下举办。第一种情况是有关季节和节日的庆典。例如，在上元日（正月十五），"女道士某等，奉为皇帝焚香行道，敬修功德"④；在立春日，"女道士等奉为皇帝稽首斋戒，焚香庄严"⑤。在这两个仪式中，女道士均为皇帝的长寿和国家的和平昌盛而祈祷。

第二种情况涉及与皇帝有关的特殊日期的仪式，诸如皇帝的生日或忌日。封敖的一篇文章描写女道士在唐宪宗忌日，祈祷已故皇宗安息于黄庭，保佑其子孙和帝国福祚绵长。⑥ 在另一篇文章中，封敖描写女道士在六月十一日庆贺唐武宗生日，为他祈求长寿。六月十一日在武宗统治时期被命名为庆阳节。⑦

第三种情况涉及祈雨仪式。独孤霖撰有两篇皆以"玉晨观祈雨叹道文"为题的文章，文中描述在长期亢旱时女道士向上天求雨的仪式。⑧

最后一种需要举办仪式的情况属于临时性事务，称为"别修功德"。两例这样的事件被独孤霖记载下来。在第一个事件中，女道士在九月初一（秋季的第一天）祈祷和平而富饶的秋季降临。在第二个事件中，她们"奉为皇帝铺陈法要，启迪真筌"⑨。第二个事

---

① 元稹：《寄浙西李大夫四首》，《元稹集》卷22，北京：中华书局，1982年，第251页；《全唐诗》卷417，北京：中华书局，1960年，第4602~4603页。

② 李昉等编：《文苑英华》卷472，北京：中华书局，1966年，第8b~14a页。

③ "叹"或"颂"原本是一种曲调，见李善对潘岳《笙赋》的注释，《文选》卷57，北京：中华书局，1977年，第261a页。

④ 白居易：《上元日叹道文》，朱金城编：《白居易集笺校》卷57，上海：上海古籍出版社，1988年，第3284~3285页；董诰等编：《全唐文》卷677，北京：中华书局，1983年，第12b页。

⑤ 封敖：《立春日玉晨观叹道文》，董诰等编：《全唐文》卷728，北京：中华书局，1983年，第16a~b页。

⑥ 封敖：《宪宗忌日玉晨观叹道文》，董诰等编：《全唐文》卷728，北京：中华书局，1983年，第15b~16a页。唐宪宗卒于元和十五年正月二十七日（820年2月14日）。见《旧唐书》卷15，北京：中华书局，1975年，第472页；《新唐书》卷7，北京：中华书局，1983年，第219页。

⑦ 封敖：《庆阳节玉晨观叹道文》，董诰等编：《全唐文》卷728，北京：中华书局，1983年，第15a~b页。

⑧ 董诰等编：《全唐文》卷802，北京：中华书局，1983年，第5b~6a页。

⑨ 独孤霖：《九月一日玉晨观别修功德叹道文》，董诰等编：《全唐文》卷802，北京：中华书局，1983年，第3b~4a页；《七月十一日玉晨观别修功德叹道文》，董诰等编：《全唐文》卷802，北京：中华书局，1983年，第3b页。

件值得格外注意，因为它再次提供宫廷女道士充当皇帝道师的证据。上文提及的为建造钟楼而举办的仪式，也应当是一种"别修功德"的服务。

依照惯例，道教宫观需要在三元日（正月十五、七月十五、十月十五）、皇帝和皇后的生日和忌日以及其他特殊情况下（诸如为国求福）举办仪式。[1] 上述一篇碑文和八篇文章难得地记载皇宫中玉晨观的女道士举办此类必备仪式的实际情景。此外，这些记载还向我们揭示出其他一些重要事实。其一是有关玉晨观在所谓内道场中的重要地位问题。"道场"一词是梵文"bodhimaṇḍa"的汉译，原本指菩提树下释迦牟尼获得觉悟的地点。这个词首先被用于中国佛教，而后拓展到道教方面，其间延伸出多种意涵，包括宗教庆典和举行庆典的场所。在唐代，皇宫中建立起许多佛教和道教的寺院、道观、庙宇和坛场，以便举办由皇帝和其他皇室成员赞助的各种宗教庆典、实践和仪式。[2] 女道士举办仪式活动的频繁程度，显示玉晨观是最重要的内道场之一。[3]

其二，女道士有能力不依靠男道士而单独承办高级仪式，这一事实证实墓志和诗词作品中经常描述的女道士作为仪式专家的形象。女道士举办仪式的程序细节包括建坛，向神灵献箓、斋戒、焚香、叩首，以及吟唱祈祷等。

其三，女道士除举办仪式外，还充当皇帝的道师。这显示她们拥有深厚的道教经书、义理和实践知识，与田元素和韩自明的墓志所述指导皇帝和其他宫中人物的经历相吻合。

最后，玉晨观中的一些女道士是从京城内外的道观征召而来的，征召原因应是这些女道士的声望和成就。例如，韩自明从长安咸宜观征召入宫，田元素也可能从京城的某所女道观征入。还有一些从遥远南方征召女道士入玉晨观的例子，如著名的女道士诗人李季兰在 783 年前后由扬州（在今江苏）征入[4]，庞德祖在 837 年从江西麻姑山征入[5]。此类征召代表社会最高权威对女道士成就的认可。

六、结　语

我们通过对大量新资料的分析，尤其是墓志和敦煌写本，描绘出唐代女道士宗教经历的丰富画面。对于置身各种境况和处于人生旅程不同阶段的女性，道教打开一条通往精神追求的道路，为她们提供新的身份、事业和角色，使她们在较广阔的社会范围中发挥作

---

[1]　李林甫编：《唐六典》卷4，北京：中华书局，1992年，第126~127页。

[2]　关于唐代宫中内道场的研究，见高雄义坚：《中国的内道场考》，《龙谷史坛》1935年第18期；张弓：《唐代的内道场与内道场僧团》，《世界宗教研究》1993年第3期；孙昌武：《唐长安佛寺考》，《唐研究》第2卷，北京：北京大学出版社，1996年，第1~49页；王永平：《论唐代道教内道场的设置》，《首都师范大学学报》1999年第2期；Jinhua Chen, Tang Buddhist Palace Chapels, *Journal of Chinese Religions*, 2004（32），pp. 101-173.

[3]　关于这座道观的更多信息，见樊波：《唐大明宫玉晨观考》，严耀中编：《唐代国家与地域社会研究》，上海：上海古籍出版社，2008年，第417~424页。

[4]　Jinhua Jia, Yaochi ji and Three Daoist Priestess-Poets in Tang China, *Nan Nü: Men, Women and Gender in China*, 2011, 13（2），p. 228.

[5]　《册府元龟》第54册，南京：凤凰出版社，2009年，第607页。

用。如同我们已经展示的，在承担领袖、道师、布道者、修道者、仪式表演者等各种宗教角色时，以及在面对一些非同寻常的世俗境遇时，女道士们以各种方式提升自我，以多种多样的成就为宗教和社会的运作作出贡献。唐代女道士代表一种重要的女性宗教现象，在道教传统和中国妇女史中都无与伦比。

（作者单位：武汉大学中国传统文化研究中心）

从《关学编》到《明儒学案》

——论黄宗羲重构"关学"的方法及意义

□ 李 博

【摘要】《明儒学案》中，黄宗羲通过集句、增润、附评等方式，改润师承、序次系谱，将《关学编》所呈现的多脉并存、折中于孔氏的明代关学融释到《河东》《三原》《北方王门》等学案中。这些改作是其论证阳明学学术中心地位的一环，改变了冯从吾试图确立的关学面貌，也影响了后世对关学、北方理学及明代理学史的认识。

【关键词】关学；明儒学案；黄宗羲；理学史

《明儒学案》作为一部明代理学史著作，梁启超称之为"中国之有完善的学术史"之始，但同时也有"以史昌学"的批评。① 现代研究者如朱鸿林、吕妙芬、陈畅等先后对"学术史"说做出修正，揭示了其子书性质，认为其"绝不能被当成一部明代儒学的实录"。② 所以，要更全面地观察明代理学，务须突破黄氏之架构，从文本出发，剖析其学术史表述的因袭与改易。朱鸿林及其弟子等已就多个个案进行讨论，在阳明后学讲学、学派问题上多有创见，③ 但对北方理学的关注仍显不足。吕妙芬即注意到《明儒学案》与《关学编》的关系④，甄洪永指出《明儒学案》降低了明代关学的学术价值和历史定位⑤，秦蓁则探讨

---

① 梁启超：《中国近三百年学术史》，长沙：岳麓书社，2010 年，第 56、307 页。

② 朱鸿林：《明儒学案研究及论学杂著》，北京：生活·读书·新知三联书店，2016 年，第 29～59 页；吕妙芬：《阳明学士人社群——历史、思想与实践》，北京：新星出版社，2006 年，第 5 页；陈畅：《理学道统的思想世界》，上海：上海书店出版社，2017 年，第 82～127 页。

③ 邓国亮：《资料不足对〈明儒学案〉编纂的限制——以粤闽王门学案为例》，《燕京学报》新第 21 期，2006 年，第 85～106 页；何威萱：《〈明儒学案〉的文本剪裁及编纂问题析说——以魏校学案为例》，《明史研究》第 14 辑，合肥：黄山书社，2014 年，第 187～208 页；陈冠华：《变动的学术认同——论明儒蒋信的学术转变与思想趋势》，台北《新史学》第 28 卷第 4 期，2017 年，第 155～192 页。按：为避免重复，文中引及者此处未列。

④ 吕妙芬：《明清之际的关学与张载思想的兴起——地域与跨地域因素的省思》，刘笑敢主编：《中国哲学与文化》第七辑，桂林：广西师范大学出版社，2010 年，第 32 页。

⑤ 甄洪永、李珂：《论黄宗羲〈明儒学案〉对明代关学的新建构》，《武陵学刊》2019 年第 6 期，第 78～82 页。

了南大吉这一个案①。本文在分析《明儒学案》与《关学编》文本关系的基础上，检讨其理学史重构，以便于更为深入地理解明代北方理学和关学。

一、作为地域学术史的《关学编》

所谓明代"关学"的范围，如果还原当时的地理概念，其实就是明代陕西布政使司辖区。明陕西乡试考场设在西安，即使清初陕甘分省后也未改变，至光绪元年（1875）左宗棠等奏请，两省方分闱。② 所以，区域内的联系自然更加紧密，作为区域内政治、文化核心的西安及周围府县所产学者固然更多，但冯从吾也未将段坚置于"关学"之外。在地理联系、科举同闱的基础上，正统元年（1436）始设的"提学"制度也值得注意。③ 明代陕西提学比较重要的有两位，一是首任提学庄观，《关学编》明儒之首段坚为庠生时即曾为其所器。④ 弘治年间的杨一清影响更大，康海、吕柟、马理等著名学者都曾在其提学副使、巡抚任内中进士或受到拔擢，称"国朝提学之最"。⑤ 由此，关中人文渐盛，理学复兴。吕柟、韩邦奇、康海等理学、文学家已有意识地与张载学统联系起来。⑥ 一些书院、祠祀如张载讲学故地正学、绿野书院得以重建，凤翔横渠先生祠、岐阳书院也兴建起来。⑦ 明末王之士、冯从吾等正是在正学书院与时任提学的许孚远问学、讲论。在以上诸种因素的影响下，士人对张载以来关学学统的认同感逐渐增强，当地褒赞讲学诸儒，往往以"关中夫子""今之横渠"称之。到明末，冯从吾等人还促成张载后人回乡承祀，而《关学编》也正是在其手中诞生的。⑧

在关中讲学复兴上，冯从吾颇有身肩斯道的使命感：庶吉士散馆及御史任上抗疏罢官后，即讲于家；万历二十四年（1596）罢归，立讲会于宝庆寺；次年，倡《关中会约》；三十六年，与诸友讲学于华阴，当地官员建太华书院；次年，陕西布政、按察使等为其建"关中书院"。⑨ 而其中万历二十六年至三十四年，冯氏病，宝庆寺讲会一度停办，《关学

① 秦蓁：《从"北方王门"到"关学"——以关中南大吉为中心》，《福建论坛·人文社会科学版》2020 年第 4 期，第 134~143 页。

② 田建荣：《陕西贡院的历史变迁与价值》，《长安大学学报》（社会科学版）2014 年第 3 期，第 2~3 页。

③ 陈宝良：《明代学官制度探析》，《社会科学辑刊》1994 年第 3 期，第 103 页。

④ 彭泽：《容思先生段公墓道碑》，王烜编：《皋兰明儒遗文集》卷下，民国三十二年石印本，第 4b 页。

⑤ 《（嘉靖）陕西通志》卷 19，西安：三秦出版社，2006 年，第 889 页。

⑥ 王昌伟著，刘晨译：《中国历史上的关中士人：907—1911》，杭州：浙江大学出版社，2017 年，第 125~132 页。

⑦ 《（嘉靖）陕西通志》卷 32，西安：三秦出版社，2006 年，第 1803~1806 页；康海：《横渠先生〈经学理窟〉序》，氏著《康对山先生集》，贾三强、余春柯点校，西安：三秦出版社，2015 年，第 560 页。

⑧ 林乐昌：《张载理学与文献探研》，北京：人民出版社，2016 年，第 222~233 页。

⑨ 冯从吾：《关中书院科第题名记》《学会约》《关中会约》《太华初盟》《关中书院记》，《冯从吾集》，西安：西北大学出版社，2015 年，第 278、144、136~137、198、271 页；陈时龙：《明代关中地区的讲学活动（下）》，台北《"国立"政治大学历史学报》第 28 期，2007 年，第 108~116 页。

编》即在此间编成。① 对于其中占据大半的明代部分，冯氏在序中序次其架构曰：

> 皋兰（段坚）创起，厥力尤艰，璞玉浑金，精光含敛，令人有有余不尽之思。凤翔（张杰）以经术教授乡里，真有先进遗风。小泉（周蕙）不龉文字，超悟于行伍之中，亦足奇矣。司徒（张鼎）步趋文清，允称高弟。在中（李锦）、显思（薛敬之）履绳蹈矩，之死靡他。至于康僖（王承裕），上承庭训，下启光禄（马理），而光禄与宗伯（吕柟）司马（韩邦奇）金石相宣，钧天并奏，一时学者歙然向风，而关中之学益大显明于天下。若夫集诸儒之大成而直接横渠之传，则宗伯尤为独步者也。宗伯门人几遍海内，而梓里唯工部（吕潜）为速肖。元善（南大吉）笃信文成，而毁誉得失，屹不能夺，其真能致良知可知。侍御（杨爵）直节精忠，有光斯道。博士（王之士）甘贫好学，无愧蓝田。②

即段坚、张杰、周蕙、张鼎四人为明代关学第一阶段，分别独立，至张鼎始开薛瑄之学传。其后是师承周蕙的李锦、薛敬之二人。另外有两大谱系：王承裕之学承其父王恕，下传马理；吕柟直接横渠，集诸儒大成，弟子吕潜、张节、李挺等承之。三支小谱系：南大吉传阳明之学，杨爵传韩邦奇之学，王之士遥承蓝田之脉。其中阳明与薛瑄之学在关中的影响是冯氏面临的重要问题。在吕柟等所纂《陕西通志》中，南大吉及其父南金的传中皆未提及师从阳明之事，似有意讳之。③《关学编》则详载之。原因就在于冯氏并不排斥阳明之学，仅认为"惟无善无恶一句关系学脉不小，此不可不辨"，在为南氏兄弟编阳明语录《越中述传》所作序中，又以立志、从政、格物、教人四事解致良知之说，实有融释之意。④ 而对薛瑄的影响，冯从吾认为关中薛氏后学乃自张鼎始，居其前的段坚、张杰虽与薛氏往还，但并非弟子。周蕙师承段坚，又从李昶"得薛文清公之传"，但冯氏则重点突出其"不龉文字，超悟于行伍之中"的特点。

可见，《关学编》所呈现的明代关学整体上是数脉并存、多元存在的形态，并未整合成一套前承后续的师承谱系，只是通过"折中于孔氏"整体勾连，做一种"由入门户各异，造诣浅深或殊，然一脉相承，千古若契"的学风总结。⑤ 所以，作为首次尝试全面整理关学发展史的著作，其编纂上重地域实多于谱系。正因如此，黄宗羲在其后编纂《明儒学案》时才得以对其进行重新架构。

---

① 冯从吾：《答朱平涵同年》《关学编序》，《冯从吾集》，西安：西北大学出版社，2015 年，第292、231~232 页。

② 冯从吾：《关学编序》，《冯从吾集》，西安：西北大学出版社，2015 年，第 231~232 页。

③ 《（嘉靖）陕西通志》卷 27，西安：三秦出版社，2006 年，第 1454 页。

④ 冯从吾：《别李子高言》《越中述传序》，《冯从吾集》，西安：西北大学出版社，2015 年，第318、251~252 页。

⑤ 有学者在总结《关学编》入编标准时也指出其超越门户之见，折中孔子、归属五家等特点。参见张波：《关学编的编纂动机、体例特点及其学术史意义》，《唐都学刊》2010 年第 4 期；魏冬：《冯从吾〈关学编〉及其补续"关学"观念内蕴发抉》，《宝鸡文理学院学报》（社会科学版）2017 年第 3 期。

二、《明儒学案》与《关学编》的文本关系

吕妙芬曾指出，《明儒学案》所收关学学者及内容，并不出《关学编》范围。① 确如所揭，以小传计，二者著录人物重合达 17 人，其中河东 11 人，三原 5 人，北方王门 1 人。《关学编》有而《明儒学案》未立传者王爵、张锐、李锦（仲白）、何永达、韩邦靖、尚班爵 6 人，皆附传人物。②《明儒学案》出《关学编》外者，薛瑄、阎禹锡、王鸿儒、王恕、杨应诏 5 人，除王恕外皆非关中人士。也就是说，《关学编》所载的明代人物几乎全被纳入《明儒学案》。这并非偶然，《关学编》实为河东、三原等学案的基础材料。在《明儒学案》之前，黄宗羲曾有《理学录》一编，彭国翔指出，其张鼎小传较之《明儒学案》"意思基本相同"。其实，二者皆《关学编》张传之节本。另外，王爵小传亦《关学编》周蕙传所附王传之节本，此传《明儒学案》未存，仅于周传提及；刘玑小传直接称引《关学编》之言。③ 不仅如此，两书重合的 17 人中，实有 15 传以《关学编》为底本。黄氏对原传的处理主要分以下三种情况：④

（一）选择、节录《关学编》传文

《明儒学案》体例完备，每案小序为首，其后一般以师承排序，每人先列小传，传文多先行后学，附以评语，后接论学语、书、文选本，间附评语（此为"理想型"，实际或有缺项）。在河东、三原诸传中，全文各句大部分均可对应到《关学编》，且句序有规律可循，以张鼎小传为例：

> 先生名鼎，字大器，别号自在道人，咸宁人。父廉为山西蒲州知州，先生少从父之任，受学于河东薛文清公之门……成化丙戌，成进士，授刑部主事，迁员外郎。冰蘗自持，推谳详明。甲午出知山西太原府……晋山西参政，仍署府事。又四载，始迁河南按察使……弘治改元，擢右佥都御史，巡抚保定等府……辛亥晋户部右侍郎，寻以病请归。归四年为弘治乙卯，卒于家，年六十有五……终身恪守师说，不敢少有逾越。文清公殁，其文集散漫不传，先生搜辑校正，凡数年，稿始克成……（《关学编》）

① 吕妙芬：《明清之际的关学与张载思想的兴起》，刘笑敢主编：《中国哲学与文化》第七辑，桂林：广西师范大学出版社，2010 年，第 32 页。

② 王爵在黄氏《理学录》有传，《明儒学案》删之，仅于周蕙小传提及，故此处未计。

③ 彭国翔：《近世儒学史的辨正与钩沉》，北京：中华书局，2015 年，第 407～408、447～448 页。按：黄氏书康熙六年完成，今藏中国社科院图书馆。

④ 为引用方便起见，《关学编》引用中华书局点校本，底本为明万历四十年毕懋康刻《冯少墟集》本，《学案》引用浙江古籍出版社《黄宗羲全集》本，底本为清康熙二老阁原刻本，并参核国图藏紫筠斋刻本，参核本非特殊情况不出注。另按：国图藏本《明儒学案》著录为清康熙三十二年贾润（贾润、贾朴紫筠斋）刻本，但卷首有《黄梨洲先生原序》，为贾念祖刻入者，康熙本应为改序，故此本或当为缺少改序及贾念祖跋文的雍正十三年贾念祖重印本。贾刻本序文情况参见吴光：《黄宗羲著作汇考》，台北：学生书局，1990 年，第 25～27 页。

> 张鼎字大器，陕之咸宁人。成化丙戌进士，授刑部主事，迁员外郎。出知太原府，晋山西参政，仍署府事。转河南按察使。弘治改元，擢右佥都御史，巡抚保定等府，入为户部右侍郎。乙卯，卒于家，年六十五。先生少从父之任蒲州，得及薛文清之门。终身恪守师说，不敢少有逾越。文清殁后，其文集散漫不传，先生搜辑较正，凡数年，始得成书。（《明儒学案》）

各句几乎均可对应《关学编》张传，所不同者，除内容节略外，皆技术性调整。如姓名爵里依《明儒学案》例作"张鼎字大器，陕之咸宁人"；"晋户部右侍郎"改"晋"为"入"，避免重复（《理学录》仍为"晋"）；还将述师承的"少从父之任蒲州，得及薛文清之门"句后置，使全传先言行，后言学，符合《学案》很多小传的体例。① 《（嘉靖）陕西通志》《国朝献征录》《明朝分省人物考》等与此均差异较大。《理学录》则节略过简，仅节其"行"，甚至未及师承薛瑄等内容，黄氏当做了重新节略。其后的李锦、吕潜、张节、李挺、王承裕、郭郛、南大吉小传均属此例，不赘。

但节录传文并不意味着全盘继承，其去取间也多见选择之意图。如李锦小传，《关学编》述其师承交游数人，《明儒学案》则仅存周蕙，因其对谱系梳理最为重视，其后"践履醇茂，关中学者咸以'横渠'称之"等语则未录，也未附评语，除因李氏在河东谱系中地位不重外，也可见《明儒学案》对《关学编》的立异。② 又如上文所揭之南大吉，冯氏引阳明"关中自横渠后，今实自南元善始"之语及评称赞南氏"以慎独改过为致知工夫，饬躬励行，惇伦叙理"等语，《明儒学案》皆不录，仅存南氏问学阳明、传致良知之学的内容。③ 此处舍《关学编》原评，未作附按或重评，或因黄宗羲于南氏文集得而复失，文献不足征之故。④

（二）增润、改动传主师承关系

"师承"是《明儒学案》编纂时的核心关节之一，较之《理学录》，表述也有不少差异。比勘传文可发现，除以上基本为原传节录的情形外，还有部分小传亦节自《关学编》，但表述师承时却有差异，尤以段坚、张杰、周蕙三传最显。

段坚小传中，黄氏在师承上做了两处改润：一是在"寻访学问之人，得阎禹锡，白

① 冯从吾：《关学编》，北京：中华书局，1987年，第32~33页；黄宗羲：《黄宗羲全集》第七册，杭州：浙江古籍出版社，1985年，第137页。

② 冯从吾：《关学编》，北京：中华书局，1987年，第34~35页；黄宗羲：《黄宗羲全集》第七册，杭州：浙江古籍出版社，1985年，第149页。按：《国朝献征录》收《松江府同知李锦传》，未注撰者及出处，文字与《关学编》类似，不如后者详细，且少末段，或与《关学编》同源，《明朝分省人物考》亦有李传，较《国朝献征录》又缺数句。《学案》载李锦言辞、行事有不见于《国朝献征录》《人物考》者，故当自《关学编》而来。参见焦竑：《国朝献征录》卷83，扬州：广陵书局，2015年，第3508页；过庭训：《明朝分省人物考》卷103，扬州：广陵书局，2015年，第2243~2244页。

③ 冯从吾：《关学编》，北京：中华书局，1987年，第52页。按：甄文也已揭示了冯、黄对南大吉定位不同，但尚欠申说。冯氏是为了借此为关学张本，黄氏对传文的处理正是要消弭冯氏之论，进而论证何为真正的阳明学。

④ 黄宗羲：《黄宗羲全集》第七册，杭州：浙江古籍出版社，1985年，第7页。

良辅"句后增加"以溯文清之旨"六字；二是对原传所载郡人陈祥之赞"距释排聃……文清之统，惟公是廓"，仅取末八字，前后增润曰："先生虽未尝及文清之门，而郡人陈祥赞之曰：'文清之统，惟公是廓。'则固私淑而有者也。"① 这一改动，实际上给读者带来不小困惑，若单据《明儒学案》，段坚既可被看做从阎、白得薛瑄之学的第三代，也可以看做私淑薛瑄的第二代。② 考虑到段坚紧列于曾亲事薛瑄的阎禹锡、张鼎之后，张杰之前，"私淑"当更近黄氏之意，但无论哪种，与冯从吾视段坚为明代关学创始人物的定位都已截然不同。③ 冯氏还曾为新刻薛瑄全集作序曰："康斋（吴与弼）、容思（段坚）人以地限，于先生犹属神交，若月川（曹端）则晋、洛接壤，朝夕印证，其学得之先生为多。"④ 将段与吴、曹并列，视为薛氏友辈。

《关学编》张杰传曰："文清公过赵城，与先生讲论身心性命之学，文清公叹服而去，先生之学由是益深"，《明儒学案》改为"文清过赵城，先生以所得质之，文清为之证明，由是其学益深"。⑤ 今天我们多以《明儒学案》为据认张杰为薛氏门人，但并未见到更多其从学薛氏的记载。如前述，在冯氏叙述中，张杰是明代关学创始者之一，而非薛瑄弟子。此次会面在张氏赵城训导任上，薛瑄还"叹服而去"。黄宗羲并非没有注意到这一点，张杰列于段坚之后，即其"师承"实比"私淑"更远，当属受影响者。通过这样的适应性策略，张杰也进入河东谱系中。

《关学编》《明儒学案》中周蕙学术渊源皆有两条，即段坚和李昶，然二书对周氏之学定位却不同。《关学编》凸显其"不谙文字，超悟于行伍之中"的独立性，引何大复语谓其于段坚"始若张横渠之于范仲淹，后若蔡元定之于朱紫阳"。⑥《明儒学案》则视其为从学于段坚、李昶的河东第三代学者，不录何氏之语，却在传中特别指出："李昶者……文清之门人也。"⑦ 值得注意的是，李、周在《理学录》中即已见收，段则无之，也就是说，黄宗羲在当时视之为自李昶而下的河东后学。但无论是《关学编》还是其师刘宗周（《师说》），均肯定段、周师承，所以到《明儒学案》，黄氏改变原来安排，收段而去李。通过"私淑"薛瑄的段坚将周蕙纳入河东谱系显然并不牢固，而这一环节关系到其弟子薛敬之是否纳入，进而影响到《河东学案》下卷核心人物吕柟。所以黄氏虽舍李昶，但仍试图在周蕙小传中将"薛瑄—李昶—周蕙"的脉络明晰化。

① 冯从吾：《关学编》，北京：中华书局，1987年，第26~29页；黄宗羲：《黄宗羲全集》第七册，杭州：浙江古籍出版社，1985年，第137~138页。

② 前者如陈元庆：《论薛瑄的实学思想及其河东学派——兼与陈俊民同志商榷》，《晋阳学刊》1988年第5期，第75页；陈冠华：《明儒吕柟师承叙述之考析》，香港《中国文化研究所学报》第66期，2018年，第51页。后者如侯外庐等所编之《宋明理学史》。

③ 薛瑄之学对段坚确有影响，彭泽编《年谱纪略》及所撰墓道碑皆记其与薛氏高弟阎禹锡等人交往。参见彭泽：《段容思先生年谱纪略》，《明代名人年谱续编》第2册，北京：国家图书馆出版社2012年，第99、170、175页；彭泽：《容思先生段公墓道碑》，王烜编：《皋兰明儒遗文集》卷下，民国三十二年石印本，第4b页。

④ 冯从吾：《薛文清先生全书序》，《冯从吾集》，西安：西北大学出版社，2015年，第248页。

⑤ 冯从吾：《关学编》，北京：中华书局，1987年，第29页；黄宗羲：《黄宗羲全集》第七册，杭州：浙江古籍出版社，1985年，第138页。

⑥ 冯从吾：《关学编》，北京：中华书局，1987年，第30~32页。

⑦ 黄宗羲：《黄宗羲全集》第七册，杭州：浙江古籍出版社，1985年，第144页。

除了以上《关学编》中所述明代关学开端的三人，薛敬之小传也能看到黄宗羲增润、凸显师承的痕迹。除评语外，该传节自《关学编》薛传，仅略有改动。重点在于传中薛氏向吕柟述其师友之表述，《关学编》引吕柟撰薛氏墓志"（柟）因叩先生，先生言"云云，《明儒学案》改为"故谓其弟子曰"，刻意表明师弟关系。① 其实，对薛、吕师承，早有学者表示怀疑。② 陈冠华则专文辨析，认为从自认（而非追认、判断）的角度看，吕柟并未视薛氏为师，其"师承"实源自薛氏后人推动其入祀乡贤祠时对行实之改作。③而薛氏小传所改六字也为之后的吕柟小传描述师承埋下伏笔，前后呼应。当然，黄宗羲受材料之限，我们不必苛责古人，但此处改动仍可见其对薛、吕间师承能否确立的重视。

（三）另撰评论，概括宗旨

"宗旨"是黄宗羲著《明儒学案》最自得处，主要就体现在各案小序及各传评语上。在《关学编》中，冯从吾偶尔也会总结或评议传主之学，对此黄氏一般不予节录，而是另起炉灶，重新撰作，内容多异于《关学编》。如《关学编》与《明儒学案》述薛敬之学分别如下：

> 先生嗜道若饴，老而弥笃，好与人讲。遇人无问人省解不，即为说道，人或不乐听说，亦不置，又好静坐思索，凡有所得，如横渠法，即以札记。④
>
> 先生之论，特详于理气。其言"未有无气质之性"是矣，而云"一身皆是气，惟心无气""气中灵底便是心"，则又歧理气而二之也。气未有不灵者，气之行处皆是心，不仅腔子内始是心也，即腔子内亦未始不是气耳。⑤

前者重点在于称其讲学、求道之切，并特标其记为学所得"如横渠法"，将之与张载联系起来。后者则重点批评其歧理、气为二，所据即后附《思庵野录》选本之第二条。但《思庵野录》对此实有明确主张："理无气无所附，气无理无所依，独理不成，独气不就，然理与气二之则不是。"⑥ 却并不见于《明儒学案》之选，那么它是否为黄宗羲所见呢？《明儒学案》所选30条确非直承原书，但皆见于《理学宗传》，且次序不乱，合三条为一条者一处（原非连续三条），略节者数处，当为《理学宗传》选本的再选本。⑦ 而《理学宗传》本此条见存，次条即为所取。即黄氏不仅未能"从全集提要钩玄"，甚至对选本还有刻意忽视之嫌，在这一基础上所作的批评，其最重要的意义实在于与《关学编》立异。

① 冯从吾：《关学编》，北京：中华书局，1987年，第36~37页；黄宗羲：《黄宗羲全集》第七册，杭州：浙江古籍出版社，1985年，第144~145页。
② 孔慧红：《吕柟仁学研究》，陕西师范大学博士学位论文，2009年，第5~7页。
③ 陈冠华：《明儒吕柟师承叙述之考析》，香港《中国文化研究所学报》第66期，2018年，第51页。
④ 冯从吾：《关学编》，北京：中华书局，1987年，第36~37页。
⑤ 黄宗羲：《黄宗羲全集》第七册，杭州：浙江古籍出版社，1985年，第145页。
⑥ 薛敬之：《思庵野录》，《西北稀见丛书文献》第八卷，兰州：兰州古籍书店，1990年，第154页。
⑦ 黄宗羲：《黄宗羲全集》第七册，杭州：浙江古籍出版社，1985年，第145~149页；孙奇逢撰，萧红点校：《理学宗传》，南京：凤凰出版社，2015年，第415~419页。

　　吕柟小传，分先行后学两部分依次集句成文，几无出《关学编》外者。唯"公卿谒孝陵衣绯"句或节自《献征录》《人物考》等书（后书吕传为前书所收行状节本）。但二者对吕氏之评却不同，冯氏从行事、交接、持守等践履层面极力表章之，重点落在推其为关学集大成者上。黄氏不否认吕学重实行，却贬之为"儒生所习闻"，仅称其并非"泛常不切于身"，紧接着话锋一转，以吕柟未将"良知"视为本体，混淆了入门殊途与本体归一之别，甚至以"非惟不知阳明，并不知圣人矣"讥之，可谓针对《关学编》原评而发，完全颠覆之。①

　　韩邦奇小传的情况亦相类②，此传值得注意的是其采《关学编》载韩氏门人白璧之评语，以其学问禀赋比邵雍，道体之论比张载，气节持守比薛瑄③。《关学编》中以传主比附张载之文，《明儒学案》一般不取，此处则予保留，恰与小序"大概宗薛氏""河东别派"之言相印证。

（四）《关学编》外诸小传的来源

　　最后考察薛瑄、阎禹锡、王鸿儒、杨应诏、王恕、马理六传，其中四人非关中人士，王恕《关学编》未收，仅马理为《关学编》有传而未取者。朱鸿林曾指出，《明儒学案》传记多参考《国朝献征录》《皇明书》《分省人物考》《圣学宗传》《理学宗传》《理学名臣言行录》及明代碑传集、个别的碑传文字等。④ 此处除杨传不明外，其他小传正是主要节自《国朝献征录》《分省人物考》等，其变动与对《关学编》传文的处理也异曲同工。⑤

　　薛瑄、阎禹锡、王鸿儒三传主要从《分省人物考》节略而来。其中，薛传中两处涉及石亨等人、事之细节应当还参考其他材料，传末附黄氏的两段评论及崔铣、林竿二人对其出处节义的评论。⑥ 阎传中"遂以所受于文清者，授其弟子"，"使文清之学不失其传者，先生之力也"句为黄氏所增，以凸显其师承，传末增薛瑄评阎禹锡、白良辅语（原出王鸿《薛文清公行实录》），结以黄评："观先生所立，虽未知所得深浅，亦不负文清之所戒矣。"⑦ 王传的调整也主要在师承上，《分省人物考》原文"（段坚）即留读书府中，续食授衣，遣入郡学，为诸生"。《明儒学案》断曰："（坚）遂收之门下，故先生之

　　① 冯从吾：《关学编》，北京：中华书局，1987年，第46页；黄宗羲：《黄宗羲全集》第七册，杭州：浙江古籍出版社，1985年，第151~152页。

　　② 黄宗羲：《黄宗羲全集》第七册，杭州：浙江古籍出版社，1985年，第182~184页；冯从吾：《关学编》，北京：中华书局，1987年，第48~50页；焦竑：《国朝献征录》，扬州：广陵书社，2015年，第1758页。

　　③ 黄宗羲：《黄宗羲全集》第七册，杭州：浙江古籍出版社，1985年，第183页；冯从吾：《关学编》，北京：中华书局，1987年，第50页。

　　④ 黄涛、庄兴亮：《〈明儒学案〉文本研究和校点整理——访朱鸿林教授》，《中国史研究动态》2018年第2期，第58页。

　　⑤ 杨应诏传或为成稿后添加者，并有选语选文，黄氏或曾见其文集。

　　⑥ 过庭训：《明朝分省人物考》卷100，扬州：广陵书社，2015年，第2171~2173页。按：薛氏小传叙事顺序、传文皆与《分省人物考》所收薛传吻合度很高，与阎禹锡撰行状、李贤撰神道碑（《国朝献征录》）、耿定向撰薛传等相差均较大。

　　⑦ 过庭训：《明朝分省人物考》卷90，扬州：广陵书社，2015年，第1948页。

学，本之段氏"，或参考了《国朝献徵录》"留居府中，亲授尚书"一句。① 但二人师承当无疑问，王恕段书曾云："生在幼时，蠢不晓事，使非先生一引手而援之，将不知其伊于胡底矣。"②

王恕、马理小传节自《国朝献徵录》。前者为王世贞所撰传，句序不乱。③ 其中王恕救御史汤鼐等被劾妖言一段无着，却与《白沙学案》邹智小传雷同，仅数字改易，当从邹传补入而互见者。④ 后又有一节与《石渠意见拾遗补缺序》相类，该传附有《意见》选文，当据原集所增者。⑤ 传末批评其学在"事为之际"，未及"大本所在"。马理小传节《国朝献徵录》收薛应旂撰传而来，其中"议大礼，复杖于廷"事及传末引崔铣赞语或自《关学编》所补。⑥ 稍作比勘，本传舍《关学编》而转取他书的原因也不难发现。《明儒学案》所述数事亦多见于《关学编》，但二书对其在学脉中的定位差异颇大。《关学编》始终将之置于关学脉络下，三致其意："康僖公（承裕）深器异之，一时学者即以为今之横渠也"，"渔石（唐龙）作记，称先生得关、洛真传，为当今硕儒"，"其执礼如横渠，其论学归准于程、朱，然亦时与诸儒同异，盖自有独得之见云"。⑦《明儒学案》则视之为三原后学、河东别传，评其"师事王康僖，又得泾野、后渠以为之友，墨守主敬穷理之传"云云，意图分明可见。⑧

三、重构"关学"与黄宗羲的明代理学史编纂

上文揭示了《明儒学案》与《关学编》传文间的继承、改作关系，河东、三原、北方王门三案中，若《关学编》有传，《明儒学案》一般即以之为底本，通过集句、增润、改作、附评，为己所用。这种现象意义何在呢？

（一）"关学"如何被纳入《明儒学案》？

从整体架构看，"关学"并非作为一个完整的学派纳入《明儒学案》，而是受刘宗周的影响，在融入河东脉络后，纳入其明代理学史架构中。

具体到所收人物，《关学编》共收明儒23人（其中附传8人），列示如下：段坚，张

---

① 过庭训：《明朝分省人物考》，扬州：广陵书社，2015年，第1985~1986页；焦竑：《国朝献徵录》卷24，扬州：广陵书社，2015年，第1311页。

② 彭泽：《段容思先生年谱纪略》，《明代名人年谱续编》第2册，北京：国家图书馆出版社，2012年，第197页。

③ 焦竑：《国朝献徵录》卷24，扬州：广陵书社，2015年，第1005~1008页；黄宗羲：《黄宗羲全集》第七册，杭州：浙江古籍出版社，1985年，第173~175页。

④ 黄宗羲：《黄宗羲全集》第七册，杭州：浙江古籍出版社，1985年，第109、174页。

⑤ 王恕著，张建辉、黄云珠点校整理：《王恕集》，西安：西北大学出版社，2015年，第161页。

⑥ 黄宗羲：《黄宗羲全集》第七册，杭州：浙江古籍出版社，1985年，第181~182页；焦竑：《国朝献徵录》卷71，扬州：广陵书社，2015年，第3089页。冯从吾：《关学编》，北京：中华书局，1987年，第47页。按：《分省人物考》马理传亦薛氏撰传节本，《学案》所节有出其外者，故非自《分省人物考》节出。

⑦ 冯从吾：《关学编》，北京：中华书局，1987年，第46~48页。

⑧ 黄宗羲：《黄宗羲全集》第七册，杭州：浙江古籍出版社，1985年，第182页。

杰，周蕙，<u>王爵附</u>，张鼎，<u>张锐附</u>，李锦，<u>李锦（仲白）</u>附，薛敬之，王承裕，吕柟，
马理，<u>何永达附</u>，韩邦奇，<u>韩邦靖附</u>，南大吉，<u>尚班爵附</u>，杨爵，吕潜，张节、<u>李挺附</u>，
郭郛，王之士。（加下划线六人为《明儒学案》未立传者）

  《河东学案》上、下卷共收 15 人，除薛瑄、阎禹锡（洛阳）、王鸿儒（南阳）、杨应
诏（闽人）4 人，其他 11 人皆出自《关学编》。其排列顺序，上卷为：薛瑄（第一代），
阎禹锡、张鼎、段坚、张杰，以上第二代，王鸿儒、周蕙，以上第三代，薛敬之、李锦，
以上第四代；下卷为：吕柟（第五代），吕潜、张节、李挺，以上第六代，后附郭郛、杨
应诏。序次严密，暗列为六代，甚至同代弟子亲授、私淑也能表现出来。见图 1：

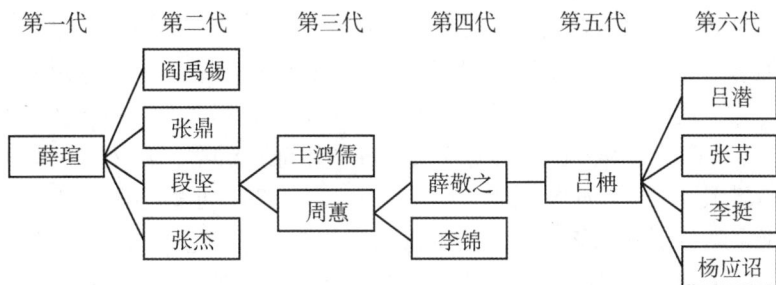

图 1 《河东学案》学者谱系（从左至右、自上而下）

  可见，虽然所收人物高度重合，但《学案》所呈现的谱系与《关学编》实截然不同。
《关学编》"次序各以时代，庶古今不相混淆"，按生年排序。① 冯从吾对关学谱系的认
识，主要体现在传文及自序中（见上文）。《明儒学案》则以代次及师承亲疏排列之。

  先看《河东》上卷，黄氏将生年更后的张鼎前置，仅次于阎禹锡，显然因二人同为
薛瑄亲炙弟子，这与《关学编》"步趋文清"之言相合。② 其后为段坚、张杰，上文已
揭，段为《明儒学案》通过文本改润塑造的薛瑄私淑弟子，张则为关系更远的"文清为
之证明"者。纳入段坚，则其弟子王鸿儒、周蕙也得以进入。周后接弟子薛敬之、李锦。
李、薛生年同而李早殁，且其学术也对薛氏有所影响，故《关学编》中列于薛之前。③
但《明儒学案》以薛敬之为周蕙和吕柟之间的桥梁，联系《河东学案》上、下卷的纽带，
列薛于李之前，紧接周蕙，以示其在谱系中更重要的地位。这样，《河东学案》的整体架
构才得以成立。对此，我们必须意识到，虽不能否认吕柟或曾受薛敬之影响，但如前述，
其师承实出于后人改作，并不牢固。

  下卷则以吕柟为核心，加上弟子吕潜、张节、李挺三人，附以郭郛以及闽人杨应诏，
称"吕柟学案"也不为过。吕柟之学并不同于薛瑄，而更倾向于张载的气本论，黄氏以
若有若无的师承将之作为河东后学不无牵强。当然，吕氏及弟子独成一卷，除著作体量的

———————————

  ① 冯从吾：《关学编》，北京：中华书局，1987 年，第 1 页。引者按：除周蕙生卒年今暂无考，其
他均合此例。

  ② 薛瑄门人王盛所撰《薛文清公书院记》后载"弟子及从游答问者"即有张鼎之名。见薛瑄：
《薛瑄全集》，太原：山西人民出版社，1990 年，第 1665~1658 页。

  ③ 冯从吾：《关学编》，北京：中华书局，1987 年，第 35 页。

考虑，或亦有意为之。其中，郭郛曾师事吕潜之父，又与潜同学于东桥李公，与吕柟并无师承关系，故置弟子三人之后。① 而杨则是因其在南监时，"甘泉、泾野诸公皆讲学，先生独契泾野"，故黄宗羲也将之作为吕氏弟子列入。② 颇微妙的是，杨传列于已属附传的郭郛之后，见于经仇兆鳌改作的紫筠斋本，而据稿本刻出的二老阁本则无，而前者正是被批评"杂以臆见，失黄子著书本义"者。③ 盖黄宗羲对杨氏是否应收当有疑虑。

经过以上选列，余下的 6 位学者中，黄氏出南大吉于《北方王门》，又增王恕，成《三原学案》。该案虽以王恕为首并以其籍贯命名，但组织方式与《河东学案》以一个中心人物衍生出师承谱系的形式显然不同。全案分三组，组间按第一人生年排序：第一，王恕、王承裕、马理；第二，韩邦奇、杨爵；第三，王之士。该案的设立对后世影响很大，"三原"成了"关学"的代名词，但实际上，它只能概括其中第一组人物。韩、杨等无论在地望还是师承上与"三原"都并无多大关系，反而与薛瑄有或多或少的渊源，王之士则受到吕柟、许孚远影响很大。④ 冯从吾更将王承裕、韩邦奇并列视之："昔三原王康僖（承裕）公讲学，其父端毅公督之，朝邑韩苑洛（邦奇）讲学，其父莲峰老人督之。康僖公之门人为马谿田（理），苑洛之门人为杨斛山（爵）。"⑤ 亦即冯氏以王、韩为独立的学术核心，上承家学，下开脉络，父辈并不进入学术谱系。并且，王恕在《关学编》中无专传，仅作为王承裕之学的溯源，但若仅两人，更难成一案。可见，虽诸番努力，《三原学案》并不如《河东学案》成功，实有杂凑之嫌。但无论如何，《关学编》明代部分主要人物都已以新架构纳入《学案》中了。

（二）《明儒学案》的理学史关怀

若对比《理学录》，更可见黄宗羲对"河东"之学的认识实曾有变化。其《理学录》已设"河东学派"，共收 18 人，不过，其中从学薛瑄及其后数传弟子很多人并未进入《明儒学案》。⑥ 这一变动使后者呈现出河东学传中"关学"一家独大的样貌。实际上，早《明儒学案》数年，汤斌在《洛学编》中还感叹薛氏"平生师友半在河洛，实中州明儒之宗"，而其收之人，在《明儒学案》中多在《诸儒》而不见于《河东》。⑦ 为何如此，我们还需要从黄氏之理学史关怀中寻找答案。

就整部《明儒学案》而言，阳明学传无疑是主线，古清美即曾指出，黄氏"最重要

① 冯从吾：《关学编》，北京：中华书局，1987 年，第 58 页。

② 黄宗羲著，沈芝盈点校：《明儒学案》，北京：中华书局，2008 年，第 154 页。按：中华书局本底本为二老阁版冯全垓补刻本，但有杨传，乃据紫筠斋本及莫刻本补入者。

③ 郑性：《郑性序》，黄宗羲：《黄宗羲全集》第七册，杭州：浙江古籍出版社，1985 年，卷首第 1 页。按：仇兆鳌改作事参见张如安：《黄宗羲两〈学案〉补考》，《古籍整理研究学刊》1993 年第 6 期，第 24 页。

④ 张波、米文科：《关学研究探微》，北京：中国社会科学出版社，2018 年，第 149 页。

⑤ 韩邦奇著，魏东点校整理：《韩邦奇集》，西安：西北大学出版社，2015 年，第 83 页。

⑥ 彭国翔：《近世儒学史的辨正与钩沉》，北京：中华书局，2015 年，第 391 页。

⑦ 汤斌：《洛学编·凡例》，《续修四库全书》史部第 515 册，上海：上海古籍出版社，1995 年，第 121 页。

的即是在辨明'无善无恶'及'致良知'二旨……复还阳明以圣学的地位"①。而在整体架构上，以大宗属姚江，而以崇仁为启明，蕺山为后劲。即《明儒学案》虽罗列众家，其目的则在于厘清何为真正的阳明学。

如果说推崇和重释阳明学是《明儒学案》主要意图的话，那么它还有个前提——阳明学如何成为正统。表现在《明儒学案》编纂上，也分三个方面。首先即所分各案及其排序。崇仁、河东、三原等"述朱"之学，只是王学兴起的背景，白沙之学则为前奏，与阳明同时的甘泉之学则成陪衬，而明初的方孝孺、曹端等，入《诸儒学案》，只有到了阳明拈出"良知"宗旨，才真正领悟了圣学真义。② 其次是对非阳明学者的批评。如批评薛瑄、曹端分理气为二，批评罗钦顺言心性落朱子窠臼，不胜枚举。③ 对吕柟、崔铣、何瑭批评阳明之说则一一反驳。④《诸儒学案》更是直接以阳明为标准将所收学者分为国初"宋人规范犹在"者、"有此辨难，愈足以发明阳明之学"者、"半归忠义，所以证明此学"者三种。⑤ 最后是对阳明后学的回护。如泰州学派，虽然黄氏也认为泰州等学派使阳明学渐失其传，但他仍通过文本剪裁，突出泰州学人"赤手以搏龙蛇"的豪侠形象。⑥ 在黄氏看来，即使泰州已渐脱阳明轨范，在基本认识如理气论、对"良知"宗旨的肯定上并无问题，只是缺少像江右那般的工夫。但对"述朱"之学黄氏就无这种回护了，常以"理气二之"批评。这些批评有时甚至刻意为之，可以说是一种门户偏见。

这种论证方式，在其对东林学派包括其师刘宗周之论的处理上也可见到。在辨析王门正传时，东林学者、刘宗周对王学末流的批评是其可资援引的重要资源。虽然大方向契合，但黄氏与二者并不相同，对之既加援引，也有裁剪、辩驳。如《姚江》小序引高攀龙"薛敬轩、吕泾野语录中，皆无甚透悟"之语，以印证其"述朱"之论。实际上，高氏重点是："后人或浅视之，岂知其大正在此。"⑦ 虽然此句也见于《东林学案》，但黄氏借以说明薛、吕不能"反身理会，推见至隐"，与高氏正相反。另外就是其师刘宗周。刘氏对阳明多可平视之，多次与友人、弟子论及"二溪"之学甚至阳明之说的弊病所在。⑧ 而将关学分为"至道""躬行"两个层面，称"关中之学，皆自河东派来，而一变至道"，阳明后学遗行言知，得吕柟之旨救之。⑨ 在对阳明后学的看法（江右为正传）及关学论述（作为河东别传）上，黄氏大致遵师说，但是对其师援引救弊之说，黄氏却

① 古清美：《黄梨洲之生平及其学术思想》，台北：台湾大学文学院，1978年，第9~10页。

② 黄宗羲：《黄宗羲全集》第七册，杭州：浙江古籍出版社，1985年，第1、78、119、173页。

③ 黄宗羲：《黄宗羲全集》第七册，杭州：浙江古籍出版社，1985年，第121页；第八册，杭州：浙江古籍出版社，1985年，第355~356、409页。

④ 黄宗羲：《黄宗羲全集》第七册，杭州：浙江古籍出版社，1985年，第151~152页；第八册，第464~465、473页。

⑤ 黄宗羲：《黄宗羲全集》第八册，杭州：浙江古籍出版社，1985年，第331页。

⑥ 刘勇：《黄宗羲对泰州学派历史形象的重构——以〈明儒学案〉〈颜钧传〉的文本检讨为例》，台北《汉学研究》第26卷第1期，2008年，第186页。

⑦ 高攀龙：《高子遗书》卷五，《无锡文库》第四辑第四册，南京：凤凰出版社，2011年，第102页。

⑧ 刘宗周：《与陈纪常》《与王弘台年友》《答韩参夫》，《刘宗周全集》第三册，杭州：浙江古籍出版社，2007年，第371~372、304、359~360页。

⑨ 黄宗羲：《黄宗羲全集》第七册，杭州：浙江古籍出版社，1985年，第19~20页。

多有批评，这也正是他对以关学为代表的王门外的学者的普遍评价。刘氏在吕柟传后附弟子同调六人，吕潜、张节、郭郊随吕柟入《河东》，马理归《三原》，何瑭、崔铣则入《诸儒》。

四、结语：《明儒学案》之"关学"论述及其影响

从明正统特别是弘治年间开始，关中地区学统意识渐兴，与张载相关的书院、祠祀也随之兴起，学者们有意识地标榜横渠之学。其中的积极参与者冯从吾首次对关学学统进行梳理，编纂《关学编》。虽冯氏试图在其中整理出一个自张载至明末的系谱，但限于其本身的复杂性，最终只能以"折中孔学"概括之，对明代关学，也是尽可能地呈现其多元归一的样貌。即使如此也已招致"启门户之争"的批评。① 可以说其所谓"关学"更多的是一种学风而非观点的传承。明清鼎革后，黄宗羲在此基础上，通过传文改润、提炼宗旨等方式，成功地将明代"关学"纳入"河东""三原"谱系中，这也是其论证阳明学传为明代理学、儒学中心的一个重要环节。黄氏的学术史论述对后世影响很大，"三原学派"之说即肇始于此。清初官修《明史》，述及关学人物，周蕙传中径称段坚"薛瑄门人也"，吕柟传中直书"柟受业渭南薛敬之，接河东薛瑄之传"。② 这些论述是否受《明儒学案》影响，有待于进一步研究，但在《明儒学案》重构《关学编》所述谱系后，尚不明白的薛、段，薛、吕师承渊源逐渐肯定下来，也是一种趋势。同时，在关中地区，也仍有沿着冯从吾开启的关学论述继续光大的王心敬、李元春、贺瑞麟等人，除增传外，基本不出冯氏所定脉络，但对后世学术史论述的影响显然不及《明儒学案》。

最后需要说明的是，我们要充分意识到，学术史论述与学术发展实态并不天然地画等号。"讲学运动"是阳明学传播的重要方式，这也有利于形成前承后继的学传谱系，但是在明初特别是北方地区，讲学不如南方盛行，加上河东、关学等本身的践履特色，使得其学往往很难有几代传衍。③ 《明儒学案》重建了河东谱系，这种谱系化实际上得失互见。在一些相关研究上，不宜直接以《明儒学案》为据，而应该以更丰富的材料补充之，这样无疑有利于我们看到更丰富的学术史面向。

（作者单位：武汉大学文学院）

---

① 《皋兰县志》卷 14，清乾隆四十三年刻本，第 31b 页。
② 张廷玉等：《明史》卷 282，北京：中华书局，1974 年，第 7230、7244 页。
③ 侯外庐、邱汉生、张岂之主编：《宋明理学史》，西安：西北大学出版社，2018 年，第 842~846 页。

19 世纪朝鲜《春秋》学中的尊周意识

——以郭钟锡《春秋》问答为中心

□　金东敏

【摘要】本文将《春秋》与周的关系、《春秋》记录中使用的历法作为主要研究对象，以阐明朝鲜王朝末期学者郭钟锡《春秋》问答中的尊周意识。郭钟锡基于彻底的尊周意识，主张《春秋》与周的关系不是断绝，而是一种连续。即《春秋》的最终目的并不是新王的改革，而是通过拨乱反正消除天下的混乱，从而使周的统治秩序更加巩固。并且论证了《春秋》只是以周的历法为记录标准，由此而揭示出《春秋》彻底的尊周意识。因为《春秋》的这种尊周意识是其性质的决定性因素，所以它成为《春秋》经学的主要争论点之一，包括《春秋》四传在内，有许多学者对此提出了各种各样的解释。在郭钟锡的问答中，这个主题被采纳为核心论题，也是与这种学术潮流一脉相承的。因此，这项研究能够为揭示郭钟锡《春秋》经学本身的学术特点以及在 19 世纪朝鲜王朝《春秋》学中所具有的学术史意义提供重要的线索。

【关键词】郭钟锡；李震相；《茶田经义答问》；《春秋》；尊周；朱子；胡安国

一、引　　言

　　俛宇郭钟锡（1846—1919）是一位活跃于 19 世纪朝鲜王朝末期混乱时期的学者。他和老师寒洲李震相（1818—1886）都被评价为朝鲜后期性理学的代表人物。可是，对他在当时的国乱和危机情况下表现出的现实认识和对应现实的方式，至今都存在着不一致的看法。郭钟锡的著作有《俛宇集》二百多卷和《茶田经义答问》二十二卷，而对于他的研究只是集中在性理学方面，对其整个思想的研究还不够广泛。尽管郭钟锡的经学研究成果在揭示其个人学术乃至 19 世纪朝鲜王朝经学特点上，都占有着非常重要的地位，但是现有的研究成果却相当匮乏。① 在这种情况下，对他的学术倾向和现实认识进行正确的评

---

① 有关郭钟锡的先行研究成果，参见金钟进：《俛宇郭钟锡的现实认识与学问性向》，庆尚大学汉文学系博士学位论文，2015 年，第 3~7 页；李炯性：《寒洲李震相及其学派研究的现况与展望》，《儒教思想文化研究》第 39 期，2010 年，第 40~41 页。

价并不是一件容易的事情。

然而明确的一点是，郭钟锡对当时混乱的局势具有一种强烈的危机意识，而且这种意识又对他的学术产生了影响。在他的学术领域中，尤其是《春秋》经学中的时代意识最为强烈。他在为李震相的《春秋集传》题写的跋文中，这样说道："岁丁丑秋，先生命驾于南沙之弊庐，时小子方业是经。先生叹曰：'今天下将乱矣，不熟读于是，不能为士也。'小子请集成折衷，以嘉惠之，先生谦让，未敢遽也。归则又上书劝之者再而三，先生见世机日下，人纪日紊，有不得已者，遂慨然从事于纂辑之劳，积以岁月，而是编者成。"① 这里可以看出，李震相向郭钟锡强调天下混乱时必须熟读《春秋》，郭钟锡也强烈要求李震相纂辑《春秋》。根据这种情况来看，郭钟锡在应对当时的时代变化中，已经切实地认识到学习《春秋》在学术方面具有的必要性和重要性。他虽然没有《春秋》的专门著作，但他与门人之间就《春秋》主题进行的问答内容却收录在《茶田经义答问》中。对于收录在此书中的有关《春秋》问答的主要内容及其学术意义，笔者已经在先行研究中有所指出。② 本文的目的就在于，将郭钟锡《春秋》问答中的《春秋》与周的关系、《春秋》记录中使用的历法作为研究对象，揭示其中蕴含的尊周意识的实质。因为《春秋》的尊周或尊王意识是其性质的决定性因素，所以它成为《春秋》经学的主要争论点之一，包括《春秋》四传在内，有许多学者对此提出了各种各样的解释。在郭钟锡的问答中，这个主题被采纳为核心论题，也是与这种学术潮流一脉相承的。因此，这项研究能够为揭示郭钟锡《春秋》经学的学术特点及其在朝鲜王朝经学中具有的学术史意义发挥重要的作用。

二、《春秋》与周的关系："《春秋》是鲁史，非天子之史也"

通常认为《春秋》是孔子以鲁旧史为底本重新编辑的一部著作。但是，被孔子当作编辑对象的并不是鲁旧史的全部内容，而只是其中的一部分。对此，郭钟锡解释说，这是因为在《春秋》作为底本的鲁旧史中，"隐公"前后的记录状态不同。他提出一个独特的主张：因为隐公之前的记录已经具备了完整的形态，所以无须进行加工，而相对不完整的隐公之后的记录就被当成了加工对象。③ 的确，《春秋》不是孔子独创的著作，它只是编辑了一部分的鲁旧史，可是这本书为什么能作为儒家的代表性经典受到世人的关注？因为，这本书超越单纯整理字句或文章的层次，实现了反映孔子特殊意图的哲学性加工。也就是说，孔子根据自己的判断标准，对记录对象进行甄别性的笔削，并且用自己独特的语

① 郭钟锡著，韩国学文献研究所编：《俛宇集》（四）卷之百四十一《春秋集传跋》，首尔：亚细亚文化社，1983 年，第 72 页。

② 金东敏：《对郭钟锡〈春秋〉问答中十九世纪朝鲜王朝知识人的〈春秋〉理解的考察（1）》，《韩国哲学论集》第 65 期，2020 年。该文不仅考察了《茶田经义答问·春秋》的体裁和构成等基本内容，而且对郭钟锡的《春秋》解释方法和 19 世纪朝鲜王朝《春秋》经学的特点等进行了综合考察。

③ 关于《春秋》记录从鲁隐公开始的原因，根据当时的时代状况和孔子的时代意识，存在着各种各样的解释，而郭钟锡则提出了不同于原有解释的具有独创性的主张。详细内容参见金东敏：《对郭钟锡〈春秋〉问答中十九世纪朝鲜王朝知识人的〈春秋〉理解的考察（1）》，《韩国哲学论集》第 65 期，2020 年。

言进行了表达。当孔子的这种判断标准和语言表达被称为《春秋》大义或笔法之后，它就被认为是《春秋》读法的出发点了。但是，在《春秋》简洁的文章中把握孔子的大义或笔法并不是一件容易的事情。于是，揭示《春秋》经文中孔子的本意成为《春秋》学的核心主题，许多学者对此提出了各种各样的解释。

郭钟锡也是其中的一位学者，在他的问答中，对孔子本意的正确读法是最重要的主题之一。原有学者们理解的孔子本意大致可以分为两种含义：第一，从当时的时代背景方面来看，是孔子想要消除天下混乱的时代意识；第二，从《春秋》记录的制作方面来看，是孔子在对《春秋》的文章逐一笔削的过程中，当作标准的记录原则。对孔子本意的这种理解，是把握《春秋》经文正确读法的必要且先行的条件。

首先，在当时的时代背景下，孔子的时代意识，也就是孔子在《春秋》的执笔过程中，心中怀有的问题意识。理解这个问题意识的核心关键就是《春秋》与当时的天子国周之间的关系。《春秋》与周的关系，通常是用孟子所说的"孔子惧，作《春秋》，《春秋》，天子之事也"（《孟子·滕文公下》）来代言的。意思是说，因为当时的周已经丧失了天子的权威，所以孔子想作《春秋》来代替周的作用。可是，郭钟锡却说："《春秋》是鲁史，非天子之史也。"[1] 他断定《春秋》只是诸侯国鲁的历史，与天子的历史是无关的，从而否定了《春秋》作为天子史的作用。这句话精简地概括出郭钟锡考察《春秋》的性质以及《春秋》与周之间关系的视角。关于这个问题，郭钟锡和门人之间有这样一段问答：

> 胡氏以孟子"《春秋》，天子之事"一语作骨子，谓能黜陟诸侯之爵次，其然乎？曰夫子以笔削能治一世乱贼之人，故孟子以为天子之事，非谓能黜陟爵次也。黜陟各在于其人之事，非夫子之用意于其间而与夺其爵次也。至当。[2]

在《春秋》经学中，孟子的这句"《春秋》，天子之事"是讨论《春秋》政治性质时经常引用的代表性文献。事实上，这句话只是象征性地表现了《春秋》的权威和作用，但是胡安国却认为《春秋》在现实政治中，作为一种实际性的权力发挥了作用。胡安国认为，《春秋》直接行使了天子固有的权力——"黜陟诸侯爵位"。当然，这并不是说《春秋》在政治现场上实际进行了爵位的黜陟，而是通过文章的褒贬形式进行的，不过他肯定了《春秋》的这种代替天子权力的作用。正如有些人所说，《春秋》的爵位黜陟实际上就是一种越权行为，所以它与《春秋》高举拨乱反正旗帜的名分之间，产生了深刻的矛盾。对此，胡安国将"华夷之辨"设定为《春秋》的重大事件，标榜"保存中华"这一名分，为《春秋》赋予了黜陟诸侯的正当性。[3]

---

[1] 郭钟锡：《茶田经义答问·春秋·总论》，《韩国经学资料集成·春秋》（十），首尔：成均馆大学大东文化研究院，1998 年，第 815 页。而且以《茶田经义答问》（首尔：梅山出版社，1984 年）为校本。DB 资料参考收录在韩国古典翻译院韩国古典综合 DB 中的《俛宇集》（国立中央图书馆收藏本，韩 46-가 792）。

[2] 郭钟锡：《茶田经义答问·春秋·总论》，《韩国经学资料集成·春秋》（十），首尔：成均馆大学大东文化研究院，1998 年，第 809 页。

[3] 胡安国：《春秋胡氏传·僖公中》，杭州：浙江古籍出版社，2010 年，第 183 页。

主张孔子以消除天下混乱的"天子之事"为己任的观点，是渗透在胡安国《春秋》解释中的基本认识。他将《春秋》规定为"史外传心之要典"，然后说："仲尼天理之所在，不以为己任而谁可？"主张孔子的时代使命感集中体现在《春秋》里。[1] 并且将《春秋》的这种作用等同于古代圣君的政治，使《春秋》的绝对权威得到合理化。按照胡安国的主张，《春秋》和古代圣王的政治一样，其最终目的是通过拨乱反正恢复天下秩序。正如《孟子·滕文公下》所说，《春秋》的劝善惩恶和褒贬的政治"其功配于抑洪水、膺戎狄、放龙蛇、驱虎豹。其大要则皆天子之事也"。胡安国将《孟子》中的《春秋》作用直接运用在现实政治上，强调了《春秋》作为一种实际政治权力时所具有的权威与作用。[2]

但是，郭钟锡并不接受胡安国的解释，而是从客观角度直视孔子和《春秋》的现实地位。他明确指出，孟子所说的《春秋》作用只是一种象征性的意义，与现实政治是无关的。也就是说，《春秋》是对天下混乱的"主犯"乱臣贼子发出的一种警告，并不是政治现场中的实际权力。因此，他不同意《春秋》行使了黜陟诸侯爵位等权力的说法。对于这个问题，郭钟锡的主张非常简单。因为《春秋》是鲁的历史记录，鲁又是周的诸侯国，所以《春秋》只是站在诸侯国的立场上，将周尊为天子。如果《春秋》行使了天子的权力，那么当然就是越权。

> 《公羊》谓"《春秋》移王于鲁"。如是则僭王之罪，鲁自蹈之，圣人岂为是哉？但其以元年二字，为必天子而后名云云，则恐未必无可据。移王之谬，来说得之。元年之必天子而后称，抑别有据否？愚则谓夫子于此，直称鲁君之初载为元年，则其为据孰多于此。[3]

认为《春秋》追求的是新王朝改革的立场，即认为《春秋》与周的关系是"断绝"的，这就是公羊学的王鲁理论。这个理论主张《春秋》把鲁作为新王，即代替周领导新王朝的改革主体。如果按照这个理论，《春秋》与周的关系就非常明确。站在《春秋》的立场上，周是新王朝必须要克服的、变革和逐出的对象。相反，站在周的立场上，鲁只能成为超越天子地位和权力的、叛逆的乱臣贼子。王鲁理论始于董仲舒，再经由何休，得到了更加系统的理论化，其核心是《春秋》这个新王的改革，并且改革的方向不是恢复周的统治体制，而是为新王朝确立新制度。因此，周自然就成为改革的对象，《春秋》与周的关系也不是通过继承的连续，而只能是通过克服而断绝。由于这个理论很有可能被理解为《春秋》否定当时的天子国周，甚至将它视为逐出对象，因而受到了许多学者的批判。

郭钟锡的门人也接受了原有对王鲁的批判性见解。不过他提出了一个疑问，那就是王鲁不完全是一个荒诞的主张，它是有一定的理论根据的。因为按照何休的解释，《春秋》使用"元年"这个天子纪年方式的事实，就能成为《春秋》标榜过王鲁的根据。对此，

---

① 胡安国：《春秋胡氏传·春秋传序》，杭州：浙江古籍出版社，2010 年，第 1 页。
② 胡安国：《春秋胡氏传·春秋传序》，杭州：浙江古籍出版社，2010 年，第 1 页。
③ 郭钟锡：《茶田经义答问·春秋·总论》，《韩国经学资料集成·春秋》（十），首尔：成均馆大学大东文化研究院，1998 年，第 810 页。

郭钟锡指出了何休提出的王鲁根据本身存在的问题。他斩钉截铁地说，因为何休提出的根据是一个没有任何证据的主张，所以以此为根据的王鲁自然也就不能成立。他反而主张，通过可以作为客观证据的《春秋》记录本身，就能够找到更加明确的根据。也就是说，鲁的史书《春秋》使用了"元年"这一概念，就是证明"元年"不只是天子的固有称号，而是当时诸侯们通用概念的明确证据。总之，从郭钟锡的观点来看，《春秋》与周的关系不是断绝而是连续的，《春秋》的最终目标也不是新王的改革，而是通过拨乱反正确立周的统治体制。

三、《春秋》的历法："夫子宗周而鲁是周臣，故鲁史而用周正"

如前章所述，郭钟锡认为《春秋》与周的关系是连续的，并且表现出一种彻底的尊周意识——通过拨乱反正恢复和确立周的统治秩序就是《春秋》的政治志向。但是，在《春秋》与周的关系是断绝还是连续的这两种互相矛盾的观点上，不同解释共存，《春秋》记录中最受关注的对象就是作为王朝年度表记标准的"历法"。《春秋》是沿用了周的历法？还是使用了其他历法，从而标榜新王朝的开始？《春秋》的历法可以说是明确表明《春秋》与周之间关系的核心线索。

《春秋》也是按照编年体的形式，用"元年，春，王正月"开启所有国君的第一年。因为鲁是周统治体制下的诸侯，所以史书的年度表记当然是按照周历法。《左氏传》在"正月"前加上"周"字，记录为"王周正月"，① 《公羊传》则指出《春秋》的"王"是"文王"，② 明确表明《春秋》使用了周的历法。可是，到了唐代有人提出《春秋》使用了夏历法的主张之后，这个问题引发了极大的争论。《春秋》的历法问题由于宋代程伊川和胡安国，正式成了《春秋》学的主要争论对象。③

这场争论的出发点是孔子在表明自己政治理想的过程中言及"行夏之时"的这一部分。④ 程伊川根据孔子的这句话，主张"周正月，非春也，假天时以立义尔。平王之时王道绝矣⑤。就是说，当时因为周的王道已经消失，所以《春秋》借助"天时"——即相当于夏历正月的春——建立了政治的法度。这一主张发展到胡安国"以夏时冠周月"的理论，到了元代，正如程端学（1278—1334）所说的"《春秋》用夏正数月，本无可疑"⑥，它已经作为一个理论固定了下来。在郭钟锡和门人对这个问题进行的问答中，也反映了这种学术趋势。他们对最先引发这一争论的程伊川解释提出了强烈的质疑。

程子曰，"假天时以立义"，此言如何？曰"此程子以夫子为邦之答为主，然圣

---

① 杜预注："隐公之始年，周王之正月也。"《左氏传·序》："所用之历，即周正也。"《穀梁传》的传文中虽没有，但范宁注："隐公之始年，周王之正月也。"

② 《公羊传》隐公元年："元年者何？君之始年也。春者何？岁之始也。王者孰谓？谓文王也。"正如何休的解释："文王，周始受命之王"，此处的"文王"象征着"周"。

③ 纪昀等：《钦定四库全书总目》卷29《春秋类四·三正考》，北京：中华书局，1997年，第381页。

④ 《论语·卫灵公》："颜渊问为邦。子曰：'行夏之时，乘殷之辂，服周之冕。'"

⑤ 程颐：《河南程氏经说》卷5《元年春王正月》，《二程集》，北京：中华书局，2004年。

⑥ （元）程端学：《春秋或问》卷1《隐公》元年，《文渊阁四库全书》本。

人宁有假之耶?《春秋》因鲁史而作,则春是周,正是周。岂夫子之所能革之耶? 为邦自是为邦,《春秋》自是《春秋》,不可泥看。""至当。"①

按照郭钟锡的见解,程伊川的主张只限于对颜渊质问的回答,《春秋》与它是毫无关系的。既然《春秋》以鲁旧史为底本,那么春和正月的记录当然就要按照天子国周的历法。特别是"行夏之时"表明的是孔子个人的政治理想,相反《春秋》是国家正式的历史纪录,所以二者是完全不同的两件事情。由此可见,郭钟锡的《春秋》读法建立在一种彻底的尊周意识上。

郭钟锡并没有简单主张《春秋》使用了周历,而是通过《诗》《左氏传》等可以作为客观根据的资料,对《春秋》使用周历的问题进行了积极的论证。

> 人正之不易于四时,备见于《书集传》,却似无疑。若《春秋》,则实有不可以此断者,《左氏》及杜注全用周正说去。要之史官所记,只依周正,则三正之统,非夫子所当私改。经文四时皆以周正,亦明甚,盛辨得之。②

周代的记录《周书·太甲》中有这样一段文章:"惟十有三年春,大会于孟津。"《书集传》则按照夏历,把"春"解释为孟春的建寅之月。并且说,三代修改历法时,并没有改月数和四时,只改了正朔。③ 也就是说,周代沿用了夏的月数和四时。那么,《书集传》的解释是否可以直接运用在《春秋》历法上? 郭钟锡根据上面列举的《左氏传》的传文和杜预注,断言《春秋》只使用了周历,孔子不可能擅自修改史官记录的历法。就是说,不同于《书集传》的解释,周代对夏历的月数和四时都进行了修改。④ 正是这样,郭钟锡强烈主张《春秋》使用了周历,对相关的争论点进行了系统的辩论。首先是"建子非春",就是程伊川所主张的——周历的正月不是春。在后面要讨论的胡安国"以夏时冠周月"的理论中,它被作为理论的根据。由此可见,它既是《春秋》历法争论发生的最初原因,又是争论的核心论点。

> 曰"王正月",则其为时王之正月者无疑矣。其余诸月,皆当以此而推也。春者,阳生之候也。子月之一阳,丑月之二阳,寅月之三阳,皆可以为春矣。其曰"春无冰"者,可见以一之日为春也。夏正固民时之善者,然其或歌谣之作、言辞之发,则周人亦多以夏时见称。而至于纪事之书,则恶得违时王之制,而遽行改正朔之

---

① 郭钟锡:《茶田经义答问·春秋·总论》,《韩国经学资料集成·春秋》(十),首尔:成均馆大学大东文化研究院,1998年,第809~810页。

② 郭钟锡:《茶田经义答问·春秋·总论》,《韩国经学资料集成·春秋》(十),首尔:成均馆大学大东文化研究院,1998年,第817~818页。

③ 《书集传·周书·泰誓上》蔡沈注。

④ 关于《春秋》历法的主张分为四大类。详细内容参见招祥麒:《王夫之春秋稗疏研究》,上海:上海古籍出版社,2010年,第9页。

权耶？蔡《传》之谓不改时月，恐未可信。①

在夏殷周三代的历法中，对于"正月"，夏是"建寅之月，春一月"，殷是"建丑之月，冬十二月"，周是"建子之月，冬十一月"。如果以算术方式划分季节，属于春的月份就是一、二、三月，所以在节气上，正月属于春的是夏历。因此，程伊川等人主张，如果《春秋》采用了周历，那么就应该是"冬王正月"，而不是"春王正月"。但是，郭钟锡关注的并不是单纯地根据算术方式划分季节，而是季节的变化形态。如果通过阴阳的变化观察季节的推移，春就意味着阳气的生成，夏殷周的正月都是阳气生成的时期。朱子说"子是一阳初动时，故谓之天统，丑是二阳，故谓之地统，寅是三阳，故谓之人统"② 就是这个意思。周的建子之月（十一月），即冬至一阳最先生成，殷的建丑之月（十二月）二阳生成，夏的建寅之月（一月）三阳生成。因此，三代的正月（十一月、十二月、一月）都可以说是阳生成之春。③ 明代湛若水（1466—1560）说："盖三阳之月，皆可为岁首，则皆可以为春。……子月阳生之月，故为岁首而经书之曰春。"④ 这与郭钟锡的主张完全一致。⑤ 加之《春秋》记录中的春有"无冰"的内容⑥，郭钟锡认为，这里记录的就是在"一之日"，即一阳生成的十一月冬至，冰雪融化、春天来临的事实⑦。

另外，当我们考察周代的一些历史资料时，经常可以看到当时不仅使用了周历，还使用了夏历的事例。例如，"《周礼》凡言正岁者，则夏之建寅正月，直言正月者，则周之建子正月也"⑧。周代主要是在民间同时使用了这两种历法，其原因是"正岁，谓夏之正月，得四时之正"⑨。就是说，因为夏历与自然现象相吻合，所以有利于老百姓的农耕。但是，由于《春秋》是记录周史的国家正式文件，因此以当时天子的历法为标准也是当然的事情。不仅如此，修改历法是天子的固有权限，孔子不可能擅自修改，使用以夏历为准的春。

综合郭钟锡的这些主张，周在成为新王朝之后，全面修改了前代王朝的历法，《春秋》是按照重新修改的周历进行记录的。因此，前面讨论过的《书集传》中，周代只改正朔未改时月的解释是一个错误的理论。

---

① 郭钟锡：《茶田经义答问·春秋·总论》，《韩国经学资料集成·春秋》（十），首尔：成均馆大学大东文化研究院，1998 年，第 820 页。

② 《朱子语类》，卷 24《论语六》，上海：上海古籍出版社、合肥：安徽教育出版社，2010 年，第596 页。

③ 《后汉书》卷 46《郭陈列传》。

④ （明）湛若水：《春秋正传》卷 5《桓公》，《文渊阁四库全书》本。

⑤ "建子非春"和"建子为春"的争论是宋代以后《春秋》学主要争论主题之一。前者始于程伊川，代表人物有宋代胡安国，元代程端学和汪克宽等。后者的代表人物有元代陈师凯，明代张以宁和王介之，清代王夫之等。详细内容参见金东敏：《王夫之〈春秋〉学的实证解经方法》，《船山学刊》2020年第 1 期。

⑥ 《春秋》桓公十四年："春，正月……无冰"；襄公二十八年："春，无冰"。

⑦ 对《诗·豳风·七月》"一之日觱发，二之日栗烈"，《诗经集传》中朱子说："一之日，谓斗建子一阳之月，二之日，谓斗建丑二阳之月也。"

⑧ 《周礼注疏·地官·大司徒》贾公彦疏。

⑨ 《周礼注疏·天官·小宰》郑玄注。

接着，郭钟锡对胡安国的"以夏时冠周月"正式展开了辩论。这一理论以程伊川的"建子非春"为根据，对《春秋》使用夏历的主张进行了系统的理论化，可以说是《春秋》历法争论中的焦点。

> 春王正月，《胡传》曰："以夏时冠周月，何哉？语颜回以为邦则曰行夏之时，作《春秋》以经世则曰春王正月，此见诸行事之验也。"盖答颜之问，是得时行王之大法，《春秋》之书，是从周纪事之微意，改正朔行夏正，似非知我之意。无臣而为有臣，夫子犹以为欺天，况无位而为有位，擅行改正之事乎？且以经文推之，《隐》九年"春，三月，震电"，实夏之正月，《桓》八年"冬，十月，雨雪"，《成》元年"春，二月，无冰"，实夏之八月、十二月，皆从周正，而曰春曰秋，乌在其行夏时，而以夏时冠周月乎？所论极明正，考据又精核。①

按照郭钟锡的分析，胡安国是通过《春秋》"春王正月"的记录，揭示了孔子平素的政治理想。就是说，他通过在《春秋》里记录以夏历为准的"春"，把平时想要使用夏历的想法直接运用在现实政治上。② 对此，郭钟锡和上文一样，将回答颜渊质问的内容和《春秋》的记录区分为两件不同的事情。对颜渊回答的内容是孔子未来的政治理想，相反《春秋》的记录是以过去和现在的事件为对象的现实政治。谈论未来政治理想的时候，是可以提及个人超越现实的政治抱负的，但是记录现实政治的时候，就不得不受到自己的身份和地位的限制。尤其是孔子，他的最终目的是通过拨乱反正确立统治秩序，对于因诸侯、大夫的越权而引起的政治混乱极为警惕，所以在诸如历法等有关王者固有权限的敏感问题上，他特别慎重。比如，孔子在辞去官职，以平民的身份居家时生了病，子路为他安排了家臣。后来，孔子病愈后听到此事，大为慨叹："无臣而为有臣，吾谁欺，欺天乎！"（《论语·子罕》）按照郭钟锡的主张，站在孔子的这种连安排家臣的小事都非常警惕的立场上，通过修改历法，擅自超越天子固有权限的越权行为是难以想象的。

并且，孔子说："知我者，其惟春秋乎，罪我者，其惟春秋乎！"（《孟子·滕文公下》）指出后人对自己的评价只能以《春秋》为标准。可是，如果《春秋》通过修改历法越了权，它就会成为严重的批判对象。胡安国也曾说："罪孔子者谓无其位而托二百四十二年南面之权，使乱臣贼子禁其欲而不得肆，则戚矣"③，认为《春秋》的越权行为会成为后代对孔子进行否定性评价的原因。然而，胡安国所说的"罪"是为讨伐乱臣贼子而不得已的选择，其目的是为了确立现王朝的统治秩序，从这一点来看，它是可以得到宽恕的。但是，修改历法是对现王朝的否定，而且具有用新王朝取代的含义，因此它与前面的越权是截然不同的。

另外，比较四时和月数的记录，就可以确认《春秋》是按照周历记录的。例如，《春

---

① 郭钟锡：《茶田经义答问·春秋·总论》，《韩国经学资料集成·春秋》（十），首尔：成均馆大学大东文化研究院，1998 年，第 816~817 页。"曰春曰冬"在原文中，作"曰春曰秋"，"秋"应为"冬"。此处是按照改正后的"冬"字进行解释的。

② 胡安国的解释见于《春秋胡氏传·隐公上》，杭州：浙江古籍出版社，2010 年，第 2~3 页。

③ 胡安国：《春秋胡氏传·春秋传序》，杭州：浙江古籍出版社，2010 年，第 1 页。

秋》中有"春三月""冬十月""春二月"等记录，把这些换成夏历，就相当于"正月""八月""十二月"。① 因为《春秋》是按照周历记录四时和月数的，所以胡安国认为《春秋》的四时是按照夏历记录的主张是找不到任何根据的。对此，郭钟锡在另一段问答中，这样说明：

> 时月之说，考据博而综核明。然但以《春秋》所书求之，周之以建子为正月，而仍改月改时审矣。盖春二月无冰，三月震电，冬十月雨雪，十二月陨霜不杀草，以夏正则不足为灾。其实则乃十二月无冰，正月震电，八月雨雪，十月霜不杀草，故书其灾也。其他如秋无麦即五月，冬大有年即九月也。②

在前面的问答中，郭钟锡说不能相信《诗集传》中周代四时和月数都未修改的主张，可是在这一段中，他却承认这个主张也是通过各种根据推导出来的。不过，如果只是考察《春秋》记录，那么周代对四时和月数都进行了修改，《春秋》也是按照这个历法记录的。并且《春秋》记录的自然现象与这个季节的普遍现象并不吻合，只属于造成灾害的情况。"震电""雨雪"等，如果按照周历就是自然灾害，③ 但是按照夏历就是通常的自然现象，所以它根本不是记录的对象。正是这样，只要对照《春秋》的经文，就可以知道《春秋》与夏历是无关的。

郭钟锡在其他问答中再一次强调以上的讨论，同时进一步对那些在《春秋》历法争论中作为主要论据使用的事例进行了综合考察。

> 春正之义，先儒多谓用夏正。然考之经文皆不合。且夫子以在下之人，而曷敢擅改时王之正，而援用异代之正乎？是以朱子《答吴晦叔书》，辨之已详。至若《泰誓》《武成》蔡传之谓建寅之月，似是考据之失实也。《汉书·律历志》谓武王伐商在十有一月，则其为建子之月无疑矣。以天气则自一阳至三阳之月为春，以地候则自二阳至四阳之月为春。以人事则自三阳至五阳之月为春。夏正授时，最便于民事，故民俗歌谣，多用夏时。如《诗》之《七月》等篇是也。文字记事则必用时王之正，如《孟子》"七八月之旱""十月十一月徒杠舆梁之成"是也。惟《伊训》之十有二月，似为商人不改月之证。故蔡氏以此一段而欲总断诸经之月日，往往多窒而不通，今不必胶守也。如何如何？④

---

① 《春秋》隐公九年："春……三月，癸酉，大雨震电"（杜预注：三月，今正月）；桓公八年："冬，十月，雨雪"（杜预注：今八月也）；成公元年："春……二月……无冰"（杜预注：周二月，今之十二月）。

② 郭钟锡：《茶田经义答问·春秋·总论》，《韩国经学资料集成·春秋》（十），首尔：成均馆大学大东文化研究院，1998 年，第 818 页。

③ 《公羊传》隐公九年："春……三月，癸酉，大雨震电。何以书？记异也，何异尔？不时也"；桓公八年："冬，十月，雨雪。何以书？记异也。何异尔？不时也"。

④ 郭钟锡：《茶田经义答问·春秋·总论》，《韩国经学资料集成·春秋》（十），首尔：成均馆大学大东文化研究院，1998 年，第 821 页。

郭钟锡以前面对《春秋》经文的分析和就孔子在现实中地位等的讨论为基础，再一次否定了《春秋》使用了夏历的主张。并且作为自己主张的根据，提到朱子的辩论，试图增加自己主张的合理性和说服力。朱子在《答吴晦叔书》中，对《春秋》的历法这样说明：①

> 《春秋》书正，据伊川说，则只是周正建子之月。但非春而书春，则夫子有行夏时之意，而假天时以立义耳。文定引《商书》十有二月，《汉史》冬十月为证，以明周不改月，此固然矣。然以《孟子》考之，则七、八月乃建午、建未之月，暑雨苗长之时，而十一月、十二月乃建戌、建亥之月，将寒成梁之候。又似并改月号，此又何耶？或是当时二者并行，惟人所用，但《春秋》既是国史，则必用时王之正。②

朱子介绍了程伊川和胡安国主张的内容，但是并没有完全否定。就是说，程伊川并不认为孔子修改了周历，而是认为孔子为了立义假托夏历而已。在朱子看来，不能完全排除程伊川的主张作为一种假说成立的可能性。而且，胡安国通过《春秋》前后的历史记录，证明了周并没有修改前代王朝历法中的四时和月数。③ 朱子也承认这些证据是能够成为支持胡安国主张的充分根据。

那么，程伊川的"建子非春"和胡安国的"不改时月"是妥当的理论吗？当然这两个主张在推导过程中是具有一定的合理成分的，但是在观察当时的记录时，很容易就会发现与二人的主张不一致的证据。例如，《孟子》中有"七八月之间，旱则苗槁矣"④ "岁十一月，徒杠成，十二月，舆梁成"⑤ 的记录。通常来说，干旱主要集中在五、六月，而不是七、八月，由国家主管的桥梁工程也是在九、十月进行，而不是十一、十二月。⑥ 如果《孟子》的记录按照夏历，为五、六月和九、十月，那么月数就与干旱和桥梁工程的现实状况完全一致了。可是，《孟子》使用的是周历，于是就出现了月数和现实状况不一致的现象。正是这样，《孟子》的记录与胡安国的主张不同，成了证明周代修改夏历，使用周历的明确证据。因此，朱子得出周代同时使用了夏历和周历的结论，但《春秋》是国家的正式记录，使用的当然就是当时天子国周的历法。此外，朱子还说："据今《周礼》有正月，有正岁，则周实是元改作'春正月'"，同时证明了在周代这两个历法是通

---

① 朱子对胡安国"以夏时冠周月"的辩论，除了本文中列举的以外，还有比较多的内容。关于朱子对《春秋》历法辩论的其他内容参见金东敏：《朱子的〈春秋〉解释及其特点》，《儒教思想文化研究》第 68 期，2017 年，第 184~189 页。

② 《朱子大全》卷四十二《书·答吴晦叔》。

③ 胡安国：《春秋胡氏传·隐公上》，杭州：浙江古籍出版社，2010 年，第 2 页。

④ 《孟子注疏·梁惠王上》。《孟子集注》中，朱子说："周七八月，夏五六月也。"《孟子注疏》孔颖达疏："周之时，盖以子之月为正，夏之时，建寅之月为正，是知周之七八月即夏之五六月也。"

⑤ 《孟子注疏·离娄下》。《孟子集注》中，朱子说："周十一月，夏九月也，周十二月，夏十月也。夏令曰，十月成梁。"

⑥ 《国语·周语中》："夏令曰，九月除道，十月成梁。"因为"夏令"是夏代的政治命令，所以可以看出在夏历的九、十月修筑了桥梁。而且《孟子注疏》赵岐注："周十月，夏九月，可以成涉度之功。周十一月，夏十月，可以成舆梁也。"

用的。① 就是说《周礼》中，分别表示夏历正月和周历正月的"正岁"和"正月"是根据实际情况，加以区分后同时使用的。

郭钟锡根据以上朱子的主张，对周代使用的两种历法进行了明确的区分。第一，与百姓生活相关的民间记录使用了夏历。因为这个历法与自然现象相吻合，有利于百姓们的生活。第二，类似《春秋》的国家正式记录使用了周历。因为国家的正式记录使用王制定的历法是一个基本原则。尽管在周代根据不同的用途通用了两种不同的历法，但是《书集传》和胡安国等还是要用一种历法来统一适用，所以只能出现解释上的问题。总之，不同于他们作为根据列举的民间事例，《春秋》的历法是使用在国家正式记录上的周历。

> 夫子宗周而鲁是周臣，故鲁史而用周正。《孟子》之七、八月苗枯，十一、十二月徒杠舆梁成，即亦夫子之意也。②

综合以上的问答，郭钟锡的结论非常简单。《春秋》的记录仅以周历为标准。这是综合考察当时孔子的地位、周和鲁的关系、《春秋》和鲁旧史的关系之后得出的结论。尤其是，郭钟锡说《孟子》举的事例就是孔子的意思这句话很值得关注。尽管周历与当时的自然现象和现实状况并不吻合，《孟子》也仍然使用了周历，因为《孟子》尊重且遵从当时的天子国周的制度。这与孔子的想法——周虽然丧失了天子的权威，但《春秋》还是要在尊周的旗帜下实现拨乱反正——是一致的。孔子的《春秋》之所以被评价为最高的政治原则，就是因为它建立在这种彻底的尊周意识之上。

四、结　　语

通过以上的论述，我们对郭钟锡与门人《春秋》问答中尊周意识的实质及其学术史意义进行了考察。具体来说，是以《春秋》与周的关系、《春秋》记录中使用的历法这两个主题为讨论对象。首先，在《春秋》与周的关系上，以选择连续还是断绝为思想前提，《春秋》这本书的性质就会完全随之改变。如果《春秋》站在否定周的断绝立场上，《春秋》拨乱反正的最终目的就是将周逐出和新王朝的改革。

郭钟锡强烈反对原有的这种主张，在透彻的尊周意识基础上，主张《春秋》与周的关系不是断绝，而是继承的连续。就是说，《春秋》的最终目的并不是新王的改革，而是通过拨乱反正消除天下的混乱，从而使周的统治秩序更加巩固。这种尊周意识在有关《春秋》记录是以哪个王朝的历法为标准的争论中体现得更为明确。《春秋》使用了哪个王朝的历法，是讨论《春秋》与周的关系时起决定性作用的因素。宋代之前的基本认识

---

① 《朱子语类》卷 83《春秋》，上海：上海古籍出版社、合肥：安徽教育出版社，2010 年，第 2159 页。郭钟锡也在其他问答中引用了《周礼》的内容，应该是参考了朱子的文章。"《周礼》"凌人"十二月斩冰之上，明有正岁二字，则是谓正岁之十二月，正岁者，夏正也，而其云正月之吉者，周正也"。（郭钟锡：《茶田经义答问·春秋·总论》，《韩国经学资料集成·春秋》（十），首尔：成均馆大学大东文化研究院，1998 年，第 818~819 页）

② 郭钟锡：《茶田经义答问·春秋·总论》，《韩国经学资料集成·春秋》（十），首尔：成均馆大学大东文化研究院，1998 年，第 818 页。

是《春秋》使用了周历,当宋代的程伊川和胡安国主张《春秋》使用了夏历之后,这个问题便成了一个争论不休的对象。对于那些将《春秋》记录与夏历联系在一起的主张以及这些主张的根据,郭钟锡一一驳斥,细致地论证了《春秋》只是以周历为标准进行记录的。他援用孔子的地位、周和鲁的关系、《春秋》和鲁旧史的关系等各种论据,证明了自己主张的妥当性。

通常来说,对于《春秋》这本书的性质,按照《公羊传》所说"君子曷为为《春秋》?拨乱世,反诸正,莫近诸《春秋》"(《公羊传》哀公十四年),将它规定为"拨乱反正"之书。春秋时代的混乱局面起因于当时天子国周丧失了作用,所以拨乱反正是从确立坚定的尊周意识开始的,这又是实现天下大一统和持续安定的最终目标。因此,在《春秋》经学中,尊周意识是规定《春秋》性质的最基本认识,很多时候它都是在国家混乱时期,作为谋求国家安定和秩序恢复的最高原则提出的。虽然郭钟锡的尊周意识并不是为了解决时代问题而提出的具体理念,但是他的解释中蕴含着当时知识分子的时代意识。这种时代意识在《春秋》问答中是怎样具体地表现出来的,我们没有办法去确认。但是,郭钟锡和门人们强烈的尊周意识是探索 19 世纪朝鲜王朝的知识人曾经追求的现实政治方向的线索,从这一点来看,可以说它的学术史意义是非常重大的。

(作者单位:韩国成均馆大学儒学学院)

文学与诗学

以我观"物"、以情纬人：李白人物诗创作论

□　胡婷婷　陈顺智

【摘要】盛唐诗人中，李白所作人物诗数量最多，其诗既有与其他唐代人物诗的共性，展现出类型人物的传承和唐代的时代精神，也有其独特个性，即：借道教的神逸之思、超脱之想以成其诗歌中人物的超越性，并基于"仙人自许"的创作心理，表现出"以我观'物'"的主体视角和以主体人格投映人物、表现自身的创作倾向，以及"以情灌注"、明畅超逸的艺术风格。李白对文学人物形象的建构作出了题材、体裁、艺术手法等方面的独创性贡献。

【关键词】唐诗；人物诗；李白；创作心理；形象建构

　　人物诗是以人为中心，以展现人的精神、形貌、风度、体态等特征为主要内容的诗歌形态。它以鲜明的人物形象总领全篇，不等同于"诗歌中的人物形象"。人物诗产生于魏晋，大盛于唐代，表现了对"人"的鉴赏、审美与价值思考，也构筑了唐代人物群像。在当代对古代诗歌的题材分类中，未出现单独的"人物诗"类目，而仅有更为具体的侠客诗、咏内诗等；与之相应，对人物诗的研究也主要针对个别突出题材，如咏侠、女性、咏历史人物①，或个别创作者如李颀、王维、岑参人物诗创作的讨论②。不过，近年来一些专著、论文对唐诗中以"人"为主体的篇章表现出关注，比如对唐代叙事诗、舞蹈诗、

---

　　① 研究咏侠诗的期刊论文如钟元凯《唐诗的任侠精神》[《北京大学学报》（哲学社会科学版）1983年第3期]、章继光《论李白的咏侠诗》（《求索》1994年第6期）、周敏《论唐代京都"禁军侠少"及在唐诗中之表现》[《西北大学学报》（哲学社会科学版）2000年第3期]、汪聚应《唐人咏侠诗刍议》（《文学遗产》2001年第1期）等，博士学位论文如汪聚应《唐代侠风与文学》（陕西师范大学，2002年）、刘飞滨《汉—唐游侠诗发展史纲》（陕西师范大学，2004年）、贾立国《宋前咏侠诗研究》（扬州大学，2010年）；咏历史人物研究如廖向勇《唐诗中的三国人物和历史》（《小说研究》2013年第3期）、李淑婷《唐诗汉代人物研究（上下）》（新北：花木兰文化出版社，2014年）等。

　　② 如罗琴《论李颀的交往诗及其人物素描》[《重庆师范大学学报》（哲学社会科学版）2008年第4期]、魏景波、魏耕原《李颀歌行体人物诗与盛唐气象》（《文史哲》2012年第1期）、魏耕原《岑参人物诗论》[《吉林师范大学学报》（人文社会科学版）2017年第2期]、陈晓云《王维诗歌人物形象的表现力研究》（《文学教育》2015年第12期）等。

咏史怀古诗、干谒诗中人物形象的研究。① 这类研究可以统称为"诗歌人物研究",但未将人物作为一种诗歌题材独立出来,对人物诗独特的艺术手法、创作心理及人物社会身份与唐代政治生活的联系等方面的讨论尚不充分。尤其是唐代人物诗多存于酬酢送别、拜谒投赠的篇目中,是唐人社会交往诗的一种形式,在人物形象的建构上具备共同性、交互性,以非常直观的方式反映出当时社会文化主体的精神面貌。

在盛唐诗人中,李白所作人物诗数量最多,但尚未有专论研究。虽有不少专著对其咏侠、咏史、游仙、女性、怀乡、送别、山水、边塞乃至战争题材的诗作进行了文化意蕴、审美境界方面的阐释,但未明确区分李白诗作中的抒情、叙事人物与作为题材对象的人物;对李白人物题材诗歌的研究,也主要集中在其咏侠这一专门题材。② 事实上,李白人物诗塑造了七大类型的人物,篇章风格独具,本文拟对其创作心理、视角和艺术风格略作剖析。

一、李白人物诗的基本面貌与创作心理

笔者据《全唐诗》统计,盛唐人物诗共计 238 首,李白作占 1/4 以上,共计 62 首。若以诗中"人物"所属时期论,其人物诗塑造了 10 位历史的或传说的人物,借之抒情言志,表现理想人格或人生范式;20 位名姓不详的游侠、豪侠及宫女、美人、民间采桑女、越女等,延续文学传统中的人物形象,又结合时代精神和个人审美进行一定的改写,体现的是形象的传承与演变;32 位名姓具体、各具风姿的当代人物,其中 26 首以"寄、赠、送、别、上"为篇题,俱为交往诗,4 首歌行体也写诗人交往过的人物,在一种开放的社交态度之中,进行直接的人格展示。若以人物的社会身份论,篇目及数量如表 1:

表 1

人物类型	篇　　目	数量
侠	《白马篇》《少年子》《侠客行》《结袜子》《幽州胡马客歌》《结客少年场行》《少年行三首》《行行游且猎篇》《秦女休行》《鲁郡尧祠送张十四游河北》	12
将军	《司马将军歌》《述德兼陈情上哥舒大夫》	2
僧	《僧伽歌》《草书歌行》	2
道	《元丹丘歌》、《江上送女道士褚三清游南岳》、《上元夫人》、《送内寻庐山女道士李腾空二首》其二、《玉真仙人词》、《赠瑕丘王少府》、《赠嵩山焦炼师》、《访道安陵遇盖还为余造真箓临别留赠》、《送李青归南叶阳川》、《嵩山采菖蒲者》	10

---

① 如杨名《唐代舞蹈诗研究》(北京:人民出版社,2016 年)、杨贺《唐诗人物形象描写艺术研究》(南京师范大学博士学位论文,2015 年)、韩立新《唐代干谒诗中的士人形象研究》(北京:人民出版社,2015 年)、胡秀春《唐代叙事诗研究》(北京:人民出版社,2013 年),以及邹慧玲《中国古典诗歌中人物形象的定位》[《河南师范大学学报》(哲学社会科学版)2007 年第 1 期]。

② 如莫芙青、蒋力余《李白与游侠》(《船山学刊》2000 年第 1 期)、侯长生《李白咏侠诗述论》[《河北师范大学学报》(哲学社会科学版)2003 年第 6 期]等文。

续表

人物类型	篇　　目	数量
隐士	《古风五十九首》其十二、《赠孟浩然》、《赠丹阳横山周处士惟长》、《赠参寥子》、《赠张公洲革处士》、《戏赠郑溧阳》、《赠崔秋浦三首》、《赠闾丘处士》	10
宦士	《襄阳曲四首》其二、《赠裴十四》、《王右军》、《古风五十九首》其十、《赠范金卿二首》其二、《赠从孙义兴宰铭》、《赠刘都使》、《赠潘侍御论钱少阳》、《赠历阳褚司马》、《别鲁颂》、《商山四皓》、《戏赠杜甫》	12
女性	《宫中行乐词八首》其一、《越女词五首》其一、其二、其三、其五、《浣纱石上女》、《幽州胡马客歌》、《白纻辞》其三、《古风五十九首》其二十七、《春歌》、《西施》、《感兴六首》其二、其五、《对酒》	14

※注：女性人物中原有 4 首写女冠者，因其仙道特征更为明显，并入 "道" 类讨论。

在塑造人物时，李白既把握其身份特征上最鲜明的特点加以夸张、强化，又赋予他们一定的细节，用丰富的场景、典型的事迹来刻画人物。根据所写人物类型的不同，诗人有时粗笔勾勒、疏放跳跃，有时又细细道来、含蓄收敛，其篇章风格一定程度上受到人物类型的制约，体裁的选择也与人物身份类型相关联，继而影响人物形象的呈现：一般而言，歌行体人物诗更为放达、奇崛、飘逸、流畅，用以塑造侠客、将军、奇士、仙道等各种个性特异人物；五言人物诗则多净省、明丽、含蓄有余味之句，叙写女性、高人隐士、名士等；七言人物诗最少，是五言人物诗在风格上的延伸，对人物的描摹稍事铺陈。应当指出的是，李白的古体人物诗是对盛唐前期人物诗创作者李颀、岑参等人的呼应。李颀长于歌行体人物诗，而岑参创作的长篇杂言、古体人物诗采用多样的叙事结构、段落分明，借助环境描写、场面渲染等侧面手法，突出人物形象，使人物塑造的技巧进一步提升。① 李白的古体人物诗飘然天外、纵横奇崛，人物形象奇特而超乎常理却栩栩如生，与李、岑二人所塑造的这些充满壮气、志气不凡的盛唐人物形象在整体取向上形成同调，是时代的人物审美之风标。

李白的人物诗既有与其他唐代人物诗的共性，也有其独特个性，这一个性根植于他独特的 "仙人自许" 自我认知。孟棨《本事诗·高逸》载："李太白初自蜀至京师，舍于逆旅。贺知章闻其名，首访之。既奇其姿，复请所为文。出《蜀道难》以示之。读未竟，称叹者数四，号为 '谪仙'。"② 这一称呼极得李白心意，他后来多次在诗作中以之自称，"长安一相见，呼我谪仙人"（《对酒忆贺监二首》其一）③、"青莲居士谪仙人，酒肆藏

────────────

① 可参看魏景波、魏耕原：《李颀歌行体人物诗与盛唐气象》，《文史哲》2012 年第 1 期；魏耕原：《岑参人物诗论》，《吉林师范大学学报》（人文社会科学版）2017 年第 2 期。

② 丁福保辑：《历代诗话续编》，北京：中华书局，1983 年，第 14 页。范传正《唐左拾遗翰林学士李公新墓碑并序》："秘书监贺知章号公为谪仙人。"董诰等编：《全唐文》卷 614，北京：中华书局，1983 年，第 6199 页。

③ 彭定求等编：《全唐诗》卷 182，北京：中华书局，1960 年，第 1859 页。

名三十春"（《答湖州迦叶司马问白是何人》）①、"大隐金门是谪仙"（《玉壶吟》）②。李白的"谪仙"之名在文学形象和同辈交往之中不断建构，逐渐定格成其身上最重要的标签。这一自我认知对李白人物诗的主要影响有两个方面：

其一，直接影响是基于与当时道士密切往来的生活经验和游仙文学传统所塑造的仙道形象，将传说的仙与现实的道合一，使诗歌中道士人物的形象完全"仙化"。李白的咏道士人物诗与孟浩然、王维、李颀、岑参等人所作同类作品共同构成了盛唐的道教人物"图画"。孟浩然笔下的几位道人形象主要是求仙之途上的入道者，具有一些半仙本领，如"居闲好芝术，采药来城市。家在鹿门山，常游涧泽水。手持白羽扇，脚步青芒履"（《白云先生王迥见访》）③ 的巢居子、"焚香宿华顶，裛露采灵芝"（《寄天台道士》）④ 的天台道士；李颀笔下的王道士还主要着墨于其凡世往来的履迹（《送王道士还山》）⑤。而李白笔下的 10 位仙道人物无论男女，都已超越往俗、直是仙人。或将身入道门者脱离尘世的感受强化，改写为身入仙门，如《送内寻庐山女道士李腾空二首》其二："多君相门女，学道爱神仙。素手掬青霭，罗衣曳紫烟。一往屏风叠，乘鸾着玉鞭。"⑥ 这是一首"送内"诗，李白的第四任妻子宗氏前往庐山寻访道士李腾空，实则是入观出家。诗人将女冠人物"仙化"，塑造为入道飞升的女仙，也将其妻入道观的行动改写为入仙门。或吸纳游仙诗的质素，借助仙游环境、神仙物品创造氛围，并改写游仙诗的基本叙事单元，将其中"引游仙人"与误入仙境的追随者合二为一，将诗篇的主题变为描写具有神异本领、已经成仙或即将成仙的仙道，如《元丹丘歌》："元丹丘，爱神仙。朝饮颍川之清流，暮还嵩岑之紫烟。三十六峰长周旋，长周旋，蹑星虹。身骑飞龙耳生风。横河跨海与天通，我知尔游心无穷。"⑦ 《玉真仙人词》借助游仙情境将玉真公主塑造为女仙："玉真之仙人，时往太华峰。清晨鸣天鼓，飙欻腾双龙。弄电不辍手，行云本无踪。几时入少室，王母应相逢。"⑧《送李青归南叶阳川》写道："伯阳仙家子，容色如青春。日月秘灵洞，云霞辞世人。化心养精魄，隐几窅天真。莫作千年别，归来城郭新。"⑨ 他们缥缈仙逸，偶然来居城中为世人所知，又翩然隐去、归向仙山，始终未将尘世当作自身的归属。李白所写道士人物，以其缥缈神异的风格、纵恣无极的想象、绚丽奇特的神道画面，以及浓烈的与之从游的情感，展现出非常鲜明的仙人面貌，改写了唐代咏道士人物诗的面貌。

其二，视己身为尘俗过客的潜在意识与"功成身退"的心理预期。"仙人自许"亦使李白认为他应当如仙一般超越凡夫俗子、超越凡俗庸常的追求，如同仙门中人短暂地遨游于世间、留下种种传说一样，虽然入世建功，但本身并不属于俗世。李白笔下的其他人物也具有这种外在于凡俗、超脱于事功之上的潜在意识，最为突出的是以"隐—仕—隐"

① 彭定求等编：《全唐诗》卷 178，北京：中华书局，1960 年，第 1813 页。
② 彭定求等编：《全唐诗》卷 166，北京：中华书局，1960 年，第 1716 页。
③ 彭定求等编：《全唐诗》卷 159，北京：中华书局，1960 年，第 1627 页。
④ 彭定求等编：《全唐诗》卷 160，北京：中华书局，1960 年，第 1636 页。
⑤ 彭定求等编：《全唐诗》卷 133，北京：中华书局，1960 年，第 1351 页。
⑥ 彭定求等编：《全唐诗》卷 184，北京：中华书局，1960 年，第 1884 页。
⑦ 彭定求等编：《全唐诗》卷 166，北京：中华书局，1960 年，第 1717 页。
⑧ 彭定求等编：《全唐诗》卷 167，北京：中华书局，1960 年，第 1727 页。
⑨ 彭定求等编：《全唐诗》卷 177，北京：中华书局，1960 年，第 1805 页。

模式来表现理想的人生轨迹——"功成身退"。如《赠参寥子》以"白鹤飞天书，南荆访高士"开篇，以旁观者的角度叙写了一次访得高士之事，"五云在岘山，果得参寥子"。该诗的人物描写着重于对参寥子本次出山行迹的交代，"肮脏辞故园，昂藏入君门。天子分玉帛，百官接话言。毫墨时洒落，探玄有奇作。着论穷天人，千春秘麟阁。长揖不受官，拂衣归林峦"①，最后回到旁观者，转向诗人对其行的向往，诗歌构成一个以外在事件的叙事结构包裹的"隐—仕—隐"行迹摹写。再如"商山四皓"在天下有危时出山、使国家恢复秩序后，又还归山林，"一行佐明圣，倏起生羽翼。功成身不居，舒卷在胸臆"②。"长揖万乘君，还归富春山"是高士常态，而"事了拂衣去，深藏身与名"便是李白对建立事功的游侠的期许。总之，"自许仙人"的认知强化了李白理想人格的特征，构成了其人物诗的心理基础，使其所写人物具有向外的超越风格，他们漫游天地、自由无拘、藐视俗业、高蹈独立，视个体价值的实现在功成名就之上。正因其高自标格、追求物外天外的生命自由，其诗刻画的人物往往如其本人，超然洒脱、不为形役。

二、以我观"物"：李白笔下的道、侠、士与主体人格投映

在盛唐到中唐的诗人中，李白写侠、道、隐士人物最多，所作占比分别为16%、15%、29%，对其最为倾心的这几类人物形象塑造的过程，也是诗人完成其理想人格建构的过程。李白年轻时"喜纵横术，击剑，为任侠，轻财重施"③，唐魏颢《李翰林集序》记曰："不远命驾，江东访白，游天台，还广陵，见之，眸子炯然，哆如饿虎，或时束带，风流酝籍。曾受道箓于齐，有青绮冠帔一幅。少任侠，手刃数人。"④ 其人壮气外露又飘逸不凡，为侠、为道、为文，可谓肆意、洒脱、浪漫。而他所创作的人物诗，就鲜明地带有这一烙印，彰显着自我意识，流溢着主观情感，展示出道教珍视个体生命、竭力超越现实有限性的努力；并以写他人的诗作极力表现自身、投映主体人格，显现出"以我观物"的美学特征。他以自身作为整个外在世界包括他人的参照，热衷于投身自己所塑造的诗歌境界之中，将自己比为所塑造的理想人物，或现身与之从游。

其一，对仙道人物的描写，投映着李白遨游仙山、自比仙人的瑰奇幻想。《赠嵩山焦炼师》从现实的修道之所到仙山场景与游仙想象，人物畅游栖居其中，"八极恣游憩，九垓长周旋。下瓢酌颍水，舞鹤来伊川。还归空山上，独拂秋霞眠"⑤，末联诗人道自身"铭骨誓相学"的修道之志；《元丹丘歌》是对这一神仙般人物的礼赞；《访道安陵遇盖还为余造真箓临别留赠》记所遇盖夫子，充斥着道教意象，"七元洞豁落，八角辉星虹。三灾荡璇玑，蛟龙翼微躬。举手谢天地，虚无齐始终"⑥。《嵩山采菖蒲者》演绎成了一则遇仙事，"神仙多古貌，双耳下垂肩。嵩岳逢汉武，疑是九疑仙。我来采菖蒲，服食可延

① 彭定求等编：《全唐诗》卷168，北京：中华书局，1960年，第1737页。
② 彭定求等编：《全唐诗》卷181，北京：中华书局，1960年，第1846页。
③ 《新唐书》卷202，北京：中华书局，2000年，第4411页。
④ 董诰等编：《全唐文》卷373，北京：中华书局，1983年，第3798页。
⑤ 彭定求等编：《全唐诗》卷168，北京：中华书局，1960年，第1739页。
⑥ 彭定求等编：《全唐诗》卷169，北京：中华书局，1960年，第1742页。

年。言终忽不见，灭影入云烟。喻帝竟莫悟，终归茂陵田"①。

其二，李白所写侠客一如他自身的化身，狂傲、坚定、无视世俗眼光，且采用第一现场的视角，极具真实感。无论是少年人"击筑饮美酒，剑歌易水湄。经过燕太子，结托并州儿"（《少年行三首》其一）②的潇洒肆意，"夷齐是何人？独守西山饿"（《少年子》）③的讥笑反问，还是"杀人如剪草，剧孟同游遨"（《白马篇》）④、"银鞍照白马，飒沓如流星。十步杀一人，千里不留行。事了拂衣去，深藏身与名"（《侠客行》）⑤、"托交从剧孟，买醉入新丰。笑尽一杯酒，杀人都市中"（《结客少年场行》）⑥的独往果决，都流畅而切近侠者本身，仿佛以极近的特写镜头追随侠的行动，有直接参与的真实感。甚至侠的"酒""剑"读来如在手中，那"眼花耳热后，意气素霓生"（《侠客行》）的状态熏染到了诗的阅读者，而以武犯禁的"杀人"等行为，也没有旁观者的呼号惊诧之感，而是锐利、淡然，一派豪侠风范——显然，李白的咏侠诗是站在"侠"者第一视角，而非侠的旁观者、拥护者、习慕者。比较李白和杜甫同题作以及李白和王维使用同一意象的诗作，这种视角的细微差别即可见，这或许正是李作更为流利潇洒、神采流动的原因：

> 五陵年少金市东，银鞍白马度春风。落花踏尽游何处，笑入胡姬酒肆中。（李白《少年行三首》其二）⑦
>
> 马上谁家薄媚郎，临阶下马坐人床。不通姓字粗豪甚，指点银瓶索酒尝。（杜甫《少年行》）⑧
>
> 赵客缦胡缨，吴钩霜雪明……救赵挥金槌，邯郸先震惊。千秋二壮士，烜赫大梁城。纵死侠骨香，不惭世上英。谁能书阁下，白首太玄经。（李白《侠客行》）
>
> 出身仕汉羽林郎，初随骠骑战渔阳。孰知不向边庭苦，纵死犹闻侠骨香。（王维《少年行四首》其三）⑨

杜甫对少年游侠的描写，"不通姓字"是真实，而"粗豪甚"是观感和评价；而李白在同一位置，则采用问句"游何处"，可以视作好奇而设问对方，也可以视作自问自答，似乎游侠的风流散漫也正是他本人的风流散漫。李白与王维作所用"侠骨"意象同出张华《博陵王宫侠曲》，也同写赴边报国情节，而李作的语法是直接代言明志，人称上的距离更近，"纵死""不惭"也可视作诗人自身发出的声音；而王诗因有"孰知"的疑问代词、揭示尽人皆知的"边庭苦"之状，就拉开了诗人与文本内容之间的距离，成为一种

---

① 彭定求等编：《全唐诗》卷184，北京：中华书局，1960年，第1877页。
② 彭定求等编：《全唐诗》卷165，北京：中华书局，1960年，第1708页。
③ 彭定求等编：《全唐诗》卷165，北京：中华书局，1960年，第1708页。
④ 彭定求等编：《全唐诗》卷164，北京：中华书局，1960年，第1699页。
⑤ 彭定求等编：《全唐诗》卷162，北京：中华书局，1960年，第1688页。
⑥ 彭定求等编：《全唐诗》卷163，北京：中华书局，1960年，第1694页。
⑦ 彭定求等编：《全唐诗》卷165，北京：中华书局，1960年，第1708页。
⑧ 彭定求等编：《全唐诗》卷226，北京：中华书局，1960年，第2447页。
⑨ 彭定求等编：《全唐诗》卷128，北京：中华书局，1960年，第1306页。

对更广泛现象的描摹和对侠客精神的赞美，而不是李白作那样掷地有声地吐露内心志向。故王维是诗侠香回荡、悲壮慨然，具仰望悲剧英雄的壮阔美，李白是诗坚决果敢、无情且不悔，殊无悲悯，是侠客本色。

其三，李白写士人的篇章表现出其高自标格的理想人格，如严子陵是典型的巢、由式隐士，"昭昭严子陵，垂钓沧波间。身将客星隐，心与浮云闲。长揖万乘君，还归富春山。清风洒六合，邈然不可攀"（李白《古风五十九首》其十二）①。志趣不凡、高迈不群的高隐之士是李白对自身的期许。即使写为宦之士的诗篇，李白所选取的人物也颇具道家风格，表现出鲜明的个人思想倾向。如"调笑可以安储皇"（《赠潘侍御论钱少阳》）②颇有东晋谢安之风，"为邦默自化，日觉冰壶清。百里鸡犬静，千庐机杼鸣"（《赠范金卿二首》其二）③表现"无为而治"，化用老子"鸡犬之声相闻"（《道德经》）。且李白所写 15 位非隐士山涛、裴政、王羲之、鲁连、商山四皓、范金卿、李铭、刘都使、钱少阳、褚司马、鲁颂、杜甫，都较少强调其为官身份，而多从他们的闲趣、爱好、性格出发，写出人物的气质、风度、才华，将他们的用世之心淡化处理，而主要表现他们身上与李白人格追求相似的部分。不仅如此，诗人有时还直接出场，表明自身与之同调，"吾亦澹荡人，拂衣可同调"④。李白的人物诗，是一个大写的"我"。

三、以情纬人：李白人物诗的艺术风格及其独创性

首先，李白长于抓住人物风神、气质，以情感灌注的方式从第一视角展现人物。其诗中虽也有肖貌传神的形貌描写、敷衍实陈的事迹勾勒，但因主体感情的直接介入，往往强化了人物的主观色彩，而区别于其他诗人作品中客观描摹人物的形式。所谓"取形不如取神，用事不若用意"⑤，李白将对人物形态的摹写、事迹的叙述熔铸于直接经验式的审美体验中，借主体情感发声，直接对人物气质、风度、品格等虚化特征进行形容、评价、定性，将人物身上最摄人的部分呈现出来。如《赠裴十四》：

> 朝见裴叔则，朗如行玉山。黄河落天走东海，万里写入胸怀间。身骑白鼋不敢度，金高南山买君顾。裴回六合无相知，飘若浮云且西去！⑥

这首人物诗最先出场的是诗人本身，用诗人"所见"观照全篇：以魏晋名士裴楷"行玉山"⑦典故形容友人裴政，把握裴十四的"朗落"气质；借助黄河落天、直入东海

---

① 彭定求等编：《全唐诗》卷 161，北京：中华书局，1960 年，第 1672 页。
② 彭定求等编：《全唐诗》卷 170，北京：中华书局，1960 年，第 1755 页。
③ 彭定求等编：《全唐诗》卷 168，北京：中华书局，1960 年，第 1731 页。
④ 彭定求等编：《全唐诗》卷 161，北京：中华书局，1960 年，第 1672 页。
⑤ 邹祗谟：《远志斋词衷》，《赐砚堂丛书新编》，郑奠、谭全基编：《古汉语修辞学资料汇编》，北京：商务印书馆，1980 年，第 670 页。
⑥ 彭定求等编：《全唐诗》卷 168，北京：中华书局，1960 年，第 1736 页。
⑦ 《世说新语·容止》："裴令公有俊容仪，脱冠冕，粗头乱服皆好。时人以为玉人。见者曰：'见裴叔则如玉山上行，光映照人。'"余嘉锡：《世说新语笺疏》，北京：中华书局，2015 年，第 675 页。

的自然景象来使不可见的胸怀"视觉"化，以宏大的场面、"裴回六合"、倏忽来去的行动，使人物气魄在动态中呈现。诗人与对方"对话"，叹赏其胸怀之阔大，使人物笼罩在诗人所"见"的目光下，诗句也给人一种直接内视到人物心胸怀抱的直观感受。再如《赠瑕丘王少府》写道："皎皎鸾凤姿，飘飘神仙气。梅生亦何事，来作南昌尉。清风佐鸣琴，寂寞道为贵。一见过所闻，操持难与群。毫挥鲁邑讼，目送瀛洲云。我隐屠钓下，尔当玉石分。无由接高论，空此仰清芬。"① 一个惊叹着"一见过所闻"的诗人在诗中时时隐现，人物神仪也随着诗人的设问、见闻场景和想象而飘忽呈现，尾联的主体抒情正是对开篇人物风姿叹美的回响。借助这一诗人自身参与的意向性体验来刻写人物精神、气质，往往更具抒情性，强调言说过程的诗意美感和心理流畅感，形成一种以意贯通、畅快淋漓的风格，带来一畅而下的阅读体验。

其次，通过物象熔铸、逸事提炼、场景重塑来完成人物的写意，达到"遗貌取神""因事见意"的效果。如"山公醉酒时，酩酊高阳下。头上白接篱，倒着还骑马"（《襄阳曲四首》其二）②，以高度凝练的方式构筑一幅场景，化"山公醉酒"为一幅画，重现人物状态、动作，篇制虽短，情态宛然；《王右军》一诗先以"右军本清真，潇洒出风尘"总括其气质，随后高度凝练王羲之事迹，续写其爱鹅痴性、书法才能，"山阴过羽客，爱此好鹅宾。扫素写道经，笔精妙入神"，最后"书罢笼鹅去，何曾别主人"③，肆意而为、不拘俗礼，化逸事为首句潇洒气质之注解；而"独立天地间，清风洒兰雪"的假想场景直观呈现出鲁颂倜傥的风度，"错落石上松，无为秋霜折"（《别鲁颂》）④ 则是对其人格的比喻，这两组画面造就的是诗清朗高旷的风格；《古风五十九首》其十以"明月出海底，一朝开光曜"比喻双关鲁连的气质，高度凝练其事迹为一个典型场景"意轻千金赠，顾向平原笑"⑤，最后落脚到诗人和其相似的精神底色"澹荡"，主体的自喻自许、同气相应的情感呼之欲出。其笔下的女性人物也脱离了其同时代的摹写女性艳情化、物化定势，采用了虚写形貌、注重写意的方式，转换视角和人物塑造的重心，达到人景浑融、清新脱俗的效果，如"镜湖水如月，耶溪女似雪。新妆荡新波，光景两奇绝"（《越女词五首》其五）⑥、"洛浦有宓妃，飘飘雪争飞。轻云拂素月，了可见清辉"（《感兴六首》其二）⑦。

李白的人物诗，既是内容与形式的统一，也是场景、物象与人物气质的高度和谐。而对人物气质的描摹之所以这样流畅连贯、极具感染力，主要是因为在意象化的场景后伫立着一个饱含赞叹的抒情诗人。从诗人的主体视角出发，开篇即以"我"的口吻描画人物气质，直抒胸臆、情感浓烈，表达出鲜明的赞美、向往或痛惜、思慕之情，以之主导诗歌语言，便更多遵循诗人情感的和心理的逻辑。当这一特点臻于极致，抒情主体从幕后走到诗前，便创作出完全为情总起的人物诗：

---

① 彭定求等编：《全唐诗》卷 168，北京：中华书局，1960 年，第 1733 页。
② 彭定求等编：《全唐诗》卷 164，北京：中华书局，1960 年，第 1701 页。
③ 彭定求等编：《全唐诗》卷 181，北京：中华书局，1960 年，第 1845 页。
④ 彭定求等编：《全唐诗》卷 174，北京：中华书局，1960 年，第 1779 页。
⑤ 彭定求等编：《全唐诗》卷 161，北京：中华书局，1960 年，第 1672 页。
⑥ 彭定求等编：《全唐诗》卷 184，北京：中华书局，1960 年，第 1885 页。
⑦ 彭定求等编：《全唐诗》卷 183，北京：中华书局，1960 年，第 1863 页。

　　吾爱孟夫子，风流天下闻。红颜弃轩冕，白首卧松云。醉月频中圣，迷花不事
君。高山安可仰，徒此揖清芬。（《赠孟浩然》）①
　　吾爱崔秋浦，宛然陶令风。门前五杨柳，井上二梧桐。山鸟下厅事，檐花落酒
中。怀君未忍去，惆怅意无穷。（《赠崔秋浦三首》其一）②

　　二诗在结构的安排和物象的裁夺上有很大的相似性，"吾爱"这一主观的、个体的情
感主导全篇，抒情中对人物的气质定性；颔、颈二联则是对人物"风流"或"陶令风"
的注解；尾联转回仰慕或怀缅之情，与首相续。但在意象的选择和语词的运用上则依循所
写人物各自的气质、风格，力求与之相衬，表现出李白提炼事迹、重现场景之笔力：以典
型场景"白首卧松云""醉月""迷花""门前五杨柳""檐花落酒中"等，来支撑二人各
自不同的隐逸风度，写孟是文人雅士之闲隐，故用"弃""卧"这样慵懒的动词和"醉"
"迷"这样迷离的状态词，"红颜弃轩冕，白首卧松云"横括孟的一生，而"醉月频中圣，
迷花不事君"则定格住人物一瞬的神韵，写出人物的意态风流；写崔是一派五柳先生的
自然古拙，故门前景致是静置而不加雕琢的，山鸟檐花是自在自为的，也不着一动词写人
物——从内容到风格，都符合"陶渊明式"的风范。
　　这类抒情主体直接彰显的"主观型人物诗"是李白的独创，往往篇章不长而起调高
远、格局阔大，以情感运转全篇、观感明确，完全以诗人的心灵折射这一人物形象，具有
强烈的感染力和经提炼而极致、纯粹的审美特征。李白之后，也为唐代的其他诗人所延
续，这些比之时代稍晚的人物诗要么模仿李白"吾爱"的句式，如"爱尔无羁束，云山
恣意过"（李嘉佑《送苏修往上饶》）③、"爱君兄弟有声华"（韦渠牟《赠窦五判
官》）④；要么取其感情上的直抒胸臆和视角上的完全主观，如杨敬之《赠项斯》："几度
见诗诗总好，及观标格过于诗。平生不解藏人善，到处逢人说项斯。"⑤ 在抒情之中极言
人物的人格魅力。即使诗人未在诗歌中直接出现，他也总是隐隐彰显自身的话语。这一点
与岑参、王维、杜甫、孟浩然、李颀等其他诗人写人是较为不同的，后者虽也对所写人物
流露出赞美、向往、欣羡等感情，但一般避免直接的表达，而是通过事迹、特征的裁夺和
语言的渲染来表现；同时，诗人自身的出现也多是点缀，在叙别情、表心迹的诗句中附带
提及，往往是酬赠之作的诗尾，如"闻道故林相识多，罢官昨日今如何"（李颀《送陈章
甫》）⑥ 的问候之语，或"君到故山时，为谢五老翁"（岑参《送祁乐归河东》）⑦ 的临
别赠言。大多数诗人的人物诗是第三人称视角，采取咏物诗式的客观描摹，而李白则多为
第一人称参与、第二人称对话，或者视所写人物为自身化身，如前所述。譬如王维写将

①　彭定求等编：《全唐诗》卷168，北京：中华书局，1960年，第1731页。
②　彭定求等编：《全唐诗》卷169，北京：中华书局，1960年，第1747页。
③　彭定求等编：《全唐诗》卷206，北京：中华书局，1960年，第2150页。
④　彭定求等编：《全唐诗》卷314，北京：中华书局，1960年，第3533页。
⑤　彭定求等编：《全唐诗》卷479，北京：中华书局，1960年，第5450页。
⑥　彭定求等编：《全唐诗》卷133，北京：中华书局，1960年，第1353页。
⑦　彭定求等编：《全唐诗》卷198，北京：中华书局，1960年，第2033页。

军，是"见说云中擒黠虏，始知天上有将军"（《赠裴旻将军》）①，如街谈巷议，李白则是"我见楼船壮心目"（《司马将军歌》），颇有现场观摩之感；岑参写僧是"山中有僧人不知，城里看山空黛色"（《太白胡僧歌》）②，距所写人物极远，李白则是"真僧法号号僧伽，有时与我论三车"（《僧伽歌》）③。

此外，《赠崔秋浦》三首这一组人物诗为李白的创例。④ 其同时代的人物组诗中，高适有《三君咏》，王维有《济上四贤咏》，承颜延之《五君咏五首》、常景《赞四君诗四首》及张说《五君咏》而来，均是在组诗中以一诗写一人，将具某种共性的人物进行汇聚；唐代咏游侠的组诗如《少年行》《结客少年场行》等篇目则主要书写同类人物，每篇各起炉灶，重新定义游侠的所属、行迹，仅少数为连章写一人活动。而李白这组诗专写崔秋浦一人，从居所、生活、为人影响等多方面塑造人物，大大拓展了以诗写人的容量，又不同于歌行体人物诗或其他长篇古体人物诗以长制篇幅铺陈人物，而是可以独立成篇，单篇点到即止、情韵悠长。这一体例为后来白居易《丘中有一士二首》、元稹《智度师二首》、李翱《赠药山高僧惟俨二首》等所延续。

四、结　　语

盛唐人物诗是李白和同时代的其他诗人将作为主体的"人"对象化并对其进行审美、评价、鉴赏而落笔成诗的结果，也是他们同声相应、同气相求的心灵互动的具象化，展示出他们对社会人生精微的观察，对"人"的价值、意义的思索，以及一代士子追求理想人生、建构理想人格的过程。李白的人物诗是其中的重要代表，他以情主导、完全从主观出发，所刻画出的人物具有极强的感染力。更为重要的是，李白借道教的神逸之思、超脱之想以成其诗歌中人物的超越性。这种超越是一种与世俗生活、庸常功名相对立的"向外超越"，基于其"仙人自许"的认知，李白塑造的人物个性卓越、洒脱不凡。李白不仅为唐代的神道人物形象塑造画上了浓墨重彩的一笔、确立了道人"仙化"的写作模式，且其笔下的大多人物都是其本身人格的延伸与理想化，映射着诗人强烈的个性，而尤以道、侠、士为代表。风格上，时而清新空灵，时而缥缈奇崛，时而壮气四溢，受到所写人物类型的制约。他所开创的"主观型人物诗"打破了作为抒情文学的诗歌与其他叙事文学之间的界限，人物组诗集中描摹一人的多侧面又为后来"小传型"人物诗之先导。

（作者单位：武汉大学文学院）

---

① 彭定求等编：《全唐诗》卷 128，北京：中华书局，1960 年，第 1306 页。
② 彭定求等编：《全唐诗》卷 199，北京：中华书局，1960 年，第 2056 页。
③ 彭定求等编：《全唐诗》卷 166，北京：中华书局，1960 年，第 1720 页。
④ 魏耕原《岑参人物诗论》一文认为："岑参除了用五古、七言歌行写人物诗，还开创了用七绝组诗与连章诗来刻画人物，打破了此前以单篇七绝写人的体制，扩大了七绝的容量……"不过，其所举连章诗示例"准人物诗"《献封大夫破播仙凯歌六章》为更注重军事和征战画面的篇章，另举《冀国夫人歌词》为连章人物诗，该诗出自敦煌唐卷，是否为岑参作存疑，此外，岑参再无人物组诗。倒是盛唐李嶷《少年行三首》、中唐李廓《长安少年行十首》为视角、场景转换的乐府连章人物诗。

"人文经济学视野下的清代小说研究"引论*

□ 陈 庆

【摘要】人文经济学是因应"数理经济学"的过度应用而提出来的，是经济学所固有的人文内涵在长期的学术发展过程中被深入认识从而被系统化的产物。"人文经济学视野下的清代小说研究"旨在从人文经济学的角度对清代小说的作家风貌、情节展开、人物定位和雅集叙述等方面做出新的阐释。相比于20世纪以来"清代小说与经济生活关系研究"，两者虽然也同样关注作者、人物、情节和文本内容，但是切入的角度却不同。经济人与社会人、人的意志与经济因素、经济现象与社会现象、文人结社与文化传承，这些新的术语的运用，拓展了研究路径，也使更为深广的探讨有了可能。所用案例，主要来自几位有代表性的小说家，如蒲松龄、吴敬梓、曹雪芹、纪昀、李汝珍，和几部有代表性的作品，如《聊斋志异》《儒林外史》《红楼梦》《阅微草堂笔记》《镜花缘》。

【关键词】人文经济学；经济生活；文学；清代小说

　　"人文经济学视野下的清代小说研究"是一次跨学科的尝试，旨在从人文经济学的角度对清代小说的作家风貌、情节展开、人物定位和雅集叙述等方面做出贴切而有新意的阐释。本研究相较于一般清代小说研究的地方在于，虽然两者也同样关注作者、人物、情节和文本内容，但是切入的角度却不同。经济人与社会人、人的意志与经济因素、经济现象与社会现象、文人结社与文化传承，这些新的术语的运用，拓展了小说研究的视野，丰富了小说研究的内容，也带来了新的需要克服的困难。清代长达两百余年，晚清又是中国由传统社会向近代社会转型的历史阶段，经济生活和社会生活纷纭复杂，并深刻影响了作家生存状态和文本内容。从人文经济学的视角对清代小说进行研究，既需要深入把握人文经济学，也需要完整了解清代小说，对研究者的知识结构和学术能力提出了极高要求。研究的目的不是把清代小说当作人文经济学的例证，而是让人文经济学服务于清代小说的深入解读。

　　* 本文是国家社科基金青年项目"人文经济学视野下的清代小说研究"（19CZW027）阶段性成果。

一、人文经济学的来龙去脉

人文经济学是近年兴起的一个学术领域，尤为鲜明地体现了把"研究财富"和"研究人"相结合的取向。它并不是凭空产生的，而是经济学所固有的人文内涵在长期的学术发展过程中被深入认识从而被系统化的产物。

古代学者（古希腊、古罗马）、经院学派（1100—1600）以及重商主义学派（1500—1800）更多关注经济活动在理想状态下"应该是什么样子"之类的问题。以古典时期（古希腊、古罗马）为例，其经济学论述实为道德哲学的一部分，关注的核心问题是何为适当的商业和经济管理，其目标是将经济适用性与道德可取性以及政治合理性彼此协调。此时的经济学关注人、人的生存及其自身困境，而不仅仅只是财富。正如亚里士多德在《尼各马可伦理学》开篇所说："牟利的生活是一种约束的生活，而且，财富显然不是我们在追求的善。因为，它只是获得某种其他事物的有用的手段。"① 与此同时，不论是古希腊、古罗马还是经院学派的学者，都普遍注意到了人类生活的"社会性"特征，比如古希腊亚里士多德指出"人是天生的政治动物""必定要过共同的生活"②，中世纪经院哲学家托马斯·阿奎那强调"人天然是个社会和政治的动物，注定比其他一切动物要过更多的合群生活"③。

欧洲启蒙时期的古典经济学对经济生活作了第一次完整考察，系统回答了自利的个体如何与社会性生活相协调等核心问题。其中英国的古典经济学以亚当·斯密和大卫·李嘉图为代表，影响最为深远的著作是亚当·斯密于 1776 年出版的《国民财富的性质和原因的研究》（以下简称《国富论》），其论述中心是国民财富的性质和产生机制。

不能忽略的是，在以经济学家著称之前，亚当·斯密是一位逻辑学和道德哲学教授，讲授过英国文学，并于 1759 年出版了《道德情操论》一书，对各种道德哲学学说加以评析，进而揭示出人类社会赖以维系的基础以及人类行为应该遵循的一般道德。《道德情操论》自初版后，先后经过多次修订再版，在亚当·斯密 1790 年去世前共出了六版，由此可见他对这部著作的重视程度。《道德情操论》指出，一方面，"每个人生来首先和主要关心自己"④，即所谓的自利，具有"个体性"；另一方面，"人只能存在于社会之中，天性使人适应他由以生长的那种环境"⑤，即所谓的"社会性"。人类社会普遍面临的一个基本道德哲学问题由此形成——"生来首先和主要关心自己"的个体如何能够获得一种适应于特定环境的社会性生活。《国富论》的一个重要内容就是回答这一问题，其答案包括了两个相互不同而又互补的方面。第一个方面，人类的行为是由自利而非仁慈所支配，仁慈并不能构成经济组织赖以运行的基础；第二个方面："自利的确是人类行为的一个强

---

① 亚里士多德著，廖申白译注：《尼各马可伦理学》，北京：商务印书馆，2003 年，第 12~13 页。

② 亚里士多德著，廖申白译注：《尼各马可伦理学》，北京：商务印书馆，2003 年，第 278 页。

③ 阿奎那著，马清槐译：《阿奎那政治著作选》，北京：商务印书馆，1963 年，第 44 页。

④ 亚当·斯密著，蒋自强、钦北愚、朱钟棣等译：《道德情操论》，北京：商务印书馆，1997 年，第 101~102 页。

⑤ 亚当·斯密著，蒋自强、钦北愚、朱钟棣等译：《道德情操论》，北京：商务印书馆，1997 年，第 105 页。

大动机,但绝对不是唯一动机"①。亚当·斯密特别强调同情心,认为"无论人们会认为某人怎样自私,这个人的天赋中总是明显地存在着这样一些本性,这些本性使他关心别人的命运,把别人的幸福看成是自己的事情,虽然他除了看到别人幸福而感到高兴以外,一无所得。这种本性就是怜悯或同情"②。

《道德情操论》明晰地区分了仁慈和正义在人类社会中的不同作用。仁慈或同情心是个人化的,以自我中心为基础,会随着关系的疏远而减弱且"是不受约束的""不能以力相逼",缺失它"可能使人们对本来可以合理期待的善行表示失望",但"并不会导致真正确实的罪恶"③,社会仍然可以"通过完全着眼于实利的互惠行为而被维持下去"④。而"正义"是这样一种美德,"对它的遵奉并不取决于我们自己的意愿,它可以用压力强迫人们遵守,谁违背它就会招致愤恨,从而受到惩罚"⑤。它与诸如仁慈或同情心等其他社会美德之间的区别在于,"正义准则是唯一明确和准确的道德准则,其他一切美德都是不明确的、模糊的和不确定的"⑥,缺乏正义会导致伤害和罪恶。据此,亚当·斯密在《道德情操论》中提出:"行善犹如美化建筑物的装饰品,而不是支撑建筑物的地基,因此作出劝诫已经足够,没有必要强加于人。相反,正义犹如支撑整个大厦的主要支柱。如果这根柱子松动的话,那么人类社会这个雄伟而巨大的建筑必然会在顷刻之间土崩瓦解。"⑦现代社会包括现代市场经济赖以维系的道德哲学基础是正义准则。《国富论》在系统探讨现代市场经济时也采用了这一思路,致力于把经济学的研究放入道德哲学的框架中,进而从中寻找伦理基础。

19世纪70年代以降,随着边际效用价值理论、供给需求均衡价格理论等不断成熟发展,新古典经济学应运而生,"精密方法"或"科学方法"在经济学中日渐居于主导地位。

新古典经济学仍然关注人、人的生存及其自身困境,但对"科学的方法和实验"表现出了更为浓厚的兴趣。⑧ 其代表人物英国著名经济学家阿尔弗雷德·马歇尔在其主要著作《经济学原理》中指出,"经济学是一门研究财富的学问,同时也是一门研究人的学

————————

① 罗纳德·H. 科斯著,罗君丽、茹玉骢译:《论经济学和经济学家》,上海:格致出版社、三联书店、人民出版社,2010年,第114页。

② 亚当·斯密著,蒋自强、钦北愚、朱钟棣等译:《道德情操论》,北京:商务印书馆,1997年,第5页。

③ 亚当·斯密著,蒋自强、钦北愚、朱钟棣等译:《道德情操论》,北京:商务印书馆,1997年,第96页。

④ 亚当·斯密著,蒋自强、钦北愚、朱钟棣等译:《道德情操论》,北京:商务印书馆,1997年,第106页。

⑤ 亚当·斯密著,蒋自强、钦北愚、朱钟棣等译:《道德情操论》,北京:商务印书馆,1997年,第97~98页。

⑥ 亚当·斯密著,蒋自强、钦北愚、朱钟棣等译:《道德情操论》,北京:商务印书馆,1997年,第434页。

⑦ 亚当·斯密著,蒋自强、钦北愚、朱钟棣等译:《道德情操论》,北京:商务印书馆,1997年,第106页。

⑧ 阿弗里德·马歇尔著,朱志泰译:《经济学原理》,北京:商务印书馆,1964年,第35页。

问"①;"它主要是研究在人的日常生活事务方面最有力、最坚决地影响人类行为的那些动机。每个稍有可取之处的人，在从事营业时都具有较为高尚的性格；在营业方面，像在别处一样，他也受到个人情感、责任观念和对高尚理想的崇拜的影响"②。这样一些论述，和古典经济学是一脉相承的。但与此同时，马歇尔特别强调了"精密方法"的重要性："经济学……的特殊的工作范围，使它比其他任何一门学问具有采用精密方法的较大的机会。它主要是研究那些欲望、憧憬和人类本性的其他情感，它们的外部表现是以这样的一种形式成为活动的种种动力，以致这些动力的力量或数量能够相当正确地加以估计和衡量；因此，对这些动力就能用科学方法来研究了。"③ 一系列学者，如弗朗西斯·伊西德罗·埃奇沃思、欧文·费雪、弗兰克·拉姆齐等相继运用了概率论、数理统计等工具来分析和解释个体的选择行为。到了 20 世纪 30 年代，经济学家保罗·萨缪尔森、肯尼斯·阿罗、罗拉尔·德布鲁等，开始引入数学模型来模拟计算市场中的消费者行为，"精密方法"或"科学方法"在经济学中得到广泛引用。

数学的引入造成的一个重要后果是，经济学家沉醉于逻辑上的演绎推理，使得经济学可以完全无视消费者在做选择时的心理过程和价值取向，并将经济学与伦理学剥离开来。经济学的实证研究越来越多，范围也逐渐扩大，以至从经济学角度为现实中政府政策的制定提出建议。尽管莫里斯·阿莱、赫伯特·西蒙等人曾对新古典经济学派的经济模型提出质疑，但数学在经济学中的运用依旧占据主导地位。自 1969 年首次颁发诺贝尔经济学奖至今，诺贝尔经济学奖获得者的研究成果大部分与数学有着直接或密切联系，如获得 2020 年诺贝尔经济学奖的罗伯特·威尔逊和保罗·米尔格罗姆。现代经济学越来越鲜明地呈现出所谓"价值无涉"倾向，不少经济学家认为，市场经济与道德价值没有什么关联，主张经济学研究应当避免卷入伦理因素或涉及道德评判，只需要探讨经营者如何基于利己动机追求最大利润。④ 例如，米尔顿·弗里德曼便站在"道德中立"的立场上宣称："原则上，经济学中并不存在价值判断。"⑤ 这已经实质性地背离了亚当·斯密在《道德情操论》里提出的正义是整个社会主要支柱的伦理学见解。

"人文经济学"正是因应"数理经济学"的过度应用而提出来的。亚当·斯密将经济学作为人文科学看待，与数学并无关系。只是随着经济学的逐渐发展，逐渐产生出了运用数学模型解决问题的分支学科，而金融的进一步发展也助长了这一趋向，以致经济学的"数学"导向日趋严重，"人文"的意味越来越稀薄，一般大众也习惯于把经济学狭隘地理解为运用数字或者数学模型解决问题的学科。在这样的背景下，强调经济学的"人文"属性，提出"人文经济学"这个概念，是相当有必要的。换句话说，"人文经济学"是针对"数理经济学"而言的，茅于轼在《人文经济学——不用数学的经济学》一书中指出，

① 阿弗里德·马歇尔著，朱志泰译：《经济学原理》，北京：商务印书馆，1964 年，第 23 页。
② 阿弗里德·马歇尔著，朱志泰译：《经济学原理》，北京：商务印书馆，1964 年，第 34~35 页。
③ 阿弗里德·马歇尔著，朱志泰译：《经济学原理》，北京：商务印书馆，1964 年，第 35 页。
④ 参见王曙光：《论经济学的道德中性与经济学家的道德关怀——亚当·斯密〈道德情操论〉和"斯密悖论"》，《学术月刊》2004 年第 11 期；陈琳：《当代中国经济治理视阈中的经济学和伦理学：疏离与对话》，《上海财经大学学报》2017 年第 5 期。
⑤ 米尔顿·弗里德曼著，高榕、范恒山译：《弗里德曼文萃》，北京：北京经济学院出版社，1991 年，第 2 页。

数理经济学完全用客观的自然科学的立场和方法去研究市场，而人文经济学则以人的立场来研究市场。① "数理经济学仅仅将人看成经济人，是一台只讲自利的计算机；而人文经济学认为人不仅仅是经济人，还是社会人，有着经济道德和人格道德两个层面，经济道德即在不损人的前提下追求自利，人格道德即是对他人的同情心。"② 尽管人格道德不如经济道德那么实在有力，过于关注人格道德甚至有可能导致虚伪、作假等欺诈现象，但是，一种屏蔽了人格道德的经济学，绝不可能圆满解释经济现象和社会现象。

人文经济学的内涵仍在不断充实之中。一些著名学者也参与了讨论，如厉以宁，他在《文化经济学》一书中提出："道德重整和社会信任重建都是文化建设的任务。如果把前面几章提及的……加上本章的文化传承和文化共享，我们能不能说，未来的人文经济学也可以称为文化经济学？文化经济学概括了经济学人文方面的基本内容，突出了道德力量在经济中的作用，也强调了第三种调节和第三次分配的重要性。这些都是迄今为止尚未引起人们重视的问题。"③ 厉以宁所说的第三种调节指"道德力量的调节"④，包括"习惯的调节、风俗的调节以及若干共同遵守的约定或惯例的调节"⑤，第三次分配指"个人在得到纳税后的可支配收入时，出于自愿和爱心，出于社会责任感，而做出的捐赠"⑥。这些观点在学术界能得到多大认同还未可知，但毋庸置疑，厉以宁的思考充实了人文经济学的内涵。该书所关注的若干问题，如效率的道德基础，文化包容和文化融合之关系，文化的演进、传承和共享，企业家的社会责任感，起点公平性和结果公平性，经济研究中的社会心理研究等，具有显而易见的理论意义和现实意义。其研究表明，人文经济学是一个开放的系统，有着广阔的阐发空间和应用空间。

人文经济学的特点，主要有三个方面。其一，它是有人文关怀的经济学，致力于结合价值关切和经济学的道理，分析各种人文现象和经济现象。经济学研究可分为规范经济学和实证经济学两大类：规范经济学是依据一定的道德价值判断，提出分析和解决经济问题的标准，并以此作为制定经济政策的依据，旨在回答"应该是什么""不应该是什么"之类的问题；实证经济学是描述、解释、预测经济行为的经济学，不涉及道德价值判断，旨在回答"是什么""能不能做到"之类的问题。人文经济学属于规范经济学的范畴，需要对经济活动本身及其造成的后果做出是非善恶的价值判断，并指出哪些是"值得的""应该的"，哪些是"不值得的""不应该的"。其二，回归日常生活，用生活语言而不是数学方程式来说明经济学的规律或道理，这正是其特点和魅力所在。它关注日常生活中最有力、最坚决地影响人类行为的那些动机，讨论生产的目的应该是什么、人应该建立怎样的价值观、人和人的关系应该是怎样的等问题，重在对生活和人生的理解，理论结构的严密和完整并不是它首要的努力方向。其三，人文经济学是融合了社会学、政治学、史学、伦

① 参见茅于轼、岑科：《人文经济学——不用数学的经济学》，广州：暨南大学出版社，2013年，导言第4页。

② 参见茅于轼、岑科：《人文经济学——不用数学的经济学》，广州：暨南大学出版社，2013年，导言第4~5页。

③ 厉以宁：《文化经济学》，北京：商务印书馆，2018年，第394页。

④ 厉以宁：《文化经济学》，北京：商务印书馆，2018年，第133页。

⑤ 厉以宁：《文化经济学》，北京：商务印书馆，2018年，第134页。

⑥ 厉以宁：《文化经济学》，北京：商务印书馆，2018年，第225页。

理学、文学等方法的经济学研究，是跨学科的经济学。经济社会是由无数个处于不同需求层面或者具有不同目标的个人和团体组成的，他们的需求或者目标构成了各类经济活动的动力。虽然数理经济学能够通过数据或者图形对经济现象或结果做出更为精确的描述，但更为复杂的社会变动则超出了数理经济学所能把握的范围，社会结构变迁因素、历史发展因素、行为主体心理因素等都难以获得精确的数学表达。如果说在经济学领域，以"数理"屏蔽"人文"是一个占主导地位的倾向，与之形成对照，在人文研究例如文学研究领域，以"人文"屏蔽"数理"的做法，则更为流行。这样看来，人文经济学不仅可以适当补救数理经济学之偏，也可以适当补救人文研究之偏。譬如，从人文经济学的角度研究中国古典小说，以达成对作品和作者的深度理解，就是一个有广阔前景的做法。

二、"人文经济学视野下的清代小说研究"学术前史与独到之处

关于中国古代经济生活与文学之关系的讨论，早在 20 世纪 20—30 年代就已展开。其中，郭沫若《〈诗〉〈书〉时代的社会变革与其思想上之反映》结合中国古代社会的生产状况、婚姻与家庭形式、财产关系、社会结构、意识形态等诸多方面，对《诗经》《书经》进行了研究，认为它们记录了中国古代社会的面貌及其变革①；郑振铎《元明之际文坛概观》《论元人所写商人、士子、妓女间的三角恋爱剧》等文章认为，存在于诸如诗、曲、小说等文学作品的史料要比官书、正史更为生动、正确，透过以三角恋为题材的元剧可以窥见有元一代的社会经济状况②。

20 世纪 40—60 年代，一些学者从经济的视角来评述文学作品，其中代表性的成果有王增宝等六人联合署名、较早运用马克思主义经济学理论研究古代小说的《红楼梦与中国经济》，从"十八世纪的中国——红楼梦时代""生产、流通、分配与消费——《红楼梦》时代的社会经济""王熙凤与贾探春——两个理财家""从贾太君到刘姥姥——《红楼梦》时代的社会阶级"等角度探讨了作为一部文学作品的《红楼梦》为考察中国古代某一时期的社会经济状况所提供的详实背景材料。③

20 世纪 90 年代以来，以"中国古代经济生活与文学"为切入点的学术成果日渐丰厚。一方面，从古代文学作品尤其是小说、戏曲中为古代经济史研究寻求例证的情形大量存在，例如陈大康《书生的困惑、愤懑与堕落——从小说笔记看明代儒贾关系之演变》认为文学作品"虽是小说家言，但也确是当时世道风情变化的真实写照"④，并以明代各个时期的文学作品为例证，论述了社会环境、经济政策的变化对士人与商人社会地位、经

① 郭沫若：《〈诗〉、〈书〉时代的社会变革与其思想上之反映》，《中国古代社会研究》，北京：商务印书馆，2017 年，第 95~196 页。

② 郑振铎：《元明之际文坛概观》，《中国文学研究》上册，北京：人民文学出版社，2000 年，第 439~464 页。郑振铎：《论元人所写商人、士子、妓女间的三角恋爱剧》，《中国文学研究》上册，北京：人民文学出版社，2000 年，第 486~506 页。

③ 王增宝、高祥樟、李明璐等：《红楼梦与中国经济》，吕启祥、林东海主编：《红楼梦研究稀见资料汇编》，北京：人民文学出版社，2001 年，第 933~961 页。

④ 陈大康：《书生的困惑、愤懑与堕落——从小说笔记看明代儒贾关系之演变》，《华东师范大学学报》（哲学社会科学版）1994 年第 1 期。

济条件等方面产生的后果和影响；大木康《明末江南的出版文化》则从晚明俗文学的繁盛切入，从技术进步、原料供给、书籍需求及价格、明末江南的出版人等方面考察了这一现象产生的原因，他认为，在物质背景方面，诸如线装技术、刻书字体等印刷技术的改良大大提高了出版效率，在人文方面，陈继儒、冯梦龙这样的出版文化人的涌现对当时出版业的繁荣起到了积极作用①；刘晓艺《衣食行：〈醒世姻缘传〉中的明代物质生活》以《醒世姻缘传》为史料依据，着重探究了包括衣饰、奢侈品经济与金融制度、饮食、旅行等方面在内的物质史，旨在"对明代世俗生活中的物质层面作一番梳理和廓清"②。另一方面，从经济学的角度研究文学，成为中国古代文学研究的一个新的学术生长点。《学术月刊》2006年第9期发表了黄霖、王兆鹏、王毅、张兵、李桂奎撰写的以"世俗经济生活与中国传统文学研究（专题讨论）"为题的系列论文，涉及"作为文学研究新起点的经济视角""宋代的'润笔'与宋代文学的商品化""明代'权力经济'的法权基础及其对通俗小说的影响""戏曲与社会经济生活"以及"经济叙述与中国古代小说的文本建构"等议题；许建平主编的《中国传统文学与经济生活研究丛书》（上海古籍出版社2008年版，五册），张觉、裴毅然主编的《中国传统文学与经济生活研究丛书》（河南人民出版社2014年版，十册），也以经济与文学作为话语中心和研讨对象，许建平认为从经济生活的视角研究文学，路径有以下四个方面："其一，寻找经济与文学在人的欲求层面的共生关系；其二，寻求经济利益与文学表现在情感层面的共振关系；其三，寻找利益情感与精神情感在美感层面的交融转换关系；其四，寻找经济生活与文学生活在生活层面的共源性、契合性的关系。"③

就"中国古代经济生活与文学"的研究而言，以往的成果主要体现在两个方面：其一，侧重总结"经济生活对文学的影响"，如冯保善《明清小说与明清江苏经济》阐述明清时期"繁荣的江苏经济"为该地区"小说的发展提供了肥田沃土"④，并对明清小说中诸如发达的苏南手工业、繁荣的市镇经济、活跃的商业贸易等经济史料进行了梳理；陈大康《熊大木现象：古代通俗小说传播模式及其意义》在考察《大宋演义中兴英烈传》《唐书志传通俗演义》《全汉志传》等作品以及流派盛衰的基础上，指出"稿荒严重与利润丰厚的双重刺激"促使书坊主"进入创作领域"⑤，他们所主导的迎合大众口味的风气，对当时的长篇通俗小说创作产生了较深远影响；苗怀明《中国古代通俗小说的商业运作与文本形态》以古代书坊刊印过程中的发兑销售环节为切入点，从广告造势、名人效应、刊印质量等三方面对古代通俗小说的商业运作方式进行了细致分析，认为"书坊主是中国古代通俗小说发展的直接推动力"⑥；程国赋从小说的选题、出版、发售等环节入手就"明代书坊与小说研究"这一主题发表了系列论文《明代坊刊小说稿源研究》（《文学评论》2007年第3期）、《论明代书坊与历史小说流派的形成与发展》[《暨南学报》（哲学

① 大木康著，周保雄译：《明末江南的出版文化》，上海：上海古籍出版社，2014年。

② 刘晓艺：《衣食行：〈醒世姻缘传〉中的明代物质生活》，上海：上海古籍出版社，2019年，第21页。

③ 许建平：《经济生活与文学活动之关系及其研究途径》，《社会科学》2008年第3期。

④ 冯保善：《明清小说与明清江苏经济》，《江苏社会科学》1999年第3期。

⑤ 陈大康：《熊大木现象：古代通俗小说传播模式及其意义》，《文学遗产》2000年第2期。

⑥ 苗怀明：《中国古代通俗小说的商业运作与文本形态》，《求是学刊》2000年第5期。

社会科学版）2007 年第 3 期]、《明代小说读者与通俗小说刊刻之关系阐析》（《文艺研究》2007 年第 7 期）、《论明代坊刊小说选本的类型及兴盛原因》（《文艺理论研究》2008 年第 3 期）等；TianYuan Tan（陈靝沅）撰写的 *Songs of Contentment and Transgression：Discharged Officials and Literati Communities in Sixteenth-Century North China*（《自得超然之曲——16 世纪中国北方贬谪官员和文人会社》，哈佛大学亚洲中心 2010 年版）从社会经济生活角度研究明中叶散曲、杂剧的发生和发展，第三、四、六章围绕王九思、康海、李开先的结社活动展开论述，认为曲社（qu community）不仅具有社交功能，还提供了创作场所和环境，曲的创作、传播等与某些特殊交游场合（如祝寿）有关；徐永斌《试论吴敬梓对文士治生生态的反思》（《文学遗产》2019 年第 2 期）考察了明清时期普遍存在的文士治生这一现象对《儒林外史》创作的影响，认为吴敬梓由于不善治生而导致的一系列后果是其将文士治生作为《儒林外史》关注重点的主要原因之一，而下层文士的两种主要治生方式——教育市场和文士游食则构成了《儒林外史》中文士治生描写的重点。

其二，致力于挖掘"文学作品所呈现的经济生活"，如陈大康《论贾府的经济体系及其崩溃》（《红楼梦学刊》1990 年第 3 期）对贾府的收入支出做了详尽分析，在收入方面，贾府的地租由货币地租为主、实物地租为辅的形式组成，在支出方面，月钱、年例、金银首饰、庆吊往来等巨额消费占据了大部分支出额度，由于贾府奢侈无度，最终导致了经济体系的解体；沈端民《中国古代文学作品中的经济问题》（西南财经大学出版社 1995 年版）从经济角度研究古代文学作品，结合大量的经济史料，对作品中所涉及的时代背景、人物形象等内容进行补充说明；顾鸣塘《〈儒林外史〉与江南士绅生活》（商务印书馆 2005 年版）结合吴敬梓的生平及其诗文创作，从江南士绅的婚姻与家庭、经济状况、科举生涯及心态、文化娱乐生活与交游等四个方面对《儒林外史》作了解读，以个案分析的方法论述了清康雍乾时期江南士绅的生活方式和心理状态；邵毅平《中国文学中的商人世界》（复旦大学出版社 2016 年版）将文学作品分为唐以前文学、唐五代文学、宋元文学、明代文学、清代文学等五大部分作了讨论，通过对《史记》《水浒传》《金瓶梅》《聊斋志异》《儒林外史》《镜花缘》等不同作品的分析勾勒出中国文学中商人形象的演变史；尧育飞《〈儒林外史〉徽商群像的建构策略》[《广州大学学报》（社会科学版）2019 年第 6 期]认为，《儒林外史》中的徽商，在与名士和官僚这两大阶层的碰撞中，骄横和卑微的两面性得以充分展现，而在地方社会生活中，徽商变身为传统儒家文化的维护者，可称为是以经商为业的儒生；陈大康《荣国府的经济账》通过分析书中"已有交代的经济细节"，"展现贾府整体经济框架及其运行机制"，同时对"各人物所处的各种经济利益关系的交叉点"做更深入的审视，认为"《红楼梦》中的人物大多有经济利益关系网络中的特定位置，它是各人物的思想、语言、行动以及人物间相处准则的重要决定因素"①，《红楼梦》中的经济活动，在推动情节发展、刻画人物形象以及烘托作品气氛等方面，起到了重要作用。

较之现有的研究成果，本研究独到的学术价值突出体现在两个方面：第一，在清代小说家研究方面，从人文经济学的立场出发，分别从经济人和社会人两个角度加以考察，以加深对作家的理解。一个清代小说家在何种社会关系中生存，以何种方式生存，谁给他提

---

① 陈大康：《荣国府的经济账》，北京：人民文学出版社，2019 年，第 1~2 页。

供基本的生活来源，以何种方式提供生活来源，小说家如何回馈给他提供经济资助的人或团体，小说家作为社会人的一面如何超越其作为经济人的一面，都是此一研究的重要内容。以吴敬梓为例，他的创作生涯，可大体分为两个阶段。前期以诗文为主，致力于书写个人关切，凡涉及科举"功名"的作品，通常表现出急切的渴慕之情或求而不得的焦虑痛苦。后期以《儒林外史》为主，对科举的不满不再是因为个人的"功名"不遂，而是因为这一制度给社会带来了巨大的负面后果。吴敬梓由个人关切向社会关怀的转变，始于对乾隆元年（1736）博学鸿词科的反思；而与《儒林外史》写作几乎同时开始的《诗经》研究，也有助于确立社会关怀在《儒林外史》中的主导地位。其人格升华与创作转向之间，有着密切的内在关联。第二，在文本解读方面，侧重点不是"经济生活对清代小说生产的影响"，也不是"清代小说所呈现的经济生活"，而是清代小说中人与人之间错综复杂的经济关系、个人意志与经济因素之间的互动以及经济影响与社会影响的交错。本研究以人文经济学为理论工具来分析清代小说中的人物、情节及生活内容，以加深对小说文本和小说史的理解。以《红楼梦》为例，人际交往中的馈赠关系，无论是主动馈赠，还是应人之求而馈赠，都涉及馈赠方和接受馈赠的一方。《红楼梦》既着眼于馈赠一方，如薛宝钗、薛蟠、荣国府三代主妇、甄士隐等，写出了不同的馈赠动机和馈赠方式，也着眼于接受馈赠的一方，如刘姥姥、贾雨村等，写出了不同的酬报动机和酬报方式。而馈赠方和受馈赠方的所作所为，不仅关联着纷繁复杂的经济关系和人物个性，也引发了人际关系的重组和社会生活的变迁。在"人文"与"经济"的双重视野下考察《红楼梦》中的馈赠行为，有助于加深对《红楼梦》情节设计、人物塑造和丰富内涵的理解。

三、"人文经济学视野下的清代小说研究"主要对象和总体框架

清代是一个各体小说全面兴盛的时代，白话章回小说的数量远过于明代①，话本小说有五十余种②，文言的传奇、笔记有五百五十余种③。其发展历程可以大致分为三个时期：清前期（1644—1735，共 91 年）、清中期（1736—1839，共 103 年）、清后期（1840—1898，共 58 年）。④ 按照萧相恺关于古近代小说史分界的论述："从庚子国变后，中国的小说才真正进入一个新的时期——真正近代化了，古、近代中国小说史间的界标正应插在 1900 年"⑤，1900 年至 1911 年间的小说不在本研究关注的范围之内。

清前期各类小说发展并不均衡，其中章回小说缓慢前进，文言小说蓬勃发展并达到顶峰，话本小说日渐式微。这一时期的章回小说产生了诸如《说岳全传》《隋唐演义》《乐田演义》《水浒后传》《后水浒传》《说唐演义全传》《玉娇丽》《续金瓶梅》《醒世姻缘

① 参见江苏省社会科学院明清小说研究中心：《中国通俗小说总目提要》，北京：中国文联出版公司，1990 年，第 298~1258 页。

② 参见胡士莹：《话本小说概论》，北京：商务印书馆，2011 年，第 798~836 页。

③ 参见袁行霈、侯忠义：《中国文言小说书目》，北京：北京大学出版社，1981 年，第 345~434 页。

④ 参见张俊、沈治钧：《清代小说简史》，太原：山西人民出版社，2005 年，第 3 页。

⑤ 萧相恺：《中国小说的近代化——试论古、近代小说史的分界》，《明清小说研究》1990 年第 1 期。

传》《平山冷燕》《飞花咏》《定情人》《济公全传》《后西游记》《大禹治水》《桃花影》《灯月缘》《梦月楼》等百余部作品。顺治至雍正年间，清代文言短篇小说盛极一时，仅作品集就有几十部之多，产生了张潮编选的《虞初新志》、徐芳《诺皋广志》、陆圻《冥报录》、东轩主人《述异记》、梁维枢《玉剑尊闻》、吴肃公《明语林》、宋起凤《稗说》、王士禛《池北偶谈》、钮琇《觚賸》等作品，其中蒲松龄的《聊斋志异》是清初文言短篇小说的代表作，共收录作品四百九十余篇。清初的拟话本小说，主要可分为杂演诸事和地方故事两大类。杂演诸事类的作品约有十六种，李渔的《连城璧》和《十二楼》是其中的上乘之作。地方故事类主要有古吴墨浪子《西湖佳话》、石成金《雨花香》《通天乐》三种。

清中期小说呈现百花齐放的盛况，涌现了吴敬梓、曹雪芹、李绿园、李百川、夏敬渠、李汝珍、纪昀等一批著名作家。这一时期的章回小说产生了诸如《列国志辑要》《东汉演义评》《大隋志传》《双凤奇缘》《忠孝勇烈奇女传》《粉妆楼全传》《野叟曝言》《雪月梅》《岭南逸史》《金石缘》《金兰筏》《离合剑莲子瓶》《妆钿铲传》《平鬼传》《常言道》《施公案》《忠烈侠义传》《彭公案》等作品。这其中世态人情小说，无论是质量还是数量，均超越了前期，曹雪芹的《红楼梦》，其思想艺术达到了空前高度；吴敬梓的《儒林外史》则是清中期唯一一部长篇儒林小说。清中期文言小说以传奇、志怪为主，前者受《聊斋志异》影响颇深，后者志在拟晋。传奇一脉的文言小说集主要有和邦额《夜谈随录》、沈起凤《谐铎》、曾衍东《小豆棚》等。志怪一脉的文言小说集主要有王椷《秋灯丛话》、袁枚《子不语》、纪昀《阅微草堂笔记》等，其中纪昀《阅微草堂笔记》和袁枚《子不语》成就最高。

清后期章回小说产生了诸如《评演济公传》《绣云阁》《八仙得道传》《瓦岗寨演义传》《天门阵演义十二寡妇征西》《宋太祖三下南唐》《荡寇志》《儿女英雄传》《如意君传》《九义十八侠全传》《红楼幻梦》《红楼梦影》《昙花偶见传》《才子奇缘》《水月缘》《玉燕姻缘》《忠烈侠义传》《永庆升平前传》《永庆升平后传》《品花宝鉴》《花月痕》《青楼梦》等作品。清末文言小说以模仿《聊斋志异》和《阅微草堂笔记》为主。仿《聊斋志异》的有朱梅叔《埋忧集》、吴昌炽《客窗闲话》、宣鼎《夜雨秋灯录》等作品，仿《阅微草堂笔记》的有俞鸿渐《印雪轩随笔》、许秋垞《闻见异辞》、汤用中《翼駉稗编》等作品。

在林林总总的清代小说中，以日常现实生活为题材的作品占有重要地位，名著尤多：清前期有《醒世姻缘传》《醉醒石》等，清中期有《儒林外史》《红楼梦》《歧路灯》等；其他题材的章回小说，如《绿野仙踪》以求仙的框架容纳现实生活，《镜花缘》以游记方式描写世间万象，同样提供了丰富的研究素材；《聊斋志异》《阅微草堂笔记》等文言作品也不乏对日常现实生活的观照。本研究不拟全面涉及所有清代小说和小说家，而是择取了几部有代表性的作品，如《聊斋志异》《儒林外史》《红楼梦》《阅微草堂笔记》《镜花缘》，几个有代表性的小说家，如蒲松龄、吴敬梓、曹雪芹、纪昀、李汝珍，努力就每一个案做出深入分析，并以个案分析为基础构建一个较为完整、严密的体系。

相较于以往"中国古代经济生活与文学"的研究，以人文经济学为理论工具研究中国古代小说，尤其是研究以日常现实生活为题材的小说，视角和方法可以更加多样或丰富。本研究拟从以下四个方面展开：（1）人文经济学视野下的清代小说作家研究。人文经济学把人分为经济人和社会人两个层面，彰显了经济生活与社会生活的差异，经济生活中的一些原则未必适合于社会生活，而社会生活中的某些原则也未必适合于经济生活。经济人与社会人在作家的创作中有着不同的影响和后果。以《聊斋志异》的作者蒲松龄为例：作为经济人，蒲松龄有其个人的利益需求，《聊斋志异》中关于科举失利的若干描写，具有很强的个人牢骚意味，不能据以评判科举制度。作为社会人，他痴迷和执着于艺术创造，矢志不渝地从事《聊斋志异》的写作，充分体现了蒲松龄的艺术个性；他对中国志怪传统和文言小说叙事传统的改造，赋予了《聊斋志异》崇高的小说史地位。在人文经济学的视野下考察蒲松龄，既不忽略经济人蒲松龄在《聊斋志异》中的烙印，又致力于揭示社会人蒲松龄在创作中的主导地位，有望对其创作情形作出更为恰当的描述。
（2）从人文经济学的角度对清代小说的情节展开系统研究。人与人之间错综复杂的经济关系、个人意志与经济因素之间的互动以及经济影响与社会影响的交错，构成了丰富多彩的小说情节。人文经济学认为，在社会生活中，人的意志常常可以对生活发挥直接影响，但经济因素的影响往往更为持久和巨大。以《红楼梦》为例，大观园的兴衰历程，就是在人的意志与经济因素的交互影响下展开的。王熙凤主持家务期间，虽然面对着沉重的经济压力，一方面省俭开支，如减少下人的月钱，一方面坚持不把大观园纳入常规管理的范围，维持着大观园不合理的开销，甚至在大观园增设小厨房，所有这些特殊的庇护都是个人意志的直接表现。而持续增长的经济压力，最终导致了将大观园纳入常规管理即开源节流和裁员的范围，晴雯、芳官等人横遭撵逐，大观园逐渐成了不适合宝黛居住的一个空间。宝玉大观园之梦的破灭，贾府的经济困境起着至关重要的作用：个人意志的力量，不足以与经济因素的影响力相抗衡。（3）从人文经济学的角度对清代小说中的人物形象展开系统研究。人文经济学认为：社会生活中人的各种经济行为，既是一种经济现象，也是一种社会现象。人类之所以不同于动物，其中的一个方面在于，人类不仅有个人生存的需要，也有社会关怀的需要。这两个方面不可或缺：没有个人生存就不可能有社会关怀，但只关注个人生存也不可能有社会关怀。这一判断同样适用于中国古代小说。以《儒林外史》为例，作为经济现象的"谋食"与作为人文现象的"谋道"，构成了其人物形象塑造的基本参照。一方面，是否有能力以正当的方式"谋食"，这是《儒林外史》区别"贤人"、准"贤人"或缺少尊严者的尺度之一；另一方面，对那些有能力以正当方式"谋食"的读书人，《儒林外史》则以是否有志于"谋道"作为臧否的基本依据。《儒林外史》就"谋食"与"谋道"展开的描写，既为读者分析这部小说中的各色人物提供了切入角度，也提示了对其他清代小说中的人物展开类似分析的可能。（4）从人文经济学的角度对清代小说的雅集叙事作专题研究。雅集是传统中国文士结社交游的一种方式，作为古代文化生活中的一种群体活动，在文化共享和文化传承中起到了举足轻重的作用。"没有文化的演进，就没有真正意义上的文化传承。"① 中国古代的雅集，也经历了一个不断演进、传承的过程。雅集叙述自魏晋时代即已成为诗文的一个重要题材类型，王羲之《兰亭集序》、王勃《秋日登洪府滕王阁饯别序》等都是因雅集而产生的名篇。清代小说家也对雅集这一现象予以了高度关注，吴敬梓《儒林外史》、曹雪芹《红楼梦》和李汝珍《镜花缘》从不同角度充实了雅集叙述的内容。比如，吴敬梓的雅集叙述既延续了魏晋以

---

① 厉以宁：《文化经济学》，北京：商务印书馆，2018年，第358页。

来的诗境文心，又在诗文惯例之外，深入揭示了雅集赞助者"文雅"背后的复杂面相、风雅与大雅的对立互补以及士风民情的流衍递变，表达了一种大体同于儒家而又与原始儒家和宋明新儒家存在微妙差异的经济、文化观念。《红楼梦》的雅集叙述，侧重抒写"盛会不常""盛衰无常"的人生感慨，面对一个豪华家族彻底丧失其物质资本、人力资本和社会资本的悲剧，其感慨有一种由个体而涵盖人类的巨大冲击力，有助于读者超越种种人为的畛域包括学科畛域来看待社会人生。李汝珍的《镜花缘》与《红楼梦》有着显著的承续关系，两者之间的差异却更为值得关注。从大观园到卞府花园，随着雅集场所的变更，雅集叙述的焦点也发生了转移：不再以分韵赋诗为主，而是以论学说艺为主，李汝珍借此把他的个人学识和乾嘉时代的文化风尚注入雅集叙述之中。作为文化产品的《儒林外史》《红楼梦》和《镜花缘》，其雅集叙述为人文经济学提供了一个值得继续关注的案例。

（作者单位：武汉大学中国传统文化研究中心、韩国首尔大学人文学研究院中国语文学研究所）

历史叙事与文学叙事的辩证：以美国汉学杂志《中国文学》为考察对象*

□ 杨春白雪 李 松

【摘要】美国汉学杂志《中国文学》所载关于历史与文学叙事研究的论文，可以分为两条路径：第一，对中国历史叙事进行客观性与阐释性的审视，着重强调史家对历史材料的主观编纂，解构中国历史的真实性。但中国历史的"真实性"同西方历史的"客观性"两个概念之间存在着差异，后现代主义历史观对于西方真实性的冲击并未动摇中国古典史学理论。第二，《中国文学》的相关论文探讨文学话语与单一线性历史话语之间的矛盾关系，以官方与民间、主体与附属、事实与虚构这样简略的划分来界定中国历史叙事与文学叙事的图景，遮蔽了中国叙事传统，一定程度上忽略了历史叙事对于文学叙事的正面作用。

【关键词】《中国文学》；历史叙事；文学叙事；后现代主义

一、引　言

1979 年美国汉学杂志《中国文学》（*Chinese Literature，Essays，Articles，Reviews*，简称 CLEAR）在西方后现代主义浪潮中创刊，为汉学研究的深入探讨提供了一个交流与对话的学术平台。① 经过四十余年的发展，《中国文学》在传统的古典文学研究领域成果颇丰，影响广泛，声誉卓著。笔者发现，该刊物所载的二十余篇关于中国史著的论文构成了一个较为集中的问题域，展现了历史叙事与文学叙事的张力关系。汉学界以后现代史学视

　＊　本文为武汉大学人文社会科学青年学术团队发展计划"近现代东亚的作家流徙、文学越境与文化触变研究"（1102-413100047）阶段性成果。

　①　关于海外期刊的创办历史与现状可以参见李松、韩彩琼、田璐：《海外英文汉学期刊的创办历史与现状》，《南京理工大学学报》（社会科学版）2021 年第 1 期。李松、田璐：《海外英文中国学期刊的创办历史与现状》，《云梦学刊》2021 年第 6 期。

角对中国历史的关注基本聚焦在明清之后，特别以后殖民主义立场考察鸦片战争以来的近现代中国史。之所以对中国早期的历史研究成果相对较少，既有研究选题的整体学术生态问题，也受限于中国古代典籍译本尚不完备，阅读研究难度较大之故。《中国文学》的论文和书评以后现代视角透视中国古代小说的历史与文学叙事，反映了 20 世纪 80 年代之后西方史学界学术焦点的转移，由此可以管窥学术取向、研究路径和方法的变化。

笔者及其学术团队对《中国文学》的研究已经取得了一些初步的成果，① 为进一步探索提供了思想与方法的经验。但总体来说，关于《中国文学》杂志具体而深入的探讨尚处于草创阶段，远未形成系统、细致而深刻的研究成果。本文对《中国文学》的历史叙事与文学叙事问题进行综合性论述，包括如下两个问题：首先，从西方史学视域中的事实与阐释问题切入，以后现代主义史观审视中国历史叙事的客观性与主观性，考察中国历史叙事形成的哲学、政治背景。其次，将历史叙事置于中国古典小说源流演变过程，以跨学科交汇视角还原历史叙事与文学叙事的互动和对话。本文旨在阐释《中国文学》如何切入中国古代历史、哲学思想和文学脉络，为中西比较史学和中国古典叙事源流研究提供新的视角和方法，探索中西碰撞产生文化和理论误读的原因。

二、历史书写的发明与发现

将历史学从文学中抽离，与"真理"和"科学"视作等价物，这是近代西方的产物。19 世纪的历史"真实性"以自然科学的客观性为标准，以科学的中立性为律令，在肯定作为实体的历史存在的基础上追求叙述的客观性。而后现代主义对外在之"实体"的怀疑、对主体构建的承认，正中实在论历史观的靶心。因此，绝对的实在是否存在、学者能否如实地认识和反映这种实在，如此各种问题不断引发西方现代历史学的反省和怀疑。中国史家传统所秉承的"实录"原则，与 19 世纪兰克史学的"如实直书"异曲同工。20世纪 80 年代以来，《中国文学》所载的西方学者的论文，对于中国史著的后现代主义研究体现了质疑、解构中国历史编纂"真实性"的意图。

1983 年杜志豪（Kenneth J. Dewoskin）的《有关叙事革命》一文提出，对中国历史的传统研究往往基于兰克的客观主义史观，而根据柯林伍德（Robin George Collingwood）所谓"批判性冲动"和"建设性想象"概念，历史所承担的教育责任是将未加工的事件组织整理成对未来有意义的"情节"。"早期历史学家对于可读性的重视——我们可以称之为'说教任务'——塑造了中国早期叙事中显见的虚构成分。……司马迁的目的是'通古今之变'，'究天人之际'，他发誓要完成他的作品，并将其'藏之名山，传之其人，通邑大都'。这一意图激发了司马迁非凡的'建设性想象'，将不多的文献证据放大成一系列引人入胜的叙事情节，这些情节一直为中国哲学家、历史学家、小说家和剧作家服务至

---

① 李松、岳炯彤：《美国〈中国文学〉杂志的明清小说性别诗学研究》，《汉语言文学研究》2021年第 2 期。李培蓓、李松：《枯树、梧桐与白鹭：美国〈中国文学〉杂志的唐诗意象研究》，《北部湾大学学报》2021 年第 3 期。李松、刘甜甜：《美国〈中国文学〉（CLEAR）书评栏目的古代文学研究》，《中国图书评论》2021 年第 6 期。李松、吴冰霞：《视角、主题与方法：海外汉学期刊研究的回顾与反思》，《南京理工大学学报》（社会科学版）2021 年第 5 期。

今。毫无疑问，这位伟大的历史学家对先秦人物和事件的大量描述都是'虚构的''捏造的'或'想象的'。"① 杜志豪认为历史写作是"发明"而不是"发现"，虚构性在中国历史叙事传统中占据更为重要的地位。这种对待中国历史的解构主义观念无疑具有先锋性和颠覆性。如果说杜志豪仅仅强调了历史叙事中不可避免的虚构因素，那么 1987 年鲁晓鹏（HsiaoPeng Lu）的《变文的虚构话语：中国小说与历史编纂学之关系》一文则否定了孔子和司马迁等中国史家"述而不作"的可能性，指出历史与小说的区分并不在于"真实"与"虚构"。他认为："本文属于对结构主义叙事话语的一般性批判。与试图还原一个基本的故事原型相反，我们呼吁一种尊重差异性和故事的不可还原性的叙事理论。作为无实体的、不为人知的、闻所未闻的、非现实的故事本体，只存在于柏拉图的理念之中。"② 无论是历史文本还是小说文本都是一种话语实践，而非对于某一实体的模仿，因而历史叙事并不比小说叙事更具有客观性和真实性，历史同样会借助线性叙事来驯化现实与偶然，史学与文学之间的界限因语言的不透明性而模糊难辨。不难看出，鲁晓鹏对于历史叙述客观性的冲击在根本上属于新历史主义的叙事论。1994 年鲁晓鹏出版《从史实性到虚构性：中国叙事诗学》(*From Historicity To Fictionality*：*The Chinese Poetics of Narrative*)，深化了上述论文中提出的观点。陆大伟在 1996 年《中国文学》发表的书评指出："这本书中一个根本的问题在于，认为所有中国传统叙事文本——而不仅仅是小说——虚构性的重要性超过了历史性，正如黄卫总和我所反驳的那样。虽然一些传统中国史学批评家（如《史记论文》的作者吴见思）模仿白话小说批评家，肯定历史文本的'虚构化'，但他们确实是少数。"③ 陆大伟的评论从侧面印证了这种彻底将历史文本视为虚构的解构论，同时也可以看出这种观点并非没有异议。

三、性别书写的真实与虚构

在 2014 年发表的《从〈左传〉到〈史记〉：司马迁故事重写中性别表现的变化》中，郑秀才通过文献比对发现，司马迁在重述《左传》史料时，围绕父系统治话语权力删除或转移了代表女性的元素，将《左传》这部充满离散叙事情节的编年史改编成线性关联的《史记》历史叙事，使得其中人物的再现与汉代儒家礼仪文本中的性别角色相契合。④ 后现代历史哲学认为文字形式对于内容具有深刻的影响，"结构的变化代表了从《左传》到《史记》叙事形式连贯性的发展。但是，《左传》的叙事模式也有其优势，即它使得一个事件或一个主题的不同情节之间的篇幅对等成为可能，从而有权建立在记录字符上的形式平等。……这对次要人物，特别是妇女具有独立的意义。正如海登·怀特强调的那样，

① Kenneth J, Dewoskin, On Narrative Revolutions, *Chinese Literature*：*Essays*，*Articles*，*Reviews*，1983 (5)，pp. 29-45.

② Hsiao Peng Lu, The Fictional Discourse of Pien-wen：The Relation of Chinese Fiction to Historiography, *Chinese Literature*：*Essays*，*Articles*，*Reviews*，1987 (9)，p. 53.

③ David L. Rolston, From Historicity to Fictionality：The Chinese Poetics of Narrative, by Sheldon Hsiao-Peng Lu, *Chinese Literature*：*Essays*，*Articles*，*Reviews*，1996 (18)，p. 219.

④ Xiucai Zheng, From 'Zuozhuan to Shiji'：Changes in Gender Representation in Sima Qian's Rewriting of Stories, *Chinese Literature*：*Essays*，*Articles*，*Reviews*，2014 (36)，pp. 149-174.

编年史中所列出的事件的意义恰恰在于它们的登记在册；在作者看来，'文本中记录的事件之间的空白、不连续性和缺乏因果联系'并不意味着这些事件缺乏意义"①。郑秀才指出的"不在场"的历史文本，凸显了父系社会里主流话语对边缘、弱势群体的压制，他从《左传》松散纷乱的叙述结构中还原被规训的女性声音，再现被线性历史遮蔽的古代中国女性的幻影。他的立场相较二十余年前的后现代主义历史批评，体现了对女性的现实关切和对集权父权统治下历史宏大叙事的批判。

纵观《中国文学》所载论文对于中国历史文本编纂学的客观性与阐释性的探讨，可发现其中既有一以贯之的后现代史学眼光，又潜伏着史学理论自身的深化。史家在历史文本编纂过程中发挥主动性，赋予史料以某种意义，这已经成了上述学者论述的共识。但史家发挥其"建构性想象力"的范围和程度，却决定了史学与文学的分野。杜志豪和鲁晓鹏通过解构历史叙事的客观性，为以"虚构"为标志的文学叙事的源头考辨设定合法性依据。侯格瑞（Grant Hardy）② 和余国藩（Anthony C. Yu）③ 的态度更为开明，承认历史叙事不可避免的阐释性，揭示了中国史家在历史文本编纂过程中所持的道德与自然相统一的世界观。他们认为，这种"客观性"批判对起源于巫术、自诞生开始政治现实意味便尤为浓厚的中国史学来说，无疑是一种"舶来品"。二者跨时空碰撞所造成的不兼容性，启发了人们对西方历史理论话语的反思。郑秀才在新世纪的研究成果体现了为古代中国女性呼唤历史话语权的政治立场。

如果考察后现代史学对于中国历史叙事非客观的质疑的话，需要以历史性眼光审视"真实性"这一概念。西方后现代主义史论对客观真实的质疑是针对历史实在论发起的，后者预设了一个表现与实在、本体论和认识论相分离的二元世界，而前者正是解构了表现背后的实在世界，并确证史学与文学语言共有的不透明性。当汉学家嘲讽中国缺乏自我反思的元史学意识时，实际上攻击的是其自身传统内部 19 世纪的客观主义史学。"历史"（History）兼具客观历史事件和主观历史叙述两层含义，这意味着在西方人眼中客观发生的事实与对这事实的主观描述是不容混淆的两码事。而正如侯格瑞等汉学家所认识到的，中国历史上自然与道德融合的一元世界反衬出了后现代主义研究范式的相对性。此外，在中国史学家眼中，历史的客观性在于史家的实录，这取决于史家的职业操守、表达的勇气与人格力量，因此叙事伦理之"善"与历史表现之"真"之间具有同一性，甚至"历史学家的主观精神因素越是强有力，他的历史认识和历史理解也才能越是'客观'"④。唐代刘知幾认为史学家须兼备才、学、识三长，尤重史识，而章学诚注重史家的"史德"。

---

① Xiucai Zheng, From 'Zuozhuan to Shiji': Changes in Gender Representation in Sima Qian's Rewriting of Stories, *Chinese Literature*: *Essays*, *Articles*, *Reviews*, 2014 (36), p. 155.

② 参见如下文献：Grant Hardy, Form and Narrative in Ssu-ma Ch'ien's Shih chi, *Chinese Literature*: *Essays*, *Articles*, *Reviews*, 1992 (14), pp. 9-10. Grant Hardy, Can an Ancient Chinese Historian Contribute to Modern Western Theory? The Multiple Narratives of Ssu-Ma Ch'ien, *History and Theory*, 1994, 33 (1), pp. 20.

③ 余国藩：《历史、小说与对中国叙事的解读》，乐黛云、陈珏选编：《北美中国古典文学研究名家十年文选》，南京：江苏人民出版社，1997 年。

④ 参见彭刚：《精神、自由与历史：克罗齐历史哲学研究》，北京：清华大学出版社，1999 年，第110~111 页。

由此观之，历史叙事中的主观性虚构并不有损历史的"真实"，反而是通往中国式历史之真的途径。

四、历史叙事的文学性

随着 20 世纪六七十年代语言哲学、结构主义、后现代主义文学理论向历史学的渗透，以海登·怀特（Hyden White）为代表的后现代主义史学理论家将文学批评的相关概念引入历史哲学，对历史叙事进行文本分析。19 世纪西方专业化、科学化、分析性的历史哲学对于历史研究的关注逐渐转向了对于历史叙事性书写的关注。不少西方学者将目光投向古老的中国文化传统，不仅以一种新的史学视角重新审视《左传》《史记》等叙事色彩鲜明的史著，也在研究中国叙事文本时捕捉到了历史叙事与文学叙事之间矛盾复杂的权力关系。

对中国早期叙史文本进行叙事学解读的热潮离不开叙事学理论的发展。1977 年，浦安迪主编的《中国叙事：批判与理论文集》一书收录了王靖宇的《从〈左传〉看中国古代叙事作品》一文。王靖宇根据罗伯特·斯科尔斯（Robert Scholes）和罗伯特·凯洛格（Robert Kellogg）的叙事理论，从情节、人物、观点和意义四要素探讨了《左传》的叙事结构，认为一部成功的叙事作品应当是这四种要素相互交织的，而《左传》建立了较为完备的小说叙事体系，作为杰出的叙事典范直接"生育"了古代小说。① 这篇文章是早期中国叙事文本研究的重要学术文献，激发了汉学界更多学者对于中国史著的叙事学探讨。例如艾朗诺（Renald C. Egan）1977 年在《哈佛亚洲学报》（*Harvard Journal of Asiatic Studies*）上发表了《〈左传〉的叙事》，这些既有成果为几年后《中国文学》中第一篇《史记》叙事研究的出现提供了重要参照。

中国叙事传统的起源问题历来是汉学界关注的焦点，中国历史叙事与文学叙事之间存在着承续关系，这已是中外学界的基本共识。探究二者的关系，对于溯源中西叙事传统、阐明文学文体发生机制具有重要意义。《中国文学》1983 年第 5 期是关于中国叙事源头的研讨会专刊，关于小说叙事如何从历史叙事中走向文体独立的问题，学者们持有两种相互矛盾的态度。一方认为历史叙事为小说叙事提供了多维的叙述视角、丰富的叙事素材、成熟的叙事手法、确定的叙事体裁、鲜明的价值立场，突出了前者的文体孕育作用。另一方则秉持一种鲜明的"压迫-反抗"逻辑，认为小说的诞生是以推翻历史叙事的权威地位为前提和基础的。这样的立场不仅表现在关于"事实"与"虚构"的争端上，也从叙事的世代累积与文人创作、雅与俗、官方与民间等一系列二元对立的权力话语结构中展现出来。

持前一种看法的高辛勇（Karl S. Y. Kao）1985 年在《中国文学》发表的《中国叙事借鉴改编之种种》② 提出，中国的小说文体源流演变正是中国传统文本在互文中发展的过程。小说叙事在正统文学中一开始就处于弱势地位，源于两种偏见：它的内容不可靠，是与历史的"实"相对的"虚"，因而缺乏可供参考的可信性；而小说目的轻浮，不配且不

① 王靖宇：《中国早期叙事文研究》，上海：上海古籍出版社，2003 年，第 23 页。

② Karl S. Y. Kao, Aspects of Derivation in Chinese Narrative, *Chinese Literature*：*Essays*，*Articles*，*Reviews*，1985（7），pp. 1-36.

能发挥正统文学严肃的教化功能。但事实上，白话小说能够用白话文阐述深奥的文言所表达的内容，并借助情感力量灌输道德价值观。这一点到梁启超提出"新小说"论的近代始终没有改变。高辛勇在 2002 年发表的另一篇论文《道德话语的领域：〈封神演义〉里的自我、历史和幻想》，以《封神演义》为例，认为其中的因果关系是以伦理为导向的，天神则是这套伦理善恶因果报应的保障。他认为这种书写揭示了中国的社会权力与伦理道德的同构关系，"不同于西方社会知识与权力的结合，在传统中国是伦理道德和统治意识形态之间的共谋构成了中国社会政治现实的基础"①。基于此，用一套现成的因果伦理话语来统摄小说叙事，使得小说与正统文学一样，具有了严肃的道德教化功能。换言之，通俗小说的合法性建立在发挥与历史同等的教化作用上，而小说自身的艺术审美价值被忽略。高辛勇认为，在尚"实"轻"虚"的文化系统里，依附于历史的通俗小说并没有形成自身独立的话语模式。

后现代主义理论的冲击对有些汉学家崇西贬中的历史研究具有一定的纠偏作用。杜维运曾指出，在后现代史论对西方史学界产生冲击之前，汉学家往往批评中国纪年体历史叙述未将孤立的事件编织成关系网，不作贯通性的叙事，缺乏综合性的抽象思维和历史批判意识。②《中国文学》的有些论文既深化了历史叙事研究，也为反思和重建历史的客观和公正提供了契机。然而，其理论的局限性也不容忽视。首先，将西方关于客观与阐释的区分运用于中国古代历史书写的困难，这对所有二分法同样存在，例如历史与小说、事实与虚构、官方与民间、男性与女性……研究者往往预设一组相对立的综合群体，侧重二者之间差异而忽略其自身内部的异质性和复杂性，而任何一种阵营的划分都存在以偏概全、以点带面的倾向。例如，中国历史和小说传统内部的流变和发展往往被一种粗略的两极权力结构一笔带过。其次，在失去了作为绝对价值参照的历史实存后，历史阐释的多元化、碎片化取代了一元性和综合性，对中国历史叙事文本的特定意识形态解读本身也呈现出某种相对性。再次，这种意识形态大多隐含一种西方中心主义的政治立场，以他者身份质疑中国历史的权威，也即试图用一种产生于西方文化传统的概念来统摄世界的理想历史图景。其悖论在于，西方将中国官方与民间的关系视为压迫与反抗的关系，却忽略了这样的二元对峙同样存在于西方与东方这一对潜在的话语权力关系之中。

综上所述，在《中国文学》涉及中国叙事问题的论文中，学者基本认同历史叙事对于文学叙事产生的深远影响。自唐之后的中国正史由官方编纂修订，带有鲜明的政治意识形态目的和统治技术色彩，文学叙事对此表现出了既迎合又反抗的矛盾态度。近代以来的中国史学家普遍对官方修史的客观性产生了怀疑，这样的怀疑本身带有强烈的革命性。与此类似，西方学者关注中国非官方叙事文本，不仅注重发掘民间俗文学叙事背后隐含的平民阶级力量，还揭示出大时代中失去阶级身份认同的文人如何从其自身的文化传统中发展出新的书写模式，实现新文体的创化。在对历史线性叙事进行解构的基础上，西方学者寻找特定时期的"话语—权力"形式的关系，强调中国自身文化传承的有机组成中"断裂"和"突变"的部分，积极探索文学叙事的崛起路径。他们将西方权力话语、影响的焦虑

① Karl S. Y. Kao, Domains of Moral Discourse: Self, History, and Fantasy in 'Fengshen yanyi', *Chinese Literature: Essays, Articles, Reviews*, 2002（24），p. 76.

② 杜维运：《中国史学与世界史学》，北京：商务印书馆，2010 年，第 195 页。

理论、互文本性等他山之石，掷入中国传统文史浑融的平静水面，以其对革新的崇奉、对传统权威的拒斥激起了中西文化对话的千层浪。

五、文学叙事的历史价值

1990 年黄卫总（Martin Weizong Huang）发表的《非历史化和互文本化：中国传统小说演变过程中的先例焦虑》一文论述了中国传统小说如何从历史编纂的材料和形式规约中逐步解脱出来。与高辛勇侧重文学内在进化规律不同，他关注差异的互文性，强调影响的焦虑之下小说的"非历史化"。黄卫总指出，唐初设史馆修史形成了官方化、机制化的历史编纂体制。此后政府垄断了纪传体正史的编纂，天命史观占据正统地位，前唐史传中个人化、想象性元素被排斥在正史记录之外，过度的政治考量使得史传逐渐远离了个体生活。① 然而，小说话语从未消弭，黄卫总详细分析了其如何在夹缝中求生，最终夺得历史地位的。例如唐朝之后的史传聚焦于帝王将相的生活，忽视了对于个人生活和人性真实的描摹，而《三国志演义》在正史疏漏之处做文章，对历史人物动机的还原、对个体生活的描写挑战了只关注人物公共行为的正史，反之向前唐史传复归。又如历史话语在形成过程中遮蔽了女性等边缘人物的声音，小说话语的建立又重新将母文本中的边缘人物中心化。在他看来，《金瓶梅》是从描写英雄、社会事物到描写平凡人日常生活的里程碑。余国藩的《历史、小说与对中国叙事的解读》同样指出，受到强大的史传传统的影响和制约，大多数中国小说以事实性、真实性为价值取向。他认为四大奇书除《西游记》一定程度上超脱于现世人类事务之外，其余三部"不过是对历史的重复"②。同时对《红楼梦》赞赏有加，因其第一章就"强调了存在的虚构模式的两面性：它荒唐面又有趣味，既是大荒、无稽、无朝代年纪可考，又仍然为真"③。它以梦、幻、谜吸引读者关注小说的虚构特性，用艺术的幻觉把握了生活的幻觉，释放出前所未有的魅力。余国藩从叙事策略的角度指出，汉语无时态之分，历史叙事必须依靠朝代纪年而定，曹雪芹"特殊的修辞手法并不像某些批评家认为的那样强调故事的无时间性或者小说政治上的无关痛痒，而是最为鲜明地与历史写作模式相抗衡"④。在余国藩眼里，《红楼梦》是一部文学自觉反抗历史话语的虚构作品，是中国文学史上摆脱历史强大引力的一次成功尝试。

戴沙迪（Alexander des Forges）在《从源文本到"现实观察"：19 世纪中国白话小说

① Martin Weizong Huang, Dehistoricization and Intertexualization: The Anxiety of Precedents in the Evolution of the Traditional Chinese novel, *Chinese Literature: Essays, Articles, Reviews*, 1990 (12), pp. 45-68.

② 余国藩：《历史、小说与对中国叙事的解读》，乐黛云、陈珏选编：《北美中国古典文学研究名家十年文选》，南京：江苏人民出版社，1997 年，第 366 页。

③ 余国藩：《历史、小说与对中国叙事的解读》，乐黛云、陈珏选编：《北美中国古典文学研究名家十年文选》，南京：江苏人民出版社，1997 年，第 368 页。

④ 余国藩：《历史、小说与对中国叙事的解读》，乐黛云、陈珏选编：《北美中国古典文学研究名家十年文选》，南京：江苏人民出版社，1997 年，第 369 页。

"作者"的产生》中认为,① 18 世纪之前,作家对传统文本的选择性重写在很大程度上构成了中国白话小说。这种白话小说写作实践与司马迁以来的中国历史写作实践十分接近。但《红楼梦》《风月梦》《花月痕》和《青楼梦》开篇与结尾部分的矛盾复杂性,标志着从以既有文本为基础的白话叙事模式转向以观察和体验的"现实"为基础的白话叙事模式,从而催生了小说叙事的"作者"概念。这种从文本到现实的转向与 19 世纪欧洲现实主义小说达到顶峰产生了有趣的共鸣。戴沙迪的文章引用了马斯顿·安德森(Marston Anderson)的话:"对现实主义的真理主张至关重要的是这样一个命题,即作品是对生活的直接模仿,而不是对其他文本的衍生。"② 他借此说明文学对历史文本的突围并不只是一个时代、一个民族的现象。

　　批判态度最为激烈的是鲁晓鹏的《变文里虚构的话语:中国小说和历史编撰学的关系》一文,他认为他对历史叙事的解构"是通过突出差异、断层和分裂的时刻,将小说从历史的暴政中解放出来的一步"③。鲁晓鹏进一步借用巴赫金等文论家的术语指出小说话语是对话性的"小故事"(small stories),而历史话语是独白性的"宏大叙事"(grand narratives),二者是对立关系。"小说的作用不是传递历史,而是歪曲、解构、消解历史。历史和小说是争夺真实性和受众的两种叙事话语。"④ 具体说来,"在研究中国历史时,人们不仅惊异于它处理的数据之大,而且震撼于它用统一的叙述视角和单一的时间序列整合异质、多形的材料的尝试和努力。……这种宏大历史叙事基于中国中心主义、父权制、理性主义和儒家观点。过去发生的不同事件,通过'本纪''世家''列传'等叙事策略转化为统一、预设的模式和周期。……归根结底,历史叙事构成了官方话语的一种独特、凝聚、向心的形式"⑤。由此可见,鲁晓鹏的论文体现了对于历史话语背后的权力机制和意识形态因素的关注。西方学者渐渐意识到,儒家史学、尤其是官方史学在权力关系与知识标准的纠葛中,以全知者的姿态进行书写等方面,对于民间、女性等主流之外的异质声音进行压制、挪用及扭曲,产生了种种流弊。

六、结　语

　　伴随着后现代主义思潮的兴起,20 世纪 80 年代西方汉学界出现了将叙事学理论运用于中国古典文学研究的热潮,多种西方理论汇聚于中国古典文学研究这片热土。中国的历史和文学文本成了西方学者后现代主义理论批评实践的试验场。笔者认为,梳理和考察

---

　　① Alexander des Forges, From Source Texts to 'Reality Observed': The Creation of the 'Author' in Nineteenth Century Chinese Vernacular Fiction, *Chinese Literature: Essays, Articles, Reviews*, 2000 (22), pp. 67-84.

　　② Anderson, *The Limits of Realism*, Berkeley: University of California Press, 1990, p. 9.

　　③ Hsiao-Peng Lu, The Fictional Discourse of Pien-wen: The Relation of Chinese Fiction to Historiography, *Chinese Literature: Essays, Articles, Reviews*, 1987 (9), p. 53.

　　④ Hsiao-Peng Lu, The Fictional Discourse of Pien-wen: The Relation of Chinese Fiction to Historiography, *Chinese Literature: Essays, Articles, Reviews*, 1987 (9), p. 53.

　　⑤ Hsiao Peng Lu, The Fictional Discourse of Pien-wen: The Relation of Chinese Fiction to Historiography, *Chinese literature: Essays, Articles, Reviews*, 1987 (9), pp. 55-56.

《中国文学》所载论文中的研究成果，可以开掘出中国古代史著的历史意涵，呈现出历史叙事和文学叙事之间的复杂交互性，折射出西方理论在古代中国文本解读实践中的多重面貌。一方面，《中国文学》审视历史真理与阐释问题，以论证中国历史叙事与西方所共有的文学特性。但中国历史叙事的"真实性"同西方历史叙事的"客观性"两个概念之间存在着差异。中国史家的如实记录是发挥政治与道德意义的关键，而西方历史书写侧重认识与客体的符合，因此后现代史论对于西方真实性的冲击并未波及中国古典史学，反而有助于揭示中国历史编纂独特的内在理路和价值根基。另一方面，探讨文学话语与历史话语的相互关系，构成了《中国文学》叙事研究的又一问题域。然而，用官方与民间、主体与附属、事实与虚构这类带有批判立场的简略划分来定义中国历史叙事与小说叙事的关系，本身就导致了对中国叙事传统的遮蔽，也会一定程度地忽略历史叙事对于小说叙事的正面作用。因此，有必要从实践认识而不是从西方理论预设出发，建立符合中国历史实际的理论和概念。基于民众的生活实践，而不是异质文化中的理念来理解中国的社会、历史和文学，是文学研究应该警醒的重要问题。

《中国文学》既呈现了针对中国历史叙事研究的突破性成果，也不乏涉猎广博的文化研究。而20世纪末以来，西方史学理论界出现了走出叙事主义历史哲学的努力，除了安克斯密特（FrankR. Ankersmit）提出"历史经验"范畴外，"在场""见证"等理论对记忆的强调，都显示出超越文本，回归人类生存经验本体的努力。《中国文学》2005年第27卷刊登了2003年秋在印第安纳大学伯明顿校区举办的"记忆的联系：中国历史中的自我、文化与国家"（Memory Links: To Self, Culture, and Country in Chinese History）研讨会上的论文，呈现出文史研究向人类学、社会学跨学科的趋势，对此本文不再赘述。但由此可以看出，《中国文学》杂志对历史叙事的探索仍在继续行进的路上。

（作者单位：武汉大学文学院）

国学家之文学史*

——顾实《中国文学史大纲》的再"估价"

□ 白金杰

【摘要】近代本土书写的中国文学史多因"贩自日本"而备受诟病，顾实的《中国文学史大纲》（商务印书馆 1926 年版）也未能幸免。该书虽以久保天随的《中国文学史》为底本，但立场与原作迥异。久保氏以域外汉学家的视角将中国文学视作"保守""实用"的"他者"，顾实则以本土国学家的立场回应了久保氏的误读与偏见，强调中国文学有独特的价值，同时对国内当时分歧较大的雅俗与文白之争，多有独到的见解。将顾实及其文学史置于文学史本土书写的近代语境中予以考察，可以发现顾实等早期学人在向日本"拿来"文学史范式的同时，已经在思考如何处理国学的古今转化与中西对接，他们给出的方案，仍值得当下参考与借鉴。

【关键词】顾实；久保天随；中国文学史；国学；本位

顾实是 20 世纪初文史学界知名的教授、学者，东南大学"国学研究会"的主要发起人，生前已有"著述等身，及门弟子遍于海内，允为当代国学大师"之誉。① 《中国文学史大纲》（商务印书馆 1926 年版）是顾实在东南大学讲授文学史课程编写的讲义，该书以日本久保天随的《中国文学史》为底本改写而成，② 大体沿用了原著的体例与内容，但将原著者汉学家的"他者"视角置换为国学家的"本位"视角，纠正了原著对中国文学的误读与偏见，强调中国文学有独特的传统与价值。遗憾的是，随着新文化阵营在文学史阵地的后来居上，顾实被归为"学衡"一派③，他的文学史因"贩自日本"而被"估

---

* 本文为国家社科基金重大招标项目"中国文学史著作整理、研究及数据库建设"（17ZDA243）阶段性成果。

① 无锡国学研究会：《国学大师顾悼生先生受任本会会董》，《国学界》1937 年创刊号。

② 久保天随《中国文学史》汉译版曾在《汉文台湾日日新报》上连载，译者谢汝铨。经笔者比对，顾实《中国文学史大纲》的行文表述与谢汝铨译版多有不同，顾著参考的应是久保氏文学史日文原版。

③ 赵景深在《顾实文学史的估价》（《文学周报》第七卷，上海：开明书店，1929 年）一文中评介顾实"居然以前也算是个东南大学的教授，他们那一派的学衡"云云。顾实虽在东南大学任教，是"国学研究会"的核心成员，但并非"学衡"一派。

价"为"一团糟"①，其学术价值被抹杀殆尽。

事实上，以顾实为代表的早期学人，虽然失去了独立撰写本国文学史的先机，但他们在向日本"拿来"的同时，并未放弃对本国文学传统的探索。在应对国学古今转型与中西对接这一世纪难题时，他们给出的方案仍值得当下参考与借鉴。顾实的特别之处在于，他是一位既有旧学根柢，又得西学熏育（旅日五载）的国学理论家与实践家，对国学国际化、文学科学化等问题有专门、深入的探讨，相关主张在其编撰的《中国文学史大纲》中也有体现。以此切入，可以给予顾实文学史以更公道的"估价"；以此为例，也有助于重新认识顾实等早期学人处理"拿来"的经验与贡献。

一、"国学"与"汉学"：本位与他者的双向观照

19 世纪末，中国文学史的书写引起日本汉学界与中国学术界的普遍关注，但两国立场大有不同。日本之所以热衷于编纂中国的文学史，正如黄霖先生所说，是传统文化渊源与西方文化引进相结合的产物，又是对中国古代文学既热情赞叹又重新认识的结果。② 这其中的"重新认识"，基于一种前所未有的自信——毕竟明治维新之前，中国一直是日本的"文物之祖"，但随着近代中国沦为列强眼中的弱者，中国文学也成为可以被批评的"他者"。日本汉学家著述的文学史，虽然提供了以西释中的先例，有助于拓宽中国文学研究的视角与思路，但其中夹杂的客观误读与主观偏见，却影响到对中国文学传统的诠释与评价。而中国本土的文学史书写，除了应对新式学堂的需要，还有"知耻后勇"的爱国精神为驱动，国内新旧两派的学者尽管观点不同，但他们借助文学史来探索中国的文学传统、应对"外学内充"的文化危机的初心是一致的，即便早期文学史大多"贩自日本"，但已呈现出值得关注的本位意识。以顾实的《中国文学史大纲》为例，将其与久保天随的《中国文学史》细致比对，可以清晰照见国学家与汉学家立场与视角的差异。

顾实（1877?—1956）是近代有名的国学理论家与实践家，他早年就读于龙城书院，壮年游学于日本，归国后受聘于南京高等师范学校、东南大学、复旦大学等多所知名院校。在南师与东大期间（1918—1925），顾实与陈钟凡等人发起国学研究会，创办了《国学丛刊》《国学辑林》等刊物，顾实是刊物的主要撰稿人。由顾实起草的《国学丛刊·发刊辞》《国立东南大学国学院整理国学计划书》《中国国学研究会募捐启（代论）》等文章，集中体现了顾实的国学主张与研究计划。在强烈的文化危机意识下，顾实提出在"五洲棣通、六种震动"的现实面前③，必须重视国学对于国家的重要性，应当"学融中外""识穷古今"④，不拘泥于中西体用的问题，而是将中西对举，实现国学与西学的并驾齐驱、此往彼来。以通达的眼光去思考国学的现代化与国际化，成为顾实治学的特色。比顾实同时期稍早的久保天随，是近代日本汉学界的知名学者，在汉诗创作与汉学特别是戏曲研究上有名于时，代表作有《澎湖游草》《日本儒学史》《近世儒学史》等。他的文

———————————————

① 汪馥泉：《一团糟的顾实先生底"中国文学史大纲"》，《新学生》1942 年第 3 期。

② 黄霖：《日本早期的中国文学史著作》，《古典文学知识》1999 年第 5 期。

③ 顾实：《中国国学研究会募捐启（代论）》，《国学辑林》1926 年第 1 期。

④ 顾实：《〈国学丛刊〉发刊辞》，《国学丛刊》1923 年第 1 期。

学史曾作为早稻田大学的授课讲义，后经谢雪渔翻译后在《台湾日日新报》上连载，葛遵礼曾删减此书，作为中等学堂教学用，颇有影响。

顾实之所以选择久保天随的文学史为底本，有几点因素可以参考：首先，该书条目清晰，按朝代更迭及文学发展分中国文学为四个时期：第一期上古文学，自太古至于秦；第二期中古文学，自汉初至于隋末；第三期中世文学，自唐迄宋；第四期近世文学，自元至"现代"之清。各时段先总论、再分体裁论述，重要的作家列专章阐释，适宜用作教材、讲义。其次，该书标榜以科学的方法、客观的立场评述文学。此前的松谦澄《中国古文学略史》（1882）是先秦文学的断代史，古城贞吉《中国文学史》（1897）是体系完备的通史，但内容更侧重传统学问，给予先秦诸子、唐宋儒学很大篇幅，而对"不登大雅之堂"的小说、戏曲则弃置不论。久保天随的文学史分期明确，将上古、中古、中世、近世文学并举，给予元杂剧、明传奇、小说以较多篇幅，并在方法上借鉴了西方文学史的研究模式，宣称"文學史の研究は宜しく細心精緻なるへし，且つ簡淨明晰を極むる為に精確をゐ論理的斷定と，公平をゐ批評の態度とを"①，在内容和形式上不设轻重之别等主张，合乎顾实的治学理念。顾实在《国学辑刊》发刊辞中曾提出，国学"然是研究学术，并非争执意气"②，秉持公心的立场是治史包括治文学史的基本原则。再者，该书引入的"地理环境决定论"在当时颇有影响。顾实留学日本期间，就曾对"地理环境决定论"的源头——孟德斯鸠的代表作《法意》（今译作《论法的精神》）一书深为叹服，他曾感叹："呜呼！孟氏以名世之雄，而为言如此。廿年读书，廿年阅世以还，孟氏之言，使我俯首至地，而崇拜之不遑者夥矣。"③ 1920 年，顾实撰写《杨朱哲学》时已引入"地理环境决定论"，如论"尝谓人类进化之通例，其历史与地理有切密之关系，故世界半岛诸国每为古文化勃发之区"，故"吾国山东半岛在周季亦有齐鲁二邦，笃生大政治大哲学大教育家"等。④ 此外，顾实的治学方法仍以朴学为主，彼时他正致力于《汉书艺文志讲疏》《重考古今伪书考》《穆天子传西征正诂》《中庸郑注讲疏》《金石古文学》等书的著述与考订，并无余力再起炉灶，加上早期的文学史不被视作严格的学术论著，为了应付教学或通识的需要，改编日人的著述成为当时普遍的做法。

尽管顾实文学史脱胎于久保天随的文学史，但两者大有不同。久保天随的文学史问世于甲午战争之后，彼时日本汉学界对中国文化的崇敬逐渐消解，表现为重新诠释汉学传统，转而认同西方的文学理念。如久保天随借用地理环境决定论，批评中国人的性格与中国文学，宣称"中国文学之特质，概括其通弊，既如上所述，为实际的、为教训的、为保守的、为拟古的、为形式的、为虚饰的"⑤，这些特质使得中国文学虽然未必逊色于

① 久保得二：《中国文学史》（早稻田大学卅六年文学教育科第二学年讲义录），东京：早稻田大学出版部，1903 年，第 3 页。此段谢汝铨译作"故文学史之研究，宜细心精致，且为简净明晰，不可忘精确之论理的断定，及公平之批判的态度"，而顾实译为"故中国文学之研究……记述务极简易明了，故以公平之赏鉴（appreciation），精之批判（criticism），而下合于论理之断定"，可见二者不同。

② 顾实：《发刊辞》，《国学辑林》1926 年第 1 期。

③ 顾实：《论校风》，《教育杂志》1911 年第 6 期。

④ 顾实：《杨朱哲学》，长沙：岳麓书社，2011 年，第 2 页。

⑤ 久保天随著，谢汝铨译：《中国文学史》（三），《汉文台湾日日新报》，1907 年 7 月 21 日，第 3 页。

"世界之某文学"，但"比诸现今新之欧西文学，纵如何辩护之，固不能相若"①。顾实则立足于国学本位，将国学视作"世界闻名之一源"②，在转译久保氏文学史内容的同时，对其中的观点并未全盘接受，而是加以辨析、驳斥，着力强调中国文学的独特价值。

如论"文字"一节，久保氏认为，中国文学的保守与中国的象形文字有关，"至于象形文字，影响更有甚焉者，第一言语之变化不速，故与拟古者以便宜；第二为不便于使用，故以简净为能事，翻添粗大夸张之趣"③。"象形者原始的文字……虽偶想及于声音，然不能打破旧习，益制便宜新体，盖尚古主义为之累也。"④ 顾实并不认同将象形文字视作原始文字、将拼音文字视作最进步文字的观点，他认为象形文字对中国文学的影响得失互见，应当从语言学的角度加以研究，"中国文字及音韵之研究，有成一科学之价值，若适用言语学之原理而组织一新体系，庶其可乎"⑤。民国初立，顾实曾以音韵学家的身份参加了读音统一会议，提交了《注音字母之商兑摘要》的提案⑥，他提出"古今韵摄，法以西文，取便认识"⑦，建议结合传统的切韵与西方的音标法制定新的方案。当时国内出现了废除汉字的呼声，甚至有"汉字不废，中国必亡"的提法，钱玄同、陈独秀、胡适、鲁迅等都一度赞成废除汉字。顾实对此坚决抵制，他在《国学丛刊·发刊辞》中曾批评国内那些"倡废汉字"的人是认贼作父，"甘作虎伥，抑何忍心！"⑧ 在《中国文学史大纲》中，顾实重申，"今后灭吾民族者，必渐革除吾文字，文字革而文化亡，民族全亡，故吾人不能不慎防伥虎之并作也"⑨。这一点，足以见出顾实对本国文化的坚守立场。

再如论及《诗经》，久保天随将中国诗歌与日本相对比，认为日本的重情传统与中国的诗教传统大不相同，日本诗歌与西方的浪漫主义更易联结，发表了对中国诗教传统的批评：

> 既以教训的旨趣，为唯一之要谛，以故感情之发泄，不得自由。而必循于道德的规矩也。孔子云，《关雎》乐而不淫，哀而不伤。司马迁云，《国风》好色而不淫，《小雅》怨诽而不乱，是其为哀乐者，绝非到于极点，方吟咏之时，亦无大加检束，且彼周人之虚饰的，绝非露至纯之感情。如此由伦理的关系，所发出亲爱之情，为意志之力所制裁，其在形式的，过半止于礼义之中，现于各篇，而其内容，敬天畏命之

① 久保天随著，谢汝铨译：《中国文学史》（二），《汉文台湾日日新报》，1907 年 7 月 19 日，第 3 页。

② 顾实：《国立东南大学国学院整理国学计划书》，《国学丛刊》1923 年第 4 期。

③ 久保天随著，谢汝铨译：《中国文学史》（三），《汉文台湾日日新报》，1907 年 7 月 21 日，第 3 页。

④ 久保天随著，谢汝铨译：《中国文学史》（七），《汉文台湾日日新报》，1907 年 7 月 26 日，第 3 页。

⑤ 顾实：《中国文学史大纲》，上海：商务印书馆，1926 年，第 12 页。

⑥ 顾实：《延聘会员顾实提案：注音字母之商兑摘要》，《1913 年读音统一会资料汇编》，北京：文字改革出版社，1958 年，第 36 页。

⑦ 顾实：《延聘会员顾实提案：注音字母之商兑摘要》，《1913 年读音统一会资料汇编》，北京：文字改革出版社，1958 年，第 41 页。

⑧ 顾实：《发刊辞》，《国学丛刊》1923 年第 1 期。

⑨ 顾实：《中国文学史大纲》，上海：商务印书馆，1926 年，第 289 页。

念，俨然存在。……关于恋爱教训的抒情诗，是为矛盾之尤甚者，何则，恋爱之极
致，则超越现在社会之利害，所诠艺上之美，必不能与道德上之善一致也，恋爱为绝
好之诗的题目，尚为如此，其他可知矣。①

美善合一还是艺术至上，本是审美上的分歧，但久保天随以批评的态度否定中国的诗教传
统，未免失之偏颇。而且，中国文学具有多样性的一面，儒释道等多种思想都对文学产生
过作用，并非只有温柔敦厚，也有金刚怒目或率性自然。久保氏用西方与日本的审美标准
来批评中国文学的论述，有些是因为缺乏对中国文学的"同情之了解"，有些则来自"他
者"视角的文化偏见。台湾学者柯乔文曾以"殖民视域"来观照久保天随的文学史，就
是注意到了这一点。②

顾实在述及此段时，虽然大体接受了久保氏对《诗经》"全然教训诗"的判定，认为
"诚如《毛诗序》所言，则吾中国人以诗应用于政治道德"，但顾实能够正视这种特色，
他回应称：

> 若夫三百篇中所发挥之美，其意志征服情之美乎。是亦非出自然，而出于强制
> 也。总之，中国之诗，乏于真情之流露，不妨谓其根本在是也。更试为喻之，则此类
> 之诗，正如花盆中所植枝曲若柳之梅树也。然此梅树一脉之幽香自在，故《诗经》
> 之诗亦仍乎其为诗，而万不可弃，唯有简古素朴之风趣，斯其特色也。③

两种叙述，判然两个立场。久保氏站在"他者"的立场，批评中国诗歌受到道德观念的
约束，不能尽情抒发"至情"；顾实则站在本土的立场，认为中国诗歌即便受到意志的影
响，但也有它"幽香自在"的人工美，"万不可弃"。

不仅如此，顾实借助文学史来构建民族文化自信的书写俯拾皆是，表现在：第一，论
证中华民族与文明的发生、发展合乎世界规律。如论中华民族的起源，不是西方所谓的外
来入侵者，而是中国原始的民族；论中国文字的起源，与欧洲不甚相远；论中国文明的进
程，先发明火和天文学，符合世界古国发展的通例；论中国文学先韵文后散文，诗歌与音
乐有极亲密之关系等，与世界诸国文学发展轨迹一致。第二，比较中国文学多有媲美世界
优秀文学之处。谈文献，则《书经·尧典》"去今约四千年前之产物，一般论者公认为东
亚最古文献，而世界有数之古书也"④；谈诗歌，则《诗经》与印度《摩诃婆罗多》、希
腊荷马《伊丽雅特》"略占同一之位置"⑤；谈诸子，则《大学》与希腊七圣人之遗言为
同一基础；谈史传，则左丘明可誉为东洋之希罗多德；谈小说，则《西游记》是"东洋
唯一寓意之神仙谭，世界殆不见其比之伟大譬喻谈也"⑥；第三，强调中国文学具有独特

---

① 久保天随著，谢汝铨译：《中国文学史》（十九），《汉文台湾日日新报》，1907年8月9日，第
3页。

② 柯乔文：《文学成史：殖民视域中的久保天随与其中国文学史》，《中极学刊》2007年第6期。

③ 顾实：《中国文学史大纲》，上海：商务印书馆，1926年，第41页。

④ 顾实：《中国文学史大纲》，上海：商务印书馆，1926年，第31页。

⑤ 顾实：《中国文学史大纲》，上海：商务印书馆，1926年，第37页。

⑥ 顾实：《中国文学史大纲》，上海：商务印书馆，1926年，第286页。

之魅力。如论柳宗元的《永州八记》，是"中国文学中之绝品，试求之外国，殆亦莫或能之也"①；论三苏父子的成就，则"殆万国文学史中少有其例，宋文学或中国文学，将为之增若干价值"②，等等。第四，重点述及中国文学对日本的影响，如日本的文字始学自唐朝，日本的语音至今仍保存有中国的古音，日本的文学如和歌、能乐与中国的白居易诗歌、元杂剧都关系甚大，中国明代李攀龙、王世贞的古文与《水浒传》等小说输入日本，这些都是"不可疑之事实也"③，等等。当然，顾实也部分接受久保氏对中国文化与文学的批评，如老子的哲学思想与西方的哲学体系相比缺乏规律性，与印度民族也不可同日而论等。

比对顾实与久保氏文学史的差异，可以发现顾实的文学史并非如有些人所说"完全贩自日本"④，而是以"夺胎换骨"的方式，表现了转译者的主张与理念。当中国的学者意识到文学史承载的文化功能，开始从被动地应对新式学堂的课程教学，转为积极地思考民族文学的体系建构。他们编撰的文学史，往往内蕴了强烈的民族意识，因此在"拿来"时，会有所保留地处理汉学界的观点。这种保留，不等同于守旧，而是体现了早期学人应对中西学术接驳与新旧文化转型的宝贵的本土经验。

二、旧学与新学：传统与现代的内在碰撞

20 世纪初前后，国内学者在如何处理中西对接、古今转型等问题上出现较多分歧，新旧观念的冲突尤为剧烈，这在中国文学史的书写中皆有体现。⑤ 顾实在编纂《中国文学史大纲》时，对国内的新旧之争也有所回应。

彼时，学界对文学史书写最基本的问题"什么是文学"有较大的争议。顾实之前，已有黄人、林传甲、王梦曾、曾毅、张之纯、谢无量、葛遵礼、李振镛、胡怀琛、刘毓盘等人编著了中国文学史。但草创之初，体无定式，传统的四部之学很难与西方的四大文体一一对应。早期学人受到西方文学史范式的影响，尽管注意到文学是一个独立的学科，但大多学人仍会沿袭传统，很难放弃经史之学，因此招致了后来者的批评。如胡怀琛就曾批评林传甲、谢无量等人，"他们有同样的毛病，就是界限太不清楚，把所谓经史子集一起放在文学史里来讲。这样，何谓中国文学史？已成为问题了"⑥。重新定义文学，成为关系学术体系的古今转换与中西对接的首要议题，诸多学者参与了探讨。顾实作为较早接触西方近代"文学"观念的学者，他曾明确提出"文学者，文学也；文学史者，科学

————————————

① 顾实：《中国文学史大纲》，上海：商务印书馆，1926 年，第 213 页。
② 顾实：《中国文学史大纲》，上海：商务印书馆，1926 年，第 236 页。
③ 顾实：《中国文学史大纲》，上海：商务印书馆，1926 年，第 253 页。
④ 谭正璧：《中国文学进化史·新时代的文学》，《谭正璧学术著作集》，上海：上海古籍出版社，2012 年，第 222 页。
⑤ 参看王少芳、陈文新：《五四文学论争与新文化人的中国文学史书写》，《社会科学研究》2020 年第 1 期。
⑥ 胡怀琛：《中国文学史概要》"总论"，上海：商务印书馆，1931 年，第 11 页。

也"①，强调要用科学的方法来书写文学史。但顾实并未照搬西方近代"文学"的观念，"而是在接受西方文学史意识的同时，尽可能地以中国的'文'的概念作为文学史建构的基础"②。《中国文学史大纲》最先探讨的就是何谓"文学"——久保天随的文学史对此并未展开，而是以"文学及文学史之为何者，兹不缕述"③ 一语带过——顾实胪列了古今中外"文学"的多种释义，并参考日本涩江保与美国摩尔登文学史的范例后，提出纯文学是"皆当以'美之艺术'为标准"的"古来能特别感动人之作品"④。以此为标准，传统集部视野的诸子百家、诗词曲赋以及从前被轻视的小说都于"美之艺术有价值"，可以写入文学史；假若没有这一价值，即便是诗词歌曲，徒有文学的形式，也不能称为文学。顾实对文学的理解，没有拘泥于内容或形式，而是努力诠释文学的本质属性。

尽管如此，作为旧学根柢扎实的传统学者，在传统治学方法的惯性下，顾实还是多次不由自主地偏离了纯文学的理念，表现出"旧"的积习来。特别在文史哲不分的先秦部分，顾实不但较多使用了注疏考证等传统治学方法，而且犯了"分界不清"的毛病，正如前人指出："此书对于上古文学，颇为重视，计自太古至周末，篇幅占去三分之一。其范围之广，无所不包：不独诸子百家，尽被收录，就是谶纬之书，也都成了它的资料！所有《列子》《务成子》《关尹子》这一类书，不用说了……"⑤ 这种当时常见的"纯杂文学观双线并行的现象"，在黄人、林传甲、谢无量、曾毅、顾实、张之纯、王梦曾等人身上也有体现。⑥ 今日看来，这种文学观念的杂糅固然是早期理论体系不成熟的表现，但与其用一种理论——特别是舶来的理论对中国传统削足适履，不如有所保留、求同存异。正如陈寅恪在审查冯友兰《中国哲学史》时所说，"其言论愈有条理统系，则去古人学说之真相愈远"⑦，尊重历史真实应该是撰写史书的基本原则，文学史也不例外，到底中国的文学该如何界定，这一困扰近代学人的难题，至今仍有诸多争议，这些争议将推动对中国文学的深入认知，仍有审视的必要。

文学的评价标准是文学史书写的又一核心命题。中国传统是崇雅讳俗、重文言轻白话，如林传甲《中国文学史》将戏曲、小说排斥在外，窦警凡《历朝文学史》视词章吟咏为雕虫小技，志士不为；五四新文化运动后，传统大有被颠覆的态势。胡适、钱玄同等激进派将近代中国问题的矛头指向传统文化，视文言为旧文化的载体，新文化的障碍。他们不仅将白话文学推举为最有价值、最有生命的文学，并且开始用白话文书写文学史。1921 年胡适较早地讲授国语文学史，1922 年即有人将他的讲义油印出版，影响甚广。如凌独见的《新著国语文学史》称"文学要用国语做的，才有生命，才有价值，才受世人

---

① 徐俊西编：《海上文学百家文库》59 卷《曹聚仁·章衣萍·梁实秋卷》，上海：上海文艺出版社，2010 年，第 362 页。

② 参看余来明：《文学观念转换与 20 世纪前期的中国文学史书写》，《文学遗产》2013 年第 5 期。

③ 久保天随著，谢汝铨译：《中国文学史》（一），《汉文台湾日日新报》，1907 年 7 月 18 日，第 3 页。

④ 顾实：《中国文学史大纲》，上海：商务印书馆，1926 年，第 5 页。

⑤ 沈达材：《顾实著中国文学史大纲》，《图书评论》1933 年第 4 期。

⑥ 黄霖主编：《近现代中国文论的转型》，上海：上海古籍出版社，2015 年，第 93 页。

⑦ 陈寅恪：《冯友兰〈中国哲学史〉上册审查报告》，《陈寅恪文集之三·金明馆丛稿二编》，上海：上海古籍出版社，1980 年，第 247 页。

的欢迎"①。1927 年，顾实《中国文学史大纲》出版的次年，胡适重新整理了油印版《中国文学史》，之后交由新月书店出版，自此宋元以后的白话文学得到空前的重视，用白话文书写文学史成为主流。在这样的背景下，顾实仍然选择了文言文来著述，并且仍以传统的文言文学为重心，因此招致了新派的批评。其中批评得最集中、最尖锐的当属署名泽陵的《评〈顾实中国文学史大纲〉》，该文在博董文章的基础上，又指出顾著存在"杂抄众多，漫无系统""因果不明，不相衔接"等十个弊病，虽然多是细枝末节的指摘，但也不乏切中肯綮的论断。有些问题是原作固有的，如缺少对中国文学内在流变即文运的考察，有些则是转译改写时出现的，如文理不通等。然而，最核心的问题还在于"以本国人治本国史，并乞灵于外人，尤可羞也"②。然而，顾实并非一个彻底的旧派，相反，顾实留学日本期间，曾广泛搜览世界各文明国家的典籍，为此还学习了日、英、德等多国语言，具备较为开放的视野。因此他在文学史中提出，语言仅是形式，不应以此评判文学的高下：

> 白话与文言之争，此不过形式问题，只问内容，则白话可，文言亦可也。且白话以承古来轻文学之系统为多，仅占文学史上之一部分，未足以得其全。公平言之，凡白话、文言之种种文体，无一可以偏废也。③

《中国文学史大纲》提出"大凡所谓艺术，以形式内容两方面之调谐，为最上乘。故中国文学之研究，亦于此两者不设轻重之别"④，虽然是对久保氏"文學は言ふに及はす、おちゅる藝術は内容と形式とのむ調諧む以て，最上乘となす""二者固ょん輕重の別を設くべきに非す"的转译，⑤ 但也反映了顾实个人的主张。顾实在推广国学研究，制定研究计划时，将小说戏曲与诗文一并视作中国文学的重要体裁。比起激进派的矫枉过正，罔顾传统，顾实"无一可以偏废"的主张更为合理。

与顾实形成对照的是葛遵礼的《中国文学史》，该书同样以久保天随的文学史为底本，但仅对底本做了大量删减，全书六万字，有"例言"无"总论"，章节后列"附录"补遗、考证、参考书、名句等，几乎不做主观论述，以用于"高小、中学生粗知我国文学之源流"⑥；而顾著则增删改写，每章设"总论"，以表达著者的文化立场与文学主张。补充说明一点：顾著虽晚于葛著，但两者并不相干。1929 年，赵景深较早发现顾实与葛遵礼"把一本相同的日文书贩来了"⑦，指出二作同源；1938 年，青木正儿论及顾著与葛著时，用了一个"好像"来判断顾著"好像本前书（葛著）而敷衍的，不仅是编次，连

————————————

① 凌独见：《新著国语文学史》，上海：商务印书馆，1923 年，第 5 页。

② 泽陵：《评〈顾实中国文学史大纲〉》，《大公报·文学副刊》第 83 期，1929 年 8 月 12 日。

③ 顾实：《中国文学史大纲》，上海：商务印书馆，1926 年，第 331 页。

④ 顾实：《中国文学史大纲》，上海：商务印书馆，1926 年，第 6 页。

⑤ 久保得二：《中国文学史》（早稻田大学卅六年文学教育科第二学年讲义录），东京：早稻田大学出版部，1903 年，第 3 页。

⑥ 葛遵礼：《中国文学史》，上海：会文堂，1921 年，第 1 页。

⑦ 博董：《顾实文学史的估价》，《文学周报》第七卷（第 326～350 期），上海：开明书店，1929 年，第 58 页。

文章也看得出蹈袭之迹，但是记述颇详"①，显然这个判断并不准确。笔者在细致比对久保氏底本与葛著、顾著两个改写本后，发现多有未见于葛著，而见于顾著与底本者，以《中国文学史大纲》"总论"为例，其中既有顾实本人对文学概念及文学史体例的独立思考，也有对久保天随《中国文学史》"序论"的转译——后者并不见于葛著，这即是顾实直接取法于久保氏的明证。以葛著与顾著的对比可知，顾实对久保氏的"拿来"，掺入了更多主观的、审慎的思考。《中国文学史大纲》再版时，书商打出的广告语是："读文学史可规我民族之盛衰。凡有负改造社会及改造文学之使命者，不可不读此书。"② 就是对顾实文学史所呈现的本位意识与文化反思的认可。

从学术史的角度来考察，早期文学史的缺憾与不足毋庸讳言，特别是其中对"拿来"所持的保守姿态，可能滞后于时代之精神，但他们对民族本位的坚守，却始终有被关注的价值。毕竟20世纪初学人所应对的难题——如何在五洲棣通的背景下，以比较文学的视野来审视民族文学的特性与价值，特别是怎样纠正那些先入为主的客观误读和主观偏见，写出一部真正令国人满意的文学史，仍在困扰当下的学人。在当前路径遇到困境的背景下，回向审视文学史书写的"百家争鸣"期，反思前辈学者对此所给出的应答，或许能够为研究者们提供一些思路。本文仅以顾实在处理"拿来"时的经验为个案，论证早期文学史仍有再审视的价值。

（作者单位：海南师范大学国际教育学院）

---

① 青木正儿著，隋树森译：《中国文学概说》，上海：开明书店，1938年，第46页。
② 顾实《杨朱哲学》内封底附书商《中国文学史大纲》广告语（南京：东方医药书局，1931年）。

明清经济与社会

从"工匠"到"士绅"：清代芜湖濮氏家族社会形象的演变*

□ 张　绪

【摘要】芜湖濮氏家族是中国传统社会后期一个普通的地方家族，以炼钢为生理之业。清康熙中期芜湖濮氏家族创立"万兴"钢坊，此后经过数代族人的不断努力与创新，一直保持着强劲的发展势头。至晚清时期，由于咸同兵燹影响，以及开埠通商之后西方机器替代品的竞争，濮家钢坊随即衰落。以炼钢业起家的芜湖濮氏家族陷于传统"四民"观念的窠臼，希望通过功名与善举，来推动家族"士绅化"的社会阶层进位，而在其家族向"士绅"这一社会形象演变的背后，实质上是传统社会阶层观念对于家族行为模式的形塑与固化，从中或许可以明晰传统中国社会地方家族"士绅化"的行动逻辑，这是理解中国传统家族文化的一个关键。

【关键词】清代；濮氏；钢坊；家族；士绅化

一、问题与材料

　　家族史是明清中国社会史研究的一个重要领域，研究成果已经蔚然可观。其中，以个案研究形式而展开的关于不同家族类型的讨论，不乏其例，研究对象除聚焦于科宦世家、商人家族外，手工业家族亦有所关注，芜湖濮氏家族即是其一。

　　芜湖濮氏家族的始迁祖于北宋末年自中国北方南迁至芜湖。据芜湖《濮氏支谱》记载，迁芜濮氏之始祖其七公，祖籍在山东曲阜，共有兄弟七人，北宋末年因金兵南侵，他们南徙至瓜洲，后被金兵冲散，分散于多地，"若浙江、若溧水、若江苏、若凤阳、若和州、若当涂，皆各乐其土而安之"①。年龄最小的其七公迁至芜湖，因"乐石渠风土之厚，遂卜东门外十里许，土名'百家店'焉"，其七公即成为濮氏迁芜之始祖。此后，该支子姓繁昌，自元而明，以迄清朝，"生齿日繁，人文日盛，实为江东望族，若濮家店、

　　* 本文系教育部人文社科重点研究基地课题"明清社会结构与社会变迁"（16JJD770036）及安徽大学淮河流域环境与经济社会发展研究中心资助项目（HHYJZX2016ZD013）阶段性成果。
　　① 濮文彬纂辑：《濮氏支谱》卷一《续修支谱序》，清光绪十三年刻本。

濮村埠，其聚族而居者，邑乘可考也。厥后，人益盛而居益分，如砻坊、南街、江防厅、寺门口，皆胥宇居焉"。① 随着迁芜濮氏家族的兴盛发展，作为家族始迁地的"百家店"也被芜湖当地人改称为"濮家店"，濮氏族人便以此为起点，向周边地区散枝开叶，逐渐由始迁地扩散至砻坊、南街、江防厅、寺门口等地，濮氏由此成为当地一个大家族。落根于芜湖的濮氏族人以炼钢为生理之本，在当时业界颇具影响。

据管见所及，目前关于芜湖濮氏家族的研究成果甚属寥寥，仅有张九皋先生做过一些探讨。② 不过，他所关注的问题主要集中在濮氏家族与芜湖炼钢业的关系方面，所利用的研究资料也主要局限于采访与调查所得，并且存在着一些史实错误。因此，对于芜湖濮氏家族的重新研究与讨论尚属必要。

芜湖《濮氏支谱》的发现为重新开展这一研究提供了重要资料支撑。芜湖《濮氏支谱》编修于清光绪十三年仲夏月，共有二卷，现藏于上海图书馆。其中，第一卷内容包括续修序言、家训、宗派、规则、行实列传、祭产、墓图、办祭章程；第二卷内容为世系图、世系。这部家谱比较详细地记载了芜湖濮氏家族的历史活动，包括从北方迁徙至芜湖的过程，家族炼钢业在不同历史时期的兴衰变化，以及家族成员在仕途功名、地方善举等方面的努力与作为，等等。这些内容对于研究明清时期的城市手工业以及传统手工业家族，具有重要的史料价值。但是迄今为止，这部家谱似乎还未被学人充分利用，它所承载的史料内容仍需深入挖掘。

二、生理之基：濮氏"工匠"与芜湖炼钢业

在明清时期，芜湖是长江下游地区一座重要的工商业城市，商业发展兴盛，其手工业经济颇具活力，铁画、浆染、砻坊等业都具有代表性。其中，炼钢业亦是当时芜湖的一大手工行业。在芜湖开埠通商之前，当地炼钢手工业的发展十分兴盛，据《（民国）芜湖县志》记载："芜工人素朴拙，无他技巧，而攻木、攻革、刮摩、抟埴之工皆备，然不能为良。惟铁工为异于他县，居市廛治钢业者数十家，每日须工作不啻数百人。初锻熟铁于炉，徐以生镤下之，名曰'喂铁'，喂饱则镤不入也，于是渣滓尽去，锤而条之，乃成钢。其工之上者，视火候无差，怵手而试其声，曰若者良，若者楛。其良者，扑之，皆寸寸断，乃分别为记橐束而授之客，走天下，不訾也。工以此食于主人，倍其曹而恒秘其术。"③ 芜湖炼钢手工业的繁盛程度与优良工艺可窥一斑。而且钢作为当时芜湖县特产，其产品种类比较丰富，"有数种"，产品的质量亦有差异，个中以"寸钢为最，石桥港河水浸独佳"。④ 另外，芜湖出产的钢还长期受到市场青睐，清乾（隆）嘉（庆）时期宋

① 濮文彬纂辑：《濮氏支谱》卷一《续修支谱序》，清光绪十三年刻本。

② 张九皋：《濮家与芜钢》，《安徽史学通讯》1959 年第 3 期。

③ 《（民国）芜湖县志》卷八《地理志·风俗》，《中国方志丛书·华中地方·第八八号》，台北：成文出版社，1970 年，第 110~111 页。

④ 《（民国）芜湖县志》卷三十二《实业志·物产》，《中国方志丛书·华中地方·第八八号》，台北：成文出版社，1970 年，第 439 页。

镕在《贩运钢斤章程檄》中称："……钢为芜邑土产，贩运百有余年。"① 因为运销兴盛，所以钢成为芜湖关税收入的一项重要来源，"芜关完纳铜斤水脚，向以钢为大宗"②。

在清代，芜湖已开设有多家炼钢坊。据张九皋先生的研究，"芜湖炼钢业在清中叶乾嘉年间，可称黄金时代。大小钢坊多到几十家，较大的为葛永泰、马万盛、程道盛、吴豫泰、程立泰、陈奎泰、程时金、邢怡泰、濮万兴、王时和、陈元泰、程顺兴、葛通顺、陈祥泰、吴源全、陈京祥、吴启发、陈茂源等十八家"③。其中"濮万兴"钢坊就是由芜湖濮氏家族所创办。芜湖《濮氏支谱》记载，"万兴"钢坊由三世祖一正公创始，至"四世祖万伦公购井霓巷宇，开万兴煅坊，而业始大"④，"关东、河南、山左右、甘陕各省最驰名，无不争相购者。迨至世椿公造短钢，立'永全退记''钜元大记'名目，名重于山陕、辽东，而芜湖钢遂甲于天下，苏钢因之不行矣，钢遂为芜之土产也。传至道光末时，已百五十年，而旧业如故"⑤。由此可知，芜湖"濮万兴"钢坊在创办之初就表现出不错的发展势头，后来又经过濮氏族人的不懈努力与创新，其产品的市场竞争力越来越强，远销至关东、河南、甘陕等地，在打开外省销路的同时，也在市场中赢得了良好口碑，钢遂成为芜湖一种特产，名扬天下。至道光末年，"万兴"钢坊已经有一百五十年的发展历史，而且"旧业如故"，成为芜湖钢坊业中一个名副其实的百年老店。也可以说，濮氏家族在当时芜湖乃至全国的钢坊业中，确实是一支颇具影响力的从业力量。

那么，芜湖"濮万兴"钢坊究竟创建于何时呢？前文已经提到，"万兴"钢坊由三世祖一正公创始，至四世祖万伦公时"而业始大"。因此，根据三世祖一正公的生卒年月，便可对"万兴"钢坊的创建时间做出大概推定。据芜湖《濮氏支谱》卷二《世系》记载，三世祖一正公"生于康熙戊辰年十二月二十九日午时，卒于乾隆乙未年正月二十六日午时……公始创钢坊基业，后世赖之"⑥。"万兴"钢坊既然是由三世祖一正公在其生前始创，那么它的创立时间就应该在康熙戊辰年以后，乾隆乙未年之前。另据前文所述，至道光末年，该钢坊已经存在了一百五十年，那么据此往前追溯，便可得知："万兴"钢坊的创立时间应该是在 1700 年前后，年代大约是在清代康熙中期。⑦

在此之后，钢坊业一直是芜湖濮氏家族重点经营的一项生理产业，并且经过几代家族

---

① 《（民国）芜湖县志》卷二十四《赋税志·关税》，《中国方志丛书·华中地方·第八八号》，台北：成文出版社，1970 年，第 331 页。

② 《（民国）芜湖县志》卷二十四《赋税志·关税》，《中国方志丛书·华中地方·第八八号》，台北：成文出版社，1970 年，第 331 页。

③ 张九皋：《芜湖手工炼钢业的片断史料》，《安徽史学通讯》1958 年第 1 期。

④ 濮文彬纂辑：《濮氏支谱》卷一《续修支谱序》，清光绪十三年刻本。

⑤ 濮文彬纂辑：《濮氏支谱》卷一《家训》，清光绪十三年刻本。

⑥ 濮文彬纂辑：《濮氏支谱》卷二《世系》，清光绪十三年刻本。

⑦ 张九皋先生在《濮家与芜钢》一文中，虽然专门对濮氏家族在芜湖从事炼钢业的历史做了梳理，但是一些论述却存在着明显的错误，如他在文中提道："至南宋中期，濮七的孙子濮万伦，积累了丰富的炼钢经验，精于'听钢'的技术……"这一论述与芜湖《濮氏支谱》的记载有所抵牾。据后者记载，濮万伦"生于雍正七年四月初六日亥时，卒于嘉庆元年七月初三日未时"，为清朝时期人，而非南宋时期人，作为濮氏迁芜始祖的濮七，与他也非祖孙关系。参见濮文彬纂辑：《濮氏支谱》卷二《世系》，清光绪十三年刻本。

成员的不断努力，濮家钢坊也有了进一步的发展。据芜湖《濮氏支谱》记载，三世祖一正公有一子，即四世祖万伦公，"生于雍正七年四月初六日亥时，卒于嘉庆元年七月初三日未时"。在他的努力经营下，钢坊生意大有起色，"公精明强干，承创两能，改钢坊号记为'万兴伦'，日增月盛，开拓田亩千余，始称富有"①。万伦公在继承父业后，积极进取，勇于开拓，不仅为濮家钢坊新创了"万兴伦"这一号记品牌，而且还利用经营钢坊所赚得的利润，广置田产，拥有田产数量达千余亩，堪称富有。万伦公有四子，分别是世椿、世榛、世标、运桂，此为第五世。在这一代，濮家钢坊的发展依然兴盛，生意业务又有进一步拓展，在增开钢坊分号的同时，也向市场推出了一些新的产品。如四世祖万伦公的长子世椿公在承袭祖业后，"支持家政，就理店事，井井有条。立'永全遐''钜元大'二记短钢行世，名重山陕、辽东等处"②。万伦公的次子世榛公亦从事钢坊业，"力生理，不少辍，立'立兴仁'记花钢行世"③。在世椿公与世榛公的努力经营下，濮家钢坊获得新的发展，不仅新开了"永全遐""钜元大""立兴仁"等钢坊分号，而且在生产工艺上有所创新，推出短钢、花钢等新产品，行销于国内市场。对于钢坊分号的开设，芜湖濮氏家族在其家谱中有专门的规定："'万兴'号如有公债，公还；亦有外姓欠我号者，俱归公讨。至'万兴'招牌，如有租开钢坊者，其租金归公。至本支内兄弟叔侄以及子孙有能开此业者，准用'万兴'招牌，须别立某记，不得用'伦记'二字。如违，取牌，租归公。"④"万兴"号钢坊作为总号，成为芜湖濮氏家族的一项重要公产，由族人共同经营，家族内能开钢坊者可以租用其招牌，但是需要交纳一定的租金，租金所得留作公用，并且不能使用"伦记"字样，否则就会被摘牌。

至清咸同之际，由于受到战乱影响，芜湖濮家钢坊开始走向衰落。此时，太平天国战争爆发，安徽沿江地区成为重要战场，地方社会饱受战火之扰，百业萧条，满目疮痍，昔日繁盛的芜湖亦遭受重创，"咸丰兵燹，肆廛为墟"⑤。在这场历史动荡中，不少地方家族受到了冲击。在当时，濮氏族人为躲避战乱，纷纷仓促外逃，作为其家族重要生理之本的钢坊业受到很大影响，损失惨重。据芜湖《濮氏支谱》记载："咸丰癸丑粤逆窜芜，家藏尽焚，兄弟叔侄仓卒避兵他乡，各谋生业。同治元年，陆续归里，无力宏旧业，因而分析，至今不无遗憾。惟愿后之子孙重新恢复，以慰我先人，由分而合，实有厚望焉。"⑥在经历这次战乱后，芜湖濮氏家族的钢坊业元气大伤，开始走下坡路，直至光绪年间，仍然未能恢复旧业。其实，"咸同兵燹"这一短时段事件对于芜湖濮氏家族生理事业的影响只是表层的，在这个历史表象的背后还有更深层次的历史因素，即晚清的五口通商使得中国的国门被迫打开，西方机器工业品开始大量输入中国市场，包括钢坊业在内的诸多中国

---

① 濮文彬纂辑：《濮氏支谱》卷二《世系》，清光绪十三年刻本。

② 濮文彬纂辑：《濮氏支谱》卷二《世系·叙堂祖宗房遐年公支世系》，清光绪十三年刻本。

③ 濮文彬纂辑：《濮氏支谱》卷二《世系·叙堂祖仲房立仁公支世系》，清光绪十三年刻本。

④ 濮文彬纂辑：《濮氏支谱》卷一《规则》，清光绪十三年刻本。

⑤ 《（民国）芜湖县志》卷五《地理志·市镇》，《中国方志丛书·华中地方·第八八号》，台北：成文出版社，1970年，第91页。

⑥ 濮文彬纂辑：《濮氏支谱》卷一《家训》，清光绪十三年刻本。

传统手工行业不得不面临新的市场竞争，在一些具有可替代性的行业领域，西方机器工业品凭借着技术与成本优势，很快便挤占了市场。当时的芜湖钢坊业也遭受了外来洋钢的强力竞争而趋向衰落，"通商以后，洋商以机炉炼出之钢输入，此业遂辍"①。在此情形下，濮家钢坊很难恢复旧业。

三、功名与善举：家族社会形象的"士绅化"

在中国传统社会，由于受到"士农工商"这一"四民"观念的束缚与影响，士在社会阶层中处于优先地位，科举入仕、光宗耀祖成为很多个人和家族共同追求的一个目标，科举功名与仕宦人才因此成为衡量一个家族社会地位的重要指标。

就芜湖濮氏家族而言，他们没有走出这种传统文化的窠臼。和当时很多家族一样，芜湖濮氏家族在自己的家族文化中亦很看重科第人才的培养，积极让家族子弟读书入仕，如在其家训中就专门开列"继书香"一条，曰："我濮氏自明迄我国朝初时，专以生理为重。迨后秋园公始发愤读书，二十八岁方入邑庠。蓉湖公精举业，名噪一时。实盦公以及星池公兄弟辈无不幼列胶庠，食廪饩，自今代不乏人。凡我濮氏子孙，务须勤读，克继书香，无忝厥祖，以为门楣光者。猗与休哉，其不盛欤！"② 从此条家训中可以看出，芜湖濮氏家族虽然以"工"立业，但是在社会阶层观念上仍然对"士"的身份颇为青睐，很希望家族子弟积极向学，竞得功名，从而在家族的社会形象上实现从"工匠"到"士绅"的提升与转变，并以此来扩大家族在地方社会中的影响力。

芜湖濮氏家族的科举功名之路始于秋园公，他是濮万伦的第四子，即五世运桂公，"字茂亭，号秋园，附贡生。生于乾隆壬午年七月二十四日戌时，卒于道光癸巳年十月初六日亥时"③。自秋园公之后，继之者仍有其人，如六世的蓉湖公、实盦公，七世的星池公，等等。

不过，对于芜湖濮氏家族而言，这条科举入仕的道路似乎走得有些艰难。如五世濮运桂，虽然"天性孤高，学问亦具根柢"，但是"入庠后，再踬棘闱，即绝进取"。④ 六世濮钊，"字剑门，号蓉湖，廪贡生，选授翰林院待诏……生而颖异，长而轩昂，有江东才子之目。年十九，以县府院三首入泮，旋食饩，学使大庚戴公均元极加赏识。自后每试不出优等三名，督学汪宗师《立诚编》、顾、玉、聂、白四宗师《试牍》，皆刻其文，诗赋甚富，名噪一时，无不以清选相期许。嘉庆壬申，考选拔贡，南闱者九次，北闱者七次，未售。选授翰林院待诏，供职都门。值睿庙万寿，以《百韵诗》进呈，极加称赏，赐大缎二匹。时白莲教滋事，内廷戒严，未遽擢用。遂念淡功名，而肆志山水"⑤。六世濮颖

① 《（民国）芜湖县志》卷八《地理志·风俗》，《中国方志丛书·华中地方·第八八号》，台北：成文出版社，1970年，第111页。
② 濮文彬纂辑：《濮氏支谱》卷一《家训》，清光绪十三年刻本。
③ 濮文彬纂辑：《濮氏支谱》卷二《世系·叙堂祖季房秋园公世系》，清光绪十三年刻本。
④ 濮文彬纂辑：《濮氏支谱》卷二《世系·叙堂祖季房秋园公世系》，清光绪十三年刻本。
⑤ 濮文彬纂辑：《濮氏支谱》卷二《世系·叙堂祖三房准斋公支世系》，清光绪十三年刻本。

生，"字实盦，邑增生……天资敏捷，过目不忘，以县首入泮。南闱屡荐未遇，赍志以终"①。七世濮咸庆，"字小阮，号星池，郡廪生"，"屡膺房荐，未售。避迹常熟，郁郁以终。生平著作甚富，亦散佚无存，人咸惜之"②。这四人是芜湖濮氏家族在科举事业上的代表人物，其中又以蓉湖公即濮钊的成就为最，但无一例外的是，他们在科举入仕的道路上均不顺利。直至清光绪三十年，八世族人濮文波才考中进士，后出任江苏阜宁县知县。③

虽然科举之路颇为坎坷，但是芜湖濮氏家族的成员仍对仕途有着执着追求。在太平天国战争期间，濮氏族人积极为清廷效力，以军功而入仕者不乏其人。如濮嵩庆，资质聪慧，"年十九入邑庠，二十三岁食饩。七次南闱，屡膺房荐，数奇不遇。遂教读里门，知名士多所造就。同治元年，避迹监利，就查大令丽生幕，著有《行军万言策略》。王比部柏心、胡兵部大任读之，大加称赏，交相推荐。胡公荐入官节相幕，不乐就。王公函荐曾涤帅，遂东下谒涤帅。读《策略》，延入幕府。朝夕咨询下游情形，采用居多，遂有下沿江各州县之捷。迨后鲍春霆提督乞涤帅，延入幕府，参赞军务，皖南各城收复势如破竹，其功最著。四年，赴京引见。到省历办发审、保甲、抚恤各局，督造乌龙山炮台、铸板厂及谷米局事务，委署江宁南捕通判，各大宪均以勤廉称。现供职金陵，办理洋火药局提调……"④ 读书人出身的濮嵩庆原本打算通过参加科举考试进入仕途，但是未能如愿，在经历多次科场失利后，他回到故里从事教育。后值太平天国战乱，他避难至湖广监利，并进入幕府充当幕僚。在此期间，他因著有《行军万言策略》而得到湘军首领赏示，被引入湘军幕府参与军事决策，且多有功绩。战乱结束后，他因军功而得"同知衔，江苏即补知县，署江宁南捕通判"⑤，顺利地进入了仕途。另一位族人濮元庆，他的入仕经历与濮嵩庆颇为相似。据芜湖《濮氏支谱》记载："元庆，字吉甫，号小岩，邑廪生……读书沉潜自爱，戊戌岁入邑庠，乙巳食饩，试屡优等高列。九次秋闱，堂备者七，卒艰一第。咸同间，避寇黑沙洲，有平难志。壬戌，上书曾节相，派入金陵大营，历办文案册籍事务，兼理字、顺字两营帮办。八月，援贼至，曾沅帅营委办巡查。三阅月围解，保以训导归选，加国子监主簿衔。次年三月，派行营总办文案与收复和含功，保以知县升用，寻赴省考验。三年，委署贵池县教谕，清厘黄文贞墓域，押令占葬者起扞，并置祭田，修坟茔，立禁碑，办理节烈，尤加详确，邑人士咸德之。七年，署庐州府训导，兴文教，试课艺。九年，署定远县教谕，举报节烈。"⑥ 同为读书人的濮元庆，在科场中也屡次受挫，没有实现经科举而入仕的既定理想。不过，他与濮嵩庆一样，都善于在困境中寻找机会，

———————————

① 濮文彬纂辑：《濮氏支谱》卷二《世系·叙堂祖季房秋园公支世系》，清光绪十三年刻本。
② 濮文彬纂辑：《濮氏支谱》卷二《世系·叙堂祖宗房遐年公支世系》，清光绪十三年刻本。
③ 《（民国）芜湖县志》卷四十五《选举志·进士》，《中国方志丛书·华中地方·第八八号》，台北：成文出版社，1970年，第708页。
④ 濮文彬纂辑：《濮氏支谱》卷二《世系·叙堂祖三房准斋公支世系》，清光绪十三年刻本。
⑤ 濮文彬纂辑：《濮氏支谱》卷二《世系·叙堂祖三房准斋公支世系》，清光绪十三年刻本。
⑥ 濮文彬纂辑：《濮氏支谱》卷二《世系·叙堂祖三房准斋公支世系》，清光绪十三年刻本。

通过在太平天国战乱期间积极为清廷效力而入仕为官，最终取得了功名。其他如濮文彬①、濮鸿逵②也都因在这场战乱中立有军功而获得清廷奖掖，或被授封功名，或被委以官职，获得了进入仕途的机会。

另外，在中国传统社会，家族成员积极参与地方公益与慈善事业，是扩大家族声誉、提升家族社会形象的一个有效途径。对于地方治理而言，一些士绅家族往往会在公益、慈善等地方公共事务中扮演着主要角色，与地方官府的联系最为密切，所以在非士绅家族向士绅家族的进阶发展过程中，这不失为一个重塑其家族社会形象的有利契机。为此，芜湖濮氏家族在兴办慈善、公益等地方事务中也颇为积极，其中比较具有代表性的一个事例，就是创建体仁局。据《（民国）芜湖县志》记载："体仁局，在启春关外，道光间濮运桂与兄运标捐赀创设③。抚孤恤贫，施棺赠药，并设红船、水龙以救焚溺。辛卯水灾，尤尽力救济，全活甚多，曾经奏请给奖，嗣置田五百余亩及二街沟地租以为经费。咸丰兵燹后，濮氏后裔续办。光绪间，丁姓倡捐，于后进增购民基，造乐善堂三间，祀吕祖师。光绪三十年，将款产归并育婴堂，代办施药善举。今仅存空宇而已。"④ 体仁局是一个慈善

---

① 关于濮文彬的入仕原因与入仕经历，芜湖《濮氏支谱》有十分详细的记载，据称："文彬，派名德瑜，字平山，号质甫，别号江东散人，以劳绩加盐运司提举衔，赏戴蓝翎，历官黄州府经历，累署黄梅、麻城知县，覃恩加一级，生于道光辛丑年六月十九巳时。彬，由文童于同治元年五月邑侯刘公世墀委办襄垣团练局务，督带仁义礼智信五团防守城池，累歼巨寇，危而易安，曾涤生大帅奖以五品衔。鲍春霆军门委办霆军后路粮台，自此军粮不缺。随营屡著战功，历保府经历、县丞，留楚补用，赏戴蓝翎，加盐提举衔，赴京验看。五年，到楚，历委保甲、城门、监印、捐输各差，蒙计大功三次。光绪六年，补授黄州府经历，七年三月履任。捐建赤壁留仙阁，供苏文忠公像，购田兴祀，永作东坡生日之用，立碑存案，并立东坡赤壁碑文。又在赤壁下建一横堤，阻住江水入湖。是年，大有秋，监修《黄州府志》、昭忠祠、府城隍庙后殿，黄人额颂不休。十一月，兼理黄冈县县丞。八年十一月，代理黄梅县知县，值江水溃堤后，灾民嗷嗷，苦不堪临目，通禀各大宪，不下数千言，请发库款四千八百串，将工代赈，一月而卸事，万民哭泣道左。次年，在黄州闻梅邑坍江，将至老堤，恐全功尽弃，民不聊生，筹借军储仓谷五千石，变价寄梅，请钟大令筑月堤三百丈，至今江水无虞。十年十一月，又代理黄梅县事，邑中士大夫闻之，欢迎十里。时向前任尧阶，蜀人也，以举人赴京候选。二十余年甫补斯缺，到任未及三月，病故，亏库款二千五百金。贫不能举，伊子哭泣终日。为渠经理丧事，除将在任余平三百余金代解向任库款外，通禀司道府饬后任钟大令筹赀，将库款解清，并赠川资，伊子始克扶柩回籍，梅民无不称善。仅十八日，寻卸事。临别时，万民遮道，并送牌伞，立碑以纪之……十三年二月，代理麻城县知县，未及一月，交篆。现供职黄州，兼办一府保甲事务。"以上内容参见濮文彬纂辑：《濮氏支谱》卷二《世系·叙堂祖三房准斋公支世系》，清光绪十三年刻本。

② 据芜湖《濮氏支谱》记载，濮鸿逵，"邑庠生，六品衔"，为人聪颖，"童试屡列前茅。旋因兵乱，就水师魏军门幕聘，历保候选从九加六品衔。芜湖克复，回里就试，甲子岁入泮。工诗词，不乐仕进，教读以终"。参见濮文彬纂辑：《濮氏支谱》卷二《世系·叙堂祖宗房遐年公支世系》，清光绪十三年刻本。

③ 关于体仁局的创建者和创立时间，《（民国）芜湖县志》的记载有误，文中所提到的人物"运标"应是"世标"，创建的时间也不应该是在道光年间，因为据芜湖《濮氏支谱》记载，濮世标的生卒年月是"生于乾隆甲戌年十一月十七日亥时，卒于嘉庆壬申年三月十三日卯时"，在嘉庆壬申年濮世标即已去世，何能于道光年间与濮运桂创办体仁局呢？

④ 《（民国）芜湖县志》卷十二《选举志·进士》，《中国方志丛书·华中地方·第八八号》，台北：成文出版社，1970年，第708页。

与公益机构，由濮运桂偕同其兄濮世标，倡集赵永发、吴平江、陈治光①捐资创办。此后，该局仍由濮氏族人续办，如六世族人濮钤，在"秋园公逝后，接办体仁局，措置裕如。值岁祲，局费不敷，解囊以济"②。在太平天国战争期间，体仁局遭到战火毁坏。战争结束后，濮氏族人返回故里，在重建家园之余，还着手恢复体仁局事务，如七世族人濮元庆，在致仕回乡后，"经理体仁局务，意欲筹资恢复，未年余以劳疾终，未竟其志……"③ 在濮元庆去世后，体仁局事务由濮恒庆接办。④ 族人濮熙庆也参与其中，"购东门外启春关屋数间，立局经理，仍旧施济"⑤。在濮氏族人的接力经营下，体仁局一直维系至光绪年间。另外，一些濮氏族人还热衷于捐资助学，如濮世标，除创办体仁局外，"尤喜亲近读书人"，"每遇邑中乡试、会试，必赠士子公车费。捐资督修圣宫，士林景仰"⑥。族人濮钤，其行为与濮世标有几分相似，自中年以后，"好读书，又喜结纳士子。蒋君鲁堂避水灾至芜，延请教邑中贫士，馈薪米无缺"⑦。在芜湖濮氏家族中，从事慈善与公益事业者不乏女性成员，如在道光二十一年芜湖发生水灾时，濮嵩庆之妻盛氏即"请濮君输资赈恤，不足，鬻钏珥益之"⑧，"邑人被灾及他邑之流离至者存活甚众"⑨。至道光己酉年，"复值水灾，赈救如曩时"⑩。在日常生活中，盛氏亦常行善举，"凡遇戚党贫乏，无不质簪珥以济"⑪。濮氏族人积极从事公益与善举的行为，得到了官府的褒奖与赞许，如濮世标，"为人正直慈祥，急公好义"，因创办体仁局，府县赠其"乐善好施"匾额⑫。濮运桂也因此事，"蒙督宪咨部立案，自督抚下均给匾额。光绪三年，巡抚裕奏'好善乐施'。创立体仁局，抚恤孤贫，奉旨旌表义行"⑬。后人濮熙庆接办体仁局，"监修文庙，洁己奉公，监司郡县悉以优礼相待，时论称之"⑭。芜湖濮氏族人的义行善举为其家族赢得了良好的社会声望，加之官府的赞誉和奖赏，有力彰显了其家族"士绅化"的社会形象，推动了家族的社会阶层进位，提升了家族在地方社会中的竞争力和影响力。

四、结　　语

芜湖濮氏家族是中国传统社会后期一个普通的地方家族，以炼钢为生理之业。清康熙中期芜湖濮氏家族创立"万兴"钢坊，此后经过数代族人的不断努力与创新，濮家钢坊

① 濮文彬纂辑：《濮氏支谱》卷二《世系·叙堂祖季房秋园公支世系》，清光绪十三年刻本。
② 濮文彬纂辑：《濮氏支谱》卷二《世系·叙堂祖三房准斋公支世系》，清光绪十三年刻本。
③ 濮文彬纂辑：《濮氏支谱》卷二《世系·叙堂祖三房准斋公支世系》，清光绪十三年刻本。
④ 濮文彬纂辑：《濮氏支谱》卷二《世系·叙堂祖三房准斋公支世系》，清光绪十三年刻本。
⑤ 濮文彬纂辑：《濮氏支谱》卷二《世系·叙堂祖宗房遐年公支世系》，清光绪十三年刻本。
⑥ 濮文彬纂辑：《濮氏支谱》卷二《世系·叙堂祖三房准斋公支世系》，清光绪十三年刻本。
⑦ 濮文彬纂辑：《濮氏支谱》卷二《世系·叙堂祖三房准斋公支世系》，清光绪十三年刻本。
⑧ 濮文彬纂辑：《濮氏支谱》卷一《传·盛太宜人家传》，清光绪十三年刻本。
⑨ 濮文彬纂辑：《濮氏支谱》卷一《传·盛太宜人墓志铭》，清光绪十三年刻本。
⑩ 濮文彬纂辑：《濮氏支谱》卷一《传·盛太宜人墓志铭》，清光绪十三年刻本。
⑪ 濮文彬纂辑：《濮氏支谱》卷二《世系·叙堂祖三房准斋公支世系》，清光绪十三年刻本。
⑫ 濮文彬纂辑：《濮氏支谱》卷二《世系·叙堂祖三房准斋公支世系》，清光绪十三年刻本。
⑬ 濮文彬纂辑：《濮氏支谱》卷二《世系·叙堂祖季房秋园公支世系》，清光绪十三年刻本。
⑭ 濮文彬纂辑：《濮氏支谱》卷二《世系·叙堂祖宗房遐年公支世系》，清光绪十三年刻本。

的产品声誉越来越好，产品销路也愈来愈广，呈现出强劲的发展势头，以至在当时的芜湖乃至全国的炼钢业中，濮氏家族都是一支颇具影响力的从业力量，推动了清代芜湖炼钢业的兴盛发展。不过，至晚清时期，由于咸同兵燹的影响，以及开埠通商后西方机器替代品的竞争，濮家钢坊随即衰落，直至光绪年间仍然未能恢复旧业。

芜湖濮氏家族虽然是以"工"立业，但是仍和当时众多的地方家族一样，也在努力地树立着"士绅"家族的社会形象。一方面，受传统"四民"观念影响，芜湖濮氏家族对于"士"的阶层身份有着很强的认同感，科举入仕、竞得功名成为其家族致力追求的一个重要目标，当然这也是其家族社会形象实现"士绅化"转变的一个主要途径。为此，芜湖濮氏家族十分重视家族科第人才的培养，并以家训的形式予以要求和明示。不过，科举入仕的道路并不顺利，濮氏族人以科举功名而显著者寥寥。尽管如此，濮氏族人对于功名事业仍然孜孜以求，在太平天国战争期间，他们积极为清廷效力，最终有不少族人因为军功而跻身仕途。另一方面，芜湖濮氏家族还以兴办体仁局、赈灾助学等善举，强化家族在公益、慈善等地方公共事务中的权力角色，并以此来扩大家族声誉，彰显家族的"士绅化"社会形象，进而实现家族从"工匠"到"士绅"的社会阶层进位，提升家族在地方社会中的竞争力与影响力。

总之，以炼钢业起家的芜湖濮氏家族仍然陷于传统"四民"观念的窠臼，和当时多数普通地方家族一样，很希望通过功名与善举，推动家族"士绅化"的社会阶层进位，而在家族向"士绅"社会形象演变的背后，实质上是传统社会阶层观念对于家族行为模式的形塑与固化，从中或许可以明晰传统中国社会地方家族"士绅化"的行动逻辑，这也是理解中国传统家族文化的一个关键。

（作者单位：安徽大学徽学研究中心）

明崇祯十四年绍兴旱荒与士绅应对

□ 梁俊伟

【摘要】 灾荒史研究中，明末崇祯十四年（1641）绍兴救荒被视为民间救荒的典型，备受关注。该次饥荒的发生，不仅由旱灾引起，更与本地仓储空虚、粮食市场依赖外部供应以及崇祯十三年水灾影响等因素密切相关。面对"三百年未有"的旱荒危机及官赈萎缩的现实，地方士绅承担起灾荒赈济的责任，扮演起主导角色。荒政运作由此呈现出鲜明的时代特色：第一，民赈为主，官赈为辅；第二，士人操办救荒事务，不经胥吏之手；第三，以社区赈济为主要救荒举措。然而，地方士绅的集体行动终究离不开官府的支持与配合。由士绅主导的民间救荒并未削弱官府的权威，更无士绅地方自治的迹象。

【关键词】 绍兴；士绅；民间救荒；祁彪佳

民间救荒（或称民赈、私赈）作为中国救荒体制的重要组成部分，近年来备受学界关注。夏明方系统梳理其发展脉络，指出早期的民间救荒或零星不成规模，或为响应官府号召的助赈行为；真正规模较大、民间自主的赈济活动出现在明末的江南地区，其发起者主要是祁彪佳、陈龙正等地方士绅。朱浒进一步指出，晚清义赈活动"民捐民办"的特质可追溯到明末。① 两位学者的研究从救荒体制演进脉络立论，富有启发意义。然而值得进一步追问的是：明末所谓的"民捐民办"呈现出何种样貌？其救荒举措与官赈有何异同？另外，州县救荒本为政府职责所在，地方士绅组织施救某种程度上说是越俎代庖，他们如何理解自身作用，并把握其行动边界？

幸运的是，祁彪佳（1602—1645）作为绍兴②救荒活动的主持者，留下了丰富的文献资料。崇祯八年（1635）自苏松巡按任上告病请归后，他居于家乡山阴县梅墅村将近九年时间。时值崇祯朝后期，频繁的天灾、繁重的赋役、频发的盗匪在在困扰着当地社会。他目击民艰，联合地方士绅举办了一系列慈善救济活动，包括捐献义田、开办药局、赈灾

---

① 夏明方：《在民主与专制之间——明清以来中国救灾事业嬗变过程中的国家与社会》，夏明方主编：《新史学（第6卷）》，北京：中华书局，2012年，第235页。朱浒：《名实之境："义赈"名称源起及其实践内容之演变》，《清史研究》2015年第2期，第94~95页。

② 本文所言"绍兴"指山阴、会稽两附郭县。

救荒等。到崇祯十四年（1641）"三百年未有"的旱荒危机侵袭绍兴时，已积累起丰富的救荒经验、良好的社会声望以及繁密的人脉关系网络。由其出面主持山阴、会稽两县赈务，自在情理之中。

这年的救荒活动在祁彪佳当年日记《小捄录》中有详细记录。此外，《里居越言》是其乡居期间所作书信的汇抄文本，收录崇祯十四年书信最夥，能够直观反映救荒活动的各种细节。再者，他总结绍兴救荒的经验，博采群书，于崇祯十五年（1642）八月纂成的《救荒全书》十八卷，录有大量的绍兴官方荒政文告和地方士绅救荒策议。这些性质不同的文献相互佐证，是目前所能见到的明代州县一级灾荒赈济过程最为详尽的记载。而同时参与救荒的绍兴士绅刘宗周、倪元璐、余煌、张陛和绍兴府推官陈子龙也有或详或略的记述。对这些资料进行系统考察，不仅能够重构明末地方荒政运作的实态，而且有助于探讨士绅与地方事务、地方官府与士绅间的双向关系，深化对明代基层社会控制机制的理解。① 本文即以解读这批文献为基础，复原救荒活动的前后经过，描绘士绅组织救荒呈现出的特征，并进一步讨论明末绍兴地方公共事务中的士绅角色与官绅关系。

一、旱荒危机及其成因

明代崇祯年间自然灾害不断，堪称无年不灾、无地不灾。就范围和烈度而言，崇祯十四年的旱荒尤其严重。桐乡人陈其德记述称："向来之荒不过以府计，或以省计。此一番不惟我浙，近而南都，远而齐鲁，而洛下、楚中，至京师为甚。大约非死于兵则死于荒，不死于荒则死于疫。"② 旱荒蔓延华北、长江中下游诸多省份，绍兴亦在其中。关于绍兴的灾情，官方文献记载相对简略。《（乾隆）绍兴府志》仅载："十四年、十五年连旱，民大困，萧山淫雨塘坏，诸暨蝗遍野，斗米价千钱，余姚、上虞皆蝗，萧山大疫。"③ 祁彪佳日记中则有较为翔实的晴雨记录。稍加总结可见，这年山阴、会稽两县不仅有旱灾，还受涝灾、蝗灾困扰：正月（农历，下同）、二月雨雪连绵；四月亢阳不雨，五月、六月蝗虫生发，严重影响稻作生产；九月底阴雨连旬，"未收之稻多致泡烂"④。与此同时，严重的饥荒逐渐笼罩绍兴，祁彪佳正月十四日所作《苦雪行》诗中即有"饥来莽莽欲诉人，

---

① 关于本次救荒活动的研究成果，主要有张继莹：《平粜、给米与施粥——明季荒政个案分析》，《明代研究通讯》2003 年第 6 期。［日］堀地明：《明末绍興における祁彪佳の救荒活動と『救荒全書』》，九州大学《東洋史論集》35，2007 年。刘威志：《祁彪佳与〈救荒全书〉：明末绍兴的救荒行动与产物》，台湾"清华大学"历史研究所硕士学位论文，2014 年。［美］韩德林著，吴士勇、王桐、史桢豪译：《行善的艺术：晚明中国的慈善事业》，南京：江苏人民出版社，2015 年。曹晔：《适度乐土：地方士绅与明崇祯十四年绍兴山阴县天乐乡的救荒活动》，《明代研究》2017 年第 29 期。这些成果着重于还原救荒活动的经过，缺乏时间、空间上的比较，对本次救荒活动特征把握相对欠缺。

② 陈其德：《灾荒记事》，光绪《桐乡县志》卷二十《杂志上·祥异》，《中国地方志集成·浙江府县志辑》第 23 册，上海：上海书店，1993 年，第 876 页。

③ 《（乾隆）绍兴府志》卷八十《祥异》，《中国地方志集成·浙江府县志辑》第 40 册，上海：上海书店，1993 年，第 964 页。

④ 祁彪佳：《里居越言》第 6 册《与毕玉台公祖（禁贩）》，《绍兴丛书》第 2 辑第 8 册，北京：中华书局，2009 年，第 295 页。

告贷邻家又坚拒……楚舶吴船俱不来,百家炊烟无一缕"① 的描写。不过,这仅仅是个开端,粮食奇缺、米价高昂的境况将持续困扰绍兴。笔者据祁彪佳的记载,辑录出崇祯十四年山阴县部分月份的米价数据,形成表1:

表1 **崇祯十四年山阴县米价变动表②**

月份	正月	正月底	四月下旬	五月、六月	七月	十月	十一月、十二月
米价（两/石）	2.2~2.5	2.3	2.6~2.7	3~3.5	1.7~2.3	1.8	2.2~2.4

由表1数据可以直观看出,当年山阴米价基本维持在每石2两以上的高位,仅在七月早稻、十月晚稻收获登场后,有所回落。有学者对明末粮价与饥荒的演化关系进行专门考察,认为米价每石1.2~1.5两是出现饥饿现象,并引发市场恐慌、民众骚乱与政府救济的粮价门槛,而当米价涨至每石2~2.5两时,灾区就会出现饥民大量外逃、采食木叶、饥民饿死的现象。③ 以此衡量,则山阴县饥荒形势之严峻,自不待言。

值得注意的是,尽管气候异常对绍兴本地农业生产造成破坏,其严重程度却不可高估。当年末,祁彪佳甚至承认是岁"可称丰登"④。换言之,绍兴饥荒并非单纯由旱蝗等灾害导致,而是另有其他因素的影响。

其一,绍兴本地仓储空虚。崇祯时期,山阴、会稽两县预备仓储粮有限,备荒能力萎缩,灾荒时更多依靠临时采买,来救济饥民。这种情况很早就引起当地士绅的忧虑。万历后期,刘宗周即向绍兴知府提出重振常平仓的建议,"发官帑给富商大户,远近籴谷数千石入仓"⑤,但似乎并未如愿。其后,地方士绅转而热衷于建立义仓、社仓等民间仓储。崇祯八年(1636),刘宗周在举行天乐乡私赈后,试图以剩余资金,辅以募助,仿照朱熹社仓法建立义仓。⑥ 或许因为规模较小,地方文献中未见其影踪。崇祯十年(1638)夏间,祁彪佳设药局施药后,有人向他提出建立社仓的建议。祁彪佳复信婉拒,提出输助之

---

① 祁彪佳:《苦雪行》,转引自赵素文笺校:《祁彪佳诗词编年笺校》,杭州:浙江古籍出版社,2016年,第391页。

② 参阅祁彪佳:《辛巳越中荒纪》,《绍兴丛书》第2辑第3册,北京:中华书局,2009年,第1页;祁彪佳:《里居越言》,《绍兴丛书》第2辑第8册,北京:中华书局,2009年,第284、234、243、246、296、327页。

③ 刘志刚:《天人之际:灾害、生态与明清易代》,长沙:中南大学出版社,2013年,第88~89页。

④ 祁彪佳:《里居越言》第6册《与毕玉台公祖(南粮)》,《绍兴丛书》第2辑第8册,北京:中华书局,2009年,第297页。

⑤ 刘宗周:《与张太符太守》,《刘宗周全集》第3册,杭州:浙江古籍出版社,2007年,第402页。

⑥ 刘宗周:《义仓先声(甲戌)》,《刘宗周全集》第4册,杭州:浙江古籍出版社,2007年,第434页。

难、收贮之难、发赈之难等现实顾虑。① 概言之，晚明绍兴士绅虽有设仓储粮的热情，但应者寥寥，成效不彰。

其二，绍兴米粮供应严重依赖外地粮食的灌输。据李伯重研究，随着人口的增长及商品经济的发展，明中期以后，江南已然转变为缺粮地区。本区米粮消费除区域内部的部分调剂以外，相当程度上依赖于湖广、江西、安徽等地的外米输入。② 民众储蓄备荒观念不断削弱，越来越多的人口，甚至包括不少农户都依靠商品粮为生。靠近江南核心区的绍兴亦是如此。山阴人张岱在《杞人筹越》中对此有简单勾勒："越之俗，地狭齿繁，岁即大稔，越之出亦不足以供越之食。故外计之，食楚十三，食江右十二，食毗陵十一，食姑熟十一，食鄞十一；内计之，食剡十一，食诸暨十一。"③ 输入绍兴的米粮中，江西、湖广占据半壁江山，举足轻重。江西、湖广米顺长江而下，途经江南苏州、杭州等府方能抵达绍兴。崇祯十四年江南大旱时节，此运输通道的脆弱性暴露无遗。为满足本地粮食需求，苏杭等府多次阻截过境的江、广米船，严重威胁到绍兴的粮食供应。

其三，崇祯十三年（1640）绍兴水灾的影响。这次水灾为地方志所缺载，但祁彪佳的日记中有完整记录。四月起，绍兴阴雨连绵，梅雨期从四月一日至五月十六日，达到罕见的四十五天，导致"平地水深三尺许"，"菽麦瓜蔬，遍野漂没"。④ 晚稻收获时，又遭淫雨，"禾苗之洇烂者过半，其在高原亦皆秀而不实"⑤。不过，晚稻收成虽减，却被商人逐利外贩，"新安食之，虎林食之，近且苏常食之，嘉湖食之"⑥。而绍兴粮食输入处处受阻，会稽士绅余煌痛言冬春之际情势："苏常赤地，江广闭籴，既无籴可通矣，而同室则宁波有禁，虞、嵊有禁，绝不以通有无，独我山、会则听其外贩而不言。"⑦ 由此，绍兴士绅不能不预料到来年饥荒的威胁。

二、士绅的救荒努力

（一）正月抢掠风潮与紧急救赈

正月初一，大雪，祁彪佳以为是丰年的征兆，事实上却是大规模荒歉的开端。大雪经

① 祁彪佳：《里居越言》第4册《与徐文学（社仓贮米）》，《绍兴丛书》第2辑第8册，北京：中华书局，2009年，第215页。

② 李伯重：《发展与制约：明清江南生产力研究》，台北：联经出版事业股份有限公司，2002年，第373~375页。

③ 祁彪佳：《救荒全书》卷十《当机章三·饬贩》，《中国荒政书集成》第2册，天津：天津古籍出版社，2010年，第732页。

④ 张陛：《救荒事宜》，《中国荒政全书》（第一辑），北京：北京古籍出版社，2002年，第597页。

⑤ 祁彪佳：《里居越言》第6册《与王雪肝公祖（议储米并告籴奖赏）》，《绍兴丛书》第2辑第8册，北京：中华书局，2009年，第252页。

⑥ 祁彪佳：《救荒全书》卷十《当机章三·饬贩》，《中国荒政书集成》第2册，天津：天津古籍出版社，2010年，第732页。

⑦ 余煌：《余忠节公遗文·与乡老论告籴书（辛巳正月十三）》，《绍兴丛书》第2辑第6册，北京：中华书局，2009年，第710页。

旬不止，米价飙涨至每石 2.5 两，但"市无半粒"，穷民生计日蹙，"市绝爨烟，人心汹汹"。① 绍兴府官员似乎意识到民情不稳，十五日召集地方士绅于城隍庙公议。所谓"公议"，据毛亦可研究，是指由地方官、按临监察官或乡绅人等发起，召集乡绅、生员、里老等社会成员参加，就地方公共事务进行商讨的会议。② 这是官绅沟通的重要场合，也是 17 世纪地方行政决策不可或缺的环节。不过，诸绅议论未决。祁彪佳后至，提出其方案，主张以通商、告籴等措施保证粮食供应，举行平粜、给米以救济灾民。此外，他还提出开典铺米铺、禁强借强籴、清查城中饥户三项应急措施，给予饥民稳定预期，以消弭可能发生的暴乱。至于乡村地区，他认为只能实行给米。方案得到绍兴官绅的认可。当日，祁彪佳回到乡下家中，就与其兄弟拟定本村给米方案，以田地面积派认捐米，每亩派一升，总计可得米 60 石备赈。③

但是，城内饥民缺乏救济，已然处于失控边缘。城隍庙会议刚散，即有沈、林两家遭数千人强抢。知府王孙兰眼见饥民人众，在前往弹压路上半途而返，致使十六日事态愈发扩大，饥民群起为乱。祁彪佳入城途中，"目击霞头一带，抢攘已有端矣。及抵城中，则知午前所强抢者如龚如黄已不下十余家，而横街之朱方被难未已……合城罢市，行人几于绝迹"。社会秩序受到严重冲击。祁彪佳当即前往知府私衙，并邀同知毕九臣与汪、周两知县共议时局。他呼吁必须立刻擒治乱民，才能遏止其抢掠势头，同时需要迅速发预备仓米赈灾，令饥民分头登记，领取赈票。余煌、倪元璐也纷纷劝说府县官员定乱和发赈并举。于是，知府等官员召集衙役，擒治乱民，城中乱风稍戢。

随着骚乱的平息，各项救赈工作渐次展开。首先，十七、十八两日，知府采纳祁彪佳的建议，迅速颁发各类告示，传递赈灾消息，稳定民心。其次，各坊任事文学以崇祯十三年夏赈所造贫民册为底本，核查饥户，散发《给米票》，并持官颁募簿向本坊士绅富户劝募。至十九日官绅城隍庙公议时，各坊任事文学缴饥民户口册，已经"十有其八九"。此外，官府亦提供物资救助饥民。十六日饥民暴动时，祁彪佳建议府县官员开仓赈灾。为迅速平息局势，山阴、会稽两县各出预备仓谷 600 石分赈各坊。除预备仓赈谷外，府同知毕九臣以如坻仓所储军粮千石，减时价十分之三平粜各坊。④

（二）推动台州、温州、苏州告籴

随着平粜、给米等救荒措施的施行，社会秩序渐趋平稳。但粮食短缺、米价腾贵的局面并未有根本改观，告籴外府势在必行。正如祁彪佳所言："必使通籴一着，行之久且

① 王思任编，梁廷枏、龚沅补编：《祁忠敏公年谱》，《北京图书馆藏珍本年谱丛刊》第 63 册，北京：北京图书馆出版社，1999 年，第 264 页。

② 毛亦可：《公议与公呈——十七世纪中国绅士里老的地方政治参与》，北京大学历史学系博士后工作报告，2019 年，第 1、167 页。

③ 祁彪佳：《祁忠敏公日记·小球录》，崇祯十四年正月十六日，《北京图书馆古籍珍本丛刊》第 20 册，北京：书目文献出版社，1998 年，第 855 页。本节中凡引自《小球录》且日期明确的史料，不再出注，以省篇幅。

④ 祁彪佳：《祁忠敏公日记·小球录》，崇祯十四年正月二十五日，北京：书目文献出版社，1998 年，第 860 页。

大，必实足以平吾乡之米价，救吾乡之饥民，方有济于事。"① 此时苏杭等地遏籴现象严重，而不久前，台绍道参议成仲龙同意台州通籴一万余石。正月十九日，祁彪佳与府县官员召集城乡米牙十数人，在城隍庙商议告籴台州的方案，"主官与商并行，以官措之本为主，而商之资并入于官，共为一批"。官府和商人各筹资本共计银四五千两，一道前往台州籴米。商人借助官府的护持以免遭民众阻抢，官府也可借重商人以便运贩。

然而，真实情况却没有想象中的那样顺利。到二月底，所购米粮才刚达一半，且遭遇各种阻碍：黄岩县仅允许籴米 600 两，临海县已经购买的米粮部分被民众抢去。祁彪佳遂请求绍兴同知毕九臣、推官陈子龙致信黄岩、临海两知县和台州推官，请他们予以关照。其后他又起草乡绅公书，寄给临海、黄岩两知县。② 这里所谓乡绅公书，是由若干乡绅联合署名，呈递给各级官府，向之发出吁请的公文。③ 具体程序乃是"推一大老秉笔，以其稿送各绅阅之，中有未妥处，不妨改窜，然后腾真，用图记"④。因此，乡绅公书某种程度上代表着地方公论与民意，官府不能不予以重视。几番周折之后，直到四月下旬，台州所购五千石米粮才运到绍兴。⑤

告籴台州的同时，宁波、温州告籴也在进行当中。两府告籴亦是困难重重，先是宁波官员以本地饥荒为由拒绝了绍兴的告籴请求。⑥ 后来温州告籴迟迟不归，相关人员三月下旬出发，至七月下旬仍未返回绍兴，而当时早稻登场，晚稻在望，绍兴米价已有下跌势头。⑦

当然，在祁彪佳看来，台、宁、温三府告籴仅为权宜之计，能够得到的米粮终究有限。欲真正缓解绍兴的粮食危机，仍必须依赖江、广米粮。正月底，祁彪佳在与台绍道参议成仲龙的信中就说："通之于台、宁者，虽殚心竭虑终为易涸之仓，总不若江楚外贩源源而来，敝乡即丰熟之年，原亦半借于此，况在歉岁。"⑧

为实现江广、苏杭一路米粮的顺畅流通，正月、二月间，祁彪佳联合绍兴士绅不断作乡绅公书、公揭呈递浙江巡按、巡抚、巡盐御史等高级官员，请求严禁江南贩路上的遏籴现象。《里居越言》皆有收录，不赘引。彼时面临的困局是漕船回空迟缓，民船畏惧官府

① 祁彪佳：《祁忠敏公日记·小捄录》，崇祯十四年正月二十日，北京：书目文献出版社，1998年，第 857 页。

② 祁彪佳：《祁忠敏公日记·小捄录》，崇祯十四年二月二十九日，北京：书目文献出版社，1998年，第 867 页。

③ 毛亦可：《公议与公呈——十七世纪中国绅士里老的地方政治参与》，北京大学历史学系博士后工作报告，2019 年，第 1 页。

④ 曹家驹：《说梦》，《四库未收书辑刊》第 10 辑第 12 册，北京：北京出版社，2000 年，第 250 页。

⑤ 祁彪佳：《里居越言》第 1 册《与郑鸿逵公祖（分试）》，《绍兴丛书》第 2 辑第 8 册，北京：中华书局，2009 年，第 3 页。

⑥ 祁彪佳：《祁忠敏公日记·小捄录》，崇祯十四年二月初六日，北京：书目文献出版社，1998年，第 863 页。

⑦ 祁彪佳：《里居越言》第 5 册《与郑鸿逵公祖（药局）》，《绍兴丛书》第 2 辑第 8 册，北京：中华书局，2009 年，第 242 页。

⑧ 祁彪佳：《里居越言》第 5 册《与成环洲公祖公书（护村痤奸通籴停讼省差）》，《绍兴丛书》第 2 辑第 8 册，北京：中华书局，2009 年，第 226~227 页。

雇募、旗船勒索，裹足不前。① 正月下旬，余煌致书浙江巡抚熊奋渭，请"其移文漕院，凡米船进京口，概勿封刷"②。然而浙江抚按官员态度并不积极。二月初，祁彪佳致信山阴知县汪元兆，言"武林运贩至不通，昨公恳两台，仍膜外置之"③。二月二十二日，祁彪佳再次致信巡抚熊奋渭，"言武林咽喉，不宜阻遏通籴"。随后，熊奋渭发布告示禁止遏籴，但由于杭州米价较高，故贩米至绍兴者仍寥寥无几。

五月初，因为持续性干旱影响到早稻生长，绍兴米价再次上涨。为解决青黄不接时节的粮荒危机，绍兴士绅提出委派推官陈子龙前往苏州等地告籴招商的计划。祁彪佳致信宁绍道参议郑瑄，请其申详抚、盐两台，委任陈子龙。④ 绍兴士绅所以选择陈子龙作为苏州告籴的人选，不仅因陈子龙能力出众，也与他松江人的身份有关。正如祁彪佳所言"以本地之缙绅通此中之血脉，呼应灵而提掇便者，惟陈公祖耳"⑤。然而，绍兴士绅及郑瑄的请求为巡盐御史所拒绝，计划宣告搁浅。至六月中旬，随着旱情的扩散，祁彪佳致信陈子龙，不得不承认"三吴苦旱之甚，武林米价日增，通籴一说恐未能即行也"⑥。

（三）转向煮粥

在官绅的努力下，城乡平粜、给米工作有序进行。但不断涌入的流民却难以得到妥善安置。正月起，"诸暨流民多入越就食，而江北之丐徒较常尤甚"，祁彪佳认为，对于流民，无论是留养还是遣返，官府都很难筹措到相应资金，故只能采取消极的防范态度，避免发生不稳定事件。⑦ 但随着流民日增，危机也在酝酿。二月下旬，刘宗周向官府提出另外设粥救助流民的建议。与此同时，朝廷亦下令举行粥赈，浙江抚按官员奉旨督令各州县设粥。但按照祁彪佳的救荒规划，城乡每人每日给米三合，大致可以维持到四月麦熟为止，五月、六月正当青黄不接、富户无力再赈之时，则需要官方倡行煮粥。二月二十二日，祁彪佳致信巡抚，委婉表达其看法，期待暂缓煮粥。⑧ 不过，他的观点似乎并未被接纳。

绍兴府县官员为抚按督责设粥的政令所迫，频繁向祁彪佳征询意见。二月二十九日，知府王孙兰去信祁彪佳，询问其看法。次日，祁彪佳收到会稽知县周灿的信，"亦以刘念

---

① 陆自岩：《守莒血谱》卷中《禁饬窝贩阻漕》，崇祯十六年刻本，第 21a 页。

② 余煌：《余忠节公遗文·与熊抚台论通籴书（辛巳正月二十一日）》，《绍兴丛书》第 2 辑第 6 册，北京：中华书局，2009 年，第 711 页。

③ 祁彪佳：《里居越言》第 7 册《与汪濬源父母（举天乐乡赈事）》，《绍兴丛书》第 2 辑第 8 册，北京：中华书局，2009 年，第 335 页。

④ 祁彪佳：《里居越言》第 5 册《与郑鸿逵公祖（通籴）》，《绍兴丛书》第 2 辑第 8 册，北京：中华书局，2009 年，第 233 页。

⑤ 祁彪佳：《里居越言》第 6 册《与王雪肝公祖（通籴）》，《绍兴丛书》第 2 辑第 8 册，北京：中华书局，2009 年，第 259 页。

⑥ 祁彪佳：《里居越言》第 7 册《与陈轶符公祖（粥厂）》，《绍兴丛书》第 2 辑第 8 册，北京：中华书局，2009 年，第 316 页。

⑦ 祁彪佳：《祁忠敏公日记·小捄录》，崇祯十四年正月十九日，北京：书目文献出版社，1998 年，第 857 页。

⑧ 祁彪佳：《里居越言》第 5 册《与熊汝望公祖（通外籴专委任严惩戢酌粥期）》，《绍兴丛书》第 2 辑第 8 册，北京：中华书局，2009 年，第 218 页。

翁（宗周）赈济流移为询，而且询抚按责成设粥，应否举行"。祁彪佳在回信中，坚持五月、六月城乡设粥的看法，而对于煮粥救济流民，仍认为无力兼顾。① 三月三日，听闻巡抚熊奋渭委任陈子龙设粥的消息，祁彪佳与余煌、张煊芳急忙谒见知府王孙兰和推官陈子龙，再申前说。但巡抚命令已经下达，祁彪佳等不得不尽力斡旋："请陈公祖以宜缓之意备达之抚军，而吾辈亦作公书说明。"② 当日，余煌致信会稽知县周灿，言："煮粥之议，已与道台商之，只以地方相安为主。煮不煮，总不必拘，即两台有明文，当面陈之，不至累郡县也。"③ 地方士绅不断周旋于府县官员和省级大员间展开沟通、协调，方使五月煮粥方案得到认可。

三月二十七日，绍兴官绅会聚于王文成公祠，公议设粥之事。经过商议，山阴、会稽两县乡村各分五区，"诸友分区任事，多者五人、少亦四人"，在四月初旬前负责"相度设粥之地，推择任粥之人"，而城中五六月份则不设粥，仍实行给米。四月十九日，官绅再聚于王文成祠，各区任事文学分缴各区簿册，其中详列各区饥荒情形、设粥地点、分粥监粥之人诸项名目。为保证各区煮粥的顺利进行，知府王孙兰提出由绍兴府县官员分区巡查各处粥厂，同时官府出米分给各粥厂，以为倡率。山阴、会稽两知县处各得米 200 石，绍兴知府处得米 100 石，平均每区约分米 50 石。

四月下旬开始，祁彪佳陪同推官陈子龙、同知毕九臣相继巡视了山阴西区、会稽南区。五月初，各处粥厂开始煮粥。祁彪佳不断游历各处粥厂观粥、散粥，调解纠纷。各区奔走任事者则分察各厂，"以其人之勤怠，粥之稀稠"，列为等第，作为劝惩依据。④ 施粥原计划自五月初十开始，到七月初十结束。六月底时，考虑到当时"晚禾未登，早谷有限"，米价日渐上涨，祁彪佳致信知府王孙兰，请求延长粥期。最终，粥厂得以延至七月末。

（四）协助官方禁贩

平粜、给米、施粥等措施救助了大量饥民，但米价仍未回复正常水平。究其原因，除了通籴外府困难重重外，也与绍兴米粮被大量贩运出境有关。

三月份，祁彪佳、余煌等人就曾向山阴知县汪元兆建言："此时有越贩及杭者宜严禁。"⑤ 四月份，二麦成熟之时出现"新安奸商预先发银以图越贩"的情况，祁彪佳又致

---

① 祁彪佳：《里居越言》第 7 册《与周闇昭父母（酌粥期行山赈恤流移）》，《绍兴丛书》第 2 辑第 8 册，北京：中华书局，2009 年，第 352 页。

② 祁彪佳：《祁忠敏公日记·小捄录》，崇祯十四年三月初三日，北京：书目文献出版社，1998 年，第 869 页。

③ 余煌：《余忠节公遗文·与周父母论煮粥平粜禁黏书（辛巳三月初三日）》，《绍兴丛书》第 2 辑第 6 册，第 713 页。

④ 祁彪佳：《祁忠敏公日记·小捄录》，崇祯十四年五月十六日，北京：书目文献出版社，1998 年，第 886 页。

⑤ 祁彪佳：《祁忠敏公日记·小捄录》，崇祯十四年三月三日，北京：书目文献出版社，1998 年，第 869 页。

信知府王孙兰请求严禁。① 六七月份，由于绍兴早稻渐次成熟，而杭州等地米价持续上涌，米粮外运现象更加严重，导致本地米价再次上涨。七月下旬，祁彪佳写信给宁绍道参议郑瑄，力陈"越贩"之害，言"今廿三日柯市（米价）忽又增一钱，童叟皆云由越贩所致"，请求官府严禁。②

应士绅请求，官府出台禁贩政策，但地方社会随之产生各种乱象："有劣生奸民乘机作弊，收租出籴之米多遭搬抢，遇船则公然需索……缙绅之伦正宜同心仰体，而亦有要截者、庇护者。"③ 政策效果因狐假虎威、阳奉阴违等地方策略而大打折扣。祁彪佳亦不得不承认："今日禁贩之举，虽与遏籴不同，然亦是补偏救弊，偏弊即在其中。奸民越贩而博利，黠棍借禁以行私，两者之病互为倚伏……文告虽张，漏卮不止。"④

与此同时，禁贩政策也面临着外部压力。七月，浙江巡抚熊奋渭批准了杭州官府向绍兴购粮的请求。这不可避免地将绍兴禁贩政策置于尴尬境地。为了捍卫本地利益，祁彪佳一面请求道台延缓发布杭州购粮的文告，以免引起民众恐慌，发生骚乱；一面以绍兴士绅名义拟写公书，呈给巡抚熊奋渭，求其收回命令。⑤ 然而，公书却遭到熊奋渭拒收，这使得祁彪佳颇为愤懑。为求转圜之机，他不得不请岳父商周祚写信给熊奋渭，利用商周祚与熊奋渭的私人关系来达成目的。⑥ 不过，这封信依旧没有得到熊奋渭的回应。⑦

面对日益严重的粮食外流现象，绍兴士绅纷纷奔走联络，商讨相关事宜。九月十九日，祁彪佳拟定了"越中私贩宜禁十条"与"禁法十五条"，呈给知府王孙兰以作参考。二十二日，为讨论禁贩政策，绍兴官绅在城隍庙中集会。经过商议，决定由同知毕玉台和通判李犹龙巡行各地，查缉越贩行为，并由地方士绅划定区域陪同两官员巡行。不过，越贩行为却并未因此而禁绝。针对官方禁令，越贩者借用诸多名目以搪塞，"不曰南粮，则曰兵饷，不曰府批，则曰按檄"⑧，使得官方禁令形同空文。

总之，官方的禁贩政策在内外双重压力下，执行效果并不理想。而随着米粮不断地被运贩出境，本地缺粮问题愈发严重。当年冬季，米价腾贵、民心慌惧的现象在绍兴再次浮现。

———————————————

① 祁彪佳：《里居越言》第 6 册《与王雪肝公祖（禁贩）》，《绍兴丛书》第 2 辑第 8 册，北京：中华书局，2009 年，第 264 页。

② 祁彪佳：《里居越言》第 5 册《与郑鸿逵公祖（禁越贩）》，《绍兴丛书》第 2 辑第 8 册，北京：中华书局，2009 年，第 246 页。

③ 祁彪佳：《里居越言》第 5 册《与郑鸿逵公祖（禁越贩）》，《绍兴丛书》第 2 辑第 8 册，北京：中华书局，2009 年，第 247 页。

④ 祁彪佳：《里居越言》第 8 册《与秦履之严一之（禁贩民积）》，《绍兴丛书》第 2 辑第 8 册，北京：中华书局，2009 年，第 384 页。

⑤ 祁彪佳：《里居越言》第 5 册《与郑鸿逵公祖（禁贩药局）》，《绍兴丛书》第 2 辑第 8 册，北京：中华书局，2009 年，第 245 页。

⑥ 商周祚任吏部尚书时曾保举过熊奋渭。参见祁彪佳：《里居越言》第 6 册《与王雪肝公祖（通籴）》，《绍兴丛书》第 2 辑第 8 册，北京：中华书局，2009 年，第 260 页。

⑦ 祁彪佳：《里居越言》第 8 册《与姜文学天植（禁贩）》，《绍兴丛书》第 2 辑第 8 册，北京：中华书局，2009 年，第 399 页。

⑧ 余煌：《余忠节公遗文·与省城各上台论通籴书（辛巳十月十九日）》，《绍兴丛书》第 2 辑第 6 册，北京：中华书局，2009 年，第 719 页。

三、绍兴救荒的特征

上文详细地描述了崇祯十四年绍兴士绅应对旱荒危机的种种举措及其执行过程。从中可以看出，本次救荒与典型的官赈差异明显，有其自身特色，主要体现在以下几个方面：

第一，民赈为主，官赈为辅，民间力量在此次救荒中发挥举足轻重的作用。就赈灾物资的数量而言，民间捐资远远超过官府提供的银米。这在赈事告成后，绍兴府及山阴、会稽两县分别编纂的"赈史"类文献中当有直观反映。遗憾的是，《越中赈史》今已无存，《山阴赈史》仅存山阴士绅周凤翔所作序言一篇①。唯会稽所纂赈史，因刘宗周门人董玚曾得寓目，留下了片段记述。笔者据之整理成表2：

表2 **崇祯十四年会稽县赈济成果表②**

救荒项目	主体	物 资 数 量	救济饥民数量
城市给米（正月十五至八月十五）	官府	常平仓谷 646.489 石，官米并官银籴米 483.419 石，抽官贩商贩台温米羡 466.093 石，银 160 两	28344 口
	民间	捐米 2101.686 石，银 6.4 两	
乡间五区 93 厂煮粥（五月初至七月末）	官府	官米 359.5 石	23898 口
	民间	捐米 2502.05 石	
合计	官民	米 6319.2 石（官府 1712.3 石，占 27%；民间 4606.9 石，占 73%）③	52242 口

很明显，在会稽救荒中，官府资源仅占小部分，民间劝募是主要的资金来源。事实上，当时州县官府面临空前的赋税催征压力，可供其腾挪的钱粮着实有限。崇祯十年嵊县发生饥荒，祁彪佳就指出"近来催科急迫，三年并征，闻十一年之粮又将于四月间比，民间敲骨吸髓，盖亦势有所不能耳"④。朝廷严督赋税的同时，对地方政府的灾蠲请求也往往不断拖延。即便允准，蠲免项目也多是逋租和加派，少有恩及当年正项钱粮者。前文述及，崇祯十三年绍兴遭遇水灾。据浙江巡按王范的报灾奏疏，山阴、会稽两县被灾分数为五分，然而朝廷仅是"缓其十二年以前存留带征三分，本年存留项下本色改折十分之三"⑤。换言之，十三年起运钱粮照征不误。崇祯十四年旱荒几乎覆盖半壁江山。十一月，

---

① 周凤翔：《周文忠公集》卷三《山阴赈史序》，《乾坤正气集》本。

② 董玚：《刘子全书钞述》，《刘宗周全集》第 6 册，杭州：浙江古籍出版社，2007 年，第 675～676 页。

③ 折算统计标准：谷 2 石折米 1 石，银 2 两折米 1 石。

④ 祁彪佳：《里居越言》第 4 册《与王金如（赈剡）》，《绍兴丛书》第 2 辑第 8 册，北京：中华书局，2009 年，第 198 页。

⑤ 祁彪佳：《救荒全书》卷八《当机章一·勘灾》，《中国荒政书集成》第 2 册，天津：天津古籍出版社，2010 年，第 674 页。

崇祯帝谕户部：“将崇祯十二年以前一应存留、起解上供本折钱粮，尽行蠲免”①，真可谓口惠而实不至。

第二，士人操办赈荒事务，不经胥吏之手。前已述及，春间各坊的给米，系由各坊任事文学核查饥户、劝募资金并操办发赈事宜；夏秋季节的煮赈，也先遴选文学分区任事，每区四五人，考察各区灾情，斟酌设粥处所，推选主持粥厂事务者；五月粥厂开始后，各区任事文学又巡行督察，评定各粥厂人员勤惰和煮粥成效。这里所谓的文学，是指生员及尚未考取功名的读书人，“大半多舌耕以自赡者”②。在科举发达、人文荟萃的绍兴府，这是相当庞大的群体。士人司赈的优势，在倪元璐看来，乃是“用朝气以窥学术”③。当然，更重要的是，诸文学已有办理崇祯八年（1635）山阴县天乐乡和崇祯十年（1637）嵊县赈务的实操经验。绍兴救荒的这一特征不仅得到当地官绅的称赞，也为嘉善士绅陈龙正高度认可。他致钱士升的信中言及：“顷友人自会稽来，述刘念翁（宗周）倡赈荒之议，而祁世培（彪佳）拮据主持，民以大和。其所得力，惟在每乡托一良士，此亦刘晏勾简簿书，专委士人之意。”④

第三，以社区赈济为主要救荒举措。春季城乡给米采用坊各赈坊、里各赈里的策略；夏秋乡间设粥，两县划分230厂，以小村附大村，各厂除助以少量官米外，均由其自行向所覆盖村庄的富户劝募，换言之，即各厂自募自救，彼此互不干涉，这与坊里自赈的逻辑如出一辙。这种以小范围的社区赈济为主轴的救荒策略不仅见于绍兴，学界关注较多的嘉善士绅陈龙正“以一方富室救一方民”也是一例⑤。此外，同期的杭州知府刘梦谦亦倡“分里自赈”之法，劝导里中士绅殷户救济贫民。⑥ 由此可见，社区赈济在明末江南地区广泛流行，并非某人某地独创。其流行之原因，在笔者看来，乃是官方救赈萎缩背景下，民间救荒较具现实可操作性的选择。以后来的历史验证，亦是如此。康乾年间以官赈为主的时代，这种颇具民间色彩的赈济方式就不太受重视。直到嘉庆道光年间，社区赈济重新“被发现”，成为救荒措施中的重要选项。⑦

四、余论：士绅角色与官绅关系

由前文论述可知，地方士绅在本次救荒中发挥了关键作用。一方面，他们是救荒物资的主要捐献者；另一方面，更重要的是，从救荒策略的制定到执行，士绅群体扮演了主导

---

① 祁彪佳：《救荒全书》卷十三《广恤章·蠲逋》，《中国荒政书集成》第 2 册，天津：天津古籍出版社，2010 年，第 792 页。

② 祁彪佳：《救荒全书》卷九《当机章二·隆任》，《中国荒政书集成》第 2 册，天津：天津古籍出版社，2010 年，第 594 页。

③ 倪会鼎：《倪文贞公年谱》，北京：中华书局，1974 年，第 44 页。

④ 陈龙正：《几亭全书》卷二十五《政书·乡筹三》，《四库禁毁书丛刊》集部第 12 册，北京：北京出版社，2000 年，第 189 页。

⑤ 参见王卫平：《桑梓情深：陈龙正的救荒思想与实践》，《浙江学刊》2015 年第 6 期。

⑥ 祁彪佳：《救荒全书》卷九《当机章二·劝富》，《中国荒政书集成》第 2 册，天津：天津古籍出版社，2010 年，第 701 页。

⑦ 参见吴滔：《清代江南地区社区赈济发展简况》，《中国农史》2001 年第 1 期。

角色，官府在某种程度上只是利用政权力量予以协助。因此，朱浒将其概括为"民捐民办"，可谓得其要领。

然而，寻求官府支持仍是救荒事务不可或缺的保障。特别是面对人情不稳、各处遏籴的艰难处境，官府与士绅的沟通显得更为必要。本质上讲，对于救荒，官绅目标大致相同，都希望通过有效的赈济措施来缓解灾情，维护地方社会秩序的稳定。因此，我们可以看到，绍兴官绅始终保持着积极的互动。地方官经常与士绅聚集在城隍庙公议救荒对策，其中不乏官府主动召集征询讨论的例子，亦有地方士绅发起、邀官方共议的情况。除此之外，官绅与个体也保持着密切的沟通。祁彪佳在主持地方赈务期间，频繁出入府县衙门讨论地方救荒情形，地方官也多次及寓相商。据史料记载，崇祯十四年春间到秋季，祁彪佳为赈事写给各级官员及地方士绅的信札就达到二百八十六通。①

地方士绅所以不断寻求官府支持，主要是因为：一方面，士绅群体单靠个人影响力，未必能够整齐人心，维持秩序，在很多场合下需要借助官府权威来整合地方赈济活动。因而祁彪佳在实施赈济时，多请官方发予牌照、告示（如"劝粜册式""给米牌示"等），甚至帮官方起草，请其确认颁发。夏秋煮粥时，祁彪佳之所以力劝地方官员巡行，一个重要原因就是为了压制地方人士中反对煮粥的声音，以便粥厂能够顺利举行。另一方面，士绅群体虽然在自身所在的地区有一定的影响力，但一旦超越其影响力所及的地区，其行为必然会受到种种限制。因而，面对各地纷纷闭籴的困境，绍兴府士绅不得不求助于官府，希望依靠官府力量保证米粮流通渠道的顺畅。面对绍兴粮食外流的现象，也只有官方才具备实行禁贩政策的资格。此外，官府权威本质意味着暴力，对于防止社会秩序失控具有重要意义，这在崇祯十四年禁抢、擒治乱民等行动中尤为明显。

另外，值得注意的是，尽管地方士绅在本次救荒中扮演主导角色，但在其观念中，赈灾救荒仍然是官府无可推卸的责任，地方士绅只是起辅助作用，不能越俎代庖。在编纂赈史时，祁彪佳就曾反复强调："盖拯救苍黎，有司事也，缙绅即偶参末议，要原亦无足轻重。若刊播其所陈，不但出位贻讥，且以掩有司之善，分有司之功，于此有万万不可者。……窃以凡属绅札俱宜删除，庶益彰当事之盛美，泯异同之形迹。"②

综上而论，崇祯十四年绍兴救荒虽然呈现出民捐民办的特质，但离不开官府的支持与配合。在士绅观念中，由其主导操办的民间救荒也是在官府的劝导下，奉行其事，并无论者所谓士绅地方自治的踪影。总之，绍兴官绅的密切合作才是当地成功渡过危机的关键所在。

（作者单位：武汉大学历史学院）

---

① 王思任编，梁廷枏、龚沅补编：《祁忠敏公年谱》，《北京图书馆藏珍本年谱丛刊》第63册，北京：北京图书馆出版社，1999年，第314页。

② 祁彪佳：《里居越言》第2册《与谢云生（刻荒政）》，《绍兴丛书》第2辑第8册，北京：中华书局，2009年，第61页。

灾赈视域下的晚清区域社会变迁
——以 1888 年奉天水灾为中心

□ 张逸程

【摘要】1888 年下半年，奉天省因集中连片降雨引发特大水灾，波及多个州县，百姓生命财产遭受巨大损失，中国官方、商界以及驻华领事馆、教会、洋行等外国政商机构，出于慈善和恢复经济的动机分别参加了救灾。虽然当时电报和报馆的出现使救灾效率和信息透明度显著提高，但由于所处的社会经济文化和社会组织结构不同，中外机构的救灾活动有较大差异。对此进行研究与剖析，可为中国近代社会经济复杂条件下灾害救助与治理提供有益的借鉴，并从一定领域反映出近代外国政商机构与中国传统社会的互动。
【关键词】晚清；奉天洪灾；中外救助；模式

赈灾史研究一直是中国史研究的重点之一，邓拓、李文海、夏明方、魏丕信、陈桦等学者的研究较为清晰地勾勒出中国古代救灾制度沿革，并依据史实评价救灾活动的成效，成就卓越①。关于 1888 年奉天水灾的研究主要包含于近代辽河开发的研究中，其赈济仅限于传统的官府救济②。牛庄（即营口）自同治六年（1861）被开放为通商口岸后，外国企业和外交机构相继进驻，划分租界区，故此次水灾对外国侨民和机构的安全亦构成威胁。银行、教会，以及领事馆等外国机构参与救灾，被报馆报道。研究奉天水灾中外救灾问题，不仅可以体现银行、教会等外国政商社会机构对中国社会事务的渗透，更可以反映口岸城市如何在特殊社会经济条件和外来冲击下演化发展。

一、1888 年辽河特大洪水及其对牛庄的影响

关于 1888 年辽河特大水灾，《光绪朝东华录》有较为翔实的记载。盛京将军庆裕上

---

① 救灾史的代表性著作有邓拓的《中国救荒史》（上海：商务印书馆，1937 年），李文海、夏明方的《天有凶年：清代灾荒与中国社会》（北京：生活·读书·新知三联书店，2011 年），魏丕信著、徐建青译《十八世纪的中国官僚制度与荒政》（南京：江苏人民出版社，2006 年），陈桦、刘宗志的《救灾与济贫：中国封建时代的社会救助活动：1750—1911》（北京：中国人民大学出版社，2015 年）等。

② 参见于春英：《清代东北地区水灾与社会应对研究（1644 年—1911 年）》，东北师范大学博士学位论文，2012 年。

奏：此年六月传闻朝鲜义州大水，鸭绿江盛涨。加以本境秋雨连绵，两事相值，江河并涨，岩壑奔流，水势异常汹涌，浑河又与兴京苏子河连接，下与辽河之水同时泛滥，为百数十年来之未有①；临近牛庄的盖平"河水盛涨，加以山水并注，雨狂溜急，冲塌城墙数处，沿河一带铺户民房冲塌不少，城内衙署民房亦多倾颓"，而"营口、牛庄被水"，形势危急②，作为租界所在的东营子③自然未能幸免。西洋报馆亦对这次洪灾有大篇幅刊载。7月23日，《字林西报》刊登其通讯员的报道，记述降水从7月16日，亦即St. Swithin's Day 开始，犹如瓢泼一般，甚于热带降雨，并引述预言称降水会持续40天④；8月22日，该报再报道此次降水形成的洪灾已经影响到大豆、花生、黍米等作物的长势，并使中国居民和外国人聚居区的房屋成为危房⑤；8月24日，《字林西报》报道在连续十天暴雨的情况下，水位急速上升，高粱、大豆等主要作物损失严重，商业活动停滞，民房和租界内房屋大多倒塌，灾民急需衣服等物资⑥；《北华捷报》9月1日刊登一位天主教牧师在当地所见情形，称田野上可以行驶小船，街道已变成小河，村庄被完全淹没，灾民涌向店铺等场所寻求救援⑦；英国的《泰晤士报》1888年11月2日报道此次水灾波及英国租界，并造成饥荒的新闻⑧。由此，奉天水灾的情形已向全世界传播，并受到广泛关注。

至于此次水灾对牛庄造成的损失，中外皆有记载。庆裕称："水到之区，人口、牲畜、房屋、器皿漂没者不可胜计，已成巨灾。"⑨日本《官报》刊载的1889年日本驻牛庄领事馆报告则对此次灾害造成的损失有较为量化的评估：淹没千余邑，死亡七千余人，财产损失五十万两，大豆仅有往年三分之二的收成。⑩据此，牛庄在这次洪灾中损失惨重，救济之迫切已凸显。10月2日，《字林西报》援引《沪报》报道：据赈济委员会调查，田庄台有30000灾民，海城县有80000灾民，已经在监督下花费1.6万两白银，可持续一个月，但尚有1.7万两的缺口。⑪

1861年根据中英《天津条约》清朝开放牛庄（即营口）为通商口岸，1863年设立海关，营口的对外贸易记录由此开始。直到光绪三十二年（1906），营口都是东北地区最大

---

① 朱寿朋、王先谦：《光绪朝东华录》，光绪十四年八月乙巳，北京：中华书局，1958年，第2498页。

② 朱寿朋、王先谦：《光绪朝东华录》，光绪十四年八月癸卯，北京：中华书局，1958年，第2495~2496页。

③ 《奉天通志》卷七十六《山川志十·辽河流域·营口县》。

④ 《字林西报》，1888年7月23日，第3版。

⑤ 《字林西报》，1888年8月22日，第3版。

⑥ 《北华捷报》，1888年8月24日，第11版。

⑦ 《北华捷报》，1888年9月1日，第11版。

⑧ News from China, *Times*, 1888. 11. 2.

⑨ 朱寿朋、王先谦：《光绪朝东华录》，光绪十四年八月癸卯，北京：中华书局，1958年，第2495~2496页。

⑩ 李少军编：《晚清日本驻华领事报告编译》（第一卷），北京：社会科学文献出版社，2013年，第48页；日本领事馆引述自牛庄海关1888年的贸易报告，详见 Newchwang Trade Report 1888，中国第二历史档案馆等编：《中国旧海关史料》第14卷，北京：京华出版社，2001年，第42页。

⑪ 《字林西报》，1888年10月2日，第3版。

的对外贸易口岸，东北的货物进出在这一时期皆以营口为总汇。东北向来为大豆及其制品的重要产区，自同治八年（1861）允许大豆和豆饼出口以来，营口输出豆饼的数量在1884年就占到总量的60.4%。① 受灾后，因交通不便，豆类及其制品价格上涨，自然加剧其在全国市场的紧缺程度。② 而章友谯也在求援信上指出营口系通商咽喉，其南去者豆油豆饼，并以高粱米承接华北诸地粮食，一地受灾则多地连带遭遇饥荒，尤其是在华北也受到水灾侵袭的情况下，更需要救济。③

这次灾情对牛庄口岸影响最大。从海关的报告上看，与1887年相比，牛庄1888年的关税收入就减少约30395海关两④，进口较往年也有所减少（从外国进口减少64038两，从本国进口减少536476两)⑤，尤其是鸦片进口只有1879年的一半，从国外进口棉花也大幅下降，但对米棉的进口却是大幅增长（米进口增长200%），而豆饼价格涨幅超过40%⑥。1889年《牛庄贸易报告》于开篇指出，洪水与饥荒不仅打击盛京（辽宁）的经济，更直接打击整个东北的贸易，尤其是外贸业者和航运业者，损失较重。⑦ 此外，据滕部国臣记录，营口为中国自用之市场，周边地区以豆类制品为主要贸易商品，故牛庄作为口岸输出豆类制品经上海至东南沿海及长江沿岸，从输入商品看主要从上海输入棉纱等商品，外国商品也主要经上海进入牛庄，其贸易权主要为上海商人等华商群体占据，⑧ 故上海商人会在牛庄受灾后主动发起救济。

结合牛庄经济贸易的惨淡情形、深重的灾情以及捐助者的身份，可以看出捐助目的主要有二：一是帮助受灾民众维持生活，走出灾情，无论是中外的绅商还是宗教社团，都有这样的朴素动机；二是牛庄开埠以来，日益繁盛的国内与国际贸易使牛庄与其他国内城市和外国的联系更加紧密。通过帮助牛庄走出灾情，恢复生产贸易等经济活动，复兴其市场，维护商人群体的利益。

二、中国官府和官民的救灾行动

灾害发生后，盛京将军庆裕上报其救灾举措有四：一是"先行筹银三千两，委员在近省一带，设法抚恤收养"，发给牛庄防守尉三千两。二是奉锦山海关道在营口资善堂筹银

① 吴松弟、姚永超：《中国近代经济地理》（第九卷），上海：华东师范大学出版社，2015年，第52~54页。

② 《营口音书》，《申报》，1888年11月14日，第3版。

③ 《字林沪报》，1888年10月24日，第4版。

④ Total Annual Revenue of Each Port, 1880 to 1888, Return of Trade and Trade Report 1888, 中国第二历史档案馆等编：《中国旧海关史料》第14卷，北京：京华出版社，2001年，第21页。

⑤ Annual Value of the Whole Trade of Each Port, 1888, 中国第二历史档案馆等编：《中国旧海关史料》第14卷，北京：京华出版社，2001年，第25页。

⑥ Newchwang Trade Report 1888, 中国第二历史档案馆等编：《中国旧海关史料》第14卷，北京：京华出版社，2001年，第42页。

⑦ Newchwang Trade Report 1889, 中国第二历史档案馆等编：《中国旧海关史料》第15卷，北京：京华出版社，2001年，第41页。

⑧ 滕部国臣著，霍颖西译：《中国商业地理》（下卷），上海：广智书局，1907年，第3~6页。在谈到牛庄与上海的商业联系时说："凡百货物，皆待上海接济。"

三千两，当地官员也捐银赈灾，各归各处赈抚，其中牛庄防守尉奇车布自行捐银二百两，奉锦山海关道诚勋捐银四百两，营口海防同知章樾捐银二百两。三是按照向办章程，蠲缓粮租，宽免分数。四是海城、盖平等地发仓赈抚。① 但因灾情严重，数天后，庆裕再次上报，指出人力所不及施，道路堵塞，无法救援、灾民人数高过预期等困境，② 也表明灾情上报存在一定程度上的谬误、延迟，甚至未能到位，东北特殊的社会经济环境和移民开发使田产使用和所有者出现不一致，导致官方赈济没有取得应有成效。光绪十四年十二月，上谕蠲免奉天诸州县旗地民地钱粮。③

除官方与官员个人外，上海的商行也在灾害发生后为灾区募捐，并通过其在牛庄的分号交换信息和组织救援。

1888 年 8 月，三江丝帮汇集全城商铺施米一百四十石、柴九千担。④ 上海的陈与昌协赈公所于 1888 年 8 月 29 日就已向陈春记转英洋两千圆⑤，9 月 1 日高易赈筹公所经陈春澜向营口捐银一千两（上海规元）⑥。9 月 2 日赈济公所派两人前去牛庄查看灾情并组织救灾，每次下乡时携带数百张小米两升的米票直接发放灾民。但考虑到这样做并不能完全覆盖灾民，后来提出放粮章程，在盖州以三、八两日为期，每月六次⑦按大小口发放救济粮，在海城购高粱米二百余斤。截至此日通过发动当地绅商，筹款二千余金，另有先前陈春记购买的价值五百金的高粱米；针对受灾较为严重的营北四村 156 户灾民（大口 983 名，小口 260 名），以先行救济，按大口发放八升、小口发放四升的标准，提议查看灾情并有计划救灾之友人在牛庄城内设立总局，既便于交通，也便于赈济牛庄地势较低的重灾区（此前春记和仁裕已向其捐助小米和高粱）。⑧ 9 月 16 日来信称，海城、盖平两地已有当地商号设粥厂救济，在田庄台一带按之前大口八升、小口四升的标准连续发放七个月的救济粮，需要共计五万的金额，而当地官府却没有任何行动，只是计划官赈与义赈各承担一半，而两万五千的量也只够救济田庄台一地，杯水车薪。所以营口方面向上海请求进一步援助，以缓解日益严重的灾情。在此期间陈春记在牛庄的分号通过设立粥厂、配药房，以及发放救济粮的方式持续进行救济。⑨ 9 月 22 日，来信说官府拟以海城和牛庄先办，其后推广，上海方面亦派员协助当地官绅救灾，并预计冬天到来后灾民将面临过冬、粮食和防疫三方面的需求，资金压力较大，还望上海方面接济。⑩ 其后几次来电来信，都在描述灾情的严峻、灾民悲惨的生活、救援资金的缺口，并向上海赈济公所告急募捐。

———————————

① 朱寿朋、王先谦：《光绪朝东华录》光绪十四年八月癸卯，北京：中华书局，1958 年，第 2495~2496 页。

② 朱寿朋、王先谦：《光绪朝东华录》光绪十四年八月乙巳，北京：中华书局，1958 年，第 2498 页。

③ 《清德宗实录》卷二六二，光绪十四年十二月上。

④ 《营口近信》，《申报》，1888 年 9 月 12 日，第 1 版。

⑤ 《字林沪报》，1888 年 8 月 29 日，第 6 版。

⑥ 《字林沪报》，1888 年 9 月 1 日，第 4 版。

⑦ 即每月初三、初八、十三、十八、二十三、二十八日发放救济。

⑧ 《字林沪报》，1888 年 9 月 13 日，第 4 版。

⑨ 《字林沪报》，1888 年 9 月 16 日，第 5 版。

⑩ 《字林沪报》，1888 年 9 月 22 日，第 4 版。

10 月 17 日，灾区救灾人员收到上海方面寄来的白皮花与午时茶，但因交通不便且人口较多，物资缺口仍然较大，"第二批两万金仅敷牛、海台二处之用"，尤其是传染病和降温使灾区急需棉衣和药品。① 10 月 24 日的来信指出在审查当地户口时发现"奉省之审户最难，旗民界连，犬牙相错，若凭书吏之档籍，甲保之册报，则各私其私，弊端丛出"，"凡牛庄、海城灾区，足迹所到尚未及半，已有三万八千余口"，故不能简单以官府册籍为依据。10 月 25 日，收到藿香正气丸一箱，并"承公禀关部借领"两千两关平银。在对灾民走访调查中发现，即当地田产"多半属于旗人，放官赈以县册为凭，县册以业户为准，业户尽有未尝罹灾者，钱漕即可激免，租籽仍欲催收，而佃户小民及无地穷民实受其害，官赈所不及而租税欲赔偿"，姚彦荪已将这一情况向省城幕府转达，望一洗积弊；此外，针对救灾钱票中有假一事，建议上海赈济公所"自备三联钱票若干，禀请奉锦山海关道出示晓谕，并饬地方官盖用骑缝角印，再加本公所及殷实号家图记，将中票截给灾民，持向该号家取换本号钱票或购买粮食零物"。② 信中还提到，收现银五箱，计宝二百只，公禀三件，并指出仍有三万金的缺口需要接济。③

11 月 9 日来信中称拟分地发放由上海寄来的两万金，以及棉衣、药品等物资，牛庄、盖平两地已用尽四万两，五数内筹集一万两赈济辽阳；先借款万两，汇辽后在五数内以万金先还借款，还称已收到上海寄来的棉裤袄两千件及药丸，但缺口较大。④ 11 月 11 日，山海关道观察谕令拨款至兴京等处，以奉宪谕，在赈济牛庄海城四万金的情况下向各商号借款一万金，并指出仍需两万至三万的缺口待上海拨付。⑤ 11 月 19 日刊载的十号信称救灾标准为大口东钱四吊，小口两吊，倒屋抚恤加以东钱十吊尖角，每户寒衣两件，每屯户排定日期，分两班发放，并继续请求援助。⑥ 11 月 25 日，寄信人拟在剩余九千两的基础上筹足万两，携之赴辽阳救灾，深知灾情慎重，向上海求援；至农历 10 月 21 日，已向牛庄 36818 大口按每人四吊东钱标准共发放 147242 吊，向 24442 小口按每人两吊东钱的标准共计发放 48884 吊，倒屋费按每户十吊东钱的标准，向 498 户发放 4980 吊，22 位死者丧葬费用 240 吊，并助牛庄粥厂 4000 吊，合计东钱 125376 吊，此外还有棉衣 2392 件，棉絮 4805.5 斤。⑦

《字林西报》1888 年 9 月 1 日的评论认为外国人救灾更倾向于将钱款通过银行捐给一个自主经营的赈灾委员会，这是牛庄救灾基金成立的原因。中国商人群体并不能有效整合，在没有基金会等独立机构的运作下，赈济资金在无法得知灾民的真实需要的情况下，不能保证有规则地使用。外国人在中国商人确定救助规则前，或者不确定能否有效利用的情况下，最稳妥的方式就是等待，暂不与中国商人合作；此外，该报道还对外国人的组织能力抱有信心，认为在黄河救助基金的盈余不能满足救灾需求的情况下，如果中国政府不

---

① 《字林沪报》，1888 年 10 月 17 日，第 4 版。
② 《字林沪报》，1888 年 10 月 25 日，第 3 版。
③ 《字林沪报》，1888 年 10 月 29 日，第 4 版。
④ 《字林沪报》，1888 年 11 月 9 日，第 4 版。
⑤ 《字林沪报》，1888 年 11 月 11 日，第 4 版。
⑥ 《字林沪报》，1888 年 11 月 19 日，第 4 版。
⑦ 《字林沪报》，1888 年 11 月 25 日，第 5 版。

能缓解灾情，外界可以看到他们的能力。①

清朝则坚持传统的赈济模式，即以官赈与民赈相结合。不过在这次救灾过程中，官赈由于地方积弊和东北的特殊社会经济状况而效用减弱，前文中提到上海赈所派员在当地走访调查时就发现官赈以县册为准进行发放，但县册只登记业户，也就是土地所有者的信息，其并未身处灾区。当地旗田面积较大，各种田产犬牙交错，实际居住在此的灾民多为佃户等贫民，因没有登记在册而无法享有官赈，却须承担地租，这使蠲免这一传统的救济无法发挥作用。清朝统治者出于维护统治考虑，实行封禁东北的政策，盛京的田产主要以旗田为主，田主多为八旗官兵，这也反映在记录户籍的黄册等官方文书上，顺治元年奉天即依上谕在锦州、盖州各设一处皇庄。② 顺治五年定下盛京八旗田庄地界。③ 清朝典章规定，旗田等官庄田地不得典卖与民，亦不得长租，开垦私田亦须向地方官府报备④，但典卖与民的现象已经普遍发生，雍正七年曾支内库银赎回，乾隆九年定民典旗地取赎之法⑤，由此可见奉天旗田制度早已松动⑥。咸丰年间后，东北地区开始弛禁，关内移民涌入，当地官府出于增加财政收入的考虑亦对此鼓励放任，移民于辽河沿岸种植大豆，或在牛庄附近经营豆制品加工与贸易。⑦ 所以以田户籍为标准的救济模式因为东北复杂的社会经济模式及随后发生的人口迁移而过时。《字林西报》提及当地官府已经无法组织救援控制灾情，特向外界求援。⑧ 官民之间的关系也日趋紧张，《字林西报》报道当地官员本是地主，将灾民视为威胁，故组织兵丁护卫其田产，驱杀灾民但未被惩处，灾民也通过所谓"吃大家"来维持生存。这是西方人无法信任中国传统社会组织的原因，认为中国"已然没有政府，除非能保证民众没有饥饿，保证灾民不会作乱"⑨。同时也说明民众最关心的是自己的生存，在生存出现危机的情况下本能地优先寻求官府、大户人家，再寻求其他有条件资助的个人或组织帮助，除此之外对其他的事情并不关心。总之，清朝传统的救灾机制和仓储在社会经济复杂和财政紧张、吏治混乱的条件下不能发挥其应有的作用，也表明落后的生产关系可导致灾情恶化的客观规律。⑩

上海方面的赈济主要以商人主持的赈济公所为主导。以陈春记和可炽顺主持的赈济公所为例，其由徐绍勤、袁九龄、叶澄忠、朱葆山、陈春澜等几位善长主持。其中叶澄衷和朱葆山为在上海有影响力的商界领袖，而陈春澜在上海被称为狗皮大王，募捐也以其名望

---

① 《字林西报》，1888 年 9 月 1 日，第 3 版。

② 《清朝文献通考》卷五《田赋五·八旗田制》，杭州：浙江古籍出版社，1988 年，第 4896 页。

③ 《清朝文献通考》卷五《田赋五·八旗田制·盛京官庄》，杭州：浙江古籍出版社，1988 年，第 4905 页。

④ 织田万编：《清国行政法》（第二卷），台北：临时台湾旧惯调查会，1911 年，第 382~383 页。

⑤ 《清朝文献通考》卷五《田赋五·八旗田制》，杭州：浙江古籍出版社，1988 年，第 4899、4900 页。

⑥ 咸丰二年上谕户部使也指出奉天一地旗民交产日久弊生，典卖、长租盛行。参见刘锦藻：《清朝续文献通考》卷八《田赋八·盛京庄田》，杭州：浙江古籍出版社，1988 年，第 7568 页。

⑦ 东亚同文会编：《中国经济全书》第八缉，上海：东亚同文书院，1908 年，第 309~310 页。

⑧ 《北华捷报》，1888 年 11 月 8 日，第 3 版。

⑨ 《字林西报》，1889 年 1 月 12 日，第 3 版。

⑩ 落后的生产关系不仅束缚生产力发展，而且会引起灾情的恶化，例如在落后的行政机制下水利、仓储等设施的荒废和破坏使灾情加剧。参见邓拓：《中国救荒史》，北京：商务印书馆，2015 年，第 56 页。

得以开展。其捐赠主要以货币和实物（粮食、棉衣等）为主，货币化程度不及西方救济模式，原因主要有二：一是货币的不统一使兑换不便。在上述资料中，就先后出现库平银、规元、钱票、东钱等不同的平色，且在部分地区出现兑换困难的情况。二是水浸时间较久，灾区死亡人数较多，劳动力缺乏，组织生产难度较大，且仓储已经枯竭的情况下，在当地已很难筹集到粮食等其他物资。而救灾物资则由上海通过轮船（其中有太古洋行轮船参与）运至上海商号在营口的分号，或与上海有联系的营口商号下乡发放。在官赈不能达到效用的情况下，上海商人组织的救济显得尤为重要。

三、外国驻华机构和人士的救灾行动

9月1日太古等洋行已向灾区捐款。① 9月10日在上海的华商开始筹集救助基金，外国人社团也选举产生相应的管理委员会，成员有牧师（Rev. T. C. Fulton）、商绅、领事等人，此时已募集到400银元，其中向在牛庄的法国传教团捐赠50元用以救济其教众和灾民，并由Turley②和Farmer两位擅长救助饥荒的先生负责向灾区送去10000个小米饼用以救济灾民1200人；该基金计划募集足够过冬的金额，以应对可能恶化的灾后形势。③

9月12日、13日和15日，《字林西报》共披露二十一笔捐款，捐款人包括Siemssen & Co.、Russell& Co. 和 C&J Trading Co. 等洋行，以及 J. Chapsal、H. M. Schults 等人，但汇款渠道没有具体透露，④ 金额见表1：

表1

捐款者	见报日期	金额
Messrs Siemssen & Co.	9月12日	200 两
Messrs Russell & Co.		100 两
C&J Trading Co.		100 两
Messrs Fearon, Low & Co.	9月13日	100 两
Messrs Wisner & Co.		50 两
Messrs Ilbert & Co.		50 两
Messrs Turnbull, Howie & Co.		50 两
American Trading Co.		50 两
J. Chapsal Esq.		50 两
H. M. Schults Esq		50 两

---

① 《字林沪报》，1888年9月1日，第5版。

② Turley 为上海耶稣会的牧师，《北华捷报》，1888年10月5日，第16版。

③ 《字林西报》，1888年9月15日，第3版。

④ 在 Carles 领事宣布由汇丰银行接受捐助后，仍有三位捐款者将捐款汇给此人（《字林西报》1888年10月2日致谢信息中明确写道三人的捐款由他收到），据此推断，这些汇款应该直接由捐款者通过领事馆交付救济基金。

续表

捐款者	见报日期	金额
Messrs W. Hewett & Co.		50 两
Messrs David Sassoon, Sons and Co.		50 圆
Messrs E. D. Sassoon and Co.		50 圆
Messrs Reid, Evans & Co.		50 圆
Messrs Cawasjee, Pallanjee & Co.		25 两
Messrs Ebrahimbhoy Pabaney	9 月 15 日	25 两
Messrs Jairazbhoy Peerbhoy & Co.		20 两
Messrs Tharia Topan		20 两
Messrs Abraham Shooker & Co.		20 两
Messrs Abudoolally Ebrahim		20 两
Messrs Geo. McBain		20 两

来源：根据《字林西报》1888 年 9 月 12 日、13 日、15 日相关报道整理。

1888 年 9 月 17 日，英国驻上海副总领事 Mr . Carles 授权《字林西报》发布消息，在牛庄外国人已成立救助基金并开始对外募款，指定汇丰银行接受捐助。① 汇丰银行也由此开始承担接受募捐并向牛庄汇款之责。9 月 19 日，《字林西报》首次报道汇丰银行收到的三笔汇款，截至 11 月 5 日，共有 16 笔捐款由汇丰银行接收并汇入牛庄救助基金，共计折合 1400.66 圆，② 具体如表 2：

表 2

捐款者	见报日期	金额
Rev. Wm Muirhead③		500 两
W R Carles, Esq	1888 年 9 月 19 日	20 两
M Boyd Breton, Esq		10 两
Foreign Christian Missionary Society	1888 年 9 月 28 日	101 两
Joseph Welch, Esq	1888 年 10 月 4 日	25 两
Friends	1888 年 10 月 5 日	100 两
S. R. C（Shanghai Race Club）	1888 年 10 月 9 日	30 圆④
Rev. W Dean	1888 年 10 月 12 日	10 圆

---

① 《字林西报》1888 年 9 月 17 日，第 3 版。
② 《字林西报》1888 年 12 月 27 日，第 3 版。
③ 从黄河救济基金（Yellow River Relief Fund）中拨出，《字林西报》1888 年 9 月 19 日，第 3 版。
④ 单位应为英洋。

续表

捐款者	见报日期	金额
Mr Wong Tsze Zing	1888 年 10 月 13 日	10 圆
Arthur Saunders Esq	1888 年 10 月 19 日	15 圆
W. F. Spinney Esq	1888 年 10 月 20 日	25 两
Anonymous	1888 年 10 月 23 日	5 圆
R. N. X.	1888 年 10 月 27 日	40 圆
Wm. Holland		15.6 两
H. B. Morse	1888 年 11 月 3 日	25 两
"L"	1888 年 11 月 5 日	5 圆"
芜湖的外国人	1889 年 1 月 15 日	10 两又 39 圆

来源：根据《字林西报》1888 年 9 月 19 日以来相关鸣谢信息整理。

此外，亦有机构和个人直接将钱款寄给 Carles 副总领事等人，具体如表 3：

表 3

捐款者	见报日期	金额
Messrs S. C. Farnham & Co.	1888 年 10 月 9 日	100 圆
Messrs Edward Schllehas & Co.		25 两
Messrs Meyer Lemke & Co.		25 两
M. Rhode Esq		20 两
Captain A Fihen		10 圆
Compradore of M. Rhode Esq		10 圆
Compradore of Gipperich & Buchardi		6 圆
Messrs Russell & Co.	1888 年 12 月 17 日	100 圆
Anonymous		100 两
Do		50 圆
Unknown Person		25 两
C. F. R. Allen Esq		10 两
M. F. A. F. and C. B. F.	1888 年 12 月 19 日	15 圆
A Friend		10 两
A Friend	1888 年 12 月 20 日	25 两
Anonymous	1888 年 12 月 27 日	25 圆
John Priestley Foster Esq		25 两

续表

捐款者	见报日期	金额
Zoroastrian	1889 年 1 月 5 日	50 两
D. J.	1889 年 2 月 4 日	25 两
A. Z.	1889 年 2 月 11 日	50 圆
Messrs Mackenzie & Co.	1889 年 2 月 25 日	50 两
H. M. Brevis Esq		25 圆
Alpha	1889 年 2 月 28 日	20 圆
W. P. (Through Rev. Muirhead)		25 两
C. M. S. Relief Fund	1889 年 3 月 20 日	50 两

来源：根据《字林西报》1888 年 10 月 9 日至来年 3 月 20 日相关鸣谢信息整理。

此外，在 1889 年 2 月收到汇丰银行代理人 Bush Brothers 电汇 1452 两，以及以饥荒赈济基金名义的 10000 两，至该年 2 月、3 月，牛庄基金所剩余额白银 8121.27 两，并收到两笔各 20 两的捐款，捐赠者为 Moorhead 和 Rickman，皆为富商。①

经查，在汇丰银行被指定前的捐款者，主要以洋行和商人为主，其中包括德籍禅臣洋行（Messrs Siemssen & Co.）、美籍旗昌洋行（Messrs Russell & Co.）、茂生洋行（American Trading Co.）、协隆洋行（Messrs Fearon, Low & Co.）、英籍老沙逊洋行（Messrs David Sassoon, Sons and Co.）、新沙逊洋行（Messrs E. D. Sassoon and Co.）、老公茂洋行（Messrs Ilbert & Co.）等洋行②，来自英属印度的八巴利洋行（Ebrahimbhoy Pabaney）、帕兰治洋行（Messrs Cawasjee, Pallanjee & Co.）等在华企业③，上海-苏门答腊烟草公司在上海的代理商 Geo. McBain④。这些洋行和个人主要都在中国经营丝、茶、布等货物的贸易，同时在营口也有相应网点。

通过汇丰银行捐款的捐助者主要为牧师、宗教团体、个人（以在海关领事机构任职者为主）等。其中 Rev. Wm Muirhead 即慕维廉，伦敦传教会教士，1842 年来华，主持黄河救济基金的运作，他的捐款即是从该基金拨出。Wm. Holland 为英国驻牛庄总领事，W. R. Carles 为英国驻上海副领事，前者还主持救济基金，⑤ H. M. Morse 即在清朝海关任职的美国人马士；Joseph Welch 是一位在上海的茶商，⑥ S. R. C. 为上海赛马会（Shanghai Race Club），Foreign Christian Missionary Society 是一个位于美国辛辛那提的教会组织。截

① 《北华捷报》，1889 年 3 月 29 日，第 11 版。
② 姚贤镐编：《中国近代对外贸易史资料（1840—1895）》，北京：科学出版社，2016 年，第 1670 页。
③ 姚贤镐编：《中国近代对外贸易史资料（1840—1895）》，北京：科学出版社，2016 年，第 238 页。
④ 《字林西报》，1892 年 8 月 22 日，第 3 版。
⑤ 《字林西报》，1888 年 9 月 15 日，第 3 版。
⑥ Tea Dispute，《字林西报》，1888 年 8 月 4 日，第 16 版。

至 1889 年 2 月 23 日，救济基金在汇丰银行的账户内仍有白银 1500 两。[①]

而在 1888 年 9 月 17 日后仍直接将款项捐给 Carles 副总领事的捐助者，除旗昌洋行和琐罗亚斯德教徒（Zoroastrian）外，大多数无从考证，因其中使用化名、匿名者较多，但从 Esq 等头衔上看，这些人应该属于拥有较高地位的外国人士。

总体上看，通过汇丰银行或领事馆向奉天水灾捐款的捐助者主要有几类，一是在中国经营贸易的各国洋行，二是基督教传教士、教会，或是教会的基金会，三是外籍商人或地位较高人员。其中，洋行倾向直接向领事馆捐款，而个人或社团有将近一半通过汇丰银行向基金会捐赠，尤其是教会和神职人员。

外国个人和团体为赈济牛庄水灾，仿效慕维廉的黄河救济基金（Yellow River Relief Fund），成立了牛庄救济基金［Newchwang（Flood）Relief Fund］并通过委员会进行管理。此委员会组成人员主要为英国籍，有领事馆官员（包括英国驻牛庄正副领事）、基督教会神职人员（伦敦教会牧师 Fulton），以及驻在牛庄口岸的商人。结合上一段《字林西报》对中国商人救灾的评论，可以看出西方社会模式更倾向于由多个相关方组织专门且独立管理和运作的基金会，符合西方社会自治程度较高、具有契约精神、参与者权利责任明晰平等、社会组织独立性较强的特点。

在款项流动上，西方赈济主要有二，一是通过领事馆向灾区汇款，英国驻上海领事馆副总领事 Carles 就将其收到的 874.77 两白银通过驻牛庄总领事 Holland（兼救济基金会秘书长）汇入救济基金，此后收到的也悉数汇入；二是通过汇丰银行进行资金流动，汇丰银行成立于 1865 年，不久后便在中国通商口岸和外国城市设立分行，其网点分布性较广，股东多为在华洋行且已经使用电报开展汇兑等业务，继而被英国总领事馆指定为经办银行。从两个主要渠道看，有以下特点：一是基金会的多方参与和完善的组织结构可以保证通过个人的捐助难以被贪污，相比于协饷等依靠流转实银的传统模式，银行资金流转的高效率使救灾资金更能充分到达灾区。二是救灾的高度货币化，即基金会收到的捐赠以现金为主，这也是银行参与救灾的结果。因为银行主要经营货币的借贷与汇兑，而高度的货币化使基金会的账目管理更为便利，但在中国特殊的环境下也存在一定问题。三是汇丰银行的操作表明外资银行及其背后的国际金融资本已经介入近代中国的社会事务，不为官府节制。其性质早在成立之初就已昭示，其董事会在给英国殖民大臣的申请书中直言，汇丰银行存在的目标在于满足一项性质极为广泛且绝对的需要，需要用一种更特殊的方式去实现。[②] 这与有利银行、丽如银行等专注于华洋贸易汇兑的早期在华银行不同，汇丰银行已有计划通过英国在中国的影响力渗透中国的财政、经济，乃至社会事务，而这一时期中国尚无现代银行。这也从侧面揭示中国经济乃至社会事务方面主权沦丧的事实。

救济款物的发放主要由教会进行。教会在其传教的区域将物资直接发放给灾民，根据救灾委员会的说法，救济完全由外国人发放，委员会指派 Turley（牧师）和 Farmer 两人发放物资，外方认为分开发放能更充分地分配物资，所以礼貌地拒绝道台提出由副官船队集中发放的建议，由此他们拒绝与中国官商联合救灾。结合《字林西报》，1888 年 9 月 1 日的报道不难发现，外国拒绝与中国官民合作的真实理由是对中国官商的不信任，其中包

① 《字林西报》，1889 年 2 月 23 日，第 4 版。

② 严中平主编：《中国近代经济史（1840—1894）》，北京：人民出版社，2012 年，第 1146 页。

含对中国官民矛盾和吏治腐败的担忧。① 8 月 23 日，Turley 和 Farmer 带着 10000 个火烧子（烧饼）坐小船从营子到田庄台沿途发放。② 10 月，法国天主教会主教 Raguit 在牛庄主持赈济。③ 11 月 6 日，基金会声明已将所有救济款交由英法两国传教团体发放④，而 Fulton 牧师和 Raguit 主教再次造访灾区并发放物资⑤。1889 年 3 月 1 日，牛庄基金新任财政官 Bush 在《北华捷报》公布基金的使用：3000 两捐给 Turley 等人，5000 两捐给了 Webster 牧师，500 两捐给 Pere Hinard 牧师；南方的士绅也捐来 2000 两，但被基金委员会要求确保物资能直达灾区灾民。法国传教团因保护上百受灾儿童获得一部分捐款；3 月 7 日，Carson 和 Macintyre 两位参与救灾的牧师从基金会各得到 1000 两用于救灾。⑥ 自牛庄开放以来，外国传教士和团体深入当地民间，开展一系列的慈善活动，对灾情和当地社会状况有更为深入的了解。收取基金会救灾款的法国传教团就已经在牛庄一带扎根 16 年，拥有一定数量的教徒，⑦ 故基金会将款项交由其购得物资发放给灾民。

西方国家还有一个行动值得注意，即派遣炮舰护卫租界的侨民，《字林西报》认为这是防止灾民伤害外国侨民的明智之举。⑧ 西方列强既救助灾民，同时在中国的土地上以武装维护在华权益，体现了西方对中国的侵略本质与互动的复杂。

四、结　语

1888 年的奉天洪灾给灾区带来巨大损失，引起贸易衰退。因牛庄乃外贸通商口岸，外国外交、商贸、宗教团体聚集，中国人和外国人都积极参与了救灾活动。然而又呈现出不同的特点：西方救灾模式由多方成立基金会进行组织协调，以银行为资金流动渠道，以当地外国教会联系救灾物资送达灾民，货币化程度高，组织也较完备；而中国在官赈出现弊端的情况下，商人出于维护自身的商业利益和表达慈善的动机，在领袖号召下自发组织赈所协调救灾，并通过异地的关联商号将物资钱财或以电解银两的方式送至灾区。这两种救灾模式体现出牛庄作为一个口岸，在特殊社会经济环境下，不同模式的成效与特点。在此次救灾过程中，出于互信的缺失，中国和西方并未形成合力，这说明在当时中国社会经济条件下，中西方的互动存在较深隔阂，这其中有西方对中国的偏见，和对中国传统社会机制弊端的不满，但西方社会组织在中国领土上自行其是的做法更反映出中国社会事务主权的沦陷。无论是中国还是外国的救灾行动，有两点值得注意：一是电报的普及使灾情与钱款的沟通更加便利。无论是汇丰银行电汇现金还是中国商号电解银两，或上海与营口的

① 《字林西报》，1889 年 2 月 23 日报道救济金将由教会发放，原因是教会核实穷苦民众的工作最为认真，可确保将救济充分地发放给真正的灾民，防止被他人冒领。从侧面反映出西方社会组织对中国的官府、商人社团等组织在信息透明度、诚信等方面的不信任。

② 《字林西报》，1888 年 9 月 29 日，第 3 版。

③ 《北华捷报》，1888 年 10 月 19 日，第 12 版。

④ 《字林西报》，1888 年 11 月 13 日，第 3 版。

⑤ 《字林西报》，1888 年 12 月 15 日，第 3 版。

⑥ 《北华捷报》，1889 年 3 月 29 日，第 11 版。

⑦ 《北华捷报》，1888 年 10 月 19 日，第 3 版。

⑧ 《字林西报》，1888 年 10 月 17 日，第 3 版。

信息交换，都以电报完成。营口于 1883 年至 1884 年间就有电报通向全国，① 在营口组织救灾的朱叔梧即为营口电报局职员，② 营口的灾情也是由奉天电报局于八月底传达给上海，③ 电报的存在极大提高了救灾效率。二是报馆的作用不能忽视。无论是以英文出版的《字林西报》和《北华捷报》，还是赈济公所经常发布消息的《申报》和《字林沪报》，都能在几天内向世界播发当地水灾的新闻和营口与上海间的通信内容，这不仅能让世人知道灾情的发展，也能及时沟通、了解物资的具体需求和使用情况，做到一定程度的透明公开。这次救灾呈现的诸多特点，尤其是体现了银行、教会等外国政商社会机构对中国社会事务的介入，更揭示银行、电报、报纸等新生事物与中国传统社会的互动，是近代中国在复杂社会经济环境中不断变迁的集中体现。

（作者单位：武汉大学历史学院）

---

①　东亚同文馆编：《中国经济全书》第六辑，上海：东亚同文书院，1908 年，第 240 页。
②　《字林沪报》，1888 年 8 月 2 日，第 4 版。
③　《直隶永定河并奉天营口急赈公启》，《申报》，1888 年 9 月 1 日，第 4 版。

清代内务府三旗婚姻圈问题新探

□ 贾　石

【摘要】包衣的身份因素对内三旗的通婚选择有一定影响，但不完全限制于内三旗的婚姻圈，地域因素也是重要的影响因素。内务府旗人的通婚选择丰富、多元，从通婚对象上看，内三旗、外八旗皆有，其中外八旗既有一般官员家族，也有世家大族；从通婚形式上看，嫁、娶不拘，存在累世通婚现象。同时，内三旗的婚姻圈还存在与诸如受业师徒、子嗣过继、文学交游等社会关系圈的交叉。

【关键词】清代；旗人；婚姻；内务府；外八旗

内务府旗人是清代旗人族群中特殊的部分，关于其通婚与婚姻圈，前辈学者亦曾提出一些引人思考的论题，如，"内三旗与外八旗之间的通婚受哪些因素影响？""内三旗的通婚情况如何？""内三旗的婚姻圈是怎样的？"等等。① 但因史料所限，以往研究从零星的内三旗家谱展开，或围绕某一个世家搜集材料进行探讨，或将婚姻联系作为其他论题的补充，大多未能建立起包含多个内三旗家族与外八旗家族的婚姻圈或社交网络，这也使相关讨论各自孤立，对内三旗的通婚及婚姻圈缺乏整体认识，故有进一步讨论的必要。

清代科举考生填写的履历中，保存了大量类似"小家谱"的资料，其中包括考生的家世概况及其师友的简历。因其均由考生本人亲笔填写，弥足珍贵。笔者从《清代朱卷集成》《清代科举人物家传资料》中摘出二百余份京旗履历，寻找不同家族履历之间的联系，尝试通过以内三旗伍尧氏家族为中心的婚姻圈，再讨论内三旗婚姻圈问题，对以往研究进行补充，并得出新的结论。

一、地域与身份

就目前所见的材料来看，内务府旗人大多与内务府内部通婚，但与外八旗通婚的情况也不罕见，学界对此已基本达成一致。可以说，内三旗与外八旗的婚姻是连接二者的桥梁

---

① 关于清代旗人通婚等问题，研究成果颇丰，滕绍箴、郭松义、定宜庄、杜家骥、潘洪钢等学者均对此进行过探讨。其中，内三旗通婚与婚姻圈的相关研究主要有定宜庄、胡鸿保《清代内务府高佳世家的婚姻圈》（《清史研究》2005 年第 3 期），方芳《康乾时期的内务府包衣研究》（安徽大学硕士学位论文，2019 年）等。

之一，这种"桥梁"是如何建立的？又受何种因素影响？对于影响内三旗与外八旗通婚的因素，前人大多以身份、权力、文化等作为研究的重点，鲜有针对其他因素的讨论，地域因素就是其中之一。地域是影响通婚的重要因素，地域与身份因素间的互动，亦有探讨的必要。郭松义曾利用档案与家谱资料，专门讨论清代的"婚姻地域圈"①，并论证人口流动对通婚地域范围产生的影响。

朱卷履历所见内三旗与外八旗的多则通婚关系中，他塔喇氏、赵氏两则较为典型，现以此为中心，探讨在内三旗通婚中，地域因素的重要性。

第一则通婚关系，载于他塔喇氏志锐的会试履历。志锐，生于咸丰癸丑年（1853），光绪庚辰科（1880）进士，镶红旗满洲旗人，属外八旗，其妻为李氏。履历所见李氏家族简况如下：

> 妻李氏，内务府正白旗汉军。道光甲辰科举人原任四川即补县讳庆会公之三女，现任四川候补县印锡纶、现任四川盐大使印锡庚、候选县丞印锡瓒之胞妹，现任上驷院卿赏加二品顶戴印锡祉之堂妹。②

据上文可知，他塔喇氏志锐与李氏的通婚，为外八旗与内三旗间的通婚，且李氏之父庆会与胞兄锡纶、锡庚、锡瓒均于四川任官。

履历中亦记载了他塔喇氏志锐一支的任官经历如下：

> 祖裕泰，由内阁中书历任内阁侍读，国史馆提调，四川成、绵、龙、茂兵备道署理四川按察使，湖南四川安徽按察使司按察使署理四川安徽布政使……辛巳科四川文武乡试提调……父长敬，咸丰辛亥科誊录，工部员外郎，捐升四川候补知府，历属潼川重庆绥定等府知府。……嫡堂兄弟志润，一品荫生，户部郎中，赏加道衔，现授四川绥定府知府。③

可知，志锐祖裕泰曾于四川任官至按察使、布政使，掌行政与吏治。或许由于裕泰在四川奠定的基础，其父长敬捐了四川的官职，并于川渝多地任知府，其嫡堂兄弟志润亦被授四川绥定府知府。

朱卷履历同时记载了志锐受业师之简历如下：

> 业师，谨以受业先后为序。雨汀卢老夫子讳国珍，直隶丰润县人，世袭云骑尉四川候补巡检。迪斋王老夫子印元吉，四川保宁府廪生，候选训导。兰庭杨老夫子印士瑗，甘肃兰州府人四川候补经历。④

---

① 郭松义：《伦理与生活：清代的婚姻关系》，北京：商务印书馆，2000年，第142~179页。
② 顾廷龙主编：《清代朱卷集成》第50册，台北：成文出版社，1992年，第376~377页。
③ 顾廷龙主编：《清代朱卷集成》第50册，台北：成文出版社，1992年，第374~377页。
④ 顾廷龙主编：《清代朱卷集成》第50册，台北：成文出版社，1992年，第378页。

结合上述三则材料，可知志锐妻内务府汉军李氏一家多于四川任职，志锐祖辈、父辈、同辈兄弟，亦如是。同时，"以受业先后"为标准记载的卢国珍、王元吉、杨士瑗三位受业师，均与四川有关。似可作如下推断，志锐自祖辈开始，由于职务的调动，与四川产生联系，这种联系延续至志锐一辈。再结合志锐前三位受业师与四川的关联，可推知传主志锐极有可能出生、成长于四川，并因此与同在四川任官的内务府李氏家族通婚。

第二则通婚关系，载于赵文颖、赵尔震、赵尔萃父子的履历。赵尔震，生于道光壬寅年（1842），同治癸酉科（1873）举人，同治甲戌科（1874）进士。赵尔萃，生于咸丰辛亥年（1851），光绪己丑科（1889）进士。二人同为赵文颖之子，正蓝旗汉军旗人，属外八旗。二人履历中对胞姊的通婚关系记载一致，如下：

> 胞姊一，适内务府正白旗汉军，原任山东东昌府上河厅通判，钦加知府衔，赏戴花翎，讳毓明公子。历署山东泰安济南府知府即补道赏戴花翎，印增瑞。①

由此可知，赵尔震、尔萃二人的胞姊与增瑞的通婚，为内三旗与外八旗的通婚，且增瑞与其父毓明均在山东任官。文颖履历如下：

> 赵氏文颖……子赵震、赵巽俱幼，女一。②

文颖生于嘉庆甲戌年（1814），道光乙巳科（1845）中进士，即履历填写时间为1845年。据上文可知，当时，其子赵尔震、赵尔巽（后任清史馆总裁）年幼，赵尔萃尚未出生，"胞姊一"也尚未婚配，故仅记为"女一"。由此可推，文颖长女与增瑞的通婚是在文颖中进士之后。再据文颖履历，"颖……殿试第三甲第四十一名，钦点即用知县签掣山东"③，可知文颖中进士后，即到山东任知县，此间经历见于赵尔萃履历，如下：

> 曾祖寅宾，由銮仪卫整仪尉、治仪正、云麾使任山东泰安营参将、胶州协副将……父文颖……历任山东蒙阴、阳信、商河、阳谷县知县，钦加知州衔，咸丰四年粤匪窜扰东省时，履阳谷任方五日，城陷御贼殉节，奉旨照知府例从优赐恤，世袭云骑尉，建立专祠并奉旨入祀商河县名宦祠、山东省城昭忠祠。④

赵氏家族自寅宾开始，即与山东产生了联系。文颖在中进士后，即往山东赴任，并于山东多县任知县，至咸丰四年（1854）太平天国军队进入阳谷县时殉节，履历中所述赵文颖之经历亦可与《清史稿》中《忠义五·文颖传》⑤的内容相印证。

赵尔震的受业师履历如下：

---

① 顾廷龙主编：《清代朱卷集成》第63册，台北：成文出版社，1992年，第224页。
② 顾廷龙主编：《清代朱卷集成》第14册，台北：成文出版社，1992年，第6页。
③ 顾廷龙主编：《清代朱卷集成》第14册，台北：成文出版社，1992年，第12页。
④ 顾廷龙主编：《清代朱卷集成》第63册，台北：成文出版社，1992年，第220~221页。
⑤ 《清史稿》卷四九一《忠义五·文颖传》，北京：中华书局，1977年，第13585~13586页。

受业师，胞叔禹门夫子印龙，丙午乙酉两科荐卷。母舅平甫夫子印均。伯润王老夫子印毓清，山东历城县人，咸丰己酉拔贡，同治甲子科举人。紫庭车老夫子讳金诰，山东海阳县人，道光己酉科副榜，武英殿校录候选教谕。震弟兄四人受业最久，受益亦最深。阳谷之难，师处危城中，尽弃资斧，毅然以托孤为己任，备历艰难，卒获保全，皆师之力也。①

赵尔震先后受业于胞叔赵文龙、母舅李均、王毓清、车金诰等。其中，赵文龙，"历署山东青城朝城兼理范县知县"，尔震母舅李均，"历署山东巨野齐河县知县"②，王毓清，亦为山东人。车金诰更是在文颖死后，继续教授四兄弟。此后，赵尔震的通婚地域亦局限于山东，履历如下：

（赵尔震）元配李氏，山东掖县己酉科拔贡城武县教谕，历任直隶无极房山县知县讳图公胞侄女，廪膳生讳尚公女。继娶史氏，山东章丘县讳恺举公女。③

由此可推，外八旗赵氏自文颖、文龙一辈，开始在山东多地任官，至文颖死后多年，赵氏家族仍在山东发展。进而，文颖子辈如其长女、尔震等的通婚对象，均与山东有关。其长女与增瑞的通婚，则是外八旗与内三旗在山东的结合。

以上两例，是相对典型的"多代均于一地任官"的旗人家族，朱卷履历中尚有"多代多地任官"的情况，不仅是官职的升转，驻防旗人族群也存在因军事调动而形成的地缘通婚关系。同样，内务府旗人通过科举、捐纳等多种方式在外任官者，亦不鲜见。再结合当时相对落后的交通、较低的婚配年龄等因素，携家眷远徙并长期在外任职的旗人官员，若自身或子女已达到婚配年龄，极有可能就近选择通婚对象。外八旗他塔喇氏志锐与内务府旗人李氏在四川的通婚、外八旗赵文颖长女与内务府旗人增瑞在山东的通婚，就体现了地域因素对内三旗与外八旗通婚的影响。

再观身份因素。内三旗与外八旗最明显的差异就是包衣身份，身份因素对内三旗通婚的影响是学界关注的重点。在此，整理以往对内三旗身份的研究，综合讨论影响内三旗通婚的地域与身份因素。

以往多数研究者认为包衣虽出身较低微，但其与皇室关系密切，有更好更快的升迁渠道。如王钟翰认为，内务府中除辛者库外，其他包衣旗人的地位并不过于卑贱，并在《内务府世家考》一文中，列举了数十个显赫的内务府世家。④ 刘小萌也指出"其仕进不仅远较汉人为优，就连一般外八旗人也难望其项背"⑤。在肯定内三旗升迁便利的同时，关于包衣身份的讨论仍在继续。内三旗政治等地位提高后，是否因其包衣身份仍被外八旗

① 顾廷龙主编：《清代朱卷集成》第110册，台北：成文出版社，1992年，第180~181页。
② 顾廷龙主编：《清代朱卷集成》第110册，台北：成文出版社，1992年，第178页。
③ 顾廷龙主编：《清代朱卷集成》第110册，台北：成文出版社，1992年，第180~181页。
④ 王钟翰：《内务府世家考》，《王钟翰学术论著自选集》，北京：中央民族大学出版社，1999年。
⑤ 刘小萌：《关于清代内务府世家》，辽宁大学历史文化学院编：《明清史论丛——孙文良教授诞辰七十周年纪念文集》，沈阳：辽宁大学出版社，2004年，第138页。

歧视？这种歧视是否也体现在通婚上？未至高位的内三旗，是否也受同等地位的外八旗歧视？

首先，关于包衣身份的问题，有学者认为内务府旗人即使官至高位、家世显赫，仍无法摆脱奴隶、仆人的身份。如祁美琴认为，包衣阶层在内部分工和职务范围上的差别，"不可能根本改变其包衣的本质属性，仆人就是仆人"①。杨原认为，尽管内务府旗人有更好的上升渠道，但终清一代，即便成为世家，一直也都具有奴仆身份，即所谓"一日主，百日奴"，内务府身份也是许多出身于此的大员们极为避讳的。因此，在京旗社会中，内府旗人地位卑微的观念深入人心。清代北京曾有"房新树矮画不古，此人定是内务府"的民谚，这一方面指出了内务府三旗成员致富之迅速，另一方面在很大程度上讽刺他们是出身卑微的暴发户。② 方芳也认为，"纵使少部分的内务府包衣家族已经摆脱了内务府包衣籍，如高佳氏，如章佳氏，如萨克达氏，但其身份地位终究还是低普通旗人一等"③。

其次，有学者认为内三旗与外八旗等级的差异，体现在了通婚上。如定宜庄、胡鸿保通过对内务府高佳氏婚姻圈的研究，发现与高佳氏联姻的内三旗家族大多显赫，而外八旗家族则均为一般官员。高佳氏即使被抬旗后，仍未能"高攀"外八旗高官，并由此判断内三旗的身份影响了高佳氏与外八旗的通婚。同时，此文也谨慎地表示"因为仅高佳氏一例，还是不能轻下断语的"④。

综上，目前学界的普遍看法是，内三旗无论任高官还是被"抬旗"，都无法改变外八旗对内三旗的歧视。而从这个角度来考虑内三旗与外八旗的婚姻，得到的结论是，这种旗人内部的身份歧视形成了内三旗高官与外八旗一般官员间地位不匹配的联姻，或内三旗与外八旗之间各自封闭的婚姻社交圈⑤。

反观他塔喇氏与赵氏的两段通婚关系，检视通婚双方家庭成员的任官情况，可知，通婚双方家族均是一般官员，虽偶有任高官者，也能总体达到平衡，并未呈现出内三旗与外八旗家族间官位差距过大的情况，未至高位的内三旗家族与同等地位的外八旗家族也存在通婚关系。尽管我们不能仅通过两个案例来说明内三旗的包衣身份在通婚中完全不受外八旗歧视，但这也从侧面反映了身份因素并不能完全决定内三旗的通婚，决定内三旗婚姻的因素并不是单一的，是多样且变化的。由于旗人身份所限，通婚的选择本就不多，加之地域的半径使外八旗不能找到身份完全对等的外八旗通婚对象。此时，地域因素就有可能覆盖身份等其他因素，促成内三旗与外八旗的通婚。

———————————————

① 祁美琴：《清代内务府》，沈阳：辽宁民族出版社，2009 年，第 20 页。

② 杨原：《内务府旗人在京旗社会中的影响——以叶赫颜札氏家族为例》，《满学论丛》第四辑，沈阳：辽宁民族出版社，2014 年，第 203 页。

③ 方芳：《康乾时期的内务府包衣研究》，安徽大学硕士学位论文，2019 年，第 41 页。

④ 定宜庄、胡鸿保：《清代内务府高佳世家的婚姻圈》，《清史研究》2005 年第 3 期，第 25～32 页。

⑤ 定宜庄、胡鸿保在《清代内务府高佳世家的婚姻圈》一文中指出，"清朝统治者在旗人中实行严格的等级统治，上三旗与下五旗、内三旗与外八旗、陈满洲与新满洲、京旗与驻防，在政治待遇与经济地位上都迥不相侔，也因此而形成各自封闭的社会交往圈子，婚姻圈就是在这一基础上形成，也是由这种差别决定的"。

二、以伍尧氏为中心的婚姻圈

一个婚姻圈往往包含多个家族、多段通婚关系，因此，也能更好地反映不同家族之间的联系。笔者就以朱卷履历①为基础，梳理出了一个以伍尧氏世家为中心的婚姻圈，主要涉及内三旗伍尧氏、索绰络氏、完颜氏与外八旗伊尔根觉罗氏、章佳氏等五个家族的六段通婚关系。

伍尧氏家族，属内务府蒙古正黄旗。据伍尧氏来秀履历②，自五世祖以来，家族成员多于内务府任官。家族自乾隆年间开始发迹，来秀祖父法式善，为履历所载的家族第一位进士，亦是受乾隆赐名的文学家，伍尧氏家族与内三旗和外八旗的多段通婚关系也是由那时开始逐渐形成的。

现结合朱卷履历，将伍尧氏世家的婚姻关系绘制如图1：

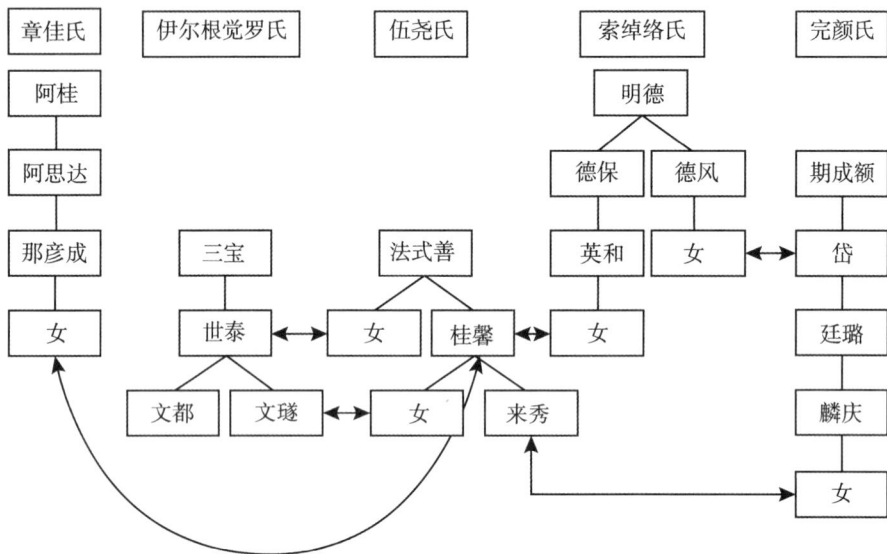

图 1　伍尧氏家族婚姻关系图③

资料来源：顾廷龙主编：《清代朱卷集成》，台北：成文出版社，1992 年；《清代科举人物家传资料汇编》，北京：学苑出版社，2006 年。

首先，从图 1 来看，伍尧氏家族的通婚对象既有内三旗也有外八旗。其中，伍尧氏桂馨与索绰络氏英和女、伍尧氏来秀与完颜氏麟庆女、完颜氏岱与索绰络氏德风女等三段通婚关系，属内三旗内部的结合。

---

① 相关履历有，伍尧氏来秀履历，伊尔根觉罗氏文都、文璐履历，章佳氏庆廉履历，索绰络氏廷瑛履历、索绰络氏贵成履历，完颜氏崇实履历、完颜氏嵩申履历、完颜氏崇厚履历，等等。

② 顾廷龙主编：《清代朱卷集成》第 16 册，台北：成文出版社，1992 年，第 67~82 页。

③ 双箭头连接婚姻双方。

与伍尧氏通婚的完颜氏家族、索绰络氏家族，前人的研究颇多，在此据履历分别简述其家世。据完颜氏崇实、崇厚、嵩申的履历，完颜氏达齐哈从龙入关，阿什坦顺治年间即中进士，继而，和素被誉为"御试清文第一""巴克式"，其后世亦多中进士、举人，并任高官。王钟翰称之为"清代内府文学世家之冠"①。据索绰络氏廷瑞、贵成履历，索绰络氏世居索绰络地方，自石琦一辈，始事举业，家族逐渐兴起。而后，德保、英和、奎照三辈相继任内务府大臣，索绰络氏因此显赫。由此可知，与伍尧氏通婚的内三旗均是显赫的家族，与伍尧氏家族地位相当，三段通婚关系也使得三个内三旗大族互有通婚，联系紧密。这种内三旗之间"门当户对"的通婚，史料中多有反映，也与前人研究契合，不再赘述。

如图1，伍尧氏也与外八旗家族通婚，包括伍尧氏桂馨娶章佳氏那彦成女、伊尔根觉罗氏世泰娶法式善女、伊尔根觉罗氏文璨娶桂馨女等三段通婚关系。其中主要涉及外八旗章佳氏与伊尔根觉罗氏家族。从以往研究来看，也确有内三旗与外八旗间通婚的例子。如，定宜庄与胡鸿保发现，"与高佳氏家族联姻的，既有内务府旗人，也有外八旗旗人，而以内务府旗人占据多数"②。方芳认为，"包衣家族与外朝官员是存在明显联姻的，这在当时也是一种非常普遍的现象"③。

但从通婚双方的地位上看，以往研究所用材料呈现的多是内三旗高官家族与外八旗一般官员家族的通婚，故以往研究多从内务府旗人包衣身份的角度入手，分析这种"特殊现象"。如定宜庄、胡鸿保所据的《奉天高佳氏家谱》抄本与《续修高佳氏家谱》刻本中，与内三旗高佳氏通婚的内三旗家族均为大族，而外八旗家族则为一般官员。④ 方芳认为，"大部分包衣的地位并不高，因而与之联姻的外朝官员也并非是八旗勋贵。这是由于包衣阶层的身份地位所导致的"⑤。综上可知，学界认为内三旗与外八旗存在通婚关系，但认为包衣的身份，造成了通婚双方家族地位的不平等。实则，内三旗大族并不仅仅与外八旗一般官员家族通婚，也与外八旗高官大族通婚。以下呈现履历所见的与伍尧氏通婚的外八旗伊尔根觉罗氏、章佳氏家族的任官情况。

据伊尔根觉罗氏文都、文璨履历⑥，其始祖巴岱，从龙入关。后三宝在乾隆己未科中进士，历任湖广总督，大学士兼兵部尚书，闽浙总督，东阁大学士兼礼部尚书，正蓝旗满洲、镶蓝旗汉军都统，经筵讲官，议政大臣，上书房总师傅，署翰林院掌院学士。家族由此勃兴。据章佳氏庆廉⑦履历，其始祖为穆都巴颜，国初归顺。后，阿克敦中进士，历任大学士，镶白旗汉军、镶蓝旗满洲都统，步军统领署两广总督、广东广西巡抚、广州将

---

① 王钟翰：《内务府世家考》，《王钟翰学术论著自选集》，北京：中央民族大学出版社，第 493 页。

② 定宜庄、胡鸿保：《清代内务府高佳世家的婚姻圈》，《清史研究》2005 年第 3 期，第 25~32 页。

③ 方芳：《康乾时期的内务府包衣研究》，安徽大学硕士学位论文，2019 年，第 40 页。

④ 定宜庄、胡鸿保：《清代内务府高佳世家的婚姻圈》，《清史研究》2005 年第 3 期，第 26~29 页。

⑤ 方芳：《康乾时期的内务府包衣研究》，安徽大学硕士学位论文，2019 年，第 40 页。

⑥ 顾廷龙主编：《清代朱卷集成》第 98 册，台北：成文出版社，1992 年，第 229~230 页。

⑦ 顾廷龙主编：《清代朱卷集成》第 97 册，台北：成文出版社，1992 年，第 119~132 页。

军。阿桂官至武英殿大学士，平定新疆、大小金川叛乱，战功卓著。后辈那彦成、那彦宝均任内务府大臣，章佳氏家族地位逐渐提高。

由此可知，与以往研究不同的是，伊尔根觉罗氏与章佳氏均是外八旗大族，且家族中不乏官至高位者，远非一般官员家族可比。伍尧氏婚姻圈，正是内三旗世家与外八旗大族"门当户对"婚姻的典型。

其次，伍尧氏与伊尔根觉罗氏之间还存在累世通婚的现象，如，伊尔根觉罗氏世泰娶法式善女、伊尔根觉罗氏文璥娶桂馨女两则，即伊尔根觉罗氏世泰、文璥父子分别娶伍尧氏法式善、桂馨父子之二女。而且，内三旗大族伍尧氏与外八旗大族的通婚形式多样。如，在伍尧氏桂馨娶章佳氏女，伍尧氏法式善女、桂馨女嫁伊尔根觉罗氏等三段婚姻关系中，嫁、娶皆有，不拘于一种。

综上，内三旗大族与内三旗、外八旗均存在通婚关系，内三旗的婚姻圈也并不封闭。从通婚双方的地位上看，内三旗大族的通婚对象既有外八旗一般官员家族，也有外八旗大族，且嫁娶不拘，存在累世通婚的现象。由此可知，内三旗的通婚并不是"铁板一块"，包衣身份也不能完全左右其婚姻选择。此外，旗人内部虽有严格的等级，但从婚姻这一侧面来看，内三旗与外八旗的关系并不十分疏远，社交圈也并没有想象中的闭塞。

三、婚姻圈的延展与交叉

无论何时，通婚关系都在不断建立，婚姻链条也在不断延伸，婚姻圈自然会随之扩展。同时，婚姻之外，旗人之间还存在其他多种多样的联系，如受业师徒、同年学友、同征战友等，也会形成各种社交网络，并与婚姻圈重叠、交叉。我们对内三旗通婚的认识也会随着材料的丰富，不断地深入与扩展。以下，从婚姻圈与社交圈的交叉、婚姻圈与社交圈的扩展、婚姻圈与师友圈的重叠等三个方面，进行讨论。

婚姻圈与社交圈的交叉。如，同年关系，伍尧氏来秀娶完颜氏崇实胞姊，且来秀与崇实为同年进士。再如，举荐被举荐的关系，伍尧氏法式善子桂馨娶章佳氏阿桂曾孙女，法式善在大考后降为员外郎，后受阿桂举荐，才得以补左庶子。① 又如，共同征战的经历，伍尧氏与章佳氏、伊尔根觉罗氏均有通婚关系。伊尔根觉罗氏三宝，亦曾随章佳氏阿桂出征金川。又如，子嗣过继，伊尔根觉罗氏与伍尧氏之间，不仅存在文璥父子与法式善长女、长孙女的两段婚姻关系，而且存在子嗣过继的关系。据伍尧氏来秀履历，其父为法式善之子桂馨。但其本生曾祖为白达色，本生祖为三宝，本生父为世泰，文都、文璥亦是其本生胞兄。② 文都、文璥履历亦载，"胞弟来秀，前名文锦，出继舅氏原任内阁中书桂馨为嗣"③。故，可以确定来秀为伊尔根觉罗氏家族过继给伍尧氏的，也正是文璥父世泰与法式善女的婚姻，促成了这段子嗣过继关系。

婚姻圈与社交圈的扩展。伊尔根觉罗氏与伍尧氏既累世通婚又存在子嗣过继，两家的关系不可谓不密切，而朱卷履历中亦可见伊尔根觉罗氏与另一外八旗家族戴佳氏的通婚，

---

① 《清史稿》卷四百八十五，北京：中华书局，1977 年，第 13402 页。
② 顾廷龙主编：《清代朱卷集成》第 16 册，台北：成文出版社，1992 年，第 75~79 页。
③ 顾廷龙主编：《清代朱卷集成》第 98 册，台北：成文出版社，1992 年，第 229 页。

即伊尔根觉罗氏文都与戴佳氏嵩龄之女的通婚。由此，我们对伍尧氏婚姻圈的认识以伊尔根觉罗氏家族为节点，继续向外延伸。现通过其胞兄戴佳氏慧成①与广钧②的履历，简述戴佳氏家族。据《八旗满洲氏族通谱》，此处戴佳氏属镶黄旗兑齐③一支，世居杭佳地方（今辽宁省境内），从龙入关，以军功起家。噶禄袭职，三遇恩诏，加至二等轻车都尉。兑齐元孙、慧成四世祖海青，康熙年间任御前头等侍卫，雍、乾时，分别追赠一品大臣、太子太保。慧成高祖佛伦，曾任泰陵总理事务内务府大臣。曾祖辈虽偶有事举业者，亦多仕宦。祖富森布于乾隆二十一年（1756）中举，曾任咸安宫总裁。自慧成父辈，家族成员事举业者增多。传主慧成于道光十六年（1836）中进士，官至闽浙总督。如上，戴佳氏以军功起家，亦相当显赫。文都所娶之戴佳氏，即是嵩龄长女，慧成胞妹。

从如上关系中可得知，与伍尧氏家族紧密联系的伊尔根觉罗氏家族，与戴佳氏亦有婚姻联系。再据戴佳氏慧成履历，可知戴佳氏嵩龄又娶栋鄂氏铁保公之女。而清代极负才名的文学家栋鄂氏铁保、玉保兄弟又与伍尧氏法式善因文学相识，并时常切磋诗文。由此，伍尧氏的婚姻圈又以伊尔根觉罗氏家族为起点，延伸至戴佳氏、栋鄂氏家族。虽然伍尧氏家族并未与戴佳氏家族有直接的通婚关系，但与伊尔根觉罗氏的通婚、与铁保兄弟文学上的交游，也足以使这两个大家族或多或少地产生了联系。

婚姻圈与师友圈的重叠。朱卷履历材料有其自身的特点，即对传主的受业师有专门记载，故可以发现婚姻关系与师友关系交叉的现象。以下，列举三个与内三旗有关的例子。第一例，涉及内务府正白旗尚氏与李氏家族。据尚延恒④与李丰安⑤履历可知，尚延恒长子承泽与李丰安长女建立了通婚联系，使尚延恒与李丰安成了亲家。同时，据李丰安履历，"亲家延印溪夫子名恒，内务府正白旗汉军人，道光戊戌科进士，现任礼部主政"⑥。可知，尚延恒又是其受业师，另外，李丰安的另一位受业师，为其舅岳，"舅岳华云樵夫子名贵，镶白旗满洲人，现任直隶获鹿县知县"⑦。由此，婚姻关系与师承关系互相交叉。第二例，涉及内务府正白旗李佳氏与辉发那拉氏。据李佳氏继昌⑧与辉发那拉氏麟庆⑨履历，可知继昌受业师为"母舅麒玉符夫子讳庆，正白旗满洲人，辛丑进士，热河都统，予谥庄敏"⑩。第三例为内务府镶黄旗那拉氏，据那拉氏浦安、铭安⑪载，二人母亲"王氏，内务府正黄旗……道光丁酉拔贡庚子举人，玉牒馆议叙候选知县印和纶春帆公胞妹"，同时，其受业师为母舅和春帆夫子，可知此例亦为婚姻关系与师承关系的交叉。

综上所述，除却包衣身份因素外，尚有地域等因素深刻影响着内务府三旗的通婚，这

---

① 顾廷龙主编：《清代朱卷集成》第10册，台北：成文出版社，1992年，第141~150页。
② 顾廷龙主编：《清代朱卷集成》第114册，台北：成文出版社，1992年，第413~420页。
③ 《八旗满洲氏族通谱》，《四库全书》本。
④ 顾廷龙主编：《清代朱卷集成》第10册，台北：成文出版社，1992年，第363~368页。
⑤ 顾廷龙主编：《清代朱卷集成》第14册，台北：成文出版社，1992年，第281—294页。
⑥ 顾廷龙主编：《清代朱卷集成》第14册，台北：成文出版社，1992年，第288~289页。
⑦ 顾廷龙主编：《清代朱卷集成》第14册，台北：成文出版社，1992年，第286页。
⑧ 顾廷龙主编：《清代朱卷集成》第44册，台北：成文出版社，1992年，第171~180页。
⑨ 顾廷龙主编：《清代朱卷集成》第12册，台北：成文出版社，1992年，第273~282页。
⑩ 顾廷龙主编：《清代朱卷集成》第44册，台北：成文出版社，1992年，第176页。
⑪ 顾廷龙主编：《清代朱卷集成》第101册，台北：成文出版社，1992年，第254页。

也使其通婚的地域半径不局限于京师。同时，内三旗的内部通婚虽多，但其与外八旗的通婚亦不在少数，且涵盖外八旗的一般家族与世家大族。内三旗、外八旗之间虽存在地位差距较大的通婚个案，但就目前材料所见，"门当户对"的婚姻仍是主流。从通婚关系的视角看，内三旗与外八旗之间，有着错综交叉的联系。内三旗与外八旗之间也并未产生十分明显的隔阂与歧视，反而呈现出一种较为开放的状态。

婚姻关系是反映旗人内部等级与认同的重要侧面，从婚姻圈的视角探讨旗人社会是一个漫长的过程，我们对内三旗婚姻圈的认识会随着史料的不断丰富而扩展，而其他的社会关系也在与婚姻圈产生交叉。以婚姻圈为基础，综合其他社交圈，进而形成逐渐扩大、叠加的旗人社会关系网，对此进行研究一定会不断更新、深化我们对清代旗人社会的认识。

（作者单位：厦门大学人文学院）

书　评

知识分子的醒世情怀与责任担当
——兼论冯天瑜先生《"千岁丸"上海行——日本人一八六二年的中国观察》

□　崔应令　万齐洲

【摘要】 冯天瑜先生在《"千岁丸"上海行——日本人一八六二年的中国观察》（简称《千岁丸》）的书里书外展现了知识分子的醒世情怀和责任担当，表现为三个方面：其一，以日本为镜，此书让读者看到了"日本之看我们"的具体内容及过程：通过对上海社情、民情、商贸等的考察，日本看清清朝内忧外患、金玉其外败絮其中的境况，通过对太平天国运动全方位的考察，日本藩士确定了对太平军的否定并借此确立不动员底层、有秩序变革的现代化路线，为其后来"开国"路线提供了经验基础；其二，此书揭示了当时日本考察团成员们好学、务实、沉郁、爱国的风貌，这恰恰也是写作者自己所体现的为学品格，研究对象和研究者互镜其中；其三，此书写于作者访日期间，作者在日本以他们的史料揭示其两次对华侵略战争前对华的扎实探查，催促读者观他人以自醒。此书及作者其他著述充分揭示了写作者强烈的忧患意识与醒世情怀，体现了知识分子的责任担当。

【关键词】 千岁丸；知识分子；醒世；责任

一、于细微中见大历史

"千岁丸"，日本意为"可以使用千年的船"，是 1862 年 5 月 27 日自长崎出发，1862 年 8 月 1 日离开上海吴淞口，8 月 8 日归国日本的访问船。"千岁丸"访问团在上海历时近两个月，收集了大量调查资料，"为以后日本政府决定对华政策和开展对华贸易提供了重要依据。因此，'千岁丸'的上海之行在近代中日关系史上是具有开创性意义的重要一页"[①]。冯天瑜先生《"千岁丸"上海行——日本人一八六二年的中国观察》一书正是对这一历史事件进行的研究。

此书在具体方法上"'取外来之观念，与固有之材料互相参证'，由此进行中、西、

[①]　张碧君：《日本派遣来华的第一艘日本船》，《北京档案》1998 年第 3 期。

日文化比较，将社会转型研究向深广处拓展"①。比如关于上海的繁华是西洋人的繁华这一观察，先用日本的日比野辉宽"休言上海繁华地，多少蕃船捆载还"② 展示，又以《北华捷报》佐证："据说过去五百年中，他们捞到的钱财比东印度公司整个垄断时期捞到的还要多"③。在内容上，此书包括：日本访问团前后日本对华的态度和行动、日本本土社会的情况、访问团随行人员的身份及其在日本的处境（下层武士、民族危机意识、日本的社会结构），及此后日本的多次访问上海等。篇幅内容最多的是日本人到上海考察的多个方面及当时中日贸易的情形，对中日文化的同圈及日本对中国文化的认同与离异的探讨。著作还探讨了这一次远行对日本意味着什么，日本形成了怎样的中国观。从这本书出发，再看之后近百年的中日交往史，我们仿佛见到在这里的历史十字路口，此后两国都奋力走向了"命定"的道路上去。

　　冯先生此书以一个时间点和事件将纵横交错的历史画卷展开，达成了黄仁宇那本著名的《万历十五年》一样的效果。后者给我们展示了王朝内部官僚体系、王权之运行，而冯先生此书则从日本出使清朝的日本船队成员视角出发，对之后两国埋藏的不同道路予以了铺排。虽然历史的眼光永远免不了"事后"之明，但翔实的资料揭示：这一历史后来的走向不是突然发生的，而是早有端倪，这就是于细微处见大历史。冯先生这一从细微处见宏大历史的努力，在其对英国人的报刊"The North China Herald"的报道评析中即可见。书中介绍说该报纸在日本船只抵达当天即上船采访，五天后发表新闻说日本本以专制与封闭著称，现在却由英制船带到上海考察和商品交易，这或许是日本转折的希望所在，而且一向排外的日本武士能冒险作海外商业往来，这又是传奇。冯先生认为，"这份英文报纸颇有见微知著的洞察力，它通过幕末第一次遣清官船'千岁丸'的商贸活动，敏锐地发现日本由封闭走向开国的趋势，并透视到日本武士发生时代性转变的征兆"④。冯先生看到英人报纸的见微知著，而笔者则看到冯先生作品的以小见大。

　　对此书的价值，茅家琦先生曾有专评，他指出此书在几个方面所具有的价值：其一，此书是国内对"近代日本人禹域踏查"这一课题"系统介绍并研究"的第一次，并根据使团成员撰写的"见闻录"写成，对使团在上海的活动、所见所闻和思想动态作了多方面的论述，"填补了中国近代史研究的一项空白"；其二，此书就中国太平天国农民起义与日本"开国"路线行程的关联作出的判断是"极富新意的"，冯先生在文末明确指出，中日两国从太平天国农民战争中所吸取的经验教训不同，如何更全面、历史的认识，值得再研究；其三，此书对上海开埠以后的道德沉沦的书写是"另一个很有意义的问题"，对经济发展为驱动的现代化出现的道德落后问题如何预防或治理，此书也给予了启示和探

---

　　① 冯天瑜：《"史学五种"前记》，冯天瑜：《文化守望》，武汉：武汉大学出版社，2006 年，第 2 页。

　　② 《幕府维新外交资料集成》第 1 卷，第 64 页。转引自冯天瑜：《"千岁丸"上海行——日本人一八六二年的中国观察》，北京：商务印书馆，2001 年，第 97 页。

　　③ 转引聂宝璋：《中国近代航运史资料》，第 1 辑，第 602 页，转引自冯天瑜：《"千岁丸"上海行——日本人一八六二年的中国观察》，北京：商务印书馆，2001 年，第 97 页。

　　④ 冯天瑜：《"千岁丸"上海行——日本人一八六二年的中国观察》，北京：商务印书馆，2001 年，第 78 页。

讨，此书提出的内容"颇多奥义"①。谢贵安教授则将此书与法国学者佩雷菲特的著作《停滞的帝国——两个世界的撞击》并论，认为"如果说佩著借马嘎尔尼使团的眼光从一个文明中心打量另一个文明中心的话，那么冯著则借日本使团的目光从同一个文明内部的边缘去观察该文明的中心，由此揭示1862年前后东亚文化圈内部协奏与变奏的轨迹，以及该文化圈与西洋文化圈之间的力量对比及其文明差异"。并明确指出此书"不仅在研究视角和方法上独具特色，而且在史料发掘上也颇多收获"②，可谓评价颇高。

重新来看此书，这确实是以个案对中日两国近代转型的差异及其原因进行分析，其用意"可谓独具匠心"③。然而本文并不打算对其史学价值进行挖掘，不针对其内容展开历史分析，本文思考另外的问题：写作者何以写此书？此书表达了冯先生怎样的思想和关怀？进而，通过此书，我们是否能看到知识分子以怎样的方式完成着对历史和国家的使命？本文围绕此书带给我们的精神追求予以探讨。

二、研究者的关怀和藏于文字中的警示：看日本之看我们

学者邓晓芒曾评说中国思想史中欠缺以他者为镜反省自身的传统，他说："在数千年的中国思想史中，我们几乎看不到一种要从根本上把客观世界当作镜子来反观自己、发现自己、认识自己的努力"④，如果把这个"自己"理解为国家和社会，则这种通过考察世界以反观我们的国家和社会自近代思想界就已经开始，而冯先生的研究更是清晰的从日本之看我们而反观我们自身。近代思想界的这种反省新传统，笔者称之"见他人之所见"，以"研究对象为镜"。

《千岁丸》一书中记载，第一次鸦片战争后，日本幕府之首席"老中"（官员之称呼）水野忠邦给佐渡"奉行"（武官称谓）川路圣谟致函中这样写鸦片战争清朝的惨败："虽他国之事，但亦应为我国之戒也。"发生在中国的鸦片战争成了日本"前车之鉴"，使得日本幕府"感到必须调整固有的锁国政策"⑤。就在之后的一二十年里，日本从锁国走向开国，虽然这是西方列强武力威胁所致，而清朝大国面临的境遇显然是日本重要的经验参考，这转化成日本开放的主观力量。当然，这其中还有日本近代的一些思想家如福泽谕吉到访美国等，在此基础上撰写西洋各事在民众中的广泛传播，以及他们派遣留学欧美的学生和各种使团之见闻。也就是一边看到原来所崇拜的清朝的衰败，一边却看到了西洋各国的兴盛，以及被西洋强行开埠之上海的繁荣，一强一弱对比中，日本眼中的世界已经鲜明，如何抉择则更加清楚了。

---

① 茅家琦：《颇有奥义——评冯天瑜著〈"千岁丸"上海行〉，《武汉大学学报》（人文科学版）2002年第4期。

② 谢贵安：《东亚文化圈：从边缘看中心——评冯天瑜新著〈"千岁丸"上海行——日本人一八六二年的中国观察〉》，《湖北大学学报》（哲学社会科学版）2004年第3期。

③ 田吉方：《认同与离异——评〈"千岁丸"上海行——日本人1862年的中国观察〉》，《江汉论坛》2003年第4期。

④ 邓晓芒：《人之镜》，北京：作家出版社，2016年，第5页。

⑤ 加藤祐之：《黑船前后的世界》，东京：岩波书店，1986年，第283页，转引自冯天瑜：《"千岁丸"上海行——日本人一八六二年的中国观察》，北京：商务印书馆，2001年，第10页。

　　"千岁丸"访问上海之前的日本思想界已分强权派和温和正义派。前者明确要求日本对外扩张以发展，主张在俄、美关系中的损失由朝鲜、中国弥补；温和正义派则认为日本与中国唇齿相依，不要过度对外膨胀，不要追随强权外交。而无论是要倡导征服清国以强盛日本，还是要联合清国以抗击西洋，其相同之处在于"都把对清关系视作战略问题，其基本倾向是，从日本民族的危机意识出发，经略朝鲜和中国，以对西洋外交相平衡"①，这在"千岁丸"抵达上海之前已经明确。"千岁丸"一行的访问目的有三：探究清朝惨败于西洋之缘由以警醒自身；探究上海繁华之所凭借；谋求与清朝的通商以营利，最后一条显然是存了仿照西方列强从清朝分一杯羹之念想。

　　"千岁丸"访问团在上海所见、所思和行动有多个方面的结论和内容：其一，清廷对外屈膝，对内穷凶。表现为在日本访者的记载中，上海对外洋不设防，而对内为了防备太平军城垣内外"武装到牙齿"。从日本的记叙我们看到当时清朝国内的矛盾要高过对外矛盾，这也是清廷"先安内后攘外"国策之背景。其二，日本人从外人的眼观看到上海繁华的正反面：租借内的繁华与华人世界的肮脏和贫苦形成对照，也看到清廷官场的排场、腐败，见中国社会内部之分裂，如官员们的礼仪和迎宾场面之豪华与仆人们的偷鸡摸狗及秩序混乱并存。他们已看到清政府的金玉其外败絮其中了。此外，还看到因中国当时还未对外彻底开放，民众对外国人的各种围观。其三，上海社会观察：难民涌入和上海饥荒，城里内外，饥民遍野，树皮草根都被挖掘殆尽，和清廷官员所答应对不同；鸦片泛滥，连领水员甚至军中也吸食，又对当时上海人见俗贪利予以揭示并表示鄙夷。其四，洋教（天主教、新教、东正教）传播广且经营教育、医疗等福利事业，日本访者对此很是警惕并提醒日本要防备："我邦之士君子不可不有预防也。"② 其五，藩士们还展开了实地市场调查并尝试购买西洋蒸汽机船。他们以犀利的眼光考察上海的贸易，并形成了对于国际贸易的重要认识，回国后提出了统一国内市场，发展对外贸易的建议。可以说，上海行对日本藩士们来说"实在是上了一堂国际贸易课，对于他们在幕末维新和明治维新间大倡'贸易立国'，无疑有一种奠基功能"③。这些所见所闻所思所行，都进一步加深了日本的自醒。

　　在这些考察之中，尤其以他们对太平天国起义的观察最为突出。这一考察可以说是全方位的：有眼见耳听的满目兵戎和炮声隆隆（太平军几次攻打上海，未成）的观察，有对太平战事的文献搜集，有着眼曾国藩、李鸿章以了解清朝军队格局变迁，尤其是对他们团练新军的认识；有对淮军阵营的探查，对从"华洋会防"到"华洋会剿"的警惕，有对洋人士兵飞扬跋扈的观察和对清朝借洋人自保的质疑和批判，还有从侧面探寻太平天国状况。在全面探查后，日本藩士们得出了对太平天国的完全否定观。他们认为太平军

　　① 冯天瑜：《"千岁丸"上海行——日本人一八六二年的中国观察》，北京：商务印书馆，2001年，第 30 页。
　　② 《游清五录·上海淹留目录》，转引自冯天瑜：《"千岁丸"上海行——日本人一八六二年的中国观察》，北京：商务印书馆，2001 年，第 208 页。
　　③ 冯天瑜：《"千岁丸"上海行——日本人一八六二年的中国观察》，北京：商务印书馆，2001年，第 184 页。

"暴虐无理，杀人无算，破坏社会生产力，摧残传统文化，导致外国势力入侵，等等"①。他们清晰地看到为了对付内部的叛乱，清廷借助洋人而引入外患的严峻现实，这一结论让这些考察上海的日本藩士们得出一个教训："力避下层民众暴动，以杜绝社会动乱，尤其是谨防内乱、外患并做。"② 这一太平天国否定论在冯先生看来无疑对日后日本的维新志士们的选择起到作用，他们即便个人冒死犯难，但绝不发动下层民众起事，走了一条依靠天皇权威、自上而下、有秩序的变革之路，避免了日本现代化转型巨大的内部动乱灾难和成本。

无论是"千岁丸"上海行日本藩士们的见闻、思考还是行动，或是对太平天国起义的观察和思考，都只推向了一个共同的结果：即，这次考察让日本看到了清朝面临的内外交困和各种问题，见到其衰；却让正在转变中的日本更进一步地吸取了经验和教训，为日后日本的道路选择避免了弯路。如"他们引以为现实教训的，便是清朝因故步自封而落后挨打"③，他们通过上海之行的观察，获得"开国不可缓""改革弊政不可缓"之感想，他们慨叹俄国以友好之名而行侵略中国之实，并予以自警。他们叹息泱泱大国却为"外界人所役，可怜"并发出"我邦遂不得如此，务防是祈"④ 的警告。

这历史中平淡无奇又不平凡的一年，只是中日近代各自转型道路上小小的交汇点，却某种意义上预示了未来百年的历史境遇。再看"人看我"，不免百感焦虑，又五味杂陈。开放、交流、不闭目塞听，虚心交流，取长补短，内政清明、民众团结，则无有外忧，这无疑是历史留给我们最大的教训。

三、自知与自省：知识分子的清醒和不懈探索

冯天瑜先生《千岁丸》一书中曾有一段话："翻阅上述见闻录（日本考察团所写），少有风花雪月的咏叹，多有对上海社会实态的记述与思考，从中可以看见年轻的下层武士们（年龄最小的纳福 18 岁，较大的中牟田 25 岁、五代 27 岁，居中的高彬、日比野 23 岁左右）席不暇暖、左右采获的身影，显示了近代日本人求知识于世界的维新趋向和富国强兵的炽烈追求。这批怀着旺盛求知欲和深沉忧患感的藩士，后来多投身幕末维新和明治维新，有的还成为力挽狂澜、创新机的著名历史人物，如高彬晋作和五代才助（友厚）。"⑤ 他们重视实际技艺，勤于践履，在上海期间他们"踏访市场，实勘军营，凡事

---

① 冯天瑜：《"千岁丸"上海行——日本人一八六二年的中国观察》，北京：商务印书馆，2001年，第 248 页。

② 冯天瑜：《"千岁丸"上海行——日本人一八六二年的中国观察》，北京：商务印书馆，2001年，第 248 页。

③ 冯天瑜：《"千岁丸"上海行——日本人一八六二年的中国观察》，北京：商务印书馆，2001年，第 187 页。

④ 冯天瑜：《日本幕府使团所见 1862 年之上海》，《近代史研究》1999 年第 3 期。

⑤ 冯天瑜：《"千岁丸"上海行——日本人一八六二年的中国观察》，北京：商务印书馆，2001年，第 61 页。

务须躬亲"①。他们还积极学习西洋的船舰、枪炮技术，口问笔录，绘画描图，学习具体操作方法。冯先生总结赞叹，日本蕃士们在上海两个月的考察展现了非常强烈的好学精神和沉郁的思索风格。

日本考察团的这些年轻人的表现至今读来也是让人惊叹的，他们如此年轻，却能对国事处以如此严肃认真态度，他们中的五代甚至不惜以身犯险躲在船底观察太平军与英军的战争。冯先生在介绍高彬晋作时提到高彬的几首诗，其间同样传达了这些年轻蕃士们深切的爱本国之心和忧患意识。一是在上海见闻时所思日本国事："微身岂与西夷死，一片丹心净似霜。忽听炮声起回首，天皇所在是东方。"上海行近两年后的 1864 年 4 月，回忆上海行，他又作诗："单身尝到支那邦，火舰飞走大东洋；交通汉轺与英法，欲舍我短学彼长。"在回国后执掌蕃政，抗击英、法、美、荷联合舰队入侵，又被放逐后，他写"放囚集"，其中诗歌之一："内忧外患迫吾州，正是危急存亡秋；唯为邦君为邦国，降弹名姓又何愁。"冯先生说高彬"忧患意识与献身精神溢于言表"②。书中这位日本英年早逝者对本国的拳拳爱国之心、忧患意识和献身之情，又何尝不是写书者自己的映照呢？冯先生在另外的文章中说，日本藩士们笔下浩繁的纪行文字，"展示了日本幕末志士'以史为鉴'，寻求开国、维新之路的心迹"③。而书写这些志士的冯先生之心与之同。

冯先生自 20 世纪 90 年代以来的论著或关注集中有如下部分：其一，中华文化内在精神的梳理，如中华元典、文化史研究、明清文化、封建考论等；其二，近代文化转型诸议题研究，如张之洞评传、辛亥首义史、晚清经世实学、中西日文化互动背景下的新语探源、明末清初的"新民本"研究、中国文化的近代转型等；其三，推动日本同文书院中国调查系列作品在中国的译介。2001 年出版的《千岁丸》则是对中国近代转型的纵深探索。这一研究脉络中，我们可以清晰见到冯先生内在的追求和不变的情怀：从文化自知自觉到探究中国文化的现代转型，从对近邻日本观察我们之探究而反查自身，在吸取中国近代转型的经验教训中探索中国转型的未来之路。先生对己身文化强烈的自觉与自省以及强烈的"忧患意识"④ 落实到这些著述和工作之中，化成文字力量而引领来者。

近代外国人"入吾内地，狼顾而鹰眄"的窥探众多，其目的都在于在我中华分一杯羹，夺取利益，而日本作为后起之国，域外踏查，首以中国为对象，其规模、系统、强度都后来居上。百年中，这一近邻带给我们的灾难也最为深重。将他们对我们的调查进行整理，一为警醒二为借鉴。冯先生说："近代日本所做中国调查的巨细无遗，切入底里，应引起国人警醒"，同时调查本身所展示的实证主义调查方法"也可供参酌借鉴"。⑤ 冯先生明确指出，日本对华商战和军事侵略屡屡得手与中日对彼此国情严重"信息不对称"⑥

---

①　冯天瑜：《幕末武士与晚清儒生——以 1862 年日本幕府访沪使团见闻为素材》，《人文论丛》2000 年卷，武汉：武汉大学出版社，2000 年，第 261 页。

②　冯天瑜：《"千岁丸"上海行——日本人一八六二年的中国观察》，北京：商务印书馆，2001年，第 70~72 页。

③　冯天瑜：《"千岁丸"——日本锁国二百年后使清第一船》，《清史研究》2000 年第 3 期。

④　冯天瑜：《从元典的忧患意识到近代救亡思潮》，《历史研究》1994 年第 2 期。

⑤　冯天瑜：《〈东亚同文书院中国调查手稿丛刊（1）解说〉》，《文化发展论丛》2018 年第 1 卷。

⑥　冯天瑜：《中日间"信息不对称"考析》，《湖北社会科学》2020 年第 2 期。

有关，日本对华了解极细，而我们对日则粗略，这是"一个极大的历史教训"①。在另外的访谈中，冯先生更是明确指出："改变中日间关于对方认知度的不平衡现象，是今之国人的一项无可推卸的职责。"② 冯先生甚至借助鲁迅之言道尽心情："中国者，中国人之中国。可容外族之研究，不容外族之探检；可容外族之赞叹，不容外族之觊觎者也。"（鲁迅《中国地质略论》，1903）③ 先生本是史学家，却从不封闭，他积极倡导向社会学、人类学的实地调查学习，强调调查对中国的现实价值和意义，不仅出版东亚同文的调查资料，在他呼吁下，湖北的调查丛书也陆续出版。他还明确提出调查的两大敌人：强烈的主观诉求，不客观；"唯上和唯书而不唯实"④，真切的使命感尽在其中展现。

冯先生的这种自醒、爱国和强烈的忧患意识是一以贯之的，就在先生近八十高龄，在全国庆贺"GDP 第二"、大国崛起之际，先生撰文批判"中国世纪"说。不同于西方一些学者鼓吹 21 世纪是中国世纪的说法，也不同于中国自己的学者们或从文化或从经济出发的自我乐观，冯先生在高涨乐观情绪中表达的是孟子的"忧患"观，他既承认从文化史命题看中国文化重整体、联系、中道、和谐的传统对修正西方文明弊端具有的意义，也从现实社会层面对中国世纪说可疑之处予以指出。文中将西方一些批评意见也一一介绍，如基辛格从中国国内丛生的经济、环境问题，地缘政治等出发认为中国世纪不现实；约瑟夫·奈从软实力出发也得出同样的结论。冯先生从国际战略出发，对中国如何避免中等收入陷阱、修昔底德陷阱及各种已有案例发出警示，他借用诸多外国学者及中国本土学者对中国发展之担忧进一步提醒要警惕我们本身面临的问题（人口、投资空间、带际战略问题）。冯先生不顾高涨的民族自豪情绪和一些人的豪情万丈，在此时"泼冷水"，提醒我们属于我们的世纪也许还早，得出"中国世纪当缓议"⑤ 的结论，其真正的爱国之心溢于言表。

真正的爱国者，是自知而清醒的人。冯先生在《文化自觉与中华智慧》一文中指出，真正的文化自觉并非单纯从中华智慧中寻求克服现代病的现成药物，而是将中华智慧与西方智慧，古典文明与现代文明友好对话，促成人类"理性"的全面发展，综合东西之长并"创造新文化"⑥，真正予以文化自觉以新的内涵。

四、书写及其背后：病榻中的日本研究及作者之坚韧

"像我们这样一个古老的民族，思想的脉络是不会那么轻易断掉的"⑦，冯先生的著

---

① 冯天瑜：《东亚同文书院中国调查的历史警示与当下启迪》，《文化软实力研究》2018 年第 6 期。

② 冯天瑜、聂运伟：《警觉与启示——冯天瑜先生访谈录》，《文化发展论丛》2019 年第 1 卷。

③ 转引自冯天瑜：《〈警觉与借镜——东亚同文书院中国调查的启示〉弁言》，《文化发展论丛》2018 年第 1 卷。

④ 冯天瑜：《低徊风云同一天——从"东亚同文书院"中国调查说开去》，《书屋》2019 年第 2 期。

⑤ 冯天瑜：《"中国世纪"说当缓议》，《文化软实力研究》2018 年第 4 期。

⑥ 冯天瑜：《文化自觉与中华智慧》，《文史哲》2003 年第 3 期。

⑦ 邓晓芒：《人之镜·新版序》，北京：作家出版社，2016 年，第 2 页。

述及其背后的关怀是这种永不会断掉之民族精神的体现。冯先生曾在此书的后记中记录自己对这本书的珍爱缘由：撰稿期间他因病于 1999 年 9 月、12 月两次住进名古屋第二赤十字病院，中日两国友人探视慰问和改书稿是其住院间的乐事，手术前后的剧痛因改稿不辍而消解很多，以至于在护士小姐询问为何不像别的病人呻吟时答曰"常服'阅稿剂'"①。冯先生对疾病痛苦的泰然面对及所呈现的强大毅力，不单是个体坚韧乐观的个性体现，更重要的是对其研究所带警示和对国家之意义的自知和了然。这跟他近几年饱受疾病折磨却笔耕不辍，不惜个体安危荣辱的直言又何其相似！上文提到的他的"论中国世纪当缓议"即是病榻中的"善言"之一。撰写《千岁丸》一书时他身在高度现代化的日本，心中惦念的还是我们尚在追赶中的祖国。他用在日本获得的资料给我们看日本人当初之看我们，他要用别人的视角催促我们反观他人以自醒。

《千岁丸》一书中清晰可见当时日本企图侵略我国的野心，甚至在日本下层武士中也不乏其人。比如日本使节团从者峰洁，他本是一下层武士，在上海看到清军装备差，士气颓废，便口出狂言说若给他一万骑，可纵横清国，冯先生对此评语："此言发于日本幕末国力衰弱之际，可见，在日本武士文化中，久已包藏武力扩张、征服邻邦的基因"②，在批判这种弱肉强食理念之余，冯先生也指出，日本这种强烈自尊之后的对中态度与当时中国正处于黑暗时期，民众陷于水深火热之中，社会破败、官场腐败有关。说到底，无论是这些强权派还是那些正直之人都看到清朝之衰败，这种眼见为实产生的鄙夷加深加重了日本本土本就兴起的崇尚西洋、贬低中国观念，自此，侵略中国、脱亚思想进一步盛行。虽然历史最终给日本对华侵略以惩罚并以他们失败告终，但是中国人民因此而受的灾难和屈辱又岂是日本战败能洗清的？冯先生看到日本近代崛起之后对昔日的文化母国的毫不留情：两次对华侵略战争（1894—1895、1931—1945）出现"30 年周期"现象，即每当中国近代化历史 30 余年略有成效之际，日本便挑起军事冲突，大举进犯，给中国以打击，并借此维持日本作为亚洲近代化"唯一优等生"之地位，给我们带来历史剧痛。③

而历史终是过眼云烟，日本也为自己的野心付出了他们的代价。然而当我们面对百年多的近代中日交往史，其带给中华民族的血泪又岂是历史烟云所能一笔带过的？1894 甲午战败，北洋海军全军覆灭，日本掠占我国台湾并索取两万万两白银赔款，后加"三国还辽"追加的三千万两赔款，清政府三年财政收入尽归日本，其结果是"我国半殖民地大大加深，日本则得以在帝国主义路上狂奔"④，甲午战争后，中日两国国运从此逆向而行，日本以清朝之赔款割地加速其现代化，古老的中华却在不断的外患内忧中改朝换代，民众苦不堪言，日本在台五十年殖民后患甚至延续至今（台湾亲日派）；1931 年开始的 14 年血泪抗战，几千万生命死于日本对华侵略战争。我们不得不伤心历史带给我们的巨大包袱和伤害，并做假设：如若那时清廷不是腐败如此，如果那时我泱泱中华不是被日本

————————————

①　冯天瑜：《"千岁丸"上海行——日本人一八六二年的中国观察》，北京：商务印书馆，2001年，第 467 页。

②　冯天瑜：《"千岁丸"上海行——日本人一八六二年的中国观察》，北京：商务印书馆，2001年，第 284 页。

③　冯天瑜：《关于中日战争的文化史思考》，《经济社会史评论》2016 年第 1 期。

④　冯天瑜：《日本侵华战略的历史文化渊源》，《人文论丛》2014 年第 2 辑，北京：中国社会科学出版社，2015 年，第 3 页。

看轻，后世几千万民众是否可免于毁灭？我中华是否可少经历那么多苦难？如若……显然，历史没有如果。

这本书用另一种书写警醒着每一个中国人：我们所在之处即华夏，如若我们不能自强，则子孙必为我们之无能而承受灾祸。知识分子的忧患意识和强烈示警，冯先生写出了的和没写出的，都从其笔下感受到了。

（作者单位：武汉大学社会学院、惠州学院国学研究与传播中心）

文学史视野下明代诗史进程全景的建构*
——读余来明教授《明代复古的众声与别调》

□　方　宪

　　《明代复古的众声与别调》2020 年 12 月由中华书局出版，这是余来明教授近年来在明代诗歌领域研究成果的代表，充分反映了作者的治学理念和风貌。余来明教授长期沉潜于元明诗歌研究，近年来又投入"文学"概念史研究，先后出版的相关学术成果有《中国文学编年史·元代卷》（湖南人民出版社 2006 年）、《嘉靖前期诗坛研究》（武汉大学出版社 2009 年）、《元代科举与文学》（武汉大学出版社 2013 年）、《元明科举与文学考论》（武汉大学出版社 2015 年）、《"文学"概念史》（人民文学出版社 2016 年）、《明诗学术档案》（武汉大学出版社 2019 年）等。可以看到，由文献研究入手对文学史的微观考察和对元明文学的"通观"视野，为《明代复古的众声与别调》的明代诗史研究提供了有力支持。

　　长期以来，明代文学研究形成了以俗文学为主的格局，自 20 世纪八九十年代以来，诗文研究逐渐兴起，明诗研究取得了一定的成绩，但也面临着困境和问题，比较突出的问题有二：一是偏重宏观研究，在文学史细部方面还有丰富的开拓空间；二是研究局限于明清诗学及现当代文学理论话语框架，诸如复古与反复古、封建与反封建等二元对立的文学史叙述模式，这种叙述模式难以切入明诗演变历程与艺术发展的细微问题，也难以解决明代诗歌研究中的复杂问题。

　　随着研究的深入，如何进一步贴近历史真实，把握诗歌发展内在规律，描绘明代诗歌发展进程的历史面貌，成为亟待解决的问题。《明代复古的众声与别调》显示出在文学史观念指导下明代诗史叙述新的方法和路径的可能。该书体现出强烈的文学史意识，既充分尊重"史"的客观性，又注重把握"文学"演变的内在线索，大致以明初、明代中期、晚明的历时顺序结撰，着眼于呈现各阶段文学史的关键问题和多维侧面，展现诗史演进的动态过程、内在逻辑和立体图景，展示了叙述明代诗史的新视角、新方法，具体而言，主

　　* 本文为国家社会科学基金重大招标项目"中国文学史著作整理、研究及数据库建设"（批准号：17ZDA243）成果。

要表现在以下两个方面。

一、历史语境下还原明代诗史演变的细节与过程

历史意识是文学史写作的重要动力和精神原则。无论人们如何认识文学史的本质，文学史始终离不开对过去时代文学现象展开的历史性追寻和把握。换句话说，文学史展示的是文学的历史进程，这一历史进程应是具体的而非抽象的，应当细节丰满、肌理清晰。

注重宏观研究是近三十年来中国古代文学研究的整体趋向，也是明诗研究的显著特征。目前，明诗研究成果多通论性质的著作，从时段上看，集中在以晚明、明末清初为主要历史时期的长时段研究上。近年来明代诗歌的研究热点如文学集群、思想流派、地域文学、女性文学等方面也是以宏观研究为主。宏观研究对于把握明代诗歌发展走向的基本脉络、基本规律具有重要意义，然而，就明代诗史研究而言，微观研究还需进一步加强。近年来专题性研究增多，不过仍集中于主流思潮、重要群体、名家创作，虽然对于明代诗史的某些侧面有所开拓，但从整体文学史叙述上来看，对明代诗史发展的描述仍是由作家、流派、思潮单元构成的散点式连缀，对明代诗史发展历程中的基本事实、连续性过程、关键环节和内在逻辑等问题的研究还有待进一步开拓和深化。

《明代复古的众声与别调》并不对明诗发展进行综合性概观，却涉及了自明初、明中期至晚明诗史演变过程中的重要事实与问题，贯穿了清晰的方法论意图："立足于对明代诗史进程的探索，试图摆脱传统批评观念和文学史习见的拘束，努力建立一种基于过程和细节的历史意识。"①由此出发，在明初阶段，作者主要关注明初诗史"被建构"的问题，区分"明初"诗人的类型，辨析明诗"盛于国初"的观念，考察解缙文集文本的流动等；在明中后期阶段，则聚焦于复古思潮下的众声别调，对"前七子"复古之后的诗坛格局、诗学风尚的演变及批评资源进行了历史考察；在晚明阶段，对"楚风"地域文化传统之下公安派的兴起和竟陵派的诗学策略进行了研究。

《明代复古的众声与别调》注重在历史语境下深入明代诗史进展的细节与过程，致力于在具体历史情境之中辨析被一般化叙述遮蔽的诗坛状貌，有助于帮助读者把握明代诗史演变"一般"与"特殊"的不同面向。对明代复古运动的认知和考察，就体现出对过往文学史叙述的反思和补充。在传统文学史叙述中，明代"前后七子"引领的复古运动是前后相循、承递有序的过程。两次复古运动之间的历史进程如何？其演进的内在逻辑如何？这些都是需要进一步回答的问题。由此，作者选取前七子复古运动衰落下的嘉靖前期诗坛这样一个关键环节进行考察，深入文学史细部，对京城、南京、吴中三大诗人群体动向的追踪，生动描绘出过渡时代诗坛的多元格局。通过分析嘉靖前期六朝、初唐诗风的复兴，以及复古论者易"气骨"而讲"声调"、由"尚体格"到"关性情"的转向，深刻揭示了"前七子"复古衰落后诗坛风尚的变化、复古论者的理论调整策略以及"后七子"诗论观点的渊源，从而细致深入刻画出复古思潮下诗史演变的动态过程。这就突破了一般化文学史叙述对复古派静态化、断裂性的浅层描述，而是深入文学自身发展的线索，剖析复古派群体内部不同的诗学取向、理论策略，追寻复古思潮兴衰的来龙去脉。基于此，读

① 余来明：《明代复古的众声与别调》，北京：中华书局，2020年，第2页。

者不仅能了解嘉靖前期诗坛的微观文学史面貌，更得以从中把握明代诗史演变"长时段"的内在逻辑脉络。这提示我们，对文学现象的理解和描述需要在一定的历史语境中进行，离开历史语境，孤立地运用概念进行静态的逻辑归纳，不但流于空洞，而且，面对复杂的文学史问题，难以得到真实、具体的回答。在这一点上，《明代复古的众声与别调》为叙述明代诗史进程的方法和原则提供了良好范例。

二、诗史与诗学互动下探索明代诗史的多维面向

明代诗歌发展的重要特征是明中后期诗学的发达，诗歌群体和流派的分合，诗学思潮的更替，这往往与诗学主张的表达和交锋息息相关。在以往的研究中，诗史与诗学的研究常是相互疏离的，诗学主张是作为诗史叙述的引证材料和背景性资料，导致了一种浅表式叙述和简单化书写。这妨碍了研究者对文学史进行深入反思与探讨，成为开拓新的文学史叙述阐释空间的阻力。

《明代复古的众声与别调》注重在诗史与诗学的互动中厘清诗史事实，揭示诗学话语生成的文学史意义。如对明初诗史的探讨，就是从明清诗话入手，对明清习见的批评话语诸如"国初五派""明诗盛于国初"等观念进行辨析，揭示出明代中期以降基于流派意识和地域观念的诗学批评对明初诗史图像的建构。这不仅推进了对明清诗学话语建构方式的研究，更有助于廓清和深化对明初诗史真实状貌的认知。对复古派诗学主张的辨析同样体现出这样的旨趣。如在明代诗史视野中考察明中后期诗坛对徐祯卿《迪功集》的批评，深入细致地分析了李梦阳对徐祯卿诗"守而未化"的评论在复古派内部引发的诗学讨论，以及作为诗学批评工具的《迪功集》是如何在明代中后期被不同诗学趋向的诗人所运用的，从而体现出偏向复古诗学与强调地域传统的诗学主张和实践之间的竞合关系，为我们理解明代复古思潮的兴替和明代诗学流变提供了新鲜视角和例证。这既体现出作者深厚的明清诗学理论素养，同时也显示出强烈的文学史意识。

诗史与诗学的互动最终指向的是对明代诗史立体多维的观照，身份、观念、文本生成、话语建构，都被纳入观察明诗演变的视野之中。如从明初文人道士张宇初诗歌创作的个案研究中，可以窥见明初诗人群体多元化身份和明初道教诗歌创作的一隅；对宋明"诗儒分合"观念的展开及其文学史意义的考察，对楚文化传统、楚地心学风潮与公安派"性灵"文学观兴起之间关联的解析，则体现出对明代诗学的理学背景和地域文化影响因素的把握。尤其是对晚明重要诗歌选本《诗归》的编选策略、传播路径与竟陵诗学兴起的考察，辨审精详，眼光独到，揭示了编选者钟惺、谭元春利用交往性文本将个人化诗学理念转化为共同诗学宗尚，从而在晚明诗学场景中形成影响的历史事实。这为我们研究明代士大夫私人交往和公共表达话语场域下诗学文本的生产传播、诗学话语的建构提供了新的思路和范例，不仅体现作者对明代思想文化的深刻把握，也显示出鲜明的问题意识和开阔的理论视野。

《明代复古的众声与别调》侧重于明代诗史进程的"研究"而非"书写"，据作者所言，在该书之后，还将撰写一部不同以往的明代诗史，"不以大家、流派作为建构的线索和框架，而是试图在诗史进程中呈现作家作品的形态、理论思潮的演变、地域风尚的变

迁、群体中心的流动等等文学史现象和问题"①，由此看来，该书是这一文学史理念的初步实践。《明代复古的众声与别调》建构明代诗史进程全景的努力与实践，不仅对进一步开拓和深化明代诗歌研究具有重要意义，也为未来新的明代诗史书写奠定了坚实基础。

（作者单位：华中农业大学文法学院）

---

① 余来明：《明代复古的众声与别调》，北京：中华书局，2020 年，第 3 页。